中国社会科学院近代史研究所

民国文献丛刊

中国社会科学院近代史研究所 译

# 顾维钧回忆录

## 第四分册

中华书局

# 目 录

## 第四分册

第四卷

# 出 使 法 国

（1932.10—1941.6）

## 下

# 第七章　欧战爆发后的外交活动

## 1939 年 8 月 22 日—1941 年 6 月

## 第一节　欧洲战争的爆发及其对中国和中国政府政策的影响

### 1939 年 8 月 22 日—9 月 18 日

　　我于 1939 年 8 月 22 日早晨，首次得到苏德互不侵犯条约即将签订的报告。第二天 23 日（星期三）我从报纸上和广播中获悉，里宾特洛甫已飞往莫斯科，互不侵犯条约已经签字。接着在巴黎的政治界、外交界和新闻界出现了一片混乱。我立即得出结论，两大敌对阵营，即所谓和平阵线和反共产国际集团，已不复存在。日本人也被弄得不知所措。我马上致电外交部报告，并要求将电报抄呈委员长。这份电报表达了我对上述条约的看法，及其对于欧洲列强的远东政策和态度可能产生的影响。

　　那天晚上，我出席了美国大使蒲立德为詹姆斯·法利先生举行的晚宴。法利是一位颇为著名的民主党人，他和罗斯福总统关系密切。在那里我遇见了美国进出口银行董事长皮尔逊先生，并趁机向他试探进一步从美方得到财政援助的可能性。在座的法国财政部长保罗·雷诺也参与了我们的谈话。皮尔逊显得对中国的事业极为同情。他也许是开玩笑地说，雷诺先生对援助中国打算提供多少数目，他也如数照出。雷诺似乎并不想承担任何义务，只是说，自从法国政府允诺了二亿法郎之后，曾采取过许多措施。(法国允诺给中国作为外汇平准基金的二亿法郎援助实际上还没有实现。)皮尔逊对过去中国在外汇上的控制不严多少是有些意见的,他认为这是汇率下降的主要原因。

外交部长乔治·博内也在座。他对前景表示悲观。在回答我提出的有关现实国际局势的问题时,他劝我立即把我的旧防毒面具换成新型的。蒲立德说,希特勒一直在准备发动战争。他认为,战争在两三天之内就会爆发。他又说,美国太平洋舰队当时正开往夏威夷。但是,他们三个人,法利、雷诺和蒲立德,似乎都对刚签订的苏德条约究竟有何作用感到疑惑不解。当他们转而征询我的意见时,我却为苏联签订这个条约辩解。我解释说,因为苏联要应付两条战线,当时对它说来,日本的威胁,似乎是最主要的。

次晨各报都刊载了互不侵犯条约的全文。条约内容的影响要比预料的深远。法国报界开始对俄国进行各种谩骂,极力诋毁。又有报道说英国已从莫斯科召回它的军事代表团(该代表团原拟随着英、苏政治协定的签订,再缔结一项军事条约);同时听说,法国已开始征召第三、四类后备役军人约五十万人入伍。这天傍晚,又获悉对第二类后备役军人也已发出征召书。在伦敦,张伯伦在众议院宣布,英国要履行对波兰承担的义务。25 日,英波同盟条约签字。在美国,据报道,罗斯福总统于 24 日对意大利国王发出和平呼吁。25 日,他又向希特勒和波兰总统莫希齐茨基发出和平呼吁。同日,希特勒召见了英国驻柏林大使内维尔·亨德森爵士,而且所有报道都说,他(希特勒)提出了和平解决的条件。这后一报道至少暂时给世界局势带来一线缓和的希望。

显然,孔祥熙马上注意到了我 23 日致重庆的电报,并回电作复,我于 24 日收到复电。他同意我的看法,即由于苏德条约签订所引起的欧洲局势突变,势必影响中国的整个对外政策。首先,他问我法国政府对最近事态发展的看法,特别是法国对远东问题的态度。其次,他问起法国政府针对远东局势有何对策。他说,中国的对外政策必须调整,才能适应事态的新发展,这就需要对政策重新审查和讨论。他要求我全面电告导致这一事态发展的基本原因,以及我对此问题的看法。

我起草了一个较长的答复,并于8月25日发出。电文如下:①

> 漾电敬悉。德苏订立不侵犯协定,法当局颇示愤懑;即阁员中素主亲俄者,亦极失望。或认苏为半途卖友,意在激成西欧战事,坐收渔利;或疑苏根本实力不足,不愿卷入旋涡。至应付办法,因事出仓卒,除拟将军事委员团,步英后尘,即行召回外,尚未决定。自须探明苏方真意,及所传德苏协定所附密件是否属实,内容若何,并与英商议后,方能决定。至对远东,英、法原已商定共同防守计划,并不顾虑;且以日本所以号召之防共阵线,既被打破,势成孤立,且将受苏威逼,认为有利我国。此乃法当局对钧表示之大概也。总之,法政界目光浅近,均注重欧洲,忽视亚洲;不知苏为欧亚列强,不堪东西受逼,势必两害取轻,俾集中力量应付一面。乃法附和英国,与苏商议合作,既不愿包括远东问题,而于波尔的海②国家之安全,复不允予苏以完全保障,纾其顾虑。苏之怀疑英、法欲促成日苏、德苏战争,亦非无因。又忆去岁明兴③之会,被英、法摈斥于门外。苏虽为法之盟国,而法与德协定,并未事先告苏,反鼓吹法之前途在专心发展已有属地,不愿再与闻东欧问题,意似欲使德之枪口东向,使苏当冲。加之法当局因内政关系,多数反对亲苏,一如英阁,益使苏难信任。一面德亦对日失望,日之陆军既为我牵制,不能攻苏,日之海军又反对订立军事同盟,不肯公然对英,则防共集团

---

① 8月25日长电和下文8月26日致蒋介石电,以及8月29日蒋介石的复电和8月31日重庆外交部的电报均录自顾氏所存函电档案原文。——译者

② 即波罗的海。——译者

③ 即慕尼黑。——译者

于德已失其功用，不得不改弦更张，俾打破英、法、苏和平阵线之谋，避免东西夹攻之危险。故德苏协定为两国设想，均非偶然。兹我国抗战方酣，需助于苏、英、美、法者一如既往，甚或较前更多，自无变更我原定政策之必要，应继续与各该国联络，使其积极接济。且苏既纾欧洲西顾之忧，或能增调一部分实力于远东，作进一步压迫日本之举，为我声援，而达中、苏对日共谋一劳永逸之目的。自宜在莫斯科方面探询苏之真意，并设法敦劝对日采取积极政策。英、法虽对苏愤慨，但如苏联以守中立为限，并无进一步接济德、義①之举，彼亦不至有积极反苏之举。美虽排德，然重视远东，如苏对我态度不变，亦不至与苏为难而影响我国。至德在远东之实际利益在亲华，不在联日，为德军界、实业界、文化界所肯定者；现国策既主张与苏提携，此后能否与我接近，可向德探询，亦须视苏联对德真意，并恃其为我疏通。然我应最注意者，今后日本之态度与举动。此次日本外交失败，势成孤立，举国仓皇，势必另辟途径，力谋善后，大约不外三端：一、与苏妥协；二、亲英、法；三、与我议和。关于第一端，日本国内已有造成德、苏、日、義集团之议，德亦必设法对苏疏通，以获日本对德之谅解。今午德外长离莫斯科时已有努力于日、苏邦交改善之表示。但苏与日根本利害冲突，当不为所欺。但我宜注意第二端，英、法之态度将视欧战是否即行爆发为定。欧战起，英、法将以其久暂与结果难测，仍愿日本中立。惟此项妥协条件于我损益程度，须视美之主张；而美发言之效力，又须视美能否在远东领导对日，及能否在欧为英、法后盾。昨晚美大使告钧，谓下周美之全部海军将由美西岸开往檀香山驻泊云，似有对日示威之意，堪为我慰。如一二两端不成，则日或试与我议和，贯彻其直接谈判之主张。如三端均不成，则彼将暂

———————————

① 即意大利。——译者

时观望,以待国际变化。一面以海军相机侵占英、法在远东之租界与属地。如英、法战败,即可据为己有,并以充侵略他处之根据地。如彼战胜,亦可为将来谈判交换条件。总之,德苏协定甫成,各列强亦正在研讨应付办法,尚无决定。以上所述,大半为蠡见窥测,聊供参考,未必尽合将来事实,但今为我外交戒备时期,尤应于苏、英、美方面注意。是否有当,仍祈察核。

尽管我知道苏、德之间突然缔结互不侵犯条约一定会使巴黎和伦敦深感意外,因而引起反响,修改其对外政策以适应新形势。然而我还是决定继续努力,在远东促成一个包括西方民主国家和苏联在内的联合阵线,因为这是中国已经制订和希望继续奉行的政策。这不仅是为了我国自身的利益,而且也是为了与远东有关的列强的最终利益。因而,尽管事态最近发展如此,我仍要朝着这一方向尽最大的努力。我在发往重庆的电报中指出,新条约的缔结,对中国是有利的,至少苏联因此减轻了它西部战线的压力,能够对远东更为重视,从而更加坚定地对付日本。苏联原有两条战线,其中欧洲的那一条形势一直不断地加剧紧张,分散了它的注意力。但是,条约对中国也是不利的,因为它必定会影响英、法对中国和日本的外交政策。事实上,英、法直接的反应是倾向于对日本采取更为友好的政策。

8月26日,我向重庆发了另一份重要的电报。这次是直接发给委员长的。其中概述了我对中国在国际形势新发展中,应遵循的最优路线的看法。电文如下:

> 德、苏妥协,防共阵线打破,顿使日本孤立;而影响今后国际形势,亦匪浅鲜。蠡见所及,业详复庸之院长电,谅已呈钧览。此时如我商俄,乘机与我积极军事合作,共谋达对日一劳永逸目的,实为上策。如苏联志在保境,或在欧别有所图,不愿在远东积极用兵,则至少应于形式上助我,在远东造成苏、英、法、美和平阵线以逼日本。北由苏联增调重兵,陈

师满蒙边疆,南由美海军往西太平洋推进,隐示与英、法一致。再由英、法、美三国出为调停,劝告日本停战,撤兵议和。此时日本正在仓皇失措,另筹外交途径。对苏既多顾虑,又因怨德,未必愿与苏联妥协,势将谋与英、法、美提携。果尔,当能重视三国劝告,而对我让步。总之,窃意我宜利用目前外交优势,而设法运用国际途径,以达我恢复失地、保障主权之大目的。否则,世界外交形势剧变,夜长梦多。英、法既怀恨苏联,思欲报复,又疑苏、德另有互助密约,不得不亲日以谋抵制。如美不肯出为领导,积极对日,则在此欧局危急之秋,更难阻止英、法与日妥协。谨就国际形势,密陈管见,统候钧裁。

我担心欧洲局势的一系列主要发展,可能会对远东局势发生冲击作用。26 日上午,法国外交部吉尔贝先生来访,更加剧了我的不安情绪。他通知大使馆,法国要改变其对日本和远东的政策。在这方面,我们讨论了法国调解中日冲突的想法。他刚一离开,我就给委员长发了另一份电报,汇报我们的谈话,并再次催促他利用有利的外交形势,来达到我们抗战的目的。我说,法国外交部的副部长已派一个代表前来通知我说,由于苏德条约的签订,法国将修改它的远东政策。法国政府正在审慎考虑和美国一起实现和平解决中日冲突,而且想知道我们的观点。我说,我本人对此事的看法,已在我前一封电报中表达了。

我还向委员长汇报法国外交部的亚洲司司长再次提出许多有关他(委员长)对共产党态度的问题。该司长认为,委员长的态度是以政府和中共合作的政策为基础的,他想知道合作的条件是什么,以及这种合作对近几年来抗击日本侵略的成果如何。我在电报中指出,这些问题的目的似乎包含双重意思:一方面,法国政府想要看到中国加入英法阵线,以便于与日本接触,同时避免中国加入到苏德阵线中去;另一方面,法国当局似乎又很担心,中国由于以前和苏联的关系而将无法做出自由抉择。我问委员长,对这些问题应如何回答。

那天晚些时候,法国外交部亚洲司司长肖维尔打电话要求和我的法语二等秘书汪孝熙继续进一步讨论有关法国调解的问题。这次我给外交部发了一份很长的电报。两天后,即 8 月 29 日,委员长来了回电。

回电是委员长亲笔起草的。电文说:

> 宥日与廿七日电均悉。兄见先获我心,请兄照此方针,积极运用。苏俄宗旨乃在专致力于远东,而对远东方面,甚愿自由行动。英、美、法合作以解决远东纠纷,应请英、法对苏之看法认识其在远东之方针,不可错以为如对欧之方针相同也,此点须嘱英、法政府切实改变观点。中且能确信。但案德苏协定初告成立,而苏对英、法、美无法进行合作,亦无人能作仲介也。此事关键仍在美国,请兄密商驻法之美使,请美总统出而领导,为英、法、苏在远东合作之仲介,则苏联必乐从。此为根本问题,请兄积极进行。并为中向美使前致意。至于中苏关系,此时完全自由。我国抗战,始终立于主动自立地位,决不稍存依赖。但此后形势,非多求与国不可。以中判断,苏联心理,最怕英日同盟复活,犹恐对苏,故其未始不想藉美对英、法转圜,以解决远东问题耳。中正手启,艳子机印。

8 月 31 日,我收到委员长电报的同日我还收到外交部发来的一份电报,报道了委员长和驻重庆美国大使于 29 日就国际形势最新发展与中国政策的谈话。

电文如下:

> 昨日蒋委员长与此间美大使谈话,说明最近国际情势与我方政策。希照此政策对法方妥善应付,并力促其勿与日本妥协而牺牲中国,同时应以谈话内容密告驻法美大使,请其转陈美政府,并尽力协助,俾促成我方愿望。谈话如下:
>
> (一)德、苏签订不侵犯条约后,美政府对该二国取如何

态度,此后对远东局势究将采取何种途径。

（二）余得密息,英、法与日本之间将谋妥协合作,甚至缔结类似昔日之英日同盟,亦属可能。其目的在结成集团,控制苏联,压迫中国,根本破坏九国公约。然中国政策决不因是变更。中国正在抵抗日本之侵略,任何国家如与之勾结,而助长其侵略中国,即认为非友好行为。

（三）苏联在东西两面各有可能之敌对,势难同时兼顾。余知苏联本意欲除去西顾之忧,而与其他有关系国共同应付东方。然苏联固知英、法二国不满德、苏之订约,此种行动未便由苏联发起。惟美国若能设法联合英、法、苏等共同解决远东问题,必与苏联之期望相合也。

（四）余确信除美国领导远东有关系国,召集九国公约会议,或续开比京会议,或举行太平洋和平会议外,远东问题绝无解决可能。

上述四点系目前主要问题。此外,尚有须自中国政府立场说明之三事如下:

（一）中国自由采取独立的外交,对英、对法、对俄在政策上均不受任何约束。

（二）远东问题,尤其中日问题之解决,实有赖于美国。中国惟美国之马首是瞻。中国之政策视美国之态度而决定。故美政府现时之态度,我方亟盼明悉。

（三）深望美国严重劝告英、法,切勿以为日本之力足以安定并保障英、法在远东之属地。其实,我国民政府在西南早经稳定。其能安定保障英、法远东属地者实中国,而决非日本。此绝非空言,而余确信有此力量。

9月1日过午,我去美国大使馆拜会了蒲立德大使,和他商讨外交部电文中所述的各点。我对蒲立德说,委员长让我首先转达他个人的问候,其次,我将委员长在重庆与美国大使谈话的主要内容告诉了他,希望蒲立德能够把这一内容秘密地转达罗斯福总统,并敦促总统利用他的影响来达到预期的目标。

然后,我进而解释我的观点。我说,苏、德新近签订的互不侵犯条约,虽然从英、法的立场来看对欧洲形势造成不利的影响,但是却在某种程度上改变了远东的形势,使得日本现在感到孤立。也就是说,日本已被它的欧洲主要盟友德国抛弃,这个盟友现在突然倒向被日本声称为头号敌人的苏联一边。这种改变了的形势,也意味着俄国今后在远东可以行动自如。以前,俄国必须应付两条战线,并不得不选择其中之一以集中其注意力。它一向认为日本对它是更大的威胁,因此,莫斯科决定和德国妥协是很自然的,为的是使它能够对远东边境加以更多的注意。

我接着说,因此,日本认为这一发展特别对它构成威胁。日本认为苏联在摆脱了欧洲压力的情况下,很可能会集中其主要兵力来对付它。所以,日本感到必须修改其对英、法的策略。看到日本已被德国抛弃,两个民主国家也急于想把日本从轴心国集团分离出来,因此,我认为这两个国家有可能改变其对日政策。法国外交部已经向我透露,在欧洲外交形势改变的状况下,法国即将向日本作出友好表示。我说,事实上,据我了解,法国政府已经采取步骤来适应日本的一些要求,而这些要求在过去几个月中一直是未予置理的。然而,我认为英、法如果突然投入日本的怀抱,而且忘记近几个月来日本对他们所做的坏事,将会铸成大错。我对蒲立德说,这样只会留给日本一个不正确的印象,即英、法害怕日本,而且还会助长其对中国的侵略。

我说,蒋委员长确信,由于苏德条约的签订,说服日本放弃其侵华政策的时机也许已经到来。过去两年中,我本人一直在尽力促成北方的苏联和在南方的英、法、美进行合作,以便共同对日本施加压力。既然现在苏联可以毫无顾忌地对付日本,而且苏、日正在沿着满蒙边境重兵相向,进行战斗,这对三个民主国家来说,将是采取步骤显示对付日本的坚定立场的有利时机。

我接着说,实现北方的俄国和南方的三个民主国家之间的这种合作,也许是确保远东二十五年和平的理想解决方法,尤其是日本军队已在中国陷入困境。如果英、法鉴于欧洲的危急形势不能分别向远东派出舰队,他们也许至少可以联合起来,迫使日本接受一项不仅对中国是公正的,而且也有利于在远东重建和平的解决方案。换言之,三国可以一面对日本保持强硬立场,并避免流露迫切与它寻求友好的愿望,一面与日本接触,提出愿意帮助结束所谓"中国事变"。因为众所周知,日本本身急于结束整个事变,三个民主国家可试行向它建议,表示他们愿意根据某些确定条款帮助它解决这一困难问题。

我说,我感到英、法反苏情绪相当激烈,对他们来说,与苏联在远东合作可能是困难的。正因如此,美国能够为这一理想的合作起到纽带作用。我强调说,莫斯科与伦敦、巴黎之间的疏远不应该影响这三国在远东实现合作的可能性,因为在这一地区他们确实是有共同利益的。如果欧战爆发,中、日继续敌对,日本会毫不迟疑地侵夺英、法在这一地区的领地和利益。我补充说,假如欧洲不幸卷入一场武装冲突的混乱之中,目前关于远东局势的总的解决方案,至少将能保证东半球的和平。我表示确信,尽管罗斯福总统挽救欧洲和平的努力已经失败,但在远东方面,他为和平而采取的任何积极行动,都可能获得成功。

蒲立德说,苏联已突然破坏了所有挽救欧洲和平的希望。它选择前天晚上批准苏德互不侵犯条约,也是为了促使德国进攻波兰。他说,他知道德、苏之间有一项瓜分波兰的秘密协定,只留下一小部分波兰作为德、苏之间的缓冲国。在这种形势下,如果英、法寻求与日本谅解和友好,以抵消俄国的影响,这是再自然不过的了。如果俄国进攻波兰,就自然成为英、法的敌人,英、法必然会尽一切可能把日本拉向他们一边。

接着,蒲立德说,他理解到中国想要利用当前局势保持其独立和领土完整。他对蒋委员长的愿望表示完全同情,认为这样做是正确的。蒲立德推测,中国并不在乎站在那一边,只要能实现保持独立和领土完整的目标就行。

然后，我告诉蒲立德，蒋委员长明确地通知我说，就中国来讲，在选择对俄、对英和对法的政策上是绝对自由的。到目前为止，还没有任何约束可以阻止中国奉行一种独立的政策，甚至和中共的合作也不涉及牺牲其外交政策上的自主权。

蒲立德问到，中国准备在什么条件下与日本达成协议？他认为这是关键问题，罗斯福总统在与日本接触之前必然想要了解此事。我答复说，在这一点上，我没有接到什么指示。但是，根据以前的指示，我可以告诉蒲立德一些事情。达成解决的两个必不可少的条件是，日军从中国撤出和遵守九国公约的原则。关于具体问题，在上海撤退和南京陷落之后，日本曾通过德国驻华大使向中国提出条件，当他（蒲立德）听了我的介绍之后，他就会有一个概念。于是我追述道，东京那时要求划内蒙为特别防共区；划出沿着满洲边境一直到天津、北平以南地区为非军事区；在中国、日本和所谓"满洲国"之间实行经济合作；承认日本当局和在北平的日本傀儡政权之间签订的一切条约；以及把上海定为中立或国际共管区。我说，南京陷落后，日本又增加了一项赔款的要求。

蒲立德询问中国如何看待这些条件。我回答说，如果日本坚持要在华北保留一些军队，我认为其数量必须限制在1901年的辛丑条约规定数字之内。然而中国希望，为了进一步诱导日本从中国撤军，其他根据辛丑条约有驻军权的国家可以建议撤出自己的军队，并放弃他们在北平到山海关铁路沿线驻军的权利。至于经济合作，我说，这一问题可在一定的条件下商谈。

蒲立德议论说，对中国来讲，一揽子承认日本和北平傀儡政权签订的所有条约是困难的。我回答道，当然，那些条约必须逐一经过审查，以便确定哪些是可以承认的。至于上海，我相信中国将准备承认维持原状或至多是在西方国家保证下，承认1932年淞沪停战协定所形成的状况。

我补充道，依蒋委员长所见，如果不召开九国会议或另一个布鲁塞尔会议,或一个太平洋会议,远东问题就不可能得到令人满意的解决。

蒲立德说,他认为不能再召开一次布鲁塞尔会议的说法是没有道理的。至于这个会议的组成,他说,如果德国、意大利和俄国受到邀请而不来参加,其他国家为什么不可以进行会议。他认为,在达成一项解决办法之后,建立一个由美、法、英、中和日本组成的集团来和苏、德集团对抗,这也许是可取的。

我说,我对再次召开布鲁塞尔会议也颇感兴趣。事实上,除了解决远东问题和中日冲突之外,它也许会为解决欧洲局势提供一个接触和探讨的机会,尤其是在德国、意大利和俄国都出席会议的时候。蒲立德认为这几乎是不可能的,因为他觉得,如果这次德、法、英之间爆发战争,那就会是一场打到底的战争。他说,战争会延续几年或几十年。法国和英国都决心一劳永逸地解决欧洲问题。

这位美国大使还说,他将把我对他讲的话电告罗斯福总统,而且特别希望我转达蒋委员长,说他对委员长对他的信任表示感激,同时向委员长保证,他一向同情并随时准备继续帮助中国。

我要求蒲立德在他与罗斯福总统的通讯中,着重强调两点,并请求他下达指令,就此二点在伦敦和巴黎向英、法政府提出要求。第一点是,英、法应该继续对日本保持坚定立场,不能屈服于日本的任何要求,以免被解释为软弱而助长日本继续侵略中国。第二点是,必须在东京采取行动,要求日本停止所有在中国策划、拼凑以汪精卫为首的所谓"中央政府"的活动。如果这样的伪政权建立起来,那只会导致局势更加复杂化,使解决问题更为困难,对双方都不利。这将进一步引起重庆的反感,也会束缚日本的手脚,使其无法寻求任何全盘解决的办法。蒲立德答应在向总统汇报时强调这两点。

苏德条约的缔结,对中国政策的影响只是间接的,而它对欧洲局势的影响却是直接而立竿见影的。正像俄国的西线摆脱了压力一样,德国却先发制人地防止了西方民主国家和苏联联盟以反对自己,哪怕这只是暂时的。8月31日,中国政府的顾问宝道先生前来告诉我,以戈林为主席的希特勒的国防最高委员会已经设立了,这是很重要的事。据他说,这预示德国将立即对波兰采取军事行动。

第二天,即9月1日早上,我的二等秘书向我报告来自伯尔尼的消息,此消息已经由法国外交部肖维尔及来自驻巴黎波兰大使馆的报告证实,德国向波兰边界开始全线炮击,并且轰炸了波兰境内六个城市,两个波兰城市已被德军占领。我在日记中写道:

> 昨晚十点钟,从收音机中传来苏联批准苏德条约消息的时候,我就感到事件肯定是会发生的,正如我一向所说,如果事件发生,它将不会早于9月1日。

法国内阁下令在次日即9月2日进行总动员,我的日记继续记载如下:

> 这几天是历史上重要的时刻——也许可能是改变世界面貌和整个文明世界的开端。然而,人们还不能完全领会其实质。晚上8点钟上街散步,景象凄凉,街上冷冷清清,空旷黑暗,可以看到许多人肩上背着军用背包或防毒面具袋。

收音机中报道,下午6时英国议会开会。首相张伯伦谴责希特勒应负挑起冲突之责,要求柏林保证停止侵犯波兰的军事行动,并将德军撤回到其原来的位置,否则英国将撤回驻德大使。

第二天我去法国国民议会旁听达拉第总理就形势问题所作的重要讲话。他讲话的声调疲惫,指出他仍在继续等待柏林方面的答复,即关于要求其放弃对波兰的侵犯和撤回德军的答复。讲话也包括了张伯伦在伦敦提出的条件。也许,他还在等待柏林对意大利建议举行一次会议的反应。前一晚上法、英已经接受了这一建议。

次日上午 11 点 15 分,张伯伦首相在唐宁街十号发表广播讲话说,由于到上午 11 点钟为止,德国并没有给予任何答复,他被迫宣布,英国和德国已处于战争状态。达拉第跟着也这样做了。我在日记中是这样写的:

> 局势是如此严重而又变幻莫测,一时令人难以掌握。

9 月 4 日传来了令人不安的消息,轮船雅典娜号在爱尔兰海岸附近被德国潜艇击沉。这使公众更加面对战争现实。根据报纸报道,美国也更加接近战争现实了。法国宣布说,所有的武装力量已经开始行动,与敌人的接触愈来愈多。当天深夜,我们经历了第一次空袭警报。清晨 4 点钟,汽笛大鸣,所有的人——我的家属,工作人员和服务人员,不论外国人或中国人——都迅速戴上了防毒面罩,钻进大使馆寒冷潮湿的地下室。静等解除警报信号的滋味是难受的。一点也得不到街上情况的消息。到 6 点钟天亮了,所有的人都逐渐散开上楼去了,我也是在那时上楼的,但是解除警报的信号直到早晨 7 点钟才响。

那天中午,我同新任土耳其大使贝希吉·埃尔金先生就欧洲局势谈了一次话。寒暄之后,他解释说,他曾经当了三十年的兵,打过四次仗。欧战之后,在土耳其独立战争中他是陆军部长,同时也是公共工程部长。以后,他到欧洲参加了外交工作,为的是稍事休息。他在布达佩斯呆了十一年,发现匈牙利人是一个非常自豪的民族。他相信,在任何情况下,匈牙利都不会帮助德国打波兰。他说,匈牙利人民已经开始感到德国是他们的真正敌人。不幸的是,匈牙利同罗马尼亚的关系很不好。由于上次欧洲战争,匈牙利由一个二千二百万人口的国家降为八百万人口。在所有的中欧同盟国中,匈牙利损失最为惨重,一大部分版图被并入罗马尼亚。

我问他认为法国和英国帮助波兰的可能性如何,因为德国在地理上被比利时、荷兰和瑞士屏障着。埃尔金大使回答说,这主要看意大利的态度如何。意大利如果保持中立，英、法军队就很难假道希腊对波兰进行帮助。不过他的意见是，意大利从来不喜欢德国，现在终于有了一次摆脱德国和奉行独立外交政策的机会。

至于他自己的国家，尽管我直接间接提问，埃尔金大使都不肯表态，推说尚未从本国收到任何消息。但是，他主张欧洲所有的国家现在都应团结起来，和英、法一起对德共同作战，因为如果德国战胜了，欧洲的小国将很难继续成为独立国家。他说，这些国家已经是惶惶不可终日，唯恐遭到德国的统治。

欧战的爆发，使我加深了忧虑，担心战争对英、法的远东政策产生不利于中国的影响。我很想更确切地知道法国政府对急剧转变的局势有什么反应，特别是关于它对中国和日本的态度有何变化。因为殖民部长孟戴尔能够向我透露法国政府的远东政策是否马上就要改变，我于9月6日走访了他。

谈话开始，我告诉他说，由于法国目前正在与德国交战，这是德国侵略者强加给它的战争，我愿借此机会首先表达我以及中国对法国的同情。我说，法国的事业同样也是中国的事业，即为反对侵略而战，同时我也愿向部长保证，全中国将与英、法的事业休戚与共，全力支持。孟戴尔向我致谢，并说，他将把我刚才表达的祝愿向国务会议主席转达。

随后谈到了苏德互不侵犯条约。我问他听到条约签字时有何感想，法国政府对日本的政策，特别是关于中日冲突和印支的过境运输的政策是否有所变化。我很想让他明白，我充分了解新近的发展可能造成的严重后果。我说，在当前的情况下，我当然知道，法国有必要对日本采取一些灵活的策略，以便使其在欧战中保持中立。

我告诉他说，我也明白，苏德条约的目的在于使苏联在欧洲冲突中保持中立，而不是为了与德国沆瀣一气。苏联有两条战线——远东和欧洲，而远东战线由于日本的威胁，对于苏联更为严峻。因此,据我看来,莫斯科选择与德国妥协,把更多的注意力投向远东,并非不合理的事。虽然大家盼望的以法、英为一方同以苏联为一方的欧洲合作未得实现,但是,这三个国家的利益和美国在远东的利益,在日本的侵略面前,其实都是一致的。如果由于苏德条约,使得苏联对日本的压力增大了,而西方民主国家在远东又不断予以坚决支持,就可以促使日本放弃其侵略政策,实现问题的解决,这不仅对中国有好处,对四强也是有益的。我表达了热切的希望,无论如何,在劝说日本不要参加德国一方时,切不要忘了中国的利益。任何损害中国利益的做法都是不能允许的。中国的利益,归根结蒂也是美国和欧洲列强的利益。

孟戴尔说,苏德条约意味着国际局势中的一次根本变化,对于英国和法国来说,这实在是令人感到突然和焦虑的。他本人和许多人一样,曾经强烈地主张英、法应争取苏联的合作。但是莫斯科突然改变了政策,尤其是在欧洲局势的关键时刻,这自然会引起极大的愤慨和不满。他认为,莫斯科的动机不是想更有效地对付远东局势,而是希望在西欧的德国和英、法集团之间挑起一场战争,而自己则置身事外,以便以后实现其世界革命的意图。

不过孟戴尔说,他并没有改变其对华政策。他认为法国将来的态度要看苏联对欧洲战争的态度如何而定,同时也要看英国对日本的政策如何而定。孟戴尔还说,他也知道,在过去的四十八小时内,苏联已经通知华沙,苏联将保持中立,并将继续满足其需要。但问题在于苏联是否也向德国提供其需要的物资,甚至数量更多一些。既然战争已经开始,他就主张坚持到底直至最后胜利。因此他认为,法国和英国应该利用其所有的一切资源来达到此一目的。他说,由于地理位置所限,对波兰尽快提供援助是困难的。不过他本人已经拟订一项计划,要利用法国殖民地的一切人力和资源来帮助法国对德作战。只要意大利的态度友好,法国政府就可以派遣殖民地军队,经希腊的萨洛尼卡港从后方进攻德国。例如,他愿为此目的从印度支那征调五个师。但是要实现此事,就必须对日本处理得当,不给它任何借口对印度支那采取敌对政策。但是,他要我放心,法国的任何安抚日本的企图,如果对中国有损,都是不会成为事实的。

他接着说,诚然,他已采取一些步骤向日本表达法国的友好姿态。在德国侵略波兰的次日早晨,日本代办曾要求他允许建立一条自东京经印度支那到巴黎的航线。日本代办解释说,日本原来的意图是建立一条从东京到柏林的航线。但由于德国改变了对日政策,东京决定修订其原先的计划。孟戴尔说,如果这项要求是在四十八小时以前提出的,他就会回答说,他需要进行慎重的研究。但是在日本代表提出这项要求的那一天,局势已经发生了变化,他立即表示同意。

孟戴尔指出,俄国的背叛使局势有了很大的不同。但是他承认,伦敦和巴黎在同莫斯科的谈判中干得很笨拙,使莫斯科产生了怀疑和不信任感。他说,假如像克里孟梭那样的人当政,他一定会在两周之内使谈判达成协议。要是伦敦犹豫了,克里孟梭就会在某个海峡港口为英、法政府的首脑安排一次协商,并促成协议,同时派一名第一流的全权代表前往莫斯科签字。但是,他又说,既然已经宣战,那就要打到底。(他这种坦白的谈论,使我感到这位殖民部长对我是信任的。我相信他所说的涉及到当前局势和法国外交部处理外交问题的方式的话都是实话。)

至于远东,孟戴尔说,他的帮助中国的政策并没有改变,只是要服从对日策略的需要。他的意见过去是、现在仍然是,在中日战争中或俄日战争中,为了各方面的利益,都应该把日本打败。日本奉行的是一种侵略政策,而苏联不管怎么说,却肯定是在奉行和平政策。现在,俄国据有世界五分之一的面积,如果俄国的领土扩大到世界的四分之一,也不至于对法国和法兰西帝国构成威胁,因为法国和苏联的边境根本不相连接。(我认为这是非常现实的看法。)孟戴尔接着说,当卡特鲁将军被任命为印度支那的新总督时,他(孟戴尔)就曾指示他想尽一切办法在印度支那帮助中国。自从苏德条约缔结以后，他又曾致电卡特鲁将军，再次要求他继续执行原定的政策，只是不要引起日本的不良反应。

这时，我提到中国驻河内总领事已向我报告，新总督对中国的事业非常同情。我问他总领事是否能与总督讨论任何可能出现的问题，并把一切事情告诉他。孟戴尔回答说，这位总督与其说是一个军人，还不如说是一个政治家和外交家，他知识渊博，平易近人。中国总领事当然可以告诉他任何事情。但是总督必须把重要问题向他（孟戴尔）报告，才能最后决定。

孟戴尔和我还谈到卡特鲁总督曾下令限制外国人从印支银行提取存款问题（我还未及反对，孟戴尔就告诉我这个命令已经取消了），也谈到中法工业合作问题，并提到过去孟戴尔和我关于这个问题的谈话，在那次谈话中包括一旦战争危机威胁到印支安全时的军事合作。我告诉他说，蒋委员长已秘密通知我转告他（孟戴尔），同杨杰将军讨论中、法密切合作的问题不再是适宜的了。我说，如果他（孟戴尔）将此事通知布吕尔将军和国防部，我将非常感激。孟戴尔问我杨杰将军是否还在其位，我回答说，杨已被召回了。

这里，我想多说几句题外话，这些题外话最终将能澄清当时中法合作情况可能出现的问题。我要说明中国大使馆在巴黎执行其任务时所遇到的一些困难。这些困难并不严重，但主要都是由于重庆增派各种使团而引起的。例如有各部的特派代表，如财政部、军政部、经济部、交通部甚至教育部等；有政府和国民党的重要领导人，如孙科、陈公博和李石曾，他们都是以半官方身份被派出海外与欧洲主要政府的领导人和权威人士进行接触，以寻求他们的同情和合作的；还有外国人，他们被派到海外，负有特殊使命，代表中国政府或政府的个别部门；另有一些中国的外国朋友，他们或以自己的名义，或以所代表机构的名义，到大使馆征询、求助。对于这些，我一般都责无旁贷乐于提供，但是满足他们所有的请求，并不都是轻而易举的。

有一些请求,像要求把他们介绍给适当人物或安排会见或商谈,这些或多或少都是一些例行公事,不会发生特殊的问题。还有一些像要求额外款项或要求往外发送函电或报告,就会引起一些行政管理方面的困难。例如,这些人中有些人要求把他们的电讯转给他们所代表的各部或部门,因为那些电报费严格说来都不在大使馆预算之内,常常不能得到外交部批准,同时这也大大增加了大使馆电报费用的支出。此外,还有其他一些请求,却常常引起一些很难处理的问题。

重庆各部或部门向巴黎派出代表往往缺乏协调。各代表之间的分工很不明确,在职能和活动方面常有重叠之处。另外,各个部门,包括最高当局,经常对其在法国的代表下达指示而不通知巴黎大使馆。因此,当他们把这些指示告诉我的时候,我照例是全部接受。但是,他们的解释并不都能确切反映派遣他们的部门或权威人士的观点,这也许是由于他们办理外交还缺少经验。大概他们没有经过外交工作所需要的特别小心谨慎的训练,即应该慎重一点而不宜轻信人言。

关于他们发出的报告,代表们常常是直接呈送他们各自所属的部门,而不事先要求大使馆进行核对。这些分致重庆各部门的报告,并不都与实际情况相符,因为代表们并不充分熟悉当时的情况,或者对一个问题的背景过程全无了解。这也是由于他们在外交工作方法方面或者是没有经验,或者是缺少训练,又不注意小心谨慎,而这对避免误解和使政府得到准确的情报都是很必要的。这些各种各样的代表比起受过训练的外交家来,常常容易在报告中掺杂个人的主观意见。而收到这些报告的重庆各部门,对于他们自己的代表直接发来的报告,自然都给予最大的信任。但是由于我以上提到的原因,这些报告常常与外交部从大使馆收到的报告不相一致,这就在各部门之间和各部门与外交部之间引起了麻烦。

最后,代表们彼此之间有了意见和纠纷,他们也来找大使馆评论是非,但要以公正的立场解决他们的纠纷,则并不都是容易的事,特别是在欧洲和远东面临危机,大使馆担负着不寻常的重任的时候。尽管如此,只有一次,在一位代表和中国大使馆之间发生了一件严重的合作问题。

我曾大致述说了杨杰将军于1939年4月30日到达巴黎的情况,以及他5月份出使法国的来由和性质。我们也应该记得,他在1938年曾数度来到法国,并曾于1939年初来到巴黎,与法国工厂联系安排关于中国购买军需品和武器事宜。这批物资准备向苏联或其他欧洲国家如法国或捷克斯洛伐克购买,而资金则来自苏联的援助贷款。他同时也办理其他军事性质的事务。

由于杨杰的活动,在巴黎引起了各种各样的问题和纠纷。但是因为他的活动都是秘密进行的,我当时并不清楚。我以为杨的所作所为,当然是按照委员长或孔祥熙的指示行事。我认为他的工作很有用。事实上,我倒有几分高兴能有一位高级中国代表被委任来处理军事机密事宜,特别是有关购买武器弹药和其他军需物品。

这并不是一件特别使人愉快和庆幸的任务。在过去,这种性质的使团常常引起怀疑,有时还会招致诬蔑,说从事这种使命的人是在寻求个人的利益。我记得在第一次世界大战期间,我是驻华盛顿的中国公使,中国派了一个海军军事代表团到美国,其使命一部分是向美国表示友好,一部分是为了获得武器弹药,供中国军队使用。不幸的是,在制订和执行合同的时候,代表团的一些成员表现得特别热衷于染指其间,其态度很使人生疑。终于代表团的领导人建议我也参与这项交易,还提出由我们共同分享所得利益。这在当时不仅使我大吃一惊,也给了我一个机会为此事对他教训一番。有了这种前车之鉴,我很庆幸能有像杨杰这样的人专为中国军队购买武器弹药和办理一般军事事务,而且为了同他的工作不发生矛盾,我暂时脱身不参加同法国当局谈判有关这方面的事务。

1939 年 2 月 23 日，为澄清这一问题，我向外交部拍发了一份电报。我先谈到外交部 917 号电报中所给的指示，即让我经常同法国殖民部和其他有关部门和当局联系，商谈军事物资的过境和法国向中国提供军事物资供应的问题。我说，我要向部里报告杨杰大使所告诉我的情况。杨杰曾告诉我，他到法国的部分使命，按照委员长的命令，是要秘密商谈获得军事技术合作和军需供应，包括运输到中国等事宜。他还告诉我，他已获得明确指示，所有谈判情况都应直接地和秘密地向委员长和行政院长孔祥熙报告，而无须通知大使馆。他还说，他已把这项指示通知了法国当局。

我说，有鉴于此，在过去三四个月里，除通过印度支那的过境运输事宜外，我已经停止进一步洽谈这些事情。也决定不再继续我同殖民部和法国政府的其他有关部门一直在进行的会谈，以免和杨杰的秘密商谈形成矛盾，从而避免造成中国方面可能出现的任何不同见解和看法。此外，因为已经委任一位特派大员来进行这项秘密事务，大使馆再继续进行商谈就毫无必要了，而且法国方面对之也不会高度信任。在电报结尾时我说，我的整个目的就是要获得具体效果，有利于中国的抗战，同时我认为我不应当有其他计较。

我把这封电报拍发后不久，一位潘先生来大使馆访问了我。他是一位化学工程师，由经济部部长翁文灏以特别代表派往外国，商谈贷款和在中国建立一些制造火药和其他基本军火材料以及某些工业用酸类的工厂。作为经济部的主要技术代表，他要与一位代表中国工业利益的人和一位代表中国建设银公司的人合作，以实现其使命。据他报告，这个小组曾经商谈和起草了一份计划，准备开始与法国当局交涉，以期获得法国的合作。他要大使馆为他们安排与法国各有关部的代表洽谈。

我没有立即答应，准备先与重庆联系，弄清楚这是否在杨杰的活动范围之内。因此，我于 2 月 28 日通过外交部致电翁文灏部长。我先述说了潘某对大使馆的要求,然后又说,最近来自莫斯科的杨杰大使告诉我,他奉委员长之命,作为委员长的军事代表,进行有关军事的秘密谈判。我说,我认为潘先生要求我与法国政府联系之事,包括安排会议在内,当然在杨将军使命范围之内。我解释说,关于会谈情况,因为杨杰已告诉我,他奉命只直接向委员长汇报,所以大使馆并不知情。因此,关于潘要求我与法国政府进行联系一事,我确实感到犹豫,因为这事可能已经包括在杨杰会谈的范围之内。如果我插手此事,我所做的任何安排,都可能与杨杰的安排相矛盾。要是发生了这种事,那只会使法国政府感到怀疑和误解,从而造成不必要的麻烦。在电报将结尾处,我对翁文灏说,我认为经济部所从事的工作以及指示潘先生所进行的一切,必定是在充分考虑到杨将军在法国的使命之后才决定的。所以我希望更具体地得知我是否应当和如何对潘先生在法国的使命进行安排。

这两封电报就直到那时在巴黎的有关情况作了一些说明。直到那时为止,并没有任何杨杰有异常行为的具体迹象。3月19日,我直接收到委员长一封3月18日发出的电报,这是我从重庆得到的第一个迹象说明事情有些蹊跷,增加了我的怀疑。

委员长的电报告诉我,他已收到杨杰的一封电报,谈到他与法国当局就从法国政府获得贷款的问题进行了洽谈。杨杰说,由于当时法国政府财源的限制,同时为避免政治上的麻烦,法国政府决定通过一个包括有荷兰、比利时和法国银行在内的银行团,间接对中国提供财政援助。由这个银行团向中国政府贷款二千万英镑。电报继续说,杨杰还报告,他已着手与英国财政大臣约翰·西蒙爵士商谈此事。西蒙已同意通过英国和荷兰的银行团对中国提供财政援助。这两项贷款总共四千万英镑。据杨报告,这件事已以沃尔夫先生的名义安排,沃尔夫是荷兰的著名企业家。协议已经拟定并开始进行商谈。银行的考虑是,贷款将采取信贷形式,以适合于商业流通的商品支付。关于沃尔夫,杨将军还说,此人从前曾向西班牙提供价值二千万英镑的军火,其企业的经营规模可以从下列事实衡量,他正经营价值二千万英镑的苏联木材,并能以此控制中欧和南欧的木材市场。

在电报的结尾,委员长说,这事至为重要,可能产生重要的后果。他要我弄清楚法国当局是否真的同意对中国提供秘密援助,还要知道沃尔夫的身份和背景。他要我亲自进行查对并秘密向他报告。换言之,杨杰的报告有些捕风捉影,委员长要我加以核实。事情似乎是,杨在作了这种乐观的报告后,并不能使贷款成为现实,而重庆见杨所说的一切未见成效,催促也不见结果,当然对他产生了怀疑。

3月25日,我经过一番必要的查询之后,随即电复委员长说,关于所提法国政府向中国提供财政援助等情,据悉此事系由法国财政部长直接掌握,具体事务则责成财政部秘书长负责处理。这和英国给予中国用以稳定货币的贷款或信贷一样,都是委托秘书长经办实际工作。因此,财政部秘书长必然知道此事原委。我曾试图间接从他那里查明杨杰将军报告中谈到的贷款事宜,秘书长的回答却是对此事从无所闻。他还说,根据法国的法令规定,任何法国银行如欲向外国贷款,首先必须得到法国财政部的批准。我在复电中还报告说,我亦曾向法国银行界作过秘密调查,他们也都没有听说过杨杰将军所报告的事情。我还说,据我所知,杨杰将军经中国驻巴黎总领事馆介绍,曾与法国某些方面有过接触。然而法国方面的人是谁?或者接触的是法国当局哪些部门,杨将军对我则讳莫如深,从未提过一字。

我报告说,至于沃尔夫这个人,我曾去荷兰作过调查。从荷兰政府一位前任大臣处获悉,沃尔夫控制着大量金融资产,对许多企业,尤其是对销售军火的企业深感兴趣。此人工于心计,在商业来往中素喜翻云覆雨,诡诈百出。因此这位前大臣警告我们说,同沃尔夫在商业上打交道时,必须小心谨慎。

3月20日,孔祥熙拍来一封由我亲译的绝密电报。他在电报中说,委员长收到一份密报,大意是驻巴黎武官唐将军在执行任务时很不谨慎,阻碍了军机要务的安排,孔希望知道事情真相,因此要我查明回复。他在电报末尾还提到,杨杰将军已在法国接洽一笔贷款。据他了解,对方代表是一个名叫沃尔夫的知名荷兰企业家。孔和委员长一样,想知道沃尔夫的实际情况,拥有多大的金融实力,行事可靠与否。孔也要求我做一次暗地调查,并将结果向他秘密报告。

3月31日,我复电孔祥熙。关于沃尔夫其人和与法国接洽贷款一事,我向他提供的情况和我18日给委员长的电报内容相同。关于武官唐将军的事,我向他报告了我所知道的情况,以及我不相信对唐指控的理由。我说,有一次杨杰对我说,1938年10月,一批原已得到法国当局同意假道印度支那转运的苏联物资,由于法方中途变卦而被扣留。据杨说他从某位法国官方人士处获悉,这是由于泄漏了消息,因而引起日本向法国政府提出了抗议。他认为是唐将军走漏了风声。杨杰在企图诿过于唐之后,还举出法国当局会见他通知此事缘由时,李石曾先生也在座。

杨杰告诉我的这件事,使我很感意外。我立即着手通过若干途径作了秘密调查。正如我在复电中对孔祥熙所说,首先我询问了唐将军,他说从未听到过军用物资过境之事,完全不了解情况。然后,我同李石曾交谈,李把他陪同杨杰拜会法国殖民部长时的全部谈话内容,从头至尾对我叙述了一遍。关于苏联物资在印度支那过境问题,法国当局认为泄漏消息可能是由于中国方面的疏忽,没有注意采取特别防范措施,消息可能是在中国国内,也可能是在国外泄漏的。李说这位官员也提到唐武官曾到殖民部拜会过一次法国殖民地军参谋长布吕尔将军。但这句话指的完全是另一件事。我在电报中说,可能是出于翻译的误解,把泄密问题和唐的名字联系到一起了。(应该指出,李石曾精通法语,不用翻译就能懂得对方所谈的一切,而杨杰则不懂法语。)

我在电报中进一步解释唐将军不可能与泄密事件有牵连的

理由。第一，法国外交部和殖民部对于准许我国军用物资在印度支那过境问题，始终存在着意见分歧。法国外交部曾多次允诺让物资过境，以后又翻悔变卦，声称这是由于我方不慎走漏了消息。但是，每次法国外交部作出这种断言时，其实并无任何根据。尤其是在所提到的 1938 年 10 月那段时间，法国外交部于 21 日、25 日两次致函殖民部，反对让中国军用物资在印度支那过境。殖民部长给我看过这些信件后，我指出在第二封信中谈到的问题，实际上是一两年前发生的事。我向孔解释道，事实是当时广州和汉口刚刚陷落，法国外交部倍感不安，为了对日本特别谨慎起见，外交部再次提请殖民部注意，要严格执行禁止中国军用物资过境的规定。

第二，无论杨杰在什么时候同法国哪个部门接洽何种事务，不管是有关采购军用物资问题或是有关借款和金融信贷问题，法国政府对他的全部活动都了如指掌。因为据我所知，法国政府接到了全部情况的秘密报告，这在法国是很正常的现象。其中有一个报告谈到了杨杰和大使馆的关系，法国政府已将其转交给我。这份报告提到杨杰在谈判这些事务时，总是通过中国驻巴黎总领事馆进行。无论会晤什么人，也总是安排在总领事馆见面。当人们问他为何不按照正常渠道，通过中国大使馆或中国武官处开展工作时，他总是说顾大使呈送中国政府的报告常对法国政府表示不满，他怕这类报告会使法国当局感到不快。至于为什么不通过唐将军办理，杨杰告诉法国代表说，唐经常同日本驻巴黎武官互相来往，所以对唐不能信任。与杨杰进行谈判的法方代表在呈送法国政府的报告中，认为杨杰的解释违反常理，是站不住脚的借口。因此，法国政府将这一报告抄送给我参阅。

我在致孔祥熙的复电中说，唐将军毕业于法国军官学校，成绩优异。一贯以处事谨慎为人所共知。他在同法国总参谋部和陆军部的接触中，从未听说过有任何措置失当或令人不快之处。至于法国对中国大使馆的态度，不论在法国政府内外，我也从未直接或间接听到过对中国大使馆的不利批评。

我还说,助理武官马上校和唐将军不同,显然得到了杨杰的信任。杨总是请马在法国替他作些安排和布置。但马一向与唐不和,这也是事实。最后我说,至于谈到唐是否曾对某些重要军事问题从中作梗,我还从未听说过唐曾干预或妨碍任何一项具体工作。

情况似乎渐趋明朗,杨杰在巴黎的谈判中,是以他个人的好恶为转移的。他不仅关注于他使命以内的事,而且对他使命以外的事也总要插手。此外,他处理事务时一切均由个人包办,不容许别人主动给以帮助和支援。对于别人的好意,他反而认为是干涉,只愿寻找那些恭顺驯服、唯命是从的人作为臂助。

大使馆武官唐将军是个有独立见解的人,很被人器重,尤其受到法国军方的尊敬。因为他是法国军官学校的毕业生,能说流畅的法语,在中国和法国军界均颇有声望。他同法国人打交道是很严格认真的。大约正是由于这些品质,杨杰把他看成眼中钉。唐的独立见解和忠告建议恰恰与杨的习惯偏爱和一贯作风背道而驰。可能当杨表现不悦时,唐亦不稍忍让而加以回敬。由此可知为什么杨将军向中国政府报告说,唐将军是法国军方所不欢迎的人。从而导致孔祥熙发来密电,要我把这些一面之词加以证实。

我和唐将军同样对这种指控感到意外。但我认为难以理解的是,杨将军从未向我谈过一次他对唐的看法,而是秘密地向委员长报告唐的缺点,指控唐在巴黎对他开展工作是一种阻碍。实际情况是,由于他对大使馆保密,我在接到孔祥熙的电报以前,一点也不知道这些事情。

我想唐一定对整个事件感到十分愤慨。他很快就发觉杨杰秘密向中国最高当局告了他的状。5 月 13 日,他到大使馆对我说,鉴于杨杰对他的指控,他希望我对他的行为作一次彻底调查。同时,他给我看了法国当局发给他的 1939 年全年通行证,这证明那些不利于他的所谓事实完全是不确实和不公正的。他显得颇为心烦意乱,对我说,他打算带着手枪去找杨杰对质,质问杨为什么一直这样诽谤他。5月17日,唐果然拿来一份正式呈文,恳求我对指控进行彻查。

与此同时,我认为有必要把杨杰在巴黎的活动,再次电告孔祥熙。1939年5月6日,我在电报中说,杨杰将军于5月初抵达巴黎(前已提到他此行的正式使命是聘请法国军事顾问),从他到来之后,许多军火工厂派代表到大使馆反映,中国驻巴黎总领事馆通知他们,最近组成的中法贸易公司已于5月1日开始营业。有关购买军事物资与军火的全部交易,都由该公司集中办理。此外,中国政府采购团刚到巴黎,利用中国总领事馆作为采购团的办事处。(或者更确切地说,是利用领事馆的新扩建部分。)各军火工厂代表要求了解所有这些情况是否属实。

我在电报中继续说道,同时,法国最高法院的一位律师给大使馆来函声称,该院收到所谓的中国中法贸易公司一封来信,据说同这个公司达成的全部交易,将由中国大使担保。这位律师要求中国大使馆证实一下是否确有其事。我在电报中说,中国大使馆不知道这件事,因此无法答复。再者,律师信内提到的中国大使,我不知道他是指谁而言。究系指杨将军呢? 还是指我?

我接着对孔说,此事关系重大,涉及军事机密。如果对外界质询长期拖延不复,不仅使我心难安,而且其后果堪虑。我猜想他对杨将军这次使命的性质必然知情,因此,希望他明确告知,应该如何答复法国律师的函询为宜。

5月10日,我收到孔祥熙复电,对我的问题作了坦率的答复。孔祥熙说,杨杰将军原来是负责掌管苏联援助事项的。但因杨于去冬赴巴黎后曾迭次来电,据称法国总理亦有意向中国提供军火,为此,委员长训令杨将军继续进行接洽,从而开始了同法国的商谈。最初,谈判似乎有些进展,但不久就发生了变化。一名荷兰人出面谈判,由他代为联系贷款给中国的事务。孔说,他得讯后立即对这种谈判的可靠性产生了怀疑。根据谈判商定,贷款总额为四千万英镑,仅供购买军火之用,中国在六年内用原料偿还。在协议草案中,最重要的条款是由苏联出面对此项贷款进行担保。之后,杨将军发来不少电报,坚称议定书完全可以信赖。上月杨去莫斯科,请求苏联承诺担保,但遭到了苏联政府拒绝,理由是这样做有悖于苏联的国家政策。

孔祥熙继续说,他对杨将军最近的巴黎之行毫不知情。杨以往处理事务,常常出现越权行为,但只要最后确实能有利于国家,他也就容忍不问,所以并未追究过这类事情。孔说,他很清楚,杨将军这次又越权了。假如最终结果真的能给国家带来一些好处,那就另当别论。否则,杨应负全部责任。至于大使馆和我个人,孔说没有理由要我代杨受过,尽管放心,不会把责任归咎于我。

谈到中法贸易公司的开业,由中国大使馆为其业务提供担保,以及中国政府采购团到达巴黎等事宜,孔说杨将军对他一字未提。关于法国最高法院律师要求证实由中国大使馆担保一事,他说我可以如此答复,大使馆对这一切未曾过问。最后,孔要求对他的来电内容保密。

孔祥熙 5 月 10 日的电报,甚至比委员长的电报透露出更多内情。毫无疑问,杨杰在巴黎的活动采取了隐蔽的方式,因此,重庆对他的所作所为,日益感到不安。巴黎的国民党党部也注意到了他的活动,党部书记长邱(音译)先生就对我讲过多次,还说他已向重庆国民党中央执行委员会汇报。当时我曾劝他不必急于上报,待查明事实真相后再汇报不迟。显然,邱经常得到唐武官的情报,唐是驻法国国民党党部的重要成员。此外,邱也在与其他人的接触中,知道了杨的活动情况。

外交部通过我的电报察觉到事情有些蹊跷,但对于真实情况也感到茫无所知。因此,当国民党中执委程天固于 5 月 31 日由重庆到达巴黎后,向我解释他此行使命时,我并不感到意外。据说他有两项任务:(1)调查杨杰在法国的活动;(2)检查驻欧洲各使馆、代表团、领事馆的工作。

杨杰的异常活动和阴谋权术打破了在巴黎的中国官方和非官方人士中一向平静的气氛。他挟嫌密告唐将军的举动,以及驻巴黎国民党党部关于他同驻巴黎中国总领事黄正互相勾结进行活动的报告,肯定使重庆方面大为不满。因此才派程天固前来巴黎,表面上是对大使馆和领事馆进行全面工作检查,同时也负责调查这件事。特别是因为此事关系到杨杰和黄正总领事。

6月4日,我邀请程先生和巴黎国民党党部的邱先生吃午饭,就便讨论这个问题。应程先生的要求,我给他看了载有杨杰及驻巴黎总领事馆活动情况的文件副本。6月12日谢东发(此人是受过法国教育的大使馆参事)给我送来四份签证,这是经总领事馆新设办事处签署并由该馆临时雇员臧侃(音译)经手发出的。由于法国内政部曾与法国外交部外侨管理处处长隆姆联系,按照他的建议,巴黎犹太人团体的代表拿着这些签证来大使馆反映情况。签证上有黄正总领事的中文签字和总领事馆的公章。应程天固之请,我把这几份签证连同申请签证人的名单(其中有206名德国、波兰、捷克、匈牙利、意大利籍犹太人和51名无国籍犹太人)随后也送给他看了。显然,旅行社和总领事馆签证部门之间订有一项协议,使几百名从法西斯和纳粹统治下逃出来的犹太人获得中国政府的护照。但令人难以置信的是,申请人要付出800法郎才能得到一份签证,这大大超过了正常收费的标准。并且,正像给我的报告那样,这笔钱由某一旅行社与中国总领事馆分享,而犹太人只有通过这家旅行社才能向总领事馆的新设办事处请领护照。显而易见,这不仅是一种违法越权,无可置辩的舞弊勾当,而且是发证经办人乘犹太人之危的剥削行为。

6月14日,在大使馆、总领事馆和国民党巴黎党部联合举行的"总理纪念周"集会上,我乘机询问黄正,总领事馆是否收到了许多要求去中国的签证申请书,他回答说只有大约十几个人来到新设办事处申请,其中绝大部分是犹太人(仅在两天前,我已收到一份名单,上面列有二百多个申请人的姓名)。黄正接着说,犹太人保护协会秘书长曾问过他,犹太人是否能够移到中国定居。他答复说,此事须待接到建议细节之后,请示中国政府再作回复。

法国当局对总领事超越常规的行动也特别注意。6月16日,谢东发告诉我,法国外交部通知他说,已指示驻重庆法国大使馆通过中国外交部查明驻巴黎中国总领事是否有权签发护照。同时,法国国家保安局的达里先生交给我一份情报资料,其中谈到中国领事馆新设办事处的活动情况。他说法国国家安全局正在注视新设办事处,并且认为应该让我知道。

与此同时,程天固要我提供我在5月间给孔祥熙回电中所谈事项的证据。我在那封电报中谈到,采购团和发签证的办事处都设在领事馆扩充的办公楼内。我把所有的证件都交给他审阅。6月20日,他再度找我说,关于杨杰将军的活动情况,他已向孔祥熙送去一份报告,其中也包括我在5月间给孔的回电内容。应他之请,我给了他一份由臧侃以黄正总领事和总领事馆名义发给犹太人签证的照片。程先生搜集了一切可能搜集到的有关材料,以极为勤奋和谨慎的态度进行了调查研究。

一星期后,当我们共进午餐时,程天固让我看了他给孔祥熙报告中引用我向他汇报大使馆工作的那一部分内容。他再次劝我对杨杰要倍加小心。杨在给重庆的电报中,十分粗暴地反对我,疑心我企图阻挠他。当然,如程所知,杨没有任何根据。关于总领事馆签证问题,我给他看了外交部的答复。我说,我从来不想干预杨杰的任何活动,现在竟把我当成与杨杰有争议的一方,我表示异议。

关于黄正,我了解到他已接到外交部的电报,命令他立即回国。我说他到处竭力替杨杰牵线,甚至利用他与李石曾、孙科的一些接触向杨讨好。程天固清楚,黄正对于要他回重庆很感意外。显然,当时黄正意识到杨杰在法国使命的重要性和活动范围的广泛,想参加到杨的活动中去,成为杨的替身。利用他自己能讲法语以及同法国军火工业部门和一些政治领导人熟稔的关系，使自己变成杨所离不开的人。

7月1日，程要去伦敦进行一些其他方面的工作，我再一次同他谈话。他告诉我，李石曾在给外交部长王宠惠的电报中，说他（程）建议委派黄正到莫斯科大使馆去任参事，这使他感到十分惊讶。程说，他认为最好暂时让黄正仍留巴黎和我在一起，因为杨杰谋求贷款的努力必然要遭到失败。（他知道，这样一来黄正当然也就无所仗恃了。）

同天下午，我从法国国家保安局收到一份关于总领事馆签发"假"签证的报告。之后，在下午6时李石曾前来找我谈话，我们谈论的主题之一是杨杰对我的敌视。我提起这件事，李即表现出早已完全知道的神态。似乎殖民部长孟戴尔曾给国联秘书处的拉西曼博士（他是李的朋友，也是孟戴尔的朋友）看过几封别人写给殖民部长的信，信中报告了所谓杨杰将军和我发生龃龉的事。李还谈到程天固也同他有过接触，据程说这些信提及我有反对杨杰在法进行工作的活动。我对李石曾谈了事实真相，其内容与我以前对程所谈的一样。当时，我还曾向外交部发过一封长电，报告实际情况和总领事馆办理签证的原委，以便澄清事实。我拿出那些签证照片给李看。李告诉我，孟戴尔曾对莫泰说，孙科在黄正陪同下拜访过他（孟戴尔）。他对黄感到十分惊奇，因此对黄进行了调查。

李石曾接着对我说，当法国当局要求外国人不要向大使馆讲述什么事情时，原本意味着由官方出面正式处理该事的时机尚未成熟。但是中国人常把这种要求领会错了，以为是对大使馆不信任。他说，对唐将军在巴黎的活动加以怀疑，其情况和大使馆遭到误解的情况没有区别。我猜想他的意思是说，对大使馆及其武官的种种流言，是由于有人被要求暂时不要对大使馆讲述某些事情，因而引起一些中国人误解为法国不信任大使馆和武官唐将军。

我和李石曾谈话时,由于形势的发展,情况变得更为复杂了。6月26日,我接见前任印度支那总督瓦伦纳时,他给我读了一段重庆来信。信中谈到要我赴重庆任外交部长,而由当时重庆的外交部次长曾镕甫接替我的大使职务。我当时认为这个消息相当离奇,因此对瓦伦纳说这是异想天开。但需要说明一下,无论从我的观点来看,还是从抗日战争生死搏斗的观点来看,这个消息是荒谬的,我觉得我在巴黎更有用处。然而从重庆的观点来看,这个消息也并非完全不合情理。

　　现任外交部长王宠惠先生在国民参政会得不到充分的尊重。据我所知,有些人说他缺少魄力,如果遇到困难,他就畏缩退避。加以他说的官话广东腔太重,别人难以听懂。3月底我曾经听说王有意辞职不干。同时,曾几次要求我接替外交部长职务。至于驻巴黎大使,曾镕甫倒是一个适宜人选。他曾任铁道部次长一直到1938年,他特别关心印度支那的过境问题,而这件事正是驻巴黎大使馆的头等重要任务。

　　6月30日,我收到外交部长本人发来的一封电报,通知我正在考虑调我担任其他职务,但不是担任外交部长。这封电报说,政府准备调杨杰大使回重庆另有任用。可是杨在莫斯科的职务十分重要,只有像我这样年久资深、声望很高的人才能胜任。因此政府已经决定任命我出使莫斯科。

　　瓦伦纳的消息虽然不大确实,但已预先告诉我就要发来这类调任电报。尽管如此,我仍然对来电感到惊异。我在巴黎正致力于促进各个领域中的中法合作,事在中途,绝无离开法国另就他职之想。我虽未立即作出反应,后来还是复电重庆说,我将对此事缜密考虑后再作决定。同时,我于7月2日致电外交部次长徐谟说:"我正考虑此事。但孙科现在莫斯科,何不请孙就近出任?再者调我离法赴苏,未悉是否尚有其他特殊理由或实际需要。"

　　7月4日,孙科从莫斯科抵达巴黎。7月13日下午,我见到孙科并告诉他,我可能调任驻莫斯科大使。当时孙未表示任何意见,我也不期望他有何表示,因为我的目的只是告诉他有此可能性而已。但四天以后即 7 月 17 日,孙的代表团顾问同时也是他的密友、侨务委员会副委员长陈庆云来访。他对我说,孙曾同他谈过我可能调任莫斯科的问题。孙科认为苏联的情况与其他国家迥然不同,难以应付,亦不易取得任何成就。因为在苏联,事无巨细,均取决于斯大林。孙认为我最好是去华盛顿。至于驻莫斯科大使职位,最好是派一位军人去担任。待孙本人确定原则后,可由该军人大使执行军事与援助协定的细节。由此看来,孙科本人显然不想担任这一职务。我原认为孙科或许是一位更合适的人选,因为人所共知孙科是苏联的好朋友,又是重庆中苏友好协会主席。根据这种身份,选任孙科最为有利。

8 月 5 日,我再次致电外交部次长徐谟,询问他关于提议我调任莫斯科一事有何消息。虽然这是政府第二次要求我去苏联担任大使,但我最后还是决定“难以从命”。我认为这次拒绝同上次一样,尽管理由不同,但都是论据充分的。我觉得欧战已迫在眉睫,肯定在年底以前就要来临。欧洲局势如此紧张,消息灵通的人都断定战争已不可避免。果真如此,则我认为巴黎是作为观察中心的理想地点。因为巴黎是各国重要政治家和外交家进行重大活动的场所,在巴黎我可以很容易地接触他们,搜集重要情报向重庆汇报。

7 月 17 日晨,我会见了程天固。他特意前来就总领事馆新设办事处内有关黄正总领事的活动问题,同我进行讨论。他建议把黄找来,当着我的面详细盘诘一下。我不赞成这个主意,因为这样一来好像我也成了被告,必须与黄对质。程立刻明白了我的意思,所以解释说我可以作为一位质询人在场。我想即使如此,最好还是不要接受他的邀请。况且他曾对我说过,黄正已给外交部去电,声称所谓领事馆新设办事处发出的签证,实际上都是大使馆为了使他名声扫地而伪造的。这简直是岂有此理!我对程说那是公然撒谎。

7月22日,黄正来到大使馆要求获得必要的证件,以便他可以去比利时、荷兰、匈牙利和波兰。理由是杨杰将军需要他协助工作。那天晚些时候,我收到了杨一份同样内容的电报。当然,我已据此向外交部发电请示。

两天后(24日)程天固来访,要我核实法国外交部外侨管理部门打来的电话。那次电话肯定了总领事馆应对发放伪签证一事承担责任。程还谈到孙科对黄正很生气,因为孙发觉在我告知他此事之前,黄已离开巴黎。程说他将电告外交部,要求把黄正扣留,进一步加以审查。

同一天,李石曾前来商谈各项事务,其中也有黄正和总领事馆新设办事处发放签证的事,他请求我致电外交部替黄缓颊,并希望给黄充分时间,让他自己对发放签证问题进行彻查,以便黄能离开法国去帮助杨杰。他说用这种办法才能消除杨将军的误解,同时也可使杨不至于在法国人面前出丑。否则,由于杨将军对黄极为信任,而杨又是委员长的私人代表,正在同法国进行对中国极为重要的谈判,如果黄受到处分,甚至会有损委员长的脸面。我说丢脸可能有两种情况,如果不给黄正处分,外交部就要丢脸。况且法国人早已洞悉此事,倘若姑息不究,也将玷污中国政府的名誉。

李石曾还谈到有关中法军事合作一事,杨将军已致电委员长报告,委员长把该电批转孔祥熙,孔复电杨将军提出询问,杨感到诧异,怀疑我伙同别人跟他为难。杨杰这种毫无根据的猜疑,又一次使我感到震惊。我认为黄和杨是在竭力想抓住任何一点理由,来为他们的行为辩护。其实他们自己也很清楚,他们的所作所为是不能摆到桌面上来的。

当晚9点15分,我去找程天固交给他所要的另外一些证据。我让他看了外交部给我的复电,内容为批准发给黄正通行欧洲的签证。程通知我说,他限黄在星期三(7月26日)下午5时以前,必须提出黄所谓的大使馆伪造的签证。可是黄至今仍未送来他已应允交出的证据,只是给程一封由黄的法律顾问所写的信件。程说那毫无用处。程还谈到,黄正曾告诉他有一位叫李普曼的法国人,是由巴黎国民党党部的邱先生介绍到大使馆来的。但他不在大使馆内工作,大使馆每月却付给他五千法郎,目的是为了让他搜集反黄的证据。我在日记里对此写道:"弥天大谎。"

7月28日,大约在中午时分,程突然来访,神色显得有些激动。他召集了我和大使馆的郭参事、谢参事以及汪秘书进行讨论,我们磋商是否应该要求法国警察局帮助,向下述三方面进行调查:

(一)法国运通公司(一家法国旅行社)的一位雇员。

(二)另一家旅行社。

(三)一个名叫蒂尔科的皮匠。

程主张在必要时逮捕这些证人,因为他们显然作了伪证,不同程度地卷入了声名狼藉的黄正的签证事件。

8月15日,我设晚宴为即将返莫斯科的孙科饯行,席间我同他作了一次长谈。我记得我们曾谈到苏联对中国的政策与援助,孙对我说杨杰将军就要离开莫斯科回国,他这次返莫斯科,就是要使杨便于回国。他说杨和殖民部的布吕尔将军讨论了中法合作保卫印度支那的具体计划,委员长急待从杨那里了解详情。

大约一个月后,即9月11日,这时欧战已经爆发,我才得悉杨杰在巴黎谈判的详情。那天我收到委员长一封附有报告的电报,其内容是本年春季杨杰同法国人会谈的情况,要我加以评论。报告包括杨和法国军事当局达成的协定草案原文及1939年5月16日杨给委员长电报中提出的个人看法。

协定草案的第一部分:甲章包括六项条款,规定中法合作的目标以及实施该协定的条件。乙章包括四项条款。丙章规定本协定在两国最高军事当局之间签订,无须通过外交途径,双方必须遵守这个条件。英法军事互相合作条约就是两国最高军事当局签订的,并未通过外交渠道。以此作为先例,中、法两国对于现在这个军事条约,也应遵循同样程序。

至于会议的批准手续,该协定申明当适宜的时机到来时,将由政府作为一项紧急措施,将其提交议会加以批准。协定条文还规定,本协定草案应对法国驻华大使和武官保密。

杨杰报告的后一部分是他本人的看法及主张签订此协定的理由。报告说,虽然协定表面上显得对法国有利,实际上对中国也有利。因为中国在抵抗日本侵略的过程中,从此有一个强国法兰西与我们互助合作,必将增加敌方的困难。不仅如此,中法协定的签订最后将促进中、英、法三国互相合作与签订协定。另一个好处是,该协定有促进中、苏之间进一步合作的作用,并且可以促使美国积极援助我国。

委员长在电文中批了"岂有此理"四个字,说明委员长对杨杰办事不信任并感到惊讶。委员长不能理解怎么会有这样一个协定,也不知道这是如何订出来的。因此他说,虽然他已经指示他在重庆的军事顾问对协定原文进行了研究和评议,并且提出报告对协定内容作了一些建议和修改,但他既未答复杨杰,也未把修改的建议送给杨。同时,他要求我研究这份协定草案,并根据我在当地所了解的情况,提出评论和修订的建议。

委员长的军事顾问们提出的修改意见有下列三点:第一,建议该协定不要规定法国在协定生效之日起才开放印度支那边界,允许中国政府的军需物品与物资自由过境,而应规定在协定签字后立即作出过境安排,即改为签字后必须立即生效,而协定原稿的意思则是要在欧战爆发后才能付诸实施。

第二点系关于由中国提供机动车辆与飞机的问题。协定草案原规定,中国方面派出军队归盟军最高统帅部指挥,其所需的全部武器与装备应由法方供应;有关所需武器装备的各项细节,应另行签订专门补充协定,补充协定应在本协定签订后一月内缔结。根据这条原则,建议第一部分中有关中国提供飞机与机动车辆的第二、第三两条应作如下修改:倘中国方面无法提供这些武器装备,即当由法方供应,中国可按价向法方提供补偿。至于此项武器装备,则建议于补充协定签订之后,必须在四个月内运到印度支那储存,而此项军需物资的总数应该足敷上述中国军队一年之需。如果该项装备储存四个月之后,印度支那仍未卷入战争,则可作价任由中国购买,供中国正规军使用。此后,法国应由国内运来装备进行部分或全部更换。

第三点,建议在协定原稿中增加一条,申明在中日战争结束后,中、法双方军队必须立即撤回本国,保持日本侵略战争开始前双方的领土原状。

电报还说,杨将军所谈的协定草案附件,由于卷帙浩繁,他派专使送呈蒋委员长,而实际上从未送到重庆。我本人估计这是因为杨将军虽于5月中旬即已发出附有草案的电报,但始终没有收到委员长的回电。

现在,谈谈我在巴黎的交涉情况。9月6日,我会见殖民部长孟戴尔之后,又拜访了外交部秘书长莱热,意在就最近的形势变化,促使法国的远东政策朝着有利于中国的方向发展。我告诉莱热,对于因德国侵略而被迫卷入战争的法国,我个人深表同情,并说,在当前的欧洲大战中,全中国人民都有着与法国休戚相关的感情。然后,我用与孟戴尔谈话时的同样措辞,向他阐述了我认为苏联与德国缔结条约的目的,是要在远东取得对付日本的行动自由。莱热当时很可能觉得我真的是在替苏联说话,支持苏联的论点。不过,后来我从与苏联大使苏利茨的谈话中发现,苏联在签订这项条约的时候,并没有把远东放在心上,但我当时并不了解这一点,以后我还要对这一点加以说明。

我与莱热也谈到,在各西方民主国家、苏联和中国进行合作以解决远东问题方面,苏联的地位所能提供的种种有利因素。我说,毫无疑问,苏德协定已使苏联具备了对日本增强压力的条件。据报道,苏联增援远东边防的军队已经到达。我说,各民主国家可以利用由此而产生的有利战略形势与苏联通力合作,寻求一条解决远东问题的途径,使之不仅能在中国、苏联的边境,而且为法国、英国和美国的权益与领地,最低限度可以保证二十五年的平静与稳定。我说,假如从欧洲战争考虑,按照法国的观点可能认为这种偏激的解决办法是不足取的,因为要使日本保持中立,就必须审慎从事,采取其他行动路线。

我接着告诉莱热,当苏联在北方对日本占据有利的战略地位后,英、法、美三个民主国家可以在南方采取坚定态度来加以支持,即使不与苏联合作,至少也可与苏联在北方的行动遥相呼应。这样一种南北配合的局面,就会使日本比较容易放弃其对中国的侵略政策,以完全平等的地位,与中国、苏联、法国、英国和美国达成和解,从而恢复远东的安宁与稳定。这样的和解,肯定也会使同样急于结束"中国事变"的日本能够把注意力转向国内问题。这既意味着各民主国家在南方的重大利益得到保证,也意味着苏、日两国边境沿线的缓和得到保证。

我强调说,尽管欧洲局势可能十分紧迫,然而法国或英国如果目前在任何重大问题上屈从于日本,那肯定是失策的。这种妥协姿态必然会被看作软弱的表现,从而使日本军国主义分子迷信他们的冒险政策,不仅要继续深入侵略中国,也要进一步侵犯法国和英国在远东的利益。如果能通过中、苏、法、英、美的通力合作,取得理想的全面解决,英国和法国就能够集中其资源,专注于欧洲的战争。

我说,据我看来,日本陆军已在中国陷入泥淖之中,它的财政经济日益拮据,加之人民渴望结束对华战争,当然愿意达成一项全面的和解。交涉的方式不妨由三个民主国家出面,通知日本,倘它有意,他们乐于帮助日本摆脱在中国的窘境,促成一项各方面都满意的和解。但必须对日本采取坚决态度,以免日本的极端分子在某种因素的诱发下放肆地发动新的冒险,侵犯各民主国家在远东的权益和殖民地。

我还对莱热说,我认为由于欧洲业已爆发战争,采取这一步,似已稍嫌为时过晚。目前，日本似乎要暂时不介入欧洲战争的态度，以观望形势，等候适当时机向南扩张，侵犯英、法两国利益。我提出警告说，必须记住，日本的海军现仍完整无损。可是，如果能与苏联达成某种谅解，或作出一定的安排，我认为日本极端分子的图谋是可以预为防止的。相反，如果各民主国家对日本示弱，势必使苏联更加疑惧，因而促使其与日本谋求谅解。这种趋势不仅意味着苏联会被迫而玩弄德国这张牌，而且在欧洲也会被迫干脆站到德国一边去。这简直是敦促日本推行其南进计划，使英、法两国蒙受损害。其结果必然是，英、法既不得不大战于欧洲，又要遭日本的凌轹于远东。这种发展趋势，对民主阵营当然是不利的。

莱热听了我这一番长篇议论之后说，他完全同意我的分析与见解。我所提出的建议对维护远东全面的利益，当然是最为理想的办法。但该政策是否能够实现，那就要看苏联对欧战的态度了。如果俄国保持中立，避免倒向德国一边，那么所提的计划就应当加以考虑。然而他所得的情报表明，苏联的对欧政策并非是丝毫无害的。他预料俄国在一周之内将要彻底改变态度，把自己的赌注押在德国身上，以便迫使英、法承认德国在波兰的既成事实。他说，他知道苏联大使业已理好行装，一待莫斯科发出信号，就立即离开巴黎。（可是这并不属实。）

莱热说，苏联的基本国策是争取和平，这一点他完全了解。他说，苏联在欧洲并没有领土野心，然而也绝不能坐视德国侵入波兰达到危及苏联边境的程度。他说，除了互不侵犯条约之外，德、俄之间还有一个瓜分波兰的秘密协定。（法国政府感到特别不安的正是这一点，后来我曾设法向苏联大使查明这一点。我发现他虽然看过这个条约，可是并不知道还有这样一项秘密条款。）据莱热说，莫斯科正在等待侵入波兰境内的德国军队进抵可以暂时满足其野心的地点，那时苏联就要出面调停，条件是要英、法接受在波兰的既成事实。如果调停失败，俄国就要将其全部兵力加入到德国方面。他说，俄国指望通过采取这种行动，收复上次世界大战中在波兰边境所丧失的领土，也指望英、法两国会接受这些屈辱条件。

但是，莱热声称，法国和英国这次决心战斗到最后胜利。俄国人对于判断英、法的意图已经犯了两个错误。第一个错误是，俄国认为这两个民主国家绝不会为了履行对波兰承担的义务而对德宣战，结果导致莫斯科匆匆忙忙地和德国签订互不侵犯条约。第二个错误是，它认为法国和英国即使对德宣战，也无意进行认真的战斗给波兰以有效援助。莱热说，事实上英、法联军最高统帅部正在执行一项坚定的计划，要把战争一直打到最后胜利。英、法联军正是为了这个目的才进行缓慢但却是坚定的战斗。此外，由于这必然是一场持久战，如果时机尚未成熟，无论英国或法国都认为发动贸然进攻是不明智的。

莱热指出，俄国大概又要犯第三个错误。它认为只要德国军队一旦在波兰达到它的主要目标，对波战争的使命就算完成了。英国和法国就会准备接受一项以既成事实为基础的媾和条约。但俄国人似乎完全忽视了英、法不获得最后胜利决不罢休的决心。波兰很可能被打败，马上就会出现一连串的形势逆转而使波军溃败，可是这并不能动摇法国和英国的决心。事实上，波兰军事统帅部业已接受了英法联军当局的建议，撤出暴露的阵地，避免恶战以保存实力，等候英、法由西线向德国发起一系列进攻的时机到来。他说，波兰军队必须保持完整，以便最低限度可以把五十个德国步兵师牵制在波兰前线，从而使英、法军队得以从西线给德国以有效的打击。他还说，根据他得到的情报，莫斯科可能想袖手旁观，等到两败俱伤，然后由它来左右一切，要么就逼着提早签订和约，把半个波兰划归己有。

我说，我还没有得到表明俄国企图参与这场冲突的情报。它以后的行动我当然无法断言。但依我看来，如果苏联知道英、法要把战争进行到底的决心绝不动摇，拒不接受波兰既成事实的决心也同样坚定,这对苏联政策的演变必然会产生一种约束作用。我对他说,如能让莫斯科了解到这种意图,它甚至可能会最后同英法集团合作。

我说,美国的同情完全在英、法一方,这已是公开的秘密。美国不但要从物质上支持民主阵营,而且最后甚至会从军事方面给予援助。我认为这种军事联合的力量举世无敌,战争的最后结局当然不问可知。莫斯科尽管在其他方面缺乏远见卓识,可是对国际局势却十分重视,而且决不会同德国合流。事实上,苏联的基本国策与三个民主国家颇多共同之处。所以他们之间的合作是有现实基础的。这种合作是否得以实现,那就要看英、俄两国的态度,要看他们怎样处理当前局势。我建议立即采取步骤,把英、法两国坚持战斗到最后胜利的决心通知莫斯科。

莱热说,他完全同意我的主张,可是他又觉得莫斯科不会相信。我说,由于苏联过去的失望,可能对这种事情不会视为当真可信。也许迄今尚无所闻。我问巴黎是否已经采取步骤,把这样的信息通报俄国。莱热告诉我,鉴于法国与俄国的关系处于目前这种局面,法国政府觉得难于向莫斯科提及这种事情。

于是我说,中国政府一向致力于向莫斯科进行这方面的疏通,尽管中国的影响不大,我相信我国政府在莱热先生一再申明的这件大事上,一定会尽力使莫斯科有所触动。我还说,是否可以请土耳其与莫斯科谈谈。莱热说,自从土耳其和英、法签订了协定以来,对莫斯科的影响业已大为减弱,莫斯科不会再信任土耳其人。

我接着又探询意大利的态度,莱热回答说,它目前暂守中立,可是苏联的最后态度会对意大利产生巨大影响。倘若莫斯科参加德国方面,或者试图武装干涉,意大利肯定要加入,以便联合起来,对英、法两国施加压力。

这时候,我起身告辞。分手的时候我说,我要采取谨慎的方式把这个消息转达给当地的苏联代表,同时要求莱热也设法采取步骤,将英、法要把战争一直打到最后胜利的决心引起莫斯科的注意。

我之所以全部重述这次比较冗长的交谈情况,意在说明,我们彼此之间是诚恳、坦率地对欧洲和远东局势进行讨论的。听过莱热的坦率解释,我理解了法国的立场,并建议由我把英、法两国要将战争进行到最后胜利的决心转达给苏联,因为我觉得这很重要,苏联必须知道此事。我认为,这在苏联政府对欧战根本态度的抉择上可能成为一个新的基础和一种突出的因素。

于是我赶紧安排与苏联大使苏利茨会晤。次日,1939 年 9 月 7 日上午,我见到了他。一见面我就对这位苏联大使明白提出,上次晤面以来,局势发生了许多重大变化,因此我想再次与他交换意见,要特别谈谈苏德互不侵犯条约以及苏联和英、法的关系问题。

我告诉他,看来这个条约给英、法方面留下了非常不好的印象,但是,我说,在我和法国当局谈论的时候,我自己作了解释:苏联与西方各民主国家不同,从地理上讲,要对付两条战线,由于亚洲前线形势吃紧,苏联有必要作出某种抉择,但就欧洲局势来讲,我理解苏联的政策是保持中立,以便集中精力对付远东。我接着说,可是法国人和英国人都认为,苏德互不侵犯条约还有一个秘密的附加条款,规定俄国要参加侵波战争。苏利茨打断我的话问道:"为了要瓜分波兰?"

我说,多次与法国要人交谈,我的印象是:不论波兰的军事形势可能出现什么样的不利局面,法国与英国都决心把战争打到底。由于美国日益倾向于加入英、法一方,战争的结局当然毋庸置疑。美国格外同情英、法,自从德国潜艇袭击了英国商船"雅典娜"号以来,美国群情激昂,支持这两个民主国家。我确信美国在这场对德战争中,迟早势必加入民主国家阵营。(虽然听起来好像是一种妄想,但那时我觉得这是相当肯定的。)

苏利茨问,罗斯福总统为什么要宣告中立。他说,要说苏联对这个宣告的看法,它认为英、法一定要感到失望。我回答说,作出这种宣告是必要的,因为中立法依然有效,但罗斯福总统对民主阵营的同情是压倒一切的,而且他的宣言也恰恰体现了一句法国谚语:"以退为进。"

我接着回忆了威尔逊总统在第一次世界大战中的行动。1916年,威尔逊总统把"我们要使美国置身于战争之外"作为他的竞选口号,而大选后一个月,他就主动提出要进行调停,以促成和谈。可是两个月以后,美国在2月间即与德国断绝外交关系,4月就加入协约国参战了。我说,这正像罗斯福总统当前的做法。倘若美国参战加入英、法一方,则其所形成的民主阵营力量就会强大无比,以至最后胜利必然舍此莫属。

我说,法国人十分担心的是,苏联究竟是要继续保持中立,还是要参战加入德国一方。我从来自中国的情报中获悉,倘若苏联参战加入德国一方,英、法甚至会不惜牺牲中国,而与日本在远东达成谅解。然而,我决不相信这就是莫斯科的本意,因为苏联一贯拥护和平,反对侵略。此外,由于各民主国家的政策与苏联有类似之处,我认为你们之间有着进行合作的基础。这样的合作不但在欧洲顺理成章,合乎逻辑,而且更可以保证远东的和平。在远东,你们也有共同利益,可以联合起来对付日本的威胁。

苏利茨说,苏联与德国签订互不侵犯条约,其动机并非由于要集中精力于远东。英、法与莫斯科谈判,一开始就希望只谈欧洲问题。可是在谈判当中,伦敦与巴黎并没有表现出足以令莫斯科信服的必要诚意。英、法、苏谈判缔结互助条约失败的原因,至少可以规纳为四条。他接着一一列举如下:

(1)关于但泽问题,以及德、波关于这个问题的历次谈判,尽管苏联极为关注,可是法国从来没有与苏联进行过磋商,英国和波兰也没有同苏联进行过探讨。

(2)在对波罗的海沿岸各国的保证问题上,英、法方面设置了许多障碍。

（3）苏联同意当必要时派兵援助波兰,但波兰拒绝给予通过其领土的过境权,英国又对波兰的拒绝给以支持。而苏联认为,提供军事援助正是它本身的诚意的明证。

（4）英、法对派往莫斯科的军事代表团并未授予签订协定的全权,在重大问题上必须向他们的政府请示。而且,进行谈判的人也不是全权代表,只是一些咬文嚼字、争论不休的次要官员。

苏利茨说,这就无怪乎莫斯科对英、法达成协议的诚意表示怀疑了。除此之外,对照德国迅速地和苏联签订条约所表现出来的高度明智,英、法方面无疑是太缺乏技巧了。

苏利茨说我的论断一点不错,苏联的政策一贯是维护和平,反对侵略。而在当前的欧洲战争中,它的政策就是保持中立。他指出英、法的态度自相矛盾。在苏德条约签订之前,英、法两国都有不少重要人物,甚至包括参与英、法、苏谈判的那些人,一致贬低苏联的力量,轻视它的军事实力,把苏联的支援说得似乎无足轻重。可是,现在三方谈判失败了,德苏条约签订了,那些人又大肆攻击,把在波兰爆发战争的责任统统推到苏联身上,仿佛苏联政策的变化又成了决定大局的主要因素。

苏利茨接着说,这个条约的真正意图是使苏联能在当时迫在眉睫的波兰战争中得以保持中立。而这个条约对法国也产生了有利的影响,使它免于三面作战——即莱茵河战线、西班牙战线和意大利战线,如今两军对阵只有莱茵河一线了。他说,他所以讲这些话,并非为苏联政府的新政策辩解,只不过是提到某些无可争辩的事实。他知道有不少谣言,说苏德条约中包括一个瓜分波兰的秘密附加条款。他看过条约全文,可是他本人不知道有任何秘密协定。

他同意我的说法,法、英、苏之间存在着进行合作的共同基础,那就是他们的政策都是维护和平,反对侵略。他说,苏联绝不希望德国把它的侵略兵锋推进到苏联边境,从而像业已存在于亚洲的日本威胁那样,又给苏联制造一个新的欧洲威胁。再者,参加侵波战争,在苏联是绝对不得人心的。另一方面,远东的日本威胁则要严重得多。苏日边界、满蒙边界几乎没有一天不发生一些事件,苏联人民都反对日本的侵略政策。不过,自从签订了苏德条约,苏联感到在远东松了一口气这倒是事实。他本人原来很希望英、法、苏谈判能有成果,可惜英、法方面措置不当,一切希望都被他们破坏了。苏联将来的态度如何,要取决于英、法的政策。他同意我的看法,即英、法集团与苏联之间依然有最终合作的可能性,而且他认为不存在什么不可逾越的障碍。

我议论说,现在局势渐趋明朗,因为英、法已对德宣战,苏联也宣告了中立。不管怎样,众多猜疑的口实总算都烟消云散了。于是我问苏利茨,他是否已通知莫斯科,或者莫斯科是否已经知道,不论波兰目前的军事形势如何,英、法决心把战争进行到底。

苏利茨回答说,鉴于以往的失望,苏联未必相信英、法会战斗到底。倘若莫斯科了解到这种意图,形势就可能大为改观。苏德条约签订以后,他本人仅仅见到博内一次。这位法国人既没有要求他作出解释,也没有正式通知他英、法决心把战争一直打到最后胜利。由于没有什么要以苏联政府名义提出来的外交公务,他也就没有打算到外交部去;但如博内邀他一谈,让他听取英、法方面的意图,他当然乐于前往。他又说,苏联的未来态度诚然取决于英、法的政策。如果他们把重门深锁,切断一切与苏联的联系,那么,莫斯科未来的政策如何就很难预卜了。

我向他探询,意大利可能采取什么态度。苏利茨说,到目前为止意大利依然保持中立。不过万一德国在波兰取得惊人的成功,意大利一定会向法国提出要求。另一方面,倘若德国在波兰军事失利,意大利当然会继续它的中立政策。

至于所传德国正在尽力促使苏联与日本达成谅解一事,苏利茨说,德国确曾为此竭力奔走,想首先在苏、日之间悬而未决的若干重大问题上促成协议。但是苏联既已洞悉日本所持的敌对政策,是否还会与日本达成和解,他对此表示怀疑。他说,事实上,近年以来日本的一切活动,以及它与轴心国家的勾结,其目的都是准备对苏联发动战争。

在回答我的问题时,苏利茨说,他正在忙于安排撤退在法的苏联妇女与儿童,让他们返回俄国。苏利茨夫人即将前往法国中部的奥弗涅去躲避空袭,可是他本人并不想离开巴黎,要继续留在这里。

在此期间,我收到了伦敦郭泰祺的信息。9月6日这天夜里,他从伦敦打来电话报告最新消息,还就最近时局发展的趋势与我交换了意见。他首先通知我,英国海军部下令对所有被俘船只,包括德国船只在内,如果装有运往中国的货物,应一律先押送新加坡或海防卸货,然后送交处理战利品的捕获法庭。由于孟戴尔、莱热,甚至还有苏利茨他们都强调未来局势取决于英国的政策,那么英国现在这种表现良好的迹象是令人鼓舞的。郭泰祺又说,可是他并不相信英国会改变它姑息日本的政策。他说,委员长曾提到我给他(委员长)拍去的电报,并嘱郭不要把英国的良好态度看作是毫无问题。我对郭说,委员长给我的电报本身,已经说明了英、日之间达成谅解或结成同盟的可能性,而我也在给他的电报中指出,英国由于害怕苏联与日本联合,可能改变它的远东政策。

9月7日上午,我接待了来访的卡森教授,他对苏德条约可能给法国对中、日两国政策带来的影响表示忧虑。他一向十分同情苏联,可是现在显然改变了态度,反对莫斯科,认为苏联和德国签订了秘密协定,为了它自身的利益准备瓜分波兰,还准备站到德国一边,与之结盟。据卡森教授说,德国在波兰取胜后一定会进攻罗马尼亚。因此,他认为中国应该宣布自己对欧战的立场,否则就会被人误解为是站到苏、德方面去了。

那天下午,我又去法国外交部拜会莱热。我告诉他,我和苏利茨已经谈过,苏联大使对我发表了某些可能使莱热感兴趣的言论。我还告诉他,据我看,苏联对欧战的态度尚未作出最后决定。

据苏利茨说,到目前为止,苏联政府尚未表示要放弃中立。然后我对莱热扼要地叙述了我对苏利茨所说的话,以及后者的言论。

关于苏利茨所强调的一点,波兰拒绝苏联援波部队过境,并得到英国的支持,莱热说这与事实不符。他说,通过法国的劝说,波兰终于接受了苏联的观点,英国也改变了自己的主张。但莱热补充说,苏利茨为人正直,他很有品德与声望。如果他(苏利茨)断言苏联尚无意放弃中立,那么他的话是不会有错的。

我说,我认为苏联大使确实渴望促进英、法、苏合作的事业。对于美国可能参战,加入英、法一方,看来给予苏利茨的印象颇深。我说,总而言之,苏利茨毫不隐讳地认为,苏联的未来态度要取决于英、法集团如何对待它。如果对俄国过分误解,那么俄国就可能由于别无出路而不得不采取一种过激的态度。据苏利茨说,苏联和西方民主国家的基本利益大部分是一致的。我说,我深信莫斯科有诚意要和法、英、美进行合作,而不是要和德国合作。

接着我强调了苏利茨提出的观点:侵波战争在苏联是不得人心的,因为苏联的舆论反对侵略。我又说,苏联政府当然明白,英、法果真决心战斗到底,而不轻易认输,尤其是因为美国有可能支援与参加,取胜当毫无问题。苏联当然不愿跻身于战败者的一方。

莱热向我探询有关苏联大使准备离开巴黎的消息。我回答说,在未曾提到莱热先生本人谈话的情况下,我已经了解清楚(实际上是苏利茨亲自告诉我的),苏利茨一直在忙着撤退苏联妇孺回国。苏利茨夫人为了躲避法国境内的频繁空袭,业已前往奥弗涅,但他本人无意离去,相反,他一心要继续留在巴黎。莱热给我看了一份苏联大使馆申请离境签证的名单,大部是苏联商务代表团成员的家属,听说苏联大使并不准备离开,他感到高兴。

我说,据我看,如果博内先生邀请苏利茨商谈,那一定十分有益。据我了解,苏利茨由于没有什么外交公务可以代表他的政府提出,因此不愿首先拜会外交部长,可是十分愿意对莫斯科与德国签订互不侵犯条约的理由作些解释,也很想向法国政府直接了解有关把战争进行到底的决策。我说,无论如何,这位苏联大使会把这种消息正式上报莫斯科,尤其可取的是,他跟我说过,如果莫斯科了解到法国人的决心,局面就可能大为改观。

莱热对我作出的他称之为"极为有益的贡献",特别是进行此项活动的精神,表示赞赏和感谢。他说,他要立即把这个消息报告给博内,并力陈安排这样一次会见的好处。

9月8日下午,我再次会见孟戴尔,引见了两位中国人士,他们代表中国方面参与中法在印度支那和中国联合兴办某些化学工业的设计工作。孟戴尔在这次会谈中再三强调,欧洲处于当前这种局势,中法合作的任何措施都必须注意日本的反应,一定要避免刺激或者触犯日本。

讨论完当前的公务后,我对孟戴尔说,想借这个机会向他和当时也在场的布吕尔将军转述重庆外交部给我的一份情报。情报内容是:日本方面已经知道有几批运往中国的重要物资正在前往海防的途中,它企图夺取此项物资,并攻占海防,借此迫使法国改变其对华政策。

布吕尔将军说,果然不出所料,这正是他主张在印度支那与中国的一切来往都必须十分小心谨慎的理由。孟戴尔听了这个消息十分不安,他说,如果消息属实,那就等于要向印度支那发动战争。他询问这批货物的性质,并说,他不相信其中会有军事物资。他也想知道这批货物来自何方。他认为这批货物不是来自俄国,就是来自美国。他接着说,可能不会给印度支那带来多大麻烦。

我回答说,关于这几点我还没有接到确切情报。但我认为这些物资大部分来自美国。我说,这一类盛传于远东一带的消息我时有所闻,也并非件件属实。我一直在设法核实上述情报,但迄今尚未能予以证实。我说,不管怎样,国民政府行政院业已采取措施,命令尽可能变更卸货港口。孟戴尔说,在过去的几个月里,他也收到不少耸人听闻的消息,但到头来都是谣言。

我问孟戴尔和布吕尔是否已就印度支那对某些物资实行禁运一事进行过磋商。孟戴尔回答说,这个问题由他负责作最后决定。问到对运往中国的物资提供过境便利的问题是否有意变更,孟戴尔重申,到目前为止尚无变更命令,但要遵守他早已作出的指示,必须时刻留心,避免让日方抓住口实,作出不利的反应。

同天下午,使馆二等秘书汪孝熙汇报了他刚刚在外交部与肖维尔会谈的情况。他得到通知说,日本婉言要求英国、法国、美国和德国撤退其在华的全部军队与舰只,还特别要求英、法两国不要援助中国。几小时后,我接待了宝道先生与爱斯嘉拉教授,他们和日前来访的卡森教授一样,也是建议中国宣布与英、法、波集团团结一致,理由是他们和中国同样是为道义而战。通过慎重考虑,我于9月9日给重庆拍发一电,建议国府发表声明,澄清中国对欧战的立场。

9月9日,我还接见了乔治-皮科(法国驻华大使馆一等秘书),他即将离法前往中国,特来向我辞行。他说,俄国可能和德国结盟,借以迫使法国改变它的远东政策。13日,我的二等秘书报告说,一位现在《小日报》工作的法国人,是他昔日的同学,秘密地告诉他,法国通过一位内阁部长正在和日本谈判互不侵犯条约。这项会谈既没有通过外交部,也没有和日本大使馆直接联系,而是在法国人和驻巴黎的三菱株式会社及南满铁道株式会社的日本代表之间进行的。鉴于法国外交部屡次保证说,迄今尚未付诸行动,如果要在这方面采取什么步骤,他们一定会事先通知我,因而我对这个消息觉得有些突兀莫解。为此,我请宝道先生去会见法国外交部的肖维尔和参议院的贝朗热,又派谢东发参事往见莫泰,派郭则范参事与国民议会联系,还派我的二等秘书汪孝熙到美国大使馆去询问此事。

因为我喜欢和美国大使核对我的各项情报,他也习惯于就欧洲和远东局势不断地和我交换情报。9 月 14 日,我照例又去看他,再次交换意见。我一开始就告诉他,据我所得到的情报,法国人正在和日本谈判互不侵犯条约。这个问题外交部并不经手,而是指派法国内阁中的某些成员承办此事。进行谈判的对象不是日本大使馆,而是南满铁道株式会社与三菱株式会社的驻巴黎代表。

蒲立德说,有这种念头的并不只限于巴黎。他知道英国更为支持这个计划。因为英、法正在与德国展开殊死决战,是否可以获胜尚无把握。他们都渴望在另一条他们拥有重大权益的远东前线上保证自身的安全,这一点也不足为奇。他问,莫斯科和柏林正在做些什么勾当,而苏联又抱的是什么态度。他说,他知道莫斯科和东京也在进行谈判,尽管谈判的主要问题他还难以断言。但有一点可以明确,莫斯科是在德国的怂恿下和日本人进行接触的。

我说,根据重庆从莫斯科收到的报告,和现在莫斯科的孙科博士经伦敦发给我的电报,苏联政府已经宣称,它的远东政策仍然不变,并将继续援华。我告诉蒲立德,事实上,最近经由海陆两途从苏联向中国运送的物资已经启运。我说,我不相信俄国真正打算和德国一起进行反对波兰的战争。俄国的愿望是保持中立,以便能以更多的精力关注远东事务。我说,蒲立德先生想必知道,自从德、苏签订互不侵犯条约以来,莫斯科已经加强了远东边境的兵力。最近在诺蒙坎边界上的一次冲突中,日本人遭到惨败,有一个师全部被歼。我说,不仅如此,俄国报纸把欧洲战争的责任归咎于德国,还宣称两架伪装成波兰飞机的德国飞机在苏联境内被击落。这个事实说明,苏联并不太赞成德国所追求的目标。

蒲立德说,谁也不清楚苏联在想些什么。他们的话难以令人相信,甚至比日本人的话更靠不住。他说,对孙科博士是否真能了解苏联的意图,感到怀疑。我回答说,孙科可能并不了解苏联对其他国家的政策，至于苏联对中国的态度，则应有所了解，因为孙科同克里姆林宫领导人有着密切接触。

为了便于说明蒲立德的态度，我愿在此稍作解释：他是美国最早主张承认苏联的著名领袖之一。后来，罗斯福总统任命他为全权代表同俄国人谈判达成一项协议，从而使美国承认了苏联，并重建了两国外交关系。在他出使的前一阶段，他在莫斯科获得了极大的信任和声誉。显然，到他出使的后一阶段，苏联对美国以及对他本人的态度，使他感到失望。因此，他失去了对苏俄的一切赞赏之情，变成一个只要涉及苏联事务就抱有反感的人。

蒲立德问我所担心的是什么？法国会按什么条件同日本达成协议？这是否意味着，法国将全部取消中国货物在印度支那的过境便利？我回答说，上星期我曾两次会见孟戴尔，了解到给予过境便利的政策迄今仍未改变。但严格地说，这些便利条件不适用于运送武器弹药。武器弹药之类物资是经由仰光运送的。另一方面，殖民部长对我说，必须小心谨慎地对待日本，以保持对日和好。他举例说，他已经批准日本请求建立的一条从东京途经印度支那至巴黎的航空线。这项申请是在缔结苏德协定的次日提出的。孟戴尔对我说，假如该申请于48小时前提出，他必定要答复说，此事尚需慎重研究。蒲立德对这个消息似乎颇感兴趣，立即把它记在一张纸条上。

我说，我了解到法国政府已向东京提出要求，要日本尽速派遣一位驻巴黎大使。我猜测，这是暗示法国不再坚持反对日本政府指派谷正之担任大使。但对中国最为不利的将是英、法方面允诺停止援华。日本人始终认为由于英、法的物资援助中国才能长期抗战。他们确信，如果取消这种支援，中国想必早已屈服。换句话说，日本希望能够不受制约地对付中国，达到征服中国的目的。尽管英、法的支援历来为数不多，但他们同情中国这个事实，对于鼓舞中国军民坚持抗战的民心士气是一个重要因素。假如英、法两国在日本压力下公开放弃支援中国，我认为，这将起到使中国人民失去信心、涣散士气的作用,使我们继续抗战更为困难。

我继续说道,日本的目的是要结束所谓的中国事件。目前正计划建立一个以汪精卫为首的中央政府,以便同这个政府媾和。然后,日本将以汪精卫政府的名义,继续对重庆作战。这个战争表面上是中国两派之间的内战,而实质上仍然是中日战争。我说,我当然懂得,英、法两国正忙于自己的战争,渴望使日本保持中立,以维护他们在远东的利益与殖民地。但为了达到此目的而采取的政策,不仅对中国,而且对他们自己也同样是危险的。这肯定会被认为是软弱的表现,从而鼓励日本实行其图谋已久的侵夺英、法利益的南进政策。因为日本的主要政策就是要消除欧美在远东的影响,它一直在等待时机,企图逐步加以实现。

蒲立德说,这一点毫无疑义。日本已经向列强提出要求,要他们撤走在中国的军队和军舰。待汪精卫政府建立后,一定会用傀儡政权的名义,采取其他排外措施。我接着提到英、法同日本勾勾搭搭,将会把俄国推入日本怀抱。我说,假如由于害怕英、法、日联合,莫斯科转而同日本达成协议,以便再次在外交策略上胜过英、法一筹,这也不会使人感到意外。我强调指出,如果发展到这个地步,只会加速日本侵犯英、法在远东的利益。那时,英、法就真的要陷于在远东和欧洲两线作战的境地了。

我强调,应该制止日本策动建立一个以汪精卫为代表的伪中央政府。因为,这件事同英、法与日本的勾搭联系在一起,可能造成中国人民抗日情绪的低落。我说,据我所知,汪精卫同代表日本政府的五位内阁大臣达成了秘密协定,其中有一项规定是发还在沦陷区被日本人夺取和充公的私人财产。显然,这是企图收买自从抗战以来受到严重损失的工商界人士。蒲立德问道,他能否得到一份协定副本。我说,我看见过协定的内容,可是我自己也没有协定副本。

蒲立德问,照我的意见,对远东应该如何办才好。因为在我们上次会晤时,我已经和他讨论过两种可供选择的方案。我说,虽然英、法、美三国和苏联之间在欧洲的合作已告失败,但在对付远东的日本问题上,这种合作仍不妨一试。尤其是现在当日本人感到孤立,而且对俄国人在北方的压力感到忧虑的时候。蒲立德说,他认为这种合作现在已无可能。因为没有人再相信俄国人的话是算数的了。

于是,我说另一个可供选择的方案是,利用俄国人在北方对日本的压力,英、美、法三国可以运用他们的影响,说服日本放弃对中国的侵略,根据各项条约全面解决远东问题。蒲立德对我说,他认为这是最可行的方针。他已经给罗斯福总统打电报提出这一建议,他将再次给罗斯福总统去电,请他加以考虑。

我们再次谈到英、法两国同日本达成协议的可能性。蒲立德说,这也是很自然的事。正如中国,尽管苏联占据了外蒙古,但为了更有效地抗击日本,还是同莫斯科订立了一项协定。当谈到四强在远东实现合作的建议时我指出,据我看来,至少在未来的五年至十年内,俄国人的基本政策是维护和平。在欧洲,俄国人主要关心的是能够置身于冲突之外。我说,鉴于过去几年俄、德关系紧张,莫斯科不可能真的愿意同德国合作到并肩作战的程度。但是,正如我后来在日记中所写,蒲立德十分肯定,苏联会同德国一道入侵波兰。

9月15日,新任罗马尼亚大使弗拉纳索维奇前来作礼节性的拜访。在我们随后进行的谈话中,他对苏联对波兰的态度以及战争对他本国的影响表示关切。罗马尼亚害怕德国和俄国联合对它进攻。

谈到苏联《真理报》强烈攻击和反对波兰,鼓动波兰境内的白俄罗斯人和乌克兰人起而斗争以及苏联沿着波兰边界集结兵力时,弗拉纳索维奇也和有些人一样,认为为了瓜分波兰,苏联就要参加德国一边进行战争。他相信德、俄两国之间有秘密协定,在适宜的时刻互相进行合作。他担心,因为在波兰南部的德军可能进入罗马尼亚,占领罗马尼亚油田。他认为俄国有可能强迫罗马尼亚归还比萨拉比亚。弗拉纳索维奇还说，现在罗马尼亚严守中立，不打算加入冲突中的任何一方。不过，如果领土遭到侵犯，即使抵抗成功的希望甚微，罗马尼亚仍要进行战斗。他说，即使战斗而死，也比俯首投降为好。罗马尼亚人不能让历史记载说，罗马尼亚没有进行拯救自己的奋斗就亡国了。

我说，按照那天早晨我收到的最新消息，我知道苏俄对当前战争的政策仍是保持中立。事实上它同德国签订协定的目的就在于此，苏联不打算参加冲突中的任何一方。罗马尼亚大使对这个消息很感兴趣，他问是最近收到的吗？我说就是在今天早晨，我在伦敦的同僚证实了这条消息。我还说，据我所知，过去几天莫斯科最高苏维埃还重申了俄国的中立政策。我又说，今晨我收到一份可靠的报告，说苏联还在向波兰供应军需装备。最近一次运去的物资有坦克、重炮，甚至还有飞机。看来苏联不像要加入德国方面作战。

弗拉纳索维奇说，波兰人没有可能与装备优良的德军抗衡。有一段时间，波兰空军和德国空军尚能势均力敌。后来德国人加强了空军力量，而波兰却没有改进。一旦力量的对比对德国有利，战局就完全改观。今天，波兰空军实际上已被歼灭，德国飞机控制了整个波兰领空。丧失了空军，波军要长期抵抗节节进逼的德军是无望的。罗马尼亚大使然后又说，他从一个很可靠的消息来源听到，意大利也正向波兰输送武器。

问到他对意大利的政策有什么看法时，罗马尼亚大使说，他也认为意大利正密切注视局势，以便乘机加以利用。我说，据我了解，法、意之间的谈判正在进行，但我不知道谈判的内容。弗拉纳索维奇说，如果法国明智的话，它应该准备向意大利付出一笔代价，使意大利保持中立。

不久以后，我接见法国著名记者塔布衣夫人。她是来向我提出一些问题，并且告诉我，虽然法国当局摆出一副决心继续进行战争的姿态，但一些国民议会的议员已经在质问政府，现在波兰大势已去,无法挽回,法国为什么还要牺牲自己。她说,法国在军事上准备不足,缺乏足够的重炮,万一大批德国飞机前来轰炸,法国也没有地下飞机场。她又告诉我,意大利对背叛德国的讨价太高。罗马索要达尔马提亚,法国准备同意付出这个代价,但条件是意大利应站在英、法一边参战,而不是保持中立。她补充说,德国人行将入侵罗马尼亚,占领其油田,罗马尼亚人实在无力抵抗。她认为,波兰人事实上已被德军的闪击战彻底击溃。她还从蒲立德那里得知,由于英、法准备不足,盟军在 1942 年以前不可能发动进攻。

与此同时,我收到了重庆答复我建议政府发表宣言表明对欧战态度的回电。为此,我又安排了另一次对法国外交部的访问。同日晚间,我往见肖维尔联系此事。我告诉他我收到了一封重庆来的重要电报,大意是我国政府打算发表一个对欧洲局势的宣言,要我事前弄清法国关于某几个问题的政策。于是,我按照训令讲了中国政府观点的大意和一些我想提请法国政府答复的问题。我并且说,由于事情紧急,我请求尽快会见莱热先生进行商谈。但因目前尚无可能,所以我愿向肖维尔先生详作解释,以便转达莱热。我说,希望莱热先生在星期六晨接见我以前,事先探明法国政府的意向。我约定 9 月 16 日即次日早晨会见莱热。于是我交给肖维尔一份有关这些问题的备忘录,并要求他将法国政府的反应通知我。

肖维尔粗略看了一下备忘录说,莱热先生不在市内,但他(肖维尔)将把备忘录的内容用电话告诉莱热。不过,肖维尔认为,在二十四小时内对所提问题不可能作出明确答复。(当然,我理解这一点,只不过是打算促使法国外交部对备忘录中所提的问题预作准备届时能给我一些答复而已。)

我继续说,希望关于法国正在同日本谈判互不侵犯条约的传说不是真的。我回忆最近肖维尔曾不止一次对我说过,他本人不相信传说是真的。肖维尔说,传说并不确实。他已经告诉汪孝熙,他的部门一点也不知道所谓的谈判。他又说,可能法国人在和日本满铁或三菱驻巴黎代办之间的私人来往中,有过这类的谈话,他们希望改善法日关系。他无法证实是否确有其事。但是,他可以确切地说,政府官方从未同日本人进行过任何这类谈判。

听到这种说法,我表示满意。我对他说,我相信在目前情况下,无论法国或英国,企图同日本谋求谅解,必将是一个错误。我说,任何这类尝试,肯定会被日本看成是软弱的表现,甚至是畏惧日本的表现。此外,我又说,现在同日本签订互不侵犯条约,不起任何作用,只能是英、法方面在涉及他们远东权益的重大问题上,不得不作出让步,以换取一句空洞的诺言而已。如果情况一旦变化,背弃诺言对日本有利时,可以肯定日本是不会守信的。我说,日本会毫不犹豫地牺牲英、法而推行其南进扩张政策。日本已经宣布它打算实行一种独立自主的政策,其真意就是要观察并等待欧洲局势的发展变化。假若欧洲战争拖延下去,日本必将利用时机进攻英、法在远东的殖民地。

更有甚者,在目前时刻,英、法任何对日本讨好的意图,都将在中国产生极为不利的影响。这将造成两个民主国家同日本站在一起的印象,并可能严重影响全体中国人民抗战的情绪。任何一种这样的发展都会使中国继续抗战更加困难。一旦中国的抵抗失败,这就意味着日本会更加容易控制中国;而这种控制,反过来又会更便于日本以侵夺英、法的利益为目标而实现其南进扩张计划。因此,英、法企图安抚日本,正中日本人的奸计,只能帮助日本最终排除英、法在远东的权益。

我说,还有一个更重要的而值得考虑的问题。俄德条约刚刚缔结,使日本陷于孤立,也使苏联能够在远东增加对日本的压力。只要保持苏联这种压力,日本就要忙于对付北方的苏联以及中国本土,它就不敢或无力在南方发动反对英、法的任何冒险行动。但是假如英、法企图与日本达成协议,这种行动必将引起莫斯科的怀疑,认为两个西方民主国家正同日本互相勾搭,形成反苏集团。一旦引起这种怀疑,可能迫使俄国修改对日政策,而与日本达成谅解。俄国可能再次在战略上对英、法出奇制胜而同东京达成谅解。这种发展会解除日本在北部的全部压力,使之能以转向南方与英、法两国周旋。

我又说,最近来自莫斯科的报告和消息都清楚地说明,苏联援华政策未变。尽管在西欧谣言盛传,但苏联政府并无意同日本缔结互不侵犯条约。恰恰相反,苏联决心对日本继续执行针锋相对的政策。如果日本企图再次侵入外蒙古或西伯利亚领土,莫斯科必将毫不犹豫地给日本以毁灭性的打击,正如上次在诺蒙坎边界那样。至于苏联对欧洲冲突的态度,我说,孙科博士从苏联政府最高领导人那里获悉,按照已经制定的政策和最高苏维埃最近批准这项政策的决定,莫斯科将严格遵守中立。

肖维尔说,有关苏联对远东和欧洲冲突的态度,所获得的报告和消息是混乱的。法国外交部收到的可靠消息说,苏联正同日本进行谈判,并将达成协议。这些谈判的内容如何,他还不清楚。肖维尔说,关于苏联对欧战的态度,另外有些报告讲,俄国就要站在德国一边来进行干涉,瓜分波兰。苏联报刊上出现了一股强烈反对波兰的舆论,支持波兰东南部的白俄罗斯人与乌克兰人。有迹象表明,俄国已经征召新兵入伍,动员了大量军队,陈兵波兰边境。他说,不管怎样,苏联的真实态度如何,不久就会分晓,因为,德国在波兰的战役就要达到顶点了。

我当时告诉肖维尔,哈里法克斯对中国驻伦敦大使郭泰祺说,英国对远东的态度,在主要路线上仍然没有改变。英国外交大臣宣称,事实上,英、中两国都在抵抗侵略,这就是说,我们都是为了一个共同事业。我还说,哈里法克斯认为,一个独立繁荣的中国不只是远东的稳定因素,而且也有助于世界和平事业。我说,英国外交部还要求贸易委员会对一切从英国运往中国的作战物资予以放行,而且也要求它在实施最近颁布的外贸和商业的战时限制条例时,把所有运往中国的其他物资给以优惠的考虑。英国海军部也同样向英国远东军舰的指挥官们发出指令,假如他们俘获的德国船上装有运往中国的物资,必须先把这些物资卸下再将敌船押送捕获法庭。我说,英国态度的这些表现,使中国感到放心。我表示,希望无论如何法国不要更改它在远东的政策。

肖维尔说,正如以前他对我所说的那样,法国不打算改变对华政策。法国政府只不过是在8月27日通知东京,如果东京同意的话,法国政府愿意同日本政府就有关两国利益的问题一般性地交换意见。由于日本政府进行改组,这一外交行动一直未得到答复。其后,在9月10日左右,法国大使拜会了日本新首相阿部大将。首相告诉大使,他也希望法、日之间能举行一次全面的意见交换。肖维尔补充说,这就是实际情况,任何一方都没有采取步骤来实现拟议中的意见交换。他说,仅在三天以前,日本代办拜访了乔治·博内先生,谈话全然没有涉及这个问题,他们只讨论了派遣新任驻巴黎大使的问题。

肖维尔在回答我提出的问题时说,他最近曾提请日本代办宫崎注意,传说日本正在建立一个由汪精卫领导的中国中央政府。他曾对宫崎强调指出这种尝试可能带来的不便与麻烦,因为这会给中、日之间彻底解决问题造成更多的困难。据肖维尔谈,宫崎十分坦率地说,除非这是法国政府的意见,否则,他宁愿不把这种意见转达给东京,因为他知道东京会认为这是企图干预日本的政策。肖维尔说,因此,以后他对这事就没有采取任何其他步骤。

肖维尔接下去说,他觉得最近事态的发展,如将处理中国问题的权力集中到日本首相手中,在华军事指挥权不再由华北、华中几个指挥官分掌,而集中到一个司令官手里,满洲高级军事统帅换人,这一切都说明,日本人决心由自己解决所谓的"中国事变",而且还决心在北方更加注意俄国局势。他恐怕这些情况的发展,将不利于中国,使中国的处境更加困难。他说,在此以前,驻中国的日本各指挥官之间,以及指挥官和东京之间的意见不和与分歧,有碍于采取统一有效的对付中国的立场。现在消除了这些障碍,肖维尔觉得,这更有利于日本对重庆施加压力。

谈到波兰的军事情况,肖维尔说,传来的消息很不妙,他不知道现在波兰政府究竟在何处。他说,南部的德军正在逼近波兰与罗马尼亚的边界线;北部的德军已推进到对波军行将合围的地步。

第二天,按照约定我见到了莱热。开头我先谈起同肖维尔的谈话和我交给他的备忘录,即中国政府要求法国政府明确法国对华以及法国对远东的政策,特别是有关某些具体问题。莱热说,肖维尔已经对他作了报告,而且他已经研究了备忘录。接着莱热说,在他看来,备忘录提出的问题,在目前情况下完全是学究式的。中国政府拟议提出的表明态度声明,无补于时局。他并不认为欧战和中日冲突能够真正联系在一起。至于抵抗侵略,他说,中国的态度,在日内瓦已经反复谈了多次,全世界都已经一清二楚,没有理由担心如果不发表一个声明就可能让别人产生误解。对比之下,这样的声明可能造成一种印象,声明只不过是打算作为一种技术上的手段,把中日冲突同欧洲的战争连在一起,从而让中国参加英法集团。莱热说,可能他的话有些鲁莽,但这是他的看法。考虑到我很了解法国政策,以及同他的友情和深受信任的关系,所以他毫不犹豫地向我表达了如此直率之词。

我说,由于现在英、法正在欧洲作战,中国政府自然想了解他们是否打算改变或放弃直到目前为止的对华和对远东的政策。例如,他们是否决心维护国际联盟与各成员国所规定的立场,继续竭力执行由国联大会和国联行政院通过的决议,特别是关于向中国提供道义上的同情与物资上的援助等决议。

莱热说,所有这些,根据目前欧洲的局势来看,都属于抽象的问题。国联过去所作的欧洲绥靖和防止战争的工作,已成为一些空谈的文件。由于欧洲的严重局势,法国政府过去未能按其初衷行事。现在,则认为需要全力以赴地进行这场战争,不论法国还是英国,都不能像以前那样援助中国。他们当然要集中自己的人力、物力和资源,在欧洲赢得这场战争,甚至可能被迫不得不放弃远东的部分权益。

然而,我表示,希望莱热所讲的并不意味着法国政府打算向日本妥协和让步,或者在任何方式下,在重要的原则以及有损于中国利益的问题上屈从日本。(我提出这一点,是因为自从国际局势出现了当前的变化以来,这是重庆人们的想法,也确实是我头脑中所考虑的问题。换句话说,我是能够理解法国的局势的,同时,我也觉得,对重庆来说,它正在进行一场存亡攸关的反侵略战争,不论巴黎的局势如何,提出这些问题是极其自然的。至于作为国际文件的国联决议,只不过是我们所能依赖的一根稻草而已。)莱热说,法国政府希望接近日本,不让日本回到德国一边。法国政府很可能设法博得日本的好感,从而改善两国关系。但这并不意味着法国要牺牲中国的重大利益,或者同日本达成损害中国的协议。

我提醒莱热,在上次大战中,当中国同情并即将参加协约国阵营时,各协约国政府却同日本达成了严重损害中国利益的秘密协定。我要求并希望不要由于现在的战争,而再发生诸如此类的事情。(我所谈的这一点,重庆方面也许还没有考虑到,但我提出来是要使莱热更好地理解我的观点。并且向他提示,法国政府虽把中国方面提出的问题看成是书生之见,而从中国的观点来看,却不是什么学究式的问题。事实上,英、法方面任何政策上或态度上的改变,其可能产生的后果,对中国来说都具有深远而危害甚大的影响。)

莱热说,关于我说的后一点,他可以给我一个肯定的保证,决不会采取任何牺牲中国的办法来与日本和好。他同意我的看法,即法国的对日政策只是采用圆滑的手腕来应付日本,使之心情畅快,不存在同日本订立互不侵犯条约的问题。而且,目前法国政府甚至尚未能与东京安排一次一般性交换意见的会谈。

莱热接着说,虽然在苏、德刚刚缔结协定之后,日本表现了对德国的愤懑和怨恨,可是现在已经平静下来。极端的军国主义分子仍然拥有力量。他觉得,毫无疑义,不久日本将再次受到军国主义者的影响,并将同德国,甚至同苏联,在某种形式上进行合作。他评论说,战争开始阶段,日本政府曾力图对英、法两国稍表客气,可是,最近日本宣布,它要奉行独立的政策。日本甚至要求法国、英国和美国政府撤回他们在华的军队和军舰。

我极力主张,决不能答应这类要求。假使目前民主国家的状况无力强烈反对日本,但在考虑这个问题时,至少可以采取拖延的手段。莱热说,他们正是这样做的。可是,如果日本以武力解决相威胁时,英国和法国甚至可能决定向日本屈服。因为,毕竟不值得为此挑起一场对日本的冲突。(他真可算是坦率之至!)

我说,据我看来,日本的政策很清楚,即是伺机而动的政策,等着利用欧战给予的任何机会来推动其南进扩张政策。即使法国无力更多地帮助中国,可是它终归希望保卫印度支那免遭日本侵略。(当时,我预见到日本必将利用欧战机会侵占印支和香港,向南方扩张其势力。因为这是日本既定国策的一个方面。日本的扩张政策分为北进与南进两个方面,近期内实行南进政策的可能性较大。因为日本从北方张鼓峰和诺蒙坎的实际经验中知道,俄国并不是一个容易对付的敌手,特别是在急不可待的海军将领的策动下,日本人将加速其南进的步伐,以便一旦时机成熟,立即建立他们所谓的"东亚新秩序"。)

我对莱热说,中国认为印度支那的安全对中国南部的安全极为重要,正如中国的安全是印支安全的重大因素一样。这就是为什么中国政府建议举行一次会谈,制订合作计划,以备一旦日本进攻时,共同防卫印度支那。莱热回答说,这也是个学究式的提法。法国正在欧洲从事一场殊死的战争,必须竭尽全力,以图战胜德国。所有其他考虑都是次要的。假如法国在欧洲打赢这场战争,它就会回到远东,毫不费力地收复所失去的一切。

我说,希望莱热的话并不暗示可能取消中国货物在印度支那转运与过境的便利,或者,法国正在考虑改变政策。莱热说,没有立即改变政策的想法。只是现在无论做什么事,都要万分小心谨慎。他说,法国不打算采取任何使日本可能认为是挑衅的行动。说得坦白一点,法国在欧洲被捆住了手脚,已经没有什么远东政策,也不可能有一个远东政策。假如能够安排停止敌对行动,恢复远东和平,这对有关的各个方面,都将是一种稳定的因素他不反对利用苏俄对日本的影响来实现这一点。法国在试图接近日本时,其目的之一,是为了改善两国关系,以便探讨采取公正的方式解决中日冲突的可能性。他说,这样同东京秘密交换意见,也将有利于中国。但现在他并不认为能够做出这样的安排,因为现在还没有一个日本驻巴黎的大使。

莱热接下去说,关于中国对远东的问题,前面他已经强调过,现在他愿意再一次指出,中国应该把它的全副精力,百分之百地贯注到美国方面。美国的手是自由的,它有强大的舰队和巨大的资源。美国是唯一能够遏制日本最终促成满意结局的国家。华盛顿对日本的态度一直是坚定的,这是事实。但只是坚定还不够,必须说服美国采取积极的政策,甚至达到使用美国强大而无限的力量来对付日本的地步。如果美国愿意带头采取行动,英、法将毫不犹豫地追随和支持。在欧洲战争爆发前是这样,现在更加是这样。

我问莱热,是否应该把我们谈话的内容报告给我的政府(他曾是如此出人意料的坦率)。莱热说,对于他谈到的这些话,应该看成是他个人的观点,因为他还没有机会同新任外交部长达拉第讨论这件事。他说,他的话既坦率而又直言不讳,因为我同他谈话经常都是以这种方式进行的,而他对我极为尊重。他希望,我在向重庆报告时,尽可能表达我对这次谈话精神的充分理解和赞赏,并且尽可能报告得明确一些。

在伦敦，郭泰祺也进行了类似我在巴黎的活动。9 月 18 日，我打电话告诉他我同莱热谈话的内容。他也通知我，他同贾德幹爵士的谈话。原来，郭泰祺是刚和贾德幹谈话回来。我说，总而言之，莱热不欢迎我们提议的表明我国对欧战明确态度和提供人力物力援助的声明。

郭泰祺说，贾德幹告诉他，哈里法克斯勋爵已经研究过郭泰祺留下的备忘录，并要贾德幹说明以下各点作为回答：

（1）关于英国对远东和中日冲突的政策，仍然是遵循过去国联大会和国联行政院通过的各项决议，以及国际公约有关远东的各项原则。英国无意修改其立场。至于援华问题，英国政府仍将继续尽其可能。但是，哈里法克斯认为，恐怕不能像过去那样继续供应中国那么多的物资。由于欧洲的形势，必需削减这类援助。

郭泰祺告诉我，他已就此点提请贾德幹注意，在对待远东问题时，不应忽略各项国际协定，特别是华盛顿九国公约。贾德幹表示同意。

（2）关于拟议中的表明中国对欧战表态的声明，哈里法克斯勋爵并不反对。因为他认为，中国在亚洲正在反抗侵略，英国和法国在欧洲也在反抗侵略。他感谢和欣赏蒋委员长所表示的发表参加欧战声明的意愿。不过，他觉得这一声明将不能改变任何现实，因为中国并无在欧洲帮助英、法的条件，中国本身也不能从中得到什么益处。

（3）英国外交大臣对于中国友好地提议要为英国提供人力和物质资源的援助表示感谢。如果需要时，他将高兴地加以利用。至于目前，他认为协商合作计划的时机尚未成熟，最好留待将来情况需要时再作讨论。总之，贾德幹说，他愿意向郭泰祺保证，只要中国继续坚持自己的抗战政策，英国方面将不会改变态度。他还说，法国政府尚未同英国政府磋商中国的上述外交倡议。

# 第二节　惶惑不定的时期

## 1939 年 9 月 16 日—10 月 21 日

9 月 16 日,我与法国外交部秘书长莱热的谈话临近结束时,曾提起我接到由重庆转来的孙科博士和杨杰将军有关苏联对欧洲冲突的态度的消息。我说,根据杨杰的报告,莫洛托夫说,苏联的政策既不是反对英、法,也不是帮助德国。莱热说,他怀疑莫洛托夫的声明是否能代表克里姆林宫的真正意图。苏联报刊对波兰的猛烈抨击,以及苏联军队沿波兰边境从北到南的大量集结,都表明苏联即将联合德国进攻波兰。我回答说,苏联的真正意图很快将随事态的发展而趋于明朗化。他同意我的说法。

果然没过多久,事态的发展便揭示了真相。次日下午 3 时,钱泰大使从布鲁塞尔打来电话说,苏联公使告诉他,苏、日之间已签订了停战协定。还告诉他,英国并不真想与德国交战,而且会在波兰被完全征服后便接受和平。各晚报发表消息说,苏联政府在清晨 2 时通知了波兰驻莫斯科大使之后,苏军已开进波兰。各晚报还证实了莫斯科与东京之间已缔结停战协定。据报道,巴黎和伦敦对这个消息都感到震惊,两国首都同时提出了这样的问题:苏联究竟是站在德国一边还是反对德国?

孙科从莫斯科来电说,苏联派兵协同德国进攻波兰的报道不实,没有理由可以置信。我认为,他的意思是说苏联虽不想参与进攻波兰,然而却十分希望获得波兰的部分领土,极愿派兵去接收和保卫它,以雪其在第一次世界大战中丧失国土之耻。

次日,9 月 18 日,我在日记中做了如下的记载:

> 华盛顿对于苏联军队开进波兰的反应非常强烈,对苏日停战协定亦予以极大注意。似乎已经没有任何东西可以看作是确定可靠的了,一切条约、谅解、诺言、官方声明全都意

味着是对真正意图的伪装。

那天下午我通过电话与在伦敦的郭泰祺大使谈话时,我问他,英国对于苏联军队开进波兰和莫斯科与东京就满蒙边界的敌对行动缔结停战协定有何反应。郭泰祺说,他从刚见过面的贾德幹那里获悉,英国政府不想对苏联做出草率的决定或采取鲁莽的步骤。苏联入侵波兰的意图究竟何在,尚不清楚。英国政府暂时打算更加密切注视波兰与俄国之间的形势。郭泰祺说,贾德幹并不把苏日停战协定看作是意想不到的事,并说,如果苏、日之间签订一项互不侵犯协定,也并不出人意外。在贾德幹看来,更大的困难将是日本要求俄国停止对中国的一切援助,因为他认为莫斯科是不会接受这一点的。

法国内阁刚刚改组。在改组后的内阁中,由总理达拉第接替了博内的外交部长职位。虽然达拉第兼任外交部长,然而实际行使外交部长职权的却是主管外交事务的副国务秘书里贝,因为达拉第的主要精力都集中在他的总理工作上。

这次法国内阁改组的意义是显而易见的。可以回想一下,博内个人一直倾向于赞成法、德之间进行更多的合作。而他一开始就对莫斯科共产党人的可靠性怀有极大的疑虑。他实际上属于右翼,并有许多银行界和商业界的朋友,这些人自然怀疑莫斯科,而且认为归根到底法、德之间比法、苏之间更可有所作为,从经济的观点看,尤其如此,因为莫斯科的经济和贸易观念与这些人的传统信念和宗旨大不相同。其次,博内在执行这种政策上有些独断专行。由于长期做外交官,他处理外交事务的经验比达拉第丰富,从而把后者看作是一名新手。即使在达拉第任总理期间,博内也设法保持在外交事务方面的支配权,并总是坚持自己的意见。

还有另外一个因素。博内在内阁中的许多同僚的见解并不完全与他相同,其中显著的有殖民部长孟戴尔,但是这些人的见解却很受达拉第的赏识。争论是不可避免的。作为外交部长博内在外交政策方面，负有首当其冲的责任，他坚持己见的坚强性格，使他既不能处好同僚之间的关系，也不能处好与总理的关系。当欧洲局势发展到法国不得不宣战时，达拉第想独揽政府大权，并且想以政府内部高度一致的意志与行动，强有力地进行战争。于是撵走了博内，并在保留国防部长职务的同时，兼任了外交部长的职务，而将各种权力委派给更为顺从他的意向的人。

里贝是发挥外交部长积极作用的一个很好的人选。他是达拉第的多年老友，而且一直得到他的充分信任。由于他属于旧式外交派，他在接受政府和总理的命令和执行其指示方面，都是严守纪律的。很快就明显看出，他还是个小心谨慎、诚实可靠的颇有风度的人。

9月18日，他代表新任外交部长达拉第前来拜访我。在谈话过程中，他询问了远东局势。我告诉他，军事形势已进入相持的局面。中国的新军队，由于指挥更加统一，已更为坚强。至于日本，则急于结束在华的战争，而且肯定会推行其南进政策。

9月21日，我回拜了他，并与他进行了长时间的谈话。在相互致意之后，谈话就涉及到波兰局势。他说，虽然华沙仍在坚守中，并有一些抵御德军前进的中心据点，但是，波兰政府成员已进入罗马尼亚境内，并正设法将其政府转移到法国。至于罗马尼亚政府是否允许这些政治人物为此目的而离开罗马尼亚，则尚未可知。

我问及法国政府对于苏联军队进入波兰的看法，并告诉他，据孙科从莫斯科来电说，俄国政府向他宣称，苏联军队进入波兰，并不意味着加入战争的任何一方，那仅仅是为了保卫苏联边境和保护边境沿线的人民。很明显，所谓边境沿线的人民，是指波兰境内的乌克兰人和白俄罗斯人。

里贝说，苏联政府已将其奉行中立政策的愿望通知法国政府。然而俄国军队开抵匈牙利边境的行动，以及因此而使德军不能靠近罗马尼亚边境的事实，是饶有意味的。莫斯科的真正态度如何尚不可知。他说，迄今为止，苏联的政策对他来说，似乎是神秘莫测的。因此，法国唯一能做的事情是莫斯科怎样声明，法国就怎样听取，同时静观事态的发展。当我问他法国政府与苏联驻法大使是否正在接触的时候，他回答说他们有接触，然而他怀疑莫斯科是否已将其真正意图全部告知了它的大使苏利茨。

我接着说，希特勒在但泽的讲话似乎透露了当波兰战事结束后恢复西欧和平的愿望。我问他是否可以期望德国朝这个方向在巴黎或者伦敦开始某种行动。他说，即使看到这种行动，他也不会感到意外。希特勒最近讲话的明显意图是离间法国与英国。德国总理讲了许多反对英国的恶毒语言，但是对法国却用的是温和的措词。然而，希特勒以为英、法团结能够破坏的看法是错误的。法国和英国都决心把这场战争进行到最后胜利，以便结束欧洲这种长期的动荡局面，使人民得以在和平环境中生活与工作。他继续说，欧洲在过去十年间一直经历着一系列无休止的危机，使任何人都不能为工作或事业制订计划。他本人参加了上次的战争，并曾两次负伤，如今他的两个年龄相仿的儿子像他在上次战争中那样，又应征入伍了。他的妻子不得不像当年送她丈夫出发上前线那样，送她的两个儿子去从军。他说，这对一个人的一生来说，实在是难以忍受的。

然而我们都认为，德国国内的政治与经济情况有可能使它走向崩溃，而且时间会比大多数人所想象的要早得多。他说德国是在像上次战争中的 1917 年那样的阶段发动战争的。两个月以前，他妻子的一个年轻的德国朋友从柏林前来拜访她，这个德国女人看到招待她的一顿便餐中有大盘的菜肴感到惊讶。她问是否法国人平常总是这样吃饭？而且她在往咖啡里加糖时对放两块糖犹豫了一下，她说，在德国是禁止多吃糖的。里贝说，所有这一切都表明，德国人一直生活在极度紧张的状况下，而战争必然使他们更为艰苦。

这时候我打断了他的话，以使谈话回到国际问题上来。我说,中国政府和人民在当前的冲突中,十分同情法国、英国和波兰,因为他们认为,西方民主国家在欧洲为之战斗的事业,和中国在亚洲为之战斗的事业是相同的,他们都在反抗武装侵略。实际上,在中国有一种与欧洲民主国家休戚相关的普遍情绪。虽然中国本身处于战争之中,然而中国政府愿意尽可能向法国和英国提供除军事性质的援助之外,包括人力和自然资源方面的各种形式的援助。我又说,当然,我了解法国忙于欧洲事务,或许不能对远东十分关心,但其殖民地,特别是印度支那,对它是非常重要的。如有必要,中国乐于在共同保卫印度支那不受侵犯方面提供合作。我问道,法国政府对远东的政策是否仍然未变?

他回答说,法国政府对远东的政策没有变化。印度支那是法国一块很好的殖民地。法国尽管在欧洲有其急务,但对印度支那仍是关心的。他说,法国一向对中国和中国人民抱有极大的同情。

在谈话即将结束时,他再次回到了讨论个人问题。他说,他的侄子娶了爱斯嘉拉教授的侄女,而他是通过这个关系才听到一些关于中国和中国人民的情况的。他说,爱斯嘉拉教授对于中国的事情和远东问题极为热心。他(副国务秘书)不时收到爱斯嘉拉的著作。这些著作,也帮助他对中国和远东发生兴趣。我在这里把他的这些话写下来,是为了强调说明他采用的是老式的与现在不同的外交官作风。正如老派的绅士外交家通常那样,他受过良好教育,造诣很深,温文尔雅,时常谈起个人事情借以建立友谊。在这次会见中,我又一次觉得他是很有风度的诚挚的人。

这里,我想简短地总结一下法国在对欧洲和远东局势的态度方面,已经发生的和当时正在发生的变化,这种变化大致是从苏德互不侵犯条约宣布之时开始的。在那时,法国人不仅对莫斯科的态度开始感到失望,而且他们认为俄国是背信弃义,因而更是感到真正的忿恨。他们显然受到了震动,而且他们自己对国际局势的立场突然改变了。到那时为止,法国一直为日本同德国友好政策的进一步发展感到不安。日本显然决心与德国站在一起，以便在执行其远东侵略政策时有更多的后援，对此，法国深感不安。不过法国仍倾向于对中国友好。法国人不是不知道日本海军所鼓吹的向南扩张政策，而且看到了法国在东方的根本利益，尤其是他们在印度支那和东南亚的利益，是与中国的利益一致的，因此他们同情中国的事业，并在不激怒日本和不引起日本坚决反对法国利益的情况下，尽量设法为中国多出些力。

然而，苏德条约的宣布以及苏联突如其来的一百八十度大转弯，使法国人大为焦虑。他们觉得非接近日本不可，希望尽可能将日本从轴心国中分离出来，甚至将日本争取到民主国家一边来。这个政策特别得到法国内阁中许多重要人物的赞同，因为日本对苏德条约同样感到意外，并由于不了解德国的确切意图而暂时陷于混乱状态。

莫斯科和日本之间最近签订的停战协定，使法国和英国对莫斯科和日本恢复友好关系的忧虑加深了，正如苏联军队进入波兰，使人们对苏联可能站在德国一边而卷入欧洲战争的担心更加剧了一样。在我上次与苏联大使苏利茨的谈话中，他告诉我说，日本派往莫斯科就双方的分歧进行谈判的代表，态度强硬地坚持自己的要求，所以没有达成任何协议。然而，一定是由于日本在诺蒙坎一战中几乎损失了一个师团，再加上听到了苏、德突然签订互不侵犯条约的消息，日本代表的态度才有所软化。无论如何，这两个国家已同意设法解决他们之间的争执与冲突。一方面，这表明日本的暂时混乱和害怕德国有其自己的策略而不把日本当作心腹朋友的心情；另一方面，也表明日本有意与苏联达成一项正式协议。所有这一切给巴黎和伦敦留下了日、苏之间有可能和好的印象。因此，巴黎与伦敦越发感到焦急，认为必须采取步骤来安抚日本。一个明显的做法就是牺牲中国来迎合日本在中国的欲望。我开始并接连不断地收到来自我自己的消息来源和我的法国朋友们的报告，这些报告都说，法国政府正在考虑政策上的改变,而这种改变将对中国不利。

中国政府和大使馆的法国顾问宝道,于 9 月 20 日前来向我报告说,他与法国外交部亚洲司副司长肖维尔谈过一次话,肖维尔表达了这样的观点:欧洲局势的变化如此之大,致使法国必须重新考虑其远东政策,特别是对日政策。肖维尔所概述的总的想法是,要求国民政府制订一个计划,使汪精卫政权与日本扶植的北京政权得以并入一个联邦政府形式的全国性政权。这个在实质上是使中国投降的主张似乎是法国对远东态度的倾向性的顶点,而这种倾向,正是我所担心的。这个主张实际上是为了法国的利益而制成的一丸裹着糖衣的苦药,但它只是肖维尔的个人想法。他的糖衣是寓于如下的推理之中:

日本在占领大片中国领土之后,并在实际控制着中国海岸线的情况下,会使中国处于更加困难的地位。同时,日本给法国造成许多难题,而给英国造成的难题就更多。比如,日本在中国的沦陷区强制发行新币,使所有商业合同必须用新币计算。再如,关于外国租界当局对中国人的控制问题(日本人声称,租界允许那里的中国人在重庆的秘密赞助下,进行反对日本的活动,而且日本人要求交出某些被日本人指控为暗杀亲日华人的中国人),此事以日本封锁天津租界而达到顶点。最近,日本又要求作为欧洲战争中交战一方的英国和法国从中国撤出它们的海军舰只和军队,以避免使日本有可能卷入欧洲战争的冲突。

肖维尔推论说,鉴于国际形势,法国在处理这些问题或帮助中国方面,势将感到日益困难。他说,法国和英国最终将交出他们的租界,撤出他们的军队,并放弃他们在中国的一切领土权利。日本如此紧逼,限制他们的海运,剥夺他们在租界中的权利等等,似乎英、法把这些权利交给由日本扶植的傀儡政权,只不过是时间问题而已。由于了解到这样做不利于中国国民政府,因此法国和英国宁愿将他们的权利移交给中国人,而在目前情况下,那是不可能的。另一方面,也不能保持沉默,什么也不做,因为日本会走向极端,径自将一切都攫为己有。因此,肖维尔建议,为了整个中国的利益,重庆应同意并着手建立一个能被承认为代表整个中国的联邦政府,然后,法国和英国将交出租界,不过不是交给日本,而是交给作为整体的中国。这将使国民政府在最终胜利之后能行使其正当权利,目前沦陷区的傀儡政权可以接收这些交出的权利,但这只是暂时性的。①

我向重庆外交部和蒋委员长报告了这个建议。蒋委员长在二十四小时之内便拍了一封电报给我,对这个建议表示了极大的愤怒。他说,肖维尔所鼓吹的东西,中国是不可能考虑的,更不要说接受或同意了。他说,"你代表我告诉肖维尔,即便中国战败了,也决不会接受这种荒谬的想法。这只不过是变相的投降。"他大发雷霆了。

当时我已告知宝道,那是一种奇谈怪论,我对他提出这种想法感到惊奇,因为这根本不是一项政策。任何一个对局势有所了解的人都会立即看出,这只不过是向日本屈服的一种掩饰手段而已。

关于欧洲局势,我在9月21日的日记中写了这样一段话:

> 战争似乎并未真正存在,然而三千万人口的波兰,却在短短三个星期之内,确确实实被毁灭了。法国报刊继续抨击苏联的背信弃义。达拉第晚八时半的广播讲话激烈地批评了苏联的行为。

这段讲话说明法国人对苏联的不满情绪。当9月23日确切得知德国和俄国将瓜分波兰,而且苏联在瓜分中得到的是大半个波兰,这种不满情绪便更加高涨了。

---

① 原注:日记写道:"宝道报告了他对肖维尔的谈话。肖维尔主张重庆与汪精卫合作建立一个全国性的政府,以更有效地和日本进行谈判……宝道极力主张从长远考虑中国的命运,并说,最好与汪精卫联合组成一个更具有全国性质的政府,以便在对日谈判中获得更多的好处。列强也愿意将租界交还给一个代表全国的中国政府,而不愿把它交给南京或北京政权。"

9月23日下午，我再次会见莱热，期望在我上次访问之后，他已有机会与其政府讨论中国最近提交的备忘录中所提出的问题，因此，在会见一开始，我便说，关于中国政府有意发表一项表示在欧洲战争中同情并站在法、英、波兰一边的声明之事，曾承他好意告知他个人对此事的看法，我已经向政府汇报了。然后，我表示希望莱热在那以后已有机会同他的政府进行磋商，不知法国政府的意见是否与莱热向我表示的看法完全一致。他说，他已与本国政府磋商，而且政府已于当天上午进行了讨论。政府的意见与他所阐述的完全相同。

　　我接着说，或许莱热已注意到蒋委员长最近的讲话，并未包括起初想要表达的意思，我说，蒋委员长很重视莱热的意见。莱热说，他已注意到并非常赞赏那篇讲话。接着，他问我，中国各派联合起来以共同应付当前局势的可能性如何。当我问他是否指的是汪精卫成立"中央政府"的活动时，他做了肯定的回答。

　　我说，不可能设想中国政府会正视这种合作。自从汪精卫离开重庆并脱离中国政府以来，他实际上已在人民中完全丧失了威信，人民已不再信任他了。中国政府和人民比以往任何时候都更有决心继续抵抗日本的侵略，并认为，汪精卫的活动只不过是在帮日本的忙。我相信并告诉莱热说，汪精卫难以组成一个中央政权，而且即使组成，也不会对沦陷区的人民有多大影响。它将只是一个由日本人在幕后操纵的傀儡政权而已。

　　我继续说，实际上在沦陷区，日本人只控制了一些诸如公路、铁路和河道之类的主要交通线。在这些交通线的后面，政权仍在重庆控制之下。协同正规军作战的游击队也极为活跃，因此，如果组成傀儡政权，也不能指望它实现日本的愿望，此外，它无论如何无助于改善远东的总形势。相反，它将使局势进一步复杂化，并将成为将来全面解决的又一障碍。

　　莱热问我，那么中国与日本达成协议的可能性如何。我说，这将取决于两个条件：首先，日本是否准备放弃它的侵略政策，并尊重中国的主权和领土完整；其次，法、英、美等主要关心远东的国家是否有意斡旋或调解。我补充说，由于没得到指示，我当然不能以政府的名义回答。但我个人相信，在上述两个条件下，中国政府将会认真考虑友好国家的斡旋或调解以与日本达成全面的解决。

莱热说，当前的主要问题是苏联的态度。我说，根据我收到的几封电报，其中一封是当天上午刚到的蒋委员长转告莫斯科消息的来电，电报说到，苏联政府已向中国驻莫斯科的代表声明，苏联军队进入波兰决不是想参与以德国为一方和以英、法为另一方之间的冲突，莫斯科对英法集团的态度并无改变。苏联无意对法国与英国采取敌对态度。它今后的政策将取决于这两个民主国家对苏联在波兰的行动的看法以及它们对苏联的态度；意思是说，如果它们未能理解苏联的意图而采取不友好的态度，苏联将不得不相应地重新考虑其态度。

莱热摇着头突然打断了我的话，他说，苏联政府说的不是实话。苏联声明它对法、英没有敌意是欺人之谈，是在设法愚弄人。波兰是法国和英国的同盟国，法、英为了帮助波兰而正同德国交战。苏联军队正好在波兰抵抗力量增长并开始给德军以重压的时候侵入波兰。苏联与德国分了赃，并毁灭了波兰。他问道，那么莫斯科怎么能说它不是在反对法国和英国呢？又怎么能说它不是有意挑衅呢？

我说，依我之见，苏联今后的政策尚未确定。莫斯科显然在注视德国与法、英之间的冲突如何发展。如果战争有朝着不利于德国的方向发展的迹象，莫斯科有可能站到英法集团一边。莱热又一次摇着头说，苏俄已与德国达成了秘密谅解，而且正与德国合作。既然他们已经瓜分了波兰，又怎能保证苏联不会在德国的谅解下南下巴尔干，并占领属于法、英的另一个朋友和盟国罗马尼亚的比萨拉比亚，甚至渗入南斯拉夫呢？他又说，莫斯科的这种企图还会导致意大利将其命运押到苏俄一边，并参与分赃的勾当。

关于意大利,我说,据最近途经巴黎前往伦敦的中国驻罗马大使馆参事称,虽然墨索里尼个人有意帮助希特勒,但意大利国王和人民都坚决主张保持中立,反对参战。我说倘若法、英两国正确对待意大利,那么,如果它终于参战,我认为它是会参加英、法集团的(这是根据当时的情报而言)。莱热说,意大利的态度也取决于苏俄的政策。当我问到法国新任驻苏大使那齐亚的动向时,莱热说,那齐亚仍在巴黎,而且法国是否还要向莫斯科派驻大使尚未决定。

我离开莱热的办公室后立即去会见肖维尔。我把我方才向莱热讲的话以及莱热的回答告诉了他。在提到肖维尔同莱热曾交谈过的那个话题时,我说,重庆政府与汪精卫以及北平和南京的其他各派合作的想法,是绝对办不到的。中国政府和人民决心继续抗战。我并把汪精卫不可能成功的原因等等告诉了他。

肖维尔说,如果这样普遍合作不可能的话,那么唯一可供选择的办法是中、日之间实现全面解决。我回答说,如果友好国家有意斡旋或调解,而且假如日本准备放弃它的侵略政策并尊重中国的主权与领土完整(中国正是为此而与日本交战的),我个人认为中国政府是会予以认真考虑的。我问他,目前采取这种步骤的可能性如何。

肖维尔回答说,只要日本决心建立一个由汪精卫主持的中央政府,那么试图说服它放弃其计划是徒劳的。但如像我方才所说的那样,这一企图不能成功,则他相信,在日本的试验失败之后,友好国家出面斡旋就比较容易了。

我说,汪精卫本人已宣布新政权的建立将延期到11月,而且东京也已宣称这个新政权的建立将在11月中旬而不在10月,我觉得这种推迟说明新政权的建立有很大困难。我说,我知道汪精卫一直在设法物色一些知名的一流人物和他一起参加拟议中的新政府,但至今未能取得进展。如果他满足于北平和南京现政权的人员,则即使他能建立一个所谓的中央政府,也不会对局势产生任何影响。

我提出的下一个问题也反映了法国对远东的现行政策。法国大使高思默长时间不在重庆而呆在接近日本人的上海。因此,我继而问及高思默何时可能去重庆。并表示中国政府愿意在陪都更经常地见到他。我告诉肖维尔,外长王宠惠特别渴望与高思默就欧战爆发以来所发生的重大事件交换意见。我又说,高思默在上海难免会受到日本人和亲日派的影响和包围。

肖维尔说,那是不可避免的,就像重庆有其不同的气氛一样,香港有另一种气氛,北平又有另外一种气氛。他说,这就是他派乔治-皮科重返他的岗位的原因。他将催促高思默到重庆去,但不是立刻就去。首先,从中国撤退外国军队及军舰的问题将于近期内解决。其次,上海也是个重要地方,必须有一位名望较高的人在高思默离开时接替他。乔治-皮科业已登程。肖维尔相信,一俟乔治-皮科抵达上海,高思默就能启程赴重庆。

在询及日本要求外国军队和军舰撤出中国的问题时,肖维尔说,严格说来,这不是要求。日本已向法国政府解释说,并没有提出要求的意思,只是为了避免纠纷而提出的一种愿望,因为法国和英国目前已成为交战的一方。他说,日本代办宫崎那天上午来访,并再次表示这个意思。但其目的显然是利用欧洲局势以逐步排除西方大国在中国的利益和影响。他又说,现正与华盛顿磋商,法国政府正在等待明确的答复。但就法国与英国而言,它们实际上已决定撤退它们的大部分驻军与军舰。

我说,如果法国和英国从远东撤出他们的陆军和海军,这将产生不良影响。肖维尔说,这不是一个是否可取的问题,而是一个有无必要的问题。其他地方需要这些目前驻扎在中国的军队。不过,军队不是全部撤走,而是仍留下一定数量驻在那里。他又说,只有美国和意大利将保持它们在华的全部陆军及海军。

我们简短地讨论了另一个问题,即关于新任日本驻法大使泽田的任命问题。虽然日本方面尚未正式任命,但是据 9 月 23 日肖维尔告我,法国已经同意日本派遣他为驻法大使。到 9 月 25 日为止,法国报刊热情颂扬这位日本新任大使。与此同时,我国驻河内领事馆和我国外交部都来电说,印度支那已禁止汽车和汽油过境,并要求运走已经在海防的这类物资。这都证明法国正在为和日本维持友好关系铺平道路。问题在于:法国想走多远?它是否会以牺牲中国的利益来谋取与日本合作以共同遏制苏联?

9 月 25 日下午,我接待了荷兰公使劳东;之后,便立即前往拜访里贝。荷兰公使显然是想知道一些有关远东局势的消息,而且对于日本要求美、法、英等国从中国撤走军队及军舰的问题很关切。他说,他几天前曾听说美国不仅拒绝了日本的要求,而且也反对伦敦或巴黎在这方面对日本让步。然而他了解法国政府已决定从中国撤出一小部分军队,而在天津和上海的驻军则保持不变。他又说,那天上午他和法国外交部一位官员谈话时,这个消息已得到证实。

我说,我在星期六(23 日)与法国外交部一位官员谈话时了解到,虽然法国政府因其他地方在战争中需要兵力而打算从中国撤走一小部分军队,但尚未做出决定。劳东问我,那部分法国军队有多少。我告诉他,那支军队主要由安南人组成,人数不超过一千五百至两千人。他听了以后说,他看不出这么小的一点兵力能对欧洲战争起多大作用。他还说,他的政府不仅对远东局势关心,而且希望看到法国和英国保留他们在中国的军队。我说,今后法国和英国对远东的态度,不仅对中国而且对于在东方有着广阔殖民地和巨大利益的荷兰也很重要。对此,他表示同意。

在与里贝的谈话中,我首先回顾了中国政府曾打算发表一项宣言,表示在欧洲的冲突中它对法国、英国和波兰的同情,愿与它们团结一致,因为中国政府相信,法、英、波诸国在欧洲反抗侵略,正如中国在亚洲反抗侵略一样,他们为之而战的是同一个原则。中国政府甚至准备对欧洲提供除军援以外的各种形式的人力与物力援助,特别是为共同保卫英、法在远东的殖民地及权益更是如此。然而,从我与法国外交部的会谈中,我得到的印象是,法国政府认为中国发表这样一项宣言的时机尚未成熟。我说,因此蒋委员长在几天前发表的谈话中,没有提到这个拟议中的宣言。

我接着说,鉴于法国政府对此事的态度,中国政府希望了解法国政府对远东的政策,特别是对中国的政策。法国政府是否希望中国继续执行其反抗侵略的政策?如果是的话,法国政府是否准备继续向中国提供援助,并保持中国进行战争所必不可少的经由印度支那的过境运输便利?另一方面,如果法国政府希望中、日停止冲突,那么中国政府愿意知道,法国政府是否准备协同伦敦及华盛顿进行斡旋或调解,以便说服日本放弃其侵略政策,并按照日本曾经签过字的华盛顿九国公约的原则,保证中国的主权与领土完整。

里贝问我,我说的维护中国领土完整是否指的是日本从中国撤军,以及是否能说服日本同意撤军。我说,这是中国停止战斗所必不可少的条件,但是我认为一旦日本接受从中国撤军的原则,并承认以九国公约为和平谈判的基础,则实现这种撤军的方式当然是可以商讨和安排的。

然后我说,我的第二个问题是,法国政府对日本采取什么政策,这是中国非常关心并且是对中国至关重要的问题。中国政府了解,法国政府由于现在正忙于欧洲战争,希望避免与日本发生纠纷。我国政府所想知道的是,这种灵活对待日本的政策打算要执行到什么程度。这种政策是只为避免与日本发生纠纷,以便能保障印度支那的安全呢,还是也在于阻止日本再度加入德国一方与之紧密合作。抑或法国政府愿意走得更远,为了遏制苏俄,不惜以损害中国为手段,采取诸如帮助日本巩固其在中国被占领区的地位等做法,谋求与日本建立友好关系?如果情形是这样,我想指出,这样做既不符合法国的利益,也不符合中国的利益。我认为,一个独立而繁荣的中国是印度支那安全的最好保证。帮助日本巩固其在中国的地位，只会使日本更容易执行它南进扩张的计划和实现它对印度支那的阴谋，因为这是日本的传统国策。如果中国抗战失败，日本加强了它在中国的地位，那必然会使印度支那处于更加没有保障的境地。

对此，里贝说，他可以立即向我保证，法国对远东政策的基本原则是鼓励维护一个独立而繁荣的中国，而且他完全同意我所说的，这样一个中国是印度支那安全的最好保证之一。他说，法国的对日政策，目的只是在于避免激怒日本而引起意外事件。当我问到法国政府是否有意屈从于日本所提法国军队和舰只撤离中国的要求时，他说，法国政府对此问题尚未做出决定。

我说，我的第三个问题是关于法国对苏联的态度，特别是关于对苏联军队进入波兰的态度。我收到的消息是以中国驻莫斯科大使和孙科的报道为根据的，孙科常有机会亲自见到斯大林。根据这些消息，我认为，苏俄在波兰的行动，只在于面对德军的迅速前进，起而保卫其西部边界的安全而已。莫斯科无意参与以德国为一方和以法、英为另一方的冲突。苏联对法、英的态度将取决于法、英的对苏政策。如果伦敦和巴黎因苏军进入波兰而对俄国采取不友好的态度，莫斯科自然不得不相应地重新调整其政策。

我继续说，从根本上讲，这当然是一个欧洲问题。但由于此事对远东，特别是对俄国的东亚政策有影响，因此中国对此也颇为关注。在这方面，法国和英国对日本态度的任何改变都会对俄国的欧洲和亚洲政策产生直接影响。假如法国和英国企图谋求与日本合作来对付俄国，以期牵制俄国，使它在欧洲不能毫无顾忌地站在德国一边，我认为那将是一个严重的错误。我说，即使日本愿意和苏联缔结互不侵犯条约，莫斯科目前也无此意。苏联的对华政策仍未改变。换言之，苏联将继续帮助中国，并无与日本合作的愿望。但法国和英国方面，任何谋求与日本合作的企图，都会立即引起莫斯科的猜疑。这种猜疑，一方面会导致苏、日之间达成谅解,这种谅解是不难达成的,因为日本渴望解除北方的俄国压力;另一方面,这种猜疑会导致莫斯科明确地站到德国一边,以对英、法的不友好态度进行报复。结果将是英、法在亚洲受到日本南进的威胁,在欧洲则受到苏、德联合的威胁。

我又说,我认为目前最好不要采取明确的反苏立场。莫斯科显然一直在执行一种维护其自身利益的政策,并且一直没有就今后的态度做出决定。俄国还在注视并等待事态的发展。如果处理得好,则一旦战争转到对德国不利,就有可能诱使俄国参加英、法一边。

里贝说,法国政府不打算采取任何反对俄国的态度。它正在做的恰好就是我以前建议过的。法国政府同意了莫斯科打算在欧洲冲突中保持中立的声明。法国甚至已告知苏联政府,法国仍渴望苏联在欧洲的合作,并表示希望这能够做到。法国还进一步告知莫斯科,不要误解法国政府限制共产党活动的国内政策,这个政策是出于战争的需要,以便促进全国团结统一来对付德国。这位负责外交事务的副国务秘书说,总之,法国对俄国的政策仍然是友好的,而且旨在实现法苏合作。他已告诉苏联大使苏利茨说,合作应该是可能的,因为这在土耳其已经做到了。土耳其与莫斯科之间保持着极友好的关系,但土耳其所执行的是强烈反对共产主义或布尔什维克宣传的政策。

他又说,法国报刊及公众舆论对苏联进入波兰表达如此强烈的不满是很自然的事,法国政府不能采取任何步骤去压制这种人民反对侵略者的自发情绪。但是政府本身并未发表任何不友好的声明。相反,政府是在致力于保持对苏友好的态度。然后,他问我是否认为莫斯科公开声称的奉行中立的意图是真诚的,以及它是否并不谋求把欧洲布尔什维克化。他说,随着苏联军队进入波兰,布尔什维克宣传已经不仅在波兰而且也在匈牙利及其他中欧国家开始。巴尔干国家也正感到苏联行动的冲击,并且对莫斯科对他们的意图表现极大的不安。在罗马尼亚尤为如此。我说,实现一场世界革命,并把它变成一个布尔什维克世界的想法,纯粹是托洛茨基分子的纲领。斯大林本人似乎早已放弃这种想法。他所遵循的是一种把思想意识与对外政策分离开来的政策。

然后我又提出另一个问题。我解释说,这个问题,蒋委员长特别指示我亲自与达拉第先生会谈,即有关在重庆的法国军事顾问团的问题。我解释说,实际上这个顾问团并不代表法国官方,而是一些由中国政府通过签订个人合同而聘请的退役军官。当初这件事既没有通过大使馆,也没有通过法国外交部,而是通过某些中间人与蒋委员长的私人代表和军政部进行安排的。这个团的负责人贝尔热将军最近收到法国政府的电报,召他和他团里的同事回法国到与战争有关的机构中服役。

我继续说,蒋委员长当然了解法国现实的需要,顾问团的军人回欧洲服役自然是他们的义务。但是蒋委员长愿向达拉第总理指出,中国在西南各省有抗日基地,这些省与印度支那毗邻,因此这些省的安全对印度支那有特殊重要性。我说,蒋委员长认为日本肯定要利用欧洲局势以便向印度支那施加压力。为了保卫印度支那,中国军事专家的意见是,必须保卫印度支那的北面。换句话说,从海上侵犯印度支那不大容易,而必须从北面进攻才能奏效。所以,中国的抵抗如稍有削弱,就会导致日本向中国西南各省推进,从而对印度支那构成威胁。鉴于全部撤走法国军事顾问团定将削弱中国的抗战力量。蒋委员长想提请达拉第先生考虑,如果非撤走不可,是否能不撤走全部人员而留下几位,特别是那些目前正在后方军事学校任教和负责训练的人员。

我请贝里把我所说的话转告达拉第,并特别希望他能转请达拉第亲自过问在中国的法国军事顾问团一事,我希望能尽快得到答复,并补充说,我将此事完全拜托给他。他说,这正是他在法国外交部的工作任务。他向我保证,他将立即向达拉第报告,并希望在最短期间内能给我答复。

两天以后我拜访了孟戴尔,目的是想看看他能否进一步说明法国政策的性质。我把最近中国在巴黎和伦敦采取的外交步骤告诉了他。我解释说，原来的想法是不宣布参加到冲突中去，正如蒋委员长所说的，如宣布参加冲突将使法国和英国感到为难。

孟戴尔以为我已经把中国的新方针向莱热谈了。他说，法国在外交上是害怕激怒日本。在当前的欧洲冲突中，国际形势并不像原来期望的那样。形势的实际发展，特别是苏德合作，也有有利的一面，例如，它确使西班牙免于卷入战争，以及它瓦解了反共产国际阵营；然而在目前的危机中，未知因素如此之多，必须时刻警惕。

他继续说，需要弄清的重要问题是苏联的真正政策。莫斯科是否打算与柏林紧密合作，法国目前正在从事一场生死攸关的战争，正在为维护法国作为一个国家的继续存在而战斗。捷克斯洛伐克问题，波兰问题，甚至罗马尼亚问题都是次要的，法国现在真正的问题是如何打赢对德战争。

我表示赞同他的观点，并说，这就是我建议法国外交部与莫斯科进行接触以探明俄国的真正政策的原因。孟戴尔说："不错。"他接着说实际上达拉第已接见了苏利茨，并且和我所建议的一样，列出了一些问题，让这位苏联大使提请莫斯科答复。孟戴尔又说，他知道哈里法克斯在伦敦对苏联驻英大使也这样做了。

我说，根据我从莫斯科得到的消息，苏联政府派兵进入波兰既无意参加德国和法、英之间的战争，也不想对两个民主国家采取敌对态度。他的行动只不过是为了捍卫其自身的利益而已。

孟戴尔说，苏联确实没有对法国和英国采取敌对态度。但问题不是苏联政府是否会对法、英采取军事行动，而是它是否打算向德国提供必需的物资。根据机密消息，苏联已在美国为德国购买茶叶和咖啡，而且里宾特洛甫对莫斯科的访问，可能达成一项俄国向德国供应军事物资的协定。这将直接帮助德国打破法国和英国的封锁，而法、英是指望以这种封锁来迫使德国屈服的。

孟戴尔问我，关于苏联对中日冲突的态度，以及对中国拟议的声明的态度,中国从莫斯科了解到什么情况。我回答说,莫斯科仍在向中国运送物资,并向中国保证今后将继续运送。至于俄国对日本的态度,中国已得到保证,尽管日本可能抱有与俄国签订互不侵犯条约的愿望,但莫斯科并无此意。俄国甚至表示它愿意看到法国、英国和美国能向中国提供比以前更多的援助。

孟戴尔认为,通过里宾特洛甫访问莫斯科之行,苏联的态度将很快暴露出来。如果俄国站在德国一边,那么,它甚至谋求与日本建立友好关系以反对法国和英国也不是不可能的。他说不能全然无视这种可能性。但是法国对中国的政策仍然不变。

他接着说,法国将继续援助中国,然而在目前情况下,谨慎从事的必要性自然更为突出。他提到印度支那总督于 9 月 24 日来电报告,在沿边境修筑与滇越铁路平行公路的工人中发现了时疫,他于 25 日发出了指示。他的指示是,这条公路的修筑以及在柬埔寨边境与暹罗铁路接轨的铁路修建工程,都必须和以前一样加紧进行,而且如果必要的话,可以在柬埔寨招募劳工以修筑云南边境的公路。

孟戴尔补充说,他下令修筑这条公路是为了中国运输战略物资的方便。他对我说,在这方面他想指出,在海防和昆明中国物资积存如此之多,以致不仅妨碍了运输,而且引起了日本人的注意。就在最近一次日本飞机轰炸中国一侧时,也在印度支那境内炸死炸伤约七十人。他说,他不仅曾对中国货物堆积在海防一事提出过意见,他还要提出堆积在昆明的货物也必须迅速疏运,以利于有效地将物资经由印度支那转运到中国。我当即向他保证,我将立即电告我国政府,采取步骤消除这种障碍,孟戴尔说,如能这样,他将非常感激。他说,他那方面一直在尽最大努力并将继续这样做。

我说,9 月上半月,关于过境运输,诸如金、银、镍和纸币等物品,曾发生相当大的困难,因为有明文规定禁止这类物品出口。中国旅客通过印度支那出入也有困难。9 月上旬,我国航空委员会订购的几批货物在运往中国边境的途中受阻,而且有一批货物业已运至广西边境,也由于地方当局的命令而被卸下。我相信这些困难是由于实施总动员令引起的,要解决这种局面需要一些时间。孟戴尔说,这些禁令与限制是由战争引起的,而且是普遍实施的,并非单独针对印度支那或中国。他向我保证说,如确遇困难,希望让他知道,他将尽力帮助解决,因为目前向中国提供的一切方便仍属有效。对此我向他表示感谢。

继而我又问孟戴尔,他对中、法两国在印度支那遭到进攻时进行军事合作的问题目前持何态度,以及他是否仍愿推进此事。孟戴尔说,他历来相信,而且仍然相信,应该想到所有可能发生的事情,并事先制订应变计划。但法国外交部由于害怕引起日本的不良反应,一直不敢主动进行。不过他仍然相信应该制订这种计划,并与中国达成一项合作协议,这种协议应以印度支那的安全确实遭到威胁时方才生效为条件。

我提出:可以签订这种协议,但可规定要到某些条件具备时才付诸实现。他说,作为殖民部长,他无权签订这种协议,这种协议须由国防部长签订。但是,只有从军事观点看确有需要时,军事当局才会做出签订这种协议的决定。当我问到可否与卡特鲁总督在印度支那谈判此项协议时,孟戴尔说,那是不可能的。首先,这种事情不能保密。其次,卡特鲁总督没有这种权力。虽然他是位将军,但他是因为具有担任文职行政官的才能而被委派为总督的,而且总督这一职位是隶属殖民部的一个文官。有关一般行政事务,卡特鲁将军向殖民部报告,而有关在印度支那采取军事措施的事,他必须请示部长本人。实际上卡特鲁将军最近曾要求授予他军事方面的权力,并提出若干理由而强烈要求这样做。但孟戴尔拒绝了他的请求,并指出,虽然在欧洲已经宣战,但在印度支那还没有战事,因此在目前情况下,这种授权是不必要的。他又说,最好在巴黎与布吕尔将军就制订计划问题举行会谈。

我提到了为在中国西南地区创办某些化学工业而进行经济

合作的问题,并问孟戴尔是否已批准了中、法两国专家所做的结论。我说,据我了解,这些专家曾举行几次会议,并作出了导向合作计划的某些结论。孟戴尔说,几天前他曾向经济司司长问及此事,据该司长说,专家们曾举行过两次会议,但他们的讨论尚未结束。我说,如果孟戴尔能过问一下此事,我将非常感激。孟戴尔答应与经济司司长研究。当我对自己如此频繁地打扰他而表示歉意时,他表示他很高兴进行这次谈话,并表示我将经常受到殖民部的欢迎。

我紧接着访问了里贝,这位副国务秘书说他已将 25 日与我的会谈报告法国政府,并曾要求会见我,以便回答我提出的问题。他说,首先,法国政府对中国继续表示极大的同情,而且帮助中国的政策保持不变。不存在法国打算以违反中国利益的任何方式去和日本交朋友的问题。但是在目前面临欧洲战争的情况下,法国援华的能力必然比以前更为有限;但法国在力所能及的范围内,将继续尽力而为。其次,关于中国在与日本的冲突中应该怎样办的问题,法国政府自然愿意看到两国间能在中国得到体面和平的条件下停止敌对行动,恢复和平,法国政府愿意为此目的而提供帮助。里贝问,是否有可能获得这样的和平,以及中、日之间是否有所接触。我回答说,正如他所知,重庆与东京之间并无接触;但我知道,日本对这场战争已感到厌倦,并急于结束它。

他插话说,法国政府得到了类似的消息。我补充说,就中国政府而言,它决心继续抗战到日本愿在九国公约的基础上讲和为止,日、法、英、美及其他许多国家都是这个公约的签字国。他说,是继续进行战争还是与日议和这个问题当然主要应由中国自己决定。

我说,如果中国继续进行战争,则各友好国家的援助,特别是例如印度支那的过境运输便利,对中国是必不可少的。我希望知道中国能否指望和以前一样得到援助。他说,法国的政策仍然如故。然而鉴于当前的形势,有必要比以往任何时候更为审慎,不让日本有提出不满的理由。

关于欧洲局势，孟戴尔一直在怀疑苏联的意图，他怀疑苏联会向德国提供原料，从而帮助德国打破英、法对德国的封锁。法国对莫斯科意图的这种日益增长的疑虑，在里贝与我的会谈中也表现得很明显。我在日记中写道，他"为里宾特洛甫去莫斯科的谈判而感到忧虑"，并且"担心苏、德会恢复友好关系"。根据我的会谈记录，当我问到法国政府是否已得到有关苏联对欧洲冲突的态度的保证时，他回答说，没有得到正式保证，但苏联政府已告知法国政府，它无意向法国或英国宣战。苏联军队进入波兰的目的是防止德国军队对苏联领土的可能侵犯。而法国政府也未向俄国宣战，因此法国和俄国仍保持着原来的关系。他料想法国政府前一天晚上采取的行动（无疑是指解散共产党的问题），不会引起莫斯科的误解，因为斯大林已慎重地承认，法国政府认为怎么适合自己国内情况就有权怎么办。他认为那不会招致莫斯科方面的任何反对，因为国内政策与对外政策是截然不同的两回事，没有必然的联系。他说，土耳其在国内禁止一切形式的布尔什维克宣传，而与俄国仍保持友好关系。

他再次问我是否认为不存在俄国把整个欧洲布尔什维克化的危险。他指出，苏联军队进入波兰之后，俄国人已开始在波兰人民中建立苏维埃。他怀疑斯大林是不是为了俄国本身的利益而正在推行民族主义政策。

我说，我所收到的来自莫斯科的所有报告都证实了第二种看法。世界革命的纲领是现今反对斯大林党的托洛茨基派的纲领。在俄国，摈弃向国外宣传布尔什维克的政策已有一些时候，而在国内甚至有小规模的资本社会主义，或者换句话说，就是国家社会主义容许有限的资本主义与之共存。这位副国务秘书说，俄国在欧洲的真正政策或许不久便可见分晓，而里宾特洛甫对莫斯科的突然访问必与此有很大关系。

关于远东问题，他说，当前最能帮助中国的国家实际是美国。

他问中国在华盛顿做了多少工作,以及中国所了解的美国的态度如何。我说,中国政府与华盛顿保持着密切联系,而且总是将在巴黎或伦敦采取的重要外交步骤告知美国政府。美国的态度看来和从前一样坚定,对此,中国感到很满意。我说,最近我得知,美国政府已拒绝日本所提外国军队和军舰撤离中国的要求,并且还反对巴黎和伦敦在这个问题上向日本让步。

里贝说,这是十分正确的。他还在回答我的提问时说,法国政府对此尚未作出决定,他补充说,实际上日本政府似乎并不认为这是一种要求,而且未曾催促回答。我表示希望法国政府尽可能将此事搁置起来,而不要和日本人达成谅解。他说,这正是法国政府当前的做法。

他同意我的这种说法,即关于远东问题,美国政府当前完全没有什么掣肘的事,能全神贯注那里的局势。至于法国政府对远东的态度,他反复说,那自然要受到美国政策的很大影响,因为有必要在欧洲冲突中争取美国保持友好态度。

9月28日,报纸与电台均报道了华沙终于投降的消息。9月29日,电台宣布了苏、德缔结瓜分波兰协定及两国间经济合作协定的消息,并发表了协定的全文。在苏、德方面,有一种企图迫使英、法予以承认的隐藏的和平攻势。这一切正是伦敦与巴黎所预料的,但不是他们所愿意接受的。我在日记中评论道,苏联"正日益转向德国一边,这具有可能在远东引起反应的危险。"我致电外交部,就苏、美最终有可能讨好日本以便全神贯注于欧洲事务提出警告。

10月2日报纸报道了齐亚诺、希特勒与里宾特洛甫在柏林就和平攻势问题所进行的会谈。10月3日我会见了苏联大使苏利茨。他来拜会我,显然是为了解释莫斯科的政策,但未涉及远东问题。他也想探听我对于法国对和平攻势的态度有何看法。他说,苏联与德国在波兰的分界线,就苏联而言,是以对少数民族的考虑为基础的。在新界线的苏联一侧居民几乎全都是乌克兰人和白俄罗斯人。苏联这样做是为了保护这些民族,并防止德国军队有可能迅速推进到苏联边境。

他说,波兰军队如此之弱,其组织如此之差,以致不能进行有效的抵抗,这对所有的人都是意料不到的事。波兰领导人如此傲慢,竟然不愿屈尊听从甘末林将军把军队撤离边境而坚守维斯杜拉河一线的忠告。即便是德军在武器上占有优势,也不能说就是波军的抵抗会如此迅速瓦解的原因。以西班牙共和国而论,虽然其军队装备低劣,却能长期坚守阵地。中国是又一个实例。面对日本武器的压倒优势,中国已经坚持抵抗两年有余,而且仍在英勇抗击日本侵略者。

他说,苏联政府希望对法、英保持中立政策。我认为苏联今后对西方民主国家的态度,取决于西方民主国家对苏联的态度,他认为我对苏联政府的态度理解得非常正确。在我问到是否会成立一个作为缓冲国或屏蔽国的新波兰时,苏利茨回答说,那不是不可能的。他特别想知道我是否认为巴黎和伦敦的态度在过去几天中丝毫没有改变。

我说,我的印象是,法国公众舆论对苏联与德国的协定表示强烈不满,而法国政府未予抑制。法国政府未加干预的原因是希望保持人民的高昂信念,这特别是由于几天前,一部分人,尤其是在下层社会的一些人中,显出了失败主义情绪,这些人的观点认为,既然波兰已被毁灭,而且拯救它已为时过晚,法国就没有理由继续与德国交战。但是,我说,如果和平建议中含有可供考虑的基础,法国政府大概不会立即予以拒绝。英国的态度似乎也是如此。伦敦的晨报都暗示英国应该明确其战争目的,并暗示,如果柏林提出的和平建议符合英国的战争目的,则不应立即加以拒绝,而应予以慎重考虑。

苏利茨说,他也有同样的印象,他和我同样相信,对于苏军进入波兰的最初反应是十分强烈的,但经过进一步思考后,法、英似乎理解了苏联的真正意图。他还认为伦敦的态度更为不妥协,法国政府则对于和平并不那么完全反对。

我问莫斯科或罗马是否会提出和平建议,苏利茨回答说,虽然他未获得有关德国当局与齐亚诺伯爵会谈真相的情报,但他相信这是有关所谓和平攻势的会谈。由于意大利与德国订有军事同盟,墨索里尼感到处境为难。如果他采取和莫斯科相同的立场,向英、法声明倘若他们拒绝和平谈判,就要承担战争责任,那么,意大利方面的这样一个声明就将对柏林承担重要义务。换言之,意大利就可能不得不站在德国一边来反对英、法。这样的事态发展,实际上是与墨索里尼的意图和愿望相违背的。他认为墨索里尼将继续观望,直到局势明朗到做出决断对意大利有利时,才会决定何时行动,以及如何行动。他说,墨索里尼只能同意传达而不会提出和平建议。

我说,德、苏之间最近的协定已引起法国方面更大的不安,法国担心苏联向德国提供继续进行战争所需的原料,从而帮助德国打破法、英主要赖以迫使其妥协的封锁。苏利茨说,那不是苏联政府的意图,增加德、苏之间商业交易的安排,明确规定苏联对德国的供应取决于德国的补偿能力。他指出,这与对中国的援助不同,因为中国无需立即偿付,而德国则需立即偿付,在德国当前的情况下,他不相信它能生产很多东西输往苏联。

我提到了苏德协定中关于英、法拒绝接受德国的和平建议时,苏、德应就采取何种措施进行磋商这一条款问题。苏利茨说,那是以一般性言辞表述的一项条款,它并未使苏联一方承担任何义务,而只是意味着莫斯科和柏林将对局势加以讨论。如果法、英认为这是苏联加入德国一边反对他们,那就错了。苏联是按照自己的利益行事的;它的政策,如果人们乐意的话,可以称之为民族主义的政策。他强调指出,苏联对波罗的海各国的行动,清楚地说明苏联的政策旨在加强其对付今后来自德国方面不测事件的地位。他认为,邱吉尔的演说表明了对苏联政策和意图的正确理解。

他又说，莫斯科曾努力设法与英、法达成谅解，然而民主国家政府却讨价还价，拖延谈判，甚至支持波兰拒绝接受苏联的援助，并拒绝同意苏联有关波罗的海各国的观点。他说，即便是莫斯科与柏林之间目前的安排，也已在摧毁反共产国际轴心方面，以及在使西班牙和意大利保持中立方面，给法国和英国，特别是法国，带来了好处。

我说，德国在失去了西班牙和意大利这两个反共产国际条约的盟友之后，实际上已处于孤立地位。此外，大多数中立国似乎都反对德国。他对此表示同意。我又说，如果战争拖延下去，我认为德国将由于其经济方面的困难而战败。苏利茨也倾向于这种看法，而且说，其他许多人也持有同样的看法。

然后他问我，苏德协定对中国的影响如何。我说，它在远东的影响对中国相当不利。这个协定似乎是鼓励日本继续其对华攻势，因为日本显然会推想，既然苏联在欧洲执行积极政策，那么它在远东就不得不遵循消极政策。

他还问及这些安排对于法国的对华态度产生了什么影响。我将法国对于苏联政策演变的忧虑告诉了他。我说，法国人宣称：如果莫斯科明确参加到德国一边，那么，法国不仅可能而且十之八九会设法与日本达成一项谅解，正如法国人所说，这是为了对抗苏联的欧洲政策。我又说，我一直在设法向法国人指出，任何这样的企图都是不适宜的，而且是严重的错误。我向法国人解释说，苏联的行动并非意在帮助德国，而是出于维护其自身利益的愿望，而且莫斯科愿在欧洲战争中严守中立。

我说，我还提醒法国人，轻率地与日本达成谅解是危险的。并将我的论据要点告诉了苏利茨。

关于法国的对华政策，我说，我从法国人那里得到的印象是，如果苏联进一步与德国合作，法国不仅要被迫与日本接近并谋求与之达成一项谅解，而且将无法继续向中国提供迄今为止一直在提供的微少援助。我告诉他，尽管据我了解，法国的对华政策会随着欧洲形势,特别是来自苏联方面的不利发展而有可能改变,但目前尚未改变。我说,法国认为它"今日的唯一问题"是赢得这场战争,而且为了达到这个目的,有必要将注意力及物力集中于欧洲,所有其他问题均属次要。

苏利茨问,法国将怎样设法讨好日本呢。我说,法国将请求日本向巴黎派遣大使,法国同意日本关于开辟东京—印度支那—巴黎航线的请求,以及,据我了解,还将批准从印度支那出口矿产品的某些申请等。所有这些步骤,都是在苏德互不侵犯条约宣布后采取的。

苏利茨说,他认为欧洲局势与亚洲局势之间并无任何联系。我说,法国人认为莫斯科甚至可能与东京签订互不侵犯条约,而且虽然重庆已直接从莫斯科得知它无此意图,但最近有关这方面的报道不很明确。苏利茨说,他相信莫斯科是不会与日本签订这样一个条约的。

一周前,在9月28日,我会见了暹罗驻巴黎公使努甲拉,继续讨论我在8月份向他提出的问题。那年初夏,当日本继续在中国大陆采取行动以期迫使中国屈服时,也在致力于进一步征服中国以外的地区,尤其是将矛头指向印度支那、暹罗和马来亚。由于日本在中国的侵略以及各大国日益专注于欧洲局势,日本在上述地区的影响已不断增长。随着暹罗总理改组内阁,日本的影响显著增加。这位以亲日著称的总理,从他的同僚手中接过了外交部长的职位,由他自己兼任,而他的这位同僚是以反对日本的大东亚新秩序计划而著称的;日本的这个计划对暹罗以及东亚其他国家都是一个威胁。改组之后,暹罗政府立即采取一系列反对暹罗华侨的措施,其用意是直接或间接排挤那些在暹罗各行各业中一直很有影响的华侨领袖。

以前在暹罗,中国人和暹罗人的关系一直很好。中国人是暹罗商界、财界和实业界的知名领袖,而且都有很大影响。暹中混血的暹罗人有许多是政界和政府中的重要人物。侨居暹罗的华人和其他海外华侨一样,对祖国都有依恋之情,并努力促进中国与其侨居国之间的良好关系。

在暹罗出现的困难局面,即暹罗华侨与暹罗人的关系恶化,尤其是暹罗虐待华侨,实际是日本人怂恿煽动的。在日本的煽动下,虐待华人的事件屡有发生,而且在有些事例中华人被大批逮捕入狱,迫害华人的新政策日益扩展,并达到了如此严重的程度,致使中国政府在暹罗华侨领袖的一再呼吁下,决定派出一个友好访问团,以期通过与暹罗领导人的会谈来补充中国驻曼谷使馆提出的正式抗议。

我本人也接到了政府的指示,嘱我与法国政府商谈,其目的是请求法国政府运用其在曼谷对暹罗政府的影响。我国政府还指示我在巴黎向暹罗公使提出此事。据我所知,为此目的能与之进行联系的除法国外没有其他国家。其所以联系法国,是由于法国在东南亚的声望,以及暹罗人和印度支那的法国人之间的密切关系。暹罗人对英国人及其在暹罗的活动很不信任,而把法国看成是一种对英国的抗衡力量,因为当时暹罗在贸易方面对英国有很大的依赖性。其实暹罗民族主义和日本人所煽动的收复法属印支领土的要求,尚未达到严重干扰法、暹关系的程度。

我就暹罗的新局势而首次和法国外交部联系是在 1939 年 7 月 27 日。那天,我拜会了法国外交部秘书长莱热。我告诉他,我收到重庆来电,说暹罗的局势令人相当不安,我说,同情法国和英国的暹罗外交部长业已辞职,而接替他职务的则是一贯亲日的总理。我问他,法国政府是否得到了同样的消息,对阻止暹罗这种非但有损于法、英利益,而且不利于中国事业的局势发展正在采取何种步骤。

这位秘书长说,暹罗局势在过去两周内有所恶化,这显然是日本人在暹罗进行活动的结果。他说,他不知道怎样才能加以制止,但法国政府正在与英国政府商量办法。

在收到来自重庆的更多消息之后,我继而又向殖民部长孟戴尔提出这个问题,8月2日我们会见时,我提到了暹罗局势是怎样变得令人不安的。我说,中国政府得到的报告表明,在那位对法、英友好的外交部长辞职之后,暹罗政府一直是在亲日派总理领导之下,并且日益倒向日本。我告知他,暹罗当局封闭了约二十所华人学校,并逮捕了两家华人开办的著名银行的经理。我说,照此发展下去,势必会损害法国、英国和中国的利益。

我问孟戴尔,是否已得到类似的消息。他说,他得到的消息与此相同。局势的发展越来越坏。他让我看了有关暹罗和日本最近签订的秘密协定文本的报告。

我把报告翻阅了一下,注意到共有十款,内容如下:

1. 互换有关双方对外政策的情报;

2. 一旦发生战争,暹罗保留保持中立的权力;

3. 日本向暹罗派出军事代表团,以便对暹罗政府的军务方面提供意见和帮助;

4. 暹罗接受日本宣布的亚洲"新秩序";

5. 任命一个联合技术委员会以研究在克拉地峡开凿运河的问题;

6. 日本在两年内为暹罗建造十艘潜艇;

7. 促进两国间的文化关系,并建立大学,以推动此种关系的发展;

8. 暹罗向日本派出一个银行家和实业家代表团;

9. 日本派出一个代表团协助暹罗执行此项协定;

10. 对此协定承担保密义务。

孟戴尔说,这就是他所得到的报告。他不能断定是否绝对可靠,但肯定可以看出暹罗政府的政策的演变方向。

我询问对此行动已采取何种抵制措施。孟戴尔说,法国驻暹罗公使不是一个活跃的人,他显然没有竭尽全力履行职责,让事情拖着不办而且不够警觉。孟戴尔对这位公使无可奈何,但打算在任命印度支那新总督时,请他在赴任途中前往暹罗一行。可能有办法对暹罗政府施加一些影响,但是,为达到这样一个重要目标,必须提供足够的经费。孟戴尔毫不怀疑,日本一直在暹罗花费大量钱财。

为了改善在曼谷的华人处境,我继续与法国外交部就此事保持联系。我要求法国外交部运用它在曼谷的影响,说服暹罗当局缓和迫害华侨的政策。我还于 8 月 16 日向暹罗驻巴黎公使提出此事。

我首先告知暹罗公使努甲拉,我的政府要求我同他联系,请求他从曼谷探明暹罗政府是否有意接待一个中国友好访问团。我告诉他,最近在暹罗的某些事态发展,引起了中国公众团体和中国政府的极大不安。我提到根据暹罗政府的命令,查封了许多华人学校,并逮捕了包括两家华人银行经理在内的一些华侨知名人士。我说,这似乎是由外人煽动的一股反华浪潮。中国政府担心对侨居暹罗的华人的动机有什么误解,愿意派遣一个友好访问团以增进两国人民之间的友好感情。

在回答有关代表团的人数和预计到达时间的问题时,我说,虽然我还不知细节,但我估计是由各界代表组成的。我想暹罗政府一定会欢迎这样一个访问团,而一俟暹罗政府宣布原则上决定予以接待时,我即将细节通知他,以供暹罗政府考虑。

我利用这个机会将暹罗和日本签订的秘密协定的要点告诉了他,并附带说,这个协定与反共产国际协定颇为相似。他说,他本人曾发表声明,否认关于暹罗即将追随反共产国际协定的报道。关于秘密协定,他说,克拉运河问题常被提到,但这是瞒不了公众的。任何从曼谷到新加坡的旅行者都必须经过那个地区,他们会亲眼看到那条拟议中的运河是否正在动工兴建。

他向我保证说,暹罗的传统政策是永远保持中立,并与所有国家保持友好关系。他不相信他的政府会站在一个国家一边去反对另一个国家。但是,他证实说,一贯采取提防日本并同情中国的政策的外长业已辞职,而由总理兼任了外长。但是他说,这位总理是受过法国教育的,他毕业于法国索米尔军事学院,他还兼任内政部长与国防部长。努甲拉又说,暹罗军队中并无外籍教官,而只是在不同的部门里有少数外国技术专家而已。

实际上,侨居暹罗的华人当时的处境已变得如此困难,以致大批华人开始外逃,他们试图取道印度支那返回中国。为了便于他们通过印度支那,我向法国当局提出了此事。例如,我于1939年9月6日向法国殖民部长孟戴尔提出了从暹罗逃出的华人难民拟取道印度支那返回中国的问题。我告诉他那些走海路的将在西贡登岸,而那些走陆路的则将经过暹罗—印度支那边境的瓦达那(音译)。我说,由于走陆路的华人难民为数甚多,如承孟戴尔先生指示印度支那当局在陆上边境地区增加交通工具,中国政府将非常感激。孟戴尔说,他已发出指示,为来自暹罗的华人难民进入印度支那提供一切便利。

我为此向他表示感谢之后,又指出,我现在之所以提出请求,是因为交通工具并不充足。孟戴尔即派人请来了殖民部政治司司长加斯东·约瑟夫,并命令他立刻电告印度支那总督在陆上边境准备尽可能多的交通工具供中国难民使用。

然后我趁此机会向孟戴尔提起暹罗和日本的秘密协定。关于他给我看过的协定文本,我问他是否还记得协定大约是在什么时候缔结的。他沉思了一阵之后说,他清楚地记得这个协定据说是在1939年7月上旬紧接着英、法在新加坡会议之后签署的。

9月28日,暹罗公使来访,他来回答我所询问的暹罗政府的观点,并将暹罗政府对中国拟向暹罗派遣友好访问团的反应告诉我。他说,他已接到本国政府的答复。暹罗政府认为暹、中关系仍然是友好的,没有必要派遣中国友好访问团访问暹罗。关于对在暹罗的某些华人所采取的行动,仅仅是为了加强法律与秩序,也是为了保护那里广大华侨的利益。他说,暹罗的大多数华侨已在那里居住了好几代,并且已从起初的卑贱地位变成了富有的人。采取的行动只施之于违反侨居国法律的少数不法分子。

在我问及暹罗政府采取的种种限制是否有特殊原因时，努甲拉没能做出回答。他只是说，对中国人并无敌意。很多暹罗人，包括政府成员在内，都是华裔，他本人的母系也是中国血统。此时他又插了一句题外话。他说，大约在我去拜访他和提出中国建议向暹罗派遣友好访问团的同时，重庆中央广播电台对暹罗进行了某些谴责，而这些谴责是完全没有事实根据的。

我说，派遣友好访问团的建议是出于中国方面具有诚意消除在暹罗的华人与暹罗人之间的误解。任何对暹罗华侨的不友好行动，特别是当中国处于危机和困难之际，都会引起极大的不安与误解。我说，我相信，友好访问团可能对消除双方误解起很大作用。

其后，在接近 10 月末时，我得到了法国方面的答复，其中谈到他们应我的要求所作的努力，我的要求是由法国外交部在曼谷进行斡旋，说服暹罗当局缓和其虐待华人的政策。我向重庆报告肖维尔向我转达的法国公使在曼谷进行外交活动的结果，大意如下：

出现了这样一起案件。在这起案件中，一个受中国公使馆保护的中国人被怀疑帮助日本人和某些日本团体。为此，他成了爱国华侨的目标而被谋杀。至于被监禁的华人，由于法国说服暹罗政府缓和其虐待华人政策的外交活动，有六七百个中国人获得了释放，留在狱中的仅是少数。暹罗人还告诉法国人说，他们反对根据重庆的政令向侨居暹罗的华侨征收"爱国捐献"。他们说，这种做法违反暹罗法律，因此，暹罗当局认为有必要加以制止。

法国公使在向法国外交部报告时还说，他在暹罗为法国和法国进行的战争募款时，也遇到了同样的困难。肖维尔让我放心，按照那位公使的报告，局势已大为好转。作为例证，他从那位公使的报告中引用了一段话，大意是：暹罗国防部、外交部和内政部长曾召集华侨领袖开会，向他们保证无意迫害他们，并保证暹罗政府的政策是促进友好关系。

实际局势与该报告大不相同。在日本人的煽动下,暹罗继续迫害华人。日本人抱怨说,在暹罗的华人进行反日宣传,暗中监视日本人的行动,并联合抵制日货。例如,当法国应中国要求进行斡旋,暹罗给法国的一份答复说,这些华人一直在暹罗国土上进行反日宣传。作为证据,他们提到在暹罗的华商活动,他们从中看到巧妙地发动了联合抵制日货的活动。他们说,在暹罗的著名华人商号曾在中文报纸上刊登启事,为其在近期销售过日货而道歉。换言之,暹罗人向法国人一再重复的是日本人提出的论点。

暹罗政府提出的另一借口是暹罗华侨响应号召,参加了为使中国继续抗战而举行的爱国捐献运动。当然,暹罗华侨商人是东南亚最富有的华侨之一,他们和侨居世界其他各地的华侨一样,每月都能为中国的抗战事业捐助相当可观的款项。重庆财政部报告中所提供的数字表明,海外华侨对中国抗战事业的财政支持是至为重要的。事实上,孔祥熙就曾再三强调这一点,并要求各驻外大使馆及使团要激励海外华侨的这种爱国行动。

显然,日本人急于要阻止海外华侨支持中国政府的抗战。同时也很明显,日本人企图对暹罗施加影响,以取代他们所妒嫉的中国人,他们非常清楚地知道,在暹罗的中国人是反对他们的,而且由于其经济地位,中国人在暹罗以及东南亚其他各地一直很有影响。日本人当然想取而代之,以增进其经济及政治利益。

至于暹罗的民族主义情绪的增长及其在迫害华人行动中所起的作用,应该说,由于非常了解暹罗存在着这种民族主义情绪,日本人就极尽其挑拨煽动之能事。日本人认为,这种民族主义情绪就是他们能成功地谋取暹罗人的同情与合作,实现其所谓亚洲"共荣圈"、"大东亚新秩序"的根据。

将近9月底时,日本人再次决定做最后努力,企图结束所谓的"中国事变"。他们在湖南边境集结重兵,意在占领长沙,并通过此举来表示要挥戈西进,入侵四川,进攻陪都重庆,以威胁国民政府。中国军事领导人认真估量了日本的这一行动，并采取了相应的对策。

东京于1939年9月27日正式宣布开始进攻长沙。10月4日我接到重庆的报告，说在长沙东北开始反攻，并已迫使日军后退。中国人发动的强有力的抵抗和反攻，对我来讲是一个鼓舞人心的消息，在日本对中国沿海诸省以及华中和华南一直以军事攻势咄咄逼进之后尤为如此。这表明中国人民的士气远未崩溃。相反，政府和人民继续抗战的决心，增强了士气。正是这种高昂的士气使这个国家得以继续抗战，并进而加强其抗击日军前进的力量。另一方面，西方民主大国则似乎正在屈服于德国提出的一个又一个要求。很明显，德国正挟其力量上的优势威胁他们。看来英、法像是已被这种威胁吓倒，因为他们已在慕尼黑屈服，而且似乎准备走得更远，直到德国的不妥协态度迫使这两个民主国家向德国宣战为止。

我本人对这种局势感到极大的不安，并在我9月30日的日记中写下了如下的话：

> 在一年半的时间里，四个国家由于武装侵略而从地图上消失了：奥地利在1938年3月，捷克斯洛伐克在1939年3月，阿尔巴尼亚在1939年4月，波兰在1939年9月。每次对入侵者的抵抗都持续不到一个月，前三次则只有几天。在应付危机时，民主国家的行动笨拙迟缓，而独裁者依靠突然袭击迅速击溃了他们的受害者。

10月10日，为了庆祝双十节，我照例在大使馆举行华侨招待会。我在对同胞们的讲话中强调了三点：首先，我说，欧洲战争终于爆发了。导致独立的奥地利、阿尔巴尼亚、捷克斯洛伐克和波兰覆灭的暴力与侵略，猖獗一时。这种致命的后果，是由于缺乏抵抗精神，或是由于缺乏继续抵抗的决心，结果在几天或几周内，这些国家便全都从地图上消失了。我说，与此相反，我国已与侵略者战斗了两年零三个月有余,而抗战决心却与日俱增。民众的士气和政府反抗残暴的侵略者的意志,使我国有可能开发其资源,并继续反击侵略者。总之,是前线一百多万人的牺牲生命使我们能够继续战斗。正是他们的牺牲我们才有可能继续生存。

我说的第二点是,当时冲击着欧、亚两洲的穷兵黩武的侵略浪潮,实由日本发动侵华战争的那种侵略政策首开其端。

我说的第三点是,正值我们庆祝双十节时,传来了湘北告捷的令人振奋的消息。我热切希望来年此日中国将有更多振奋人心的消息报道,也就是说,我们抗战的最终目标将完全实现。

10月11日我拜会了殖民部长。我们互通了有关欧洲和中国局势的情报。虽然这不是我们会谈的主要目的,但我们认为这样互通情报对双方都是有益的。孟戴尔在谈话中说,最近中国局势已大有好转(显然他是指中国军队击退日军对长沙的进攻)。我表示同意,并说,我军最近在湖南北部所获的胜利,不仅是由于中国高级军事当局指挥有方,而且还应归功于法国政府,特别是孟戴尔先生在提供援助方面所做的重大努力。我又说,这是一次重大胜利,甚至连日方也不能不承认。我指出,日方为了发动这次攻势,从日本本土调来了不下二十万人的增援部队,并声称,这次军事行动只有汉口战役可与之相比。但是他们终于被机动的战略所击败,并遭受了重大损失。孟戴尔说,他相信日军此次被中国击败,表明日本已逐渐精疲力竭了。

我们的谈话继而转向有关苏联政策的问题。孟戴尔问我怎样理解苏联的对欧和对华政策,以及莫斯科是否还在对中国进行物资援助。我回答说,苏联政府已向中国保证继续提供援助,而且根据当天上午收到的,但日期为9月21日的消息,苏联政府已拒绝接受日本提出的关于苏联停止一切对华援助的要求。(由此可见,当中国为了继续并扩大抗日而极力敦促西方民主国家和苏联向其提供援助的同时,日本则忙于在这些国家的首都作相反活动,要求对中国停止一切援助。具体到苏联,日本的要求至少是遭到了坚决的拒绝。)我又说,由于苏联拒绝,日本已与莫斯科联系,以期开始谈判以重新调整其与苏联的关系。

我说,就欧洲而论,苏联确实是在执行一种完全自主的和完全为其自身利益的政策。莫斯科并无真心帮助德国之意,它的策略是保卫有战略意义的国境线,并扩大其在东欧的重大切身利益。因此,法、英两国不应把这看作是苏德合作反对法、英的证据。我说,据我所知,事实上,莫斯科对巴黎或伦敦并未怀有敌意,我希望不论是法国还是英国,都不要采取任何会将莫斯科推入德国怀抱的步骤。我说,如果能恰当地对待苏联,那么,使它站在英、法一边共同对德不是不可能的。(回想起来,我自己感到很有意思,在回答法国当局再三要求我提供消息和反应的过程中,我能就苏联的意图及其对欧洲冲突的结局可能产生的影响,将我的明确观点告诉他们。莫斯科与英、法之间很早以前就进行的谈判拖延了很久,而任何一方都未能完全掌握对方的真实意图和目的,这一事实当时也使我感慨良深。每一方都深深怀疑对方的意图,正是这些怀疑使得孟戴尔和里贝总是向我询问我是怎样理解其对方苏联的意图的。)

孟戴尔说,他的看法与我完全一致。他当然能够理解苏联参与瓜分波兰和苏联在波罗的海各国的行动,甚至也能理解苏联对芬兰施加压力以完成其对波罗的海的控制。同盟国对于波罗的海各国的安全问题曾反复争论不休,而他本人却认为这样做是错误的。而今苏联已能自由控制波罗的海各国,不受牵制,而同盟国却对阻止苏联达到其目的无能为力。

孟戴尔说,如果苏俄转向巴尔干半岛各国,试图从罗马尼亚手中收回比萨拉比亚,或者甚至重新占领君士坦丁堡,并统治土耳其,他也是能够理解的。但是他想知道,俄国曾否同意向德国供应物资。他问,难道苏联会看不到这样做是在帮助德国赢得反对英、法战争的胜利,而这个胜利会使德国随后转过头来反对俄国自己吗?

我说，苏联确曾同意向德国运送物资以换取德国的工业品，但这只是纸上的协议，能否实现尚需观察。我个人非常怀疑莫斯科真的打算帮助德国赢得这场战争。德、俄之间达成这些协议，只是因为适合于双方一时的需要。当德国在其西线，苏联在波罗的海都忙于各自的急务时，他们彼此都需要与对方保持友好关系。苏联目前之所作所为，实际上是为了加强其地位，为对付德国将来对它的进攻做好准备，这种进攻几乎是肯定要来的。通过在波兰建立有战略意义的国境线，并谋求对波罗的海的控制，苏联就能更好地为对付其潜在的敌人德国做好准备。

孟戴尔说，他也认为法国和英国不应以俄国肯定是反对法、英这一设想为根据，而做出任何将引起俄国反感的事情。他在最近的内阁会议上确实就是这样说的。在他看来，目前法国反对共产党人的运动是沿着错误路线进行的。他说，这场运动的目的实际上是反对刚刚出现的失败主义倾向，而不应只作为一场反对共产党人的运动来进行。共产党的原则本身不应被当成控诉的对象。只因共产党领导人企图散播失败主义的种子，这将损害前线法国士兵的士气。应该清楚地申明，这才是逮捕如此众多的共产党领导人的原因。然而照当前这场运动开展的情况来看，倒很像是反对一种意识形态的斗争。

但是孟戴尔指出法国有决心将战争进行到最后胜利，而失败主义对于法国的正义事业是非常危险的。因为失败主义有损害军队士气的危险，必须无情地予以根除。如果前线战壕中的士兵听说某些政治家和政党正在敦促和平，而且可能再过四十八小时和平即将到来，那么，他们就会自问，既然和平在望，为什么此刻还要战斗并继续送命呢？但是如果像对共产党的情况那样，让整个党对其党员的行为负责，那么对其他政党也应该如此，即那些有鼓吹与德国缔结和约的党员的政党也理应承担责任。他说，实际上，这种和平情绪是广泛存在的，在中间派和右派团体内尤其如此。

关于欧洲局势,我问孟戴尔,他认为在断然拒绝了希特勒的所谓和平攻势之后,更大规模和更为严重的敌对行动会不会开始。孟戴尔说,法国和英国决心继续战斗到最后胜利,因为如果他们现在接受和平,那只是将战争推迟到对德国更为有利的时候。他相信德国无力长期打下去,因此,它肯定会试图在最近的将来发动一场攻势。

我又问孟戴尔,他能从印度支那调动多少兵力到欧洲。他回答说,这要视远东局势而定。但是他希望调五个师,不是调到欧洲,而是去接替非洲军队。他说,目前非洲有五十万殖民军,必要时他将把他们调到欧洲,但不是调到西线,而是调到东线。他又说,目前他已命令印度支那总督派遣五万名安南人到法国的军火工厂工作。我问孟戴尔,这些人是不是受过训练的工人,他作了否定的回答。他说,整个印度支那大概也没有一千名技工。但是安南人很聪明,能够很快学会技术,并使自己适应在法国分配给他们的工作。孟戴尔说,他专心关注的问题是目前的气候。必须使这些安南人都有足够的棉衣,但到目前为止,在向他们提供足够的必需品上,他一直面临着困难。

我称赞了他非凡的精力以及对安南人无微不至的关怀。孟戴尔说,他不是喜欢而是必需这样做。殖民部尽管由于动员令减员很多,但无论办什么事,他都能得到助手。那些留下来的人员都是些好心人,但他们没有主动性,不愿意负责任。他只发命令是不够的,还必须注意使命令得到执行,否则,命令就会长期得不到贯彻。(这种官僚主义弊端,并不仅限于战时的法国。)

为了表明中国继续抗战的坚强决心,我还想提一下法国企业家奥迪内先生10月14日的来访。他刚从中国回来并来向我报告,他与孔祥熙博士签订了一个总额为六亿法郎的新合同。合同规定在云南和印度支那建立军事工业和化学工业的各类工厂,以供应中国军队。

为了同样的目的,我愿提一下我在10月15日与英国大使埃里克·菲普斯爵士的会谈。他是在即将退职返国前来告别的,他询问了远东的中日战争情况,俄、德恢复友好对欧洲和亚洲的影响,特别是对欧洲战争的影响,以及俄国对日本的态度等问题。

我告诉他,中国的军事形势正如所期望的那样好。中国人在湘北的胜利以及中国空军对汉口附近日本机场的袭击,清楚地表明了中国抗战的实力正在增长,尽管这似乎是不可能的。中国军队的士气非常高昂,后方人民也都斗志昂扬地为继续抗战直至最后胜利而奋斗。

然后我向他叙述了美国太平洋学会会长卡特所报道的东京与重庆两地的不同气氛。卡特最近访问了东京、上海、香港和重庆,刚刚返抵纽约。在东京,所有人都问他,日本怎样才能早日结束这场战争;而在重庆,向他提的问题却总是中国怎样才能更有效地抗战。换言之,日本似乎已经厌战,而中国则决心继续打下去。

我接着说,在经济方面,经过二十七个月的战争之后,情况自然变得更困难了。虽然国内财政情况良好,但比以往更需要友好国家提供财政援助,以便筹措资金,从国外购买军需物资。在这一点上,我对于伦敦前一天晚上通过广播对柏林散布的谣言加以否认表示满意;柏林造谣说,英国政府已决定停止对中国货币的支持。菲普斯说,他也注意到伦敦的否认,并告诉我说,原柏林广播报道是完全不真实的。

在接着谈到苏、德恢复友好关系时,我解释说,我认为这是出于莫斯科执行它自己的预防政策和发展经济的政策的愿望。我不相信苏联会真的打算站在德国一边来反对英、法。我说,实际上,苏联曾多次向在莫斯科的中国人说,除非巴黎和伦敦曲解苏联的意图并采取敌对态度,它在德国与法、英的战争中是愿意保持中立的。我对菲普斯说,我对于法国与英国政府看来已接受了苏联的声明感到高兴。他说,他知道俄国原先是这样说的,并问我苏联在西欧保持中立的决定现在是否仍然有效。我回答说,根据我所得到的情报,没有迹象表明莫斯科在这方面有什么变化。

关于俄日关系,我指出,诺蒙坎事件的解决及其后的休战协定,并不含有任何重大的政治意义。这与早一年发生的张鼓峰事件的解决,在性质上是相同的。而张鼓峰事件的解决也并未制止住在满蒙边界上爆发最近的这场冲突。

当我问这位英国大使,他认为欧洲战争会持续多久时,他说,在他看来,这将取决于苏联的态度,同时也取决于德国形势的发展。如果德国人民认识到继续战争是死路一条,德国的政治形势就可能发生变化,而这种变化会迫使希特勒采取行动,达成使同盟国满意的和平解决办法。他说,同盟国无疑将取得战争的胜利。不仅同盟国的经济资源,而且他们的军事准备都保证他们会赢得最后胜利。目前英国空军已完全达到德国空军的水平。况且,除英国本土制造武器装备的能力在不断增长外,还有各自治领的有力的合作。例如,加拿大将为英国制造飞机,澳大利亚将为英国训练飞机驾驶员。

然后我告诉这位英国大使,在我与法国政府成员、特别是与法国外交部人员的会谈中,我获得的印象是,法国由于专心于欧洲事务,并鉴于苏联对德态度的转变,正图谋把安抚日本作为一种可取的政策。我说,他们的想法是不仅要使日本不再联合德国,而且要利用日本作为钳制俄国的力量。我指出,如果发生这种情况,那自然会损害中国的利益,因为这样一来,到那时为止一直是中国的朋友的法国反而参加了日本一边。我问菲普斯,他在巴黎与法国高级官员的会见与谈话中,是否也获得这种印象。

菲普斯说,他认为法国不会改变其对华态度,而且迄今为止,他并未看到此种迹象。他同意我的这种说法,即法国的远东政策毕竟在很大程度上受英国政府对华政策的影响。他认为,只要英国继续保持其同情中国的政策,法国就不大可能改变其对华政策。

奥迪内于 10 月 17 日再次来访。他和菲普斯一样,对法国的对华态度的看法是令人鼓舞的。他向我报告说,他花费了些时间走访了空军部;该部官员的态度表明,法国对华态度并不像原来所担心的那样坏。他知道法国对中国最终采取的态度将取决于苏联对欧洲战争的态度。头天下午我得到的可靠报告说,伦敦为阻止苏俄在战争中积极联合德国,正在谋求与莫斯科开始谈判。报告说,土耳其外长已同意为伦敦充当中间人,以促成与莫斯科的谈判,条件是伦敦答应对俄国参与占领与瓜分波兰不提任何异议。根据这个报告所说,伦敦接受了这样一个观点,即缩短并赢得战争的唯一途径是谋求苏联对法、英一方的支持。英国对俄国态度的改变对巴黎也有影响。同一报告说,法国新闻检查机构已受命不得让反苏新闻和文章通过检查。

在为招待刚刚从波兰到达巴黎的美国大使蒲立德的午宴上,总的话题就是欧洲战争。蒲立德认为欧洲战争将于1941年底结束。当他问我对这种可能性有何看法时,我说,我觉得只有通过德国国内革命,战争才会结束,可能比蒲立德预计的时间要早些,而于1940年结束。但是,我补充说,希特勒在波兰取得的军事胜利,使他在德国暂时深受爱戴,因此,德国近期内不大可能爆发国内革命。

至于当时受到德国严重威胁的罗马尼亚,这位美国大使宣称,当波兰遭到德国进攻时,罗马尼亚拒绝援助波兰。在此之后,他对罗马尼亚已不再有什么指望了。他和午宴的另一位客人莫内先生都认为,不管苏俄与德国签订了什么协议,它仍将我行我素,也就是按它自身利益之所在而行事。

有丹麦、挪威和瑞典三国国王以及芬兰总统参加的斯德哥尔摩会议,于10月18日开幕。召集这次会议是为了讨论俄国对芬兰施加压力和德国对斯堪的纳维亚中立国施加压力,要他们充当调停者以实现和平的问题。这次会议特别有意思。德国在捷克斯洛伐克和波兰获得了它所想得到的一切之后,显然是要设法避免继续战争。他想利用北欧国家在它与盟国之间进行调解,并以如果北欧国家拒绝调解，便以对中立国船运进行报复性掠夺相威胁。但从一开始就很明显，北欧国家是无能为力的。他们在国际政治上特别是在欧洲的影响，合在一起也很有限。斯德哥尔摩会议的会期不长，就在开会的第二天，它便以发表一项小心谨慎的宣言而告结束。宣言声称坚持北欧国家的中立，并表示与芬兰团结一致。

会议结束的第二天，新任丹麦驻巴黎公使伯恩霍夫特前来进行礼节性的访问。我们的谈话使我颇受启发。我在日记中记下了特别令人感兴趣的三点：

（1）丹麦如果遭到德国进攻，便撤退到丹麦各岛屿上去，因为防守丹麦边境是没有用处的。他认为，与此同时，丹麦唯一可做的事情是接受希特勒表示对丹麦友好并尊重其中立的声明。

（2）随着在波兰的新胜利，希特勒并不是像同盟国所想象的那么不得人心。为了唤起德国人民反对他，必须在军事上使其遭受一次严重的失败。

（3）没有双方互让，便不可能有和平。所以斯德哥尔摩会议未曾采取赞成调停的立场。然而，这位公使说，会议完全支持芬兰反对苏俄，尽管他不认为苏俄会对芬兰作战，因为芬兰与波罗的海其他国家不同，尤其是它自 1820 年以来就享有自治权，而且苏联于 1917 年就正式承认了它的独立。

莫斯科的态度及政策，使法国外交部和英国外交部都感到困惑。我的二等秘书于 10 月 20 日向我报告说，法国外交部亚洲司司长肖维尔曾问他，如果有朝一日法、英与苏俄交战，中国将采取什么态度。这一问题再次表明，法国仍然担心苏联对战争的政策可能演变，但法国政府正努力继续执行其对华友好政策，至少暂时是如此，而英国的态度似乎也与以前大致一样。

我的财务参事郭秉文博士于 10 月 31 日上午前来报告（郭同时也是中国的驻法和驻英财政代表）。他告诉我，英国外交部和贸易委员会仍非常同情中国。经济部及其重要负责人之一李滋罗斯爵士也一直在继续帮助中国。但军需供应部对中国的物资需求却有几分苛刻。装运去苏联的几船原料是在苏联保证不将这些货物再运往德国的情况下,才予以放行的。运往德国的货物则被扣留在香港。例如,尽管柏林愿意在英国不予没收的条件下,放行装载军火运往中国的船只,但已售与德国的鸡蛋仍未能运出。(我愿解释一下,发往德国的货物,例如鸡蛋,是由中国发运的,并作为购买德国军用物资的部分货款,因此,对中国来说,这种支付货款的方式必须持续不断。然而,英国执行同盟国的贸易封锁决定,却是十分坚决的。)

## 第三节　鉴于欧战爆发以及英、法和美国对莫斯科的疑虑,重新估价中国的外交政策

### 1939 年 10 月 21 日—12 月中

　　1939 年 10 月 13 日,李石曾刚从中国回到巴黎就来看我。他告诉我,委员长命他赶回法国来协助我防止巴黎靠拢日本及其与日本达成谅解的倾向。他告诉我,重庆认为法国受汪精卫的影响,将采取支持汪的政策。他希望知道这是否确实,以及法国将改变其对华政策至何种程度。这是他向我提出的两个主要问题。同时,他对苏联改变其对柏林的政策,甚表惊异。李的意见是,现在中国所能采取的唯一政策就是打到底。这是他一贯的见解,也是我和一些人如宋子文等的看法。但是李认为,要收复广州,没有海军是不可能的,从陆路打回去牺牲太大。所以,中国无论如何已经不能再保住广州了。他说,中国的重要任务是建设后方、内地,扩大其面积。中国丢失给日本的,比剩下的地方要小得多。
　　第二天,颜惠庆博士在赴美途中,从马赛打来电话。他说,由于时间仓促,不能到巴黎来,不知我是否能到马赛去和他相见,而

我因为有许多别的事情,也不能去。他到美国去的任务和李石曾到欧洲来的任务差不多,都是为中国寻求更多的同情与物资援助,此外,主要是为了抢先一步阻止西方民主国家为加强其对德国的抵抗而企图靠拢日本。

很明显,在这个时刻,基于欧洲局势的发展,中国的外交政策必须,也正在重新估价。由于欧战爆发,日、苏达成停战,苏、德协议瓜分波兰,以及巴黎和伦敦在采取什么样的对日政策上举棋不定,我建议就我们应否采取新的立场,从正反两方面进行研究。这是一个对中国有着直接重大利害关系的问题。

10月25日,李石曾再度来访,我们谈了两小时。他来告诉我他和一些法国政治家、外交家会见和谈话的要点。他在10月18日会见了孟戴尔,19日会见了肖维尔,20日会见了蒲立德。他告诉我,他们全都谈到德国企图为中国和日本进行调停,以解决中日冲突。(这件事,他和我都一点也没听说过。)他说,他们没有一个人喜欢这个主意。另外,他们还对苏俄的意图抱有怀疑。他们认为,盟国目前不会改变其对华政策,但是,如果苏俄在战争中参加到德国一边,法国就将试图取得日本的合作。据李讲,蒲立德认为苏俄不会鲁莽地参加到德国一边,而莱热则非常担心这一点。

李石曾认为,欧战出现新局面为时尚早。他说,他在重庆时已经知道,委员长在战争中肯定是要站在英、法一边,用不着先谈条件。李认为,如果中国当初不将拟议中的关于欧战的宣言和法国人商议而是直接发表,那可能早已实现而不致引起惧怕日本反应的议论。他在重庆还听说,杨杰将军将被撤换,另一位将军将在晚些时候被派到莫斯科去接替他。

李石曾所说的拟议中的关于欧战的宣言,指的是1939年9月初计划由中国政府发表的宣言。这个问题我记忆犹新。中国政府的法国顾问爱斯嘉拉教授,10月21日曾来找我,再次和我研究就中国的立场发表这样一项宣言的想法,这是他和宝道自9月初以来就一直主张的。我自己曾于9月9日致电重庆,建议政府发表这样一个宣言,澄清中国关于欧战的立场,藉以防止英、法讨好日本的企图。重庆复电赞成,但要我在巴黎,郭大使在伦敦首先弄清英、法政府是否愿意接受。但是,如上文所述,当我和莱热进行探讨时,他并不欢迎我们拟议的这项宣言,而伦敦的哈里法克斯勋爵虽然没有反对,却认为事实上起不了什么作用。结果,这个计划便中断了。

10月21日下午,爱斯嘉拉和宝道一起回来,我们又就中国对于欧战的态度这个既定题目的一份宣言草稿交换了意见。我知道这两位先生的意见反映的是法国外交部的观点,又看到他们对这项宣言颇为坚持,我说我得电请重庆批准。我当天发出电报说:①

> 法籍顾问宝道与爱斯嘉拉又来言,近来法政界怀疑苏联态度更深,民间仇视苏联益甚。日本利用时机多方宣传,意欲挑拨英、法对我好感,如传播苏联屯兵印度边境,派兵入占新疆,中、苏将订军事同盟等谣言。虽经中、苏更正,然一般人民不察,且见我近来对英、法态度不明,并无表示,故不免视我为苏联之友好,而主亲日以为抵制。将来政府果采亲日政策,舆论必为声援,恐难挽回。该顾问等深知我与苏联关系密切,发表宣言,措词须格外审慎。现值英、法、土互助条约甫签,苏联并未拦阻,差强人意,似对英、法尚未决定方针。我宜乘机宣言,表示态度。如措词圆活,任何方面不致发生误会。且有此宣言在前,即使英、法果欲联日,亦多一层障碍云。宣言法文稿经与再三斟酌拟就,另 WEKDA CODZU 直译电达,请核夺。如承准予照办请用英、法文同时发表。或先电示,俾法方可由本馆发交各报,登载全文,并录送法外部接

---

① 10月21日致重庆外交部电和以下10月27日外交部复电的电文均录自顾氏所存函电原文。——译者

洽。如有修正,并请电示,俾照改。再,据爱斯嘉拉言,所拟宣言大概,经密示亚洲司长,并无异议云。

经过电讯往返,对宣言法文文本中某些辞句作种种修改之后,外交部最后于 10 月 27 日复电,决定不予发表。电文首先说明,对此事经过仔细考虑,并研究了所拟宣言全文,政府得出结论,认为在当前情况下,宣言并无必要。电文继而解释导致这一决定的理由和根据,其内容如下:

(1)据我方所知,苏联无与任何国家作战意。英、法不向其宣战,彼必守中立。惟欲乘欧战机会巩固其西陲。

(2)据我方观察,苏联与德貌合神离,难成盟国。

(3)关于苏联对欧,如有探悉,当再续告。

(4)苏联对我接济仍如昔日,据其一再发表之态度。所传苏联进兵新疆,向我提出要求,及商订政治或军事密约种种谣言,全属恶意宣传,无丝毫根据。

(5)中国始终站在民主国阵线。我政府虽尚无正式表示,然全国上下无不盼望英、法战胜。纵英、法与苏联间发生战事,我方对英、法同情,仍必维持一贯友谊态度,此层可请法当局勿念。

(6)日本欲速了对华战争,俾以全力对付英、法。故我方抗战实对英、法有利。英、法为自身计,亦应联络并援助我之抗战。况美国之宣废对日商约,其军舰之调驻夏威夷与近海,及最近格鲁之演说,均系压制日本攫夺英、法、美在远东利益之有效办法。

(7)总之,法不必畏日,盖日此时无能为。法不必疑我,盖我始终同情英、法。希与法方负责人员坦直密谈,仍请其尽量助我,对我运输假道勿加困难。

(8)我方看法既如上述,目前似无宣言之必要。二顾问稿留待以后参考。

外交部和政府决定不发表这个拟议的宣言,我并不感到意外。我在发出草稿时没有另作任何具体说明,因为这个主意是两位顾问向我提出的,他们和法国外交部以及法国舆论界都有联系,我不想提出异议;可是中国还有许多利害需要仔细权衡,例如,莫斯科是否能够接受,而莫斯科对中国抵抗日本侵略所给予的援助和支持,比英、法的远为重要。所以,政府全面考虑这些建议,从而得出深思熟虑的结论,我反而相当高兴。

在那个时候,我还尽力消弭那些对中国的立场、道义与忠诚的错误印象。例如:荷兰驻巴黎公使劳东前来拜访,询问远东形势,特别是关于所传日、苏间满蒙边界谈判中断的问题。我告诉他,谈判由于某些问题而中断,其中之一是关于交换俘虏的问题;但是我估计,一俟日本大使返回莫斯科,谈判即将恢复。我说,苏联政府的对日对华政策,将维持不变。虽然中国不能指望苏联参加对日本的战争,但是它将继续以物资援助中国。另一方面,苏联的对日态度,还需要警惕地注视。

接着我向他阐明,尽管日本蓄意制造了许多与事实相反的谣言,中国并无赤化的危险。国民政府是在三个条件下接受共产党的合作的,那就是:取消该党建立的苏维埃政权,共产党军队编入国军和承认国民党的三民主义。中国的人民生根在分成小块的土地上,他们的固有传统和观念是不能接受共产主义的。

他问到中国的军事局势,我指出,最近日本在湘北失败的重要性及其对远东总形势和日本政治局势的影响。我说,日本费了很大力气才凑集二十万人增援长江流域的日军以发动这次攻势。但是由于中国最高统帅部巧妙的指挥部署,日本的攻势已被击溃,遭到惨重失败。我还告诉他,据当天早晨哈瓦斯社消息,日本天皇曾派闲院宫追查失败原因。日本政府对这次攻势本来抱有很大希望,指望在得胜之后迫使中国屈服。它曾派西尾大将为中国派遣军总司令官,前陆相板垣大将为总参谋长,但是他们都失败了。

我进一步说明,日本陆军最近在长江流域的失败,为得到金融和工业集团支持的日本海军集团的取得优势铺平了道路。当然,这并不一定意味着日本要向法国、英国和荷兰的远东属地发动进攻,因为它已经不能承担比在中国所遭受的更多的困难。我对他说,我认为日本海军为了增进海陆军将领之间的协调与一致,可能同意对苏联发动进攻的计划;但是我怀疑日本真能这样干,因为由于对华战争,它的军事力量和经济资源已经大大减少。

劳东为中国的胜利向我祝贺,并对中国军队得以收复一些失地的作战方法表示钦佩。我说,这次战争不但是一次抵抗外来侵略的战争,也是一次民族复兴的战争。英国、法国、美国和俄国都曾以物资和财力支援中国,法国还特别为修筑一条新铁路和购买飞机提供资金。但是不像那些盎格鲁撒克逊国家,法国对它所给予中国的援助,不愿多事宣扬。

10月26日,孙科一家及其代表团,包括林平,一起由莫斯科来到巴黎。我和他作了几次长谈。第一次是在他刚刚到达巴黎后在他的旅馆里进行的。下面是我们第一次谈话的要点:

孙科对我说,苏联的对德政策不至于导致和希特勒政府的军事合作。苏、德军队已经在布列斯特—立托夫斯克和伦贝格发生冲突,因为德军比苏军先到达这些边境城镇,并且拒绝撤出。孙科接着说,苏联政府想"趁着阳光好,尽量多晒草"倒是真的。它的策略是促使德国和英、法集团打起来,直到双方都消耗殆尽,然后,苏俄就可以向他们提出条件。他说,莫斯科要坚决避免战争,同时为自己捞取好处。

孙科告诉我,苏俄会继续援助中国并输送物资,因为它希望中国继续抵抗日本的侵略。苏联政府认为,现在决不是中国向日本谋和的时候。对中国来说,向日本屈服不如继续抵抗,因为苏俄政府相信,中国最后是能够把日本军队赶出去的。至于苏俄的对日外交政策,它现在无意和东京缔结互不侵犯条约。至于将来发展如何,则难以逆料,但是无论怎样,莫斯科都会事先通知中国。

据孙科分析,苏俄的外交政策不外三种可能:1.苏俄继续支持中国到底,中国将战胜日本。2.日本如果进攻苏俄,苏联政府就准备给予致命的还击,然后利用有利时机,迫使日本解决对华问题。3.苏俄将和柏林共同努力,以求促成中日战争的解决,为建立苏、中、德、日四强联合阵线铺平道路,以维护远东的和平。

孙科说,苏俄对于美国、法国和英国一直是怀疑的。事实上,苏联政府不愿意我们过多听从这些列强。他说,按苏联政府的看法,美国似乎在继续以战争物资供应日本,缺乏援华的诚意。苏联仍然不愿意在远东和这三个强国合作,因为没有这种合作的实际基础。莫斯科非常怀疑这三个民主国家渴望看到日、苏之间在远东爆发战争,正像他们希望看到苏、德之间发生战争一样。

孙科在回答我的问题时说,德国有可能在中、日之间进行调解,但是他还不知道重庆对此持何种态度。

第二天孙科和他的顾问一起来访时,我们作了另一次长谈,继续讨论调解问题。他说,通过调解来解决中日冲突有两种选择:1.由苏俄调解,而由德国在日本方面进行疏通,这种方法对中国有利。2.由英美集团调解,这种办法将以中国作出牺牲来对日本让步。他赞成第一种方法。

我对孙科说,第一种选择会引起英美集团的怀疑,从而马上对我们作出反应,因为他们很容易在华南和沿海采取行动。另一方面,由于英、法正全神贯注于欧洲,而美国又害怕卷入欧洲战争,中国要依赖英美集团,当然也是有危险的。所以我对孙说,既然美国要腾出手来以便在必要时援助英国和法国,依我看,我们最好的策略是,促成四强合作来进行调解,即便不是出自他们之间的相互谅解和协议,也要利用苏俄在北方的战略地位,而由三个民主国家同时向日本提出调解,并对它施加压力。孙科同意这个意见。

第二天,林平公使来访,我们就苏俄的情况进行了研究。我觉得他对苏俄的印象不像孙科那么好。他对在苏俄看到的许多事情感到不满。他说,他在苏俄看到老百姓被当做牛马对待。老百姓都希望能够和平地生活和工作,而对政治上的事情不感兴趣。当权者们对老百姓很像清朝皇帝,采取愚民政策。他对苏联的政策颇有怀疑。可是,他对中日冲突的最后结局是乐观的,并且安慰我们说,没有打不完的仗,和平总有到来的一天。

我打电话给伦敦的郭大使,请他到巴黎来与孙科、李石曾和我讨论一下,是否应该建议政府对中国的外交政策作一些修改,特别是由于欧洲局势的严重发展,以及英、法对中国和日本的态度可能发生变化。郭很乐观。他说,英、日之间的谈判即将重开,但是英国的态度将维持不变。由于刚才获悉,英国不同意将储存在英租界中国银行里属于中国的白银储备交给日本,他对以上看法更加有了信心。

我邀请孙科一家及其随员到我在塞纳河畔的乡间别墅来作客,那是巴黎郊外的一个小村庄。在我们 10 月 29 日那天的谈话中,他似乎不像往常那么倾心于苏俄的实用主义,而开始认为苏俄采取的政策是,使它自己避免战争,但却推动别人去打,直到他们互相耗尽力量,于是出现一个有利于它鼓动世界无产阶级革命的形势。

我们讨论了建立一个苏、德、日、中集团的利弊。我们都认为在我们的外交政策上,中国拿不出什么可以作为讨价还价的本钱。孙科告诉我,中国(?)驻莫斯科(?)①代办在走过他住的房间时,停下来告诉他说,梵蒂冈曾经秘密地建议美国总统出面斡旋,以结束中日战争。美国总统答复说,他不能自己主动发起这件事,除非别人提出正式的请求,他才肯干。他建议由梵蒂冈担任这个角色。(我觉得,那正好是梵蒂冈所不愿意做的。)

第二天,10 月 30 日,我给外交次长徐谟发去一份私人电报,

---

① 原文在中国及莫斯科二词之后均有疑问号,表明该二词可能有误。——译者

询问那些到处流传的,说某些方面在致力于调解中日冲突的谣言,有无任何根据。仅在几天以前我曾收到外交部对宝道和爱斯嘉拉的联合建议的答复。他们的建议是要中国发表一项对欧战态度的宣言。复电的大意是政府认为以不发表此项声明为宜。我虽对政府的最后决定并不感到意外,但由于欧洲局势的急剧变化和那些关于调解的谣言,我感到政府对中日冲突的基本政策难以捉摸。所以我在发给外交次长的电报里提到那些连续不断的关于德、意或美、梵调解中日冲突的谣言,问他是否属实。我问,政府拒绝发表两位法国顾问建议的宣言之真正原因是什么? 是否由于有和平谈判的可能性?

我的电报是 10 月 30 日发出的,11 月 2 日,徐谟给了我这样的回答:

> 所有谣言全无根据。无和平迹象。
>
> 梵蒂冈曾一再派人找我们驻罗马的许代办,就教皇和美国总统进行调解的可能性进行联系。我们通知许代办停止此事,因为日本还不打算接受调解,请勿和他联系此事。
>
> 所建议的那个宣言之所以被否定,是因为怕引起俄国的不快。

我上面提到打电话给驻伦敦的郭泰祺请他到巴黎来,是想趁孙科和李石曾回到巴黎,也把我在伦敦、布鲁塞尔和海牙的同事们找到一起,开一个非正式会议,讨论在最近事态发展的情况下,中国外交政策的未来方针。郭泰祺在 31 日先到。在 11 月 1 日的午餐会上,参加的有孙科、李石曾、郭泰祺和林平,还有从国际联盟来的吴秀峰。我们讨论了在即将召开的国联会议上,中国应该采取什么策略。吴秀峰是国联秘书处的中国高级人员,他建议在即将于 12 月召开的国际联盟全体大会特别会议上,中国不要提出中日问题。孙科同意这个意见。但是我说,我应该发表一个声明,保留我们在将来任何时候提出这个问题的权利,虽然我不坚持在当前的会议上提出来。

　　说来可笑。1939 年 7 月中旬，当时国际形势还大不一样，我曾经打电报给外交部，就参加即将于 9 月召开的国际联盟全体大会的方案提出建议。那时我担任和日本侵略问题有关的中国驻国联代表已经多年，敦促国联采取一些有效措施已经成了我的难题。为这项任务我参加了国联行政院会议。行政院除了为讨论某些紧急争端增开特别会议外，每年定期开会四次。此外我还参加全体大会的年会。但是，在离 1939 年 9 月的大会只有几个星期的时候，我却不想到日内瓦去。我在日记中写道：

　　　　不知为什么，一想到大会又已迫近，就使我烦恼，这也许是因为我知道我的不懈努力和艰苦工作不会收到实际效果的缘故。国际联盟已经如此软弱，以致任何企图从那里取得具体成果的努力都纯属徒劳。并且，每次会议都意味着冗长、持续的努力和对我身心健康的耗损，使我心力俱竭。

　　9 月 10 日，我接到日内瓦的通知，国联全体大会和行政院会议同时延期，要隔很长时间以后才在 1939 年 12 月召开。当然，由于完全不同了的世界局势，届时又须提出新的建议，制订一个解决中国问题的新方案。

　　11 月 1 日下午，钱泰大使从布鲁塞尔来到，参加了我们的讨论。他认为英、法、苏都正把注意力集中于欧洲的局势上，不能指望他们能有多少余暇来考虑远东局势。

　　晚上，我请这些人一起吃晚饭，并继续商谈。孙科告诉我，当蒋委员长召回杨杰的时候，杨非常不愿离职。他在接到召回的电报后，去请求苏联国防部长伏罗希洛夫给他帮忙，表白说，他已经在他的职位上尽到最大努力。还说，在中国，他的职责是服从蒋委员长，但是在苏俄，他的责任是听从并永远追随伏罗希洛夫元帅。陪同杨杰的中国秘书起初不肯翻译这句话，可是在杨杰的坚持下不得不把原话译出来（这件事后来在重庆传为笑柄）。这也是派一个完全外行的军人到国外去当外交代表所不免要付出的代价。虽然在外交队伍里也有几位很能干的高级军官,但是你根本无法断定在关键时刻他会说些什么或做些什么。

11月2日下午,钱泰大使前来作一次私人交谈。他同意我的看法,在以后的六个月里,国际局势将恶化而不利于中国,我们应该利用当前的良好时机,力促美国对东京采取更加有力的政策。我们都认为郭泰祺有点过于乐观,因为尽管邱吉尔已经对他说过,英国的唯一目标是先把欧战打赢,他还是相信,不管欧战如何进一步发展,英国都不会试图与日本妥协。

第二天,我设午宴招待孙科、郭泰祺和钱泰,以便对国际形势再行讨论,分析美、英、苏、法各国政策可能发生的变化。我们一致认为,有必要作一分析,电告蒋委员长,促使他对这些可能发生的变化加以注意和准备。我们通过的建议概要如下:

(1)请委员长吁请美国坚决要求日本遵守条约义务,从中国撤军;

(2)请他吁请美国在伦敦和巴黎坚决要求英国和法国切不可以牺牲中国为代价来谋求与日本建立友好关系;

(3)请他要求美国总统对日本采取施加经济压力的政策;

(4)请他要求美国总统增加对中国的援助,俾使中国能够继续抗战到底。

包括上述建议的给委员长的电报,由钱泰起草。

当我们正在讨论以上几点的时候,都被一则苏联外长莫洛托夫讲话的新闻报道所震惊,他建议重新调整和改善苏、日关系,并建议和日本谈判一项通商条约。我派秘书到法国外交部去询问一下这篇报道是否正确,能不能弄到一份这篇讲话的抄件。

把这篇来自莫斯科的新闻报道和我同一天收到的柏林程大使发来的电报一起研究,是很有意思的。程大使的电报系由布鲁塞尔中国大使馆转来,在电报里,程大使提供了他对当时德国局势的三点分析。

(1)德国希望日本和中国尽快实现和平解决。希特勒曾对他说过两次。德国很想利用中国的资源,而自从欧战爆发,更希望进口中国的钼和锡。不过,由于运输上的困难,一直不能如愿以偿。

(2)德国还希望利用它和日本的关系,促成苏、日悬案的解决,以加强对英国的抗衡。德国自然是想从参与苏、日关系的解决中得到这种好处。日本现在正大肆宣传,制造汪精卫傀儡政权很快就要成立的印象。因此,德国为了本身的利益,不愿意放过目前的机会。

(3)德国不愿意俄国在欧洲扩大势力。它宁愿莫斯科将其注意力转向东方,这样对德国有利。此外,日本和苏俄在政治与领土方面对中国均有所图,而德国所关心的则是经济利益。所以,在德国和苏俄之间不会有利益上的矛盾。按照德国的观点,柏林可以完全容许日本和苏俄在中国为所欲为,以便给这两个国家以良好的印象,它自己则只谋求经济上的好处。

3 日下午较晚的时候,宝道来访,我请他起草一份关于远东局势的备忘录,其中特别提到法国援助中国的必要性。我这样做的目的是要送给法国政治家们一个简明的摘要。这些人对远东一直了解得太少,他们忙于其他问题,无暇研究远东和中日冲突的重要性。

11 月 5 日星期天晚上,在郭、钱两位大使招待孙科的宴会上,我们审阅了钱泰所拟的电稿。会上我又收到一份英国首相张伯伦接见记者的报告,根据北野(日本通讯社代表)的报道,张伯伦在接见中谈到了英国要改善英、日关系的愿望。我感到这个问题十分重要。

11月6日星期一中午,李石曾来访,我们又谈到了打算给蒋委员长拍发的电报。李似乎觉得电稿流露了我们的悲观情绪。他说,没有理由对未来悲观。他说和平有三种:光荣的和平,胜利的和平与称得上永远解决问题的和平。他说,第一次欧战,英、法虽然最后打赢了,但是他们没有获得根本而持久的和平,所以又爆发了第二次世界大战。他说中国必须以求得和平的根本解决为目的。仅是胜利地结束战争或者光荣的和平,都不足取。他坚信日本的最后崩溃(日本作为国家的瓦解)将出于一场以建立日本共和国为目标的彻底革命。

不过,我对他说,我们必须密切注视国际局势的发展,为将来做好准备,正如中国谚语所说"未雨绸缪",免得危机来临时惊慌失措。我说,无论如何我们必须尽力防止日本在中国建立像"满洲国"那样的傀儡政权。

下午在蒙苏大饭店孙科的房间里,召开了一个非正式的会议,以最后确定给蒋委员长的电报稿。参加的有孙科、李、郭、钱和我。孙科说,他坚信苏俄不会改变其援华政策。李石曾说,电报必须措辞谨慎,以免引起任何误解。按照他的建议,删去了电报稿中分析国际形势的前半部分,只剩下包括四点具体建议的后半部分原稿未动。修改后的电报稿一致通过。我于是指示发出。随后,郭、钱两位大使都立即返回各自的住所。

最后发出的电文如下:①

抗战到底,为我国既定国策。自欧战发生,国际形势丕然大变。我国平日所恃以为友者,为英、法、苏、美四国。现在英、法、苏三国均有事于欧西,其全力足以压迫日本者为美国。是以我国外交运用,宜特别注重美国。为达到我国抗战目的,增加我国抗战力量起见,可否密向美国接洽询商:第一步,请其向日本警告,根据条约公平解决中日问题,达我抗战

---

① 此电及下文蒋介石复电之原文均录自顾氏所存函电档案。——译者

目的,使日本退出中国。如日本不加接受,则请其:(一)劝告英、法,勿对日本让步,牺牲中国。(二)商约停止满期后,以经济方法压迫日本。(三)增加美国对于中国之援助。是否有当,尚祈裁酌。

在电报上签名的有孙科、李石曾、我本人、郭泰祺和钱泰。11月11日收到蒋委员长对联衔电报的复电。复电是拍发给我的,并转孙科、李石曾、郭泰祺和钱泰。电文如下:

御(六日)电悉。卓见亟佩。中央对美运用步骤与尊意大致相同。现正在探询美当局之真意。察其表示挺身警告似尚对敌有所顾虑。仍以尊电末拟三项较易接近。深盼兄等在欧美亦依此分头努力也。

在获悉关于11月3日莫洛托夫发表讲话,建议日本调整改善其对苏关系,并缔结商约的报道之后,我曾派汪孝熙往见法国外交部亚洲司司长肖维尔。肖维尔给他看了一份莫洛托夫讲话的副本,还交给他一份摘要供我参考。肖维尔说,他认为讲话表明苏联有意和日本达成协议,并在柏林、东京和莫斯科之间建立友好关系。他说,近几个月来,莫斯科曾一再向日本建议谈判缔结全面协定,以解决两国间的全部悬案。但日本方面则表示,只愿逐个问题谈判,而拒绝接受全面解决的主张。至于苏俄增加其对华援助之事,按照这位司长的看法,不过是为了对日本施加压力,迫使日本接受苏联关于全面解决两国间悬案的建议而已。

肖维尔进一步告诉汪孝熙,法国外交部收到从东京和莫斯科发回的关于苏联政府所采取步骤的报告,内容是一致的,这一点,现在已清楚地为苏联外交部长的公开声明所证实。

肖维尔担心的是,如果东京和莫斯科之间能够达成一项全面商约,那就未尝不能进一步也达成一项政治上友好的协定。他说,在这种可能发生的情况下,莫斯科肯定会牺牲中国的利益。

当汪告诉这位司长说,苏联政府曾一再向中国保证不会改变其对华政策时,肖维尔反驳说,他刚才所引证的事实清楚地表明恰恰与此相反。即使苏俄继续援助中国并输送物资,他也怀疑莫斯科是否真正愿意看到中国取得完全胜利。照他的看法,莫斯科的目的是拖长中、日之间的战争,直到最后双方都精疲力竭,苏俄就能主宰远东,从而实现其传统政策。他力劝我们对这种可能性多加警惕。

在发给外交部汇报这次谈话的电报里,我附告:日本驻德大使已经离开柏林,正在返日途中,据报,他携有一份将中国划分为德、日、苏势力范围的秘密计划,近似于德、苏瓜分波兰的方式。我说,我曾将这个情报电告柏林程大使,他回答说,他觉得这个情报未必真实。我建议参考我前些时候发给外交部的另一份秘密报告,其中叙述了中国傀儡政权头目和近卫文麿缔结的秘密协定中的一些条款,大意是傀儡政府任命的外国顾问应为日本人、德国人和意大利人,其比例为:日本占 50%,德、意各占 25%。我说,所传的那个把中国划分为几个势力范围的秘密计划,可能就指的是此项秘密条款。但是还应注意的是,新任苏联驻东京大使带去了一个庞大代表团,其工作人员远远超过正常人数。

外交部 11 月 5 日发来复电,对肖维尔所得报告及其解释是否正确表示怀疑。复电说,莫洛托夫讲话中关于苏联对日态度那一部分,显然对中国不利,并且正如法国人所虑苏俄和意大利的关系也可能更趋密切。但是,法国外交部所获得的情报,和重庆所知道的事实并不完全相符,所谓苏联建议和日本谈判缔结全面友好协定的传说即其一例。电文说,外交部根据东京和莫斯科各自发表的声明判断,认为苏联仍在等候日本首先提出建议。但是,日本现在是否有意从根本上调整对苏关系,则尚难断定。电报还说,肖维尔提出的苏俄增加援华之目的仅仅是为了促使日本接受其缔结一个全面协议的看法,也并不正确。重庆和莫斯科最近缔结的关于苏联援华的协定,是在诺蒙坎事件和最近欧洲局势发生急剧变化之前签订的。所以,外交部断定,莫斯科方面并无对日本格外施加压力以促其接受苏联主张之意。

此外,电报又说,苏俄曾经一再向中国政府保证不会改变其援华政策,虽然自诺蒙坎事件解决以后,苏俄没有公开提到过援华政策,这也是事实。按国府的看法,苏联有意谋求调整和日本的关系,但日本必然会以苏联停止援华为条件,不过中国政府不相信苏俄会接受这种条件。

如果莫斯科不停止援华而又继续谋求和日本友好,这种发展不致对英、法带来重大不利。重庆认为,日本是真正渴望结束所谓支那事变的。即使日本谋求和苏俄建立比较密切的关系,日本也不见得会联合俄、德而对英、法发动战争或和美国对抗。由于这些原因,外交部认为,法国无须过虑,更不必显得紧张,以免招致日本的无理要求。电文还说,日本和德国都曾经散布过各种谣言,对于这些谣言,毫无理由加以重视。电报还要求我,如果认为合适,可将上述意见提请法国人士注意。

这就是当法国人担心苏俄会倾向于抛弃中国而与日本携手,并将和德国乃至意大利共命运的时候,重庆所作的明确分析和阐述。那个星期的晚些时候,我把上述分析提供给了莱热,请其注意。

11月6日晚,电台广播比利时国王利奥波德已前往海牙和威廉明娜女王会谈,会后联合向交战国呼吁和平,并愿出面斡旋。11月8日,当我对丹麦公使作礼节性回访时,我们谈论了欧洲局势,特别谈到比、荷出面调解的事。

丹麦公使在回答我的问题时说,他看不出法国和英国会接受这个建议。他证实了我的看法,即这两个中立国家必已面临危险局面,否则是不会采取这个步骤的。他说,比利时国王星期一(11月6日)晚上匆匆赶赴海牙和荷兰女王举行会谈,一直从午夜进行到凌晨二时。由于德国军队在比、荷边境的大量集结,同时也许怀有对德国进攻的恐惧,使这两位君主确信有立即采取相应措施的必要。

他认为,比、荷的姿态是在德国的怂恿下做出的,因为德国想在德国人民面前表明它曾经尽一切可能去谋求德国和英、法之间的和平。他认为这可能意味着德国空袭英格兰的序幕。他说,为达到这个目的,德国必须占领荷兰沿海,因为轰炸机虽然能从德国到英格兰作往返飞行,而战斗机则不行,其距离太远。只有沿荷兰海岸建立起空军基地,才可以对英格兰进行大规模的空袭。

11月8日,波兰大使来告诉我他即将离职。我和他一直保持着友好关系。我想趁这位大使来访的机会弄清楚他的国家的真实情况,从他那里了解明白到局势为什么那么快就急转直下,以致最后在几天之内波兰就一败涂地。弄清楚这些情况是很有意义的。

我还想知道,打算在法国组织一支波兰军队的事已经有了哪些进展。他解释说,从在法国的波兰侨民中得到人力并不困难,他们大约有五十万人,其中大约有十二万人适合征召。他说,如果需要,在别的国家里居住的波兰公民也可以招来服役。例如,在美国就至少有四百万波兰人,虽然不能公开进行征集,但如果对他们发出呼吁,他们会自愿地响应。他解释说,主要的问题不是人力而是获得装备,对此,波兰军队自然要依靠法国。由于在法国有许多波兰人是在军火工业中工作,法国认为同样重要的是要把这些波兰人保留在军火工业之中,以免影响正常的军火生产。至于财政方面,他说,英、法政府为组织这支新军,提供了大宗信用贷款。

我问他,他估计盟国的反攻可能在什么时候开始,卢卡塞维兹大使说,要等到他们的空军赶上德国空军的水平,也就是说,不会早于1940年春天。他说,空军在现代战争中极端重要。波兰抵抗的崩溃不是因为波兰的陆军战斗力低下,而是因为德国空军从一开始就压倒了波兰空军。德国空军在数量上的优势如此巨大,从一开始就控制了空域。德国空军在战争开始时就首先轰炸重要的铁路和工业中心,然后是小城市的铁路联轨站,从而打乱了波兰总参谋部的动员和运输计划。如果波兰早几天动员,在德国向波兰发动进攻时,动员就可以完成。但是英、法政府坚持要波兰尽量推迟动员,甚至在德国进攻的前两天,伦敦和巴黎仍然通过他们的大使敦促波兰政府不要下动员令,以免惹得德国立即进攻。事实上德国决定进攻波兰的形势在8月23日宣布苏德互不侵犯条约时就已经完全清楚了。(这再次证明,巴黎和伦敦是被他们一厢情愿地希望德国会和他们妥协所贻误的。)

我问这位大使,是不是由于英、法政府相信战争可以避免,才建议波兰不要采取必要的预防措施。卢卡塞维兹回答说,确切地讲,是由于盟国政府的首脑们不愿承担责任,总想在他们本国人民的眼中显得是曾经尽到了一切努力避免战争。

他接着说,波兰的局面是一个最大的悲剧。它不得不单独作战。他本人曾经敦促法国政府在西线对德国发起快速进攻。在这个建议遭到拒绝之后,他又要求英、法空军攻击德国的工业中心,以期:第一,迫使德国从波兰撤出部分空军去抵御盟军的空袭;第二,使德国人民切身感受到战争已由英国和法国带到了德国本土。据这位大使说,当时德国人的士气并不高,盟国空军的坚决打击将会增强德国人民的反战情绪。但是,法国和英国都拒绝采纳这个建议。他们解释说,这样的一次进攻,肯定会招来报复,使法国的铁路和交通受到攻击,从而打乱和耽误法国军队的动员。但是,卢卡塞维兹说,真正的原因是法国不愿招致对不设防城市特别是巴黎的轰炸。另一个原因则可能是英国和法国害怕,在空中决战中优势的德国空军会把他们那在数量上处于劣势的空军打败。

这位波兰大使说,他曾经尽最大努力催促法国在波兰军队崩溃之前采取行动,然而没有成功。他同意我的看法,在西线对德国发动一次地面进攻,本可给波军的抵抗以支援,而发动一次空中攻势,摧毁德国西部的工业中心,将有利于为盟军的最后大反攻铺平道路。

我说，很不幸，民主国家在战时总是要受制于民主制政府所固有的各种缺点。卢卡塞维兹则说，民主制度并没有错，而是民主国家的领袖们在他们的人民面前对承担责任犹豫不决，不愿意及时采取有力的行动。我觉得这种说法也有道理。

　　他还发表了一段有意义的议论。他说，波兰是最近的侵略牺牲品，但是近年来欧洲所有的纠纷均起源于满洲事件，当时英、法没有对日本采取坚定的对策。我说，中国通过其历届代表团，曾经一再敦促国联各会员国对遏制日本的侵略采取坚决而迅速的措施，并且警告他们，除非日本的侵略受到集体行动的制裁，邪恶的势力必将在欧洲滋长蔓延。

　　卢卡塞维兹说，所有的人现在都明白，欧洲政治家们的最初错误是在满洲事件时犯下的。在那次事件中无所行动，鼓励了欧洲的侵略势力。随之而来的就是对阿比西尼亚（埃塞俄比亚）的侵略，对莱茵地区的占领，对奥地利的并吞以及捷克斯洛伐克和阿尔巴尼亚的灭亡。

　　他回顾德国占领莱茵地区时，在事件发生的几天之前，贝克上校就已经得到德国企图进攻的可靠情报。捷克外长于是通知法国大使，告诉他这是一个必须认真对待的情报，并且向他保证，如果法国政府决定以武力抵抗，不但波兰，还有捷克都准备和法国合作。但是，英、法政府毫无抵抗意图，仅仅向德国提出了口头抗议。按波兰大使的意见，这是最糟的办法。本来有两种办法可以采用——要么以武力抗击德国对条约的破坏，要么谈判解决，要求赔偿。抗议而不伴之或继之以行动，对德国不会有丝毫作用。这只能使德国由此得出法国和英国害怕战争的结论，并鼓励其准备新的侵略冒险（这一点我认为非常真实，而且是屡见不鲜）。

　　我问波兰新政府在法国成立的时间和地点，卢卡塞维兹说，新政府的所在地选定昂热，成立日期定在 11 月 10 日至 15 日之间。他知道，美、英、法的驻波大使都已在昂热附近住下，他希望大多数驻华沙的外交使团也都跟上。我告诉他,我在华沙的同事现在哥本哈根,他刚刚写信给我,询问这里的膳宿情况,因为他也打算到法国来。

11月9日我去法国外交部拜访莱热。会见一开始我就告诉他,我希望交换一下双方关于苏联政府的欧洲政策和远东政策的情报和看法。我说,莫洛托夫的讲话已把莫斯科的手伸给了日本,要缔结一个通商条约。但是根据我的情报,这个姿态仅只意味着要使苏日关系正常化,莫斯科并不打算进一步和日本订立互不侵犯条约,也没有向东京提出过这种建议。至于日本政府是否欢迎苏联的这种建议,尚不可知。

关于中国,我说,苏联政府一直不断给予物资援助,并保证仍将继续给予援助。至于苏联政府未来的对日政策,依我推测,则要视英、法的对日政策而定。苏俄不怕日本对它进攻,何况日本军队正倾其全力于中国。日本军队的装备和组织无疑比中国强,但是却不能和任何一支现代化的欧洲军队相比。日本的战争机器已经过时,它迫切希望有喘息之机去加以现代化。日本无疑感到很孤立,它实在已经不可能在远东对英、法为难。但是,如果两个盟国由于害怕日本侵犯他们在远东的利益和殖民地而打算投入日本的怀抱,为了和苏联在远东的势力相抗衡而谋与日本为友,这种企图一定会影响克里姆林宫的政策。这样会引起苏联的怀疑,并推动苏联自己去和日本寻求谅解。

我接着说,我知道德国曾经敦促苏联政府改善其对日关系,以建立所谓德、苏、日大陆集团,甚至要把中国包括在这个计划中的集团之内,去和西欧的民主国家相对抗。迄今莫斯科还没有听从这个主张,但是,如果英、法对日本的这种企图引起了它的怀疑,它就会和日本达成协议,并把中国拉入他们的阵营,使德国的大陆集团计划轻而易举地实现。

我又说,中国政府不喜欢这种前景,但是它的自主行动必然要取决于客观条件。现在苏联政府已经扩大了对中国的援助,其规模远比其他列强的援助总和还要大得多;这种情况如果进一步加深,以致中国抗战的力量须完全依赖于苏联的援助,很明显,一旦苏联要求中国参加那个计划中的大陆集团,它就能够轻而易举地以撤销援助来对中国施加压力。我说,那不是一个令人愉快的前景。而如果一旦实现,则不仅对中国,而且对英、法都将不利。

我说,我因此很想知道法国政府对苏联的欧洲政策和亚洲政策是怎样评价的,它对待莫斯科的态度如何。我还想知道法国政府对日本又打算采取什么态度。我告诉莱热,我曾将我个人的看法报告中国政府,说法国政府的对日政策迄今仍保持未变,但是我愿意听听莱热先生对这个问题的意见。

莱热说,法国政府的对日政策是维持平衡。他认为进行安抚,避免刺激日本是明智的。这是出于想避免发生来自日本方面的纠纷和麻烦的愿望,对这种纠纷和麻烦,法国因为羁身欧战,无法兼顾。不过,法国政府并未制定任何和日本进行谈判的方案或计划,而事实上其对日政策也尚无定论。

我问他,是否打算和最近即将来到的日本大使在巴黎开始会谈。莱热回答说,要求日本任命新驻法大使仅仅是为了巴黎和东京之间关系的正常化,是想解决关于日本政府选派大使这个久悬的难题。不过,到现在还没有制定出和新任大使开始谈判的计划。

关于苏俄,莱热说,它完全在推行一套从它本身的利害出发的苏俄政策。苏俄并没有和德国结成军事同盟,并且据他所知,也没有以任何大宗物资供应德国。莫斯科和柏林缔结的那些条约和协定,主要是为了增进俄国而不是德国的利益。至于中国,他说,法国的政策一如既往,这就是为什么还继续在印度支那提供过境便利的原因。

我说,法国的公众舆论,特别是报纸,似乎认为中国是处于俄国人的影响之下,正在变成共产主义国家。我说,那完全是误解。中国和俄国之间的关系是友好而真诚的。中国政府愿意保持这种友谊和诚意,这并不是由于赞成共产主义的意识形态,而不过是因为苏联政府采取的是帮助中国抵抗日本侵略的友好政策。这种支援对中国不仅有用,而且是必需的。除了在缔约当时就已经公布了内容的互不侵犯条约之外,在两国之间没有任何秘密的政治协定,中国对莫斯科没有承担任何义务。

我接着说,莱热先生很清楚,对于欧洲的冲突,中国政府和人民完全寄同情于民主国家。中国社会中没有哪个阶层不热诚希望英、法打赢欧洲的战争。我曾要求我的政府把中国的态度通知我,重庆在给我的答复中表示,即便是苏联和英、法之间的关系转趋恶化,其或有朝一日发生战争,中国仍将站在英、法一边。莱热打断我说:"但是中国不能完全断绝和苏俄的关系。"我说:"当然不能。"我解释说,我的意思是说,中国政府对盟国的同情和友谊将保持不变。

莱热把我的这些陈述记录下来以后说,法国报纸确实认为中国受苏俄的影响过深,但是他知道事实并非如此。他认为中国接受俄国所给的全部援助是理所当然。按他的看法,俄国之所以援助中国,并不是为了偏爱中国,而仅仅是因为它的利益和中国的利益暂时是一致的。一旦俄国认为必须改变其政策时,这种援助必然要停止。但是,只要这种利益的一致性存在,苏联会继续援助中国,中国也完全有理由加以充分利用。

他不认为俄国和盟国之间有发生战争的危险。他说,法国政府所关切的是苏俄有可能利用中国作为向印度支那进行共产宣传的基地。只要苏俄的势力支配着中国,这种后果是一定要发生的。他说,在这种情况下,特别是法国正在欧洲从事着战争的时候,法国政府认为必须采取抵制步骤。

我说,在中国不会有这种情况发生。中国政府是在三个条件下与中国共产党合作的:1.解散中华苏维埃政府;2.改编中国共产党的军队,服从国民政府的节制和指挥;3.共产党接受国民党的政治主张。我说,显而易见,中国政府接受中国共产党的合作与该党的政治思想无关。

莱热说，他知道这些，但是他想到的是苏联顾问曾经支配中国的国家机构达两年之久。我解释说，那是在孙中山先生执政的时候，当时蒋委员长还没有进行反共战争。

谈话接着转到比、荷的调解问题。我问他，对利奥波德国王和威廉明娜女王的斡旋已经作了什么决定，有没有开始和谈的前景。莱热说，没有。

我问莱热对西线最近的军事行动有什么看法，他是否认为将有进一步的行动。莱热说，德国将在 11 月 12 日至 15 日之间发动一次大的攻势。他说，由于种种原因，希特勒认为必须立即开始这次攻势。但是盟国方面已有充分的准备，并且有把握取得最后胜利。无论在外交、经济以及为继续进行战争所做的各种准备等方面，最终的优势全在盟国一边。中立国的感情，特别是巴尔干各国，全都同情法国和英国。盟国正组织其巨大的军事和经济资源以支持战争。军工生产在迅速增长，飞机的生产本来落后于德国，现在数量上和德国的比例仍为一比三。但是法国飞机的质量远比德国为优，因为法国的每一种机器都是精工细作，准确而精密。再者，法国的驾驶员都经过较好的训练，并已在战斗中证明了他们的技术高超。至于法国的陆军军官，也是无与伦比的。他的一系列分析的结论是，盟国将会胜利，并且胜利将比一般预期要来得更快些。

在我们谈话的那个时候，欧战已经进入第三个月。但是，正如我写信给我国驻美大使所说，在巴黎，除了夜晚路上漆黑、白天穿军装的人较多以外，生活过得和往常一样。东西很丰富，人们感觉不到战时的物资匮乏。法国各阶层人民都很镇静，并且坚信在和英国合作之下，必将取得最后的辉煌胜利。我写道，他们当然很有理由这么想，因为盟国的经济、政治、外交和军事形势都比对方好得多。美国取消对交战国的武器弹药禁运，进一步鼓舞了法兰西民族在战时的高昂情绪和士气。

至于远东,我对胡适博士说,我军在湖南北部的胜利是发生在一个关键的时刻,有助于重新引起欧洲各界人士对中日局势的关注。我还说,格鲁大使在东京的谈话,和皮特曼参议员关于美国立场的声明,对他对我都肯定是一个极大的鼓舞,事情像是正朝着正确的方向发展。

　　1939—1940年的冬天,德国轰炸机越来越频繁地光顾巴黎,我像外交使团里的许多同行一样,在巴黎郊区弄到一所房子,以便夜间能睡得安稳些。我的房子是一幢简朴的农舍,坐落在塞纳河畔一个村镇里。那是一个小镇,幽静而秀丽,俯瞰着不远处流过的塞纳河。一个星期天的下午,我和往常一样去散步。我漫步在乡间的小路上,怡然自得地享受着清新的空气和老树葱郁的幽雅景色。偶尔看见一座堂皇的宅邸或一幢精心设计的房舍,我就要走近前去欣赏一番那屋外的花园或者建筑物的杰出结构。

　　怀着同样的心情,我登上路旁的一座小山。虽然看见到处是法国人的岗哨,他们身穿军装,腰间佩带手枪,但是,当时我竟没有因此联想起法国正处于战时状态之中。在山顶上我看到有混凝土的构筑,但在它的周围并没有什么特别引人注意的东西。然而,俯瞰这一带农村,我看见沿着大道到处都有同样的工事。

　　当我下到路上的时候,有一个法国士兵和我打招呼。他问我是什么人,我如实相告,他向我敬了礼,于是我离开了他。但是几秒钟之后,两个法国军人追上我,其中一个是军官。显然那个士兵向他报告了我到此游逛,于是他和一名士兵前来检查我的身份。我把身份证给他看,那军官作了仔细检验。他问我还有没有别的证件能证明我的身份。我于是告诉他我是谁,并且告诉他不必多疑。我还对他说:"我有一所房子在那边,你可以到我的住屋里来。"他跟我来到我的住屋,我请他进来,他还是非常怀疑。于是我说:"你可以用我的电话打给法国外交部,核对一下我的身份证是不是真的。"听我这么说,他和那个士兵就走了。我提起这件事,不过是说明局势已经变得多么紧张。沿整条公路,到处都是新建的地堡或水泥工事,主要是伪装的机枪掩体。

11 月 14 日,我接待了沙特阿拉伯的新任公使。他的议论有一点我觉得特别有意思。他说,自从日本侵入中国,他就对日本鼓吹的泛亚细亚主义的宣传完全失去了信任。

早几天,在 11 月 8 日,我给蒋委员长发去一份重要的电报,是关于法国外交部肖维尔转给我的一份情报。据他说,法国驻华大使高思默 11 月 7 日向法国政府报告,汪精卫曾派机要秘书向他转达三点,供法国政府参考:1.汪精卫的总政策是在中国恢复和平;2.为达到此目的,他准备和蒋委员长合作;3.如能实现和平,他本人愿意退出政治舞台,到国外去。

汪的代表还要求即将前往重庆的法国大使将这三点通知中国政府。据高思默说,他已经拒绝传达这个信息。肖维尔对我说,他认为大使的拒绝完全正确。然而他又说,根据各方面的情报,他了解到日本迫切希望傀儡政权尽快成立,而汪精卫则要求日本做出种种保证,并且在当权人物在青岛开会的前夕发表了公开声明,表明他的态度。肖维尔说,他所得到的印象是,汪精卫和日本暂时还不可能达成协议,汪精卫使用的似乎是拖延手段。随后他向我表明,他之所以把这个情报通知我,是让我来决定是否向重庆报告,因为法国方面无意干涉中国的内政。

蒋委员长 11 月 14 日发来复电,不仅清楚表明对这一情报的反应,还表明了他个人对汪精卫的态度。他说:①

> 凡法人有援助汪逆事者,应一概严词拒绝。否则无异其有意毁损我政府之人格视之。特复。

大概委员长还没有忘记这位亚洲司司长 9 月下旬转交给我的那份法国外交部的建议。记得当时肖维尔甚至私下对我说,中国如果不坚持自己的条件而以宽容的条款和日本取得和解,是有利而可取的。他曾按他个人的见解建议说,在英、法已羁身于欧

---

① 此电电文录自顾氏所存函电档案原文。——译者

洲时局的情况下，中国最好采取争取时间的策略。他认为，中国可以用改组机构去迁就日本，扩大政府范围，把日本人在华北建立的政权（中国一直认定这个政权是傀儡政权）包括进去，作为中国的一部分，然后等待英、法等民主国家胜利结束欧战，再求最后解决问题。

这个建议不但使我大吃一惊，事实上，蒋委员长在接到我的报告之后几乎是激烈反对。对于法国人提出的这个私人建议，他在电报里要我明确地告诉他们，他宁愿抗战到底，即使中国最后打败了，也不接受任何屈服于日本侵略和征服政策的做法。

11月15日中午，钱大使由布鲁塞尔打电话给我，说他刚才和柏林的程大使通过电话。程告诉他，德国正打算假道意大利进攻法国。钱大使和我都认为这是不可能的。

钱大使还告诉我，他的同行苏联大使最近刚去看过他，告诉他苏联和日本有达成一项协议的可能。这位苏联大使力劝中国和日本和平解决。钱泰还说，这已是他第三次提出这个建议，虽然每次都声明这是他个人的意见，莫斯科从来没有叫他这么讲。钱和我都怀疑这位苏联同行私人建议的动机。钱泰还感到不解的是，在汪党的定期宣传资料第五期里，竟说中国共产党赞成和日本谈判和平解决。

11月18日我到巴黎火车站迎接孙科，陪他到旅馆，在那里我们进行了详谈。他刚从伦敦回来。哈里法克斯勋爵曾向他保证不改变英国的对华政策；只不过他希望避免和日本发生摩擦。霍伯器告诉孙科，虽然日本要求供应澳洲羊毛一年，英国只同意三个月。

孙科还和邱吉尔进行过谈话。邱吉尔很希望和苏联保持联系，并维持友好关系。他对孙科说，中国打仗的目标和英国在欧洲打仗的目标是一致的。他说，他曾经提请他的内阁同僚们注意远东的重要性，并说他会照顾到中国的利益。孙科还告诉我说，如果莫斯科具有诚意，英国即将派遣一些重要的代表去莫斯科，并将派斯坦利勋爵前往,但是苏联大使迈斯基却未能为他取得莫斯科的同意。劳合乔治在和孙科谈话时,指责英国政府上次未能和苏联达成协议。他说,这是派遣一名四等官、一名办事员去进行谈判的结果。孙科对劳合乔治说,如果处理得当,苏联是能够迅速而慷慨地同意的,但是,它对轻视很敏感。

　　第二天星期日是孙科及其随员回国的前夕,我设午宴为他们饯行。宴会被日本从北海和钦州突破广西防线的消息所搅乱。星期一我到里昂车站为孙科一行送别的时候,他对我说,他认为日本不可能进入广西,因为军事当局已经布置了坚强的防线,并且破坏了所有通往广东边界的道路。他认为这将使日本人不能运用其机械化部队。但是,事实上日本人不但进入了广西,并终于在11月24日占领了省会南宁。这就切断了中国和印度支那间的主要交通线之一。南宁是以河内为起点的铁路和从印度支那边境开始的公路这条交通线在中国境内的终点。在本文下节谈到边境问题时就可以看到,南宁失陷对法国的远东政策有着破坏性的影响,并且严重地妨碍了中国从国外获得必需物资的能力。

　　11月28日我和拉西曼进行了一次非常重要而有意义的谈话。他是国际联盟为促进和中国的经济合作而派到中国的代表和技术顾问。他所谈的是他对重庆和华盛顿的访问。他说,在重庆,蒋委员长要他汇报英国和美国对欧战所采取的政策,以及这些国家的经济政策。他说,在华盛顿,颜惠庆博士(他名义上是中国派去参加太平洋学会会议的特别代表)曾和胡适大使一起会见了罗斯福总统。罗斯福总统告诉他们,他宣布废除和日本的通商条约,不仅是为了警告日本,也是告诫英国和法国不能出卖中国。事实上,罗斯福总统曾指示格鲁大使在东京发表10月28日的讲话,向日本表明美国要求并希望日本改变其远东政策。拉西曼说,罗斯福总统将不再恢复这项条约,而一旦中立法案停止生效,他就可以在远东问题上更为主动,去争取美国公众舆论的支持。他无意进行调解。相反,他希望中国继续抗日。(这次谈话,特别是从重庆获得的许多消息,都和我的认识一致。)

接着,拉西曼转述了蒋委员长告诉他的中国作战的目标是什么,那就是要一直打到欧战结束,但是希望从美国得到财政和经济援助,从英国和法国得到物资过境便利。有了这些合作,中国就可以继续单独打下去。他对拉西曼说,西安、南宁、甚至重庆都可能失陷,但是他还将继续打下去。

颜惠庆曾经请示蒋委员长,如果在太平洋学会会议上要求他说明中国的战争目的或和平条件时,他应该怎么说。委员长说,条件是:1.日本军队撤出中国;2.恢复1937年7月1日以前的局面。但是蒋委员长告诉颜,如果可能,他应该拒绝讨论和平的可能性。拉西曼对我讲的这些,后来为颜的秘书们进一步证实,他们是直接由重庆来的。蒋委员长还曾告诉拉西曼,他对王宠惠外长向美国新闻记者声明中国希望美国进行调解一事非常不满。委员长说,两天以后他曾强迫王外长予以否认。

据拉西曼说,蒋委员长不愿意看到在中国兴起另一个强大的政党(指共产党),他巧妙地掌握着所有派系之间的平衡。拉西曼说,委员长本人是怀疑苏联的对华政策的。(这一点对我来说倒不是什么新鲜事。)

拉西曼不但有他自己的接近苏联领导人的渠道,并且还对其中的好几个人非常熟悉。所以我对他所说的苏俄情况特别感到兴趣。他也觉得苏俄会暂时和日本达成协议,但不会是抛弃中国的根本性政治协定。拉西曼还认为,苏俄在相当时期内将忙于欧洲,把它的注意力由芬兰转到巴尔干各国。他认为西线正处于相持局面,盟国将转向巴尔干各国,以便从背后进攻德国。届时苏俄的政策值得注意,但是无论如何它总是要避免战争。目前在巴尔干各国中,德国、苏俄、意大利和盟国正在进行着一场激烈的角逐。

拉西曼还说,美国正密切注视着苏俄的对德和对华政策。据拉西曼讲,罗斯福总统对苏俄在中国的势力深感不安,可以敦促他给中国以比过去更多的援助。关于这方面我想提一件事,蒲立德在 12 月 1 日给我打了三次电话,询问同盟社关于苏联向中国施加压力的报道是否属实。我告诉他没有那回事。

12 月 1 日,我还接待了外交学会秘书长弗朗居里先生,他和我谈话的内容泄露了在战争的压力下法国政治的趋向。他说,他对法国人的反议会政体的立场深感惊异。国民议会财政委员会的报告人舒曼先生对达拉第总理的延长其全权处理一切的法案坚持提出修正,但是达拉第拒绝接受这项修正。舒曼在议会里受到广泛赞许,他打算把全权的期限限定在本届会期之内,这也表明了人心所向。但是尽管如此,议员们最后还是投票支持政府。

弗朗居里还对我说,当着旁听席上包括苏联大使在内的外交使团的面,把一位共产党议员逐出国民议会是愚蠢的。他坚持说,这个行动提出了以下疑问:"法国声称为之而战的真正民主在哪里?"

随后弗朗居里告诉我一段特别使我感兴趣的小消息。他说,当贝奈斯在捷克沦陷以后来到巴黎时,达拉第居然由于害怕得罪哈布斯堡亲王而拒绝接见他,因为法国密谋在胜利以后让哈布斯堡亲王在德国复辟。只由赫里欧会见了贝奈斯。他说,法国应该做的是派赫里欧到莫斯科和美国,派赖伐尔到意大利,去谋求孤立德国,加快结束战争。

11 月 25 日,我曾就承认波兰流亡政府的问题打电报给外交部。重庆显然对波兰遭到的命运感到吃惊,倾向于正式宣布承认波兰流亡政府。由于我非常关心这一行动所可能引起的后果,我在给外交部的电报里指出了应该慎重考虑的理由,要他们对发表正式承认声明的利弊作全面的考虑。当时我国驻波大使王广圻在巴黎。当德国和苏联的军队占领波兰,波兰政府逃到法国南部之后,王广圻途经布鲁塞尔来到巴黎。一路上,特别是在比利时境内,由于盟军的轰炸,备尝艰辛。事实上,王大使是病倒了,必须留在巴黎治疗和休养。

我在电报里告诉他们,除总统有病和外交部长一起留在巴黎之外,新波兰政府已经去到法国西部的昂热。我说,根据我们反对侵略的原则,中国理所当然应该步英、法、美之后尘,指示王大使前往昂热和波兰流亡政府保持联系,作为正式承认新波兰政府的象征;同时也表明中国的外交政策是独立自主,完全由中国自己决定的。但是,我说,采取诸如声明正式承认的步骤必然要受到莫斯科的极大注意。

　　接着我提到驻伯尔尼大使胡世泽发来的消息,他说,原定在12月4日召开的国际联盟全体大会的开幕会议实际上是取消了,只有大会的第四委员会要举行一次会议。我解释说,这个改变是出于对北欧各中立国态度的考虑。这些国家担心苏联在原定召开的大会上提出波兰代表团的代表权问题。他们觉得不管是支持还是反对波兰代表团,都注定要触犯双方中的一方。我说,郭大使在打来的电话里也说,苏联大使在和他谈话时已经提出了这样的问题,在即将召开的第四委员会的会议上,对参加会议的各代表团,是否也应该首先需要审查其代表资格。

　　因此我说,很明显,苏联非常重视波兰问题。中国和苏联的关系对我们是至关重要的。我们如果步英、法之后尘,正式明确宣布承认新波兰政府,那就存在这样一个问题:我们的行动是否能得到莫斯科的谅解而不致为其所误会。

　　当前,苏联政府正和日本进行谈判,意在安抚东京,甚或谋求与日本恢复友好关系。所以,如果中国不先弄清莫斯科对波兰问题的态度,苏联政府有可能以此为借口,拒绝将它和东京进行谈判的内容通知我们。再者,我记得近年来在国联所有关于中日问题的讨论中,苏联政府都一贯站在中国一边,支持我们的主张和要求。如果我们也像巴黎和伦敦那样,现在就正式承认新波兰政府,一旦苏联政府在会上提出波兰代表的资格问题,中国势必站在英、法一边,而很难回避表态。

　　我接着说,从另一方面讲,如果我们只注重原则问题,就应该考虑波兰过去在国际联盟里所表现的态度。波兰政府一直支持日本方面。所以,中国没有必要采取正式而明确的同情态度。波兰驻国联代表的不友好态度,在讨论中日问题时表现得尤为明显。

我进一步指出,如果我们保持缄默,而英、法甚至美国向我们提出建议,要求我们在波兰问题上和他们态度一致,那就不仅可以使我们趁机表明我们对他们的态度的同情与支持,而且可以使我们能够向莫斯科解释我们的立场。如果我们仍然要主动给予新波兰政府以正式承认,我认为最好首先弄清楚莫斯科可能有什么反应。

我说,很幸运,实际的情况是中国没有以任何方式表示过拒绝承认波兰政府。我们可以说,王大使由于在波兰发生过休克,现在正在附近的医院里接受治疗以恢复健康,同时也正在昂热为大使馆寻觅合适的馆址。以这些理由,王大使可以很容易地推迟动身去昂热,这样我方就可以避免作出任何决定。

在我发出电报的五天之后,俄国军队进攻了芬兰,俄国飞机袭击了芬兰首都和其他城镇。莫斯科指责芬兰首先越境开火。芬兰向国联提出了控诉。芬兰的控诉是 12 月 2 日提出的。秘书长爱文诺立即于 12 月 9 日召开行政院会议,并于 12 月 11 日召开了国联全体大会。

12 月 4 日,我给外交部发去一封长电,说明两个会议的全部日程安排。我渴望知道政府对我在电报里提出的几个问题的主张,以及要代表团在会上采取什么态度。我对于中国应该怎么办,早已胸有成竹,我将我的意见汇报给外交部,请求对我再次领导的这个代表团给予明确指示。

我的电报涉及四个具体问题。第一是中日冲突问题。因为中国以前曾作过保留,我说我们可以把这个问题提出来讨论。但是我希望外交部在决定此事之前注意以下三点:

(1)据胡世泽的电话报告,国联秘书长曾通知他,这次行政院会议的召开仅是为了讨论芬兰的控诉,通过明年年度预算和进行行政院的选举。如果再次提出中日冲突问题,只会增加会议的困难。胡世泽说,看来秘书长不赞成我们再次提出这个问题。他还说,这是一个程序问题,因此多数票即可决定。换句话说,这并不一定需要中国的赞成票。因为在行政院里欧洲国家的代表已经构成多数,而他们都是把注意集中在欧洲的,他们肯定要把全部注意力放在芬兰问题上。

(2)基于欧洲的局势,英国和法国都自然抱有安抚日本的想法。欧洲的那些中立小国,因为反对苏联对芬兰的行径,都希望英、法运用他们的影响诱使日本牵制苏联。所以他们自然对中日问题完全不感兴趣,不愿意支持这个问题,甚至完全可能由于中、苏之间的友好关系,而采取反对讨论中日问题的态度。

(3)即便我们抢先再次提出这个问题,其结果也难以逆料。另一方面,由于以上指出的那些因素,问题提出来后,也难以使业经国联通过的那些决议得到重申。换句话说,我们将得不偿失。

我说,我已经在电话里和郭、钱两位大使讨论过此事,他们的看法和我完全一致。因此我请示外交部,是否同意只就中日冲突的当前形势发表一个简单声明,并表示保留我们在下届会议上重新提出这个问题的权利。

第二个具体问题是中国关于德国侵略的公开立场。我说,关于欧战问题,英、法代表都肯定要发言重申他们的立场,表明战争是强加给他们的,他们的目的是保卫法律和秩序,反对国际间的侵略。也就是说,他们要谴责德国发动战争。我们所要决定的是,在这个问题上我们是否需要公开表明立场,如果需要,应如何表明。

第三点是关于波兰代表的证书问题。我指出,如果苏俄仅仅是提出这个问题,我们当然可以避免作任何声明,并在投票时弃权。但是同时我们必须私下向一些主要国家的代表们解释我们的立场,说明我们的困难处境,我们回避正式表明态度的原因是为了避免任何误会。

最后一点是关于芬兰向国联提出的控诉。我说,考虑到芬兰是一个弱小国家,中国应该在原则上对其表示同情。但是因为在中日冲突中,苏俄曾给予中国以援助和支持,这就使中国显然难以发表任何反对苏俄的声明。然而,如果我们明知小国方面存在着强烈不安与不满,仍然保持缄默,这必将完全失掉他们的同情和好感。因此我请示是否以发表一个简单的声明为宜,也就是说,中国反对任何国际侵略的政策,但在这个特殊事件里的被告,对中国来说,不仅曾坚决主持公理与正义,并且还在事实上为我们抵抗侵略提供援助和支持。我说,声明中可以申明,关于当前的控诉,当事双方各执一词,中国持保留态度,当能得到他们的谅解,但是中国仍然希望争端能够和平而友好地解决。我还说,如果苏联以不承认芬兰现政府为理由,拒绝派代表参加会议,则会议上对苏联的反感必然增强。在电文结尾,我请示外交部长,是否赞同上述四点意见,并同意我所提出的处理这四个问题的方针。

12月5日我和英国新任驻巴黎大使罗纳德·休·坎贝尔爵士简略地讨论了俄芬问题。在我们的谈话中,我问他英国对这个问题抱什么态度,他回答说,英国的态度是完全同情芬兰。他说,苏联大使苏利茨最近拜访他的时候,正在他刚刚获悉苏联侵入芬兰的一个小时之后。因此,他问苏联大使,这件事是否属实。苏利茨对芬兰作了长篇的猛烈攻击,说苏联受到了芬兰的威胁。坎贝尔认为,至低限度这是一个最不平常的声明——只有三百五十万人口的小小芬兰,竟会被拥有一亿八千万人口的苏联看成是一个可怕的对象。

12月5日,我拜访了莱热,讨论中国在国联里的问题和广西的局势,特别是这关系到法国的政策。当我们讨论后一个问题时,莱热说,形势的根本问题是苏俄的态度,它直接影响着法国的对日政策。他说,根据他的情报,苏俄曾在重庆煽动反法情绪。

他对我说,如果继续挑动反对法国,法国政府将认为有必要采取相应措施。他指出,我过去一直主张对俄国采取温和政策,还解释说,中国为了能够继续抵抗日本的侵略,不得不从莫斯科寻求援助和支持。因此法国政府一直克制着,不以严峻的眼光来对待苏联的行径,例如在波兰问题上就是如此。他还说,他本人曾经对我讲过,他谅解中国的观点,甚至主张在当时的条件下,中国应该利用俄国提供的物资。但是,现在事情已经变得非常清楚,俄国已经和德国结成联盟,并且达成秘密谅解,由他们瓜分世界。俄国迄今所做的每一件事都和英、法在抗德战争中的利益相违背。它曾在关键的时刻侵入波兰,现在又入侵芬兰,它实际上是在和英、法进行着战争。

我说,我一直认为苏俄所追求的是它本身的利益,它不是有意联合德国或者帮助德国。它迄今的所作所为,对德国比对英、法更为不利。

莱热摇摇头说,我的这个看法是错误的。苏联入侵芬兰是选在德国企图对瑞典施加压力的同时,以后这种压力还要扩展到挪威。所有这些自然都是和英、法相敌对的,而且用不了多久,苏俄和德国就会入侵巴尔干各国,进攻英、法的另一个盟国罗马尼亚。他说,我一定很清楚,如果俄国继续实行这样的政策,英、法就自然甚至必须改变其对日乃至对华政策。

我说,我得到的所有情报都表明,谣传的俄国对中国施加压力一事纯属谎言。我说,我那天曾接到重庆给我的复电,回答我所询问的关于来自日本的一些报道,那些报道说,苏联要求中国澄清对共产党人的态度。重庆的消息清楚说明,这些报道完全无稽。我说,法国军事代表团在关键时刻被召回,确是一件憾事。当时,他们的帮助深为中国当局所重视;而把他们召回,自然就给俄国专家腾出了位置。莱热也认为召回代表团是一件遗憾的事,而更为遗憾的是法国正被迫进行战争,必须召回代表团的成员,让他们在战争中服役。

当重提莱热在前一段谈话里谈过的苏芬问题时,我说我也想和他谈谈。我问他,在即将召开的国际联盟全体大会上,法国和英国是否要发表一项关于对德战争的声明。莱热说,盟国不打算发表这样的声明,因为他们的主张早已众所周知。国联的会议将仅仅致力于芬兰问题,而苏联将不派代表团参加。我说,在这种情况下,就不会提出波兰代表团的资格问题了。莱热又重复说,只讨论芬兰问题,并且苏俄作为侵略者将受到一致的谴责。

我说,关于这个问题,中国深感处境为难。在原则上中国反对所有的侵略,它自己就曾为抵抗侵略而战斗了两年多。但是,在芬兰问题上,受控诉的一方是苏俄,而它在中日冲突中一贯对中国表示同情,采取反对日本侵略者的立场。这一点在国联所有讨论中日争端的会议上表现得非常清楚。何况苏联还曾给予中国以实际援助,使中国能够继续抗战。因此,我希望莱热理解,当中国自己的抵抗侵略在很大程度上依赖于俄国继续供应的时候,中国要采取反对俄国的立场是何等困难。

莱热说,在这个问题上中国不采取反对俄国的立场将是一个极大的错误。这样做中国将发现自己在世界上完全孤立,仅和俄国在一起。俄国过去援助中国的事实不能成为中国不承认俄国现在对芬兰进行侵略的理由。这恰如一桩抢劫案。如果一个人过去的朋友忽然变成强盗,友谊的事实不应该使他看不见抢劫的行为。此外,他要我想一想,国际联盟曾经为中国做了多少事。他说,中国无疑曾从国联的全体一致的道义支持乃至物质援助得到过很大好处。

我说,我的意思并不是中国将站在俄国一边,但是由于环境特殊,中国难以采取反对俄国的立场;如果中国在这个争端中回避表态并保持中立,将是可以理解的。莱热认为那是一种错误。他说,在性质如此明显的问题上,中国不应该保持缄默和回避。法国和英国在中日冲突中也冒着和日本对立的极大风险,它们本也可以由于害怕得罪日本而不表明立场,但是他们没有那样做。

他说,此外,在这个问题上还有美国的态度也应该考虑。美国的舆论实际上是一致反对苏俄和同情芬兰的。关于远东,美国是唯一比别国更能有所作为的国家,它的态度是中国需要考虑的。他肯定地认为,如果中国在反对俄国入侵芬兰问题上保持缄默,第二天早晨就会看到美国的舆论不仅是震惊,而且还将认为中国已经舍弃了美国对它的同情。这是中国所不应忽视的。

我说,我所讲的当然都是我个人的看法,因为我很想和他讨论,听听他的意见。至于中国政府最终的态度如何,我仍在等候重庆的指示,但是我一定会把莱热所说的汇报给重庆。

接着我说,依我看,困难在于中国迫切需要俄国继续输送物资。这是当前的需要和原则问题相矛盾。如果中国公开采取反俄立场,第二天俄国就肯定会停止给它输送物资,那就将严重影响中国的抗战力量。如果中国停止抵抗,这也不符合法国和英国的利益,因为只要中国继续抗击日本的入侵,就能拖住日本,使它不能到处制造麻烦。我说,据我看来,解决这个问题的唯一办法是英、法承担起给中国输送物资。但是,我怀疑法国能否像俄国那样,输送某些重武器如大炮、坦克、飞机等等。我说,如果这件事办到了,中国就可以从困境中解脱出来,而不必再如此依赖莫斯科。至于中国的同情,则毫无疑问是完全向着盟国的。莱热先生一定记得,中国不但曾经主动地表示过愿意和盟国团结一致并提供援助,我甚至还告诉过莱热,即使英、法一旦和俄国公开决裂,中国对英、法的友谊和同情仍将保持不变。

至于共产主义,莱热曾表示担心其在中国蔓延。我说,蒋委员长对付俄国人是很有经验的,他和共产党人打仗已有将近十年之久,所以中国的同情何在是没有问题的。我并说,中国人民在内心里完全同情芬兰,那是一个为独立而战的弱小国家。

莱热说,这不仅仅是一个心的问题。当法庭进行审判的时候,单有感情是无济于事的。一个人被指定去担任审判,就必须立场鲜明,公之于众,正如法庭在审判一起抢劫案时,必须作出公开的判决。

我问法国是否可能向中国提供某些重武器。莱热说,恐怕没有多大的可能。他说,法国和英国正在集中它们的全部资源去打赢战争。它们正在聚积足够的物资,以便在进攻德国时占有压倒的优势。目前所能匀出来的一点物资,还得运往土耳其,以便使它在必要的时候能够根据英、法、土互助条约和英、法一起保卫罗马尼亚。甚至连希腊和南斯拉夫也分不到一点。虽然它们都曾要求法国给予援助,但是没有足够的产品来满足所有的需要。

莱热说,用不着很久,巴尔干就会出事,罗马尼亚就将处于危险之中,特别是因为罗马尼亚政府在两天以前和英、法就某些物资的供应缔结了协定。他认为,就罗马尼亚来说,这是一个勇敢的行动,因为这注定要受到德国更深的敌视。我说,罗马尼亚新总理塔塔列斯库(他不久前是驻巴黎公使)的任务是艰巨的。莱热说,塔塔列斯库是一个非常勇敢,同时又很稳健的人。已经肯定要面临最坏的局面,他仍能保持镇定,采取稳健政策,避免任何对德国的刺激。

当天下午的晚些时候我拜访了肖维尔。我首先对这位法国外交部亚洲司司长讲了我和莱热秘书长关于广西局势和苏芬问题谈话的要点。我告诉他,莱热曾经提到某些关于苏联在重庆煽动反法情绪的情报。我还告诉他,我在离开大使馆前几分钟接到的重庆来电的要点,那是关于日本报道说苏联要求中国澄清对共产党人的态度的事。我向他说明,来电说所传的报道毫无根据。我问他,法国外交部是否收到过什么有关莫斯科对华态度和意图的情报。

肖维尔说,莱热想必是对驻重庆大使发来的某些报告印象颇深,那些报告的大意说,苏联在重庆的官员和专家们看到某些政府部门对法国的政策感到不满,就趁机说了许多反对法国的坏话,特别是硬说法国的政策不是帮助中国而是向日本讨好。他补充说,没有收到过别的报告。

我说，不幸的是从重庆召回法国军事代表团，使中国不得不聘请俄国的军官和专家。我说，正当军事代表团的工作很起作用的时候把他们召回，自然使中国政府的首脑们非常失望，特别是蒋介石委员长感受尤深，因为他和代表团成员的关系是十分真挚友好的。

肖维尔说，法国外交部的报告说的是同一回事，他也觉得这是一个不幸。事情从一开始就没有处理好。他说，派遣代表团并不是通过外交部安排的。它抵达中国的时候过分惹人注目，结果引起了日本人的注意，以致向法国政府提出了抗议。

我说，重庆的失望非常深刻，因为法国政府甚至不肯让代表团留下两三个成员到大学里去当教员。肖维尔说，其所以办不到是因为按照动员法，所有现役军官都必须在法国报到服役。我问，是否有可能另外派遣一个由贝尔热将军（他是原代表团团长）和几位别的军官组成的代表团。肖维尔说，不要作为代表团。他的意思是，中国可以聘请几位已经退出现役的军官，并且最好是从印度支那退役的，这样就不致引起人们太大的注意。我说，上次代表团的成员也是个别签订聘用合同的。肖维尔说，虽然如此，但他们是作为一个团体去的，并且具有官方代表团的性质。

谈到莱热所显然关切的中国对俄关系及其对盟国的态度问题，我回顾了这样的事实，即欧战爆发之后，中国曾主动表示愿意和盟国团结一致，甚至提供援助。这种姿态在国际关系中是罕见的。我说，这是中国的真实感情和意愿的最好证明。我还提到我本人也曾告诉过莱热，即便是英、法和俄国发生决裂，中国对盟国的同情仍将维持不变。肖维尔说，这他全都记得，我给莱热的备忘录早已交给了他，一直放在他的抽屉里，这不是一件可以随便忘记的事。

于是我说，知道高思默先生在重庆受到盛情接待，我很高兴，他的访问造成了很好的印象。肖维尔说，这次接待得很好，高思默已经和中国政府里的一些人谈过话。他刚刚还接到高思默关于会见蒋委员长的报告。他把电报拿出来开始念第一部分,他说,蒋委员长自己提起了汪精卫的问题,并且告诉高思默,他不希望法国和汪精卫有什么往来。肖维尔还说,他很高兴蒋委员长提出这个问题,因为这给予高思默一个澄清这个问题的机会。这次会见使双方都产生了好感,消除了过去存在的一些误会。

在这个时候,我最关心的自然是华盛顿对当前时局发展的感受和反应。事实上,自从12月初我就打算和蒲立德会面。但是据墨菲代办说,他已经到里维埃拉去作短期的休养,因此墨菲于12月6日替他来看我。

我们首先谈到12月1日蒲立德关于同盟社报道苏联对中国施加压力一事是否真实的询问。记得蒲立德曾经给我打来三次电话询问这件事,想要弄清这是否意味着中国政府将对中、苏关系有所改变。我告诉墨菲,我已经从重庆得到证明,这个报道毫无根据,中国政府也没有考虑过任何这类的改变。我说可以提出一个例证:日本电讯说,莫斯科打算无限期地推迟中国大使呈递国书,意在暗示这种变化,但是事实上新大使现在尚未离开中国。墨菲说,这是日本报道纯属无稽的真凭实据。

我提出的另一个问题是关于美、日会谈进展情况的东京报道。我说,我注意到日本外相野村海军大将三天前接见了美国大使格鲁,提出了一项当1940年1月美日商约期满后的暂时解决办法。我告诉他,那篇报道还暗示,为解决两国间的各项悬案已经取得了进展。我问他,这篇报道是否真实,美国政府是否受苏联欧洲政策的影响而谋求和日本改善关系。

墨菲说,据他所知,在所谈到的那次会谈里,日本外相曾向格鲁提出了一些具体建议,但是美国驻法使馆迄今尚未接到这些建议的内容。他相信要过几天大使馆才会收到详细的材料。至于条约期满后的商务关系问题,会谈没有取得结果,问题还是原封未动。

我们讨论了苏联对芬兰的进攻,墨菲向我转达了蒲立德大使对这个问题的看法。墨菲说,蒲立德对苏联欧洲政策的反感非常强烈。关于苏俄对芬兰的进攻,蒲立德认为是近年来最野蛮残酷的侵略。他认为,让俄国留在国际联盟并由俄国代表主持行政院会议,是最为可耻的事。蒲立德坚决主张必须将苏联从国际联盟开除出去。据墨菲说,蒲立德在和来访的国联秘书长爱文诺的几次谈话中,已明确地表明了自己的观点。墨菲还说,蒲立德还在电话里向罗斯福总统说明了他的观点。

我说,我认为罗斯福总统当然也完全同情芬兰。我问总统对打算将俄国开除出国联有什么看法。墨菲说,总统完全同意蒲立德的意见。他个人在感情上强烈反对这次对芬兰的入侵,那是一个很小但是很有秩序,很有教养的国家。

我提到报纸上关于可能从莫斯科撤回美国大使的报道,并且问墨菲,在这件事上有什么消息。他说,总统完全打算召回美国大使,不过鉴于美国舆论中日益高涨的义愤情绪,他想等到舆论要求撤回大使时再采取行动,以减轻他对做出这项决定的责任。

我说这就是我想和蒲立德谈的问题之一。我告诉墨菲中国在这个问题上的困难处境。我解释为什么中国现在是面对着一项抉择:捍卫原则还是确保抗日战争中所迫切需要的物资供应。在回答墨菲的提问时我说,俄国的供应一直没有停止,据我所知,这些供应品是按时送往中国的。送去的物资绝大部分是飞机、坦克和大炮等重型武器。中国如果公开反对俄国,莫斯科就会停止对中国的这些重要物资供应,从而将严重影响中国的抗战力量,其结果可能迫使中国放弃抵抗。这样的发展将不仅对中国是灾难性的,并且对英、法的利益也是有害的。

谈到我前一天和莱热的谈话,我说,我曾对莱热讲过,只要中国把日本牵制在中国领土上,使之不得脱身,日本就不可能向别的国家挑起新的纠纷。但是,中国如果停止抵抗,日本就能够利用它所占领的地区以扩大资源,这样它不仅将处于优势地位,而且可以腾出手来进攻印度支那。我接着说,重要的一点是,中国决心继续抗战,但是它必须依赖外界的物资供应。如果中国能从美国、英国和法国得到保证,由三强代替俄国承担物资供应任务,那就可以使中国的问题简单化,因为这将使它能够继续抵抗下去。

墨菲说,他完全理解这一点,并且意识到中国的处境确实困难。他问我,法国人是怎样答复的。我说,法国人回答说,中国不可能从法国得到供应,因为法国现在的目标是聚积所有物资,以便建立起压倒的优势,用以在明年发动进攻。所能匀出来的一点需要送往土耳其,以履行和该国的互助条约义务。

墨菲接着问我,国际联盟开除一个会员国必须经过什么程序,他注意到中国是行政院的理事国,其赞成票是必需的。我说,除了被开除的会员国外,必须行政院理事国一致通过,同时还要在全体大会上表决通过,才能使开除有效。

墨菲于是说,他将设法用电话把这次谈话报告给蒲立德,希望尽快得到他的回答。我表示希望在星期四(12月7日)下午动身去日内瓦以前能够得到回音。墨菲说,这个时间足够和蒲立德联系并给我答复。但是星期四早晨我给他打电话的时候,他说他没能和蒲立德接上头,蒲立德离开休假地乘汽车旅行去了。

当我刚要离开巴黎去日内瓦参加国联行政院会议和全体大会的时候,外交部发来电报,要我通知郭泰祺和钱泰不必和我一起到日内瓦去,由我单独去参加会议。我经过考虑后,觉得要完成日内瓦的工作任务,必须和他们磋商,并且他们可能都已在那里了。事实上,第二天,12月8日,我到达日内瓦的时候,郭大使、金大使和胡世泽公使已经到了那里。我们坐下来就两个主要方面讨论了中国的方针:中日冲突和苏芬争端。关于中日冲突,我建议应表明我们不坚持要求讨论的意向,因为没有希望取得成果。关于苏芬争端,即芬兰因苏联入侵而向国际联盟提出的控诉,我已经收到外交部发来一大堆电报,包括对我在本次会议上应该采取的态度的指示。但是这些指示看起来都完全是以我自己 12 月 4 日的电报为蓝本的。至于蒋委员长给我们的直接指示,则表现出所关切的不是芬兰的控诉,而在于苏联方面的反应。

果然,国际联盟关于苏芬争端所采取的行动是进行开除苏俄的表决,法国对此加以支持。但是导致最后开除苏俄的客观环境非常有趣。12 月 10 日,我从法国的一个可靠来源得到一份秘密报告,说法国代表保罗-彭古和里贝都认为开除苏俄可能在国际形势上产生令人不快的反作用,因为这可能把苏俄推进德国的怀抱。我对我的情报员说,这甚至可能在远东把苏俄推进日本的怀抱。但是我的情报员说,达拉第星期六(12 月 9 日)打了五次电话,坚持开除,向法国代表一再重申其指示。我的情报员和保罗-彭古一样,认为坚持开除是愚蠢的。她说,在达拉第的行动背后,蒲立德是真正的推动者。她告诉我,这个主张是蒲立德向达拉第提出的,达拉第起初犹豫,说他现有的难题已经够多了。但是,当蒲立德和芬兰驻巴黎公使进行了磋商(也就是说,他向芬兰驻巴黎公使提出了美国支持的明确保证,并说,国际联盟也将按照美国的意图行事),并向达拉第指出,这样做在法国政局里对他的好处。达拉第最后同意了。但是我在日记里写道:"我真想知道,美国实际上向达拉第许下了给法国一些什么好处。"当时我不知道,也没有打听出来,但美国一定曾向法国作了某些保证。

国际联盟行政院 12 月 9 日举行了第一次会议。会后英国代表团代理团长巴特勒马上告诉我说,芬兰人比预期的要温和得多,他们倾向于通过调停求得和平解决。在 12 月 11 日全体大会的会议上,巴特勒私下对我说,关于开除苏俄,南美人采取了强硬立场(很明显,他们和法国人一样受着华盛顿的影响),但是法国人并不那么热心。他告诉我,不管怎样,通过有效的安排,总算阻止住阿根廷代表就开除问题发动全面讨论。他告诉我,英国和法国主张,通过玻利维亚代表杜里尔把这个问题先在全体大会的程序委员会提出。

瑞典提议调解,这显然是出于芬兰自己的建议,保罗-彭古虽然起初反对,但是当他知道芬兰希望这样办时,最后也同意了。于是决定给予莫斯科二十四小时的期限来答复派遣代表团参加调解的邀请。

讨论的第二个问题是,一旦开除的动议在行政院会议上提了出来,如何确保其通过。我料想这个问题的提出主要是因为必须要有行政院全体一致的赞成。但是,中国作为行政院的成员,却由于本身的原因,不能对议案投赞成票,这就破坏了行政院的一致,提案将不能通过,从而妨碍着某些特别措施。因此当时的国联大会主席,挪威的汉布罗对我说,因为恰巧包括中国在内的行政院一般非常任理事国的任期即将届满,程序委员会的意见是写信给行政院,建议暂时在行政院保留两个临时席位。

第二天,胡世泽向我报告说,丹麦代表告诉他爱文诺秘书长的计划是,为达到目的,特别安排进行两次选举——一次是选举一般非常任理事国,一次是选举临时理事国。用这个办法,行政院可以在没有中国参加的情况下对开除俄国进行表决,以确保其通过。在行政院通过决议之后,再把中国选入行政院。也就是说,在行政院处理完开除问题之后,中国将再次当选为任期一年的临时席位。这完全是为了确保开除俄国,因为他们怕中国投反对票。

午夜我接到一份报告,告诉我这同一件事,并且说,这是适应当时形势的最巧妙办法。其实早在下午喝茶的时候,爱文诺已经告诉我业经确定的这两次选举,不过他还不能肯定第二次选举的临时席位是一个还是两个。

据我回忆,我对这件事没有提出任何异议,只希望确保在决议通过后中国能再度当选。他们真的以此为条件,向我们保证,如果我们同意这个计划,就可以在第二次选举中当选。我确实在第二天和巴特勒谈话的时候强调了我们要再次当选的愿望。我对他讲了那个传说的计划,要进行两次选举,以便在行政院开会表决开除问题时使中国摆脱困境。他认为那是一个上策,还说,英国和法国将高兴看到中国再次当选。他告诉我,他将按我所提的办法进行安排。

可是,当天较晚的时候外交部来电说,政府决定放弃行政院席位的候选资格,以免在以后行政院讨论开除问题时处于困境。蒋委员长给我的电报则说得不那么肯定。他说,只是在表决开除问题万一遇到困难时才放弃候选资格,也就是说,只有在无路可走的时候才放弃再次当选。

第二天,刚从伦敦来的英国代表团团长德文郡公爵约我会晤。我去看他。他要求我保证中国对开除问题不投反对票,以便他能够通知南美洲的代表们,他们一直坚持要得到这种保证。我向他陈述了中国对国联和对盟约的忠诚。我向他重述了我和巴特勒的谈话,并补充说,我还在等候最后指示,不过,那指示是关于弃权的。他问我,如果指示在最后一分钟来到,要我投票反对,我将怎么办。他说,事情非常紧迫,因为在接下去的几分钟里就要决定中国的再次当选问题。我说,根据当前的情况,大概不可能有这样的指示。于是他满意了,急忙赶去参加在秘书长办公室召开的行政院成员国的非正式会议。

在全体大会开会的时候,汉布罗宣布召开一次例行的行政院会议,决定在行政院保留一个或者两个临时席位。作为行政院主席的玻利维亚代表杜里尔问我中国当前的态度如何,虽然他已经得到英国代表团团长的保证。他还是要再次得到中国不破坏表决的保证。我告诉他,我正在等候最后指示,但就我个人而言,我不希望得到投反对票的指示。(我必须回答,但是我只能以我个人的意见为保证。)于是他强调问题的严重性,认为实质上是,如果开除不能通过,全体南美洲会员国将退出国联。阿根廷代表是这次开除运动的带头人,虽然说得比较委婉,也对我讲了同样的意思。他说,他将投票赞成中国再次当选,但是他希望我明白,阿根廷在本次全体大会上唯一重视的是开除问题。于是他们都去参加行政院会议;那次会议最后决定保留两个临时席位,包括给中国的一个。

在全体大会的会议上,我通知主席汉布罗,我打算说明一下我在表决关于芬兰控诉的报告时弃权的用意。(俄国已经拒绝调解。大会的报告谴责俄国侵略,号召给予芬兰以物资支援,并将苏俄开除出国联。)汉布罗要我最后发言,因为他不愿意别的国家仿效中国弃权的先例。后来他让我走上讲坛,并且告诉我,他替我拟好了讲话的内容。所有以上这些经过说明,中国的处境是如何地困难,别的会员国看到中国的困难,又是如何想方设法为中国解决困难,既使中国摆脱困境,又达到开除苏俄的目的。

将近月末,在回到巴黎之后,我和杰出的希腊政治家、外交家波利蒂斯作了一次谈话。他在国内做过外交部长,当时是希腊驻巴黎公使。他来告诉我他已经退出外交界,但仍想和我就国际形势交换意见,因为他还是一位著名而博学的国际法学家。

谈到国际形势,他说,根据他的观点,国际关系的决定因素始终是经济利益。国际联盟是上次世界大战结束时在道德和理想的基础上构思而建立起来的,但是道德和理想永远不会有足够的力量去影响各国改变其政策。谈到《布鲁斯报告:论国联体制》那篇文件,他说,联合起来制止侵略的想法,是比把道德当作国际关系的决定因素这一概念前进了一步。但是如果没有经济利益去左右联盟中的国家,他们是不会以有效的行动去帮助侵略行动的受害者的。

他接着说,自给自足的概念不能成立。他认为经济上的民族主义和孤立主义的旧概念必须加以修改,使之适应国际生活中变化了的条件,特别是交通工具的进步。唯一能够依靠本身的雄厚经济资源生存而采取孤立政策的国家是美国。然而美国却极为重视其对外贸易,虽说这种贸易只占其国内贸易的十分之一。

随后他分析了日本的冒险——他是这样称呼日本的侵略的。他说,促进日本冒险的动力是经济。在被迫成为一个工业国之后,日本需要原料和国外市场来维持。正是由于这个道理,他于

1931 至 1932 年在国联承认日本的经济论点,但是一直向日本人指出,他认为有许多办法可以达到日本的目的,远胜于诉诸武力。战争是解决经济问题的一种具有破坏性的愚蠢方法。目前的战争使盟国每天耗资 20 亿法郎,德国也要耗费相等的数目,但是却不能解决争端。他认为,各国之间的经济问题如果能够通过协调合作加以解决,则殖民地和领地所有权问题就会成为次要的了。他说,这就是为什么他对 1939 年 8 月《布鲁斯报告》的精神和概念格外赞赏的原因。

针对他的看法,我指出,按照日本的情况,经济理由不过是借口,因为日本百分之八十的原料是在中国以外的地区获得的。例如,羊毛来自澳大利亚,铁来自海峡殖民地,而石油和棉花则来自美国。所以就日本来说,是军国主义不断以武力谋求扩张的问题。事实上,这种政策是为日本的金融家和工业家们所反对的。波利蒂斯说,这也有可能,但是经济论点确实在支持日本的军国主义政策上起了一定的作用。

至于当前的欧战,他说,必须把德国赶回它应该呆的地方去。德国人民是反对侵略的,他们一贯致力于文学、哲学、科学和一般文化事业。是普鲁士因素毒化了整个日耳曼民族。普鲁士主义是德国侵略的毒素。不仅法国,还有英国都想一劳永逸地消除德国的威胁。他认为在战争打赢之后,德国会重新建成联邦。他又说,哈布斯堡家族很可能恢复他们失掉的王位,但是某些德意志的邦如波希米亚和摩拉维亚,则可在总的联邦之内重建共和。

他接着说,政府的形式和精神是不同的两回事。他认为在法国,民主和革命是一种错误。他说,如果保留着君主政体而把专制主义变为自由主义,一定会更好。他认为,英国的民主更真实地体现了民主的原则,虽说英国仍旧是一个君主国。

谈到总的国际关系时他说,决定的因素除经济利益外,是互惠的原则。没有任何一个国家愿意对别国承担义务而不考虑它可以得到什么回报。

当他表示希望有朝一日访问中国的时候,我说他一定会受欢迎,因为在中国有很多钦佩他的人,其中不少是他以前的学生。他表示他对中国文化很钦佩。我说,劳合乔治最近对立法院院长孙科说,他认为中国文化是最高的文化,因为它曾宣扬非战思想,并且把和平主义作为整个中国文化的根本精神。

## 第四节　中法合作中的各种问题,特别是至关重要的印度支那过境运输问题

### 1939 年 9 月—12 月

经由印度支那的过境运输,对于中国继续进行抗日战争至为重要。由于日本占领了沿海各省并封锁了中国的几乎全部港口,这一重要性就更为增加。日本人旨在切断中国的全部供应,使之不能继续抵抗,从而迫使中国向日本屈服。自从大多数沿海省份沦陷之后,广州以及位于它西面广州湾的一些较小港口便成为国外货物经由香港运进中国的重要入口。但是,随着广州、海口和北海的相继失守,特别是在日本人以切断重庆的补给线为目的而侵入广西之后,经由印度支那的过境运输实际上成了从南面通向中国的唯一供应渠道。为此,中国竭尽全力保持这条路线的畅通。但是此种努力主要有赖于法国政府的友好和政策。

一直到欧洲战争爆发时,总的说来印度支那通道是对华开放的,只是当日本人对法国人施加压力而法国人认为有必要节制其援华政策时,才间或中断。然而当战争即将在欧洲爆发,局势日益紧张时,法国就开始更加重视日本对法国向中国提供经由印度支那的物资转运路线的抗议了。

苏德条约的签订,引起了一系列新的事态发展。法国最初对苏联政策的真实意图迷惑不解,后来对莫斯科动机的疑虑与日俱增,以致巴黎和伦敦都倾向于相信莫斯科肯定已与柏林结盟。他

们立即认为最好是安抚日本，如有可能，应力争使日本疏远轴心国，并谋求日本支持英、法反对德国。

正当英、法犹豫不决之际，日本方面对莫斯科的最终意图也感到难以捉摸。可是它却利用这种新形势，开始对印度支那以及英、法的在华利益增加压力，意在探明巴黎和伦敦的真实态度。同时，日本在满蒙边境诺蒙坎之战的失利，显示了苏联在北方的强大实力。加之由于苏、德签订互不侵犯条约，使日本在外交上遭到挫败。我认为这两项事实迫使日本终于改变了它的政策，暂时对北方保持守势，不作军事上的发展，而倾全力于南进，采取军事与外交双管齐下的策略向东南亚推进。

欧洲局势的发展和日本决定执行南进政策，二者结合起来对中国的过境运输问题产生了不利的影响。法国对于提供这种过境便利，更加谨慎，其部分原因就是由于来自日方的日益增加的压力和抗议。但是法国人也开始感到，如果他们采取把日本拉到英法集团这一边来的政策，也许更为可取。当法国政府鉴于国际形势的新发展，正在重新研究其在远东的对日总政策和中国货物经由印度支那过境运输的整个问题时，对假道印度支那运往中国的物资就实行了越来越多的限制。

虽说中国在这方面的主要困难直接来自法国安抚日本的愿望，但也有些困难是由于欧战所造成的。欧洲战争的爆发显然使得英、法两国能够联合实施新宣布的对德国贸易的封锁，并成立了法国人称之为"封锁委员会"的机构，以处理公海上所有与德国商业有关的问题，其中自然也包括中国政府向德国订购的货物。

因此，给中国带来的具体困难是多方面的。这些困难大部分涉及中国政府及中国商人在国外订购的货物的装运，也涉及在运输中通行税的征收。这种通行税，法国以前曾答应对中国政府的货物免于征收，现在则不再予以豁免，而且随着对德国货物实行封锁的新法令，又增加了新的限制。另一个困难是被泰国驱逐的华侨，要从这里过境回国。

同时,在中国政府看来,即使法国政府已答应予以通融,执行法国命令的印度支那地方当局仍然制造各种难题,或者拖延签发过境运输的许可证,或者以各种借口不准货物或人员过境。封锁委员会的裁决往往和殖民部长甚至和外交部对中国的诺言相反,因而也引起新的困难。由于封锁委员会是一个战时机构,而且它的行动被认为是法国战时政策的重要组成部分,殖民部长无权推翻该委员会的决定,甚至在该委员会驻有代表的法国外交部,也不一定能影响该委员会所做的决定。

　　中国政府经由印度支那进口货物的困难和拖延,最后变得如此严重,以致中国政府对法国的政策和态度的不满,自然迅速加剧,重庆的国府也不是没有表示这种不满。这种不满已由中国驻巴黎大使馆向法国政府表明,并且也向法国驻重庆大使馆的官员表明。

　　9 月 23 日,中国在印度支那的最高外交代表、驻河内的总领事许念曾电告驻巴黎的中国大使馆说,他应约会见了印度支那总督,总督通知他,已从巴黎收到禁止经过印度支那转运军火、汽车和汽油的训令。并告诉他,自即日起,停止一切从海外正在运往中国途中的此类货物进入印度支那,并限期清理所有中国储存在印度支那的此类进出口货物。许总领事答称,并非所有的石油和汽车都是供中国军队用的,因而总督同意电请巴黎要求进一步的指示。许念曾说他将随时向我电告情况。

　　同一天较晚的时候,许念曾发来另一封电报说,中国要经印度支那出口的金条、银锭、镍币和纸币,必须由中国财政部事先申请许可。次日,中国派往印度支那处理货运的特派员宋子良也发来一封内容相同的电报。

　　与此同时,我收到重庆外交部一份电报,通知我说,印度支那当局根据巴黎颁布的战时措施,自 9 月 6 日下午 5 时开始实施一项新命令。根据这项新命令,任何物资不得从印度支那出口,包括那些已经装上卡车待运的物资在内。这些货物都奉令卸下。

甚至已经用火车运到边界的二十六箱货物也奉令卸下,不准通过边界运往中国。

外交部的来电接着说,在海防等待运往中国的货物中有最急需的军需品。该电嘱我立即向法国政府提出交涉,请求准予全部通过。外交部在电文结尾处提出,我可以提请法国政府注意国际联盟关于援助中国抵抗日本侵略的决议中所规定的义务。外交部说,法国应当采取与英国政府同样的政策,继续允许这些重要军需品过境,以免削弱中国对日本侵略的抵抗。

9月27日,孔祥熙发来内容相似的电报。该电称,印度支那总督所实行的限制,严重影响中国抵抗侵略的前途。来电要求我不仅应向法国政府提出交涉,而且应恳求美国驻巴黎大使从中斡旋。

9月29日,外交部来电说,印度支那的问题已进一步恶化。该电称,据中国驻河内总领事许念曾电告,他应约会见总督时,该总督通知他军用物资绝对禁止过境。总督已为此命令印度支那海关当局把所有箱子打开检查。但汽车和石油暂时仍允许通过印度支那。按照许念曾的这个报告,总督刚刚对他说的话与他们以前会见时总督所说的话不一致。许念曾还获悉,总督已从巴黎接到训令,但是训令的措词含有总督有权自行处理的意思。因此,许念曾认为总督之所以改变态度,意在提醒中国尽速装运中国政府的物资。他还了解到,对来自美国的物资,将给予特殊通融。他觉得总督的警告可能意在向中国预示,最终将全面禁止过境。

外交部称,该部正在电嘱驻伦敦大使郭泰祺请求英、美政府联合劝使法国政府继续给予过境便利。并称,据郭大使电告,英国政府对法国政府改变态度感到意外,并应允了解内情。我也奉命立即向法国政府提出相应的抗议。

10月5日,我收到河内许念曾总领事的三份来电,告知影响中国经由印度支那转运物资的新限制和禁令。其中10月4日的一份电报说,中国商人所订购而目前储存在印度支那的德国货物,必须在10月6日前予以清理。但凡能证明货款已在9月3日前付清的货物,可以准许运出印度支那。如付款日期晚于9月3日者,则货物将由印度支那当局没收;凡已发运在途而未付款的德国货物,也将予以没收;如货款已付,则指令运回德国。另一份同日的来电说,中国政府订购的德国货物从印度支那清理出境的期限是10月25日,但是也必须出示在9月3日前已付清货款的证件。如果付款日期系在9月3日之后,这些货物将予没收,并送往政府财产管理局的仓库。

10月6日,我接到外交部根据许念曾有关印度支那的新限制的报告而发来的新指示,其内容是要求法国政府立即取消这些限制。指示的措词颇为傲慢,就好像法国是中国的附庸国,这使我大吃一惊。我曾多次提醒重庆,由于法国存有讨好日本的意向,其对华政策的改变已迫在眉睫。

最近孟戴尔先生曾在9月27日对我抱怨中国在印度支那的物资堆积太多。他说,这不仅妨碍运输,而且引起日本的注意。我当时即已电告政府,建议迅速采取措施予以清理,特别是因为法国方面对此十分焦虑。因此,我于10月7日电复外交部,催请就有关当局已作出何种决定和采取何种步骤以加速转运中国堆存在海防的物资一事给我电复。

10月11日,我访问了殖民部长孟戴尔。我们进行了十分重要的会谈,谈到由于印度支那总督颁布新的战时措施而引起的中国在国外的政府物资和私人货物的运输问题。我在开始会谈时说,我愿再次找他谈谈有关中国货物经由印度支那的运输问题。我说,据中国总领事报告,对属于中国政府或私人所有并存放在印度支那待运的物资,总督已经采取某些措施。措施之一涉及由德国运往中国的中国政府或私人的订货。我对他说,看来,印度支那当局要求出示证件,证明这些德国物资已在1939年9月3日,即法国对德宣战之日以前付清货款,而且这种证件要在某一规定的日期之前提出,否则,这些物资将由印度支那当局予以扣留或没收。

孟戴尔似乎不很了解有关这类德国货物的事。他接着解释说,总督采取的措施并非来源于他的殖民部,而是来源于经济封锁部,并由外交部转达给印度支那政府。这些措施是全面适用的,不仅适用于印度支那,而且适用于所有的法国殖民地以及宗主国法国,而不是仅针对印度支那的。他指出,关于德国货物,如果仍属德国所有,则应由法国没收;法国不能允许其敌人继续进行贸易而获益。

我接着说,我已准备一份备忘录,其中详细说明了印度支那所采取的措施,以及我国政府准备提出的建议,这些建议旨在补救与中国有关的问题。我把备忘录交给了他。他浏览了第一页后说,法国政府根本无意阻止中国的全部海外贸易,但在行使交战国的权利时,法国采取措施制止敌人的贸易,这是理所当然的。

我敦促他阅读全部备忘录。于是他粗略阅读其余部分,并说,由于这些措施来源于经济封锁部,并由外交部转达印度支那,他愿和外交部的肖维尔先生商讨此事后,再就所提各点给我一个明确答复。但他能立即说明的是,就中国政府的货物免征通行税而言,那是经过双方商定并已付诸实施的;他认为印度支那政府仅仅由于最近国际形势的发展就背弃这个协议是不恰当的。(他在这一点上的明确表态,使我对他的高尚道德品质和援华的真诚目的留下了深刻印象,他尽力援华,不仅是为了中国的利益,而且也是为了法国的利益。换言之,他是一位有远见的法国爱国者。)

关于延长运走积存货物的各种期限问题,孟戴尔相信可以优惠地考虑。关于提出付款证明的规定,他认为鉴于实际困难,手续肯定可以简化。关于正在运输途中的德国货物,他说这种措施涉及对所有法国殖民地的全面适用问题,如果允许印度支那例外,那么,其他国家,例如日本,就可以在法国其他殖民地要求同等待遇。

我力陈那些已付款的货物属于中国为继续抗击日本侵略而急需的物资，如果这些物资被印度支那没收，则既对印度支那用处不大，又对德国无损，而对中国来说，则将因丧失这些急需物资而严重影响其抗战力量。孟戴尔说，他本着一贯同情中国并尽可能援助中国的政策，将和肖维尔讨论此事，并设法找到一项圆通办法，以使中国满意，同时又排除此举有被援用为先例的可能性。

其后，在会谈中，我提到了印度支那宣布禁运某些矿石和产品。我说，中国驻伦敦大使曾函告我，在华有重大利益的一家英商福公司的董事长报告称，印度支那政府实行禁止钨砂出口，已使他的公司无法继续执行代理中国政府往伦敦发运并在伦敦销售钨砂的业务。我说，我在伦敦的同僚嘱我将此事提请孟戴尔先生特别注意，并要求准予钨砂经由印度支那运输、过境。

孟戴尔说，他那天上午收到的印度支那总督的电报谈的正是这个问题。他给我看了电文，大意是说，业已收到东方汇理银行发给总督的报告，据该行得到的情报表明，中国政府正在和英国一个财团谈判一笔借款，以云南省的锡和钨砂的全部产品作为抵押。总督并向殖民部长提到法国对锡和钨砂的要求，要求他考虑对此事应采取什么步骤。孟戴尔问，我提的是否同一件事。

我说，虽然我不知道孟戴尔刚才谈到的中国和英商福公司谈判借款一事，但我知道这家公司曾和中国政府签订代中国政府办理钨砂的运销合同，可是这个合同并不构成该公司的独家经理地位。接着我对他解释，商定的办法是中国政府每月分配一定的数量由该公司经营。上月份是五百吨。但是钨砂并不限于只在云南省开采。事实上，主要产钨省份不是云南，广西和湖南也出产。

我又说，如果法国需要钨砂——我料想法国目前更需要这种矿石，因为它对军火工业是必不可少的——中国政府会乐于供应法国并与法国政府进行磋商，以便为此目的而达成一项协定。

孟戴尔表示满意，他在待复的电报上作记录说，中国大使已向他保证中国政府愿向法国供应钨砂。根据我的提议，他把记录改为中国大使已向他保证,中国政府准备和法国政府商定向法国供应钨砂的办法。

在交谈中孟戴尔谈到了印度支那总督所采取的措施。他说,他知道总督已没收四架预定运往中国的波蒂兹式飞机,并已拨给印度支那用于防务。他告诉我,他对总督此举颇感为难,但从另一方面说,总督采取一切必要措施以加强当地防务,这是必然的。

根据1939年10月14日外交部来电,在过境问题上出现了一个新因素,这个新因素类似于我和孟戴尔谈论过的钨砂问题。来电通知我,总督府政治司司长告知中国总领事,关于过境运输问题,他愿尽力帮助中国。但是他又说,法国方面急需锑、钼、锡和猪鬃。他希望中国能向法国供应这些物资。至于过去供应法国的数量,他说可以查核。

外交部通知我,此事已在重庆向经济部提出,经济部称,对这些物资的销售,政府一直有法定价格。如果法国需要,可按定价购买。外交部还通知我,已指示中央信托局、中国银行和资源委员会照此办理,并嘱我向法国政府保证中国对此事愿予合作。

外交部10月18日的另一份来电说,据经济部称,曾就广东、湖南和江西三省出产的钼矿石达成一项协议,但与之达成协议的中英中福公司①只是出口贸易的代理人,而并未答应该公司作为对英国经营和销售这些矿石的独家经理。因此东方汇理银行声称钼矿石和锡矿石已作为英国贷款的抵押品是不确的。如果法国需要钼和锡,特别是云南省的这些矿石,中国愿和法国举行谈判,充分供应法国。我奉命向法国政府说明此事的实际情况。

同日,即10月18日,我收到孔祥熙的电报说,法国抱怨中国政府或私商所定购的货物堆积在印度支那,必须设法加速运走。电报还说,法国声称,延误运输是由于通向边境的公路很糟而又缺乏维修。电报说,已采取措施,并已指令交通部改善公路。据

---

① 中英中福公司系英商福公司与华资合办企业,1933年成立。——译者

该部最近报告,不仅法国提到的三公里情况很糟的公路,而且全部公路干线都已修好。此外,还提供资金并特派代表与广西省当局合作,以监督修复旧有公路,加派士兵指挥车辆靠一侧行驶,以便毁坏的路段可立即予以修复。航空委员会也奉令派部队保护公路,免遭日军轰炸。

几天之前,我曾与即将离任的英国驻巴黎大使菲普斯谈话,趁机向他探问英国政府曾否嘱他敦促法国政府允许中国军需物资、特别是那些德国出产的军需物资过境。我告诉他,鉴于这些物资对中国的重要性,中国驻伦敦大使已得到政府训令,命他请求英国政府为中国向巴黎说情。我说,贾德幹爵士已通知在伦敦的郭泰祺大使,英国外交部将为此与英国驻巴黎大使馆联系。我问菲普斯是否已收到此项信息,以及是否已向法国政府谈及此事。英国大使说,迄今他尚未从伦敦收到任何信息,因而不了解此事。然而他相信法国人会尽力为这些运往中国的货物提供便利。

次日,即10月16日,中国驻印度支那总领事来电向我报告称,印度支那当局修改了有关中国政府为自用而向德国定购货物的运输限期命令,而且放松了关于先期付款的要求。但是实行了新规定以代替这些限制,大意是,所有在印度支那滞留待运的物资,包括中国政府的货物在内,不论是否禁止出口,都必须纳税。这项新命令自1939年11月1日起生效。

据总领事称,全部问题现在都集中在纳税的规定上。他认为放松期限,已经是印度支那当局方面的让步,而征税确有必要,这是因为欧战爆发财政开支日益增加之故。为此,他的意见是很难要求法国方面进一步放宽或让步。

10月17日,外交部来电通知我说,河内总领事告称,中国政府从德国订购货物的输出时间限制已予取消,而且付款证明可由中国财政部提供及签字,但是从11月1日起,所有尚未运出的货物,在允许运离印度支那之前,必须纳税。来电接着回顾了法国殖民部长以前曾经声明,免税的规定将不因国际情势的变化而予以更改或废除。该电报说,事实上,这种保证已电告印度支那当局照办。外交部希望了解为什么印度支那当局现在下令提出新要求,并命我向法国政府交涉,敦促其履行以前作出的保证,以免使中国为货物通过印度支那而增加运输费用负担。

10月20日,外交部的另一份来电通知我说,据可靠消息,对中国货物新征的通行税,总计应向印度支那财政部门缴纳约八十万元。在对中国政府货物豁免通行税后,总数曾减为二十万元。印度支那政府由于目前军费开支增加,以及需要在财政上援助宗主国政府,认为必须对中国政府货物恢复征收通行税。印度支那公布的这项新法令显然与法国政府以前下达的命令相抵触,因为法国政府曾命令印度支那当局执行其原来的对中国政府货物免征通行税的规定。

然而这方面情况的发展也令人稍为宽慰。据同日收到的总领事来电称,印度支那海关关长通知他,运走中国政府货物的时间限制进一步展期,禁止进口某些货物的命令也推迟了。对中国政府货物征收通行税将只适用于11月1日之后新运到印度支那的货物。原来堆积在印度支那的十二万吨货物仍将继续享受免税。

10月24日总领事来电说,他刚从海关关长处得到消息称,有关运走中国政府或中国私商所订购货物的一切限制都取消了。总领事,包括印度支那人在内的各方面人士,都为我向法国政府进行交涉所取得的成功表示钦佩。

关于11月1日以后到达的中国政府货物的免税问题,总领事说,地方当局仍然不同意。但他补充说,关于此点,印度支那当局确有实际困难,他将来函详告。但在10月25日的另一份来电中,总领事通知我说,海关的法籍关长刚刚正式函告他,即使是在11月1日以后,免税也将继续适用于中国政府的货物。他说,各方面听到这个喜讯后,再度对我在巴黎的成就表示钦佩。

10 月 25 日，我在巴黎和李石曾交谈。他从中国来巴黎途中曾路过印度支那。他告诉我，他在印度支那曾见到卡特鲁总督。他看到中国政府从国外订购的物资大量堆积在海防。他说，卡特鲁故意下令疏散这些货物，以迫使我方更迅速地采取行动。但是印度支那豁免货物税收，则涉及双方的实际困难。他本人赞成我方付税，而以降低法国进口中国货物关税的形式得到某些其他好处。我向他说明了我国本身的财政困难，无力支付通行税，以及由于目前我国对作为印度支那宗主国的法国贸易顺差，而不宜和法国谈判商务条约。（这时我尚未收到总领事从印度支那发来的喜讯。）

在此期间，我应肖维尔之请派了一位代表到法国外交部去和他会谈。正如我 10 月 26 日去电向外交部报告的那样，他告知我方代表说，重庆的一则报道称，中国政府对两件事情深感不满：第一是关于中国货物经由印度支那的运输；第二是关于法国从中国召回军事顾问。肖维尔对此解释说，法国政府在很大程度上就转运问题，甚至有关中国政府所订购德国货物的转运问题，曾尽力满足中国的请求。他强调说，法国政府一直是以友好精神来考虑这些问题的。

我的代表在答复肖维尔的异议时指出，印度支那当局常常对法国政府下达的命令作狭隘的解释。即使是巴黎已经答应予以圆满解决的事情，印度支那当局仍然提出问题，使事情复杂化并拖延时间，从而增加中国的困难。

关于召回法国军事顾问问题，我的代表说，他们一直对中国很有帮助。但不幸的是，正当巴黎盛传法国与日本修好的时候，把他们召回了，从而引起了重庆的误解。

这位司长亲切地说，他希望中国把在印度支那遇到的任何困难都对他说明。他还说，他愿意知道中国政府对法国政策的可能演变有什么疑虑，因为这样他就能作出使中国满意的解释。同时他又说，一直逗留在上海的法国大使高思默，不久将访问重庆。

他希望蒋委员长和中国政府利用这个机会,向高思默说明中国政府感到不满的一切事情,以使法国政府能在中国政府的合作下,尽力消除不满的根源。

这个时期在河内、重庆和巴黎之间的其他往来电报,涉及被暹罗驱逐或希望离开暹罗的华人谋求在印度支那入境和过境的问题。仅仅在约一个月前,孟戴尔曾命令印度支那总督安排最大数量的交通工具供华人难民使用,以缓和这个问题。尽管如此,外交部收到曼谷中国商务委员的报告说,目前华人难民申请通过印度支那已遭到拒绝。为此,外交部再次要求我在巴黎提出此事。

商务委员的报告显然夸大了困难,因为法国外交部对我解释说,印度支那总督并未禁止外国人入境,法国驻曼谷公使馆也没有拒绝把入境签证发给申请过境的华人。法国外交部说,作为一项惯例,华人为了获准经印度支那过境,像其他国家的申请人一样,必须首先报请印度支那当局批准。如果申请人拒绝支付电报费,自然会耽搁从印度支那获得答复。至于以前曾给予中国人以免办这些手续的特权一节,法国外交部解释说,继续给予这种特殊待遇,会使得暹罗人感到他们遭受歧视。但是法国外交部向我保证,如有紧急理由需要特殊待遇,法国驻曼谷公使有权酌情给予这种优遇。

关于在印度支那过境问题,中国人的困难是多方面的和很大的,因而重庆的许多部门都关心这个问题。其中交通部的责任是执行修筑通向印度支那边境的铁路和公路的计划,以便为政府和人民运送从国外购进的物资,以及发运用以偿付所购物资货款的出口货物。

交通部长张嘉璈11月1日来电,首先提到了为建设、维修公路和铁路,而在该部指导下成立的公司。张部长说,该公司最近报告,建设通往印度支那的新铁路和公路所需的大部分物资已经获得,其中一大部分已备妥待运,其余将在短期内备齐。但是这都有赖于法国当局发给许可以及载运船只能提供足够的载位,而有无载位则依商船的情况而定。他说,如果再拖延发给许可,就会使执行建设计划进一步受阻。他请我向法国当局交涉此事,促请他们取消这种手续或至少予以加速办理,以免造成进一步的拖延。

大约就在这个时候,我曾致电外交部,报告法国外交部有关给予中国过境运输便利问题的一份照会。法国来照通知,殖民部长已就中国大使馆有关此事的备忘录所提五点要求中的三点,发出有利于我国的指示。这就是:第一,恢复豁免中国政府物资的过境通行税,对这些物资不加任何限制;第二,废除以前规定的运出中国政府货物的期限;第三,关于商业物资(即中国商人所订购的物资)的运出,印度支那当局应根据当地需要尽力而为。

至于已在运往印度支那途中的德国货物,来照说,根据业已公布的战时法令,在准予豁免征税之前,必须出示货物业已付款的证件。这些证件应以专门文件的形式送交法国外交部长予以考虑,逐个作出决定。至于不属德国产品的货物,为了获得过境的许可,必须由有关国家驻巴黎的代表提出书面声明,说明该货系该有关国家自用,将不直接或间接发往德国。

我在去电中说,实际上过境便利的获得是个手续问题,我不难满足这些要求。因此我索取一份在途的德国货物清单,以及这些货物业已付款的证明,以便我和法国政府会谈。至于必须送交法国外交部专门委员会的声明,我问由大使馆办理是否合适。

外交部于 11 月 2 日复电称,根据印度支那当局致河内许念曾总领事的公函,全部中国政府的货物均豁免通行税,而且不必遵守任何时间限制即准通行。其次,关于禁运清单问题,中国商业货品将不受时间限制,准予过境。属于中国商人的德国货物,其自印度支那运走的期限为 10 月 30 日,但作为照顾,可考虑延期。至于订购的德国货物所需的属于政府所有的证明,按照印度支那当局的建议,重庆财政部将提供资料,说明这些德国货物均已在 1939 年 9 月 3 日前付清价款。这个法定证据,连同货物清单,将由外交部送交法国大使馆转致印度支那当局。外交部来电并称,此项程序包括在途中的德国货物在内,据总领事说,别无其他任何要求。

外交部的复电接着说,现在法国外交部长要求把德国货物业已付款的证明送交法国外交部专门委员会。虽然手续本身比较方便,但邮寄证件需要很长时间,这种耽搁和政府的急需是不相适应的。复电还指示,至于要求由大使馆送一份表明该货不发往德国的书面声明,有关文件看来只不过是一种形式,因为中国和德国并不相邻,而海上运输实际上完全是在英、法两国控制之下。再者,中国如此迫切需要这些物资,绝无把它们间接运往德国之理。因此,外交部认为,法国政府的担心是没有根据的。在他们看来,法国外交部长就应遵行的手续所提出的要求,事先并未与印度支那当局商量。外交部命我向法国外交部长商洽此事,以促其立即同意把这些货物全部放行,而不必坚持这种形式,以免由此而延误我国政府收货,从而增加困难。

在收到外交部这封电报后,紧接着河内总领事许念曾又来电说,他收到了印度支那总督的信。总督说,殖民部长下令,在巴黎专门委员会的审议得出结果之前,中止转运中国已从德国购进的货物。换言之,印度支那当局必须等待法国政府的最后决定。

继这封电报之后,同日发来的另一封电报说,总领事私下获悉,所说的审议,是指在经济封锁部内召开专门会议进行审查和讨论。但是这种讨论涉及对德国货物进行封锁的全部问题。由于总领事认为属于中国的货物的转运问题是一个特殊问题,他要求我考虑是否应把这点向法国外交部讲明。

11 月 5 日,孔祥熙来电说,根据我 10 月 30 日去电,他知道印度支那当局已对中国政府的货物不再要求征收通行税,而且将不存有其他的限制。他还知道,印度支那总督已奉命照办。然而他们刚才收到特派员宋子良的报告说,许念曾总领事刚刚通知他,据印度支那当局称,所有在 11 月 1 日之后新到货物,无论其属于中国政府或属于中国商人,都必须缴纳通行税。许念曾说,这一要求实际上反映了印度支那的经济需要;印度支那确实有经济困难。为此,他认为我们不应对这一问题指望任何放宽。

孔祥熙指出,宋子良所述似与我一再去电所通知他的不一致;我的通知说和以前一样继续免税。因此,他要求我立即向巴黎法国当局交涉,促请他们发布新的严格指令,要求印度支那当局按照以前的决定行事,从而使中国能保存其财力。

巴黎法国当局告诉我的情况和印度支那法国当局告诉许念曾的情况显然不一致。我于 5 日电请许念曾详尽汇报实际情况。两天后他来电称:印度支那当局就中止转运德国货物所作的声明,包括一切货物在内,即不论是属于中国政府的还是属于中国商人的,也不论是已经到达的还是在途中的。他说,虽然新的滇越铁路已经通车,并正常运行,印度支那当局通过的新法规,使这些货物无法运出。但是他认为,当地新法规的依据是巴黎经济封锁部所采取的措施,这种措施是针对欧洲各国的;那些国家大多交通便利,货物能朝发夕至。因此为了便于实行封锁,而把重点放在转运途中的德国货物上。但是,他指出,在运往中国的德国货物中,有些是一年多以前就从德国运出的,而经由印度支那是运入中国的唯一路线。由于缺乏足够的运输工具,以致这些货物在当地大量积压,这种情况及造成这种情况的客观条件与欧洲不同,甚至是欧洲所没有的。在许念曾看来,法国经济封锁部并未表明禁止德国货物转运中国。但是后来殖民部再一次来电明确声称,巴黎经济封锁部已决定禁止运输德国货物。印支总督感到,如此清楚的语言,使得他必须遵守新法令。因此,即使曾出示有关中国政府或商人已付清德国货款的必要证件,也对这种货物加以扣留。

同日,我收到外交部关于同一问题的来电。外交部在早些时候曾来电向我询问,法国当局为什么改变主意。我曾答复说,正如许念曾总领事所报告的那样,所有德国货物,无论是中国政府还是中国商人订购的,也无论已经运到印度支那还是尚在途中,均由于后来巴黎当局向我明确提出的要求而暂停转运。他们要求我们出示付款证明,其手续则已予简化,这是法国外交部、殖民部和经济封锁部照顾中国的措施。大使馆收到法国外交部这个内容的公函后,就已报告了中国外交部,并在早些时候的一封去电中,进一步解释了法国现实态度的幕后原因。因此,我曾指出,我认为暂停转运所有德国货物的命令不应使我们感到意外,因为法国人期待着我们履行双方本着互相照顾而同意了的做法。

外交部11月8日来电是对我复电的回答。来电说,虽然政府能够理解法国政府的处境,但是政府面临许多困难,愿意列举出来,以供我考虑。来电指出,政府的采购机构一向杂乱无章,负责承办运输的许多官员也缺乏统一管理。因此,与各有关部门联系收集发货票及其他付款证件等,已经是一项繁重的工作。在这些困难之外,还有安排海上运输的困难。面对堆积在海防的大量货物,就存在一个谁应先运、谁可后运的问题。除非地方当局与负责承办运输的官员之间能逐项作出圆满安排,否则就无法避免运输秩序的混乱。先运非急需的货物而不运那些急需的货物,这样只会造成进一步的拖延。

外交部的电报接着说,按照我早些时候的电报,这种做法只是指在途的德国货物,而根据总领事的调查和报告,则这种做法适用于全部德国货物。这意味着目前堆积在印度支那的德国货物一点也不能装运,岂不是等于取消已经答应提供的方便。

关于要求声明不把货物重新运往德国,外交部来电说,显然那是指尚未到达印度支那的德国货物。果然如此,外交部不难发表一项声明。但是,如果那也包括已经储存在印度支那的德国货物,则后果重大。外交部向我询问确切的意义。

外交部接着说,政府并不反对在巴黎解决这些问题,但是法国政府既然曾经答应实现其援助中国的保证,就应该本着谅解和善意来考虑中国方面的困难以及中国的急需。为此,外交部指示我进行适当而谨慎的交涉,以实现一项通融办法,即由巴黎作原则决定,就是只作一般性安排和简要指示,而将有关审查验看文件凭证等具体细节交给印度支那当局执行。用这个方法,中国能够从提供的方便中受益更多。

11月9日,当我见到莱热时,他告诉我,法国对华政策未变,这就是在印度支那继续给予过境便利的理由。他又说,由于地方当局的误解,在欧战爆发之后,立即出现了某些困难,但是这些困难,随后已予消除。虽然他所说的话并不反映中国方面在印度支那继续遭受的困难,但确实反映了当时法国政府对华的意向。

问题是巴黎非常重视德国货物的转运,因为封锁是抗击德国的重要战时措施;这些措施是和英国协同执行的。因此,当我于15日收到许念曾总领事来电时并不感到意外。许电说,他曾再三敦促总督府秘书长予以协助,但得知,这次巴黎发来的训令措词非常严厉,以致总督府不敢不严格遵行。为此,要求总领事馆另送一封公函,以便总督能据以正式请求巴黎尽快做出决定。

在11月16日的来电中,外交部通知我,重庆各部门的许多采购机构一直在催促外交部回答停止运输德国货物问题。同时,外交部从许念曾处获悉,印度支那当局由于其所收到的训令措词严厉,不敢违背,因而此事必须等待巴黎的最后决定。所以外交部嘱我详细电告当前的实际情况。

但是,在这个德国货物的转运问题还没有得到解决之前,德国人采取了报复措施,用磁性水雷击沉同盟国船只,从而打破了英、法的封锁,这使事情进一步复杂化了。11月21日,据报道,三天内在英国沿海有十艘轮船被德国的新式武器磁性水雷击沉。11月22日,张伯伦命令没收公海上的全部德国出口货物,宣称这是对德国敷设磁性水雷的报复行动。

可以理解,重庆为此大为烦恼。11月24日,外交部来电说,据悉英、法将采取一致行动,以报复德国为图打破英、法封锁而在海域敷设磁性水雷的政策。来电说,英、法的联合报复措施,打算没收所有来自德国的货物。然而,中国购入的德国货物为数很大,而且这些货物对中国继续抗战极为重要。因此,外交部长王宠惠已请法国驻重庆大使要求法国政府对这些货物免予适用拟议中的措施。此外,他已嘱驻伦敦大使郭泰祺向英国政府进行同样的交涉,因而也希望我在巴黎向法国政府提出此事。在收到这封电报的同时,我听说连接印度支那和广西省的运输线终点南宁已被日军占领。

虽然乍看起来,这个极端重要的印度支那过境问题,似乎只是获得购自国外的军需品用以抵抗日本侵略,以及出口中国的原料和矿石用以支付购货价款的问题,但实际上其关系所及远比对中国抵抗日本侵略这一方面更为广泛和重要。它从各方面涉及国际形势和各大国间的关系等许多问题。例如,法国外交部起初只关心提供过境便利一事在日本对法政策特别是对印度支那政策方面可能引起的反应。但是,正如我经常向法国领导人指出的那样,中国具有继续抗击日本侵略能力的重要意义,并不仅限于维护中国的独立和完整,它也关系到在欧洲最终解决是和平还是战争的问题,从而它将直接影响各国之间的关系。

就苏俄来说,莫斯科看到了日本在亚洲战线扩张的危险性和重要性。就英国来说,英国政府领导人只是慢慢地才领会到日本的扩张对英国在亚洲的领地和经济利益可能发生的后果。法国政府总的来说,只是在有限的程度上意识到这个问题的重要性。它总有充分理由极端重视欧洲局势的演变。除了殖民部完全领会到日本在中国的胜利对印度支那命运可能造成的严重后果外,法国政府总的来说,并没有充分认识到这一点,法国外交部则把注意力主要放在欧洲,似乎总是认为就欧洲而论,中日冲突是无关紧要的。所以法国的政策举棋不定,只是当中国提出恳切而紧迫的要求,诸如以国外财政信贷方式给予援助,或者以准许购买或供应武器弹药和飞机;或者特别是以不受限制经过印度支那转运中国从海外购得的军用物资,以及为偿付购货价款而运销海外的中国出口货物等具体形式给予协助时,才采取坚定的态度。

美国由于没有直接卷入欧战,而且正如罗斯福总统一再告诉我的那样,美国对太平洋和远东比对欧洲更关心,所以一直密切注视着日本。但美国舆论在和平主义情绪和国会中的中立主义鼓吹者们的影响下,则是非常谨慎而犹豫的。

根据欧洲和亚洲当时的客观环境,以及这些主要国家的国内政治情况,他们的这些态度和反应是可以理解的。但是随着欧洲局势的日益恶化,对法国的冲击尽管是可以理解的,但却不利于中国;事实上是走向反面。这在慕尼黑危机时已很清楚,而在导致欧洲爆发战争的波兰被侵占时,就更明显了。随着这种局势的发展,至少在一个时期中,法国比以前任何时候更相信有必要对日本采取温和手段,甚至谋求与东京建立友好关系。由于怀疑苏俄的态度和意图,并担心苏俄可能在欧洲和德国积极合作,法国当局认为不仅值得,而且有必要争取被认为是世界强国之一的日本的支持与合作。

法国政府特别是法国外交部方面的这些想法和顾虑,导致了法国政策或态度的转变。即使是比较有远见的殖民部长孟戴尔也开始感到,虽然应当支持中国,但这种支持政策必须服从法国在欧洲的需要。由于这些原因,过境问题变得越来越复杂,而中国则发现越来越难于使得法国的对华政策,也就是继续提供印度支那的过境便利来对中国的事业进行支援和帮助的政策,保持经久不变。

中国战局的发展也影响了法国的态度。早些时候,广州陷落已使法国人更为担心,而1939年11月底南宁沦陷,则显然令法国人震惊,并确实使法国人担心印度支那将受到威胁。为了防止日本的突然行动,法国外交部采取了更多的手段来安抚东京。换言之,中日战争对中国不利的发展,加强了法国谋求与东京建立友好的主张。

南宁不仅是中国一侧连接广西和印度支那的重要公路和正在修建中的铁路的终点,而且是与广东毗连的中国南部沿海的广西省省会。在广东省的西南部,法国人以租借方式占有广州湾地区,作为法国的势力范围。广西省的西南与印度支那交界。因而,南宁失守不可避免地使法国对中国的军事形势和印度支那的安全确实感到焦虑。

11月24日,在南宁沦陷得到证实之前,我和法国外交部亚洲司司长肖维尔进行了一次简短的会谈。肖维尔对日军进攻南宁的消息表示极为关切。他还告诉我,根据法国的情报,日本人已有三个师团在北海(广东沿海具有战略地位的一个港口)登陆。他询问我们是否已采取必要的防御措施,以及我们准备怎样保卫该地。

我在给外交部的电报中报告了这次会谈。我说,我的印象是,这位司长试图向我们暗示,如果我们需要的话,法国可能给予援助,但是我们必须告知法国我们需要什么样的帮助。我在电报的结尾说,当天的一则东京新闻电讯已经报道了南宁失守,但那可能只是宣传。(不幸的是南宁确实在那一天陷落。)

三天之内,我不仅收到了外交部的一封来电,而且收到了蒋委员长本人的另一封来电。委员长的来电说,虽然南宁已经沦陷,他确信在短期内所有侵入广西的敌军都将被消灭。他嘱我向法国政府转达此意,并对法国的关心表示感谢。

11月27日,我收到了宝道的一份机密报告,他是中国政府的法国顾问。这份报告着重表明了法国对南宁失守的关切心情。首先,由于法国人知道日本只派了两个旅团进攻南宁,而在那里有五个中国师,他们心中就产生了这样的问题:为什么没有多大抵抗?法国人怀疑抵抗不力表明广西省与重庆之间不和。(即有迹象表明重庆和西南集团间存在着冲突。)第二,法国人认为,这个失败是对法国对华合作与援助政策的打击,同时也说明过境问题的重要性已大为降低。这是因为:(1)有十二万吨货物在海防等待运往中国。滇越铁路每月只能运走二万吨,所以在没有南宁与印度支那边境同登之间的公路交通情况下,需用十个月才能运清存货;(2)法国已下令停止装运原来打算拨给计划修建的南宁至镇南关新铁路的器材;(3)广西省是钨砂的主要产地,英、法两国原指望以军需物资换取中国供应他们所需的这些钨砂。第三,法国外交部曾指示驻重庆大使高思默对中国政府进行一次坦率的会谈,为的是弄清中国方面的全部苦衷,以便予以补救。但是,他的拜访受到冷遇,这使他无法执行他的使命。法国大使甚至报告说,在他第一次访问时,中国外交部一点也不了解向法国供应钨砂一事。

宝道在这个报告中加上了他自己的意见。他说,对法国大使冷淡是不明智的,在目前尤为如此。再者,这位大使心胸狭隘而且敏感,他很可能通过极力主张与日本合作的政策来对重庆报复。为此,宝道敦促中国外交部努力与高思默合作,因为法国人很可能把对法国大使的冷淡看作是对法国外交部本身的不满。(我想补充一下,法国外交部对法国大使受到冷淡的担心是当真的,而此项建议则可证明这种担心完全没有根据,只是出于误会。在法国大使以后的几次访问中,他受到了非常殷勤友好的接待,甚至由蒋委员长亲自接见。在他给法国外交部的报告中,他表示对中国的接待以及对蒋委员长本人对他表示的友好态度十分满意。)

我在12月5日直接从莱热和肖维尔处得知更多法国的观点。但在那以前,我收到了外交部的另一封来电。由于过境转运问题因南宁军事失利而更为紧迫,外交部于12月5日再次电促我向法国政府进一步交涉。来电说,按照巴黎的训令,积存在印度支那的总数为一万五千吨的德国货物中,有一万二千吨可立即放行,而所有剩余的货物则应等待进一步考虑。此外,法国大使高思默曾告知中国外交部,他已致电巴黎,力主在河内设立一个委员会以考虑过境转运问题,特别是确定有关需要提供德国货物已付货款的证明一事。(其意见是由该委员会向巴黎经济封锁部汇报,委员会的建议将由该部予以接受。)高思默大使也曾询问巴黎,由于南宁至印度支那边境的公路已经破坏,业已运入广西的货物是否准予重新进入印度支那。(由于南宁失守,中国不能再使用经由南宁的这条运输路线将货物运交湖南的中国军队,所以必须准许这些货物重新进入印度支那。不然的话,这些货物就有被日本人掠夺的危险。)来电还说,蒋委员长已定于12月3日接见高思默大使。我奉命与法国政府接洽,并请他们批准法国大使的建议。

我于12月5日下午访问了法国外交部秘书长莱热,首先同他谈了广西的局势。我说,日本人占领南宁,也意味着日军更靠近印度支那边境。日本人深入广西的目的有二:第一,切断广西与印度支那之间的交通线,以便进一步对中国政府施加压力;第二,使日本人在印度支那处于能够胁迫法国的地位,以便当欧洲战局的发展出现可趁之机时,利用这一有利地位,执行针对印度支那的冒险政策。

我问,自从日本占领南宁以来,法国政府是否已在东京采取外交行动,因为按照1907年的法日协定,法国政府肯定有权要求日本说明在广西的意图。我说,我知道法国政府一直在对日本执行安抚政策,但是我不得不提醒莱热注意这样一个事实,即此项政策既未能阻止日军占领南威岛和海南岛,也未能阻止日军深入广西逼近印度支那边境。我说,正如他所看到的,实际情况是法国方面每一项安抚行动,都被看作是软弱的表示,适足以鼓励日本军国主义者进一步执行其冒险政策。我说,在我看来,现在已经到了确实应该对日本采取坚定态度的时候了。

我接着说,就中国而言,失去南宁不会使总的局势有很大改变,中国最高统帅的方针一直是保全主力,不为保卫一城一镇而做不适当的牺牲,因为中国决心继续抵抗日本侵略,并指望时间因素对日本产生影响。但是,就印度支那而言,局势必然使法国政府担忧。我说,我希望知道法国政府如何看待局势。

　　莱热说,未曾在东京采取外交行动;但是南宁在这样短的时间内失守,这使他大惑不解。对于日本,法国政府并未执行安抚政策。面对着日本政府的反对与不满,法国政府一直尽其所能,给予中国以方便。仅仅在两天以前,日本首相还就法国为中国物资提供转运便利的政策表示不满。他问我,法国政府采取了哪些性质属于安抚日本的行动。

　　我提到了撤退在华的法国军队以及召回法国军事代表团。并说,这些并不是法国打算用来讨好日本的行动,但在实行的第二天就被日本作了那样的理解。莱热说,从中国撤退法国军队差不多在一年前就决定了。由于日本要求撤退在华法军,此事曾被搁置。直到日本放弃了这一要求,这项措施才被执行。他说,至于军事代表团,日本确实曾在一年前就提出反对,但只是在对德宣战之后,并按照动员法,所有现役军官必须在两个月内返回法国,才把该团召回。如果这些行动被日本看作是软弱的表示,那么无论如何,那不是法国的意图,法国并无安抚日本的愿望。

　　莱热接着说,关于南威岛,法国对该岛当然拥有主权,但只要法国尚在欧洲作战,对此就无能为力。法国几乎没有一个士兵或一艘战舰留在远东,也没有办法对日本侵犯法国利益的行为进行抵抗。法国政府的目的在于避免和日本发生不愉快事件及摩擦,因为法国无力应付。换言之,法国只是希望防止出现使法国在世界面前丢脸或者迫使法国露出无力抵抗的窘态。这种摊牌只会给日本军国主义者以进一步侵犯法国在远东权利的依据。他说,法国政府现在的目的是要在明春之前,积蓄和集中起全部力量和资源,以便在英国的合作下,以物力上的压倒优势,对德国发动进攻。毫无疑问,最后胜利将属于盟国。一旦赢得欧洲战争,法国就很容易在远东同日本解决诸如南威岛之类的问题。莱热说,局势的真正问题是苏俄的态度,这对法国的对日政策有直接影响。他接着就阐述他的想法,把话题从过境转运问题上岔开。

在此以后,我立即访问了肖维尔。我把我和莱热的会谈要点告诉了他,我们又谈了一些有关问题。然后肖维尔说,我大使馆的汪孝熙曾就交通部电询有关停止发运修建南宁至镇南关铁路的铁路器材问题与他会晤。他说,他确实曾下令停止继续发运,但是那既不是出于政治上的考虑,也不说明法国方面因日本人占领南宁而改变政策。那只是一个基于对事实的考虑而采取的行动,这个事实就是中国丢失了南宁。那些器材本系供连接南宁与镇南关的铁路之用,但现在这类器材已不能用于修筑铁路,而有可能落到日本人的手里,这是他要避免的。他说,此外,所有这些器材都将以中国政府的期票支付,严格地讲,它们尚未付款,因而仍然是法国的财产。

　　我说,交通部指出,这些器材,特别是其中的车辆,可在其他地方利用,比如说,充实云南的铁路设备。肖维尔说,这个建议可予考虑,但那是另外一个问题。正如他那天早晨对汪孝熙讲的那样,他愿意把这批器材提交军需部讨论。那里有一个部际委员会负责管理这种性质的物资。因为把这种物资转为他用,不符合政府负责信用担保的原合同规定,所以必须采取另外的手续。换言之,他将把转为他用的问题提交主管信用担保的委员会。他又说,他并未明确表示应停止发运。他在给部际委员会的信中所说的是,原则上这些物资应当优先给予中国,但鉴于广西形势的新发展,即南宁失守,他愿暂时保留他的看法。所以,法国政府方面并未因南宁失守而改变政策,而只是一种避免物资落入日本人手中的预防措施。

　　肖维尔还说,汪孝熙那天早晨曾对他谈到高思默已与中国政府达成协议,准备把目前储存在印度支那的一万五千吨德国货物中的一万二千吨予以放行并发往中国,但他本人并未收到高思默关于此事的电报。

　　我提到了我就运往中国的德国出口货物致法国外交部的照会,并说,重庆来电要求对这些运往中国的出口货予以特殊考虑,以便这种物资在装运船只上被发现时,不致被押交某一港口,等待法庭履行没收与释放的程序。肖维尔说,他已经把照会原件转给经济封锁部。他听说昨天英、法在巴黎开会讨论了运往中立国的德国出口货物问题。除中国外,日本、荷兰和希腊也提出了要求。他认为在援用一般原则时,当然对具体情况也应具体处理。他说,他在转送那份照会给经济封锁部时,附加了签注,其中强调两点:第一,当前中国处于交通阻隔,货运停滞状态,中国对外界联系只限于三条路线,其中印度支那是主要的一条;第二,中国缺乏外汇。他说,这两点都使中国有资格得到特殊考虑。他补充说,除中国的目前局势应该得到同情外,最好再加上某些须予照顾的具体事实,好为裁决提供依据。

我询问日本新任大使即将于 12 月中旬到达,法国政府是否准备和他举行什么重要会谈。肖维尔说,日本新任大使泽田定于 12 月 15 日抵达巴黎。并未确定活动安排;事实上,法国政府没有特殊问题想和他商讨。关于广西的局势,确实应由日本予以解释。他说,他认为日本要是有一位老资格的大使驻在巴黎要好得多,因为这将大大方便两国之间交换意见。他又说,任命泽田确实标志着对法国的特殊考虑,因为这次天皇放弃了他原先对谷正之的提名而同意任命泽田为新任驻法大使。

我用电报向外交部汇报了这次会谈。我的去电进一步澄清了几点。首先,关于放行德国货物的数量问题,即一万五千吨中的一万二千吨,在巴黎法国政府完全没有确定。那位司长解释说,高思默大使并未作出报告,但无论如何已授权给他,对那些在巴黎制定的总政策范围内的货物,可以就地制定处理细则。换言之,这是一件应交由法国大使就地解决的典型事例。

关于高思默大使建议在河内设立委员会以办理查实这些货物的付款证明一事,肖维尔司长说,那是不会批准的,原因是法国对于已经在巴黎确定的原则不容许有例外。如果容许例外,其他国家将援例要求特殊对待,同样要提出设立地方委员会的问题,这样巴黎已经决定的总政策将遭到破坏。他建议，作为折衷办法，我们把属于这类问题的每一宗逐个向法国政府提出，以便能就其特殊情况予以考虑。他知道中国很难对那些在欧战爆发前就从德国启运的货物提出付款证明，但是，对欧战开始后启运的货物，付款证明是绝对必要的，而且因为法国已经讲明战争爆发后需要这种证明，如果中国不能提出，事情就难办了。可是，他说，如果像我所说的那样，积存在印度支那的货物不是军用物资，转运就没有问题。我回答说，那些货物主要包括诸如汽车和机器之类的物资。

肖维尔顺便说，南宁失守，不管他对中国抵抗日本侵略的全面问题是否有重大影响，对法国则是一个心理上的打击。他说，日本军队一旦占领邻近印度支那的地区，印度支那的地位就很像上海的法国租界那样，法、日之间必然出现摩擦和纠葛。所以他担心，虽然南宁失守还没有导致法国改变对华政策，但在心理上，它是一件令人极为失望的事情，并可能影响法国的态度。因此，他表示，他个人热切希望我们对此十分注意。

同日，我回复了交通部长张嘉璈的来电。他的来电是抱怨扣留了卸在印度支那的物资，那些物资原待运往广西供修建从南宁到印度支那边界镇南关的铁路之用。我回复说，法国外交部称，南宁失守之后，显然不可能按照原计划进行筑路。因此，没有必要交付这些已订购的物资，或者让这些物资经由印度支那运入中国。何况，如果准予运出印度支那，就可能落入日本人手中。在电文中我还说了一些以前曾经叙述过的有关这方面的其他情况后，最后概括说，法国外交部拒绝准许装运这些物资，也不同意将这些物资用于其他目的，并建议，如果为了将这些物资用于其他目的而希望谈判一个新协定，则应向驻重庆的法国大使提出。

同日，即12月5日，我还回访了英国新任大使罗纳德·休·坎贝尔爵士。在谈话过程中，提到了同盟国没收公海上的德国出口货物的新措施问题。我对他说，中国对这个问题特别关心，并说,我曾在答复达拉第有关此事的照会时,要求对运往中国的德国出口货物予以特殊考虑,我在伦敦的同僚也采取了同样的行动。我说,我高兴地从伦敦得悉,英国政府向我的同僚保证予以同情和有利的考虑。我说,中国对此十分赞赏,因为从德国买来的某些军需物资,对于中国抵抗日本侵略是绝对必要的。中国进行反侵略战争已经两年有余,实际上和英、法在欧洲一样都是为同一目的而战斗。况且这些德国对华出口货物均已付款。过去几年间,中国输往德国的原料使中国在德国有了存款,德国的出口货物是凭这笔存款发运的。

英国大使的看法是正确的,他说,在这种情况下,这些出口货物不会给德国带来外汇,也不会以任何方式增加它的国外存款。我说,相反地,实际上它倒会减少德国的资源。坎贝尔于是说,西蒙爵士和经济作战大臣克罗斯比前天来到巴黎和法国举行会谈,以制订经济合作计划的细节,这最初是在两周前雷诺先生访问伦敦时讨论过的。他说,他很高兴中国将受到他的政府的特殊考虑。

显然,法国人此时非常焦急,因为通过占领南宁,日本在与印度支那毗连省份的地位明显地增强了。法国人担心日本由于新获得的地位,将会就中国货物经由印度支那转运问题提出要求,对法国施加更大的压力。

法国方面的这种担心看来是有充分根据的。据 12 月初我从巴黎外交使团得到的机密情报,日本外相接待了法国驻东京大使,并面交他一份备忘录,其中略述了日本对法国的要求。我在 12 月 6 日发给外交部的电报中说,我听说这个备忘录很长,正在邮往巴黎,所以法国外交部尚未收到。根据这个机密报告,备忘录中所提的要求是,日本要求法国同意由日本派遣一位特别代表常驻印度支那,以监督中国货物进出中国的装运情况,但是迄今为止,法国当局对是否接受此项要求尚犹豫不决。

我接着说,我前一天在法国外交部会谈时,曾对肖维尔说,我知道日本新任大使不久将到达巴黎,我曾问他法国外交部是否准备和他开始谈判以及讨论的程序是什么。他说,尚未决定和日本大使开始正式谈判,也没有明确的议程。他告诉我,如果日本要求谈判,那就应该由日本提出准备讨论的问题。我最后又说,这位司长所说的话证实了我所得到的机密报告。即日本已经要求法国接受其要求,在印度支那常驻一位日本代表以监视中国进出口货物的过境运输。

同日,即12月6日,美国大使馆参赞墨菲应邀来访,讨论苏芬问题。他是蒲立德离法期间的代办。我借此机会把我最近和莱热的谈话告诉了他,供他转告蒲立德参考。我强调了日本占领南宁的双重目的:那就是切断广西和印度支那之间的交通,以便对重庆施加压力;和使日本处于威胁法国的地位,以便利用欧战的进一步发展,伺机侵入印度支那。我对墨菲说,我曾告诉莱热,法国的对日安抚政策,并未能阻止日本占领南威岛和海南岛以及入侵处于印度支那边境的广西省。我还说,我曾敦促法国采取坚定的态度对付日本,使日本没有任何理由把法国的政策看作是软弱的政策。

墨菲说,他在另一份文件中看到一则关于高思默和蒋介石委员长就通过印度支那边界运输武器弹药问题交谈的哈瓦斯电讯,他还见到东京关于此事的某些记述。从和肖维尔的一次交谈中,墨菲推测日本已通过法国驻东京大使向法国政府提出了一系列要求。他从肖维尔那里知道,文件很长,已经付邮但尚未到达。墨菲从肖维尔的话中推断,所提要求包括由日本监督中国物资经印度支那的过境运输。他还听说这项要求将遭拒绝。他询问武器弹药是否经印度支那运输,以及法国在这个转运问题上是否严格遵守日内瓦公约规定的原则。

我说,事实上,法国从来没有同意过转运武器弹药。经由印度支那运输的物资主要是汽车、卡车和工业机械,包括制造子弹和步枪的机器。法国拒绝武器弹药通过印度支那,这使得中国政府必须把所有这类货物转到仰光。但那个港口已经积存了大量这类物资,因为滇缅公路的某些地段需要整修,特别是要加固桥梁以容许很重的器材通过。此外,往该公路运输成本极高,每吨约二千元法币,通常是所运货物价值的数倍。所以,通过印度支那铁路装运重大的军需物资显然要方便得多。

我回忆中国加宽了云南境内的滇缅公路之后,我们曾敦促英国方面完成缅甸境内的那段公路。当时该公路尚处于这样一种情况,它不能行驶诸如卡车之类的大型车辆,某些物资不得不由人挑运或用手推车或独轮车运。中国交通部最高兴的事情之一是,独轮车采用了卡车或轿车的旧轮胎。有了橡胶车轮,中国苦力推起来能够比推包着一层薄铁皮的木轮独轮车轻快得多。由于旧轮胎适用于改进人力运输,而军队废弃的轮胎很多,缅甸公路的运输加快了。

大约在这个时候,外交部来电查询有关日本对法国所提要求的性质以及法国答复的详细情况。我派汪孝熙前往会晤肖维尔,并于12月10日把会晤情况电告外交部。我的复电说,据法国亚洲司司长称,在南宁落入日军之手以后,日本外相对法国驻东京大使说,日本愿意尊重法国在华的权益,同时急切希望法国政府禁止中国军需品经由印度支那运入中国以支持中国作战。法国大使回答说,法国政府从未允许武器弹药通过印度支那运往中国。至于其他物资,如卡车和电话机,按照法国政府的观点,这些都是普通商品。为此,法国不能接受日本的见解,把这些也看作军用物资而禁止过境。

这位司长向我们保证,法国不会仅仅由于南宁陷落而修改其政策。除武器弹药外,将继续允许我们的物资过境。不过滇越铁路的运载能力有限,每月只能处理一万三千吨货物。但据报告,在海防已经积存了二十二万吨货物。即使不再到货,至少需用一年才能把积存的货物经铁路运往中国。他说,南宁的陷落严重影响了连接南宁和位于印度支那边境镇南关的公路。因此,他希望我们把打算采取的措施告诉他,以便法国能从有利方面考虑应付新的局势。这位司长还说,根据殖民部长得到的情报,他知道已经到达广东北海的日本新部队是步兵第一、第四和第五师团,而且越来越多的部队将在那里登陆。

那时,我获悉过境问题涉及到的另一个严重的问题是,法方正在征用有战略价值的矿石。这些矿石系从中国装运到印度支那,供向各国出口,用以偿付向各该国订购的军需物资。12月12日,我收到外交部来电。该电通知我,印度支那当局按照巴黎的指示,对属于中国政府并储存在印度支那的四千吨钨砂和三千吨锑矿石提出优先购买权。

外交部来电接着说,这些矿石的出口,是用以履行与英国、美国及苏俄签订的换货协定,或者是为了获取外汇的。其中只有一部分矿石是为了执行最近的协定而输往法国的。来电说,法国当局提出优先购买这些矿石的突然行动是完全出乎意料之外的。

外交部一方面向法国驻重庆大使提出此事,另一方面嘱我和巴黎法国政府联系,敦促法国政府取消拟议中的实行先买权行动,照常给予我国这些货物以过境转运便利。来电又说,他们刚刚收到河内的电报,据称那里的法国当局已经扣留了钨砂和锑矿石并予以封存。那些尚未到达的矿石,一俟到货也将同样予以扣留和封存。

来电说,中国资源委员会驻印度支那的代表被邀为河内监管委员会的成员。但是当他将此事向重庆资源委员会请示时,资委会指令他拒绝担任监管委员会的成员。此事正向法国驻重庆大使提出。同时我奉令要求法国政府推迟接管与封存这些物资的行动。

当我向法国外交部提出此事时,他们告诉我说,法国在印度支那的这一行动实际不是征用性质的行动。采取这一措施是因为法国方面急需这种物资,并将按值付款。亚洲司司长向我解释说,由于不清楚这种货物的所有权属于中国政府还是属于中国商人,印度支那当局就采取了行动,以便能和中国政府谈判购买这些物资。已经指示高思默大使向我国政府解释,这就是所采取的行动的目的,并通知我国政府,法国准备购买全部矿石,但输往英、美者除外。我于12月16日把以上情况电告外交部。

但是,那时这个问题已经引起意外的复杂情况。这些矿石毕竟是重要战略物资,不仅有运往法国的,而且有运往美国、英国和苏俄的。12月20日,我收到了驻华盛顿大使胡适的急电。他说,根据美国财政部长摩根索的建议,他发来我国外交部12月17日电报的下列译文,要求我尽快把它送交蒲立德大使。电文如下:

> 法国印支政府接巴黎政府训令,声称有权购买在印支待运之全部中国锑钨矿石计七千吨。此系中国输往英、美、法、苏之重要物资,用以履行换货协定义务及获取外汇。
>
> 法国就此提出先买权,将使我无从履行合同义务,降低我海外商业信誉,削弱我抗战力量。现正向法国强烈抗议。盼吁请美政府施加影响,俾法政府取消先买之议,继续给我过境转运此等货物往国外之权利。

同一天稍晚一些时候,胡适发给我另一封急电:

> 参照我今晨的电报。一俟电文送达蒲立德大使,请立即电知,以便财政部长从华盛顿和他通电话。

两天后,我于22日收到了外交部对我12月16日去电的答复,我的去电是报告我向法国外交部试探的结果。我国外交部答复说,虽然法国当局宣称所采取的行动不属于要求先买权,但是法国驻重庆大使馆的照会说,除已售与美国的矿石将予放行之外,所有矿石都将由法国以先买权取得并由法国付款。此外,来电说,印度支那当局已经派遣一名代表检查这些货物,并指令不得予以移动;按照我国外交部的意见,这种行动无异于实行先买权。

外交部已将此事向法国驻重庆大使馆提出,而且还告诉该大使馆,关于发往苏联的钨和锑,苏联当局已向中国政府保证,这些物资将完全用于苏联。因此,外交部要求法国大使,请求法国政府撤销对这些矿石实行先买权的命令。法国大使答应立即致电巴黎,探询法国政府对于发往苏联的货物的明确态度。

外交部来电指示,9月份,随着欧洲战争的爆发,英国香港当局也曾扣留过储存在香港以备运往苏联的钨和锑。外交部为此指令我要求法国政府采取同样的同情行动,把已宣布的先买权计划予以撤销。

我想在这里补充说几句,以详尽阐述关于中法合作的种种困难。记得很早以前,当德国违背蒋委员长的愿望而从中国召回其军事顾问之后,我立即奉令与法国联系,目的是请法国向中国派遣一个由军官和专家组成的军事代表团以填补德国顾问留下来的空缺。由于中国的抗日战争正在继续激烈进行,对这种援助和合作的需要倍感迫切,特别是鉴于德国顾问对中国总参谋部和总司令部是何等有用时,尤为如此。

开始法国人犹豫不决。特别是法国外交部十分谨慎,唯恐引起东京的进一步不满。但是我联系了殖民部以及外交部,前者自然较为关心这个问题,因为面对日本入侵与印度支那接壤的中国,殖民部已着眼于印度支那的安全和防御。殖民部建议这个问题可以非正式地也就是半官方地进行,而不通过法国外交部。因此,由杨杰将军着手处理此事;最后,他和法国参谋总部商定派遣一个由法国退伍军官组成的小组,由贝尔热将军率领。

欧洲战争一开始,法国政府就发出把这些法国军人召回法国的命令,尽管他们都已从法国武装部队退役。蒋委员长对这一事态的变化深感不安。他嘱我向法国政府提出此事,目的是说服他们不要坚持召回。若必须执行此项命令,他希望至少有几名法国军官获准留在中国。

因此，我向法国政府提出了这件事，并且要求会见达拉第总理，他当时兼任国防部长。但由于他忙于总理的紧急任务，他任命了前抚恤部长里贝为外交副国务秘书以接待外交代表，而我在1939年9月25日见到的就是他。我对他说明了蒋委员长对突然从中国召回法国军事顾问感到失望，委员长并希望，假如有必要贯彻法国这项命令，至少能有几位留在中国。这位副国务秘书说，他将立即向总理报告，并尽快把结果告诉我。

　　两天后我又见到他，他对我作了答复，我立即直接电告蒋委员长。这封电报报告说，副国务秘书转告我，达拉第的答复是，由于法国目前正和德国作殊死战斗，有必要从国外召回一切军事人员为法国军队服役，不可能在国外留下这种人员。达拉第希望我对蒋委员长说明这点，并请求委员长予以谅解。我还向委员长报告说，虽然我一再询问是否有可能在中国留下几位军人，里贝还是代表达拉第答称，他们必须全部召回。

　　同日下午，我访问了殖民部长，希望就法国和中国的军事合作的范围与性质，特别是为了共同防御印度支那，多了解一些法国政府的意见。然而这位部长已经被总理说服了，他在答复时显得十分谨慎。关于签订军事合作和互助条约问题，他清楚地对我表示，虽然他认为这个条约可以签订，但应在日本开始进攻印度支那时才能生效。

　　可是，军事领域内的合作实际上已在某种程度上开始了，甚至外交部本身也已开始。这就是交换有关日军在远东调动的军事情报。此项情报交换，在大使馆武官唐将军和法国殖民部之间进行，殖民部则是与法国殖民地军的总参谋部合作的。大使馆有几次把涉及印度支那的日方活动和计划的情报传递给法国，法国方面则向我们传递了华南日军调动的重要情报。

　　日军占领南宁后，交换情报就变得特别重要，因为南宁失守这一事件，使得日本侵略的威胁对法国人更为迫近。中国一直非常希望为此目的而由双方指派特别代表，并向法国提出。法国方面虽然在原则上赞成这个建议,但对正式同意却犹豫不决。殖民部长或殖民军参谋长表达了他们的意见,那就是,如果正式安排情报交换,这种安排就不得不通过法国外交部,而法国外交部对于有关中日问题的谨慎态度是众所周知的。如果是非正式的安排,那就可以由殖民部电令印度支那总督为此而提供一切方便。

然而这种合作并不总是容易实现的,因为日本人很警惕;他们在重庆显然有他们自己的情报来源,报道中国军队的调动和中国国外外交代表的活动。12月4日,我亲自非正式地致电外交部长和次长,请他们注意日本新闻机构同盟社发往巴黎的一则电讯。这则电讯的大意是,中国政府曾请求法国驻重庆大使高思默作出安排,使中国储存在镇南关的价值一千万元的中国军用物资重新进入印度支那。我指出,法国外交部已经发表声明予以否认。但是,我说,法国外交部是否故意予以否认,这无关紧要,使我感到惊讶的是,日本人为什么会已经得知中国政府要求这些货物过境。

我告诉他们,根据我的机密情报,一位日本驻巴黎大使馆的成员曾偶而对一位我们都认识的法国朋友说,日本的情报人员遍布重庆地区,而且往往能弄到不管什么样的军事情报,甚至是极端重要的军事情报,这些情报在探知后的几小时内就发往东京。我说,法国国防部长曾抱怨法国军官在重庆的活动经常由中国方面泄露出去。虽然当时我们对法国人说,他们没有理由过度猜疑,但同盟社的这则电讯似乎证实了法国所抱怨的事实。

总之,我是试图说明这样一个事实,即虽然法国人在他们对日政策的范围内同情地想尽量向我们提供援助,但即使是这样有限的合作,例如在军事方面的合作,也不是没有麻烦和困难的。中、法在远东的共同利益对双方都很清楚;但是,由于外界因素的影响,合作的途径常常是崎岖的。

# 第五节 兵临巴黎城下前,法国外交政策的摇摆

## 1939 年 12 月末—1940 年 5 月 17 日

当中国人始终如一地执行旨在实现英、法、中合作,而且自然也包括苏俄在内的远东政策时,法国的政策却一直摇摆不定。随着苏德互不侵犯条约的签订,法国对日政策开始有所转变,主要是倾向于安抚日本以及和平解决中日冲突。不久英、法就对德宣战,这时英、法十分怀疑莫斯科对同盟国的真实意向。他们疑惧苏俄会利用局势,通过直接或间接援助德国,为其自身利益而混水摸鱼。

东京本身对签订苏德条约及其后欧洲局势发展的反应,加甚了法国谋求对日修好的倾向。当时日本对局势也表现出极大的猜疑。东京的首脑们对于德国改变对苏政策似乎很气恼,因为日本总是把苏俄看成它在远东的头号敌人。暂时好像出现了真能诱使日本向同盟国靠拢的机会。

1939 年 11 月底苏俄对芬兰的进攻,似乎增强了法国修改其对日政策的决心,它指望争取日本的同情,并最后使日本在强权政治的阵营中,特别是在欧洲战争中与同盟国合作。那时,法国人估计苏俄最终将站在德国一边,并在战争中起突出的作用。我不相信这一点,也曾试图消除法国人士的这种看法。我觉得,苏俄基本上不愿和德国合作;它和德国签订条约是因为未能与巴黎和伦敦达成谅解。因此它不得不采取措施,免得德国施展任何反对它的手段。而且它用防止芬兰最终和德国联合的办法来巩固其边界。

法国把苏俄在芬兰的行动看作是有意诉诸武力的迹象。他们害怕,一旦芬兰被苏军占领,苏俄便会如人们意料之中地更进一步站在德国一边参加欧洲战争,向东欧及东南欧推进,危及法

国的盟国。总之,他们害怕苏俄在和德国签订互不侵犯条约之后,势必要用军事行动扩张其欧洲的领土。

安抚日本是限制苏俄在欧洲行动的一种手段。促使日本在苏俄边境活动,以牵制苏俄,使它在欧洲不能站在德国一边,这是上策。英、法之所以谋求安抚日本,也是由于担心日本会趁他们忙于欧洲战争之机,在远东采取侵犯英、法利益的行动。因此,在1939 年底和 1940 年头几个月,法国人不仅想安抚日本,甚至还想把日本拉到同盟国一边来。

英国的政策是尽可能避免与日本发生摩擦。他们倾向于每逢出现具体的局部性事件时,就和日本谈判解决。但是他们无意在同情并援助中国抗战、拒绝承认满洲国和反对日本夺取中国领土等总政策方面进行妥协。他们虽然和法国人一样不喜欢和不信任苏俄,但是并不打算走得像法国那么远。法国人尽管可能不愿把安抚日本的政策推行到正式承认满洲国和承认日本征服中国的程度,但是我认为他们将会放弃诸如允许过境运输、向中国供应武器弹药以及提供财政信贷等援华政策。

正是英、法政策的这种基本不同,才使得滇缅公路成为一条更可靠的路线,也就是说,这时候英国人没有把困难当作政策问题提出来。他们只是根据实际情况就过境运输问题及其他援助中国的方式作出决定。以滇缅公路来说,他们是着眼于建筑与维修的技术困难。

大概英国人比法国人更能深刻地理解华盛顿的情感,尽管英、法两国都受到美国对日本的坚定态度和美国对中国的广泛同情的影响,受到美国人普遍反对和谴责日本侵略中国的影响。然而,英国人的这种理解具备更深的基础和传统性,而且英国人在赢得美国人支持的方法方面也更富于权谋。英国从不忘记,美国在国际事务中是一个很重要的因素,华盛顿的态度永远不应当被忽略。而且,英国总是指望着有一天美国会在欧洲参加同盟国一边,致力于确保同盟国的事业最后赢得胜利。

总之,英国的对华态度比法国要好一些。同时法国人的反应总是先要问英国人采取什么行动? 哪怕是印度支那的事也是这样。法国是比英国小得多的世界强国,并把百分之九十五的注意力集中于欧洲。当然,它紧挨着德国,这一点可能说明情况之所以然。但法国全神贯注于欧洲,也是传统的事实,法国从来都是更关心欧洲的。

对于中国来说幸运的是,虽然法国有它自己的观点和打算,但就远东而言,法国如不经过和英国商量,不确知英国会赞成和支持某项政策,它决不会做出独立的决定。这不仅适用于安抚日本的政策,而且也适用于联合日本的政策。所以,我可以说,这种除安抚日本以外,还要把日本争取到同盟国一边的打算,只是持续了一段时间,但从未实现。事实上,法国和英国最终改变了他们的立场,转向设法把苏俄争取到他们一边。

说得婉转些,巴黎继续援助中国的态度是动摇不定的,这不仅在向中国供应继续抗战所需的军用物资方面,而且在过境转运中国从国外购入的这类军需品方面,都是如此。虽然法国人很清楚,广州失守后,经由印度支那的过境运输已成为绝对必要,但他们起初试图用各种方法来限制这种便利,后来则以违反同盟国封锁德国贸易的政策为理由,完全停止了购自德国的武器弹药的转运。早些时候,法国内阁本身在这方面是不一致的。殖民部长仍然表示对中国的高度同情,并对日本威胁印度支那的体会更深,但正如后来人们所见,随着欧洲局势的发展,连他也开始动摇了。

殖民部支持中国的人不限于这位部长,殖民地军总监也同样支持。这种同情态度和援助中国抗日的坚定意图还表现在,例如,不经过法国外交部就半官方地安排交换军事情报上,而这种安排是得到法军总司令甘末林将军批准的。

1939 年 12 月 27 日,我和李石曾作了一次长谈,他来向我汇报他和法国政界要人及殖民部领导人的会谈情况。据李石曾说,殖民地军总监布吕尔将军表达了他个人的看法,供我参考。布吕尔认为,法国外交部秘书长对中日冲突的局势及其对印度支那的关系,看法和他不一致。布吕尔完全不赞成法国外交部的小心翼翼,甚至在某些方面不愿充分支援中国。他还对李石曾表达了这样的见解,即如果我能更强硬地讲话,也许对法国有关中、日两国的总政策会产生有利的影响。

回想起来,当时印度支那边境的局势空前地不利,这不仅是因为南宁失守,而且因为边境上的镇南关也失守了。按照布吕尔的看法,为了从日本人手里收回南宁,法国应当给予中国一切必要的武器。他甚至对李石曾说,由于深知美国大使对达拉第的影响,他打算会晤蒲立德,敦促他对法国政府施加影响。

李石曾和我研究了布吕尔的建议。我表示了我的意见,李石曾也有同感:那就是莱热的意图和他作为外交部秘书长在向中国提供充分支持方面经常提出的许多困难,从法国的观点看来未尝没有道理,那并不是由于缺乏对中国的同情。真正的原因是认为执行一项明显的援华政策,可能引起与东京的纠纷,这对法国在欧洲是不利的。我说,事实上,由于莱热是法国外交部的主要常任官员,他真正指导着法国的外交政策,在远东方面尤其如此,而达拉第则是名义上的外交部长,他依靠莱热的指点,并从法国观点出发来实际执行可行的政策。因此,考虑到我和秘书长之间长期以来真诚而友好的关系,不宜逼他过甚而引起他的反感。这是李石曾完全赞成的一种行动方针,而我也很重视他的意见,因为他非常熟悉法国的政治和法国的著名人物。李石曾又说,布吕尔认为中国在讨价还价方面不是完全没有本钱。中国能向法国提供一些重要的物资,如向法国军事工业供应战略金属矿砂。

第二天,我从法国某个消息来源收到一份机密报告,其中谈到达拉第的政治地位是牢固的,所以法国的政治局势将继续保持稳定。这份报告说,战争本身不会持续太久。法国政界确信德国必败,因为德军完全比不上它在第一次世界大战时的情况,德国的经济地位也比那时脆弱得多。即使苏俄采取援助德国的政策,它也无能为力,因为单纯资源蕴藏数字的价值在实际战争中已被证明不起什么作用。苏俄的大量地下自然资源,要加以开发至少还要两年时间。它的石油产量,即使在平时也只能满足国内需求,而没有剩余可运往德国。

至于法国的对日政策,这份报告说,由于英、美改变对日政策的结果,将有所变化,但未必对中国不利。日本为了反对苏俄而有意接近英、美、法集团,这是国际政治中的一个新因素;这个因素对上述各国政府都有好处。至于英、美、法希望日本不和德国站在一起的这种愿望,将有助于说明巴黎日益要求采取新的外交政策。因此,近期即将到任的新任日本驻法大使泽田终将由于法国的这种有利情况而获益。报告说,当时美国驻东京大使格鲁和英国驻东京大使克莱琪正在和日本外相野村举行会谈,而法国大使亨利迄今只和野村谈过一次,因为法国通常是追随英、美的远东政策的。

在具体援助中国方面,法国外交部那时执行着一种犹豫不决的政策。例如,中国交通部长建议把那些原为修筑从南宁到镇南关的铁路而订购并已到达的器材,转用于修筑昆明到叙府的铁路,以便把滇越铁路延伸到四川省。在法国政府的保证下,为修筑镇南关至南宁的铁路提供资金的法国银行集团本来也赞成这个意见。但是法国政府本身对批准此项建议却犹豫不决。

与此同时,南宁的失守和经由广西的运输路线被切断,使中国政府更加急于实施另一个计划,就是在海防港建立一个自由贸易区,由中国政府用以储存和运输中国的进出口货物。这个意见也得到法国银行集团和印度支那地方当局的坚决支持。因为它有助于发展印度支那的商业。只有少数与印度支那进行贸易的法国银行和商号反对这个计划,他们唯恐会把海防本市的大量贸易转移到自由贸易区方面。而法国政府对此又一次犹豫不决,即使莱热本人替中国说情也无济于事。

简言之,法国对中国、对印度支那和对日本的政策,在相当长的一段时期内都保持一种不稳定的状态。法国国内的意见分歧较大,这是每逢一事都迟疑犹豫难于作出决定的原因。法国外交政策的主要制定者都把注意力集中于赢得欧洲战争的胜利,并把其他问题,诸如印度支那的防务和促进法国在远东的利益等,放到获得欧战胜利以后再说。

与此同时,中国方面有一个新的因素需要考虑,那就是1939年12月30日"日汪协定"的签订及其影响;继这个协定之后,于1940年3月成立了"改组的中国国民政府"。汪、日之间的谈判进行了相当时间。可能汪精卫在条件上和日本讨价还价,谋求某种程度的权力和独立,用以为他的行动辩护。最后,协定于1939年12月30日签署,而协定全文则予保密。重庆的中国政府直到汪的两个秘书脱离他的阵营并高价出售协定抄件时,才得悉这个协定。

1940年1月23日,外交部致电中国驻巴黎大使馆称:1939年12月30日,汪精卫与日本签订的协定全文,已由高宗武、陶希圣予以泄露,即"日支新关系调整要纲"。来电并列举了协定各款。

重庆付出了一大笔钱买到达份协定。对其内容研究之后,他们发现,协定远远超过了他们的猜想。蒋委员长大吃一惊。他当时对国民党中央委员会报告说,这个协定等于日本对中国的全面统治。

协定的内容泄露后,外交部指令我向法国政府提出此事,并转达中国政府不承认汪精卫这一行动,不只是对该协定本身,而且特别是对宣布成立的所谓改组的中国政府。依照日本的计划,这个政府将成为全中国的中央政府,包括设在北京的华北傀儡政府和设在南京的前华中傀儡政府,以及"蒙古联合自治政府"。换言之,日本由于不满蒋委员长不肯顺从日本达成和平解决,最后决定撇开国民政府,而建立一个完全服从东京的政府,以便使日本的东亚政策更易实现。

我一收到外交部的指示和该协定的译文抄件,就向法国外交部提出此事,首先连同译文抄件递交了一份备忘录和蒋委员长就此发表的声明全文,接着,在 1 月 27 日,我亲自拜访了莱热。我的第一项任务是要确实探明他们不打算承认新政权。(在我几次交涉之后,法国确实作出了这样的决定。我在交涉中,特别强调了华盛顿的坚定态度和华盛顿致日本的强硬照会。华盛顿的照会表示,美国不但反对建立这样一个政权,而且如果日本继续进行下去,那就将严重影响美日关系。我指出,如果法国采取相反的行径,而对新政权给予任何形式的承认,那就不仅将损害中国的地位和中国人民决心继续抗战的士气,而且将引起美国对法国的误解。我认为,这是法国应该慎重考虑的一点,因为在欧洲战争中,美国对英、法的同情和支持是必不可少的。)其次,在我确信法国对南京汪精卫政权将不予承认之后,我想说服法国外交部在罗马采取某些外交步骤,以阻止意大利外长齐亚诺对汪精卫政权给予正式承认。我感到十分不安的是,齐亚诺有可能正式承认汪政权,因为他已致电汪精卫表示祝贺,我把这看作是意大利意向的一种暗示。

1 月 26 日,我致电外交部,向我国政府正式建议采取步骤,以阻止意大利实现其承认汪政权的意图。但我是在同一天早些时候和美国大使蒲立德交换意见之后才这样做的。在交换意见中,蒲立德对我的建议衷心同意。事实上,汪政权的成立,是我们谈话的主题。

我交给蒲立德一份汪日秘密协定的抄件,和蒋委员长关于此协定的声明,并向他指出,这个协定是日本对华野心的证明。美国大使告诉我,11 月初,美国政府曾向日本政府发出正式照会,声明如果日本建立汪精卫傀儡政府,那将使美日关系大为复杂化。但是,大使还告诉我,他最近访问罗马时,看到了美国国务卿最近给那里的美国大使的指示。指示要求大使把 11 月份美国给东京的照会抄件转交齐亚诺参考。然而蒲立德尚未得知美国大使在罗马是否已经见到齐亚诺,也不知会见情况如何。他询问我曾否从中国驻罗马大使馆听到什么消息。

我告诉他，我头一天下午收到了中国驻罗马代办的报告，得知美国大使已经访问了齐亚诺，并告诉他美国政府不赞成汪精卫建立一个政府的企图。美国大使还询问了齐亚诺给汪的电报。齐亚诺辩解说，那份电报是答复汪的一封来信，汪在信中对他住在天津意租界时所受到的款待表示感谢。据这个报告说，尽管齐亚诺的行动是出自意大利和汪精卫所共有的反共政策，可是那份电报却被说成是私人间的通讯。报告还说，齐亚诺认为重庆国民政府与苏俄联结得太密切了。

蒲立德同意我的说法，即齐亚诺的解释根本不成其为解释。他也把齐亚诺的举动看作是含蓄的承认，并猜想日、汪为此举动必然对意大利有相应的酬报。

接着，这位美国大使告诉我，最近美国政府曾给予意大利二千万美元信用贷款作为购买棉花之用。所以，他说，他将建议华盛顿通知罗马，如果意大利确实实现了承认汪伪政权的意图，美国将取消这笔信贷。我完全赞成这个意见，并且认为这是一个用先发制人的办法防止意大利正式承认汪政权的必要行动。我又说，如果意大利采取承认汪伪的行动，西班牙和匈牙利很可能仿效。为此，我敦促蒲立德建议法国外交部像美国那样通知罗马，法国是反对汪伪政权的。他于是告诉我，他已向法国外交部递交一份美国致东京照会的抄件。

我在给外交部的去电中照录了我和美国大使谈话的主要内容。由于我确信能得到他的支持，因而也确信华盛顿非常可能赞同他的意见，所以在电报中力促重庆采取措施，以阻止意大利、西班牙和其他国家以及法国以任何方式承认傀儡政权。我说，我要向法国外交部提出此事，敦促它与华盛顿协调行动，采取同样态度，并采取某些措施澄清法国的态度，我说，总而言之，我们也应当直接向意大利指出，意大利对汪政权的任何承认表示都是违反九国公约精神的，并向意大利表示我们的不满。我在电报的末尾说,这种外交行动也许不能有效地阻止意大利经过深思熟虑的举动,可是无论如何,这是我们必须采取的步骤。与此同时,外交部应该在华盛顿进行活动,敦促美国政府在罗马采取适当的步骤,以阻止意大利实现其承认汪伪的意图。

1940年1月27日,我去法国外交部访问了莱热。我一开头就说,我设想他还没有机会阅读日本和汪精卫之间签订的秘密协定,以及蒋介石将军关于此协定对中国人民和友好国家所作声明的全文抄件。我愿向他指出该协定有些条款的严重性,这些条款不但影响中国的主权和独立,而且也影响法国和其他西方国家在远东的利益。作为例证,我提到了关于海南岛的规定。我告诉他,汪精卫已同意承认日本在海南岛的特殊权利,同意该岛的行政应该委交一个自治机关管理,并同意一切有关日本在该岛驻军和该岛的防卫,经济开支,以及诸如邮电通讯管理等问题,均应直接由日本人和该行政机关商定。我说,很明显,这些条款规定等于由日本并吞该岛。

我提醒他,我在过去几个月曾几次谈到海南岛的问题,并曾对他谈到有必要采取措施,以防止建立由汪精卫领导的傀儡政权。现在日汪协定的性质既已弄清,很明显,如果汪建成他的政权,那么,不仅中国的主权将严重地受到危害,而且西方国家在亚洲和中国的权益也将严重地遭受危险。我告诉他,我知道美国政府已经通知日本政府,美国反对在日本占领区由汪精卫建立另一个政权,而且清楚地说明,如果日本不中止推进汪的活动,将使美日关系变得更加困难。莱热插话表示同意,说我所讲的是正确的。他说,美国政府已经非正式地把它给东京的照会全文给法国政府看过。

然后我告诉莱热关于美国驻罗马大使对意大利外交部所采取的外交步骤,也就是把美国政府对于汪在日本统治的中国地区建立傀儡中央政权活动的态度告诉齐亚诺,并询问齐亚诺打电报给汪的目的。我告诉他,我觉得,齐亚诺的这一姿态一定是出于想在汪政权建立后得到好处。我回顾在此以前曾告诉过莱热,根据上年夏季汪精卫和近卫之间的秘密协定,双方同意关于雇用外国顾问时,百分之五十应是日本人,其余百分之五十则由德国和意大利平分。那是在德苏条约签订之前的事情。现在德国可能已被除外,而致力于发展对日关系的意大利则将能享有那种特权。

我还回顾了上年夏季日本、德国和意大利的资本家曾组成两家公司,一家是为了促进华北的棉花生产,另一家是为了开发华中的矿产资源。我说,意大利虽然仍置身于欧洲战争之外,但无疑会对德国奉行善意的中立。它虽拒绝站在德国一边参战,但在以物资帮助德国方面,是毫不犹豫的。因此,可以预期,它从中国得到的原料等等,都会与德国分享。换言之,意大利对汪精卫的政策看来是出于为它自己,同时也为德国捞取好处的愿望。这必然有害于英、法的事业。因此,我认为法国政府应该在罗马采取同样的外交行动,把法国对汪精卫的态度告诉意大利。这种外交行动,不但会起到劝阻汪的支持者的作用,而且可使意大利得到这样的印象,即西方民主国家在远东政策方面是一致的。我认为这种外交行动甚至会得到华盛顿的赞赏,把它看作是对美国态度的支持。

像往常一样,莱热询问了中国政府在伦敦采取什么行动。我回答说,和在巴黎一样。

莱热说,法国政府对汪精卫的活动所抱的态度,从一开始就是明确的。它反对任何在中国被占领区建立中央政权的企图。鉴于汪精卫和东京之间协定的性质,他认为法国政府再次告知东京它反对这一活动的做法是适当的。他说,这是一个必然的步骤,而东京也会理解这一步骤,因为法国和日本在例如南威岛、海南岛,和日本最近轰炸滇越铁路等问题上存有冲突。

然而,莱热怀疑,在目前情况下,对罗马采取这样的外交步骤是否同样适当。他认为弊多利少。他说,最近意大利和法国的关系,被墨索里尼弄得很紧张。墨索里尼正力图重新增进罗马和柏林之间的密切联系。看来意大利是在执行一项对抗英、法,发展与德国的亲密关系的政策。法国反对汪精卫的活动这件事,正可能被意大利用作支持汪精卫的又一个理由,以显示意大利反对民主国家。

对他的这番话,我回答说,既然美国政府已经采取主动,打开局面,法国的外交活动可以看成是必然的发展。但莱热怀疑,由于美国政府知道法、意之间关系不良,是否会欢迎法国这一外交行动。我告诉他,我体会到在东京采取外交行动的重要性,但我还是主张使法国驻罗马大使了解情况,以便意大利一旦提出这个问题,他就可以趁机声明法国的态度。我说,我认为在罗马采取外交行动是妥当的,因为意大利毕竟是九国公约的签署国。

我又说,意大利人可能不至于把法国的这一外交步骤看成是恶意的,因为美国政府已经这样做了。鉴于美国政府刚给意大利一笔用以购买美棉的二千万美元信贷,由于意大利需要美国的经济援助,而美国则对远东又非常关心,所以罗马不见得会把这个问题看成是一件不愉快的事。

莱热说,两国间的关系已处于如此状况,以致很难就任何问题进行有益的讨论,更不用说远东问题了。他说,在过去几年间,意大利从来没有提过中国问题。但是他仍将通知法国驻罗马大使,并由该大使酌情利用可能出现的适当机会。

在这一点上,我想解释一下,在我和驻在国政府,以及有时和在日内瓦的各国代表的所有谈话中,我总是设法了解他们的新观点和利益,并设身处地分析局势,然后提出我的看法,指出怎样做既能最好地保护他们的利益,同时又能支持中国的事业。我发现,把我自己放在另一方的地位,了解他的观点,理解他的国家的处境,然后设法找出中国的利益和我与之谈话的代表的那个国家的利益之共同基础,这样做总是有益的。我发现,这是得到另一方的理解,同时为我们国家的事业服务的很有益的方法。这里就是又一个例证。起初莱热由于法意关系恶化,对哪怕是在罗马向意大利提出这个问题都非常反对。他甚至认为,向意大利政府提出这个问题是弊多利少。但在我对他解释了事情的实际情况以及我的看法之后,他终于同意通知法国驻罗马大使,并让他酌情在适当时机向意大利政府提出这个问题。

我接着谈到了日本轰炸滇越铁路。我说,我知道法国政府已在东京进行交涉和抗议,并问他是否收到什么答复,以及日本政府是否保证今后不再轰炸滇越铁路。莱热说,答复不是令人满意的,而且没有从东京得到任何保证。相反,日本政府在答复中要求法国不仅要停止军需物资的运输,而且要停止一切物资的运输。换言之,是要求全部断绝铁路交通,而且答复的用语实际上等于最后通牒。

我说,这正是我所担心发生的情况。当上年12月底法国当局释放降落在印度支那领土上的日本飞机时,我对法国的态度大为吃惊,并感到日本人不会把这看作是法国的和解姿态,而是当成软弱的表现。

关于这件事,我想提一下1940年1月23日我给外交部的电报。一架日本军用飞机在前往轰炸滇越铁路的中国一段途中,因雾被迫降落在印度支那,后来由印度支那的法国当局予以释放。根据重庆的训令,我向法国外交部提出了抗议。正如我在去电中所报告的那样,法国人对我解释说,他们自己已抗议日本政府派遣军用飞机通过印度支那对边境的中国一侧进行作战活动。可是日本从来也没有作出令人满意的答复。相反,他们提出反抗议,说法国一直以允许属于中国政府的武器弹药通过印度支那的方式支持中国。法国则表示那不是事实。

由于日本已经对中国的过境转运提出正式抗议,法国政府曾向日本明确表示,法国是在其条约权利范围之内行动的。他们指出,由于日本封锁了中国全部海岸,印度支那与中国之间的铁路就成为与中国进行国际贸易的唯一贸易路线。不仅日本无权宣布封锁中国海岸,而且法国根据国际法和条约义务,不能随意拒绝使用这条路线。这些论点都是肖维尔对我讲的。他进一步解释说,法国采取这种立场,为的是使问题成为国际上关心的问题,从而把英、美包括在这件事情之内。

正如我在 1 月 27 日对莱热讲的那样,我认为法国对此事的行动将被日本看作是软弱的表现。我觉得这会怂恿日本军国主义者进一步轰炸这条铁路。我说,事实上,继释放日本飞机后的几天中,就发生了几次严重的轰炸。

莱热说,释放那架飞机是一次绝无仅有的友谊行为。而且也因为那架飞机不是降落在边境附近,而是在远离日本想要袭击的中国领土的地方。在东京,已向日本外相明确表示,这种情况今后不得再次出现,而且法国保留今后不但有扣留降落在印度支那的日本飞机,而且有用高射炮向飞机开火的权利。据莱热说,日本外相以不知道这种轰炸为借口替自己辩解。莱热认为,很可能东京不知道日本军国主义者在中国的所作所为。但是,无论如何,法国政府不会容忍这种事件再度发生。如果事件再次发生,法国决心采取必要的行动。

我说,日本要求停止经滇越铁路往中国运输物资,是一个荒谬的要求。法国有以条约为根据的权利,而且事实上,对所有愿和中国进行贸易的国家来说,这条铁路已经成为中国与海外的唯一交通线。

我们还研究了叙昆铁路合同和海防作为自由港等问题。在这些问题上,莱热似乎特别帮忙。关于法国军需部和财政部反对批准铁路合同一事,他曾请求国务会议主席达拉第赞助,并曾请他写信给财政部,使之放弃反对意见。现在财政部和军需部已放弃反对意见,而公共工程部又提出了新的意见,莱热又在采取类似的方法,要求国务会议主席对此事进行裁决。

至于为什么尽管这些事情像其他事情一样容易激怒日本,而他却很帮忙,我总的印象是,他和巴黎金融界很友好,他认为那是法国政策的重要工具。每当中、法之间在涉及法国工业和金融利益的财政谈判，尤其是关于铁路建筑或铁路沿线开发矿藏等出现困难时，他通常是很帮忙的。这就是他们总态度的一部分，也是法国政府总政策的一部分。

我想就和巴黎谈判销售钨矿砂一事补充几句。此事曾引起很大麻烦和困难。法国驻重庆大使馆曾尽力推动，但是法国驻重庆的其他各部代表提出种种难题，延误了谈判的进展。中国方面十分希望印度支那取消征用中国存放在那里待运的钨砂的命令。通过法国驻重庆大使高思默斡旋，这一点最后是办到了。但是，有些和重庆经济部谈判的法国代表缺乏妥协态度，使翁文灏部长很生气，结果是会谈几乎处于停顿状态。

为此，我求助于莱热。我说，如果钨矿砂的问题不能取得进展，那将是极大的遗憾，我把这件事看作中法合作的开始，并希望在发展这种合作方面取得巨大成果。我对他回顾了中国政府对法国所从事的战争的友好态度，提起了1939年9月我面交他的备忘录，那份备忘录宣称，中国政府准备在法国进行对德战争中，向法国提供人力和物资的援助。我告诉他，如果密切合作的光明前景毁于法国驻重庆的一些代表的反常态度，那将是极大的遗憾。

我告诉他，法国大使高思默了解局势，并且合情合理地观察局势，但其他人则不是这样。作为例证，我指出在高思默到达重庆之前，法国大使馆的一位代表隆东告诉中国经济部长，法国每年需要钨砂约六百吨。目前滞留在印度支那的数量为三千一百吨。由于高思默在交涉中指出法国的需要量实际更大；经济部长提出分配七百七十吨给法国，并在后来答应另外留出五百吨以应法国的进一步需要。但是，当高思默赞赏中国建议的精神而同意打电报给巴黎时，法国军需部的代表却坚持要求分配一千七百七十吨，并且拒绝向巴黎报告。

莱热说，那些技术人员实在不能胜任国际谈判。他们没有才干，不懂得谈判的微妙性，也缺乏进行谈判应有的精神。莱热答应我的要求,同意把这件事情立即提交有关的部,而由有关部电告其在重庆的代表改变态度。

2月2日,在和蒲立德大使以及法国殖民地军参谋长布吕尔将军进行了坦率的讨论之后,我发了一封有关中法军事合作的重要电报给外交部和行政院长孔祥熙。

我在1月26日和蒲立德大使会谈之后,安排了蒲立德和布吕尔会晤。我在那次会谈中对蒲立德讲过,鉴于南宁失守,战斗在广西进行,我相信现在是法国切实援助中国的时候了。广西的军事形势对中国相当有利,但是因为缺乏重武器和飞机,原定收复南宁的反攻尚未进行。

我告诉蒲立德,我知道法国在印度支那有大量这类物资。如果能把其中一小部分悄悄地运过边界,将对中国有很大的价值和帮助。我知道印度支那空军有三百架飞机,如果能把这些飞机中的一部分供应中国,那情况就会大不相同。蒲立德说,他知道中国在成都已有四百架飞机。那是一位很可靠的权威人士告诉他的。他认为那些印度支那的飞机质量很差,而且相当陈旧。他还听说,中国缺乏足够的飞行员。我说,成都的四百架飞机须要照顾几条战线,而且要保卫远至兰州、西安和中国控制下的一段粤汉铁路以及滇越铁路等广大地区。虽然印度支那的飞机可能式样不很新,但还是很有用的。

关于飞行员,我说,中国一直在不停地训练新人,去年年底已有一千名结业。但是,因为训练是匆促进行的,可能这些飞行员不善于驾驶最新式的飞机。这就解释了蒲立德所注意到的情况——前几个月,中国空军的战斗是由苏联飞行员驾驶苏联飞机进行的。

蒲立德说,他愿意和布吕尔将军交谈,并由我安排午宴的日期。我把午宴安排在2月1日,那是蒲立德大使回国述职的前夕。我们谈话的主题是法国如何能更有效地援助中国抵抗侵略。

鉴于中国急需各种军事装备,我向布吕尔提出,如果印度支那能转让其部分轰炸机和重炮,以加强我国对云南省的铁路线以及对广西全省的空防,同时增加中国反攻日本的准备,那将对中国的事业有巨大的帮助。我建议美国大使将此事提请罗斯福总统考虑,请他推动法国政府办理。

正如我在 2 月 2 日的电报中所说,我之提出这个建议,特别是因为法国已向美国订购数以千计的飞机和数亿元的军事物资。法国这种行动之所以成为可能,是由于美国总统的同情、支持和鼓励。因此,如果能够说服美国总统代中国向法国说项,效果一定很大。我的建议得到了美国大使的衷心赞成。但是他询问中国是否确实很需要飞机,因为他曾听说中国并不缺乏飞机。尽管如此,他对我的动议还是表示同意。

布吕尔同样对我的意见表示赞成。他认为华南和印度支那唇齿相依,因而相信中、法密切合作是必要的。但是,他认为把重炮转让给中国是十分困难的。至于把飞机借给中国,他有几分担心中国飞行员所受的训练不足以驾驶这些飞机,他倾向于赞成中国雇用外国飞行员和技师。他还指出,由于法国的这种援助属于政策问题,所以当然要由法国负责当局决定。但是,为了促使巴黎作出有利的决定,他也认为最好由美国表示赞成并共同说服巴黎同意。蒲立德赞同这位将军的意见,并答应在他回到华盛顿后就向罗斯福总统提出这些建议。

鉴于蒲立德大使和布吕尔将军的论点,我想要核实我原来说的中国急需飞机和重炮确属实情。因此,在向重庆汇报了这次交谈之后,我询问是否需要更多的飞机驻守在云南和贵州。我说明,据我所知,印度支那空军大约有三百架飞机,但是大多数是旧式的。如果法国以租借方式把若干架移交中国,法国可以在美国买进最新型的飞机作为替换。至于能转让中国多少飞机,以及应该按什么价格付款,那是可以由中、法双方商讨的事。就我方而言,我们可以从美国政府提供给我国使用的资金中支付给法国,或者可以用中国的原料偿付。最后,我又说,这项计划不仅适应我们进行战争的一些急需,而且将同时促进中、法、美之间在远东更密切的合作,因而应当是受到法国欢迎的事。但是,由于我在军事方面缺乏专门知识,如果没有这种急需,那么我的建议当然可以不予考虑。

孔祥熙没有回复我的电报,蒋委员长则于 2 月 16 日电告我,我国最急需的是法国的山炮和野战炮(适合于反攻行动的武器)。如果能够买到二三百门这种火炮,我们对最后胜利就更有信心了。蒋委员长说,至于飞机,那是次要的。如果他们能让中国买最新型的军用飞机,他将十分感谢。关于飞行员,他说,到当时为止尚不缺乏,但是他非常感激殖民地军参谋长和美国大使的友好情意,并嘱我转告他们。

在此期间,我和殖民部长孟戴尔在 2 月 7 日研究了这个问题。那是一次相当长而饶有兴味的交谈,这个问题是所谈的一点。一开始,我们谈论了汪精卫和日本的协定。这位部长感谢我给他一份汪精卫和日本协定的抄件,以及蒋委员长的有关声明。我说,这个秘密协定清楚地说明了日本对中国和对东亚怀有很大野心。我请他特别注意有关海南岛的部分。

孟戴尔说,日本的野心已经为人所共知,而且他从不怀疑日本的扩张愿望。但是,他认为日本目前对民主国家的政策是缓和的。它的真实目的大概是打算在目前有利的情况下对苏俄作战。至于目前法国的政策,则是致力于赢得欧战胜利这个主要目的。由于这个原因,法国旨在安抚日本,以便在欧洲有充分的行动自由。

他的说明使我有几分惊讶,因为他过去总是倾向于帮助中国的。但是,显然欧洲战争和法国人对苏俄的普遍厌恶情绪对他有所影响,因为这位部长现在也倾向于支持安抚日本的政策,其用意是使法国在欧洲有充分的行动自由。可是我对他说,法国致力于赢得战争胜利,这是可以理解的。但是我怀疑日本是否能对苏俄作战,因为日本军队在与中国作战两年半之后,已经大为削弱了。

孟戴尔说，他认为日本在军需物资的储备方面，比在战斗实力方面削弱得更多一些。然后他向我询问齐亚诺致电汪精卫的原因，实际上他是暗示，一旦汪政权组成，意大利将予以承认。

我回答说，去年夏天我得到电报称，汪精卫在东京和近卫及其他四位内阁大臣达成一项秘密的非正式的协议。其中条款之一是，汪的新政权将雇用外国顾问，其中百分之五十是日本人，德国人和意大利人则各占百分之二十五。这个协议是在苏德条约签订之前达成的。作为这个协议的结果，已经用日本、意大利和德国的资本组成两个公司，以促进华北植棉和开发长江流域的矿产资源，二者的目的都是向上述有利害关系的三方供应原料。

孟戴尔说，美国对远东问题的态度日益坚定，但是英国在对待日本方面看来偏于软弱。他听说日、英之间的一个经济协定即将签订，而且伦敦显示了安抚日本的强烈意向。他遗憾的是，在美国态度强硬起来的时候发生这种情况；他并认为，中国应当敦促英国在对远东的态度上与美国保持一致。

我然后提出了滇越铁路问题。我说，这条铁路遭到频繁轰炸，不仅使中国关切，而且也必定使他焦虑。我说，我知道法国外交部曾向东京提出抗议，但未得到满意的答复。孟戴尔说，日本对那条铁路至少曾轰炸过四次；并说，未收到对法国抗议的答复。据最近同盟社报道，东京不可能作书面答复。从运输着眼，孟戴尔认为有必要加紧修建公路，这是他一直敦促的。他说，公路修好之后，不像铁路那样容易破坏。

我告诉这位部长，据我了解，印度支那方面已经大力发展公路，而中国当局方面也正努力推进公路建设，以期在边界上进行联运。我问道，据报道，法国向东京提议建立一个混合调查委员会，调查从印度支那向中国转运物资问题，这是什么意思。据一家报纸说，这个提议已为日本所接受。

孟戴尔说，法国的提议未被接受。这个提议是达拉第在他

（孟戴尔）的建议下向日本大使提出的。其目的是向日本表示法国的诚意,以便在东京谈判中获得有利地位。如果日本拒绝这个提议,则法国就处于有利地位。接着,孟戴尔说,前不久,有一位日本将军前往印度支那,并访问了现任总督卡特鲁将军,请求允许调查把中国的物资运往中国的情况和性质。总督严正地拒绝了这个建议,理由是,这等于在印度支那领土上行使管理和监督权,这是与法国的主权和尊严不相容的。孟戴尔说,但是,当前这种情况是由法国提出建议,因而与前不同。

但是,我说,如果这个提议被接受,日本人就可以提出种种异议,并指出某些物资的军事性质。以卡车为例,这是已获准过境转运的物资,而卡车在军事方面和在一般运输方面肯定都是很有用的。孟戴尔说,在某种意义上可以说,目前印度支那过境到中国的物资没有一种对中国的抗日战争是有用的。但是,无论如何,他相信不会出现大的困难,因为在和日本讨论日本占领海南岛的问题时,这件事已经对东京谈清楚了。什么是军需物资,以及什么物资禁止在印度支那过境,海牙公约和 1926 年的日内瓦公约都规定得很清楚。从上年初以来,法国给予过境转运便利的政策就是以日内瓦公约为根据的,事实上,从未允许该公约条款内所列的武器弹药过境。孟戴尔说,重庆也了解这一立场。据拉西曼博士讲,蒋委员长曾亲自对他说,关于转运,中国指望于法国的不是武器弹药,而是保证普通物资的过境不受限制,因为武器弹药是全部发往缅甸再运往中国的。

可是,我说,为了保卫云南境内的铁路,以及为了中国目前抗战的利益,我认为有必要采取措施阻止日本轰炸滇越铁路。我说,我知道飞往云南的日本飞机往往经过印度支那领空。我问,曾否下令对飞越印度支那的飞机开火。孟戴尔说,法属印度支那曾向日本飞机开火,但因后者飞得太高而打不着。高射炮对付空中的军用飞机用处不大,因为军用飞机总能安全地飞在高射炮射程之外。对空袭的唯一有效防御是派战斗机进攻轰炸机。荷兰、比利时、英国和法国的经验都已清楚地证明，一千发高射炮弹中很难有一发命中空中的轰炸机。

我说，我知道印度支那空军现在编制完善，而且至少有三百架飞机。我想私下和他商量，是否有可能把一部分飞机借给中国，以加强云南境内铁路的防空。我说，我知道大多数印度支那的飞机是旧式的，所以如果能以美国的新式飞机来取代借给中国的飞机，那对法国是有利的。此外，我说，印度支那空军的主要目的是在一旦受到日本的威胁时用来防卫印度支那，而如果中国在印度支那的这种补充支援下能削弱日本的空军，那就意味着减少了日本空军对印度支那的威胁。

孟戴尔部长说，印度支那空军并没有三百架飞机，总共只有四十架新式飞机和一百零七八架旧式飞机。为了向印度支那供应这样有限的飞机，他曾经历很多困难。他准备了资金，但是空军部不能供给他飞机。法国的飞机生产是落后的，本国所生产的全部须用于欧洲，但仍不足以应付作战需要，已向美国订购了大量新飞机。法国可能派往印度支那的飞机，现在都派到芬兰去了。关于用美国新飞机代替旧飞机的好处方面，他认为日本飞机并不是最新式的。他补充说，印度支那的一部分飞机是从荷兰订购来的。

我告诉他，日本飞机大部分是从意大利订购的，而且现在日本空军所用的那些飞机也不像战争开始时用的飞机那样陈旧了。孟戴尔怀疑在这个美国总统选举年，美国政府是否愿意作出像向印度支那提供援助这样的具体行动。他认为华盛顿的现政府为了政治目的将强调其和平意图，并力求以维护和平和使美国置身于国际纠纷之外的政纲来赢得选举的胜利。

我说，情况肯定是这样，但是我认为事情都取决于如何安排，中国正在买飞机，而且可以达成这样的谅解，即以所买的一部分飞机顶替印度支那借给中国的飞机。我告诉他，在蒲立德回华盛顿前夕我曾亲自和他交谈，而且这位美国大使表现了极大的关注,因为他始终对中国的事业表示同情和友好。我说,很可能他将和罗斯福总统磋商此事。对美国来讲,问题在于找到一个合适的方案,使总统能够在国会赋予他的权限之内,也就是在法律范围之内行事。我提出这个建议的想法,不仅是为了直接帮助中国,而且也是为了使美国关心印度支那,从而促进中、法、美在远东的合作。

在肯定了蒲立德对华的同情和友谊之后,孟戴尔接着说,还有飞行员的问题。他本人在物色驾驶最新式飞机的合格飞行员方面,就曾遇到过困难。受过时速三百公里飞行训练的驾驶员不能驾驶更快的飞机。我说,中国政府根据经验,一直在训练新飞行员,或者对旧飞行员作补充训练。孟戴尔说,应付这种困难的途径是,由铁路当局或云南地方当局,从美国雇用民航飞行员驾驶新飞机,从而让中、法两国政府能置身局外。

我说,问题在于找到一个谨慎从事的方法。但是,云南省政府不可能正式地主动去做,因为美国政府忠于其传统,历来愿意和中央政府而不愿和任何地方政府打交道。于是这位部长表示,如果美国同意保证把飞机送交印度支那以取代中国所借的飞机,此事有可能予以安排。他说,他愿在蒲立德从美国回任后和他商讨。

孟戴尔询问中国能否把高射炮集中起来保卫靠近边境的铁路,以便把日本飞机赶到印度支那。在印度支那那边,这些飞机就可由法国当局来对付。我说,为了保卫滇越铁路,必须有很多高射炮。现共有十六座重要的大桥和十个车站需要守卫,每处至少需要八门高射炮,这就等于总数约二百门。

我问他印度支那能否供应给中国一些高射炮,孟戴尔答道,印度支那本身还不够用。他说,中国可以向瑞典接洽买艾康高射炮。我说,我知道那是最好的高射炮,而且我听说中国已经订购了一些,但交货很慢,因为该公司的帐上订货很多。

我又说,我的武官曾告诉我,印度支那的法国人有个可以帮助中国空军的办法,就是交换日本军用飞机活动的情报。日本飞机要飞往云南时,通常得飞越印度支那。那不但是较直较短的路线,而且有避开广西和广东边境高山的好处。印度支那的防空肯定要比中国云南各省的防空组织得更好,如能在日本军用飞机一进入印度支那领空时,就将其行动通知中国方面,那就能使中国空军当局及时做出更好的部署,在日本飞机临近时予以对付。

孟戴尔说,那是属于空中侦察问题。他认为,如果做得十分谨慎而秘密,那是可以办到的。最好的办法是由中国最高统帅部派一些空军军官到印度支那,和印度支那当局保持联络。如果能够这样办,他将指派他部里的人与中国武官商讨计划和做出安排。

我提到了叙昆铁路合同批准的问题。他告诉我,他已经对财政部长雷诺谈过,这位部长同意并答应问一下他的办公厅主任,但是后者没有对出席最近会议的财政部代表发出必要的指示。然而,他认为没有什么困难,因为各部部长以前都赞同此事。他说,为了加快行动,他已亲自签发了一封信。

然后我提到了中国政府希望看到把海防改为自由港或者至少有个自由区,以供叙昆铁路之用,因为没有这样的港口设施,建成新线路后的用途就很有限。虽然孟戴尔说,坦率地讲,他赞成这样做并且相信能够办到,但他指出,问题的困难不是这件事本身,而是害怕这样的安排可能被别的国家援为先例。意大利曾要求法国把红海的吉布提改为自由港,供意大利的殖民地阿比西尼亚(埃塞俄比亚)之用。最近意大利发了一个又一个文件给法国政府。虽然意大利代表总说事情不急,但人们猜想意大利正试图造成一种局面,一旦时机来到就可以摊牌。因此,关于中国要求得到海防港使用便利的问题,是要找到一个既使中国满意,同时又不使法国面临意大利就吉布提提出同样要求的办法。孟戴尔接着说,关于对海防港的安排,关键是要避免法国方面承担具有法律性质的确切义务,而承担这种义务总会被认为是对法国主权的侵犯。他答应研究此事,并且说,等他拟出解决问题的方法,他将再次和我商讨。

我对他提到了钨砂的谈判以及在印度支那扣留钨砂的问题。我认为印度支那的行动是令人遗憾的,因为它引起了重庆的误解和不满。我说,征用的方法后来改为所谓"保护措施",这是强制执行,而这件事中国本来是充分准备以令人满意的方式和法国当局进行商讨的。孟戴尔说,最初受权处理此事的人们,以笨拙而缺乏策略的方式行事。实际上,既不是价格方面也不是数量方面的问题,法国真正关心的是不让这种物资流入德国。

我对他说,该货只有一小部分是给俄国的,绝大部分除了运往法国外,就是运往伦敦和纽约。这时,孟戴尔强调了同盟国正在对德国实行经济封锁战。他说,封锁部时刻警惕着不让任何对德国军队有用的东西运到德国,它这样做是正确的。他当然知道中国同样在进行反侵略战争,中国在国外有它的财政安排,和俄国也有某些合同需要执行,以换取俄国的武器供应。可是,他听说一些时候以前,有一批运往马尼拉的钨砂后来转装到一艘俄国船上,终于运抵德国。

我向他解释说,具体谈到目前这件事情,运往俄国的这一小部分,是用来偿付俄国所供武器的部分货款的。我说,我当然充分理解孟戴尔不让这种物资运往德国的观点,而这也许可以由俄国当局声明不予再出口来办到。至于当时扣留在印度支那的锑,我希望在钨砂问题圆满解决之后,准予顺利过境。

孟戴尔说,此事他不负责作出决定。他只是执行封锁部的决定,封锁部的目的是阻止任何有用的物资到达德国。他指出,既然封锁是作为一项战争措施开展的,就应该严格予以执行。他说,过多的例外最终将有利于德国。例如,运往匈牙利的大米曾获准放行,但却运往德国。运往德国的还有从满洲运出的大量大豆,从中国运出的大量钨砂。他说,如果打算使封锁充分有效,对这类事情就应该制止。

我趁机询问了目前法国和苏俄的关系。孟戴尔说,并不很好。他可以说,几乎百分之百的法国人反对苏联。对此问题,法国人大致可分为三类:第一,在思想感情上始终反对俄国的人;第二,像赫里欧那样的人,在苏德协定之前,曾经鼓吹和促进苏法互助条约,并坚决主张苏法合作,而现在则出面支持芬兰反对俄国;第三,由于莫斯科态度的彻底改变而感到精神上苦恼的人。

孟戴尔接着说,他对莫斯科的外交政策有他自己的分析。莫斯科与柏林恢复友好关系的决定性因素是担心出现英、法、德反共协约的危险。为了克服这种危险,莫斯科决定在欧洲挑起这三国之间的战争,以便其后在成百万人遭到屠杀,而这三国都被削弱时,欧洲就成了布尔什维克化的沃土。但是他不愿在法国人民面前摆出先知者的样子。他愿意把他的政策和行动的功过留给后世去评价,而不去影响他们。他又说,他同情芬兰,但是他认为这不影响法国的对德战争。全国应当把注意力集中于赢得战争的胜利。

当问到他对英国和苏俄的关系的印象时,孟戴尔说,两国之间没有破裂的危险。英国不像法国那样反苏,它现在正在等待苏芬之战的结果。如果芬兰最后被红军侵占,北欧的局势就会改变,届时同盟国将不得不估量这种新的发展。

拉西曼是法国殖民部长孟戴尔的亲密朋友。在对我谈到他和孟戴尔的交谈时,他明确表示,甚至孟戴尔本人也减少了对远东和中国的兴趣。拉西曼的解释是,在这位法国殖民部长的心里,最重要的事情是打败德国,所有其他问题都必须服从于这个目标。在这点上,他是他的老上司克里孟梭的忠实信徒。

由于这个原因,孟戴尔认为有必要安抚日本,尽管他过去在法国政府里一直是中国的坚定朋友之一,并且曾在法国内阁讨论中日问题中做了大量支持中国的工作。作为他改变态度的一个例证,可以指出,当日本航空公司要求建立经由印度支那到欧洲的航线时,他立即表示同意。同样,他支持法国外交部和东京进行谈判的意见,以减少两国之间的摩擦,而且如果可能的话,还要把日本争取到欧战的盟国一边。

2月9日,我在大使馆会见了拉西曼。他即将去美国,并于启程前来访,重订联系。他说,他在伦敦曾讨论过实现英、法、美、中合作问题,并曾和孔祥熙有电报往来。他认为当前局势已出现新的因素,这将使合作成为可能。中国有钨砂矿和某些其他矿产,这是盟国进行战争所急需的物资。盟国的另一当务之急是防止中国的这类原料运往德国。另一方面,日本飞机对滇越铁路的频繁轰炸,将使缅甸公路成为中国对外交通的唯一安全路线。这条公路不仅在输送物资上对中国很重要,而且对以三个民主国家为一方,以中国为另一方之间的贸易也是很重要的。他的意见是,中国的矿产及其他原料可以作为改进与发展滇缅公路的贷款基础。

他接着说,孔祥熙也曾要求他探明由国外资助偿付经由印度支那铁路和缅甸公路运输费用的前景,这些运费均需由中国以外汇支付。他认为孔的方案是切实可行的,并曾在伦敦和英国政府的一些成员讨论这一方案。他说,据他了解,英国的态度是这样的,他们希望了解更多的情况。由于援助中国的运输一事一直掌握在美国人手中,伦敦没有必要的文件。伦敦现已向英国驻重庆大使去电了解更多的情况。但是英国人通知他,如果中国向美国政府提出计划,而美国政府和英国政府商讨此事,英国政府将予以有利的考虑。

拉西曼说,在法国这里,全部注意力和关心都放在欧洲战争上。他接着告诉我,即使是孟戴尔,他对远东和中国的关心也变小了。拉西曼的印象是,肖维尔是法国外交部中唯一积极同情中国的人,而目前在援华政策方面,竭力拖住外交部后腿的正是殖民部。他说,莱热本人也是比较同情中国的,但是他忙于欧洲局势,以致顾不上,或无心关注远东的问题。他几乎把全部问题都交给肖维尔,因而肖维尔是能够帮中国大忙的人。

拉西曼认为,法国愿意和美国融洽相处。所以,如果由美国政府与之接洽在贷款和改进运输设施方面帮助中国,法国必定会予以支持。他认为,从中国购买矿产的谈判问题,最终将由盟国供应委员会办理,该会的主席是让·莫内。

我问他对法俄关系的印象如何。他说,人民都反对俄国。但是那些致力于和莫斯科决裂的人,实际上都是失败主义者。他们推想,如果法、俄之间发生战争,德国和同盟国之间的和平谈判大门就打开了。但他知道,就法国政府而言,除非俄国对法国宣战,否则法国是不会对俄国发动战争的。

我问他是否听到关于诱使日本进攻俄国以引起一场日俄战争的密谋。拉西曼说,这个密谋前一时期曾经有过,但现在已经放弃。现在巴黎和伦敦负责的领导人都认识到,日本军队为数微不足道,不能和俄国作战。他说,他们不再抱有把日本拉到同盟国一边的想法。如果日本参加同盟国,他们认为,在日本军队目前已被削弱的情况下,与其说是一项资产,倒不如说是一项负担。

这表明,同盟国已发生了态度上的转变,并已开始发现把日本拉到同盟国一边是不大可行的。另一方面,拉西曼的推论是否符合实际情况,还是个疑问。虽然日本军队在中国陷入了困境,但它决非微不足道的力量,而且在整个对华作战过程中,日本海军并未触动。如果它想干,就能大干一番,后来日本南进印度支那、马来亚、印度尼西亚,接着又侵入菲律宾和香港等事件就是明证。拉西曼对我说的这些形势分析,只是事后追忆所及;不过不是他自己的看法,而是转达别人的意见。这些看法,实际上并不符合当时的具体情况。

1940年3月2日,《晨报》发表了法国总理达拉第会见日本记者的报道。据报,达拉第在回答日本记者的问题时曾说:"不,法国不支持蒋介石。"同一天的《瑞士报》报道了另一则消息说,在会见《大阪每日新闻》的代表时,法国总理曾声称,法、日两国政府间的会谈不久即将开始,可望由法国政府承认"满洲国"。

这些报道使我和重庆都感到不安。我甚至在向重庆报告这两则电讯的内容之前,就迅速向法国政府提出此事。我会见了法国外交副国务秘书里贝,他代表兼任外交部长的达拉第总理。他说,《晨报》的报道绝对不真实,遗憾的是,此种叙述竟逃过新闻检查而在报端发表。当我敦促其正式予以否认时,他说,他可以请达拉第指示法国驻重庆大使向中国政府解释,但是他拒绝在巴黎发表更正。

关于所传法国政府的意向,里贝说,那也是不正确的,有会见记录可证。但是他同样拒绝发布声明予以更正,他的理由是,不宜与记者争论。当我进一步敦促他,并建议如果不作明确否认的话,至少应该发表一个一般的声明,说明新闻报道与会见记录不符,他同意作一般的否认,以满足我的要求。

一周后,我于3月12日会见了肖维尔。我希望他更清楚地解释所传的日本就远东问题向法国政府提出的建议,我还想弄清楚法、日两国政府之间是否确已开始谈判。这位亚洲司司长告诉我,所谓的建议,想必是指前些时候日本要求法国政府停止支持重庆政府,并停止给予印度支那过境的方便。我问,如果法国接受了日本的要求,日本是否保证印度支那的安全。他作了否定的回答,而且还说,谈判并未开始。他告诉我,日本政府可能希望等到其国内局势平静下来之后再和各国政府进行全面会谈。他听说,日本政府的意图是分别和华盛顿、巴黎、伦敦及莫斯科谈判。他告诉我,至少东京方面似乎并不急于和巴黎开始会谈。

肖维尔对我解释说,他一直赞成和日本政府举行会谈,并曾向莱热建议这样办,作为弄清日本意图的手段。他进一步说,在拒绝日本上述要求时,法国政府曾向东京明确表示,法国准备讨论日本提出的任何建议。他认为,保持讨论的途径畅通是明智的政策,因为如果巴黎、伦敦、华盛顿拒绝和日本交换意见,这种拒绝就可能把日本赶到莫斯科的怀抱里,使日本感到和苏联恢复友好关系是它的唯一出路。他进一步解释说,在目前欧洲局势之下,日、苏友好不仅对同盟国是不幸的,而且对中国的抗战事业也是有害的。他认为日本对与法国政府会谈迟迟不前,也可能是想先建立汪精卫政权,以便在和同盟国会谈时掌握主动,因为他本人一直感到,建立这样一个政权会使法、英、美十分为难。在一切问题上,例如海关、货币和长江航运等,日本都可以躲在新政权的背后操纵。因此,他认为重要的是用先发制人的办法防止建立新政权。

在军事合作问题上,在军事情报的交换方面,出现了许多完全意料不到的复杂情况。按照同殖民部的谅解,并经殖民地军参谋长同意,中国军政部派出了一位联络官前往河内和印度支那的法国军事当局就日本武装力量的行动,特别是日本空军和飞机的活动交换军事情报。这位联络官是昆明空军军官学校的常某(音译)。这种安排是非正式的,不通过巴黎外交部或国防部而由殖民部来执行此事。在巴黎,中国方面由我的武官唐将军办理。

不幸的是,在试图把这位空军军官的名字通知殖民地军参谋长时,唐遇到一些意外问题。唐报告称,布吕尔将军抱怨说,以前接受中国军政部为经由印度支那转运军用物资而派驻河内联络官一事,虽然纯属为了便利处理事情而作的机密措施,河内接待他,也完全是在法国外交部或国防部不知道的情况下非正式安排的,但由于某种原因,此事已为法国驻重庆大使馆武官知悉。该武官向国防部总参谋长报告称,此事系由我的武官在巴黎和殖民部长商定,而法国驻华大使馆事先并不知情。该武官的报告措词明显地表示了不满。从而显然使殖民部处于十分困难的境地。因此,这次布吕尔拒绝把这位空军军官的名字通知印度支那。

只是在唐坚持之后,布吕尔才同意提出一项解决办法。他准许这位新军官常某以个人身份秘密前往河内。由中国许总领事首先把他介绍给驻军总司令。他可以向总司令说明他的使命是要获得关于滇越铁路防空的情报。然后他可以要求总司令把他介绍给驻印度支那的法国空军司令。布吕尔告诫唐说,他的建议也许不会碰到困难,但一切必须极端谨慎而秘密地进行。

这就是我在 1940 年 3 月 9 日向蒋委员长报告的电报的主要内容。大约与此同时,在答复委员长 2 月 16 日关于中国需要重炮和高射炮的电报中,我向他报告说,美国大使尚未回到巴黎,但是我已经和法国人商谈此事。他们很愿意设法满足我们的要求,并已指派采购经理人奥迪内办理。然而法国各方面一致敦促我们极端谨慎而秘密地进行此事,以防止在外交战线上发生纠纷。

我报告说,目前安排的要点是以钨和锑交换军用物资,这些物资将由法国在以物易物的基础上供应中国。法国军需部和劳动部已委派奥迪内带领一个代表团前往中国,作为和我们详细讨论安排办法的中间人。易货总数以当时储存在印度支那的钨和锑的价值为限。至于今后这些物资的供应,我说,此事将向英、美两国政府提出,以便在四国全面合作的基础上进行共同安排。我向蒋委员长报告说,奥迪内将于月底到达重庆。

我接着报告说,据法国驻重庆大使馆给法国外交部的报告称,中国不需要大炮,但我已解释说,这一定是出于误解。我说,我已使法国当局确信,这种误解想必是由于不正确的翻译所致,他们对我的解释表示惊讶。

顺便提一句,上述例子足以说明在日本人的不断秘密侦查和日本新闻机构的活动下,进行这样远距离联系是何等困难。日本的新闻机构不断蓄意发出假报道,以引起更正。这是一种外交诡计。

甚至早在 1940 年 3 月中旬,我就向外交部报告了巴黎可能出现政治风暴,以及法国政府可能再次改组。苏芬和约已于 3 月 12 日在莫斯科签字,莫斯科在最近这场短暂的战争中获得了明显的胜利。我在 14 日给外交部的电报中说,因为苏、芬之间突然实现和平解决,法国舆论尖锐地批评了政府。报刊普遍谴责瑞典和挪威,因为他们拒绝允许同盟国军队过境以帮助芬兰作战,而法国政府也成为报刊攻击的对象。报刊谴责法国政府拖延派兵援助芬兰,并认为苏、芬争端的解决不过是为瑞典铁矿砂输入德国以供应其军火工业打通道路,从而使同盟国对德国的封锁失效。(按报刊的说法,在这场混乱中,唯一的胜利者是希特勒。)

那些在苏芬问题上试图为政府辩护的人说,派遣军队去遥远的地方作战,是违反所有正统的军事学原理的,因为这些军队如果被打败,他们的失败就会影响欧洲的整个局势。这就是政府必须十分谨慎的理由。但是批评者说,既然那样,政府一开始就不应该设法制造一种愿意援助芬兰的气氛,不应该答应派军队到那里去公开与苏俄对抗,甚至答应法国将尽力援助芬兰,以防止芬兰被苏军打败。现在芬兰已突然投降,批评者就要问,法国怎样对芬兰的投降作辩解。我在电报末尾说,法国议会中的批评意见很多,批评者肯定要质问政府,并迫使政府宣布对此事的责任。一场政治风暴很可能正在形成。

一周后,3月20日,我去电说,虽然议会两院最后都对政府投了信任票,但上议院有六十票弃权,下议院有三百票弃权,这说明了议会的真实意向。这种情况在内阁中引起了对是否辞职发生意见分歧。有些阁员说,在议会里有这样多的弃权票,说明事实上政府已失去议会的信任。最后,内阁辞职了。3月21日,新内阁组成,并宣布了成员。前财政部长雷诺任新内阁总理兼外交部长。国防部、殖民部和海军部无变动。但是社会党在新内阁中扩大了地盘,占有四名部长职位。

在中国,1940年3月30日,汪精卫的政府在南京粉墨登场。两天前,即3月28日,经过与重庆商量之后,我和中国驻欧所有外交使团的负责人联名致电林森主席、蒋委员长、五院院长、各部部长、各社会团体、新闻界以及全国人民,指斥汪精卫建立的傀儡政权是叛国行为,这种背叛行为只能危害中国的抗战事业,只能帮助敌人危害中国。由我领衔,联名签署的有在伦敦、比利时、德国、波兰、荷兰、捷克斯洛伐克、瑞士、丹麦、挪威、瑞典、意大利和葡萄牙的同事。在电文结尾,我们要求外交部在名单上加上那些曾被征询意见并请其直接电告外交部表示同意署名的人们,以便在这个电报公布时,包括全体中国驻外使节。为此,请外交部加上那些派驻北美、南美、苏联和土耳其的外交代表的名字。

这个电报如果不是占了我一些时间寄给每个代表以征求他们的同意的话,可能更早就发出去了。要紧的是必须赶在伪组织成立之前。在国外人们不大理解这种通电的重要性,但是在中国这件事情会引起注意,并给报纸和政府领导人一些可据以辟谣的具体材料。由于汪精卫的党羽们蓄意捏造,宣传中国驻外各大使及公使都赞成汪政权,我们这封电报就更为重要了。

4月1日我拜访了新总理雷诺。他像他的前任一样,兼任外交部长。在向他祝贺担任新职后,我请他注意日本当局在南京建立汪精卫领导下的新傀儡政权。我指出,像在此以前建立的其他傀儡政权一样,这个政权是中国人民所反对的,日益高涨的反对舆论就是明证。我告诉他,汪记政权只是日本军方的一个工具,而且丝毫不能改变远东的全面形势,中国政府将继续执行其抵抗日本侵略的政策。

我对他说,我料想法国政府对重庆国民政府的政策将保持不变,而且不会以任何形式承认南京的这个新傀儡政权。雷诺摇头说,法国政府无意承认南京新政权,而将继续执行其同情国民政府的政策。

我趁机向雷诺指出,赫尔代表美国政府发表的声明,在反对建立南京新政权方面,是明确而有力的。发布于汪精卫就职之日的美国声明说,美国政府当然继续承认受到绝大多数中国人民的支持和爱戴的国民政府为中国的唯一合法政府。我说,这个声明使中国政府和人民颇为满意。

我告诉雷诺,我国政府嘱我请求法国政府作出同样的声明,重申对重庆国民政府的同情态度,并拒绝以任何方式支持汪精卫的新傀儡政权。我说,我认为法国政府这样一项声明不仅将给中国人民以道义上的鼓励,而且将受到华盛顿的欢迎。它将被认为是民主国家之间不但在欧洲而且在远东团结一致的又一个明证，尤其是因为美国声明所根据的原则同样是法国在欧洲为之战斗的原则，也就是反对侵略的原则。

雷诺听到这方面的情况后，显然受了感动，并且记下了我的话。他向我询问英国政府的态度。我说，中国驻伦敦大使正在对英国政府采取同样的外交步骤。我认为，英国不难作出这样一个声明，因为在前几个月中，张伯伦曾几次在下议院明确表示英国政府对中国国民政府的友好态度。听到这一点后，雷诺说，他将乐于考虑中国政府的要求。

为继续进行此事，我于 4 月 8 日拜会了莱热秘书长。我把我和雷诺的谈话告诉了他，这就是要求法国政府当汪精卫傀儡政权在南京开张之际发布一项与美国政府相同的声明。我又说，雷诺在回答时告诉我，法国政府对重庆国民政府的同情态度不变，而且他将考虑发表声明，以阐明法国对日本扶植下的汪精卫政权的态度。我询问对此已否作出决定。使我吃惊的是，莱热说，雷诺根本没有对他谈及此事。

于是我说，中国政府非常重视此事，而且此事也是非常值得法国政府办理的。美国的声明在给予中国人民以道义上的鼓励方面，使中国非常满意。后来英国政府也已通过巴特勒在下议院和哈里法克斯勋爵在上议院表明了态度。英国的态度和美国相似。我说，我坚决认为，法国的声明不仅会在中国受到赞赏，而且会作为重申三个民主国家在远东的团结而受到华盛顿的欢迎。法国政府此刻采取同样步骤是十分重要的，因为它的缄默，特别是在美、英两国政府已经明确表态之后，可能引起对法国的真实态度的疑问。如果法国不发表一项明确表态的声明，即使法国的政策不被误解，也可能被曲解为害怕日本的表现。我说，这种印象肯定将有损于法国作为一个远东大国的声望，而维护这种声望对它在远东的广泛利益至为重要。

莱热似乎对我刚才所说的话有所感触。他表示将立即向国务会议主席提及此事。为了进一步敦促他,我还说,中国政府看来有些不耐烦,最近又发给我一封电报,嘱我敦促法国政府采取中国所希望的行动,不要再事拖延。我问莱热是否同意我立即向重庆报告说,莱热本人赞成这个建议,而且将立即办理此事。莱热作了肯定的回答,并解释说,唯一需要考虑的一点是,要找到一个发表这个声明的适当场合。像美国政府那样发表声明,不是法国政府的习惯做法;法国议会的程序也不同于英国,英国每届议会在开始时,可以向各大臣提出问题,要求回答。但我觉得他的解释说服力不大;我说,我知道国务会议主席将于星期二在参议院露面。我认为那也许是发表这个声明的良好时机。对此,莱热说,无论如何,他将和雷诺讨论,以便为此事找到适当的机会。

我们谈到另一个问题。我问日本和法国的谈判情况如何,是否取得一些进展。莱热说,并未进行谈判,并问我指的是什么。我说,在对日本记者的一次讲话中,达拉第曾明确表示,为了解决两国间悬而未决的问题,法国政府打算和日本政府谈判。莱热说,日本关于达拉第会见日本记者的报道完全失实。达拉第从来没有发表过关于"满洲国"问题的讲话,而日本记者却说成是法国政府正在考虑对这个政权的承认问题。为了纠正这种不正确报道所造成的虚假印象,法国政府曾致电驻重庆和华盛顿的法国大使予以说明。

在回答另一个问题时,莱热说,日本没有向法国政府提出承认汪精卫政权的问题。在答复法国政府关于举行谈判的建议时,日本政府曾说,准备讨论轰炸滇越铁路的问题,但同时提出以法国政府停止通过该铁路运输中国物资为条件。法国政府自然不能同意这种方案。莱热接着说,法国的态度是,两国间一切悬而未决的问题都应予以讨论。例如日本占领南沙群岛问题,这个问题关系到法国,而且在这个问题上中、法两国政府有不同意见。例如海南岛问题,这是中国的领土,但与法国有政治上的利害关系,因为该岛距印度支那很近。但是日本政府不愿讨论这些问题,此事就陷入僵局。日本政府继续发出威胁性的照会,而且日本飞机并未停止轰炸滇越铁路。在这种情况下,没有谈判的可能,因此也没有举行谈判。

我说,我曾得到一些消息,说日本急于终止中日冲突,并寻求法国政府的斡旋。我询问这种报道有无真实性。莱热说,据他所知并无此事。日本没有和法国政府联系过此事。法国对中日战争的态度一如既往。如果日本和中国都愿意结束两国之间的冲突,并希望由第三国予以撮合,法国政府乐于效劳。鉴于欧洲的局势,法国政府事实上迫切希望看到远东终止冲突。法国的政策仍然是同情中国的事业,着眼于尽可能援助中国。但由于急务当头,法国政府不能如愿多给中国以援助。另一方面,日本利用法国倾全力于应付欧洲局势,继续采取诸如轰炸滇越铁路等挑衅行动,并对法国发出最后通牒,而法国则不能采取任何报复措施。

莱热又说,由于欧洲战争旷日持久,而且日益加剧,日本将会对法国在远东的利益发动其他攻击。法国因此渴望看到中日冲突结束,以便排除来自日本的更多纠纷的一切可能性。对于中国来说,终止战争,哪怕是一种不完全令人满意的暂时安排,也会使中国得到一个喘息时间,在这期间改进国防和增加军备,以便在一两年之后,当欧洲战争结束时,不但中国将处于较强的地位,能从日本手中收复失地,而且法国在从欧洲的急务中脱身之后,也能更有效地援助中国以达上述目的。

我说,终止中日冲突的全部问题,实际上取决于日本是否愿意放弃其侵华政策。虽然日本的国内局势日益动荡,经济情况日趋困难,虽然它急于终止战争,但在它认识到汪精卫政权对摆脱其在中国的困境毫无作用之前,决不会朝着终止战争的方向认真采取积极行动。但是,我认为日本的这种失望一定会到来,而且为期不远了。

尽管法国政府对汪精卫政权的成立迟迟不公开澄清其态度,法国报刊却迅速采取了同情重庆的明确态度。大使馆是通过不同渠道和法国报刊联系的。我在 4 月 2 日的电报中向外交部报告说,法国报刊极为注意在南京建立的傀儡政权,美国国务卿赫尔发表的正式声明,以及重庆政府发布的通缉傀儡政权各头目的命令。我说,报刊显然对这些电讯极为注意,因为这些电讯都是用大号字排印的。此外,报刊评论的一般语气是对我国有利的。

我接着说,概括言之,法国报刊认为,汪精卫只是依仗日本在中国的军队才建立起这个傀儡政权。尽管他和日本人试图混淆视听,声称该政权是以国民党的名义建立起来的,说什么他们空着主席的位置留待林森,还说新政府已经通令全部中国军队停止战斗和遵守休战协定,根据法国报刊的看法,所有这些行动都只不过是蓄意分裂中国,造成中国人民之间的纷争。但是美国已明确声明拒绝承认这个傀儡政权,英国也作了类似的声明。因此,法国报刊认为,这个傀儡政权在国际舞台上不会有任何影响。至于国民政府主席林森,报刊报道说,他已经发表一项严厉的声明,谴责汪精卫是叛徒。此外,所有中国在国外的外交代表以及中国的公众和各政党,都已发出强烈反对汪精卫政权的通电。因此,法国报刊的评论断定,汪精卫和日本人企图对中国分而治之的希望注定要像肥皂泡一样破灭。这个傀儡政权不仅不能起任何国内或国际作用,而且它甚至对当前的中日武装冲突也不会有任何影响。

4 月 17 日,殖民部长和我都出席了罗马尼亚大使举行的午宴。我照例趁机就我特别关心的问题和他进行了简短的交谈。我首先告诉他,中国政府愿意看到法国政府发表声明,明确表示它对南京汪精卫新傀儡政权的态度。我对他提起美国的声明以及英国巴特勒在下议院和哈里法克斯在上议院的声明。我告诉他,美国拒不承认南京傀儡政权的声明说得尤其明确。

殖民部长立即向我保证,法国政府无意给予南京政府以任何形式的承认。我说,我知道这一点,但是我认为法国像英、美那样表明态度至为重要。其所以重要,理由有三:第一,它会受到中国的赞赏。第二,它会受到华盛顿的欢迎,认为是对美国行动的支持。由于欧战正酣,美国少不了要在远东肩负起大部分责任,并充当前卫。但是,法国采取类似的行动,就越加证明三个民主国家在远东的团结一致。第三,作为一个大国,为了法国在远东的威望,法国政府似乎也需要如此行动。在其他两个大国已经表明他们的态度之后,法国的沉默势将引起外界对其意图的疑惑和误解。

孟戴尔问我,从我与保罗·雷诺的谈话中了解到他的意思如何。我说,他已经答应研究这个问题;据我看,他对于我所提出的由法国按照自己的方式发表的任何声明都会大受美国的欢迎这一点印象尤其深刻。我告诉他,莱热似乎也很表赞同。我迅速补充说,自然雷诺想找一个合适的机会,或者在国民议会或者在参议院,并且最好是以回答问题或者作解释的方式,将这样的声明发表出去。孟戴尔说,他将和雷诺谈这个问题。他认为,雷诺采取在议会中回答问题的方式发表声明,只是方式的一种;实际上还可有许多种其他方式来表明法国的态度。他给我的印象是他完全赞同我的建议。

4月19日,我对国民议会的赫里欧先生谈到了同一问题。那天我为他在中国大使馆举行午宴。我问他,雷诺先生计划那天下午在参议院就国际形势发表讲话,我已和他谈过这个问题,他是否将利用那个机会发表一项正式声明。赫里欧说,他本人完全同意有必要发表这种声明,而且那天上午他已和莫泰谈过此事。他转向莫泰(他也是午宴的客人)问道,政府最早能在什么时候把这个问题提出来。

莫泰说,他尚未见到雷诺。北欧的局势曾经引起政府的重视。但是他认为,日本外相在最近声明中提出的荷属东印度问题,曾激起华盛顿的反驳并引起新闻界的热烈讨论,这是联系中国事件的好题目。他答应在4月24日(星期三)之前去见雷诺,届时国务会议主席将对议会的外交委员会发表声明。我于是催促说,此事再也不能拖延,否则将使声明失去时效。

四天之后,国务会议副主席肖唐和我都出席了美国大使馆的午宴。我对他提出了这件事。尽管我第一次提请法国政府注意此事是在4月初,以及尽管法国外交部曾一再说他们深表同情,并打算公开发表声明以表明法国不承认汪精卫政权的态度,可是他们一直拖延,说要寻找一个合适的机会。因此,我不仅敦促法国外交部,并通过直接交谈敦促新任总理雷诺及殖民部长采取行动,而且利用一切机会设法争取同情,以催促法国政府发表此项声明。

因此,我对肖唐说,华盛顿和伦敦已经表明了他们的态度,而且有许多理由说明法国不应对此事继续保持沉默。我对肖唐解释说,法国政府发表一个同样的声明,将再次证明三大民主国家的团结。此外,法国在远东的声望也要求法国政府表示观点;在美、英两国已经表明态度之后尤其如此。我还把我和雷诺的谈话以及我向雷诺提出发表这一声明的要求告诉了他。我说,总理深表同情,但是告诉我,他要寻找一个适当的机会提出此事。所以我要求肖唐对国务会议主席进言,敦促他加速办理此事。肖唐说,这正是症结所在。他解释说,法国议会不同于英国议会,没有借质询与回答以发表政策声明的那种方便场合。但他答应向雷诺谈起这件事情。

这时蒲立德加入了谈话。他说,他知道法国在声明中要说些什么,那就是,他们注意到日本人建立了一个新政权,以及汪精卫并不是一个正经人。我认为他是以半开玩笑的方式讲话。

肖维尔也是这次午宴的客人。我告诉他,我刚才对肖唐谈了中国希望法国政府声明它对南京傀儡政权的态度,许请他对雷诺讲一下。(肖唐是雷诺的好朋友,长期在内阁中担任各种职务。)我告诉肖维尔说,我已告诉肖唐,雷诺对此事表示同情并且答应予以考虑。

然后我问肖维尔,雷诺在参议院外交委员会就国际形势发表讲话时,是否已趁机发表了中国所希望的声明。肖维尔不能确定雷诺是否提到了这个问题,但他从报刊上看到雷诺的演说谈到了远东。他告诉我,日本大使曾向他询问同样的问题。我对肖维尔说,如果雷诺还没有那样做,我希望这位国务会议主席能尽早予以办理,因为再拖延下去将会使得这种声明失去时效。对此,肖维尔告诉我,他曾为雷诺制订了方案,但问题是寻找发表声明的适当机会。我说,国民议会将于星期三开会,雷诺将在那里就国际局势发表同样的讲话,因此,在他进行说明的过程中,可能找到适当的机会。肖维尔说,他将和莱热谈这件事,看看怎么办好。

当时法国的态度多少有些含糊,或者至少法国打算怎样对待日本是不明确和犹豫不决的,这是由于欧洲战争和法国政界领袖人物之间的内部政治纠纷带来了混乱。法国人的政策是顺应时势,希望根据不断变化的需要而随时调整其态度和政策。因此,如果能概括一下当时的法国政策,法国基本上是同情中国的。法国疑虑日本对印度支那的意图是与其扩张主义政策一致的。尽管如此,法国面临欧洲战争所造成的困境,使得法国领袖人物相信,一切努力都应当用来赢得欧战的胜利,其他一切事情,包括其远东利益在内,都应从属于此。他们甚至不时暗示,从长远来看,中国与日本达成一项解决办法,即使暂时被迫接受某些不能令人满意的条件,也是有利的。他们普遍认为,赢得欧洲战争胜利之后,法国和英国将能更好地帮助中国,在中国利益得到应有的尊重下解决远东问题。事实上法国政界,特别是政府人士,普遍深信此点。

另一方面,欧洲战争所需要的东西很多,包括中国的矿产品如锑和钼这种战略物资,这是法国和英国的军事工业所极为需要的。虽然在外交领域里,法国在中日对立中,不能帮助中国,但在实际互助方面,法国却希冀甚至渴望得到中国的合作,为他们提供这些战略物资。因此,法国表示愿意更进一步,不仅在矿产品价格方面达成协议,而且要对修建从云南昆明到四川叙府的铁路提供财政援助,并且要从印度支那的存货中向中国提供某些军用物资,如大炮和飞机,而以美国最新式的飞机、大炮来替换。此外,法国愿意在非官方的基础上和中国交换军事情报。中、法之间的互助合作是在这种情况下存在和实行的。

中国政府获悉,西班牙政府像意大利政府一样,准备承认汪精卫政权。4月1日,我奉令复制一份中国政府致法国政府的照会。这个照会谴责汪精卫傀儡政权,表明中国政府的态度及其继续武装抵抗日本侵略的决心,并且进而说明诸如中国政府已经下令通缉这个傀儡政权的全部头目等等。我奉令将此副本送交西班牙驻巴黎大使,要求他转交马德里政府,并表达我们的希望,即西班牙不应以任何方式承认这个新政权。

问题是中国和西班牙没有正常外交关系。中国和西班牙的关系从未正式断绝,但是,在佛朗哥掌权之后,中国驻马德里公使馆经中国政府许可越过边境撤到了圣让—德吕兹。由于在西班牙内战期间,中国显然同情共和政府,所以中国公使馆在共和政府失败后从马德里撤离,被佛朗哥政权看作是中国对它不承认的表示;它认为这一撤离意味着不友好的态度。另一方面,西班牙公使加拉杜仍在中国。他性情和蔼,总是以友好态度对待中国,当然不仅中国政府人士,而且一般公众也喜欢他。在他夫人的帮助下,他在中国结识了许多朋友。与此同时,中国政府曾致力于和西班牙政府重建友好关系,并为此而于早些时候在布鲁塞尔开始会谈,但是并无进展。西班牙政府似乎不怎么希望和中国恢复正常的外交往来。

4月3日,我向外交部长报告说,按照他的指示,我备妥了一份照会,并已派一位秘书把它送交西班牙大使馆参赞。但是,我说,我做了一点改动。由于中国和西班牙之间没有正常的外交关系,我国大使馆致西班牙驻巴黎大使的正式照会可能不接受。我用了中国外交部长直接照会马德里西班牙外交部长的形式,并且只要求这位西班牙大使予以转交。我认为这是比较简单而更为有效的做法。在这个照会中，我表示关于完全恢复两国外交关系的谈判业已在布鲁塞尔开始进行，我希望西班牙政府不要和汪精卫政权有任何接触，以免被认为是承认的表示。西班牙大使馆参赞毫不犹豫接受了这个照会，以供其大使转交马德里，他甚至表示，希望恢复外交关系的谈判尽快取得成果。

我的报告接着说，使我惊讶的是，4月3日早晨，这位参赞来到我的大使馆，并退回了我送交西班牙大使馆的照会。他说，他的上司西班牙大使认为，由于两国尚未恢复外交关系，他觉得转交我送去的照会是不合适的。当我指出通过大使馆传递只是一个手续问题时，这位参赞提出，如由中国驻布鲁塞尔大使馆办理，那将更为简便。当然，这是一种借口。

我和中国驻布鲁塞尔大使钱泰进行了商量，并得知西班牙驻布鲁塞尔大使正在度假，而他的代办并不可靠。钱泰建议改为由中国外交部长直接致电马德里。钱泰在调到布鲁塞尔之前，曾任中国驻马德里公使，他了解情况。由于他的建议与我的意见完全一致，所以我在给外交部的报告中提出了这个建议。

我在去电中并提及我曾收到一份机密报告，其内容与我前次曾去电汇报过的日本和西班牙为缔结商务协定进行谈判一事有关。据悉，此项谈判确由日本驻马德里大使馆主持进行，而西班牙驻巴黎大使馆商务参赞已去马德里，主要是为了帮助西班牙政府进行此项工作。已在3月28日达成了临时协定，正式协定则将待西班牙派出一个特别代表团到东京去签订。

我接着说，关于承认汪精卫政权问题，日本驻马德里大使正在和西班牙政府谈判，据说后者十分倾向于给予承认。所以我提议，既然美国已明确表示其不承认汪精卫政权的态度，可嘱胡适大使和美国政府商谈，说服美国政府进行斡旋，以防止传说中的西班牙政府准备承认汪精卫政权一事成为事实。

我除了直接联系西班牙驻巴黎大使馆并将联系结果连同适当的建议向重庆报告外，还和法国外交部进行了联系，以便了解法国政府可否在马德里代为说项,以防止西班牙准备采取的行动。我想,至少法国驻马德里大使贝当元帅能够试探西班牙政府对汪精卫政权的意向。当我于 4 月 8 日与莱热谈及此事时,他说,贝当恐不便对佛朗哥将军谈中国政府的愿望,但是他将把试探西班牙意向一事和贝当联系。

5 月 1 日,我和肖维尔讨论了这个问题。肖维尔告诉我,他曾和莱热交谈,得知莱热已考虑过我提请他注意的这件事,而且想采取某种步骤满足我的愿望。法国驻重庆大使高思默曾发来有关此事的电报。肖维尔解释说,看来中国外交部长王宠惠已要求高思默促请在上海的西班牙公使努力促进中西关系的恢复。高思默的电报要求对此事予以指示,法国外交部赞成他按中国的要求行事。可是肖维尔补充说,不言而喻,高思默的努力只限于使中国政府和西班牙进行接触。他的意思是说,谈判必须由两国政府直接进行。肖维尔接着说,莱热认为,由高思默与在上海的西班牙公使试办此事,比由法国政府在马德里试办为好。

我趁机再次询问肖维尔,拟议中的法国政府关于南京汪精卫政权的声明何时能够发表。他搪塞说,雷诺仍在寻找适当的机会办这件事。

在此期间,欧洲的局势更加恶化。我在 1940 年 4 月 9 日向重庆报告,前一天早晨,英、法海军在挪威领海布雷,以加强对德国的封锁。我刚收到法国外交部关于此事的照会;照会还说,德国为了报复,已于 8 日晚派兵占领丹麦,并于 4 月 9 日早晨开始侵入挪威。这样,丹麦和挪威也都卷入了战争。可是丹麦政府已宣布丹麦将不进行抵抗。国际气氛立即呈现紧张。而且盛传法国正派兵援助挪威抗击德国的侵略。在 4 月 16 日至 19 日之间,英、法远征军确曾在挪威登陆成功。民主国家方面的这一共同努力,在法国产生了振奋人心的作用。

4 月 17 日在我和孟戴尔谈话的过程中,我询问了法国的政治局势,特别是雷诺内阁的前景。这位殖民部长说,伦敦协定和成功地说服英国在挪威采取强有力的行动,是新内阁的两件大事。英国舰队在挪威的胜利,使法国人民甚感满意。法国人民在过去一个月里,一直听到这样的宣传,即法国只配用法国人的胸膛和英国人的机枪对德国人作战。英国海军在挪威的行动消除了沮丧情绪。(但这只持续了很短时间,因为此后不久,德国就占领了挪威。)

孟戴尔认为,内阁的形势在5月中旬可能发生爆炸性事件以前,肯定是比较好的,而且可以说是稳定的。他说,如果原来打算进行的辩论,在德军入侵挪威前夕已经进行,雷诺大概会获得三十票左右的多数。不过挪威问题目前已使内阁暂时摆脱危险。

他接着说,真正的困难是属于个人性格的问题,即雷诺和达拉第之间的矛盾。随着新的战时内阁的建立,通常的内阁会议已不再具有很大重要性。尽管如此,在爱丽舍宫的国务会议上和战时内阁会议上,只要他们两人当中有一个人表示一种意见,另一个人就会表示完全相反的见解。

我说,我知道他(孟戴尔)是现内阁中一个起稳定作用的重要因素。孟戴尔说,他尽力担当一种调和力量。他又说,达拉第在议会投信任票时有三百票弃权之后,曾立即辞职。达拉第坚信他将应邀组织新内阁。事实上,达拉第的确得到了邀请,但是只给他几小时去组阁,这是议会规定的时间限制。他为这个时间限制所激怒,出于自尊而拒绝了这一邀请,并以为不可能由另一个人来组织新内阁(性格坚强的人往往过于自信)。

孟戴尔接着说,困难还有甚于两位领袖个人之间的矛盾。实际上这是两种类型的法国人之间的冲突:一种是爱丽舍田园大街长大的巴黎人;另一种是外省培育成长的人。达拉第是前一种人,他不尚空谈,主张实干,从来不玩弄权术;而雷诺是后一种人,他这些年来一直是议会走廊里的活跃分子,和政客们交往,并亲切地混在一起。这两种人迥然不同,自然不能在一起愉快地工作。近两年来,任何内阁阁员都不会不注意到这种情况。他说,不幸的是当国家为其安全而奋斗时,情况竟然如此。

我说,微妙的国际局势确实需要另一个克里孟梭。虽然克里孟梭死了,他的最杰出的信徒定能成功地填补空缺,再次赢得伟大的胜利。

孟戴尔充分理解我的含意。他说,法国的政治局势仍在演变过程中,在全国认识到我刚才所指出的需要之前,还要经历几个阶段。他说,法国不久肯定将再次出现一个达拉第内阁,继之以一个全国联合的赫里欧内阁。那时候全国将为要求一个真正强有力的内阁而大声疾呼。与此同时,很多事情将取决于事态发展。

5月3日上午,我在美国大使馆会见美国大使时,蒲立德对我说,他将在半小时后会晤雷诺,如果我有什么事要他对法国总理讲,他乐于转告。我说,根据我收到的一份机密报告,雷诺打算就加强同盟国在远东对德国的封锁一事要求日本予以援助,而且正由于此,他想推迟以法国政府名义发表关于南京新傀儡政权的声明。我对蒲立德说,我对此深感不安,唯恐日本乘机讹诈法国,要求法国修改对华政策。

蒲立德说,他深知这个问题,但是他认为法国人无意改变其远东政策。他解释说,雷诺想争取日本在封锁方面合作的计划是这样的:如果日本不供应德国某些物资,法国就准备以某些原料供应日本的需要。换言之,那是一种消极的争取日本合作的计划,并且蒲立德认为这对中国的事业没有什么害处。

我表示如果是这样就放心了,并补充说,我的焦虑是由于对上次大战的回忆引起的;那时,日本曾支持法国并迫使它签订一项秘密协定,承认日本在华的非法所得以换取日本海军在太平洋的支援。蒲立德说,这次不存在法国对中国采取这种态度的危险。无论如何,他认为法国不先同美国政府商谈,是不会做这种事的。

接着,我对蒲立德谈起他回华盛顿之前我和他所谈关于争取法国以军需物资援助重庆的问题。我告诉他，蒋委员长来电说，中国首先需要某些类型的大炮，其次才是新式飞机。我解释说，法国政府通过其军需部及公共工程部已经派奥迪内前往重庆谈判一项协定，其内容是中国把当时滞留于印度支那的钨砂卖给法国，而由法国以现款或部分以军需物资偿付中国。我告诉他，法国可以供应的大炮现货不多，而中国所需要的是重炮，例如七十五毫米的野战炮和山炮，以及一百五十五毫米的加农炮。

这位大使说，如果中国需要七十五毫米的大炮，美国政府也许能提供更多的帮助。他最近在华盛顿得知，七十五毫米大炮有一千多门存货，这些大炮是在上次大战结束时由法国作为偿还美国政府贷款的一部分移交美国政府的。他说，这些存货二十年来一直未动，所需的是总统声明这些炮已经过时，而按照现行法律他是能够这样办的。一俟他对政府如此宣布，就可以向任何国家减价出售。可是蒲立德告诫我说，进行此事必须格外谨慎。他敦促我注意防止任何可能的走漏风声。他说，否则将使总统在他自己的人民中和在国际上陷入困境。蒲立德又说，虽然这些大炮是二十多年前造的，但仍然有用，因为同一型号仍为法国陆军所使用。我向他保证说，我将极为谨慎地把这个消息报告蒋委员长，而且我总是直接和蒋委员长联络的，而委员长则是特别谨慎的，这从他经常变换密码可资证明。

我对这位大使说，孔祥熙博士和法国驻重庆大使一直在讨论一笔以今后出产的钨和锑为担保的巨额借款。我说，法国人急需这些矿产品，也愿意向中国提供这种贷款，但只是在和英、美政府合作下才愿这样办。由于法国已就此事与伦敦和华盛顿磋商，我表示希望英、美两国或者一齐或者分别以类似的方式赞同法国关于此举的意见。我在回答他的问题时，确认新借款将用以后出产的这两种矿产品偿还，与目前滞留在印度支那的钨和锑完全不相干；这些积存的矿产品将以易货或付现款方式售与法国。

这里，我想补充几句关于罗斯福总统对远东的政策。我询问蒲立德,罗斯福总统是否打算在美日商约于1月份期满后,对日本采取新的步骤。我表示殷切希望总统不要因欧洲局势而放松他对中国的深切关注。大使回答说,虽然总统极为重视欧洲战争,他对远东的关心仍然不减。事实上,他对远东比对欧洲更为坚定地保持一贯的政策,欧洲局势不致改变或影响他的远东政策。蒲立德说,关于美日商约期满后总统的行动计划,总统愿意维持现状,从而对日本保持一种威慑力量以防日本进一步恶化中国局势。大使认为那是一种明智的政策,比立即采取针对日本的激烈措施更为可取。当我谈到那年即将举行的总统选举可能对总统在政策方面的自由行动起到一些限制性的影响时,蒲立德说,这种限制性的影响对欧洲局势所起的消极作用比对远东大得多。

我们讨论的其他问题之一,是关于西班牙对汪精卫政权的态度问题。我把中国政府对西班牙政府态度的担心告诉了蒲立德,因为据说马德里打算承认汪政权。我告诉蒲立德,法国在中国政府请求它对西班牙政府运用其影响以防止这种承认后,现已指示高思默联系在上海的西班牙公使,以使中国和西班牙进行接触。我问蒲立德,可否请他要求美国驻马德里大使探听西班牙政府对此事的真实意图。蒲立德说,美国驻马德里大使是沃德尔先生;他表示乐于写信给沃德尔,并把他得到的消息告我。(我提到这一点,为的是说明我尽可能通过各方面推动这件事。)

还有一件事我愿意提一下。此事具有颇不平常的性质,那是在1940年5月7日我和宝道的谈话中提出来的。宝道前来向我报告他和肖维尔的一次谈话。后者告诉他,新闻部表示反对中国大使馆发布关于中日战争的正式公报,但是,肖维尔不愿将此事正式向大使馆提出。所以,他要求宝道把这个消息间接地和非正式地转达给我,并建议,为了使新闻部满意,在中国大使馆发出的声明中略去"公报"字样。

我向他询问新闻部反对公报的理由。宝道说,他从肖维尔那里了解到,新闻部担心中国大使馆的做法可能被其他大使馆和公使馆当作先例而仿效。宝道又说,可能是最近瑞典政府坚决要求英国驻斯德哥尔摩公使馆停止发布新闻公告,使得新闻部长注意到此事。

我说,我听到法国新闻部反对此事颇感诧异。自从战争开始以来,这种做法已经持续将近三年,最近一次公报已接近第400号。再者,我说,不存在开创先例的问题,因为中国处于交战状态,而不处于交战状态的国家是不会以中国大使馆的行动为其做法的依据。无论如何,我认为所有外交使团都有权在他们认为恰当的时候发布正式公报,以便明确他们对某一事件的立场。归根到底,发布这种公报的责任落在发布者身上,无论如何也不会危及他们驻在国的政府。

我又说,中国大使馆的公报完全是根据中国外交部的来电发布的,并限于中国抗战的军事新闻,从未试图进行任何损害法国利益的宣传。相反,我说,我始终相信,由于中国正在反抗侵略,中国的事业已经得到法国人民和政府的同情。从实际的观点来看,中国抗击日本侵略的持续与成功,值得法国同情,这不仅在原则上如此,而且即使作为对印度支那的安全有重大利害关系的一件事也是如此。因此,我不能放弃发表这些公报的做法。不过,我还是愿意考虑略去"公报"字样。

两天以后,宝道又见到我,并对我说,从我们上次谈话之后,他又见到了肖维尔,并把我对新闻部的反对的反应告诉了肖维尔。宝道现在从肖维尔处得知,主要是反对公报中的消息的性质,即军事新闻。他不了解是否新闻部以为这可能使得法国公众把中国的军事新闻公报和法国关于欧洲战况的公报搞混淆了,因而认为中国军事新闻公报为不适宜。但是,他也像肖维尔那样,认为今后大使馆有关远东战争的声明中,略去"公报"字样是可取的。宝道不能断定法国的反对是否实际上系由日本的抗议所引起。

我告诉宝道,对我来说,要紧的是使中国的战争消息尽可能广泛地刊登在法国的报纸上。自从欧洲战争爆发以来,法国报纸很少登载关于中日战争的新闻,经大使馆交涉后,新闻记者说,只有大使馆的消息是正式的,他们才予以刊登。我指出,很明显,他们希望在新闻检查员面前,解除自己对大使馆公报内容的一切责任。正是对中国事业持友好态度的新闻记者方面的这种坚决要求,使得大使馆觉得必须继续发表正式公报,以便把它的内容公诸报端。

据使馆二等秘书汪孝熙说,一些时候以前,肖维尔曾告诉他,日本人曾对肖维尔抱怨法国报纸刊登中国大使馆不利于日本的公报,肖维尔也已回答他们说,日本人也可以同样办理。肖维尔并说,日本人为什么听任中国大使馆单独发布公报。

5月10日,我报告外交部,德国军队已入侵并占领卢森堡和荷兰,与此同时,希特勒已派德国空军轰炸比利时的飞机场。比利时国王曾发出呼吁,请求英国和法国予以军事援助。法国报刊的评论是,德国在已经占领挪威的情况下,很容易派遣空军对英国北部施加压力。现在既又入侵荷兰和比利时,那么,如果德军成功的话,德国就能对英国南部施加压力,从而阻止英国继续派军队到欧洲大陆。我又说,德国空军的若干中队已飞来巴黎,并在那天早晨开始轰炸,但是幸而已被击退。与此同时,法国北部和里昂的飞机场均已遭到德国轰炸。

上述及类似的欧陆战局发展,直接影响了好几个在那里的中国外交使团。5月15日,我报告外交部,我国驻波兰王公使已携眷从波兰来到巴黎。但途经法国北部过夜时,王及其随行人员所住旅馆遭到德国飞机轰炸。王公使夫妇均受轻伤,正在巴黎治疗。但汽车司机和中国仆人所住的房间被完全炸毁,两人都失踪。幸而第二天我就能报告外交部,司机已经到达,不幸的是中国仆人之死被证实了。

5月17日,美国大使作为我的主要客人出席了中国使馆的宴会。我们进行了畅谈,首先是关于欧洲战争。蒲立德说,同盟国军队在比利时和法国北部,到处都发现他们自己在人力和物力方面不如敌人,德国人指望以闪电战夺取速胜。迄今同盟国军队未能阻止德国侵略者前进。按照目前的情况来看,德国人在一星期后到达巴黎不是不可能的。

我说,德国对比利时和荷兰的入侵已经激起美国对同盟国的同情,并问他是否认为美国参加同盟国一边作战的可能性即将成为现实。他肯定了美国支持同盟国的舆论迅速发展,但是他认为美国人民不会允许政府派兵前往欧洲协助同盟国作战。他说,此外,即使美国第二天就参战,这也并不意味美国就能够立即对同盟国进行有效的帮助。按照目前美国陆军的情况,还谈不上在欧洲作战,而美国空军至少尚需一年才能作战。美国所拥有的最有力的战争手段是海军,但是对目前欧洲局势下的同盟国来说,海军的用处不是很急迫的。何况美国海军为了监视日本还必须留在太平洋。(这是对美国当时军事力量十分切合实际的概括。)

我说,无论如何,美国能够增加并加速对同盟国的物资援助。蒲立德说,现在问题已经成为:同盟国是否能长期顶住德国的攻势,直到美国增加援助的实效体现出来。(这也是十分切合实际的看法。)

接着,我提出了意大利对欧洲战争的态度问题。蒲立德说,意大利政府的态度不好。墨索里尼曾对美国驻罗马大使菲利普斯说,他已经决定参加德国一边作战,但他没有提到实现他的意图的日期。我问道,罗斯福总统向墨索里尼发出的呼吁,是否对他的计划有制约作用。我说,我相信美国能够对意大利诱之以利,使它置身于战争之外,而这个因素将会使墨索里尼大为犹豫不决。

蒲立德说,墨索里尼和菲利普斯的谈话表明了他的意图。他(蒲立德)本人曾向罗斯福总统建议,把各种可供选择的办法摆在墨索里尼面前。但是这些可供选择的办法不属于引诱墨索里尼置身战争之外的性质,因为他(蒲立德)从来不赞成贿赂别国的办法,因为那将被当做软弱的表现。他认为应当向墨索里尼指出意大利参与这场冲突的后果。他补充说,这种后果已在罗斯福致墨索里尼的信中指出来了。但是,他认为在制约意大利方面,几乎没有成功的可能性。他相信,一俟德国人向法国的推进呈现减弱的迹象,墨索里尼就会参加。我说,我认为,墨索里尼一直观望,是为了要先确知德国稳操胜券,然后才决心和希特勒共命运,以免日后分赃无份。蒲立德说,墨索里尼不能眼看德国战败,因为这种失败势将给意大利的法西斯政权带来严重的后果。(这是一个很透彻的观点。)

蒲立德询问了中国的局势。我简要地告诉他说,军事形势越来越有利于中国。最近中国在汉水流域的胜利,据中国最高统帅部看来,比长沙大捷更为重要。我说,看来蒋委员长打算把抗战坚持到欧洲战争结束之后,而且他是能顶住日本人的。

我接着说,中国最需要的是重武器,如大炮、坦克和高射炮等。这就是我在他回华盛顿休假之前曾对他谈这些事情的原因。蒋委员长曾来电嘱我感谢蒲立德对中国事业的关心和同情。我说,我在月初访问他时,曾打算亲自把这个来电告诉他,但因他当时急于去法国外交部,我就没有打扰他。

蒲立德说,我永远可以指望得到他的帮助。他相信并希望中国能够坚持抗战,而且日本最终必败。他说,凡是我认为美国能进一步为中国做的事,他都乐于帮助。他确实十分友好。关于军需物资,他说,正如他以前所说,华盛顿有很多七十五毫米的大炮。目前罗斯福总统、赫尔和摩根索这三位美国政府的重要人物都对中国深表同情,他一定会把我的所有请求转达给他们。

我说,美国政府最近向中国提供的二千万美元信用贷款对中国有极大的鼓舞作用,深受中国赞赏。(我指的是 1940 年 3 月 7 日进出口银行提供的以锡为担保的信贷,将用于购买物资以改进运输设施。)蒲立德说,如果需要更多的钱,务必告诉他,他一定尽力帮助。

接着,我询问了华盛顿与莫斯科之间的关系,以及鉴于苏联政府对德国的事业日益冷淡,是否有可能改善苏联和西方民主国家的关系。蒲立德答道,美苏关系不好,而且他看不到有任何改善。我在回答他的问题时说,莫斯科继续向中国运送大量军需物资,正是这些物资使中国能继续抗战。蒲立德说,中国尽可能多地从苏俄获得军需物资,这是完全正确的事。不过,莫斯科这么干完全是出于其自身的利益。如果莫斯科认为损害中国对自己有利可图的话,它也丝毫不会犹豫的。

我们讨论的最后一个题目是苏俄被逐出国际联盟。蒲立德回顾了苏芬战争,并且说,他在把苏俄赶出国联这一事情中曾起重要作用。这是从他自己口里说出来的确证。我说,我听说他曾和达拉第商量。我还回顾了在日内瓦,甚至法国代表团对把俄国从国联驱逐出去是否明智也犹豫不决。保罗-彭古对此事本与巴黎意见不一致,只是经达拉第对他反复用电话指示,才最终迫使法国代表团坚决要求国联行政院作出开除的决定。我接着说,中国不得不弃权,那是中国唯一可行的办法。但是莫斯科对中国的态度很不满意,苏联驻重庆大使不断向中国政府谈莫斯科对此事的情绪。蒲立德然后说,俄国被逐出国联是外交史上最有趣的一章,而他之所以促成此事,是因为他太喜欢吃"深海牡蛎"这种难得的珍味了。总有一天他会原原本本讲给我听的。

## 第六节　巴黎陷落和法国向德国投降

### 1940 年 5 月 18 日—6 月 23 日

5 月 18 日,法国内阁重新改组。雷诺留任总理,但和达拉第对换了部长职务,他将外交部长一职让给了达拉第,而将达拉第原任的国防部长接了过来。同时,孟戴尔被任为内政部长,他的密友罗兰被任为殖民部长。另一个重要的人事更动是,将驻西班牙大使贝当元帅自马德里召回任副总理。接着,贝当元帅推荐他的亲密同僚魏刚将军代替了甘末林将军为法国前线的武装部队总司令。

这些变动是在军事失利的情况下做出的。德国不仅已占领了丹麦、挪威和荷兰,而且经由比利时防区绕过了马其诺防线的北端。这就造成了法国北部佛兰德的严重军事局势,并且使在比利时的同盟国军队处于危险境地。当5月26日法国海滨城市布洛涅也陷于德军之手时,比利时国王利奥波德命令其部队投降。在敦刻尔克附近的英军便完全暴露于敌军之前,而不得不在5月28日撤退。

就在5月28日这天,我拜会了新外交部长达拉第。在就其重任外交部长一事相互致意后,我告诉他,欧洲局势的恶化,使得远东更为紧张。中国军队虽已顶住了日军于4月下旬发动的攻势,甚至还收复了长江流域的一些重要城镇,但中日战争仍在激烈进行中。达拉第打断了我的话说,他知道滇越铁路曾被轰炸数次,并问运输是否已经恢复。对此我作了肯定的回答,并告以有几处桥梁被炸毁,现正用渡船将物资运送过河。

我告诉他,中国政府对原料和商品,特别是军用物资,需要甚殷。这些货物不是正在运送途中,就是暂时存放在印度支那。中国政府想请求法国政府采取一切措施,使:1.分配给运送中国政府的物资的吨位,在今后三个月内至少增加80%;2.印度支那国营铁路公司留出一定数量的车皮,将此类材料及商品运到边界附近的滇越铁路;3.向印度支那海关当局发出指示,简化中国物资的出入境手续。

这些将中国政府的财产尽可能迅速地运出印度支那的措施,由于欧洲军事形势对同盟国——特别是对法国——不利而应视为当务之急。中国政府担心日本军事当局将利用这一形势向印度支那进攻,占领该地,这些货物就会迅速落入敌人之手。

我告诉达拉第说,我深信,他认识到中国和印度支那双方利益的一致性,因此他一定会尽一切努力来满足中国政府的要求。我交给他一份有关这个问题的备忘录。达拉第翻阅了一下之后说,他乐于将这份备忘录立即转到有关部门去执行。我对他的迅速而令人满意的答复表示感谢,但他的兴趣又转到了别的问题上,紧跟着问苏联是否仍继续向中国输送军用物资。

对此,我做了肯定的答复,并且说,显然,苏联很清楚,中国抵抗日本的侵略,就西伯利亚东部的安全而言,是符合苏联的利益的。然后我问法苏关系情况如何,达拉第先生是否期望寻求与莫斯科达成谅解和建立友好的关系。

我说,我本人一向认为,莫斯科的真正意向是根据苏联自己的利益来推行它自己的政策。尽管它和柏林签署了协定,它决不会真心帮助德国打赢这场战争。我接着讲,最近的新闻报道说,莫斯科和德国越来越疏远,向德国输送物资越来越不热心,这似乎证实了上述看法。在我看来,苏联和同盟国的利益总的来说是一致的。苏联政府不愿看见同盟国战胜,同样也不愿看见德国战胜,而且它更不愿看到同盟国战败,如果出现这样的结果,德国对苏联的威胁就更接近于现实了。

我说,不幸的是,巴黎和伦敦去年试图与莫斯科达成一项合作协定,未获成功。但是这次失败并不意味着苏联改变了政策,甚至想支持德国打赢这场战争。我说,我相信即使由于合作不成导致了这场战争的爆发,但双方相互谅解的基础依然存在。

然后我又告诉他,我国驻莫斯科大使馆的报告和我们与苏联驻重庆大使所作的谈话,似乎表明,苏联无意站在德国一边参加这场战争,或者诚心诚意地支持德国打赢这场战争。达拉第说,要弄清苏联的真正意图不是一件容易的事。苏联曾希望同盟国和德国在一场持久的战争中两败俱伤,以便它能进行其布尔什维克宣传并挑起一场世界革命。(正是这种关于苏联长远政策的论点,引起他对俄国的不信任,并促成不许共产党在法国活动的禁令。)他说,苏联没有料到对德国有利的形势发展得如此之快。

我说,宣传问题在苏联政策中所占的地位,看来已不像过去那样重要了。在中国,虽然乐于接受苏联的物资援助,但是,任何共产主义的宣传却不受欢迎,事实上是被禁止的。在土耳其也是如此,我告诉他,尽管土耳其不许在它的领土上从事布尔什维克宣传,但是苏联仍然热望和它维持友好关系。换句话说,像中国和土耳其那样,法国不在意识形态宣传的问题上让步而同苏联达成协议,并不是办不到的。达拉第表示同意说,土耳其当然不会容忍在它国内进行共产主义宣传。

我问法国驻莫斯科大使那齐亚先生是否将返任。(他由于法国对苏联的政策不信任而被召回国,这被认为是法国不满的表示。)达拉第说,他仍在考虑是派那齐亚回苏还是另派别人。他说,那齐亚已病了相当长时间,在了解苏联政府的意图这个问题上,已不能有所作为。我说,我知道,不仅俄国人和外国人接触要受到阻止,就是外交使团的成员也总是被人跟踪的。达拉第说,据他所知也是如此。不过他还是说,由于那齐亚已病了一些日子,他也可能另派新人去莫斯科。

我问他,法、日两国政府是否在进行对话,特别是在远东加紧对德国封锁这个问题上。达拉第说,没有。从日本大使到任以来,他本人只见过一次,就任外交部长后,根本没有见过此人。无论如何,从他负责外交部的工作以来,他没有听说有过这样的会谈。

显然,法、日双方对建立友好关系的活动已经停止。我接着试探达拉第对与此有关的意、日两国合作的看法,而我已观察到,意大利和日本似乎正在致力于两国之间更密切的合作。人们可能还记得当前些日子法国打算把日本拉到同盟国方面来时,齐亚诺伯爵对此曾说过并经我在巴黎重复引用过的话。这就是日本不仅不会对同盟国在欧洲的事业给以有效帮助,而且还乐于支持意大利,以换取意大利的合作。这样一来当然会既在欧洲、也在非洲造成对法国的严重威胁。

我告诉达拉第,一个重要的日本代表团最近访问了意大利,为了达到它的真实目的,缔结了一项扩大两国合作的协定。我观察到报纸上已有报道说,协定中有一项内容是:一旦意大利介入欧洲战争,日本保证将物资给养运往阿比西尼亚。我接着说,事实上,意大利一直在努力寻求日本海军的合作。一年前,我和齐亚诺伯爵进行过一次会谈。我问他,日本的双手已被捆在中国,意大利还指望能从日本得到什么帮助。他答复说,日本海军可以在东非提供有用的帮助。

达拉第说,这意味着意大利殷切希望取得日本海军的帮助以保护它的非洲殖民地。在他看来,这是可能的,日本不会拒绝承担。他听说日本海军由于与陆军对比没有做出什么成就而受到日本国民的责难,因而渴望利用欧洲的形势为自己赢得更多的荣誉。

然后,我问达拉第对地中海形势的看法,意大利站在德国一边参加战争的危险是否已迫在眉睫。达拉第说,如果意大利在几天之内就参加对同盟国的战争,他一点也不会感到惊异。北欧形势的发展,当然会鼓励罗马采取行动。

在临别时,达拉第再一次说,他将毫不迟延地通知有关部门对我代表我国政府所提出的要求立即加以考虑。他的同情的答复使我感到满意,接着我前往法国外交部亚洲司和肖维尔会谈。

在提及和这位亚洲司司长会谈之前,我想详细阐述一下,例如在我和达拉第的谈话中所见到的法国政府中最高层人物的政策转变。

回顾一下我在 1940 年 2 月 9 日和拉西曼博士所进行的谈话。在谈到苏日关系时,我问他,对同盟国策划诱使日本向苏联进攻,以造成一场苏日战争一事,有无所闻。他回答说,在前些时候确有其事,但现在已放弃了。目前巴黎和伦敦的主要领导人都明白,日本陆军在数量上微不足道,无力和俄国作战。他们已不再有将日本拉到同盟国这边来的想法。他们认为,如果日本参加了同盟国,与其说是一项资产,不如说是一项负担。

在提到拉西曼以前的谈话时,我不同意他向我谈到的那些人的见解所根据的理由。但这里我要补充一下,到2月份将日本拉入同盟国的念头虽已开始消失,但对日本需加以安抚的想法,仍然有人主张。人们认为,用此办法使日本不损害同盟国在远东的利益,还是有必要的。

在初期造成这一转变的最重要的因素之一是,1940年2月,美国坚决反对日本。另一个因素是,法国本身的意见分歧,许多人仍然反对和日本建立更密切的关系。再一个因素是,日本的态度和东京没有迅速、积极地响应法国和英国的试探。

在日本方面,由于政府各阶层意见分歧不能一致,不用说日本民众对政治已不起影响作用,即使在军人集团内部,他们的行动也决不是一致的。陆军和海军之间存在摩擦,互相嫉妒。陆军进行所谓"中国战争"已有两年多,但并没有做到像它所吹嘘的那样在几个月内结束这场事变。日本海军跃跃欲试,也想一显身手。那些主张拉拢日本的法国领导人当时相信,日本仍很强大,而那些反对拉拢日本的人则指出,日本内部意见分歧,并且在中国已经陷入泥淖,不能有所作为了。

最后,那些不主张将日本拉过来的人占了上风。雷诺派的主张代替了达拉第派。达拉第是反对苏联和怀疑苏联与德国在军事上结成同盟的最主要的人物。但是雷诺属于自由主义阵营的激进派,他的主张受社会党人观点的影响有所增长,对俄国的行动能作宽容合理的解释。他们倾向于尊重法苏互助条约的精神,并且,如果可能的话,继续履行这个一直存在着的条约。由于他们的观点再度逐渐抬头,又由于俄国开始表现得较为友好,于是培养日本作为潜在盟友的实用性就降低了。因此,政治意见在法国总是不一致的。随着欧洲事态的发展,那些反对苏联的人开始动摇,最后转到了另一面。在我后来和法国政府领导人的谈话中证明,他们的立场有了一百八十度的改变,由公开反苏变为寻求与俄国人建立友好关系。我和达拉第在 1940 年 5 月末的一次谈话就是明显的例子。他表现出他的立场有了改变。他说,他同意我一直在谈到的中国看法,那就是,苏联的主要利益是在同盟国而不在德国一边,并且,尽管它和德国签订了一项协定,但这并不意味着它会和德国并肩作战。

由于我们向俄国运送原料遇到很多困难,我对法国指责说的苏联对中国不可靠这一点作了反驳。战争在欧洲爆发后,两艘俄国船,载着偿付俄国军火的中国货物,先为英国所扣。当向英国提出交涉后,英国人释放了船,并把它交给法国,法国则采取了强硬态度,不仅没收了船上所载的钨和锑之类货物,并且扣留了船只。中国解释说,我们是为了偿付俄国的军火,法国这样做是在损害我们的事业。但是法国却认为不能保证这些货物不会运交德国。我们说,这也许可能。但即使这样,只不过说明苏联仅想用物资来援助德国。我一直不相信这是在军事行动上参加到德国一边的开端。事实上,后来莫斯科提出各种解释说不将物资交给德国,虽然达拉第把这解释成是为了保护苏联本身的利益,其实这也是很自然的。

我在 28 日下午会见肖维尔时,将刚才和达拉第谈话的要点告诉了他,并给他一份我递交外交部长的备忘录副本。(我总是将备忘录这个详细的文件视为在内阁作出决定之前的一项实际必需品。)我然后请肖维尔尽快对中国政府的请求加以考虑,并付诸实行。我接着说,这个问题毕竟要靠他来取得圆满的结果。肖维尔将文件阅览了一遍之后说,他将在当天下午和殖民部研究这个问题。

谈到中国政府在印度支那的卡车问题时,肖维尔说,已向印度支那发出指示,对那些卡车的放行提供便利。他告诉我,没有发布过征用办法,但由于过境中的某些阻碍,地方当局认为延缓放行那些卡车是合乎需要的。我向他道谢,并说,我的属员汪孝熙已向我作了汇报,我已电告重庆。

我又问肖维尔,是否从伦敦听到孔祥熙博士以中国将来生产的钨取得一项贷款的建议。肖维尔说,这天下午,他正期待着巴黎银行的代表来访,这位代表刚从伦敦回来,他是在同盟国采购委员会主席让·莫内的领导下特为这个问题从事谈判的。他说,英国人总的说来是赞成孔博士所要求的这笔贷款的,但有几项与建议有关的要点还希望得到澄清。他接着说,要不是最近几天在法国北部所发生的重大事件,英国的答复此时本应已经收到了。

肖维尔说,虽然由于法国购买苏联货轮"萨连加"号上装运的锑,使法国的锑库存量一下子增加了二千吨,并需支付巨额货款,使法方的情况有所变化,必要做进一步的考虑,不过,收购存放在印度支那的矿石,现在是法国的事,将由法国单独进行谈判。关于购买今后中国生产的钨的问题,孔祥熙急于签订一个协议,肖维尔说,这是一个同盟国之间的问题,他想让英国指派一名代表和法国代表一道同中国进行商谈。他认为,这样做对英、法都很便利,而且这也是合乎需要的,因为购买今后生产的钨是一个更为重大的问题。

然后我说,孔博士似乎有些性急,并且又给我发来一份电报要求及早答复。这就是我再度提出这个问题的原因。肖维尔说他理解孔博士担心的是,如果在中国以今后生产的钨为担保的贷款确定谈成之前,先就目前存在印度支那的现货达成协议,英、法政府可能把谈判借款的事搁下。

我向肖维尔说明,我一向知道法国政府决无此意。我说,我已经又给孔博士去电解释说,这两个问题没有必要放在一起来解决,而且关于今后中国生产的钨的问题是法国首先提出的,没有理由担心法国政府会中途变卦。我说,孔博士接了这份电报之后,似乎对情况已有所了解,他在给我的最后一份电报中说,他现在打算先签订出售存在印度支那的现货的协议。肖维尔说,他也收到了一份内容相同的报告。像他刚才解释的那样,尚待解决的只是可供出售的锑的增加数量问题。他希望巴黎的有关部门将会做出决定,然后将结果电告重庆。

我于是解释说,中国外交部来电,要我询问法国是否正在就存放在天津法租界内中国各银行里的白银问题与日本人进行谈判。我说,中国外交部很关切此事,希望法国政府不要在未和重庆政府磋商之前就做出决定。英国政府曾和日本人断断续续地谈过一段时间,它已承诺在和中国政府磋商之前,不会与日本人达成协议。

肖维尔说,法国和日本绝没有在这个问题上进行过谈判。最近和日本人在巴黎及伦敦举行的会谈,只是讨论荷属东印度和商业支付协定展期的问题,根本没有涉及过天津的白银。他回忆说,法国政府曾经和日本人就存放在天津的白银进行过谈判,那是因为日本人将这个问题和封锁天津外国租界混在一起提出的。但是,他解释说,日本大使馆从来没有向法国提过天津白银的问题,英国人似乎愿意由他们单独来处理此事,法国无须和日本另行会谈。

我问起战局和比利时国王向德军投降的原因。肖维尔说,这个行动是难以相信的,它对局势起着最令人遗憾的作用。由这一新发展而出现的问题之一是,对在法国的比利时人应采取什么态度。他说,这种人有一百五十万,法国政府当然想弄清楚应当把他们当朋友还是当敌人对待。他认为,对法国北部的英、法联军的影响虽然令人不安,但可能还不是太严重。他说,恰恰相反,它倒可能给同盟国部队在对抗德国压力上起了促进作用。

两天后,我去希腊使馆回拜希腊新任驻巴黎公使梅塔克萨斯。我们的谈话立刻转到同盟国军事局势的不利发展。在谈到佛兰德的战事时,这位希腊公使说,德国不惜人力、物力的代价,一直在用极大的力量来取得对海峡各港口和沿岸的控制。现在的问题是,德国在佛兰德获得胜利后,下一步将向哪方面进攻。它可能立即入侵英国,也许绕过马其诺防线进攻法国东部,也许向巴黎进军。他同意我的看法,第三种可能性最大,因为德国不大可能在后方有来自巴黎方面的法军威胁时就去进攻英国。

梅塔克萨斯说,法国至少已经将它的半数机械化部队投入佛兰德,那里是法国最重要的工业地区。这就是法国行动迟缓没有迅速在索姆以北向德军反击以解除佛兰德同盟国部队所受压力的原因。但他相信,德国在佛兰德获胜后损失很大,它在向巴黎地区——那里的防御力量日益强大——发动一次认真的进攻之前,不得不花费一些时间来恢复元气和重新装备。

我问他对意大利在最近的将来所持态度的看法。梅塔克萨斯说,墨索里尼对动手的时间仍犹豫不定。但他认为,意大利迟早要参加战争是无可置疑的。他说,人所共知,墨索里尼和希特勒订立的"铁约"规定,前者保证要在适当时候援助后者。他认为意大利可能取道南斯拉夫进攻达尔马提亚,或者从阿尔巴尼亚向南进攻,以东南欧战略港口希腊的萨洛尼卡为目的地,或者,它可能进攻埃及。他认为,最后一条路线的可能性较大。我说,意大利可能先进攻法属突尼斯,梅塔克萨斯说,埃及一旦受到侵袭,盟国自然就要参加到埃及一边。

我说,使墨索里尼犹豫不决的因素是多方面的。我相信,墨索里尼愿意在希特勒确有把握取得胜利之后再行动,那样,意大利就可以不用作出太大的牺牲而得到胜利的果实。梅塔克萨斯却认为,墨索里尼更有可能在希特勒面临失败危险时参加战争和德国并肩作战。据他看来,两个独裁者订立"铁约"的目的似乎就在于此。他说,意大利不能坐视德国被同盟国击败,因为维持欧洲的力量均衡是符合意大利利益的。不过他相信,意大利参战已为期不远,它的行动将集中于地中海,而将欧洲大陆交给德国去应付。这两个独裁者梦想建立一个欧洲新秩序,由德、意两国分享霸权。

我说,苏联的态度一定对墨索里尼起着制约作用。看来,莫斯科不愿意巴尔干半岛的现状受到破坏,而它可能对任何破坏现状进行干预一定是一项使墨索里尼慎重考虑的因素。梅塔克萨斯说,意大利政府最近也宣布它赞成维持巴尔干半岛的现状,并就此向罗马尼亚和希腊做出保证;但附有一个重要条件,即巴尔干半岛的现状不受其他大国的破坏,这也许是指同盟国的先发行动,或指德国可能入侵南斯拉夫北部,或指苏联的干预。

他接着说,西班牙的态度也是一件墨索里尼关注的事,他非常愿意得到西班牙的合作占领直布罗陀以对抗英国。而美国对意大利参加战争所持的态度,一定也在墨索里尼心中占有重要地位。在所有欧洲大国中,再没有一个比意大利更依赖美国供应原料的国家了。据他看来,华盛顿一直在竭力收买墨索里尼,使意大利保持中立。他补充说,教皇一直也主张维持意大利的和平,由于意大利人民信教甚笃,梵蒂冈的影响和情绪是不能完全忽视的。

我说,土耳其的意向对墨索里尼一定也是一个问题。意大利在那个地区发动战争的任何行动都会立即引起土耳其的反应。土耳其和同盟国之间有联盟的关系。我问,如果意大利动手的话,希腊会有什么反应。梅塔克萨斯说,同盟国保证过希腊的独立,土耳其是希腊的一个盟国。如果意大利在地中海发动进攻,同盟国将在萨洛尼卡登陆,那样意大利必然要采取报复行动,因而迫使希腊和同盟国一起对意大利作战。(他所说的这一切,显示了欧洲局势是何等错综复杂,各种联盟的网络,影响着集团之间的抗衡。)

梅塔克萨斯补充说,意大利的介入战争是他非常关注之事,这不仅关系到他的国家,而且也关系到他的家庭。他的女儿最近和一位意大利贵族泰奥多尼侯爵的儿子订了婚。这个年轻人是一个狂热的法西斯党员,一旦发生战争,他肯定要参加意大利军队对包括希腊在内的许多国家作战。这种发展将会给他的家庭带来微妙而难于处理的问题。他的女儿想在 6 月结婚,但他不知道在举行婚礼之前意大利会不会投入战争。

当 6 月 4 日我有机会去拜会殖民部长时,我也提出了意大利对欧洲战争的态度的问题。我问罗兰部长,他对地中海的形势怎样看法,特别是意大利对欧洲战争的态度,墨索里尼是否即将做出决定。罗兰说他个人相信,意大利即将做出决定,但是它不会简单地采取和德国站在一边参加战争的方式。他倒是相信,墨索里尼会利用同盟国的目前困境,并试图从中取利。墨索里尼的行动计划将是这样的:他会说,这场战争已进行到相持不下的地步,为了避免进一步流血,应以全面解决为目的而着手和平谈判。于是墨索里尼会建议召开一次和平会议,坚持意大利应当有平等的发言权,他将以此寻求满足意大利的要求,而意大利方面,却无须做出多少牺牲。

　　罗兰坚信,同盟国根本不会接受这样的计划。他说,同盟国一直在尽一切努力来迎合意大利的观点,并且一再表示愿意商讨意大利所提出的任何合理要求。但他们不能接受任何有损英国和法国独立和主权的事。如果墨索里尼一定要参加德国一边和同盟国作战,后者将准备应战。但是他相信,墨索里尼这样做时,他将冒意大利被同盟国击败的很大风险。

　　他同意我的说法,意大利在地中海的位置非常容易遭受攻击,并且它在经济上对美国的依赖程度比德国大得多。他还认为美国的制约作用可以阻止墨索里尼跳入战争的旋涡,不过,那还得看将来如何发展。照他看来,意大利置身于战争之外所得的好处,比站到德国一边参加战争为大。

　　我说,同盟国以他们的丰富资源和高昂士气打赢这场战争是极有可能的。而且,德国经不起一场持久战争,而时间却对同盟国有利。罗兰说,确实如此,斗争的结果是无可置疑的。不过,同盟国必须利用他们的时间发挥作用。在过去八个月中,显然没有取得什么成就,但为了确保胜利,以艰苦奋斗来利用时间因素是有必要的。

　　这是我和作为殖民部长的罗兰的第一次谈话,我当时首先祝贺他就任这个部的领导职务。他随即对在他任商业部长时没有来拜会我表示歉意。他解释说,过去几天里的重大事件给他造成很大压力,请我原谅他的疏忽失礼。我说,情况如此令人不安,谁也不应该把外交礼节问题看得太重。然后我接连提出两个问题,这是我这次拜会的主要目的。

我提到我在一星期前递交达拉第的那份备忘录,以中国政府的名义要求印度支那的法国当局合作,对正在运输途中或等待运输而暂存仓库中的属于中国政府的物资和商品予以便利,早日运出。我交给他一份中国政府的三项要求的摘要,因为殖民部是有权帮助迅速做出决定的。

罗兰说,预料我要来访,他已和外交部研究过此问题,并已于6月1日向印度支那总督发出指示,对中国政府的三项具体要求予以满足。然后他将这份指示读给我听,看来,这份指示包括了那三项要求,并要总督和重庆代表进行商谈,完全满足这些要求。(这是达拉第行动迅速、真诚不欺的证明。)罗兰然后告诉我,法国政府愿尽力援助中国政府抗战,并说他所以迅速给印度支那总督下达指示,正是表明他同情中国。

我说,罗兰先生的行动确实使中国政府感到非常满意。我一面表示要立即向重庆汇报,一面代表我个人并代表我国政府对他的迅速和好意的行动表示感谢。然后我提出另一个问题:蒋委员长来电指示我询问法国政府,当它采取保卫印度支那的措施时,是否希望中国政府与之合作。蒋还进一步指示我说,如果愿意合作,中国政府将尽可能提供人力和物资。

上述电报是5月30日收到的。蒋委员长在电报中说,他以前曾向巴黎和伦敦提出过中、法、英军事合作的重要性,现在这种重要性已变得更为明显。因此他要我和法国当局联系,了解他们是否已做好准备以应付可能发生的日本南进扩张行动。他指出,如果愿意合作,中国现在就应做必要的准备,这在中国方面不太困难。因此要我在巴黎重提这个问题,并且要我和郭泰祺大使商量也向伦敦提出。

我收到那封电报之后,立即致电郭大使,转告蒋委员长来电的内容,并指出电报中没有说明中国能采取何种具体合作方式。不知蒋委员长心中是否有中国能够提供人力或物资的想法。我告诉郭泰祺,我正在研究这个问题,并考虑用何种形式向法国政府提出。我问郭大使能否来巴黎和我面商。

郭大使次日回电说,电报已收到,又说,蒋委员长要他在伦敦直接向英国首相提出此问题。但邱吉尔身兼数职,不知能否接见他。他担心,由于英国面临严峻的战争形势,邱吉尔不会有时间。至于中国在合作方面能拿出什么东西来的问题,郭大使说,不管我们能提供什么人力或物资援助,它们都不会是英国所迫切需要的。他本人在 6 月 8 日以前不能到巴黎来。

我应当补充的是,蒋委员长这封电报是不足为奇的,它真实地表明了当时中国政府指导外交工作的内情,即想出一般性的概念,写成文字,下达给驻外使节去执行而不附任何具体计划。通常,电报指示只说重庆希望达到的目的,而把一大堆工作委之驻外使节。各使馆则要尽力制订具体方案,或将模糊不清的概念具体化为明确的行动计划。这是中国外交活动的特点,别的大国办外交不用这种办法。因为它会给驻外代表们增加工作负担,并将很大的个人责任加在各使馆的负责人身上。从另外一个角度来看,这个主意也不算太坏。驻在国外的人对形势了解得更全面、更直接,能够制订出达到政府所规定目标的方法和措施。

不管怎样,我决定在向法国外交部提出此事之前,先和殖民部联系。我将蒋委员长来电内容转告罗兰,然后向他作了简短的回顾说,这个问题在 1939 年 3 月和 4 月曾经提请外交部和罗兰先生的前任注意,在当前这场欧洲战争爆发后,中国政府又提过类似的建议。但我收到蒋委员长最近这封电报后没有先向法国外交部提出,因为殖民部是直接主管印度支那事务的机构,我愿意先和他谈一谈。

我告诉这位部长说,看来,蒋委员长曾接到情报,即日本军队在海南岛集结,其目的显然是要在适当时刻向法国和英国在远东的领地发动进攻。我说,日本海军一直在寻求机会执行日本早已制订的南进计划。由于欧洲战争日益扩大,日本采取这种行动的危险也随之增加。我又说,我深信,法国政府曾预料到印度支那有遭受攻击的可能,这对中国和法国都是关系重大的。印度支那可以说是中国和外部世界仅存的交通渠道,因此,对中国的继续抗战有特别重大意义。为了应付这种可能,事先举行中法会商,当然是合乎需要的,以便采取行动的时刻到来时,就有可用的现成计划。

罗兰说,他的看法与此完全一致,如果印度支那受到日本的入侵,中国的合作将是必不可少的,并且,这样的合作必须事先安排好,以免临时措手不及。他说,为了应付这一可能,法、中两国已有接触,并对某些安排已有一致意见。但是,这样一种协定只应在所要防止的可能情况临近出现的时刻才签订。(他的前任的意见也是如此。)

按照蒋委员长的指示,我说,罗兰先生刚才所提到的安排就已经具有初步交换意见的性质了,这些意见提示了一种合作的基础。在中国当局看来,对这些意见需要根据实际情况加以修订和调整。罗兰说,他对此点要再和他的军事同僚和顾问——殖民地陆军参谋长——商谈一下。

罗兰部长接着说,就法国方面而言,还必须从全面考虑。如果这样一个协定公布出去并加以宣传的话,那将使法国政府深感为难。说得更具体一些,这肯定会刺激日本产生反应,在这种情况下会使局势恶化。

我告诉他,我主张这样的协定缔结后应该保密。我说,重要的不是宣扬这件事,而且为了一个共同目标实行合作。任何宣传缔结这样一个协定的意图当然都应避免。殖民部长说,他对此完全同意。但是,缔结这样一个协定属于政策上的问题,因此超过了他的职权范围,像这样的问题,他只能执行政府的决定。他建议我应当去会见国务会议主席,或向法国外交部提出这个问题,使法国政府做出决定。

我告诉他,我正打算去找外交部长或国务会议主席,并征求他的意见,谁是处理此事合适的人。罗兰说,由于总理是当然的最后决策人,因此,我可以去和雷诺先生谈一谈,他是一个眼光敏锐、办事果断的人。他建议我还可以告诉雷诺先生,我曾经和他(罗兰)谈过关于经由印度支那运送属于中国政府的物资和商品的事,并已获圆满答复。

两天以后,我和拉西曼博士做过一次深有启发的谈话,他是顺路来使馆看我的。他告诉我,他已被任命为让·莫内为主席的同盟国采购委员会的波兰代表。他熟悉从中国买钨的业务,那是以中国为一方,法、英、美为另一方的商谈项目。他知道这个问题应分为两部分,即购买在印度支那的现有存货和购买中国今后的产品。他从肖维尔处得知这个问题的第一部分实际上已经解决,而第二部分较为复杂,仍须商谈。

为了取得中国今后生产的钨,法国必须和英、美进行商谈。拉西曼说,英国人很表同情。李滋罗斯主要出于政治上的原因,赞成这个想法。第一,它可以防止将中国的钨通过俄国运到德国;第二,它可以给中国以财政援助。钨是中国能提供作为借款担保品的仅有物产,又是同盟国、特别是法国之所需。拉西曼了解到李滋罗斯肯定地认为,中国迫切想要得到的货币贷款,是根本办不到的。

至于美国的态度,拉西曼知道,它出于政治上的原因也是友好的。美国政府想通过这种防止钨流入德国的办法在财政上援助中国,并帮助同盟国加强封锁。由于中国不可能从美国政府或美国私人银行取得任何一笔贷款,购买钨砂就是美国在财政上援助中国的唯一办法了。

拉西曼接着说,法国人需要钨砂,因此除了有与英、美共同的政治原因之外,对这个问题特别感兴趣。不过,法国人可以由目前在印度支那的存货满足他们的需要。今后的生产会超过法国在将来可能需要的数量。而且,矿石的价格将根据不同的情况,随时发生波动。如果战争突然停止,价格可能会跌到现价的三分之一。假使那样,贷款的担保品将大受影响。因此中国人所要求的今后产品的价格是法国人考虑的一项重要问题。

我告诉他中国的价格是根据纽约的世界价格而确定的。英国人正以较低的价格从他们自己的殖民地取得钨砂,但是我知道,英国钨砂的质量比不上中国的。于是他说,价格问题毕竟是次要的。英、美、法方面主要考虑是政治性问题,即援助中国和阻止德国取得原料。

在对这个问题进行了探讨之后,他告诉我,他于2月间曾送了一份报告给蒋介石建议委派中国高级显要人物作为谈判代表,他推荐由宋子文担任。两个月后,蒋同意这个建议,并要宋承担这项任务,但宋即使在他(拉西曼)进行了劝说之后,仍不愿接受。我说,我本人曾在1937年下半年写信给宋子文,敦促他接受一项政府中的职务,使政府更能由他的供职而充分受益。拉西曼说,宋之所以拒绝他所提出的那个建议,可能还是出于使他个人不满的老原因。他说,他一直敦促宋接受,但宋坚持除非他有处理工作的全权,否则,当他必须盘算政府中的各种阻力和障碍时,实难对承担的任何工作抱有成功之望。

然后拉西曼告诉我有关斯塔福德·克里普斯爵士访华的事。他是在克里普斯回国后直接听他说的,他对中国的印象,总的说来是好的。克里普斯虽也谈到关于政府工作中存在着贪污腐化的秘密传闻,但他对中国的反抗侵略精神印象极深。克里普斯认为,中国目前需要财政援助甚于军事援助。他就是按这种思路向英国政府汇报,并转告美国人的。

拉西曼还提到一桩关于苏联的有趣事情。他说,克里普斯在重庆时曾对政界领导人作了一次讲话,讲话中批评了苏联的态度,主要的理由是莫斯科对中国援助得不够。事后克里普斯送了一份讲话副本给莫洛托夫,并说,如果后者准备接待他作一次谈话,他很愿意访问莫斯科。接到莫洛托夫同意的答复后,克里普斯为了摸清俄国人的态度,在苏联首都呆了三十六小时。

在莫斯科,莫洛托夫告诉克里普斯,除非出现两种情况,否则苏联仍将继续援助中国:1.英国对苏联宣战,那就迫使后者立即与日本妥协来瓜分中国;或2.重庆的中国中央政府垮台。克里普斯爵士的印象是,在后一种情况下,俄国人会毫不迟疑地尽量从中国攫取能够到手的赃物。

(这一点我特别关心,因为我多少知道一点内情,即日本侵华计划的一个组成部分是给苏联一份好处,让它参与瓜分中国,也就是说,日本了解苏联的胃口,为了安抚莫斯科,它将不反对苏联随意攫取"剩下"的领土。这一点是 1945 年至 1949 年底任外交部长,又是 1945 年 8 月签订中苏协定的唯一中方代表王世杰新近透露的。他说,当年罗斯福急于要苏联参加对日战争的一个原因,就是先发制人地粉碎日本在长城以北建立一个"帝国"的秘密计划。这个帝国包括"满洲国"、外蒙、内蒙和华北的一部分。为了取得苏联的同意,计划准备将上述四个地区以外剩下的中国北方领土作为诱饵让给苏联。克里普斯显然也有这种印象,如果中国的中央政府垮台,日本着手建立一个"帝国"的话,苏联将毫不犹豫地攫取它所能拿到手的中国领土等等。)

拉西曼接着告诉我,克里普斯访问了东京,日本人待他极有礼貌。在上海的日军当局甚至安排了一架飞机供他使用,将他先送到台湾,参观那里的港口和大型设施,然后去日本。在东京,克里普斯会见了军方和文职的所有政府要人,但和他的谈话中,没有透露什么新的东西。那是符合日本宣传的模式的。不过克里普斯和币原男爵的谈话却是一次最有兴味的谈话,从币原退休以来,克里普斯是他同意接见的第一个外国客人。这位男爵告诉克里普斯说,东京政府完全处于军方分子掌握之中。尽管军方由于对华战争旷日持久而日益不得人心,他们仍控制着政治局势,文官要从他们手中夺回政治权力,得在很久以后才有希望。男爵着重地说,此点必须在国外加以强调。国外关于日本文官们即将重新控制政治局势的任何说法都仅属幻想。

我们的谈话转到美国和它对远东的看法。拉西曼说,他在华盛顿曾和一些人士谈过远东问题,他发现美国舆论对中国很有利。与国务院远东事务关系甚密的亨培克博士曾对他说,美日战争是不可避免的。亨培克因此认为,美国不应放弃它的条约权利和利益,也不应在中日问题的最后解决上做削弱美国地位的任何事情。拉西曼说,有人甚至预料对日战争在那一年的夏天就会爆发。他说,虽然欧洲局势恶化又把美国的注意力在更大程度上转到了欧洲,美国政府仍然关心远东。不过,在军事上援助中国是不可能的。

按照拉西曼的意见,美国的普遍看法是,远东的僵局还要持续一个时期。尽管日本的经济形势越来越糟,但还没有立即崩溃的危险。如有必要,日本对这种紧张情况还可以再支撑两年。但最后美国将不得不承担起解决远东问题的责任。

我们接着又谈到美国和苏联恢复友好关系的问题。拉西曼说,他发现美国对寻求和苏联建立友好关系极感兴趣。他说,这种态度是从去年 11 月才开始转变的,那时美国还是强烈反苏。他接着说,蒲立德虽然不断地表示他对苏联和苏联政策的憎恶,可是他在巴黎对苏联的态度并不反映美国政府的意向。我和拉西曼的看法一致。

我告诉拉西曼说,我知道莫斯科渴望与美国友好,如果能促成美苏合作,不仅对中国,而且对同盟国在欧洲的局势都有帮助。我告诉他,法国的态度过去几星期正在发生变化。达拉第本人的态度也是如此。然后我在回答拉西曼提出的问题时说,达拉第现在已经明白俄国是在奉行维护它自己利益的政策,它无意援助德国。他现在认为,面对着迅速变得越来越强的德国,俄国理应在巴尔干半岛求得优势,以加强它的地位。

然后我们谈到昨天巴黎发生的内阁变动,我告诉拉西曼说,现在达拉第已离开了政府,雷诺对外交政策有更多的发言权(雷诺再度任总理兼外长),并且作为一个眼光敏锐和有远见的人,这位法国新总理从来不像达拉第那样厌恶苏联。我说,急迫地任命一位新的法国驻莫斯科大使也表明了法国人有和苏联妥协的愿望。如果像三星期前说过的那样,苏联任命李维诺夫为下一任的驻巴黎大使,那就更加清楚地证明苏联有和同盟国达成谅解的强烈愿望。(英国恰巧刚任命克里普斯爵士为新任英国驻苏大使。)

拉西曼说,他曾会见过蒲立德和孟戴尔。我问他,他和蒲立德谈话时,后者是否表明如果美国卷入欧洲战争,对日本将持何种态度。我想知道美国会不会为了消除日本海军的威胁而与日本和解,比如,和日本达成一项在第一次大战期间蓝辛和石井缔结的那样的协定。拉西曼说,他一点也没有这种印象,事实上他的印象倒是与此相反。他接着说,不过,只要战争仍在欧洲进行,任何事情都有可能发生,无论是在外交或是军事上,谁也无法断定下一步将怎样发展。

拉西曼说,肖维尔曾告诉他,日本驻巴黎大使泽田在德国侵入法国的次日来看他,表达日本对法国的同情,并向法国政府保证,日本对欧洲战争将继续奉行不介入的政策。拉西曼知道,孔祥熙博士代表中国,通过高思默大使以及我本人,奉中国外交部的指示,都对法国政府表达了同样的感情。

拉西曼发现,孟戴尔现在虽然负责内政部的工作,但对远东仍然深感兴趣。拉西曼说,现在的殖民部长罗兰只不过是挂名的,一切有关殖民地的重要问题的决定仍受孟戴尔意见的重大影响。

我产生一个想法,并试探拉西曼对此的反应。我说,由于约翰逊法案的限制,同盟国不可能获得美国的财政援助,中国可以作为一个中间人而起帮助作用。如果美国政府接受这个想法的话,它可以通过中国给同盟国家提供援助,约翰逊法案对中国是不适用的。拉西曼说,这一点曾经想到过,甚至还讨论过,但是英国人有两点理由不赞成这个想法:第一,他们不愿意做任何让罗斯福总统感到为难的事而影响他重新当选。这样一种办法,容易被解释为耍花招。第二,同盟国用来支付他们在美国买货的现金资源还足够再维持六个月。到那时约翰逊法案的限制有可能被国会取消。而且做出货到付款的安排并不是完全不可能的,那就能使付款推迟几个月。

然后我谈到,法国阻止意大利参战的最后一分钟的努力,我提到那天早晨的消息说,勒布伦总统在前一天晚上接见了赖伐尔,并且事后立即召见了雷诺。后者接着和达拉第谈了话,后来又接见了蒲立德。我问拉西曼是否认为,为争取意大利不参战,还有些最后的努力尚无结果,或在暗中进行。我认为,赖伐尔在感情上一直是亲意的,很可能已经知道墨索里尼的不参加战争的条件,并且认为,法国人在征求华盛顿意见之前,对此问题不会得出什么结论。我说无论如何,大家都知道,罗斯福总统在过去几个星期中一直在极力劝阻墨索里尼参加到德国一边。

拉西曼对法国的政策和政治一直是消息灵通的,他说,两星期前,曾要求赖伐尔去罗马担任法国大使,但他未接受,并说改善局势已为时太晚。拉西曼虽然认为,让意大利置身事外已为时太晚,它无论如何都得介入战争,但是觉得我对时局的推测也并非不可能。

6月8日,随着法军在索姆河流域全面崩溃,德军向巴黎推进,日本即将利用欧洲局势开始对东南亚采取行动,我和荷兰驻巴黎大使劳东作了一次比较随便的谈话,在开始时,我提到我和他在几个月前的一次谈话,我们讨论了欧洲的局势。我告诉他,现在看来,我们两人所预料的一切危险都已出现,我问他是怎样在他国家的艰苦日子中坚持他的困难工作的。

劳东说,一个人的祖国被德国鬼子占领,心情当然不会是愉快的。我向他表达了我对荷兰苦难的深切同情,因为中国受到侵略已有几年了,所以我们有所理解。他向我道谢,并说,荷兰幸而还有荷属东印度——一块有许多中国公民在那里居住着的国土——完整无缺。

我告诉他这正是我要和他谈的内容,我希望他能够把情况介绍一下。我说,现荷属东印度有一百五十万中国人,他们最担心那个群岛的情况发生变化,特别是如果被日本人占领,就会严重影响他们的处境。而且,荷属东印度对中国有极为重要的利害关系。据中国政府所得的消息,日本人正在海南岛集结军队。如果日本海军(它在中日冲突中还原封未动,渴望取得荣誉以免和日本陆军相比显得相形见绌)对荷兰在远东的殖民地发动一场冒险,我是一点也不会感到惊异的。倘若发生这样的事情,那么海峡殖民地、法属印度支那,以及海上交通的安全,都将受到威胁;而这种海上交通对中国取得抗战所需的海外供应,是至关重要的。因此,中国当然迫切希望荷属东印度的情况无论如何也不要发生变化。

劳东说,两个月前,日本外相有田曾问荷兰驻东京公使,如果德国入侵荷兰,荷兰政府对荷属东印度将采取什么态度。荷兰政府的答复是,它既不会请求,也不会接受任何外国的保护。日本政府表示对此满意,有田还发表一个声明,宣称日本政府的意图是尊重荷属东印度的现状。劳东回忆说美国国务卿也发表一个声明,同样强调尊重这些荷属殖民地现状的愿望。他接着说,英国也采取了同样的态度。我说,我知道法国人随之在东京也作了相似的外交活动。劳东证实确有其事。

我说,大约两星期前,由前日本驻巴黎大使佐藤率领的一个日本经济代表团访问了罗马。在它离去的前夕,宣布日本和意大利缔结了一项经济合作协定,它比以前的历次协定范围都大得多。我说,三天前,哈瓦斯通讯社从罗马发出的另一条电讯说,根据这个协定,意大利同意帮助日本在巴尔干半岛进行贸易。我说,这些宣告,特别是第二个,很引人注意,我不知道在新协定的背后是否还隐藏有更深、更重要的政治性质的东西。我补充说,一年前一位意大利政府成员在谈话中告诉我,如果意大利参加欧洲的战争,它可以指望日本海军的合作,如果不是在地中海,那就当然在北非沿岸。我问劳东,他对所谓的意日经济协定的性质和内容中关于荷属东印度的部分有何可以见告之处。

劳东对这个消息感到相当吃惊,并说,他本人没有在报纸上注意到,我说,由于报纸缩减了篇幅,不是全部通讯社的电讯都在日报上登载。劳东说,他将立即向伦敦(荷兰政府暂设在那里)了解情况。在他的请求下,我答应送给他一份哈瓦斯社报道意日协定在罗马签订的电讯。

在答复另一个问题时,劳东说,他认为日本总领事与荷兰总督在荷属东印度举行的会谈是有关商业问题的,并且进展顺利。对另一个问题,即日本人在与荷属东印度的荷兰当局作商业谈判时,曾否提出了过分的要求,他做了否定的回答。

我进一步问,如果荷属东印度受到日本海军的威胁时,美国政府会不会干预。他说,美国依赖荷属东印度的某些原料供应如此之深,以致它已将它的太平洋舰队派到了中太平洋,这只能解释为对日本的一种警告。他虽然同意我的看法说,主要取决于欧洲战事的发展,但他怀疑日本竟敢冒同美国海军较量的风险去夺取荷属东印度。如果欧洲局势变得对同盟国不利,日本海军可能会有所活动。但他相信局势正在转向对同盟国有利,德国正在开始出现力不从心的迹象。他对同盟国将取得胜利,毫不怀疑,尽管他们要打一场代价很高并且旷日持久的战争。他们不仅有自己的资源,而且还有美国的资源。他认为,美国海军是世界上最强大的。

在认为同盟国最终会取得胜利,并且时间会继续对他们有利的看法上,我和他的意见是一致的。关于美国,我说,很不幸,今年是总统选举年。我相信在选举完成之前,美国政府不会做出什么重要决定。劳东评论说,蒲立德最近曾告诉他,罗斯福总统已决定竞选第三任,如果他竞选的话,肯定会当选。

我说,在过去两星期中,美国舆论发展之迅速显示出美国人民的情绪,很有可能选举一完毕,美国就会站到同盟国一边参加战争。劳东却认为,美国舆论发展得太慢,虽然他承认过去几个星期发展得比前几个月要快得很多。他仍认为,美国距离做好对德宣战的准备尚远。

谈到法国的局势时,他说,他相信军事形势对法国越来越有利,他对魏刚和雷诺表示极大的钦佩。(我为他对军事形势的乐观估价有些感到惊异,但为了不增加他对荷兰国土沦陷和他的政府迁往伦敦而感到的痛苦,我没有说出我对军事形势同他相反的看法。)我说,魏刚针对以大量使用坦克和机械化部队为基本手段的新型战争的战术,构成了有效的防御。我还说,雷诺头脑清楚,眼光远大,而且精力充沛,行动果断。我认为,任何人都很难具备这两种品质于一身,但雷诺却兼而有之。

劳东说,很可惜,甘末林将军在战争爆发后的许多月中听天由命,无所作为。他说,正因为他的无所作为以及法国政府中意见纷纭,致使最近在军事上遭到挫败。他无法理解,一个像甘末林将军那样身负重任的人,怎么会没有看到潜伏在马其诺防线和比、法边境之间的连接点上的危险。他说,用不着专家也看得出,入侵者肯定要挑选这个薄弱点来进攻的。我说,我知道甘末林将军和乔治将军之间,达拉第和雷诺之间,在抵御德国入侵荷兰和比利时的问题上意见分歧,加上改组最高统帅部的必要性,都是造成过去几个星期军事形势不利的不幸因素。

(我忽然想起,我曾在一个星期六给这位荷兰大使打过电话,他要我在得便时去看他。当我去看他时,我问他是否打算离开巴黎。他说:"不,我为什么要离开?"我问他局势怎样。他说:"法国像你能想象得到的那么安全。有马其诺防线,法国不可能遭到危险。我根本不打算离开!你怎么看?"我说:"我感到相当不安。"

他问我:"为什么?"我说,荷兰已被占领,比利时受到入侵,德国人很可能越过马其诺防线。我补充说,我没有得到直接的消息,但我相信,局势是很严重的。由于比利时正在法国的边境上,德国人可以在二十四小时之内就进来。)

这天是星期六。我每天派几个使馆人员出去看看有什么变化,并向我汇报。有一位秘书在星期日下午回来告诉我,他看见法国外交部在烧东西冒烟,也许是在烧毁文件。另一位馆员回来告诉我,在乔治五世大街上一座属于国防部的大楼门前,停了几辆卡车,在装运文件箱。因此,我告诉他们,我们最好也做搬迁的准备,因为这些迹象都在表明,法国政府正在搬迁。

6月10日星期一中午,在法国政府迁往卢瓦尔河流域的图尔之前,我去法国外交部作最后一次访问。意大利在6月11日同时向英、法宣战。我已经在6月9日致电中国外交部,报告了当时法国的严重局势。我叙述了德国军队一直在向法国全部战线不断猛烈进攻,法国武装部队则继续撤退。现在他们已退到离巴黎不到一百公里的地方,德国人在他们的后面紧追。法国人已无险可守。我并说明,正在此时,我收到一份机密情报,说法国政府准备在二十四小时之内撤离巴黎。我说,如果出现这一情况,大使馆也必须迁走,我已为此无可幸免之事采取了必要措施。

6月10日上午,我继续向中国外交部汇报说,刚才又收到另一机密消息:法国政府,包括所有各部,除部长及其个人秘书外,已在前一日(6月9日)夜间撤离巴黎。我接着说,正在草拟此电时,法国外交部送来一份通知:各国驻法大使及其馆员必须离开巴黎迁往法国外交部指定的地点。

就是在这种难堪的处境下,我去外交部会见了新任的外交副国务秘书保尔·博杜安。他虽不是部长,但代表部长雷诺,因此暂时还留在巴黎。在这样一个不顺心的场合去拜会,我自己知道博杜安大概不会对我可能提出的任何建议深入研究,但我前一天接到的重庆电报是份急电。

这封 6 月 8 日的电报告知我,日本和南京傀儡政权即将占领上海的某些外国租界,加强对印度支那和缅甸的有效封锁,和实行对靠近那两个地区的一切船只的检查,甚至还想攫取法国和英国的领土。外交部在电文中回溯该部以前预料日本会有这样的行动,曾在 1939 年给我发来过一封电报(第 946 号),提出一项和英国及法国的军事与财政合作计划。电报说,中国外交部已向驻重庆的英、法大使提出此项建议,同时致电驻华盛顿的胡适大使,命他对美国提出三项要求:1.对维持外国租界的现状采取坚定态度;2.劝说英、法政府反对日本干预经由印度支那和缅甸的转运及运输;3.了解清楚英、法对中国所提合作计划的态度。中国外交部要我向法国政府提出此问题,并尽快汇报。

由于博杜安只是在上一次内阁改组之后才被任命担任这个职务,我去拜会他祝贺他任新职,同时还对他所负重任表示同情。接着,我告诉他,我奉蒋委员长之命,对同盟国将继续抵抗直至最后胜利——这一点将是和同盟国一样坚信不疑的——表示同情和钦佩。接着,我代表蒋委员长问道,法国有什么防御计划,以保证印度支那的安全。

我解释说,印支安全,对中国抵抗日本侵略具有极为重要的利害关系,它是中国军队取得供应和与外部世界交通的主要通道。我说,中国虽然对日本进行着艰苦的斗争,但蒋委员长深信他仍能对印度支那的任何联防计划提供人力和物力,并想知道,是否需要中国在这方面的合作。我说,根据最近的报道,日本处心积虑要夺取上海和天津的外国租界,并在海南岛集结军队,以威胁香港和印度支那来实现它准备已久的南进计划。我进一步告诉博杜安,我已和殖民部长罗兰谈过,他同意,如果日本向印度支那进攻,中国的合作将是必不可少的,并且应当事先为此目的共同制定一个计划。但我指出,他还曾说过,这样的问题需要有政府的决定,他只能执行已经做出的决定,并建议我去找国务会议主席雷诺。我说,我在上星期五(7 日)曾请求会见他,但尚未蒙约定,由于雷诺处理当前的各种非常重要问题一定极为忙碌,我希望博杜安先生向雷诺转达此事,并给予答复。

这位新任外交副国务秘书说,他将毫不迟延地照办,并且很高兴有这样的机会,他就是为了这个目的而在外交部担任这个职务的。他请我转达法国政府对蒋委员长的谢意,并对雷诺先生谅解。他还说,他本人深信,如果日本进攻印度支那,那它就成为中、法的共同敌人,两国就应以最大的合作来加以对付。他完全理解印度支那对中国——特别是在目前情况下——的重要性。他说,但在目前,日本尚无对印度支那采取行动的迹象,因此,用一个反对它的联合行动协定来刺激它是不明智的。

我说,当然以此为目的的办定只能保密而不公布。要紧的是当那个时候到来时,应当有实际的合作,我说,这也正是我和罗兰先生在谈话中所曾经强调的。但重要的是,这样的计划应在事先安排好,否则一旦发生不测情况时,就为时太晚了,就像比利时和荷兰那样,对受害者和提供援助者都是不利的。当博杜安提出对这个理由可能加以研究时,我说,事实上一年之前,蒋委员长的个人代表当时的驻苏联大使杨杰将军和法国殖民部的布吕尔将军已初步交换过意见,实际上已对某些具体安排进行过讨论。当我告诉他杨将军已回国时,博杜安问,这样的会谈能否在巴黎中国大使馆继续举行。我说,在印度支那举行更为方便一些,他说,他认为印度支那到处都有日本间谍,会谈很容易被他们发现,也许在昆明更好一些。他答应尽早让我知道雷诺总理的答复。

博杜安然后问我何时离开巴黎,我说,我在今晨接到法国外交部的通知,将于次晨(6月11日)动身。博杜安说,自星期二(11日)起,他将在朗热(在图尔西南)接待外交使团,希望在那里会见我。他还建议我当晚就动身,越早越好。

在10日较早的时候,我已向中国外交部汇报了我以前和法国政府在军事合作问题上所作探讨的结果,特别是我和罗兰谈话的要点。但直到12日我才能作进一步的汇报,随着德国侵略者的逼近,巴黎已陷于不可收拾的混乱中。此外,正如我在12日致蒋委员长和中国外交部的电报中所述,我于10日下午5点零5分离开巴黎。

到法国政府所指定的地点格朗维尔马济约雷堡,全程虽不足二百公里,但我直到次晨8时才抵达目的地,这一短短旅程用了近15个小时。一路上,军车、坦克、民用汽车、载着由敌人那里逃出的难民的各种各样车辆,都拥挤在公路上,使得本来就混乱的交通更加寸步难行。我的汽车蜗牛般地缓缓行驶,并且每隔几公里就被哨兵拦住盘问。

在电报中汇报了此事后,我接着说,离开巴黎之前,我会见了新任外交副国务秘书,代表蒋委员长表示慰问,并表达他(蒋委员长)对英、法将继续抵抗以取得最后胜利的信念。然后关于法、中两国合作的问题,我汇报说,我告诉博杜安,日本即将夺取外国租界,并进攻英、法在远东的殖民地。由于中国有必要使印度支那不受侵犯以便继续抗战,中国愿意并准备和法国合作,以保障印度支那的安全。我的电报按此口气继续汇报了我的办法和博杜安的答复。

回忆当时的情景,我是在6月10日下午5时和两名秘书乘我自己的汽车离开大使馆的,从巴黎去外地的公路上,挤满了汽车。车辆有的驶离、有的开进这个城市,秩序混乱已极。大卡车载着服装不整的兵士,夹杂在军人中还有骑着马的农民,他们看来都疲惫不堪。要想走快一点简直不可能。到9点钟,我们都很饿了。我们打算找一个饭馆,但每一家都挤满了人,连进都进不去。直至12点,我们还没有吃上东西。

到了半夜2点,已过了九个小时,我们只走了三分之二的路程(两星期前我乘汽车去该堡一共只用了四个小时),我听见附近有轰炸的声音,司机看见远处的空中有德国轰炸机。路上有许多农民的马车,车上载着他们的家具和妻儿老小。司机将车停下,他说,德国飞机正在向这边飞过来,我们最好下车。于是我们都下了车躺在路旁的沟里。我们看着轰炸机飞过去，几分钟内我们看见炸弹落下，并听见爆炸声。大约 20 分钟后，它们飞走了，然后我们继续前进。

当我到达图尔时，已是早晨 6 点半了。我记得，我们饥饿已极，便去一家饭馆喝咖啡。由于我们是外国人，饭店老板的女儿把我们领到一张餐桌前。她说，这里只有月牙面包和咖啡，我们就坐下等候。我们看见人们在柜台旁排着队，有平民，也有军人。正当她走向柜台去取我们所要的食物时，她发现月牙面包已经没有了。她向我们道歉，并向我们保证另一篮新出炉的马上就到。我们等着，看见一大篮新鲜的月牙面包来到了。我们看见她想拿一些给我们送过来。但是排队的那些人尤其是军人又推又抢。她试图拦住他们，她说："给我留下点，那几位顾客等着呢！"但是他们说："难道我们不是顾客？我们也是人，我们饿了！"于是篮子很快就空了。我叙述这些，是为了说明当时的混乱和不顾一切的情景。

我在图尔郊区设立一个临时办公室作为大使馆，但并没有起多大作用。不到四十八小时，就听说法国政府继续南迁到一个离我在几小时后才知道的目的地。但是当我一发现他们已迁往波尔多时，我也离开了图尔。在经过无数哨卡，每处都停下来受哨兵盘问的彻夜旅行之后，我总算在 15 日抵达波尔多。

我记得，我们还在图尔时，法国政府的人一个也找不到。我们只能从其他外交界同仁处或广播里获得消息。例如我们在那里只呆了一夜，就听说邱吉尔曾到法国来和法国的领导人会谈，然后又听说会谈停止，邱吉尔一事无成，飞返英国。我想，那一定是他提出了法国政府不能接受的条件。听了这种消息，我疑心法国政府可能将再次迁移。我派一位秘书出去探听外面的情况。秘书回来讲，他听说政府已经迁走。这是第二天的事。我对这消息并不太感惊异。后来另一位秘书来说："大使先生，我们必须立即动身。"我问他为什么，他说，通往法国南部仅有的一座桥梁将要炸毁。于是我们又急忙启程,总算及时通过了那座桥梁。

我们在 14 日约 7 时离开图尔去波尔多,因为从互相矛盾的消息中,我们只能肯定法国政府已迁往波尔多。那一夜的旅行极不寻常,为了快一些到达,我们舍离大道而走小路。沿路到处都有路障,并到处有岗哨及巡逻兵,每到一处我都得停下来向他们说明自己的身份。到波尔多已是次日早晨了。

到达之后,我们当然想知道法国政府设在这座大城市的什么地方,但是很不容易找到。最后大约在下午三四点钟,才知政府没有选到办公地点,但有几位内阁部长和他们的助手呆在隆尚区的波尔多公立女子学校里。我叫司机将我送到那里,我只见到几位官员而不是政府全体。我和几位官员作了简短的交谈,他们都忙碌异常。他们所能说的只是他们也不知道事态将如何发展;至于住处问题,他们叫我们到某某旅馆去,他们会用电话通知旅馆给我们安排房间。他们无法告诉我任何情况,因为他们自己也不知道下一步将出现什么事。于是我到那旅馆住了下来。

在我去旅馆之前,我和夏尔—鲁进行了一次比较详细的谈话。他是外交部的秘书长。(莱热已于上月离职。)他是我在公立学校中所见到的官员之一。我想了解雷诺对我在巴黎时向博杜安提出的问题是否已作出决定。但我和夏尔-鲁的谈话和其他人的谈话一样,只能显示出法国政府所处的混乱状况。一切希望似乎都寄托在罗斯福总统对雷诺请求美国站在同盟国一边向德国宣战的答复。

这时,我对事实真相已更有所了解。6 月 14 日,法国政府没有通知驻在各自的临时使馆中的大使和公使,就突然撤离图尔。就在那天,我接到一份机密消息,其内容我电告了中国外交部。消息说,6 月 12 日,在法、英最高军事当局举行的秘密会议上,魏刚将军说,法军已处于山穷水尽的境地,所有预备役军人均已征召入伍,法军已连续作战十昼夜,精疲力尽。如果不向德军提出停战要求,法军全线即将崩溃。

报告还说,13 日晚,法、英双方再次召开最高军事会议,并有政府领导人参加,结果,法国人决定撤离图尔。英国人则坚持战争应打下去,答应在三至五日内派遣大军增援,加入战斗。

我致中国外交部的电报,除转去这份机密报告的要点外,还说法国政府已宣布巴黎是不设防的非军事城市,巴黎地区的法军已向法国南部撤退。过去两天中,法国总理曾两次致电罗斯福总统,吁请立即予以援助,意思是请求美国马上对德国宣战。13 日夜间,法国总理以最沮丧凄惨的声调向法国人民广播,承认法国本身对扭转当前局势已无能为力。

我接着提到撤离图尔的情况说,法国政府各部的重要人物,刚刚到达后又继续向南方某地撤退。德军离图尔只有约一百公里,因此,大使馆也必须再度迁移。我告诉中国外交部,在我告知我的下一个停留地点之前暂勿来电。

6 月 15 日,我发电告知到达波尔多。另发一电报告,我会晤了法国外交部秘书长,因为代理部长正在开内阁紧急会议,不能接见。会晤的要点我在电报中作了汇报。

当时我告诉夏尔—鲁,我和博杜安关于蒋委员长建议的谈话。我说,鉴于近日法国政府领导人异常忙碌,我无意催促答复,只是想知道雷诺先生能否顾及此事。夏尔—鲁说,由于博杜安已向他介绍过我的办法,所以他已知道此事。雷诺还没有来得及对此事加以考虑,但他(夏尔—鲁)愿表示,法国政府感谢蒋委员长建议的精神。

我问起罗斯福总统对雷诺的第二次请求是否作了答复,夏尔-鲁说没有。他说,美国只提供物资援助救不了法国燃眉之急。法国军人是勇敢的,但不能总是指望他们以血肉之躯对抗钢铁装甲。目前情势如此危急,只有美国立即宣布加入同盟国一边,才能挽救大局。他说,事情到了这一步,时间因素至为重要。

我解释说,美国宪法只有国会才能对外宣战,罗斯福总统无权这样做,但他对同盟国的事业是完全同情的,希望他一定能采取一些非常行动来协助同盟国。我还提到,英国派遣了相当大的增援部队来帮助法国防守卢瓦尔,但夏尔-鲁说,只来一个师管什么用?他还说,不管怎样,英国军队的战斗力从来就不是很强的。

我问及意大利对同盟国宣战的目的,它是否只是受德国的压力而不得不如此,并不是想认真参加敌对行动。夏尔-鲁说,意大利看到法国的目前情况,就迫不及待地要耀武扬威,它已开始轰炸比塞大了。我说,无论如何,在欧洲大陆上,地理形势还是对法国有利的,夏尔-鲁说,在一对十的形势下,地理又能起什么作用?法国不但缺少人力,也缺少物资。

我问,既然这样,如果美国的答复不是像所期望的那样,法国是否还打算继续抵抗。我指出这是一个中国极为关注的重大问题。因为法国的政策如有改变,必然要影响远东,特别是中日冲突。这位秘书长说,法国政府还是想继续抵抗的,问题在于有没有进行下去的物资能力。

这位秘书长知道,中、美之间的关系是非常诚挚的,他要我请求中国政府,尽其所能支持法国要求罗斯福总统立即采取行动的呼吁。我说,我将电告重庆,并乐于效劳,因为美国这种行动,既符合中国的利益,也符合法国的利益——两者是一致的。夏尔-鲁说,在这个问题上,时间至为重要,希望我毫不耽搁就打电报。我说我马上就办。

16日凌晨,我致电中国外交部,提到我前一份关于法国对美国呼吁的电报。我补充说,由于法国人非常急迫地敦促罗斯福总统立即采取行动,并且要求中国政府代向美国政府说项,又由于情况十分紧急,我本人已直接致电华盛顿的胡适大使,请他在个人能力范围以内帮忙,运用他的个人影响,敦促美国政府和美国总统尽快对法国的第二次呼吁作出决定。

我继续汇报严重的战局,自巴黎弃守以后,德军自北方从两个方向步步紧逼,由东南和西南向巴黎推进,想对马其诺防线的残余法军两面夹击。我写道,法军仍在试图抵抗,但军力确已耗尽了。

过去几天里,法国政府一直在和最高军事当局商讨一项关于全局的决定。但是尽管有向德国请求停战的强烈愿望,而鉴于这个问题性质严重,又鉴于英国坚持继续战争,英王和各自治领政府领导人的电报中均主张把战争继续进行下去,法国对马上作出决定十分踌躇。法国领导人正在等候美国总统的最后答复。我接着说,如果华盛顿的最后回音对立即援助方案没有给予任何希望,法国做出单独请求停战的决定恐将不可避免。如果提出这样的请求,法国政府还进一步希望美国担任调停人从中帮忙。

我的电报接着说,法国政府又匆忙决定将它的机关部门迁走。由于没有时间作搬迁的准备,它们必然陷于手忙脚乱、混乱不堪的状态。撤离的官员人数众多,难于找到住处,甚至连食物供应都有困难。我说,在这样的气氛下,显然他们对远东的局势既没有心思,也没有时间去考虑了。

然后我说,我已经收到了外交部最近的来电。该电命我就日本以轰炸重庆相威胁一事和法国政府进行联系。我对此电作了答复。在叙述我如何答复外交部的要求之前有必要将日本在中国的军事行动简单介绍一下。

由于德军的推进,并成功地侵入荷兰、比利时和法国,使欧洲局势迅速恶化,日本军方显然受到鼓舞,认为这是对重庆增加压力迫使重庆结束战争的有利时机。在各个地面作战的中心地区,日军正在受到有效的阻挡。例如,他们渡过黄河进入陕西的企图,曾不止一次地被阻止,即使在他们过了黄河以后,当他们继续向西推进,想从北面威胁重庆时,也被挡住了。但日本空军同时开始加强活动,他们先轰炸离重庆最近的口岸,如通往重庆的门户长江上游的宜昌和沙市,然后直接轰炸重庆。

1940年6月4日,我收到一份报道日本空袭重庆的电报。两天后,重庆再度受到猛烈空袭。6月14日,我听说当天日本外相正式通知各国,日本空军即将对重庆进行空袭,要求各国指示他们的官方代表和侨民离开重庆,迁往安全地点。这份文件说,如果他们不照办,日本政府对他们的国民可能受到的损失和伤害不负任何责任。中国外交部来电告知这个消息,命我查明法国当局对日本这种威胁采取什么态度。

在 16 日回电中,我提请中国外交部注意到法国在军事和政治上的局势,由于德军迅速推进和无数的法国平民及难民在敌人的进攻下逃亡而处于混乱状态,以致法国显然无力顾及远东发生的事情。我回电说,让法国政府对此问题多作考虑,未免不近情理,我只能在我认为适当的时机提出这一问题。我指出,在欧洲战争爆发后,德国侵入荷、比两国,盲目轰炸不设防城市及平民的事第一次出现时,美国政府曾对此问题表示密切关注。我说,美国总统曾就禁止轰炸平民和不设防城市的事多次致电交战双方。我说,鉴于欧洲战争的严重局势,只有美国出来对此问题说话才能指望产生影响。

我在电报的结尾再次提到法国秘书长对中国的请求,请中国设法利用它在华盛顿的影响以达到法国政府所期望的目的(即它在对美国政府的呼吁中所提出的目的。)我说,依我之见,局势可以概括如下:如果法国被迫屈服于德国的压力之下而请求停战,其影响将极为重大,甚至扩大到远东,影响到我们的抗战,特别是中国的军需供应的运输问题。如果能说服美国参战,那么靠着美国的合作,英国和法国的最后胜利就可以视为不成问题的了。这至少可以对德国和意大利起到使它们有所顾忌,而愿意赞同停战的作用。如果不能说服美国参战,第二步是让美国充当调停人,以减轻德国和意大利必然要提出的苛刻条件。这会使德、意两国不敢肆无忌惮,促使他们同意停战,并提出合理的和平解决条件。

欧洲的战争结束后,民主阵线就能将更多的注意力放在远东局势上,并且合作起来促成和平解决。它们还可能更进一步将远东的战争列入世界和平会议的议事日程中,将世界和平重新建立在一个更为持久的基础上,这样,远东战争就可以同时解决了。

因此,我说,应法国秘书长之请,立即给胡适大使去电,利用我们在华盛顿的影响,及时提出这个问题是适当的;并请通知重庆的美国大使,要他向美国政府转达我们的意见并迅速予以答复。

在这严酷的一天的晚些时候,我再次向我国外交部发电,报告那天法国内阁会议仍未做出任何决定。但中午时分,美国的电报来了,它只是说,如果同盟国军队继续抵抗下去,美国将竭尽全力向它们供应装备云云。法国政府对此大失所望。我报告说,雷诺总理已前往附近的一个沿海港口去会晤英国首相,要求英国同意法国单独请求停战,并接着由法国和德国进行和平解决的谈判。

我评论说,做出这一行动,只不过是为了减轻法国政府对法国民族所负的责任。内阁从下午5时起就一直在开会,对今后如何办意见不一。那些主张和平的人包括军事当局在内认为,就算对法国不利,承认现实处境还是可取的,在恢复和平后再致力于法国的新生。那些赞成继续作战的人认为,只有继续抵抗德国的侵略,法国才能指望美国终于参加战争,并为对敌人的共同胜利而努力。

我说,政治局势可以概括如下:如果主和派的意见占上风,那么,政府就会改组,将建立一个军人政权向德国提出停战与和谈的问题。如果最后的决定是主张继续作战,那么政府就要迁往北非。但最近的军事消息是,德军已到达瑞(士)、法边界附近。马其诺防线已全部被德军包围。预计德军可在几天之内到达波尔多,整个法国都将被占领。法国现在虽仍有空军和海军,它们的军官义愤填膺,甚至要不顾政府的决定而去英国继续进行抗德斗争。但是,政府和军队之间的精神是不一致的,而且士气低落。法国的舆论倾向于和平。即使法国做出了继续抵抗的决定,也有必要进行认真的改革,才能指望得到有效的成果。

6月16日下午5时,在发出以上及其他有关电报之前,我会晤了美国驻波兰大使安东尼·比德尔,他代表美国驻法大使蒲立德负责和法国政府的联络,蒲立德现在留在巴黎,照管法国以及美国的利益。我和他取得了联系,并安排在波尔多的美国领事馆会面。

会谈一开始,我告诉比德尔,在我离开巴黎的时刻,蒲立德对我表达的好意。我还说,远东的局势与欧洲战事的发展有着密切的关系,我渴望和他就法国的当前情况交换一下看法。比德尔问及中国的局势,我告诉他,5月份中国在汉江流域取得的胜利比长沙的还要大,但是欧洲局势的发展鼓励了日本对长江沿岸的宜昌发动第二次攻势。同时,日本人宣布了他们要轰炸整个重庆的意图,并且警告外国侨民及代表不要留在那个城市里。他们迫切希望利用同盟国在欧洲失利的心理影响,试图迫使拖延已久的中日冲突得到解决。

我进一步告诉比德尔,蒋委员长提议——一年又三个月以来的第三次——和法国合作保卫印度支那,那个地方的安全对中国关系重大,它是当前供应和交通的主要通道。我接着说,当然,在目前时刻,我无法指望法国人考虑到远东和法属印度支那,但是,中国奋斗的目标和法国在欧洲的目标是一致的。我问比德尔对法国当前的实际形势如何估价。

这位美国使节说,形势是危急的,他证实了法国是否继续抵抗德国的侵略取决于中午到达的罗斯福总统的答复。他已把答复交给了法国人。答复的基本内容是,如果同盟国继续抵抗,美国愿给它们以最大数量的援助。他证实了我的消息,法国政府希望罗斯福总统立即对德宣战作为对法国军队和民族的兴奋剂,使他们能把战争继续下去。他说,这是罗斯福总统所做不到的,他同意我的说法,宣战的权力属于国会。他说,总统在他的信中谈到,他不能行使宪法未经赋予他的权力。他说,他在递交罗斯福的信件时,已向雷诺总理解释说,总统目前不能那样做,而议会不敢那样做,因为必须向法国作答的期限很短,议员们无法探测他们所在选区的选民意见,也没有把握投赞成美国参战的票准能得到他们那一区选民们的同意*。但是,比德尔曾告诉法国总理,美国每天都在向对德宣战走近一步,法国不应仅仅因为它目前没有这样做而感到失望。

我告诉比德尔,我听说雷诺已去南特会见邱吉尔,在做出下令停战的决定之前进行最后一次的商谈。我队为,那是为了取得英国对法国单独行动和单独媾和的同意,并且更有点是为了减轻法国政府在人民面前所负责任而做的形式上的举动。内阁中的大多数,看来已经赞同请求停战了。

比德尔说,他的印象和我一致,法国的态度是,如果美国的答复没有宣战,或者没有规定一个宣战的日期,法国就将采取这一决定。他没有听说雷诺去会晤邱吉尔的旅行,但是他认为,再一次试图取得英国对法国单独行动的谅解是很有可能的。他不知道内阁大多数人赞同请求停战。他说,有一派赞成,他们相信忍受这个打击而保全剩下的力量,以复兴这个国家是更为可取的。另一派反对,他们是要继续斗争下去的坚决派。在这两派之间,有少数人徘徊不定。他认为,意见正在左右摇摆,一天之内就会做出最后决定。

我告诉比德尔,法国人放弃斗争将是错误的,这不仅从中国的立场来看是如此,从法国的立场来看也是如此。当前悲惨的局势只是问题的一面,即使整个法国都沦陷了,照我看来,并不意味着反侵略斗争的失败。有英国和它的自治领,有美国的物质支持,有几乎是已成定局的美国参战,有大多数国家在同盟国一边,最后的结局是无可置疑的。法国应当用更宽广、更深远的眼光来看待这个属于全球性的斗争。现在投降,它将严重损害自己的前途。

比德尔说,这也完全是他的看法。和平主义者(失败主义者)

---

* 法国人对美国宪法的行使过程和总统权力所受限制的无知,并不使我惊奇。我发现,甚至在伦敦对此也同样生疏。不过,我必须补充说,邱吉尔却不在其内,他似乎对美国和它的制度有深刻了解。

根据俾斯麦时代德国的条款来思考和推断,认为在停止敌对行动后,德国会对法国宽大,但是,纳粹德国处心积虑要征服法国,不能指望着纳粹对法国抱有同情之心。一旦被奴役,法兰西民族就再也站不起来了。

我说,法国人非常重视苏联,把它看得仅次于美国。如果能接近和说服苏联参加同盟国一边以孤立德国,单靠这一件事就可以阻止法国放弃同盟国的事业。我说,这一类性质的事情对振奋法国的精神是绝对必要的。比德尔说,他也觉得现在迫切需要一些能振奋精神的东西,使法国的士气不致消失。他一直在苦思冥想接近俄国人的途径和方法。但他发现,在波尔多没有苏联的代表。他表示愿和我保持联系。

我说,我听说法国人还想要美国在他们一旦请求停战时充当调停人,以便从德国取得合理的停战条件,可是,美国对这样的请求会不会置之不理。比德尔说,如果法国人提出请求,美国基于人道主义的义务,将帮这个忙,使人类之间和平共处的关系不至受到不必要的破坏。但是,这和继续或是放弃战斗完全是两回事。

内阁会议在 6 月 16 日午夜结束。主和派的主张获得通过,政府以多数的意见决定向德国请求停战。结果,内阁全体辞职,一个以贝当元帅为总理,魏刚为国防部长,陆、海、空三个部均由军人担任部长的新内阁成立起来了。博杜安由外交部副国务秘书升为部长,罗兰留任殖民部长。在我向中国外交部汇报这些发展的电报结尾处我补充说,德军的左翼已抵达法国西部里昂。

当时,比德尔在和我谈话中说:此间的政府仍将存在,并继续战斗,但我说:"他们怎么能呢?"我说,雷诺由于内阁在继续战争还是寻求和平上意见不一而将辞职。他问我有什么消息。我说,我的消息完全和他的相反。我说,据我所知,政府刚才已全体辞职,贝当将军即将组织新政府。他说:"是吗? 我刚草拟了一份电报向我的政府汇报说,法国政府坚决要把战斗进行下去。"我告诉他,情况本来是那样,内阁曾发生激烈辩论,但雷诺发现内阁意见不一,自己属于少数派,因而辞职了。贝当将去求和。他说:"真的吗?"他问我从哪里得来的消息,我说,我的来源可能比他的要可靠得多。他说,他是从一位政府成员那里听来的。我说,他可能是从少数派那里得来的消息。

若干年后,当他回到美国时,他说:"顾博士挽救了我的名誉。我已拟好了一份电报要发,而他告诉我,法国政府即将投降了。"就是在我和比德尔谈话的当晚,这个消息公布了。

在那些日子,我有几个法国朋友,有的在新闻界,有的在工商界。他们也离开了巴黎来到波尔多。因此,实际上我每两三个小时就得到法国政府的动静的报告。我想一定是在 17 日,当我正在和我的馆员们共进午餐时,侍者忽然给我送来一张纸条,我得知是一位新闻界的朋友在外面想要见我。她是一位很有名气的法国妇女,塔布衣夫人,我在其他场合曾提到过她。我走出来和她说话。她问我能否帮她一个忙。她说,有一艘英国巡洋舰等候在纪龙德河口之外——波尔多就在此河畔——准备将那些想要在英国继续作战的人撤到英国去。此船将在 4 点以前开走。但从这里到上船地点没有交通工具。她问我能否将我的汽车借给她。我问她有几个人,她说有六七个。有些是我认得的,而这位女士和我很熟。她曾对中国的事业有所帮助,因此我同意借车给她。但我建议派一名秘书陪他们去,因为不如此就没有人证明他们的身份,一路将会被拦阻。我派吴权(其父是北京前国会众议院议长)陪送他们,看着他们乘船离去。

同日,6 月 17 日,我再发一电报报告新总理贝当元帅所作的呼吁,他向全国广播解释为什么法国不得不请求停战,为什么已向敌人发出建议。我说,尚未收到德方的答复,德军继续南进,它的装甲部队离波尔多只有一百公里。我说,据密报,德方正提出要求法国无条件投降。但法国当局已做出决定,它的海军和空军决不投降。如果德国坚持全面投降,政府将毫不迟疑地迁往北非继续作战。

同日,另一份电报报告说,法国新政府的停战请求是通过西班牙转交的。该电还说,派来增援的英军一个师已撤到波尔多的边境。鉴于法国决定停战和德军的迅速逼近,该师已登上英舰回国,英国大使也同时和他们一起撤走了。

18 日上午 10 时,我去拜会新外长。从我们短短的几分钟的谈话中可以明显看出,形势非常混乱和狼狈。谈话虽只进行了几分钟,内阁、政府、国会的成员,军方及外交官员来往不绝,他们出来进去,互相交头接耳。他们进来常常只是为了请求指示。人们可以很容易由此看出当时的实际混乱情况。因此,我在向我国外交部汇报这次会谈的情况时说,我认为,在这次会晤中,还是以不提出中法合作的问题为宜,因为,由于法国人显然无心谈论此事,即使提出也起不了好作用。因此我建议等些时候,观察法国的进一步发展以及法国对即将来到的德国答复的反应再说。

我要补充一件事,在从我离开巴黎到达波尔多,直至以后来到维希这一段时期内,我和重庆之间还存在通讯上的困难,由于我发出的电报没有被收到而不得不补发一次。同样,我也不得不请我国外交部将发给我的电报重复一次。这一切都反映出当时在法国存在的混乱情况怎样影响到通讯以及其他事情。

根据我口述的与博杜安的谈话记录,这次谈话是在波尔多公立学校进行的。谈话开始时我告诉他,我愿和作为外交部长的他经常保持联系,并代表中国政府向法国政府保证中国的同情和对当前处境的理解。我说,我特别希望对当前形势得到一些澄清。我设想,对德国发出的停战要求也包括意大利,这样,如对德国停战,也就对意大利停战。我问,德国的答复已否来到。博杜安说尚未接到答复,不过,这倒是很自然的。我告诉他,我听说英国将继续作战,我问,英国是否理解法国的困境。博杜安说,英国无疑是要打下去。法国和英国的关系维持在相互谅解的基础上。(多么漂亮的答复,可能只有法国人才能说出。)

我问,法国形势的发展是否有可能影响到印度支那的地位。我说,中国政府把维持印度支那现状视为对中国极为重要的事。在对法国局势发展的密切注意中,想到一切可能发生的事是很自然的。我问,德国有无可能提出法国殖民地的问题。博杜安说,他不知道,无法答复,因为这取决于德国将提出什么条件。我问,如果提出这个问题,法国人打算怎么办。他极为坦率地说,这不是法国人打算怎么办,而是德国人将强要什么的问题。法国已经没有值得一提的军队,没有一个可以作战的兵愿意打下去,并且,也没有继续作战的手段。它只能等候德国提出的条件。法国已经没有资格说它打算怎么办了。

　　我问,如果德国提出无法接受的条件,法国将怎么办。他说,即使到那时,法国人也无法再打下去。不过,政府能够并且准备拒绝签订这样的协定。它不会接受任何屈辱的条件。我说,法国舰队仍保持完整,不知它在和约缔结后能否派到远东去?博杜安答复说:"舰队决不会交给德国,法国政府将断然拒绝将它交出。"

　　我问,如果德军继续前进,法国政府会不会再迁?博杜安说,政府将不离开波尔多。贝当元帅、魏刚将军和他无论发生什么事,都将留在波尔多,即使他们有被俘的危险。博杜安说,对于印度支那没有任何可靠保证,而法苏关系也没有变化,仍旧没有什么改进。(这是一个很不令人鼓舞的景象。)

　　据说,内政部长乔治·孟戴尔已在星期一(17日)下午被捕,并于次日凌晨二时获释。我很为他担心。因为我知道他主张继续抵抗,并且又是犹太人后裔,因此,我急切地要访问他,曾经用电话找他两天都没有找到,我就到他在波尔多所住的旅馆去找他。当18日上午我看见他时,他的大衣放在床上,提箱放在床边,好像马上要离开。为了想从他对局势的理解角度来交换看法,更为了弄清他的情况如何,找到了他我很高兴。在他多年供职于殖民部期间,我和他在巴黎一直有着最愉快、最友好的关系,对他的处境,我非常关心。

我首先对他在过去几年中的友好合作表示感谢,以此作为谈话的开端。我告诉他,我想和他谈一谈法国的实际情况,确信他能给我以启发。我告诉他,我知道向德国提出的停战请求是通过西班牙转交的,因为在停战条件上佛朗哥将军可能有影响希特勒的能力。孟戴尔说,西班牙充当调停人是确实的,不过希特勒自有主张,不大可能为佛朗哥所影响。

　　我问,如果条件完全无法接受的话,法国将怎么办。孟戴尔说,现政府几乎什么都准备接受,不过,他本人相信,希特勒的条件在开始时不会太苛。真正的苛刻条件会在以后才拿出来,因为,希特勒的战略是先诱使法国放弃抵抗。

　　我问,如果德国提出了法国殖民地的问题,特别是富饶的印度支那殖民地,法国政府可能会采取什么态度;维持那个地方的现状对中国是极为重要的。孟戴尔说,如果德国坚持,法国也会放弃印度支那。不过,他本人不相信法国这个有着庞大的陆军、精良海军、第一流空军的大国,现在就完全丧失了它的抵抗能力。所缺的不是人或装备,而是抵抗的意志。法国在佛兰德战役中损失了它五分之三的装甲师和大约三千门大炮、三千多辆坦克,以及五十万官兵,这是事实。但是,它还有二百五十万完整可用的部队、三十万新兵和一万四千名专家。至于物资,可用的数量不太大。不过,他认为如果有继续抵抗的决心,这些物资可以用来装备若干纵队,安插在敌军压力最大的地点。

　　他接着说,应采取的恰当步骤是,首都迁到北非,那里有着庞大的人力、物力资源,并能接受来自美国的数量越来越大的物资。他说,因此,有效的抵抗可以在那里进行,如有必要,可以打上几年,德国人是到不了那儿的。他毫不怀疑,斗争的最后结果对同盟国有利。但是他认为,军方领导人从来不曾有把战争继续下去的决心。他说,总参谋长在 5 月 16 日就已建议向德国请求停战。真正的原因在于最高统帅部无意作战,它得到代表着这个国家的资本家、大实业家、重要工厂主和其他各种反动势力分子的支持。

他们过惯了安逸的生活,受不了战争的艰苦。当巴黎受到威胁时,这个地区的重要人物就渴望和平。他补充说,南方的人也是如此。当战争在北方进行时,他们赞成继续抵抗。但当战争离他们的家、工厂、办公室越来越近时,他们就热衷于让战争结束了。

他接着说,现在的内阁是失败主义者的内阁。贝当虽然是内阁的领袖,他不过是被安放在那里去承担签订投降协定的责任而已。真正主事的人是魏刚将军。这个内阁的活力主要不是来自抵抗侵略,而是来自要粉碎法国左翼势力的反对以保存其政治权力的愿望。内阁中加入几个平民,只不过是装饰门面。他们都是一些性格软弱的人,对内阁的实际政策不起作用。这个现政权相信,它能够和德国达成协议,从而自主地管理这个国家。孟戴尔说,可是,这些反动的领导人完全想错了。尽管他们心甘情愿在德国人的手中充当傀儡,但德国人不把整个法国放在他们奴役之下是不会罢休的。结果,法国至多成为德国的一个保护国。

他说,军方的首脑们喧嚷着要停战,是为了转移人们对他们军事溃败责任的注意力。法军的溃败首先是在法、比边境上,德军在那里突破了色当和沙勒罗瓦之间的缺口,其结果是佛兰德失守;其次是在法国,他们由于缺少远见和能力,未能在索姆和埃纳顶住德军。他们根本不应该试图建立一条单一的防线,把挡住敌人进攻的希望都寄托在这条防线上。这样一个计划进一步分散了可用的兵力,并使得在任何一点上作有效的抵抗都成为不可能。他说,这些军方领导人,现在则进一步故意将战败的责任归咎于过去几年社会党的政策。

我问,法国和英国之间的关系处于什么状态,以及英国政府是否理解法国寻求单独媾和的立场。孟戴尔说,英国人完全有权要求法国对以它的名誉作出的诺言负责,并坚持要法国遵守它和英国的同盟条约条款,使用一切人力、物力资源和英国并肩作战。但是,英国鉴于当前的形势,不但不愿过于严格和苛刻,反而寻求帮助法国摆脱困境的办法。邱吉尔建议法国和英国成立一个政治联盟,英、法两国国民在绝对平等互利的立场上组成一个联合政府,使用两国一切资源将战争继续进行下去。他说,法国本应立即接受这个建议,但是,贝当和魏刚不赞成这个方案。不过,英国还是决心继续作战,只不过现在将在法国土地上作战。法国人民只得到一个和平的幻觉,实际上他们将继续受难。英国的封锁对法国的影响甚至比德国还要大,因为德国每有两个港口被封锁,法国就有三个被封锁。

我问起雷诺的为人和他为什么辞职。孟戴尔回答说,雷诺是一个坦率、诚实、能干的人,但不幸的是他选用了一些所谓技术专家作为他的同僚,这些人在内阁中背弃了他。他说,雷诺曾经坚持为了继续抵抗而迁都到北非,把政府设立在远离德国军事压力的地方。但是军方的首脑们反对把首都迁到法国以外地方去的想法。他们怕法国人民对迁都不能理解,并将反对政府。但是,孟戴尔说,他看不出法国为什么就不能做挪威、比利时、波兰和荷兰等国所做过的事,它们都把其首都迁到外国而继续抵抗。雷诺的建议只是将首都迁到法国自己的殖民地去。孟戴尔本人是赞成这样做的。但是军方首脑们,像他曾说过的那样,一心只想控制这个国家,并按自己的意图改造它,满心希望德国人会对他们宽宏大量,使他们能够执行自己的政治计划。

我问孟戴尔他在近期内有何个人打算,并问他是否要长期呆在波尔多。孟戴尔说,在弄清政府的决定——接受德国条件还是拒绝而继续抵抗——之前,他将看看有何可以效力之处。但是,如果投降,整个国家将处于德国军事占领之下,就不会有言论和出版的自由了。那时的生活将令人难以忍受,他可能要去英国。

当我起身告辞时,孟戴尔说,他因我的细心周到去看望他而深受感动,并且感谢我对他的友好交往。虽然我内心对他的前途深感不安,我还是表达了我们一定会在较顺利的环境中重逢的希望。我们握手道别,这是我和他最后一次见面。

事实上,半个法国已被占领,剩下的那一半也明显地在德国势力范围之内。不久以后，听说孟戴尔已被德国人拘捕入狱，过一段时间后，又听说他已被杀害。

6月19日刚过中午，我去拜会法国外交部政治司司长夏维雷。我首先问他，法国政府已请教廷使节向意大利政府转达一项停战请求一事是否确实，尽管我知道，向德国提出的请求也包括意大利在内。夏维雷说，教廷使节被邀请充当法、意政府之间的中间人，正如西班牙大使承担建立法、德政府之间的联系一样。

夏维雷回答我的另一个问题时说，德国的答复已经来到，但仅说德国政府准备接待一个法国代表团，德国代表团将告知法国代表团德国政府所决定的停战条件。问到双方代表团在何处会晤时，他说不知道，并且说，他对我讲的都是最近的消息。

然后，我提到报纸上报道说，美国和日本政府都表示它们对维持印度支那现状的愿望。我问这两个政府是否有哪一个曾对法国政府进行了相应的外交活动。夏维雷作了否定的答复，并说，他连报纸上的报道也未看见。不过他知道，美、日两国政府都发表过一个关于荷属东印度的声明。

于是我说，两天前美国国会通过一项决议，宣称美国不拟承认欧洲大国在西半球的属地的任何改变现状或转移，但是，这一决议似乎没有提到远东的属地。我说，正如夏维雷先生所知，维持印度支那的现状对中国至关重要，特别是关系到它对日本侵略的抵抗。我说，印度支那实际上已成为外部世界对中国的供应和交通的主要通道。这位司长说，他完全能理解中国对局势的看法。是继续战争还是实现和平目前还无法预测，甚至连停战问题都尚未确定。因此，现在还谈不到殖民地的前途问题。

我问，法国政府是否打算为了加强总督在保卫印度支那安全上的地位而采取任何措施。我说，我知道根据法国的现行法律，可以做出这种授权，从而减轻宗主国政府对印度支那局势的忧虑和担心。夏维雷说，这个问题尚未提出，因此，政府没有在这一点上做出决定。

然后我告诉他,重庆来电叫我弄清楚法国和苏联是否签订了一项互不侵犯条约。我告诉他,我知道六年前这两个国家订立过一项互助条约,但对这个传说中的新条约却无所知。夏维雷说,这个消息绝对不确,没有和苏联缔结过这样一个条约。法国新大使已到达莫斯科,并已与莫洛托夫晤面,但这只是为了建立联系而已。法国大使没有向苏联政府提出或讨论过任何重要问题。(这说明战争期间有来自一切有关方面的各种各样谣言在传播,不是为了宣传,就是为了给对方造成思想混乱。在这一事例中,虽然重庆显然是听到了一个消息,而这个消息在这一特定环境和时刻甚至在表面上也似乎不大可能真有其事,但仍然要查明实际情况,这也是很自然的。)

　　然后我问,政府是否又将迁往别处,他说,当然不会迁出法国。个别的部为了能更好地执行工作,正在迁往一个内地的城镇。他说,用不了三天,整个局势就会明朗了。

　　6月19日下午我去波尔多商会拜会殖民地军参谋长和殖民部军事顾问布吕尔将军。我说,在法国和欧洲发生的一切当然对远东产生反响。蒋委员长一直以印度支那的安全为念,它对中国的抗战是极为重要的。我问,法国近期内的发展是否会给印度支那的状况带来影响。当然,德国无法入侵印度支那或采取直接影响这个法属殖民地的行动,但是,它可以和日本勾结起来,正如布吕尔将军所深知的,日本早已有它的南进扩张计划。我说,根据重庆所得的报告,一万五千名日军已集结在海南岛,其目的显然是为了威胁印度支那。

　　布吕尔将军说,他对我的问题不能做出明确的回答。他不相信印度支那会受到牵连。但在另一方面,他的看法也可能是错的,特别是因为日本的态度近来明显反常。他告诉我,在广州的日军指挥官曾作过一次有关法国的讲话,这引起了法国政府对东京的抗议。日本政府虽在答复中试图为那位日本将军的行动解释,说那种讲话并不反映日本政府的意见,不过,这仍然显示了日本政府的态度。但是,布吕尔说,他知道,日本曾表示过:既然德国和意大利正在同法国和英国交战,为了秩序和安全起见,法、英两国最好将他们的军队从中国的租界撤走。如果日本坚持这一要求,他认为必须建议法国外交部不是断然拒绝就是置之不理。他本人当然不是放弃法国在远东的利益的那种人。

我提醒布吕尔,日本参谋总长闲院宫和陆相畑俊六联名致电墨索里尼,祝意大利在战争中取得辉煌的胜利。我说,照我看来,日本当局这样做是非常不恰当的,因为日本是一个中立国。布吕尔说,闲院宫这样做更是令人惊异,因为他曾在法国圣西尔军校接受过军事教育。至于印度支那,他听说,法国政府认为最好的办法是通知英国,英国对它的远东殖民地怎么办,法国也照办。但是他说,他不同意这种意见。因为不能肯定英国人要做的事就是法国人所期望的。在这种环境之下,唯一明智之举就是在弄清美国政府的态度之后再行动。他相信美国不会坐视日本向重要的法国殖民地动手而不采取相应的措施。

布吕尔接着说,法国外交部政治司司长刚才来看过他,他们两人都赞成授权给总督放手处理印度支那的军、政局势,而不用总向法国政府请示。(这一安排正是我前此和夏维雷谈话时心中所想的。)这位将军说,在法国当前的情况下,总督发电请示可能也收不到回音。我向布吕尔说,我认为这种授权,理所当然地包括了和中国讨论并安排合作事务的权力。这位将军说,关于这个问题,最好是由总督和重庆方面在当地安排。他不知道将这项安排告知重庆的美国大使或印度支那的美国领事是否可取,但他肯定,他们会提供宝贵的援助。

他对我的问题回答说,原则上将权力授予总督需要有政府的决定。但在非常情况下,只要由全体有关负责人批准也就行了。他将在二十四小时之内向总督发出指示。他一收到后,就可以直接向重庆提出此事。

我问起保卫印度支那所采取的措施和该地的兵力是否有所

减少。布吕尔将军说，正相反，他已设法尽量加强该地的防御力量。他一向认为，法国无论在什么情况下，都不应放弃印度支那。他相信，他可以派出一部分空军经北非去印度支那，其质量据认为是极好的。他认为，两三百架新式飞机就会大大加强那个殖民地的空军实力。我建议，最好再派一部分仍属完整的法国舰队，如果不能派大型战舰，至少派一定数量的潜艇和驱逐舰。这位将军说，关于舰队，据他所知，法国决不会将它交给德国，但是能否派往远东，他却不敢断定。

我接着问起法国本土的局势。布吕尔说，他完全不同意那些人认为法国的抵抗能力已经消失的说法。他说，即使整个法国失陷，它还保留着舰队和空军，拥有巨大人力、物力资源的北非和支持它的英帝国、波兰、比利时、荷兰、挪威，以及如果不是三分之二、至少也是二分之一的亚洲。他说，中国会立即站在法国一边，它的合作唾手可得，再加上还有来自美国源源不绝的军需物资供应的保证，因此他认为，尽管法国领土可能全部沦陷，但最后胜利的机会还是非常之大。请求停战是一项失算的政策。他说，让希特勒拿下法国吧，但这并不意味再没有别的办法继续抵抗了。虽然中国的资源和法兰西帝国相比是很有限的，但它已做出了一个榜样。即使法国领土全部沦陷，战争也还是可以继续进行下去的。一个人没有理由仅仅因为强盗进了他的家，并且威胁他，就自己刎颈寻死。

我问是否仍有突然发展重新制定抵抗政策的可能。这位将军做了肯定的答复，并说，这样的发展也许很快就会出现。他说，所缺少的不是人力和物力，而是抵抗的意志。只要指导政府政策的人在二年到五年内——如果有必要的话——对继续战争抱着坚定的态度，最后胜利就是毫无疑问的。我说，如果法国能再坚持六个月或一年，那么，要求停战的将是希特勒了，因为德国是经不起长期战争的。然后我问他，是否会在波尔多再呆些日子。他说会的，至少在目前会的。

那天(19日)下午4点半,我去西班牙公使所住的旅馆去拜会他。我告诉他,我由法国外交部得知,法国已任命了一个代表团,并已启程前往会晤提出停战条件的德国代表团。但是,我说,我不知道会晤地点在何处。西班牙公使说,他知道德国原则上接受了停战谈判,并说法国已到了接受德国所提出的全部条件的时刻。

我随即说,我不能理解,为什么法国资源离耗尽尚远,就这样急于要求停战。它的舰队丝毫未受损失,它的空军质量极精。这位公使说,法国已没有陆军了。他说,法国陆军实际上已经消失了。

在致中国外交部的6月20日电中,我报告了德国对波尔多的轰炸,法国政府以及许多大使和公使暂时驻在的地区受到了轰炸。事实是,正在各大使所住的旅馆附近有法国内阁阁员,总司令和陆、海、空军高级军官的住处。在波尔多河,即纪龙德河上,停泊有法国军舰,在空旷的田地中,集结着法国士兵,包括死者和伤员。这一切也许是德国人决定轰炸此地的原因。我的电报说,但是现在总理已发表声明,自下午3时起,波尔多成为不设防城市。全部法国武装部队都已撤走,政府部门也均已迁出,留在波尔多的几位政府领导人也随时就要离此前往别处。

我同时又报告说,由于我去里斯本的任务,我已派我的参事谢东发去巴约讷法国政府的新址,担任联络事宜。我还问重庆是否收到我从离开巴黎后所发去的电报。(重庆答复,如我所曾指出,有些没有收到,并要我补发。)

有一桩事件使我长久不忘。我想这事是发生在我住的大使饭店。许多大使都住在这家饭店里。每位大使只有一间房间,十分拥挤。德国派空军来轰炸我们,这当然是在意料之中的。一天午夜,我们听到一声巨响,接着响起了警报。我们只好穿着睡衣跑了出来。别人叫我们下楼到临街的底层去。当我下楼下了一半,正在通往底层的最后一段时,发生一声可怕的爆炸声。正当我走下楼梯,我看见两名军官突然直挺挺地倒在地上。只听见门窗的猛撞声。我以为他们被弹片击中了。但当我到了底层时,饭店经理说,一切平安无事。我说:"那两个人怎么样了?"他说:"那是他们从军队里学来的。你一听见爆炸马上就四肢摊开平躺在地上。"当时那里的生活是非常紧张的,因为德国在不断地用炸弹来催促法国快作决定。整个城市陷于混乱之中。

在前往圣让-德吕兹的途中,我已恢复正常,那里是离西班牙边界不远的海滨。24日,我要从那儿去葡萄牙。我在23日由圣让-德吕兹向重庆报告说,法国刚已宣布和德国签订了停战协定,但是,在德国一方,必须等法国和意大利签订了停战协定,并收到了意大利政府的通知六小时后,方能认为法德停战协定生效。我还报告说,去签订法、意停战的全权代表已经出发,但意军仍向法国武装部队猛攻,德军仍继续向南推进。

法国的混乱和沮丧的局面与来自中国令人鼓舞的抵抗日本侵略的消息,特别从军事观点来看,两者形成很好的对照。6月23日一份来自重庆的电报说,中国军队在湖北西部发动一次反攻,取得了满意的战果。长江沿岸的沙市和荆州均已收复。中国军队已攻入江陵进行巷战。虽然宜昌日军仍在与中国部队进行激战,但侵略军已被迫后退了。

7月初,另一则来自重庆的报道说,敌军试图在宜昌渡江到南岸,但受到有力阻击,敌军在渡江中途遭受重大损失。与此同时,报道中说,在更南部的湖南和广西,中国军队也发动了进攻,取得有效的战果。敌军对陇海铁路的控制已被切断,于是中国军队在6月30日成功地攻入开封城。在同一周,中国军队主动进攻广西的日军,并将他们驱赶到印度支那边境。广东南部,在毗邻英国租界地九龙的边境上,发动一次对敌人的攻击,中国军队已能远达边界上位于广东方面的深圳。

在不利的方面,中国外交部6月28日来电说,重庆受到一百七十架敌机的轰炸,一百多所房屋被毁。重庆英国领事馆部分被毁,许多炸弹落在英国大使馆的庭院里,幸亏大使馆的工作人员都不在那里。另一颗大炸弹在法国领事馆的防空洞入口处爆炸,有几个人被炸死。中国外交部7月2日通过设在圣让—德吕兹的使馆转来的一份电报说,外交部本身也被炸,主楼受到损失。

## 第七节　日本对维希治下印度支那的进逼

### 1940 年 6 月末—8 月 10 日

在赴维希与法国政府取得联系以前,我奉特殊使命须先往葡萄牙的里斯本一行。早在 1940 年 4 月 20 日,我就接到外交部来电,任我为特使,代表中国去里斯本参加将于 6 月间举行的庆祝葡萄牙独立、葡萄牙王国建立六百周年大会。当时西方阵营和法国的局势瞬息万变,我原不打算接受这项使命。但是政府认为,我应向 1938 年参加比利时国王登基大典和 1939 年到罗马参加教皇庇护十一世加冕典礼那样衔命前往,甚至非去不可。

当时我很诧异,政府何以要在这样紧要关头派我离法去执行一项纯属礼节性的使命,尤其是中、葡之间并没有什么重要问题,而中、法之间却存在着不少重大问题待理。我想,国府或许在考虑澳门问题。可是我此时并无任何根据来证实这种臆测,只知这是一个筹划中的问题而已。

我表明我在受命之初所以踌躇,是因为在欧洲许多重大事件正处于急剧变化之中。但我从事后的政府通知中了解到,当时执行这项任务确实还没有其他适当人选。据说,各大国都要选派要员出席这次盛典。同时,法国的局势日趋恶化,以致有关过境运输问题的种种困难,政府只能指望向印度支那总督就地解决。

在出使葡萄牙的过程中,遇到很多实际困难。巴黎沦陷以后,法国政府迁都内地,首迁图尔,再迁波尔多。为求旅行便利,要通过法国南方或西班牙前往葡萄牙谈何容易。由于大批难民由北方涌向南方,使交通运输陷于一片混乱。尤其困难的是,中国与西班牙尚未恢复正常外交关系,向西班牙大使馆申请签证,取道西班牙前往葡萄牙,就格外难办。

外交部6月4日来电称,各国派往里斯本的特使定于6月26日呈递国书,因此,我渴望能及时赶到。于是中国使馆与西班牙大使进行交涉,我的目的是从西班牙驻巴黎使馆取得签证,以便经西班牙前往里斯本。这位大使与我相识,两国外交关系虽已中断,而我们私人之间依然有所往来。但是西班牙大使却觉得对我的请求爱莫能助,理由是与中国的外交关系迄今尚未恢复正常。西班牙大使馆又说,也许该国领事可能设法给我签发一张普通签证,但大使馆本身却对此事无能为力,即便指示领事通融办理,他也碍难从命。

我向外交部报告说,情况如此,只能设法乘船去葡萄牙。但终因法国交通运输全部陷入混乱状态,值此战争时期,极难在客轮中谋得一席之地。所以我设法向葡萄牙公使求援。他曾在中国任过公使,和我很熟,我们之间保持着友好关系。

6月19日,我到这位公使在波尔多下榻的旅馆里拜会他,我对他说,由于中、西两国之间没有正常外交关系,向西班牙驻法大使馆领取在西班牙过境的外交签证非常困难,中国驻波尔多领事根据我的指示,已经为我本人、我的秘书和一名随员领得普通签证,可惜未能为顾夫人领到同样的签证。我说,顾夫人对访问葡萄牙颇感兴趣,不能成行,自然感到非常失望。我又说,即使持有这种普通签证,也不敢保证在西班牙的过境途中能通行无阻。我曾想设法乘坐飞机或搭乘轮船前往,可是最近的一班货轮已于15日启航,而法国航空公司的全部飞机又被政府征用。因此我只能取道西班牙前往葡萄牙。但倘因西班牙的阻挠而不能成行,这位公使应能理解我未能完成政府重托的原因;而对于完成这一使命,我是一直满怀激情地期待着的。

葡萄牙公使奥纳先生认为带着普通签证动身不妥,因为随身的行李和钱财都会发生问题,很难应付。他建议说,最好的办法是让中国驻里斯本公使出面,请求葡萄牙政府通过西班牙驻里斯本大使与西班牙政府进行交涉,请求他们给中国特别使团的全体成员发特许的外交签证。他认为,西班牙政府为了照顾葡萄牙政府的情面,肯定会允予照办。

我说,即使能前往里斯本,如西班牙政府拒发回程签证,要重返法国也会发生困难。公使说,目前的问题是获得去里斯本的外交签证,至于回程签证,可在里斯本设法解决。

6月19日,我由波尔多致电外交部,陈述向西班牙大使馆申请外交签证的困难,以及仅能从西班牙领事馆领到普通签证的经过。我说,带着这种普通签证,是否可以在途中避免一切困难,没有把握,也不能保证将来返回法国时能领到在西班牙过境的签证。我说,已定于21日从波尔多动身,万一途中受阻,我将请求政府另派特使接替我的工作。

6月20日在我即将动身前,由波尔多发电报告外交部称,由于法国政府又从波尔多迁往它处,我只好率领全体馆员暂时迁至圣让-德吕兹。我探询中国驻西班牙公使馆临时馆址设在何地。(我国原驻西使馆人员还在那里留守,未全部撤走。)6月23日,我向外交部报告说,我采纳葡萄牙驻法公使的建议,给里斯本的同事李锦纶博士拍电报,要他请求葡萄牙政府出面斡旋,为我领取急需的外交签证。他幸而办成了。西班牙驻圣让-德吕兹领事馆得到特别授权,为我提供签证。

由于西班牙驻圣让-德吕兹领事馆方面的耽搁,直至24日我才领到了签证。结果我就不能按原来的打算乘汽车通过西班牙了,只好改乘火车,于6月24日傍晚离开圣让—德吕兹,预计午夜12点可到达里斯本。因此,我要求李锦纶公使在里斯本车站代我雇一辆汽车。可是火车误了点,直至凌晨4点左右才到达里斯本,不见有人来接。我偕秘书汪孝熙和一名随员伫立站上,束手无策,也没有办法向车站人员求援。有人告诉我,在那个钟点是雇不到出租汽车的。其他旅客陆续下了火车,都坐进自己的汽车。最后,只剩下一辆汽车了,那是一对青年夫妇的车子。他们在从容登车的时候显然是看到了我和随行人员,就迟疑了一下。那位男子问我要到哪儿去,他是否可以帮帮忙。他说他是美国人,而美国又是中国最友好的国家,于是我马上接受了他的盛情。可是,就在我们即将动身的时候,葡萄牙外交部的一位秘书来了,说他是第二次来车站了,能接到我,他很高兴。我们坐上他的汽车,来到一家旅馆,他为无法提供更好的住处表示歉意。当然,在那种时刻,虽然给我安排的房间如此出乎意料地简陋,我也没有提出什么异议。第二天早晨他来了,连声道歉,说总理府得知为我安排的住处,坚决反对,命令外交部立即请我搬进另一家旅馆。那是一所非常著名的别墅,在那里为我安排了一套颇为豪华的房间。

各国特使呈递国书的仪式定于 26 日上午举行。我们刚刚抵达里斯本,准备工作实在感到措手不及,我吩咐汪秘书作好准备,还要他查看一下国书。按惯例,国书上一定要有国家元首的签署,要合乎规定格式。但汪找不到国书,尽管到处搜索,依旧没有找到。最后他才说,一定是丢了。我问他放在什么地方,他答道放在公文皮包里。我问他公文皮包哪里去了,他说,公文皮包也找不到了。那真是一件令人懊恼的事故!

虽然这只是一个外交礼仪问题,不会引起什么严重后果,可是一位特使居然把国家元首交给他的国书丢了,毕竟是个大笑话!我一定得设法解决。我首先询问汪孝熙路过昂代(在法、西边界的法方一侧)的详细情况,我们必须在那儿换乘西班牙火车。他向我叙述了当时干过些什么事,到过些什么地方。他是先到客运室验票,然后到海关领取入境证。听了他的叙述,我断定他是把公文皮包丢在旅客候车室了,因为我记得亲眼见他把公文皮包带到那里,也看见他吸烟的时候,皮包就放在他的脚下。可是他并不记得把皮包遗落在哪里。我说,唯一的办法是立刻回去寻找。当然他也吓坏了，马上动身去了。同时，如果汪找不到皮包和国书，我就必须把实际情况通知葡萄牙外交部。我认为，我还是必须参加典礼，问题是要取得葡萄牙外交部的谅解。

葡萄牙外交部的一位年轻秘书来了，我向他引述了一件往事，这件事发生在我到华盛顿出任中国驻美公使的时候。当宣布我调往华盛顿时，我正作为驻墨西哥中国公使，在去墨西哥之前出访伦敦。调任为驻美公使，我当然照例要呈递国书，外交部通知我，国书正在准备，即将付邮。当年邮件全靠轮船运送，速度很慢。正式呈递国书的日期就要到了，而国书迄未寄到。我把邮件延误的情况通知了国务院，国务院当即提出解决办法，并作出具体安排。他们同意接受电报副本，那就是说，我可以把从北京以电报发来的国书副本装进一只航空信封里。双方并商定，总统无论如何也不要拆读这份电报副本。等收到正式国书后，再把它更换过来，因为这毕竟只是个形式问题。所以我认为，里斯本的外交部长处理这类事件富有经验，也会想出一个办法来的。

那位年青的秘书向外交部长汇报以后再来我处，他们同意这是个形式问题。然而要通过电报取得国书原文已来不及，唯一的办法是呈递一个空信封，他说，谁也不会拆开来看的，以后如果找到了国书，再补交就行。这就是当时实际采取的安排。至于我的国书，汪秘书到了昂代旅客候车室就发回电报，说他在那里找到了公文皮包！该处主管人发现了这只皮包，把它保存起来。这场意外总算过去，但当时确曾为此大伤脑筋。

按正常情况，使团首脑一定要采取纪律措施，把这件失职事故上报外交部，部里自然要依例处理。但是在这次事件中，汪是个年轻人，任职于我的大使馆后又是初次派往国外。他是政治学系毕业生，受过良好训练，不仅法语说得很好，法文写作也很精通，我颇有些惜才，因而只对他严肃地训诫一番，并告诉他，这件事故我不再上报外交部，但要他今后格外谨慎。他自然十分感激，向我说，他一定给他父亲写信。他父亲当时担任中国驻瑞士、比利时两国公使,和我有私交。后来在我前往维希与法国政府和贝当元帅接触期间,汪孝熙在驻法大使馆,我颇得其助。

6月27日,我和葡萄牙总理兼外交部长萨拉查博士进行了一次极为有意义的谈话。国家元首举行了午宴,招待各国来葡参加庆祝盛典的特使,宴后,我们就在里斯本总统府里进行交谈。虽然谈话很随便,他却提纲挈领,就欧洲局势的主要因素发表其个人看法,对我颇有启发。特别是因为,这番话出自几世纪以来一直与英国结盟的一个国家的总理之口。

我在笔记中记道,我首先说,最近十年来,萨拉查博士在国家复兴大业中所取得的成就,使我深受感动。这证明:一个人只要全心全意对待国家事业,他就会干出成绩来。萨拉查说,他知道我在来葡途中备尝艰辛,并对此表示歉意,一面解释说,大批法国难民突然蜂拥而来,打乱了为各国特别使团所做的一切妥善安排。

他说,中国具有高度文明,拥有修养良好而致力于和平事业的人民,却在遭受战争荼毒,他对此深表痛心。他问我,中国是怎样从财力上应付这样的长期抗战的。(对于他来说,提出这样的问题并不出人意料,因为他做过财经教授,而且是公认的著名经济学家。)我说,英、美、法、苏一直在财力上援助中国,或者供应战争物资。萨拉查又询问中国对苏联的势力或共产主义传播是否有力量进行抵制。我解释说,苏联之所以援助中国,是因为它认识到,中国的抗战对于保障俄国西伯利亚的安全有利,援助是在这种认识的基础上由莫斯科主动提出来的。把日本军队统统牵制在中国,苏联就不必害怕日本人侵犯自己的国土。因此,苏联对共产主义的宣传采取了克制的态度,而且所有的物资援助,事实上都是直接运交中央政府。中国共产党虽然也向莫斯科要求这种物资供应,可是只能通过中央政府领取。

萨拉查听说,日本是坚决反共的,它在中国作战的部分动机是害怕共产主义的传播。他询问这种说法是否真实。我告诉他,这不过是日本的借口。我也向他说明了田中在奏折中向天皇提出的具体建议,那就是:日本要逼迫中国反俄,但他自己却要努力和俄国达成某种谅解。萨拉查说,这就揭示了日本在外交政策上的阴险本质。

提到欧洲局势的时候,我请他谈谈自己的看法。萨拉查说,他担心欧洲局势必将愈趋恶化。英国已陷于困境,事实上它从来没有经历过如此危险的处境。由于英国一向顽强,很不容易认输,肯定要把这场战争打到底。但是另一方面,德国却想迅速夺取胜利,即将对英国发起进攻。面对英国舰队,德国的进攻是否能够得手,尚难逆料。他说,欧洲的前途取决于此战胜负。

他说,葡萄牙对于法国深表同情。法国有伟大的文化,但安逸的生活和政治家们的种种错误,把它投进了灾难的深渊。就目前来说,法国已不能再算作一个决定欧洲命运的因素了。至于西班牙,它正面临一种新局面,在边界线上和德国军队对峙。在西班牙国内,对英国的憎恶情绪很大,而佛朗哥却要保持中立。德国是否将胁迫它对英宣战,是当前的一个重要问题。

他接着说,英、法两国关系的破裂,使葡萄牙处境十分尴尬①,因为它既是前者的盟国,又是后者的景慕者和老朋友。情况再糟,葡萄牙也要力求独立自主,和法国保持友好关系。它目前在英德战争中保持中立,英国是完全谅解的,从未劝说葡萄牙放弃中立。他声称,保持这种中立,事实上符合英国的利益,而当西班牙的同情是在德、意一方的情况下尤其如此。

里斯本庆祝盛典结束以后,我借机看望了与中国友好国家的几位外交代表。美国驻葡萄牙公使赫伯特·佩尔先生就是我拜会过的使节之一。1940 年 7 月 2 日,他在美国公使馆设宴招待

---

① 原编者注:法德停战条约规定解除法军武装,并要让出五分之三的法国领土归德国控制。签约次日,即 6 月 23 日,戴高乐将军在伦敦就任法兰西民族委员会主席,宣誓继续抗德。同时英国政府宣布支持戴高乐,并与贝当元帅领导下的法国政府断绝关系。——译者

我，我们即席畅谈。

因为他是一位具有真知灼见的国际问题观察家，我很想听听他的高见。佩尔说，他认为英国的处境极端危险。一向把英国当作真正敌人看待的德国人，正在集中全力，准备对它发起进攻。这在英国历史上是前所未有的重大灾难。那条一侧为布洛涅和加来，另一侧为福克斯通与多佛的宽四五十英里的海峡通道，只要在海上布了雷，加上一支强大的空军，他相信是能够固守并阻止德国军队及其重型坦克和大炮登陆的，佩尔说，一旦登陆，德国陆军就能横行英国全境。

佩尔公使认为，英国落到这步田地，是咎由自取，完全是它自己的种种失策所致，是诸如张伯伦、西蒙之类的政治家们的失策。它出卖了每一个相信英国诺言的国家。他记得，在挪威战役时见过一张德国漫画，把挪威画成一个手持纸片的人，纸片上写的是："我有英国要来援救的荣誉保证。"在这个人脚下的小沟里摆着三具死尸，身上贴着标签："我们也曾有过英国要来援救的荣誉保证。"

至于远东，佩尔认为对美国同样重要。他也认为，与俄国合作对于稳定太平洋局势是不可缺少的。他说，俄国是美国的天然盟友，它有一支强大的陆军可以和美国舰队相配合。（我觉得这个看法似乎也反映了罗斯福总统在签订雅尔塔协定时的内心活动。我所以这样讲，因为我想起了 1944 年我和他在白宫的一次谈话，当时他表示决心促使中国在战后成为四强之一，共同维护世界和平。我也想起，除在苏、芬战争的短暂时间里美国人曾同情芬兰以外，自从苏联遭受德国进攻之后，罗斯福总统看来总是与斯大林和睦相处，远远胜过和邱吉尔的关系。这就使我明白，在罗斯福总统的内心深处是蕴含着美国人民的普遍意见的，即只就维护太平洋地区的和平而论，美、苏两国也是天然盟友，一个拥有一支庞大的陆军，另一个拥有一支强大的海军，他们应该在世界和平大业中互相合作。）

我和佩尔继续谈论,他说,十五年前他曾经写过一篇文章,主张苏美合作。这篇文章受到很多上层要人的严厉指责。但他对每个人都指一指地图说,沙皇统治下的俄国也罢,斯大林领导下的苏联也罢,地理形势并没有发生变化。

　　我坚决认为,日本、德国和意大利是一心想要侵略和掠夺的。我说,借助苏联的支援以及英、法两国在远东至今犹存的精神力量,首先解决日本,这是美国的上策。这样就可以保障它后院的安全,防止日本的突然袭击。我说,换言之,美国应该一次对付一个敌人,而且要从最易于对付的下手。(当时正是 1940 年夏天,我虽然一点也没有觉察到日本有进攻美国的迹象,但是我感到,如果对日本不及时加以遏制,它迟早要成为美国的大害。我深信那个拟定日本扩张计划的田中奏折是真实的文件,尽管田中奏折的泄露已近十年之久,而各国外交界对之仍有所怀疑,认为田中奏折出于伪造。这是由于日本人的大肆宣传而引起的。)

　　佩尔说,英、法在远东的军事力量实际上等于零,唯一的指望是美国的舰队。他完全赞成在军事上和苏联联合起来,但是他认为舆论界至今仍在意识形态问题上以压倒优势反对莫斯科。他个人认为,共产主义在苏联所起的作用对美国并不产生影响。他说,就算俄国的共产党人能顿顿吃上鱼子酱,但对美国选民的投票,一张也改变不了。美国对共产主义的精神抵制是根深蒂固的。这是由于富有阶级的恐怖感,他们仍旧根据老经验思考问题。他们要原封不动地保持他们的特权。他说,如果不是罗斯福提出了"新政",肯定会爆发一场反抗有产阶级与资本家的革命,可是这些人并没有认识到这一点。

　　佩尔肯定地认为,无论什么样的援助,美国都可能向英国提供,只是不准备派兵去为英国作战。美国为了正义和平与世界安宁,曾经牺牲过大约三十万人,可是,盟国赢得胜利之后,法国、英国都恢复了往日的生活方式,败坏了大局,以致欧洲又一次四分五裂。二十年前的一切牺牲尽付东流。法国人对美国的参战尚能有所认识,但在英国,除了指责美国人在欧洲战场上的行为之外,却把美国参战的功绩一笔抹煞。

佩尔是罗斯福总统的朋友,又是一位坚定能干的外交家。我记得,在伦敦战争罪行委员会曾和他共过事,当时他是美国代表。他常常直言不讳,坚定有力地畅抒己见,引起国务院派来的那位副代表的不满。后者常常告诉我,佩尔先生方才所说的一切只能代表他个人的意见,并不反映国务院的观点。但是佩尔本人却告诉我,他根本用不着管国务院。他说,他与总统保持直接联系,受到这位行政首脑的信任。所以在提出自己观点的时候,他是在表达总统的意见,至于国务院怎样看待他的观点,他是毫不在乎的。

3 日下午,我再次和萨拉查博士交谈。我首先向他表示感谢,感谢葡萄牙政府给予我的热情款待。萨拉查说,中国派遣这样显要人士担任特使,应该表示感谢的是葡萄牙政府,他请我代为转达葡萄牙政府的衷心谢意。

我向他表示祝贺,祝贺他在葡萄牙的复兴大业中所取得的巨大成就,这种成就不仅表现在物质建设方面,而且表现在发扬道德风尚与精神力量方面。我说,我也要庆贺葡萄牙遴选他这样的人来作为担当国家复兴重任的伟大领袖,真是深庆得人。

萨拉查说,中国在开展复兴大业的同时,还必须应付战争,实属不幸。他问大部国土沦陷敌手,前方还在进行战争,建设工作是怎样同时坚持进行的。我就大后方的政治、经济、工业和教育各方面工作的发展情况作了介绍,并且说,今日中国确实要比三年前战争刚刚开始的时候强大多了。被日军占领的仅仅是交通线,大江大河两岸,铁路以及交通要道。至于其后方的广大领土,则仍在中国游击部队控制之下,地方行政照旧由中央政府统辖。

萨拉查博士问到日本人威胁香港与印度支那,对中国的军需供应会产生什么影响。我说,影响是巨大的,但还不至于致命。就香港来说,英国人肯定要抵抗的。他们撤退到新加坡,是为了使自己更便于进行控制与防守。滇缅路和西北的大陆运输线将依旧保持畅通。

我问法、西边境出现德国军队是否引起了西班牙的不安,并间接影响到葡萄牙。萨拉查说,数百名德国军官从法方一侧进入西班牙领土参观游览,据说是礼节性行动。但是西班牙人自然不会漠然置之。然而他并不相信德国会入侵一个友好的西班牙。德国是否将对西班牙政府施加压力,以达到夺取英国要塞直布罗陀的目的,(这必然要导致西班牙与英国的决裂)这就很难说了,只好让将来的事实作答。英国局势严重,它将如何对付这场危机,实在难以逆料。他说,然而德国当前的目标是树立欧洲霸权。即使占领了英国,也不能瓦解或毁灭大英帝国。后者代表着一种文明,是当今世界所需要的稳定力量。在欧洲,诸如比利时、荷兰、西班牙、葡萄牙这些国家都代表着历史悠久的民族,是文化和文明的中心,他认为,所有这些,都不是德国能够长期消灭的。他说,这些国家都不是可以凭借武力旦夕之间轻易地连根拔掉的,何况这些国家又都是德国工业产品的好主顾。巴尔干和近东各国大都是购买力不足的农业国,他们的财力不足,不能为德国工业提供良好市场。(他在这方面的种种见解,清楚地说明他是一位经济学者,是这一学术领域里的专家。)

我问,目前的英、法决裂,是否会影响葡萄牙与法国现政府的关系。萨拉查认为,邱吉尔是一个才能出众,但具有非不列颠传统思想的人,他匆匆忙忙作出支持戴高乐反对贝当政府的决定是轻率的。但是,他不相信法国会永远分裂成两大集团。贝当元帅代表着法国舆论的主流,即认为法国在战争中已惨遭败北,应该面对现实,不能再打下去了。葡萄牙决不会改变其对法政策,贝当政府仍然是法国合法政府,与它的关系一定要保持原状。

他接着说,英国在欧洲的势力迄今为止是依靠维持欧洲大陆的平衡。如今这种平衡已经被德国破坏,英国的地位已岌岌可危。欧洲正面临着一场严重危机。这个大陆的前途命运如何,将取决于下个月的形势发展。

当天上午,我到葡萄牙国家银行访问了玛塔博士。他是葡萄牙前任外交部长,现任里斯本大学校长兼葡萄牙银行总裁。我们的谈话是从讨论西班牙局势开始的。玛塔说,最近三四天,佛朗哥将军的兄弟,西班牙大使,为德国对西班牙的态度深感忧虑。德国军队开到了法、西边界,新问题产生了。西班牙内战之后,精疲力尽,实在无力抵抗来自德国的巨大压力。只用几百名德国士兵就可以长驱踏过西班牙全境,直捣直布罗陀。佛朗哥将军愿不惜任何代价保持西班牙中立,但是他能否顶得住德国的压力,不使形势发生相反的变化? 从经济上来看,西班牙无力再事战争。他作为葡萄牙银行总裁,月月要负责监督西、葡商业协定的执行与调整,对西班牙的经济情况了若指掌。当时西班牙的经济依赖葡萄牙的援助甚殷。

他继续说,西班牙的舆论与民情,大体上是反英的。英、法两国在西班牙内战时期采取不干涉政策铸成大错。西班牙人民是富有自尊心的民族。他们确信,如果不是英、法抱这种态度,西班牙内战肯定早就会以佛朗哥得胜而宣告结束了。法国援助共和国一派,延缓了自相残杀的格斗,导致多死亡了几千西班牙人,法国对此事应特别负责。玛塔说,当时他曾向英国人和法国人提出这个问题,可惜徒劳无益。他又告诉我,他的儿子最近与佛朗哥将军的一位侄女结婚,通过这种关系,结识了西班牙的所有要人。他们之中没有同情英国的。佛朗哥本人力主避免战争,把亚加将军免职这一行动,清楚地说明了他的意图。但是他的将军们的反英情绪,有时是非常激烈的。西班牙收复直布罗陀的意图是根深蒂固的,但并不想马上动手。这个问题对于西班牙,与其说是关系到重大实际利益,倒不如说是为了维护威信与尊严。可是另一方面,对英国来说,直布罗陀却具有重大的战略意义,它是大英帝国的贸易要道与交通枢纽。他问道:如果德国直接插手,胁迫西班牙采取行动,西班牙该怎么办,又能够怎么办?

玛塔认为,英国承认戴高乐在伦敦成立的流亡政府,以反对法国国内的贝当政府,是愚蠢的。他说,邱吉尔感情用事铸成大错。(在这里玛塔的态度反映了一位葡萄牙政治家的典型看法。)他说,他曾和来葡萄牙避难的几百名法国重要人物中的许多人谈过话,这些人都是由他帮助入境的,他们当中竟然没有一个人赞成戴高乐的行动。(真是怪事。)至于魏刚将军对各殖民地的巡视,他认为已经在叙利亚、阿尔及利亚以及北非其他各地掌权的将军们当中产生了皈依贝当政府的趋势。他声称,这就是法国的民心所向。

他还说,葡萄牙与贝当政府继续保持着友好关系。如果英国出于不得已而向西班牙宣战,或者被迫应战,葡萄牙的处境必将十分困难。葡萄牙不仅六百年来一直是英国的盟友,而且在商业、经济和财政上无不与英国人保持着密切联系。葡萄牙属于英镑集团,虽然最近有几笔付款是按美元结算的,但总是通过伦敦进行结算。他对目前的局势感到茫然,并认为决定欧洲前途命运的时间可能就在下月。他说,德国把英国看作真正的敌人,它对法国可以宽厚相待,而对英国则会千方百计加以摧毁。对英国的进攻战役很快就要开始,因为德国是经不住持久战的。

中国公使馆于7月3日为我设宴,我在筵席上和葡萄牙外交部秘书长桑派奥博士进行一次简短的谈话,他的职位相当于副部长。谈话一开始,我就问他有无关于远东局势的最新消息,特别是有关日本人威胁香港的消息。桑派奥说,这一类消息首先要送到殖民部,只有特别重要的才送到他这里来。他又说,几年以来,葡萄牙政府总是尽力采取不偏不倚的态度对待交战中的中、日双方,但是纠葛与事故接踵而来,特别是在澳门所在地的拱北岛的问题上与日方发生争议。他对中国能够长期坚持抗日,表示祝贺。他相信中国的广阔领土是巨大的宝贵财富,日本是没有力最一直打下去的,肯定拖不过中国。

我问他,对西班牙的态度与政策有何看法。他回答说,他深信佛朗哥将军为了保持中立,将不惜任何代价。亲德派首领亚加将军去职一事正是西班牙领袖决心使西班牙避免卷入战争的证明。而西班牙确有从英国手中收复直布罗陀的强烈愿望,但他认为西班牙人对收复一事并非迫不及待。他说,如果德国一旦逼迫西班牙从英国手中夺取直布罗陀时,西班牙应如何应付,仍属于一个使人担忧的问题。西班牙完全没有力量抵抗任何武装挑衅,即便在经济上也还要依靠葡萄牙的大规模援助。

和我在里斯本谈过话的其他人一样,桑派奥认为英国的局势十分严重。德国已控制了大西洋上的一切港口,英国现在只有孤军苦战,以迎击德国人的进攻。他说,欧洲的前途也是吉凶未卜。在过去,欧洲的秩序一向依靠拥有一定数量的稳定因素来充当欧洲大厦的基石,其中之一就是法国军队。如今这支军队已被击溃。力量的平衡完全打乱,那么,只有时间能够决定欧洲的命运。他说,罗马尼亚对英国违反诺言的谴责,只不过是这种普遍感情的象征而已。

他也同意我的意见:托身英国的戴高乐运动在法国国内并不得人心,他认为这个运动不会取得胜利。提到意大利,他说,他对西班牙是友好的。意大利的势力范围在地中海。他说,意大利对德国人迫使西班牙攻占直布罗陀一举,究竟支持到什么程度,尚难逆料,但是,坐视德国过分强大起来,是不符合意大利的切身利益的。只有在力量平衡的情况下,意大利才能在欧洲起到重要作用。倘因德国取得优势,致使这种平衡遭到破坏,意大利本身的重要地位也必然随之消失。我问,俄国在罗马尼亚所采取的行动是否征得德、意两国的同意,或者,至少是打过招呼。桑派奥说,那天下午他曾向罗马尼亚公使提出过这个同样的问题,但未得到答复。他还说,德国公使曾向他表示,德国无意把各个被征服的国家置于德国的永久控制之下。

两天以后,在我即将离开葡萄牙时,又一次走访桑派奥博士。我表示对葡萄牙政府给予我的盛情接待深为感谢。我说,这是我的首次来访,使我留下了极其愉快的印象。桑派奥说,倒是葡萄牙政府应感谢我的光临。他又说,非常感谢中国派遣这样一位高级人士前来里斯本。

我说,受命担任此次特使,我个人感到光荣与欣悦。我说,我也要感谢桑派奥博士就近与西班牙政府进行友好斡旋,使我能顺利在西班牙过境。

桑派奥问我,中国与西班牙是什么时候绝交的。(他把话题引到这上面来我很高兴,因为那时候国府已经委托我寻求与西班牙恢复正常关系的途径。不难看出,我国驻里斯本公使馆是能够承担此项任务的,因为佛朗哥的兄弟就是西班牙驻里斯本大使,我发现他是一位平易近人、性格开朗的人,便于交谈,而且中国驻里斯本公使李锦纶博士也和他相处甚好。)我向桑派奥解释说,并没有绝交,只不过是中国公使馆从马德里撤退到法国境内以后,西班牙的共和政府垮台,佛朗哥政府继之成立。中国政府正忙于和日本侵略者展开生死搏斗,没有及时处理对西班牙新政府的承认问题。这就是延误的原因。佛朗哥政府可能对中国在日内瓦国际联盟行政院上同情共和政府的某些发言感到不快,然而,那是当时的例行公事,何况佛朗哥将军当时并没有派代表出席,而出席的唯一西班牙代表是共和政府派来的。(如前文所述,出席国联会议的西班牙代表团总是对中国抱着非常友好的态度。例如德巴约,他一贯支持中国对日本的控诉,而我方代表团觉得这种支持非常有益。)桑派奥说,葡萄牙当时和中国一样,也是这样做的,不过并未过分强调。

我说,中国政府很想和佛朗哥将军的政府重新建交,而我本人已经致电政府建议指派里斯本的李公使与西班牙驻里斯本大使着手谈判,这位大使是佛朗哥的兄弟,是一位难得的谈判对象。我表示希望在必要时上报中国政府,敦请葡萄牙政府从中斡旋,以促进拟议中的谈判。我说,我可以肯定,这样办非常有益,因为我知道,马德里与里斯本关系密切,十分友好。

桑派奥说,我当然可以依靠葡萄牙政府的帮助。然而西班牙的领导人物不容易对付,他们都很傲慢。所以对此要谨慎从事,逐步试探。如果立刻提出正式建议,万一马德里不接受予以粗暴拒绝,这会使中国、葡萄牙与西班牙都处于十分尴尬的境地。他说,换言之,葡萄牙政府可以通过非正式的试探,以了解西班牙政府的意向。事情采取这样的谨慎方式进行,即便一旦出现僵局,葡萄牙政府也可以不必承担责任,中国与西班牙也可以同样不失体面。我同意采取谨慎的原则,在将来进行正式谈判之前,应该利用非正式的私人交谈来开路。

桑派奥说,他知道,西班牙和日本签订了反共条约,但还不知道西班牙是否已经承认了"满洲国"。我说,我知道它还没有承认。中国政府至盼西班牙政府避免采取这一行动。他同意说,西班牙方面倘有此举,肯定会破坏两国政府之间为恢复邦交而将进行的任何谈判。

谈到欧洲形势,特别是英、法两军在地中海上的那场海战,桑派奥博士说,这是最可悲的事。他说,倘或有人在三四个月以前预言有此一战,人们肯定会把他当成疯子。他说,这是自从战争开始以来的第一场真正激烈的大海战,居然在两个前盟国之间爆发,确实令人难以置信,而今竟成事实。他担心,法国的反应会是很激烈的。当然,从物质条件上看,它已经不再拥有进行反击的实力了,但从精神上、感情上考虑,这种反应肯定会十分强烈。

我同意他的说法,并补充说,法方在人员上的惨重损失特别可悲。(这是一场法国人很难逆料的战争,所以我估计,他们并没有采取妥善的预防措施。英国人采取行动,不过是因为抓住了有利时机,而结果却使法国人吃了大亏。英国所采取的步骤是必要的,因为它鉴于法国投降德国以后的局势发展,特别是看到贝当政权明确表明的政策,说他将始终如一,尽力与德国妥协合作,以使法国人免遭更多的战争灾难。)桑派奥认为,当时法国舰只已经在奥兰港内抛锚,因而没有条件为了安全自卫而采取及时的机动行动。他是如此来解释法方的惨重损失的。

我们接着谈到德国短期内可能采取的行动,一致认为,德国对英国的进攻迫在眉睫,但是,只要英国掌握着制海权,德国想进攻得手,肯定是困难的。桑派奥相信,德国空军在数量上的优势并不足以占领英国。他说,要实现这个企图,必须有军队登陆。

　　桑派奥谈起日本对香港的威胁,并询问对中国的影响。他没有收到远东方面的消息。我说,根据我伦敦同僚的来电,英国政府并不打算向日本人屈服。印度支那路线的封锁情况是严重的,但是英国人不会封闭滇缅路。远东局势关系到美国的特殊利益,只要英国还需要和美国亲善,就不会奉行与美国政府观点相抵触的政策。我还说,我不相信日本真敢进犯香港,因为它目前在中国所遭的困难已穷于应付了。我接着说,美国舰队留在太平洋肯定会在远东产生一种稳定作用,倘能进一步向西推进,作用就更大了。桑派奥赞同我的意见,并说,万一香港被日本占领,澳门的处境必将极端困难。各国都在考虑本国的切身利益,这是完全可以理解的,也是很自然的。

　　7月5日,我还会见了德国驻葡萄牙公使霍尼根-许内男爵。这是一次颇不寻常的会晤。一开始,这位公使就说,他曾经长时间在德国外交部工作,在部里供职六年之后,就在总统府担任部派联络官,先是在兴登堡总统手下,后来在希特勒手下工作。谈起希特勒的个人生活,这位公使说,他很不平常。他是一位素食主义者,几乎全不吃肉,只吃鱼或蛋、蔬菜和水果,除水以外不喝其他饮料,而且在量上也严格限制。有几次,他居然二十四小时不饮水,在即将发表公开演讲的时候尤其如此。这位公使解释说,他实行这种饮食养生法,并不是出于某种宗教迷信,而纯粹为适应他个人体质的需要。他并不反对别人饮酒吃肉。这位公使又说,希特勒也爱好音乐和欢乐的社交,然而,他喜欢社交和美女,只为了要他们做伴,没有其他目的。

　　我问到他认为希特勒的成功秘诀何在?他阐明说,希特勒总是善于集中精力抓关键问题,从来不为繁琐事务、传统观念、常规旧习或其他利益所困扰。一般人在理想追求上遇到困难时,总是畏缩不前,而希特勒却不知困难为何物,能置之不顾,勇往直前。他的意志特别坚强。他的唯一兴趣是为德国的繁荣幸福效力。此外,他又是一位伟大的心理学家,花费很大精力研究国民的感情和思想。他总是十分准确地理解德国人的心愿,并依此行事。

我问他如何估计德、法之间的未来关系。这位公使说,法兰西本身已经认识到目前的困境都是政府的错误造成的。德国从来没有仇恨过勤勤恳恳、热爱和平而且人缘很好的法国人。但是多年以来,他们的政府一直是领导无方。(据我看,这并不是牵强附会之说,而是颇有说服力的见解。)

他回忆说,当年,在德国的布吕宁政府中任外长的施特雷斯曼博士提议,德国与奥地利组织关税同盟,而法国代表白里安竟大放厥词,搞着桌子宣布,这件事不该由德国倡议,只能由英、法两国政府作主。这位公使说,他那时是施特雷斯曼的随员,目睹了现场的情景。他记得,当时德国正在富有自由思想的布吕宁领导之下,但西方各民主国家甚至对这样一个德国的任何合理愿望都一概不予满足,他们对德国强加抑制,不肯听取它的合理申诉。

这位公使继续说,看到应付法国窘境的沉重负担落在贝当元帅的肩上,德国人感到遗憾。贝当元帅在上次大战中曾为法国赢得巨大的荣誉,他永远是一位伟大的军人,一位杰出的领导人物。但是他想,目前贝当元帅正在经历着十分近似兴登堡的难堪局面。兴登堡是在坦能堡战役大获全胜之后,成为德国民族英雄的。这位德国元帅不得不在凡尔赛及其灾难后果中苦熬岁月。现在,忧患的二十年过去了,德国终于成功地恢复了失去的国际地位。

他接着说,那些小国面临的处境十分艰难,可是这只能由他们自己承担责任。在德国向全世界呼吁正义的年代里,这些欧洲国家竟没有一个肯助一臂之力,对它的要求给予支持。但是欧洲以外的国家就不同了,因为他们在欧洲的利益不大。而欧洲的国家却总是盲目地追随英、法,压制德国,这是一件令德意志民族难以忘怀的往事。

他说,德国从来不想与法国作战。英国才是它的真正敌人。德国几个月来一直在设法促使法国摆脱英国,可惜法国政府引错了路,法国并未按照德国的暗示行事。今天的法国似乎正在开始认识到,长期追随英国成为它的附庸是错误的。他也相信,法国今后最有可能与之合作共处的是德国,而不是英国。他认为,与德、意紧密合作,也符合法国这个欧陆大国的切身利益。

后来,他又给我讲了他本人在里斯本的经历,很有意思。他说,他觉得里斯本的同行们大体上都很不错。尽管是在战时,英国大使每逢在他们相遇的时候,从来没有不跟他打招呼的,显然总是避免多作交谈。荷兰公使继续与德国公使保持私人接触,有时候在电话上交谈,一谈就是三刻钟,尽管通话线路经常被干扰,这可能是葡萄牙人干的,他们对这两位公使的谈话内容感到惊奇。他说,我们谈的全是有关这位荷兰公使留在荷兰的家庭琐事。他又说,贝当元帅当年在马德里担任大使时,处事十分得体。对德宣战很久以后,贝当要求德国驻马德里大使给他介绍一下德国的新任武官,因为要和武官认识一下;在里斯本唯一的例外是法国公使阿梅—勒鲁瓦。自从开战以来,他就一直拒绝和德国公使握手。(阿梅—勒鲁瓦是一位知识分子,法国著名法理学家莱昂·布尔热瓦的信徒。莱昂·布尔热瓦是威尔逊总统任主席时的国联盟约委员会的委员之一。莱昂·布尔热瓦对德国人极其憎恶,关于德国对法国的真实意图他也极为怀疑。正是他一再坚持主张:由国际联盟组织一支国际武装部队维持欧洲和平。这个主张,威尔逊总统非常不赞成,认为不能想象这样的部队能够组织起来,又能有效地行动。他坚决反对这个主张,特别认为,决不会得到美国国会的批准。)

我问这位公使,据说,德国已在西班牙边境集结大量军队,是否属实。他说那大概是由于德国为了对付英国的可能进攻,必需在欧洲这一地区作好准备。它是经不住突然袭击的。我问,西班牙是否有可能在直布罗陀采取行动,德国公使说,他认为可能会的,尽管德国本身并不打算开辟这一战场。

他很想听听我对葡萄牙政府的印象。我告诉他,通过与萨拉查博士以及其他葡萄牙人士交谈,我得到的印象是,葡萄牙无论如何也要保持中立。它采取现行的中立政策,似乎已经取得了英国方面的谅解。即便西班牙卷入战争,而葡萄牙又是英国的盟国,葡萄牙政府也要照旧保持葡萄牙的中立。

肯特公爵是英国派遣前来参加葡萄牙盛典的代表,德国公使想听听我对肯特公爵的印象,并说这位皇家代表到葡萄牙来,是为了和葡方讨论一项政治计划,此事是否属实。我说,从公爵的谈话中,我没有得到这种印象。公爵并没有接触到什么政治问题,我觉得他此次出使葡萄牙并没有什么政治任务需要完成。我说,英国皇家成员在外交政策问题上并不承担重任,甚至英王也不例外,这是惯例,也可能是出自英国政府本身的小心谨慎。

公使说,这与萨拉查博士告诉他的话恰好吻合。他又说,他的印象也和我一致,即葡萄牙政府要竭尽全力保持中立。他说,总而言之,德国并不想拉长战线,而英国也无意把葡萄牙拖进战争,因为葡萄牙的作用毕竟十分有限,它的参战不会使欧洲的总局势产生多大变化。另一方面,保持中立是符合葡萄牙切身利益的。他说,十年以前,"葡萄牙"这个词是混乱、无政府、内讧的同意语。今天的葡萄牙受到尊敬和爱戴,应当归功于萨拉查和他的和平中立政策所取得的成就。

我问公使,他认为这场战争在欧洲还要打多久。他说,六个星期就可能结束,德国并不希望打持久战。我指出,英国政府和邱吉尔不见得会像法国那样要求停战。他说他也认为不会,但是,德国有其他的办法结束战争。为了达到这个目的,各项准备工作即将完成。

追溯我们的谈话,根据我们的不同处境,他的观点和我的观点居然取得大体上的一致，这确实很有意思。我们双方都十分坦率地进行交谈，而不采取职业外交家的谈话方式，细想起来，我以为当时我们这样做是机敏得当的。

7月6日，我离开葡萄牙返回圣让—德吕兹。法国投降以后，波尔多曾经一度混乱。他们从波尔多往东划了一条界线。换句话说，法国北部归德国占领，而另一半国土则被认为是仍然自由的地区。但就在我们尚未离开波尔多时，德国人就开始进驻了。德国军官开始认真检查，他们召集大使们所驻住的旅馆经理人员，索取旅客登记簿进行翻阅。实际上波尔多已经划进了德国势力范围。这个城市业已混乱不堪，事实上什么事情也办不成了。这正是大使馆的临时馆址在我动身去葡萄牙以前迁往圣让-德吕兹的原因。我也在那里找了一所房子。所以，这次我就回到圣让—德吕兹。记得我在那儿住了几个星期后才去维希，和法国新政府保持接触。

当时的法国局势依旧陷于极度混乱之中。虽然法国人早在波尔多时就盼望着并曾向我暗示过，他们希望还都巴黎，不过那种希望只是一种不可能实现的幻想，法国人虽然多次提出这个问题，要求德国人同意，可是德国人一直避不作答，最后这个要求还是遭到拒绝。法国政府当时只好设在维希，并在那里住下来。但是各国外交使团却长时间分散各地，有几个在圣让—德吕兹，更多的在比亚里茨，有几个在利布恩，有几个在克莱蒙费朗，还有几个在洛亚，最后有几个在维希。直到政府迁到维希而且开张后，仍然没有足够的住处供前往该地的外交使团全体人员居住。所以必须在维希外面的邻近地区设法安顿。有些地方距离很远，而汽油奇缺，又难于弄到，即便是正式拜会法国政府官员也不容易。

我和各国使馆人员的感受一样，觉得使馆的处境十分困难。我的主要馆员都留在巴黎，然而我个人却紧紧地追随着法国政府，从巴黎跟到图尔，又从图尔跟到波尔多，最后来到了维希。正像法国人坦率地告诉我那样，德国人控制着占领区，虽然宣布非占领区自由,但在每一个要害部门里,照样都有德国的盖世太保和军事人员。这说明:即使在非占领区,法国人对自己的乡土也不能再完全当家作主了。

我由葡萄牙返回圣让—德吕兹途中,以及后来在圣让—德吕兹,每逢在路上或是在我喜欢散步的海滨遇到德国军官和士兵的时候,我总是试着用我的蹩脚德语和他们交谈。时值夏日,而圣让又地处海滨,就在比亚里茨以南。顾夫人已经带着孩子们到纽约去了。我常独自出门,沿着海滩,或是在海滨木板路上散步。我所遇到的德国军人看起来是友好的。发现我是东方人,特别在发现了我是个中国人时,他们很愿意和我谈一谈以资消遣。我推测,他们是不准和法国人说话的,至少我通过观察发现了这一点。我喜欢沿着海滨散步,屡次见到法国人,男女老幼都在建设精美的公共浴场里沿岸游泳。德国人前来游泳时,从来不单独行动,总是结伴而来,有时候是军官,有时候是一般士兵,他们总是选择一个远离法国人的地方。他们跟自己人在一起游泳,和法国人保持着一定距离。有时可以见到德国军官们三五成群,和我一样,沿着海滨木板路散步。路上当然也有法国人。我注意到他们,特别是年轻女郎,总喜欢对迎面走过来的德国军官评头品足,夸说这些军人如何漂亮。这是法国人的典型作风。但是德国人的表情非常严肃,对这些法国人甚至连眼睛也不斜视一下。这表明进驻法国的德国人管理严格,尤其是军人;在我看来,他们不过是18到22岁的青年,地道的雅利安人。

偶尔有机会和几个守卫兵营的青年攀谈,问起他们是否喜欢这个地方。一般的回答都说还不坏,不过他们还是想回德国。许多人回答说,他们下个星期就要奉命出发,执行其他任务去了。我问去何处,他们说海岸以北。当时正在盛传德国即将对英国发动进攻。

总而言之,从各方面看,德国驻法部队那时候的举止行动都还规矩。我记得有一次进理发店,那里已经有两个人等着,于是我也坐下来等候。一共有四五把椅子。两个德国军官进来了,他们挨着那两个法国人坐下来,一直等着轮个。他们对规矩礼貌一丝不苟。由此可见,德国军事机器能如此神速地夺得席卷全法的胜利,其效率是如何之高,这一点是值得令人注意的。

我于7月7日由葡萄牙返抵圣让-德吕兹,同日,将我的安然返回和法国当时的局势特点电告外交部。我说,由于圣让-德吕兹是德国占领区,德国驻里斯本公使接受我的请求,给德国驻法部队司令官拍了电报,通知我的行程,要求他允许我通行。当列车接近法国边境的时候,前述的德军司令官,他是德军总部的成员之一,派了一位代表,一清早就登上了我乘坐的那个车厢,一直照料着我安全地登上汽车才罢。沿途的德国卫兵都举枪致敬,实在使我惊喜。我接着说,可是法国人却不是那么殷勤。尽管我手里有法国驻里斯本公使给我开的护照,拿着他写给沿途法国当局的信,要求他们对我优待,然而这些对法国警察和海关的官员,竟然毫无作用。他们反而硬要我履行一切必要的手续,方准入境。

我在同一电报中报告说,法国政府业已定于下周召开议会,以便修改宪法,目的在于授予政府全权(即独断之权)。我还说,英国对北非法国海军的袭击,以及在埃及和其他地方对法国船只的封锁,已经在法国国民中掀起愤怒的浪潮。法国已和伦敦断绝外交关系,同时,法国外交部长、海军部长和法国海军总司令联合发表正式声明,谴责英国人的态度与行动。我说,另一方面,德、意业已宣布,对停战协定中有关法国海军的各项条款作出放宽的决定,并宣告,法国海军当局为了保卫本国海岸线,可以自由采取行动。

召开议会特别会议的结果是通过了一个新宪法。我在7月12日从圣让-德吕兹发出的电报中报告说,贝当元帅宣布了新宪法中的三项条款:1.对贝当元帅授予国家元首称号;2.对国家元首授予全权,在新议会召开以前和以后,领导法国政府,处理军政大事,国内国外一旦出现危机,国家元首拥有合法的处理全权;3.宣布 1875 年宪法的全部条款,凡与新宪法抵触者一律无效。公告进一步阐明,保留上议院和国民议会,但未经国家元首召集不得开会。还声明,共和国总理的一切权力和职责,自次日起一律由贝当元帅行使。

其时,中、法之间最重要的问题是由于日本对印度支那有入侵与占领的威胁而形成的印度支那局势。日本当时宣称的目标是迫使印度支那同意对中国政府的过境物资全部停运,包括运往中国的进口物资和为支付购货款而由中国输往国外的出口物资。这是我从里斯本归来以后要认真对待的首要问题。

日本入侵印度支那的危险,一直萦绕在我心头,这种事件随时可以发生,我曾一再提请法国当局予以重视。可能除了乔治·孟戴尔之外,法国当局并没有充分认识危险的现实性,在对策上举棋不定,特别是对中国屡次建议签订保卫印度支那的军事合作条约犹豫不决。但是,随着法国人终止抵抗,以及整个国家的崩溃,法国政府对印度支那的命运显然完全丧失了现实的利害关系;可是我知道,他们在内心里是想守住印度支那,并作为法国属地保存下来。和我讨论这个问题的人都坦率地说,法国再也没有能力采取什么措施了。所以我不仅再一次提出进行军事合作以保卫印度支那的中国建议,而且建议法国要不遗余力在华盛顿争取美国的合作,因为美国并未参战,它潜力很大,有条件对东京施加压力,果能如此,日本给印度支那带来的危机就可提前排除。

记得我还致电在华盛顿任大使的胡适博士,请他就此事向美国政府洽商。我也致电在柏林的同僚,要他通过德方查实日本对印度支那的企图,以及德国可能给予日本支持的程度。我同样要求伦敦同僚向英国人指出英、法两国在远东殖民地利益上的一致性。印度支那由于日本侵略所遭受的一切,最后也会落到香港头上,并且还可能向西发展,落到南亚英属各领地头上。

华盛顿的胡适回答了我提出的问题。他 7 月 5 日来电称,国务卿已在一次公开声明中明确表示,美国政府将继续以国际公法及各项国际条约为其外交政策基础。他补充说,这就是以间接方式表态,美国对日本外相有田关于日本政策的声明将不予重视。

柏林的陈介大使7月15日通过斯德哥尔摩回电说,日本驻柏林大使接到该国政府训令,将日本对印度支那的关注通知德国政府。他(陈介)听到这个消息,就去会见德国副外长。这位副外长告诉他,德国在远东没有实际利害关系,也无力在千里外去影响日本的决策。德国政府对日本大使所通报的行动新方针不打算作出答复。陈大使还说,根据最近的消息,近来日本朝野舆论热衷于更加紧密地与德、意合作,但德国的态度似乎显得冷淡。其理由是,德国不愿看到黄种人侵夺白种人的权益。德国人当时所追求的目标,是要控制法国和英国的领土,把它们纳入德国的势力范围,但允许英、法保持在非洲以外的殖民地。

6月末,法国现政府已明确同意全面停止运往中国的一切货物经由印度支那的过境运输,并同意日本就地派驻军官,对货运进行监视与检查①。印度支那运输线的这种新形势,对中国来说是极端严重的,到7月中旬,英国屈服于日本的压力,宣布关闭向中国运输战争物资的香港和滇缅公路三个月,这使形势更为严重。驻伦敦的郭大使对我的询问答复说,关于封闭滇缅公路一事,英国朝野舆论都一致同情中国,甚至表示遗憾。在与邱吉尔首相谈话中他也得到同样的印象。邱吉尔告诉他,如果欧洲战局不出现严重的变化,英国对日本的态度必将日益坚决。

收到郭大使来电时,我已到达维希,并开始向法国有关当局提出印度支那问题。我将叙述几次会晤的情况。但在此以前,我先插叙一下与重庆和欧洲各地同僚之间保持可靠电讯联系的困难。

前文我曾提到驻法中国大使馆和其他大使馆,以及他们的馆

---

① 原编者注:法国1940年6月20日与日本签订协定,承认日本在中国的"特殊需要",还签订了一些其他协定,允许日本人控制法国在中国的租界和广州湾租借地。——译者

员在解决住处和其他生活需要问题上,和在被占领后的法国出门旅行上的种种困难。但是,通讯上的困难对使馆工作影响尤大。有很多封发往重庆的电报和重庆发给大使馆的电报,都没有到达目的地。于是我只好更广泛地通过各种渠道和政府保持联系。因此,发往重庆的电报,不是经由河内领事馆转发,便是经由驻节其他国家的同僚们转发。根据我的建议,外交部的大部分电报都通过河内转来。甚至法国政府在英法断绝外交关系之后,在这个问题上也遇到了困难,因为法国军事当局对法国政府的通讯也实行了某种控制。听到这种情况,我就建议法国政府,发往重庆甚至发往印度支那的电报,统统可以经美国转发,他们接受了我的建议。

法国驻印度支那总督卡特鲁将军似乎已经与日本人签订了一个秘密协定,不仅给日本以过境权,而且给日本军官进驻印度支那检查中国政府货运的权力。我于 7 月 22 日,星期一,前往维希的皇家花园饭店会见博杜安先生,在他的办公室里提出了这个事件。因为我听说这个秘密协定是卡特鲁将军以印度支那总督的资格签订的,我对这位外交部长提出了质问:卡特鲁将军是否还是总督?他的权限范围如何?他是否受命为全权代表,可以便宜行事?

外交部长博杜安告诉我,德古海军上将三四天以前已经接任。他没有特殊授权,一切重要问题都要向宗主国政府请示。博杜安说,有关印度支那的各种国际问题,都要在法国这里解决。他已把下述事件告诉了日本大使泽田,即卡特鲁将军被召回,正是因为他违背了法国政府政策,行事过分专擅,既不向政府报告,也没有向政府请示。

在答复我另一问题时,博杜安说,卡特鲁将军曾经同意日本人的要求,禁止中国物资在印度支那过境运输。他还说,除海防外,印度支那边境线上并无日本检查员。他说,他对该总督签订这样的协定表示遗憾,但既经签订,政府只得守约。可是卡特鲁将军本来打算走得更远,想接受日方提议,派日本检查人员监视中国、印度支那边境的铁路运输。这种措施等于同意日本人入侵印度支那,因为日本人必须穿过印度支那领土才能进抵云南边境。于是政府中止了谈判,由于没有达成协议,这种许诺自然不能成立。

我问卡特鲁是否在取得就地便宜行事的授权之前,就已经签订了第一个协定。我提起了在波尔多和博杜安关于这个问题的交谈,博杜安的回答含糊其词,给我的印象是他本人并未同意。我还告诉他,来自柏林的消息说,日本人曾向德国政府通报其行动新方针,表示对印度支那高度关切,但德国政府决定不予答复,显然是希望保留自己的行动自由,不想出面为日本人张目。博杜安对这个消息显然颇感兴趣。

我又问博杜安外长,法国政府对于英德之战,是否有意保持中立,而不至于进一步参加反英战争。博杜安说,法国与英国断绝外交关系,只是作为对英国袭击奥兰法国舰队的一种抗议,并不打算轻率地对英宣战。我告诉他,这一点我知道,但我希望了解法国是否有可能为当前的具体处境所左右,而采取这种行动。博杜安说,如果英国对法国采取进一步的敌对行动,则法国必当以其所拥有的手段尽力进行报复。然而法国不想对一个从前的盟国开战。

关于德国的攻英战役是否真的迫在眉睫,我请他提出个人看法。博杜安说,希特勒在演说中透露,德国的行动停顿下来了。除了制海权之外,英国还有一支优势空军,这两个因素,德国对哪一个也不能掉以轻心。他同意我的看法,自从拿破仑时代以来,英国的稳固地理位置从来没有发生过变化。他认为英国不会接受希特勒的和平建议,一场血战在所难免。他还说,德国与法国之间目前还谈不到举行会谈,签订和平条约。他说,德国把主要精力都用在对英作战上。他相信德国在结束进攻英国的战役以前,不会考虑与法国谈判签订和平条约的问题。

我拜会了外交部长之后,立即走访肖维尔,希望他能多透露一点有关印度支那的情况。关于卡特鲁将军与日本人就印度支那禁止转运中国物资问题所签协定的内容,肖维尔没有得到准确消息。他说,他和日本大使泽田曾多次见面,泽田也没有这方面的消息。但是他告诉我,他现已请殖民部去电,要求就下列六点提出全面报告:1.该协定是否规定了期限;2.是否全面禁运;3.如系局部禁运,哪些物资属于禁运项目;4.如系局部禁运,禁运物品清单如何决定,是由日本人决定,还是由混合委员会协商决定;5.规定了哪些运输渠道;6.是否规定了检查方式。收到复电,他会立即通知我。他听说,有个混合委员会在海防完成清点供应物资工作后,目前正在广州湾进行清点。他还说,德古已经接任总督职务两三天了。

我问,卡特鲁与日本签约是在取得法国政府的特别授权之前,还是在这以后,目前的总督在这种事情上权限如何。肖维尔对事情的经过作了如下的说明:6月13日或14日,日本海军当局在下龙湾集结了大批军舰,威胁要入侵印度支那。法国政府面临欧洲那样的局势,实在无力阻止日军登陆。法国驻东京大使阿尔塞纳·亨利报告说,日本外务次官谷告诉他,他很想防止印度支那方面发生事故,而唯一可行的办法,是两国政府之间签订协定以阻止日本海军的行动。法国政府探听华盛顿的意向,目的在于取得某种保证,但发觉美国政府态度冷淡。于是法国政府通知法国大使抢先一步,采取必要措施,以防止日本入侵印度支那,但强调一点,如果作出某种让步,必须以印度支那地方当局的名义,以便给法国政府在未来的立场上留有回旋余地。给卡特鲁将军发出的各项指示也都是这个意思。泽田也强调,必须签订协定以防止日本军方采取行动。协定就是这样签订的。这是在当时客观环境下不可避免的结果。不过究竟是全面禁运还是局部禁运,他还不得而知。他的印象是禁运仅仅适用于某些特定物品。

肖维尔问,如今英国也封闭了滇缅公路直到1941年1月14

日，中、日是否有停战的可能。不过他认为不会出现停战的事，他的根据是蒋介石将军的言论和泽田告诉他的话，即日本并不希望第三国干预中日冲突。我说，值此英、法两国不惜损害中国，双双与日本妥协之际，中国政府下定决心坚持抗战，要一直打到日本改变其侵略政策为止。我在回答肖维尔的问题时进一步阐明，从现在到 1941 年 1 月，还有相当长的一段时间，但是中国已积累了一批物资，一定能够继续打下去。

谈起日本新内阁来，肖维尔特意打听新外相松冈的情况，我说，我和他认识多年，他在日内瓦曾力促日本退出国际联盟，他支持日本少壮派军人，和他们关系密切。我补充说，他赞成与美国合作，但是反英。肖维尔说，泽田给他留下了同样的印象。他最初估计会遴选别人。我说，他所提及的那两个人选，一个也没有出山，可能是因为日本加入轴心国的要求最近遭到了冷遇。

肖维尔认为，前任内阁首相海军大将米内干得相当不错，继与英、法两国就天津问题达成协议之后，现在又成功地封闭了滇缅公路和印度支那交通线。但是，陆军照样逼他辞职，这件事本身就足以说明：陆军将领仍感不满，急于进一步采取反英行动。阿尔塞纳·亨利曾来电称，日本人将攻占香港，以便在德国胜利之际，得到保证。他们相信德国必胜。

我说，日本的既定政策是侵略扩张，可是只要日本陆军被牵制在中国，它就不敢对另一大国挑起战争。但它决心利用欧洲的紧张局势，只要不会引起新战争，就要抢夺英、法在远东的领地与特权。英、法最近的种种妥协并不能阻止日本的侵略扩张。一旦有利时机到来，它会毫不踌躇地夺取广州湾和印度支那。

然后，肖维尔在回答我的问题时说，所传在上海的日、法当局已签订了协定一事，他对此毫无所知，并已电告法国总领事，就此事提出报告。他说，法国已签订了一项有关天津法租界治安问题和存银问题的协定，该协定比英国所签协定较为圆通，而英国的协定则订得很死板。但是有关上海法租界的协定，除了见到报载上海日本领事声明以外,他别无所知。

7月26日,我在设于维希不列颠旅馆的殖民部会晤了部长莱默里先生。一开头我就告诉他,此次专程来访是要和他建立联系。在互道寒暄之后,他以工作繁忙未能拜访表示歉意。我立即抓紧机会,提出我无时或忘的头等大事。我告诉他,准备就印度支那的边境局势和他坦率交谈。我说,我获悉德古海军上将已接替被免职的卡特鲁将军主管印度支那,我希望详细了解卡特鲁与日军代表就中国物资经印度支那过境转运问题所签协定的范围与性质。此事对抵抗侵略的中国是件生死攸关的大事,因此,如能就某些方面予以澄清,我将非常感谢。

莱默里说,他很高兴有机会和我会晤,深愿和我开诚相见。他就任殖民部长时,即面临卡鲁特将军与日本人签订协定的问题。协定的许多条款都对法国在印度支那的主权形成了不能容忍的侵犯。他认为,在日方的专横要求下,卡特鲁将军不得不采取某种措施。他不能指望这位将军采取坚定态度,用武力抵抗日本人的蛮横要求。但是卡特鲁将军应该首先采取步骤,就停止中国供应物资通过印度支那边界一事,向中国政府进行解释,说明这样做实非得已,这就可以避免在允许日本检查员检查中国物资这一问题上,引起中国方面的严重误解。他至多只能允许两三个日本人进驻海防港口,而绝不应该允许大批日本军官进驻铁路沿线与边境地区。这分明是放弃法国在印度支那的主权。莱默里部长对卡特鲁将军的行为十分愤怒,认为他完全没有必要对日本人屈从到如此地步。他说,卡特鲁将军肯定会知道,这些所谓的检查员,同时也是危害印度支那切身利益的日本间谍。

莱默里补充说,卡特鲁将军既没有在签约之前向政府报告情况,事后也未申请批准。这就是莱默里要求政府撤换他,由德古海军上将接任的理由。但是,卡特鲁将军的行为性质如此严重,仅仅解除职务仍属惩戒不足,因此,他命令德古海军上将用飞机把这位将军送回法国,他打算建议政府对其从严惩处。

我问，禁运指的是全部中国物资，还是仅限于某些特定门类。殖民部长回答说，据他了解，此项禁运仅限于战时禁运品。于是我说，印度支那是中国物资主要运输渠道之一，对中国抗战至为重要。中国政府一贯认为中国和印度支那休戚相关，自从1939年3月以来，忠实于中、法两国友谊的中国至少有三次主动提议在印度支那出现危机需要保卫时与法国协作。

　　这位部长说，他本人也深有同感。印度支那与中国之间保持友好关系，是这个法属殖民地的需要。我立即表示，希望尽快采取步骤，补救已经造成的错误。莱默里对我保证说，他曾多次指示德古海军上将，要他尽量设法削弱与日本所签协定的实际效力，特别是有关在边境地区和印度支那内地派驻大批日本检查员一节。虽然尚未收到对上述指示的答复，他却收到了德古海军上将的来电，对当前形势提出了他个人的看法。这些看法和部长本人的看法完全一致。莱默里说，所以他深信新任总督肯定会忠实地执行他的指示。

　　后来，我在谈话中告诉这位部长说，我在晨报上看到一则消息，大意是，日本与印度支那正在举行商业方面和经济方面的谈判。我说，如果贵部长能对这些谈判内容特别是关于其性质和范围有所见告，我将深为感谢。我接着说，在了解他对卡特鲁与日本人所签协定持不赞同态度之后，我认为这次谈判将不会以实现印度支那与日本之间的政治合作为目的。不过我国政府考虑到印度支那当局近来在中国物资过境问题上所采取的行动，自然会感到不安。印度支那方面实现与日本政治合作的任何举动，中国政府都将视作是有损中国生存利益的严重问题。我希望这些传闻中的谈判并非出于从政治上向日本靠拢的企图。

　　部长说，在这个问题上，他将开诚相见，把谈判的目的详细奉告。由于欧洲动荡，严重事变不断发生，法属各殖民地发现已与其法国宗主国切断联系。各殖民地必须设法继续向国外市场出口它们的产品，另一方面，由于英国的封锁，法国本身已深感其影响,加之交通断绝,更遭受物资缺乏的困难,粮食供应方面尤其如此。印度支那拥有大量的大米,必须出口向国外销售,而法国也迫切需要从它的殖民地取得更多的粮食供应。为此,他曾要求外交部长博杜安与日本举行会谈,俾便签订换货协定,根据这项协定,印度支那就能以其剩余产品交换某些日本货物。这是维持印度支那经济生存的需要。他也要求外交部长与西班牙进行同样协商,以便法国输入阿尔及利亚的重要矿产磷酸盐。

我问,法国政府在这种境况下,从印度支那运大米来法,是否可以不依赖日本承担运输。莱默里先生说,这还是必要的。他解释说,法国船只从印度支那返航,没有一条航线能够不停靠英国港口,即便取道南非也是如此。法国船只如停靠英国港口,肯定会被英国人扣留。他说,北非和法国之间的运输也是如此。这就是他要促成就此事与日方谈判的原因之一。

我说,日本需要印度支那的某些矿产,也需要煤。印度支那为回报日本的协助,是否将向日本提供它所需要的本地产品。莱默里说,这些谈判正由外交部主持,但他相信,煤肯定是供应日本的物资之一。他补充说,总而言之,这些谈判所以势在必行,都是欧洲局势的必然后果。但是,这完全属于经济性质,并无政治意义可言。虽然总的政策问题必须由政府统筹决定,但他可以向我保证,他无意在政治上和日本发展亲善关系。他接着说,印度支那的安全是法国利害攸关的重大问题。他理解中国爱好和平的精神和对待印度支那的政策,并希望继续执行和中国保持友好的政策。他认为,法国对中国无须畏惧,但对于日本则当别论。倘对中国不采取友好政策,就难以保证印度支那的安全与繁荣。

同日,7月26日晚些时候,我首次会见了作为法国国家元首的贝当元帅。我们的谈话是从互致问候开始的。我说,遗憾的是,因途中汽油告罄受阻,未能及时赶到维希,参加元帅为首席外交使节们举行的招待会。因此,我急于申请会见,以便亲致敬意。我回顾了七年前我和元帅那次有益的谈话,当时他在巴黎担任国防部长。但自从那时以来,世界上已发生过许多变化。元帅说,这些变化对法国来说是可悲的,现在法国发觉自己陷于悲惨境地。我当即为法国在危难时刻能有元帅这样一位伟大领袖主持国是表示庆贺。他的崇高威信和丰富经验,是他领导下的法国走向复兴的保证。

元帅说,任务是艰巨而困难的。实际的局势是,法国被分割成了占领区与非占领区两个部分。政府的命令不能通行全国。要在占领区实行,总得经过一番交涉,这就使政府的工作格外复杂。他感到,德国人对他们占领的地区正在加紧控制,政府想努力为全法国做点工作而力不从心。

我问他,是否想颁布新宪法作为新秩序的基础。元帅说,他一直在考虑这个问题。他想制定一部对人民的自由和尊严能给予保证的宪法。要改造法国,激烈的变革是必要的。法国农民都是坚定而明智的人,他们是国家的中坚。有些人仍然认为法国必须工业化,但是他却坚定不移地主张,要重建新法国,就必须特别重视发展农业。他声称,法国未来的经济基础应该是农业化。

他还要改造教育。他说,过去作为教育事业基础的种种原则全都错了,以致造成今天的灾难恶果。他已经解散了议会,因为政党成群,引起了无尽无休的争吵。他主张成立单一的政党,这个党只能促进团结,而不会导致纷争。然而他担心,这些事情一件也难以实行。和平一天不恢复,就不能有效地制定新宪法。目前,在停战协定下过日子,没有信心,也没有进行工作的可靠基础。

他在回答我的问题时说,他对德国人在缔结和平条约问题上究竟会提出哪些条件,心中无数。他同意这种看法:德国人一定要等到对英战争结束之后,才会谈到和平条约。同停战委员会的谈判目前正在威斯巴登继续进行,讨论政府在被占领区应该履行的种种义务。他补充说,困难不在于谈判。被占领区的军事司令官们和威斯巴登的德国代表团的意见并不总是一致的。

我问贝当元帅,按照当前的处境,法国外交政策将要采取什么新方针?元帅说,他一直不大过问外交政策问题。但是他担心,德国人今后会继续留在法国沿海地区,推行在法国国土常驻的政策,所以法国的前途寄托在地中海。他希望地中海各国之间签订一个集体公约。

我问,法国是否有被迫参加对英战争的危险。元帅说,他一定继续不介入,不打算参加反对往日盟友的战争。于是我说,英国在米尔斯克比尔进攻法国舰队,实在是一种欠考虑的冒险。我告诉他,当时我在里斯本,会见过很多英国朋友,他们也都指责这次行动是一次严重的错误。

元帅说,法国在这次战争中已竭尽职责,献出了全部人力和物力和英国并肩作战。拒绝投入全部兵力和献出全部力量从事战斗的是英国;法国直到精疲力竭,不能再打下去的时候才要求停战的。就这件事而论,遗憾的是英国,还有美国,似乎都不谅解法国。英国在米尔斯克比尔的进攻完全没有必要,而且是不公正的。英国人说,他们害怕德国人有朝一日会掌握法国舰队,利用它进攻英国。元帅说,他告诉过德国人,在任何情况下也不考虑把法国舰队移交给德国,如果德国人坚持这一点,他宁可不签订停战条约。这位元帅强调说,所以并不存在德国人控制法国舰队的任何危险。

这位元帅接着说,他要遵守停战条款,忠实地付诸实施,正如他在和平条约签订后,也要予以遵守一样。不过也只是到此为止。只对德国做到恪守条约,其他有损法国的事是不会干的。他的指导方针是永远为法国效劳。他相信德国人会像尊敬兴登堡一样地尊敬他。他和兴登堡一样也是在祖国陷入悲惨境地的时刻,不顾高龄,出任国家元首的。摆在他面前的任务如此艰巨,他已年逾八旬,终他一生也难望完成大业。他相信自己肯定要死在元首任上,正像兴登堡那样,逝世以前没有来得及看到新德国的兴起。

我说，兴登堡仍能以其有生之年使他的祖国实现真正的复兴，我深信元帅年事虽高，身体极为健康，必定能够完成法国的复兴大业。元帅同意我的话，认为对于兴登堡来说，那是对的，因为兴登堡在完成他的大业之前，就已经任命希特勒为总理，而希特勒终于成功地建成了新德国。

我们接着讨论了英德战争的趋势，然后我才提出法国的远东政策问题。我特地问元帅，法国对远东的政策，尤其是对日本的政策是否要维持原状。我说，日本与印度支那的关系对中国来说至关重要。鉴于日本与轴心国家关系密切，我很想知道他打算采取什么政策对付日本。元帅说，他不想改变对日政策。他说，中国是一个伟大而有悠久文化和爱好和平的国家，他一向赞美中华民族的精神。他还说，印度支那离法国过远，如果不依靠中国的友谊，法国终将难于加以保护。

我说，听元帅重申中国与印度支那友好关系的必要性，我很高兴。中国在目前情况下，是把印度支那视为一条重要的供应渠道。法国方面在中国与印度支那关系问题上的任何政策变化，自然是中国十分关切的大事。我继续说，我个人一贯深信，中国与印度支那利害相关。中国政府方面十八个月以来，至少三次向法方提议，中国愿意在一旦需要时提供合作与援助，以保证印度支那的安全。印度支那边境最近对中国物资过境运输实行封锁，这对中国是一个巨大打击，因为它必然会损害中国的抗战力量。所以我恳切希望法国采取措施，使局势恢复原状。元帅说，他相信已经采取了某些步骤，而印度支那边境的局势也已有所好转。

这时，元帅的秘书长费尔奈海军上将也参加了谈话。他说，他在远东呆过几年，还记得他离开中国的时候，我正在南京任外交部长。他又说，中国是一个土地宽广、文化悠久的国家。这个国家的幅员如此辽阔，以至北方人听不懂南方广州人的话。但是，中国的文化在世界上是令人最为景仰的文化。

我说，长期以来，中国经历了巨大的变革。元帅认为，尽管历经变迁,中国的文化并没有改变。他说,在巴黎的时候,每逢见到中国的代表,无论是外交界的还是教育界的,总觉得他们诚恳热情,禁不住要赞美他们的修养与文化。可是说来奇怪,和日本人相处,却从来没有那样自如过,他自己也难以作出圆满的解释。

费尔奈海军上将说,我尽可以放心,因为印度支那与日本人之间的协定,在执行的过程中总会发现某些漏洞,因而不难大幅度地削减其适用范围与影响。说到这里,谈话也就结束。

在起身告辞的时候,我对元帅说,他不仅在法国和欧洲负有盛名,而是誉满全球,他的令名在中国和在西方一样,受到人们的极大尊敬。元帅说,这一点他是知道的,不过不知道何以会达到这样的地步。于是我说,这是因为他的功业与正义立场。

在印度支那,中国政府国有矿产的处理问题,比起日本人威胁印度支那的整个问题来,已退居次要地位。中国的矿产品诸如锑、钨等矿石都是准备输出到苏联、英国、美国,同时也出口到法国,是用以偿还财政欠款或支付购买战略物资货款的。前已述及,当有关矿石问题的谈判即将圆满结束时,法国向德国请求停战。当时局势发生了剧变,法国不再迫切需要矿石了。原来印度支那法国当局根据巴黎的训令扣留了这批矿石,而中国政府最初不得不催促印度支那当局对矿石解禁,然而停战以后这批矿石(或其中绝大部分)很快就解禁了。局势如此转变,例如在 7 月 17日,法国外交部的一位局长通知大使馆参事说,已经发了指示,存放在印度支那的全部矿石一律解禁,特别是中国业已售给美国的那部分矿石。

7 月 22 日,我亲自把这个问题向肖维尔司长提出,后来又在 7月 26 日向殖民部长莱默里提出。我在和肖维尔的谈话中告诉他,我收到翁文灏一封电报,询问剩下的矿石可否允许运往马尼拉。肖维尔说,这件事早就应该处理完毕。奥迪内于 6 月 9 日已与孔洋熙签订了一份购买合同。在正常情况下,法国军需部长第二天就会批准。但局势一变,法国不再需要这批矿石,因而也不再感兴趣了。所以,他已吩咐向印度支那当局发出指示,凡属中国的矿石一律解禁,并准予向任何国家出口,尤其可以向美国出口,因为美国大使已经通知他,美国政府早就签订了购买合同。他说,中国政府的期望是为筹款而售货,法国政府除了促成这笔交易之外别无所图。把该给苏联的那一部分运往苏联,法国政府也并不反对。但是他听说,美、苏之间在购买这批矿石上,至少是对售给苏联的那一部分运走以后的剩余部分,尚有竞争。

他对最近的情况并不清楚,因为英国人的干扰,电报极为缓慢。他说,从维希发一封电报,十五天才能到达印度支那。我问,法国何不利用美国穿过大西洋与太平洋的海底电报。肖维尔说,他目前正在探询这种可能性,法国电报通过英国线路拍发,经常遭到英国人的阻截,实在令人难以容忍。

7月26日,我向新任殖民部长解释了问题发生的原委:最初把矿石卖给法国政府,由于局势变化,法国取消了合同,随后又被美国政府买去。我接着告诉他,我国政府急于使这批矿石获准出口,尽快地运出印度支那。美国也希望把这批矿石从印度支那运往美国。储存在印度支那的矿石中,还有一部分原是装在苏联船只萨连加号上而被法国扣留的,这部分矿石,苏联政府也想运往苏联,并已为此派一艘船前往接运。

我说,我曾就此事与法国外交部长商谈,据悉,法国政府对这些矿石已不再发生任何兴趣,并已通知印度支那当局,对这些存货解禁出口,运往何处概不过问。但是,那天早上,我收到中国经济部长的电报,说德古海军上将接到法国海军总司令部的命令,通知他不得解禁矿石,要听候命令。我告诉他,这正是纠纷所在。并且说,如果能发布命令,使这批存货解禁,我将非常感激,我实在不理解法国海军当局发布这一新命令的意图。

起初,部长本人似乎不了解情况,派人叫主管该事的官员进行查询。经这位官员说明,才知道殖民部业已发出指示,解禁这批存货,准予运出印度支那。但是德古海军上将来电说,苏联派来一位代表,要求准许把原来装在萨连加号上的矿石运往苏联,并声称,已派了一艘船来接运。另一方面,美国代表却说,该国政府已买下存放在印度支那的全部中国矿石,包括上述的苏联部分在内。这就是纠纷的症结所在。于是殖民部长向外交部长查询此事。这位官员了解到外交部已经复信,但是他说,殖民部实际上并未收到。

这位部长补充说,既然局势如此,他已做好充分准备,许可矿石运出印度支那。他说,事实上他已按照这个意图发出指示,并相信这些有关矿石的指示会得到贯彻,但原来由苏联船萨连加号上卸下来的那一部分矿石不在此限。那一部分矿石仍属悬案。法国政府本身在这件事情上已不存在什么瓜葛,但面对美、苏双方代表各自提出权利要求,如果不首先弄清楚哪一方对有争议的部分矿石真正拥有主权,他就不便采取行动。这就是要把萨连加号所载矿石暂停发运的理由。于是我告诉他,我要把这一事件再一次上报我国政府,设法查清真实情况。

关于交付苏联的那部分矿石,我感到很困惑,7 月 29 日我和美国代办墨菲谈了一次,看看他是否能对这件事提供一些线索。墨菲首先说,他一直在催促法国外交机关解禁存储在印度支那并已卖给美国政府的矿石。他从华盛顿方面获悉,我已经致电重庆,说法国下了命令,解禁储存的全部矿石,但是他听说法国还扣留着萨连加号上的那部分矿石。

我说,7 月 22 日我和肖维尔谈完话以后,就给重庆发了电报,说肖维尔告诉我,法国政府对这些矿石,以及矿石归谁所有,往哪儿发运,都已无利害关系,肖维尔已下令对矿石全部解禁。但是据肖维尔说,原来从萨连加号卸下来的那一部分,在美、苏之间产生了争议。我告诉墨菲,我暂时还弄不清这种争议指何而言,但是从 7 月 26 日与殖民部长的谈话中,我确切地了解到,解禁矿石的命令并不适用于萨连加号那一部分,原因是法国政府面对美、苏两国对同一部分矿石发生所有权争议感到为难。

我接着告诉墨菲,就在那一天早晨,我收到中国经济部长的来电,通知我的也是这件事,即法国海军总司令部命令德古海军上将,不准对原属法国的那部分矿石解禁,等候命令。我说,尽管我完全遵照重庆的最新指示行事,也认为那一部分矿石业已让给美国,但现在坚持这种要求,我本人总感到有些为难。我接着说,关于萨连加号矿石问题,早于十几个月以前就发生了。我遵照过去的历次指示,曾一再催促法国当局解禁,俾能交给苏联政府。现在又通知我,已经卖给美国政府。必须对美国人解禁矿石,以便由8月3日到达海防的一艘美国船装运。法国人可能觉得奇怪,原来以为应交给俄国人的矿石,中国人现在却偏偏不给他们了。换句话说,中、法两国的立场现在完全颠倒了。

墨菲说,他认为从法律上讲,萨连加号上矿石的主权依然属于中国政府,中国政府享有对其处理的全权。我说,尽管中国对船上装载的矿石有合法权利这一点毫无疑问,法国人也清楚,但竟在双方的争议面前表示为难。对此,墨菲当即告诉我,他有理由断定法国人是故意扣住这批矿石,企图借此和俄国人交涉,想签订一项经济协定。例如,法国人迫切需要俄国的石油,可能还需要其他俄国产品。于是我对他说,我认为这个解释颇有道理,因此一俟得到重庆的指示,我将向法国人再次提出这个问题。

重庆对我的澄清要求及时作了答复,通知我解决问题的办法。我随即通知了在维希的墨菲。这次会晤是8月6日在花园饭店共进午餐时进行的。我告诉他,中国经济部长与苏联商务代表就萨连加号矿石问题在重庆达成协议,苏方代表承认货权仍属中国政府,因而撤回了对于向美国出售矿石的抗议。我告诉他,我已派参事通知苏联代办,以便后者可以通知法国当局放弃对矿石的要求。墨菲说,他收到了华盛顿来电,要他催促解禁上述矿石,他希望能尽快会见肖维尔商谈此事。听说中国政府已和苏联达成协议,他很高兴。

同一天晚些时候,我告诉殖民部长莱默里,我收到了中国经济部来电,大意说,已和苏联驻重庆大使馆商务代表达成协议,后者按照换货协定的规定,承认在海参崴交货以前,货权仍属中国政府。我补充说,既然始终未在苏联领土上实行交货,货权自然仍属中国政府。事实上,苏联代表早在1月间就承认了这一点,而且最近几天又进行换文,双方一致予以确认。这样一来,法国向美国交货过程中的种种障碍都消除了。为了进一步扫清法国人的道路,我正派参事去会见苏联代办,把重庆方面所达成的协议通知他,以便苏联代办撤回他向法国当局提出的要求。

莱默里说,他听了这件事很高兴,尽管对法国政府来说,这不过是个澄清货物归属的法律观点问题。法国人既然代管了这部分有争议的财产,自然要对此负责。现在和美国人及俄国人在这一点上澄清了,莱默里本人准备发布指示对矿石解禁。

印度支那的形势对中国来说显然非常严重。我对此感到不安,并按我说过的那样,敦促政府争取华盛顿和伦敦的友好援助,以资应付。我本人也将此事向华盛顿的胡适大使和当时也在美国担任委员长私人代表的宋子文直接提出。

我在8月5日发给胡适和宋子文的电报中说,日本正要求在印度支那得到一处海军基地,准备从背后进攻中国。法国人软弱无能,打算和东京谈判。据说德国人在停战委员会中曾告诉法方代表,不准在远东与日本发生冲突,间接表明了德国支持日本的意向。我问,如果印度支那遭到入侵,美国可能采取什么行动。

在8月6日发给他们的同一性质的电报中,提到我8月5日发去的有关印度支那局势的前一封电报。我通知他们,法国内阁已作出决定,如果日本企图在印度支那登陆,即行抵抗。然而鉴于双方力量悬殊,法国的抵抗能否持久,取决于美国的态度与行动。我说,听说法国政府已经向美国政府提出这个问题,尚未得到答复。但是美国的答复不可持否定态度,也不可空洞敷衍,这是很重要的。我要求胡和宋尽力利用他们的影响,争取美国政府对法国代表的要求给一个圆满的回答。

同日(8月6日),我会晤了法国外长博杜安和美国代办墨菲,又会晤了殖民部长莱默里。我和这位外交部长一开始谈话就说,自从上次会晤以来,我收到许多有关印度支那形势的报告,这种形势都是卡特鲁与日本人签订协定的后果。我对博杜安部长说明了当时形势,并强调说,总的看来是可悲的。我从所签条约与国际公法的观点上,从印度支那的切身利益上,也从中、法两国之间的友谊关系上提出了很多理由,来论证这个协定是不公正的。然后我向外交部长递交一份备忘录,概述了中国政府对印度支那形势及边界地区形势的立场,要求法国政府采取步骤加以补救。

博杜安说,近来形势不断发展,远非昔日可比。目前的问题不再是运往中国的供应品和货物的过境问题,而是如何应付由于日本人的种种苛求所引起的紧张而严重的局面。他说,对我提出的所有论点他完全同意,但是对他来说,乃是如何应付现实形势的问题。卡特鲁将军的策略是与日本结盟,准许日本利用印度支那进攻中国,认为那是保全印度支那的唯一办法。法国政府坚决反对这种办法,撤了卡特鲁的职。现在日本要求印度支那政府履行卡特鲁将军签订的协定,并以压力和威胁作为其要求的后盾,这与它在6月中旬利用法国在欧洲的困难处境的所作所为如出一辙。现在,日本舰队在印度支那沿海一带游弋,以派军队登陆相威胁。

我问博杜安部长是否收到了卡特鲁协定的文本。他回答说,协定仅仅是口头订立的,没有书面文本,只有谈话的详细记录,但也因通讯困难,尚未收到。他补充说,日本大使泽田所了解的情况并不比他详尽。

我问,这些要求是否具有最后通牒的性质。外长的回答是否定的,并说,没有限定答复的时间,但是日本人正在千方百计对法国施加压力,进行恫吓。我问,假如日本企图在印度支那领土上实行登陆,法国政府将采取什么对策。中国政府所以急于要了解情况,因为深知日本人是想利用印度支那从背后进攻中国。博杜安说,法国会进行抵抗的,但是他又说,抵抗的力量毕竟有限,军队肯定会被解除武装。他担心,以印度支那可以动用的兵力,对付有舰队配合的日本的大举进攻,当然不足以进行有效的抵抗。在问及停战协定中是否有什么规定,限制法国政府为保卫印度支那而采取行动的自由时,外交部长作了否定的回答。

于是我声明,中国在自己边境的一侧已经采取某些措施,准备应付印度支那边境上可能发生的不测事件。我说,鉴于日本入侵印度支那会给中国带来危险,中国政府过去曾经多次建议,一旦在印度支那需要联合防卫时,即与印度支那进行合作,但从未接到表示赞成的回答。博杜安说,中国没有战舰。他问,在防御日本海军方面,中国对印度支那能提供什么援助。我说,日本海军只能威胁印度支那的沿海地区,一旦日本军队深入内地,那就需要陆军阻击他们了。尽管中国尚无海军可言,但拥有大量训练有素的陆军。如果法国让日本人登陆,并向中国边境推进,中国就不得不采取必要步骤,先发制人地阻击日本的入侵。

博杜安说,法国无意容许日本陆军入侵印度支那或向中国边境挺进,对日本人的要求,已断然拒绝。政府还不确知日本人是否企图登陆,也不确知它要在什么情况下采取什么方式登陆。法国如何抵抗日本人的登陆,要针对日本人的计划行事。

我问博杜安,他说印度支那的军队不足以进行有效的抵抗,是否意味着法国的抵抗不会持久。博杜安说,政府是有意坚持抵抗的,但面对日本的庞大军队,是否能进行有效抵抗,这一点要加以考虑。当我又一次提到中国在边境上的自己一侧驻有大批军队时,博杜安说,印度支那拥有一支不容轻视的军队。于是我问道,如果停战协定没有禁条,政府难道不能派一部分舰队去远东吗?博杜安辩解说,法国舰队不能通过苏伊士运河,如果取道非洲,又不能及时赶到投入使用。

我说,外长必然知道,中国对局势自然万分关切,因为日本人万一登陆,而印度支那又无力抵抗,中国边境地区肯定要出现严重局面。博杜安说,截至目前为止,日本人尚未企图登陆。我说,我倒以为,日本人如果没有把握,他们是不敢动手的。日本陆军业已被牵制在中国,它不可能急于和另一大国挑起战争,即便对法国也不行,法国虽然在欧洲受到重创,但并非毫无前途。

在问到卡特鲁将军是否业已回到法国时,他说,这位将军正取道日本回国,现已在日本登岸。我说,在这种情况下日本人有可能扣住卡特鲁将军。博杜安则说,就卡特鲁而言,日本人肯定会扣住他的。

当时我又补充说,中国商人,特别是小本经营的商人,由于商品全部停运而正遭受损害。如果能对禁运品与准运品作出明文规定,中国商人就可以提运现存印度支那的货物。博杜安说,法国政府拒绝和日本人讨论违禁品与非违禁品的商品目录问题,因为他认为,这种谈判有损法国的主权。更重要的还是如何赶走一百多名日本军官的问题。他说,目前的局势格外严重,这是一个如何防止出现无法挽回的局面的问题。

我说,华盛顿的态度对当前局势至关重要。前两天晚上,莫斯科电台广播了一项声明,大意是,萨姆纳·韦尔斯宣称,印度支那是国际贸易通道,美国对这个问题至为关切,希望维持现状。我告诉他,我已给在华盛顿的同僚去电,但尚未得到有关这一报道的证实消息。博杜安说,他也未能证实此事。于是我问这位外交部长,是否已经采取步骤探询华盛顿的态度,它的态度对东京将会产生重大影响。博杜安说,当然探询过,不过尚未得到回音。

当日午餐时,我和墨菲先生晤谈,他证实了我的消息。法国人询问华盛顿,一旦印度支那遭到日本侵犯,美国将持何种态度。他说,法国人在华盛顿进行的这次新的外交活动是星期六(3日)的事,他是在星期日听法国外交部说的。不过迄今尚未得到答复。

我说,法国人在等候着华盛顿的圆满答复,要紧的是美国的答复不要令人失望。我说,日本入侵印度支那,法国是否会采取抵抗政策,那就要看美国答复的性质了。我希望这个回答不会是否定的,也不要太含糊其词。我说,我当然理解美国政府不会允诺以陆军或海军支援,可是能够提供物资援助。墨菲说,他认为,法国人向华盛顿提出这个问题的目的是,如果美国的答复不能使他们满意,他们就会放弃抵抗,而归罪于美国。他补充说,德国人是否一直和日本人密切合作,有意偏袒日本,对法国施加压力,以达到帮助日本人的目的,这才是应该弄清楚的要点。

我说,我从极为可靠的方面获悉,德国人在停战委员会上曾经多次告诫法国人,不要在远东和日本人发生冲突,从而暗示:如果日本对法国有所要求,就应统统接受,不得反对。我说,六个星期前,日本和德国的关系还不那么密切,但自东京新内阁成立以来,日本乘机和德国格外亲密起来,表面上是支持德国的欧洲政策,而实际上是为了在远东趁火打劫。

墨菲说,他深信日本人、意大利人和德国人业已订立一项协议,远远超出了反共条约的范围,他们个个都在利用国际局势以反英自肥。我说,很明显,日本和意大利的宣传透露得格外清楚,它们的全部行动都对准了英国,把压力一齐投向它们的共同敌人。德国的策略一贯是集中力量,一次打击一个敌人,现在轮到了英国。英国也成了日本和意大利的打击目标。

墨菲随后说,他和肖维尔谈过话,得到的印象是,由于德国的压力,法国在印度支那没有按自己意愿行事的完全自由。

我说,现在华盛顿应该对法国作出圆满的答复,这是重要的,没有这样的答复,恐怕法国在摆出抵抗的架式之后,就只好听任日本人在印度支那长驱直入。墨菲表示同意说,这次应该不仅是口头的援助。表示同情的老公式已成俗套,要想给法国人留下深刻印象,就必须有明确而具体的行动。

在会见莱默里时,我首先向他说明和日本人签订的卡特鲁协定在印度支那和在中国印度支那边界地区所造成的可悲局面,强调了当天上午向外交部提交的备忘录中所列举的种种有关这一问题的事实。我问殖民部长，自从上次会晤以来，是否收到了有关印度支那局势的新消息。

莱默里说，我方才对他讲的完全正确。他所收到的报告和我所讲的情况完全相符。所谓日本监督委员会，据他看来，只不过是个间谍委员会。现任主席是佐藤大佐，他接替了西原将军。西原在返日之前，曾极力迫使德古海军上将在卡特鲁协定的基础上继续举行会谈，谈判内容包括如下条款：1.由日本保证印度支那的安全；2.利用印度支那进攻中国。殖民部长认为，这些问题都是侵犯法国主权。同意这类条款的卡特鲁犯了大错，因而被免职。他（莱默里）立刻命令德古海军上将停止这种对话，因为牵涉到总政策的问题，完全属于宗主国政府的职权。但是他声称，局势仍然严重。

我说，听说日本为了支持自己的强硬要求，已把舰队派到下龙湾，并恫吓要派军队在印度支那登陆。我问，印度支那政府对这样的侵略是否要进行抵抗。莱默里说，外交部的人可能喜欢使用外交辞令，但他宁愿和我开诚相见。上星期六（8月3日）鉴于日本人的威胁，他把这个问题向内阁提出，主张对日本人的要求采取抵制政策。如果日本妄图在印度支那领土上登陆，他觉得唯一的对策将是以武力对抗武力。他说，印度支那的确是法兰西帝国皇冠上的一颗宝石，他作为殖民部长，有责任保卫其安全。

莱默里说，当然，这个问题也有其外交的一面。采取抵抗决策会牵涉到停战条约。因此，他要求魏刚将军把法国政府的决定通知德国人，同时要求博杜安通知美国和苏联，并通过美国转告英国。他还不知道外交部长和魏刚将军已进行到什么程度，不过他这方面是决心坚持抵抗政策的。这项政策经内阁一致通过后，他立即于上星期六亲自给德古海军上将发出指令，传达此事。

我问，停战协定中是否有某些规定，限制法国政府为保卫法属殖民地而采取行动的自由。这位部长说，停战协定中规定全部军队要解除武装。它并没有规定殖民地军队是否包括在内,但大概是包括在内的。它也规定了法国海军要解除武装,但保卫法兰西帝国所必需的舰队不在此限。

我议论说,既然承认保卫法属殖民地这条原则,那么依此类推,有关武装部队应同样适用。例如,就印度支那而言,海军显然只能用于有限的目的。一旦敌军在印度支那登陆成功,并向内地挺进,防御主力就只能由陆军部队担当。莱默里说,这正是他个人的理解,但是,如果德国人表示反对,他就准备和他们展开辩论,坚持保卫印度支那的必要性。

我问,进行这种保卫战,在印度支那可以使用哪些军队。他说有十万人,其中有几个炮兵连。这样一支部队,在量上是不容忽视的,在抗击中可以大有作为。他还说,他已经要求博杜安与暹逻交涉,以便通过暹逻国境将军事物资运进印度支那。他补充说,无论如何,作为殖民部长,他要对法国殖民地的安全直接负责,没有别的选择,只有决心采取反抗侵略的政策。

我指出,坚持这样的政策,当然是政府的责任,同时也是殖民部长的责任。这不仅是为了中国,也是为了印度支那。这个法国殖民地安危难卜,一旦任凭日本人在印度支那登陆而不加反抗,那就很难再把他们赶出去。保卫印度支那对于中国来说是件生死攸关的大事。中国方面已在边界上的中国一侧采取了必要的步骤,以防万一。

殖民部长说,互相珍视感情和友谊,一直把中国和印度支那联系在一起,愉快合作,互助互利。印度支那本身的安全尤其需要依靠这种合作。我对部长的声明表示满意,并说,中国政府会感到放心。我然后说,我也收到一份报告,大意是说,东京有一位法国武官,他是陪同日本监督委员会的,这个人比日本人自己还像日本人。我说,正是由于他的极力主张,把出口国外的中国货物也列入禁运之列,结果,这一类大部分属于中国商人的货物全部遭到扣留。我补充说,他就是保罗·蒂博上校。莱默里说,是的,这个陪同西原将军前往印度支那的武官把大量的事情统统弄糟了。莱默里本人认为,卡特鲁将军应该对协定负责,事实上一部分责任也应该由东京的这个法国武官和那里的法国大使承担。他说,已经把这个意见告诉了博杜安,现在就该由外交部长来决定对这两个人的处置了。

8月7日,我分别收到华盛顿的胡适、宋子文两人来电。宋的回电说,美国政府的行动愈来愈清楚地表明,它正倾向于遏制日本。他说,虽然法国政府业已要求美国政府对印度支那局势表态,但他深信美国不会给予任何方式的军事援助。但是,法国在印度支那的抵抗果能出现起色,那就可以指望美国对日本实行某种经济禁运。换句话说,如果法国真的对日本侵略进行一定程度的抵抗,那就有希望挽回危局。否则毫无疑问,法国在远东的全部势力与利益必将完全丧失。

胡适电告,他向国务院直接进行交涉,要求对我5日电报中提出的问题予以严重注意。他说,根据他得到的情报,知道美国政府实际上正在严密地注视着印度支那局势。他又说,重庆在给他的电报中说,中国政府一直特别重视广西、云南的边境防务。

8月8日我通过日内瓦致电柏林大使陈介,根据我了解的情况,对印度支那的形势作了扼要的说明。我告诉他,6月间,前任印度支那总督应日本人的要求,同意对运给中国政府的货物实施全面禁运,并同意日本军队通过印度支那,由南方进攻中国。法国政府反对这种主张,免了他的职,并派去一位新总督。日本又继续逼迫新总督履行过去的协定。他们还派出一支庞大的海军舰只,载运军队,对印度支那施加压力。虽然法国政府作出了抵抗日军登陆的决定,但恐怕德国将以这种行动违反法德停战协定为借口来支持日本,该协定规定,法国不得再使用军事力量。

我告诉陈大使,以前曾欣获他的来电,得悉德国由于在远东无重大利益,决定让法国为维护自身利益,采取必要步骤保卫印度支那。但不知情况是否有所变化。我也想了解,如果日本真的入侵印度支那,德国将持何态度。是否有可能容许日本占领印度支那,作为支援日本的一种姿态,以换取日本承诺帮助德国在远东进攻英国。

在给伦敦的郭泰祺大使的电报中,我除对上述形势加以叙述外,还补充说,目前已有一百多名日本军官被派往与中国接壤的印度支那边境地区,名义上是对过境物资进行监督与检查,实际目的是调查当地情况,计划从印度支那进攻中国。与我发往柏林的电报内容相同,我说明法国政府已作出决定,如果日本军队伺机在印度支那登陆,即将进行抵抗。但我补充说,我担心他们防御力量有限,也不能持久。虽然届时我们会采取适当手段支持印度支那,但法国政府以为,除非美国、英国和苏联合力阻遏日本,局势是无法挽回的。我说,据我所知,已就此事提出交涉,但我认为,有一点必须加以明确,即香港、马来亚与印度支那咫尺相邻,如果印度支那被日本占领,英国殖民地和领地也不可避免地要受到威胁,所以肯定要损害英国的利益。我要求郭大使把英国政府的态度告诉我:它是否会向远东英国海军发布命令,对日本加以遏制;它是否会帮助法国为了加强防御而在印度支那与法国之间提供种种交通便利。

陈介大使于 8 月 10 日经瑞士伯尔尼发来复电,说他收到我来电的同时,也收到了委员长和外交部的来电,因此,他去会见了德国副外长。据该副外长说,这件事他听说过,但对种种真相尚不了解,日本大使曾来拜会,但并未提及此事。根据该副外长个人的看法,法国在停战协定条款的基础上,只要其行动不妨碍德国利益,照旧享有外交上的主动权。换句话说,副外长的看法是,法国为了保障它的切身利益,仍旧在外交范围内享有行动的自由。他引用一个例子说,法国虽已从英国召回自己的大使,但仍有权派外交代表到那里去。他认为这和法国派驻各国的外交代表情况是相似的。他告诉陈大使,德国从来不想对什么事情都进行干预。它只是小心提防留意观察,以免发生与德国利益相抵触的事态。

谈到法国海军保卫法国海外殖民地的时候，这位副外长说，除了一两个接近欧洲大陆的地方以外，法国殖民地一如既往，全部保持原状。他说，印度支那的新总督是由贝当元帅任命的，他当然要服从法国政府的任何政策。所以，德国没有理由对局势进行干预。副外长的意见是，中国为了本国的切身利益，其驻法外交代表可向法国政府提出这个问题。副外长还说，如果日本大使来访并和他谈起这件事情时，他也将发表同样的见解。

陈大使在电文末尾说，据他所知，德国对远东的态度并未改变。尽管日本千方百计想把德国拉到自己一边，而德国并未响应。他还补充说，虽然重庆派遣一位武官和一位经济参事到他的柏林大使馆，为的是他们对德国熟悉并具有关于德国的长期工作经验，但他担心，只要欧洲的战争继续下去，中国要想取得具体成果是困难的。他还特意补充说，正如我从法国方面了解到的一样，关于法国人希望还都巴黎一节，德国副外长告诉他，法国政府想要还都，仍旧存在着若干困难。

8月14日，郭大使由伦敦复电说，他会见了英国外交大臣，并直接向他提出几个问题。得到的答复是，英国完全理解形势的重要以及它对中国处境的重大关系。这个问题政府正在进行审议，至于究竟采取什么行动，则要看形势发展而定。因此该外交大臣尚不能有所见告。但是他向郭明确表示，英国自然不愿坐视法兰西帝国解体，对法国的抵抗意图是同情的。他又说，尽管英国和美国正在磋商之中，可是法国尚未就这个问题与英国提出交涉。

陈大使于8月16日经伯尔尼发来的电报，使我大感兴趣。电报说，他见到了几位德国高级将领，并打听到他们对远东局势的看法。他从他们那儿获悉，德国当然不能容忍日本的势力接管荷属东印度群岛各领地，而且已把这个意向秘密地透露给东京。日本如果真的实现入侵印度支那的野心，这一行动肯定会影响亚洲全局，这当然也不是德国所乐于见到的。陈大使接着说，据路透社报道,贝当元帅已命令印度支那总督对日本作出让步,但德国并未参与这一行动。目前,德国集中了全部力量对付英国。所以,如果日本入侵新加坡,德国从破坏英国制海权考虑,肯定不会采取步骤干涉日本在这方面的任何行动。

同时我又一次往见法国外交部长博杜安,这次会谈远非寻常的和风细雨。我首先告诉博杜安,我国政府对印度支那的局势极为焦虑。我又一次奉命向法国政府申明一旦日本人入侵印度支那,中国所要采取的态度。我说,鉴于事态重大,并为避免任何可能产生的误会起见,我特地将受命通知法国政府的事项以备忘录的形式提出。接着我向博杜安高声宣读备忘录全文,然后递交给他。

博杜安说,他对中国政府的观点和处境完全理解,但据法国驻东京大使的最近几次来电,似乎说明他所忧虑的广州日军会对印度支那发动蛮横进攻一节,并未成为事实,局势依然如故。从阿尔塞纳·亨利大使与日本外相松冈的谈话中可以看出,松冈理解法国的处境,并不坚持履行这个协定。在那次谈话中,大使告诉日本外相,法国政府并未批准卡特鲁将军与西原将军6月间签订的协定。松冈解释说,日本政府原以为卡特鲁将军与西原将军所签订的协定就是法、日两国之间的协定,但是由于法国政府拒绝承认,他对事情的现状有所理解。

博杜安在回答我的问题时说,松冈并未表示他是否接受法国政府的观点,只是表示,如果可能的话,他也希望能阻止广州日军向印度支那发动武装进攻。博杜安说,东京也和法国政府一样,愿意通过谈判作出安排。

我说,为了减轻中国政府的忧虑,希望法国政府能作出保证,法国政府对日本旨在使日军在印度支那登陆以便对中国的西南发动进攻的任何要求,将一律拒绝与之谈判。博杜安说,他不能作此保证,因为日本政府目前并未提出这种要求,而且实际上什么要求也未提过。也许不久会提出要求,但是对要求的性质尚不了解,他不能事先承诺将拒绝与日本政府讨论任何特殊要求。

我逼着问他,如果日本要求印度支那为其过境提供方便,法国政府将采取什么态度。博杜安回答说,如果日本坚持要法国允许其军队在印度支那登陆,他不能同意。但是他指出,法国政府处于无力增援印度支那的境地,因此在谈判席上不能和日本决裂,一经决裂,必将导致日军在印度支那沿海一带武装登陆的局面。他补充说,截至目前为止,尚不能断定日本政府是否能使华南日本陆军服从其意图。

我又一次问道,如果日本陆军不服从东京的意图,而在印度支那登陆,法国政府将持何种态度。博杜安说,果真如此,印度支那将以武力对抗武力。法国政府已就此命令印度支那总督,总督也已采取了必要的预防性措施。但是松冈和他都盼望避免这种不愉快的可能性。

法国外交部长继续说,在日、法之间寻求经济合作的可能性的各项谈判已在进行之中,并正在取得进展。印度支那必须出售诸如煤炭、大米之类为日本所需要的产品,同时也要消费日本制造的棉织品。这种换货不仅是合乎需要的,而且对印度支那和日本双方都有利。就这个法国殖民地来说,这样做是必要的,因为它的经济和工业生产经受不了英国实行封锁所造成的窒息状态。最近,印度支那通过法国驻东京大使将它的行动方针告诉松冈,并指出,日本陆军方面在印度支那的任何登陆企图,都会干扰当时正在进行中的经济谈判。

我提到哈瓦斯通讯社 8 日发表的官方声明,间接指出法、日已就政治和经济计划进行谈判,并问博杜安,所谓的政治计划是否与日方要求印度支那为其对华战争提供方便的问题有关。博杜安说,这项声明在公布前经他看过,他一切都了解。他说,他一直牵挂着在印度支那土地上出现的六十名到八十名日本军官之类的政治问题,他很想把他们打发走。我指出,只要法国政府下定决心,就可以把这些家伙赶出印度支那。然而博杜安说,他宁愿通过谈判达到这个目的。于是我表示,但愿博杜安先生不会同意和日本谈判有损中国利益的各种要求。

博杜安解释说,同意谈判并不意味着一切要求都要接受。谈判与承诺之间存在着很大的灵活余地。法国政府所以希望谈判,因为它没有条件增强印度支那的防务,所以要避免决裂。总而言之,它要求的是进行体面的谈判,保住印度支那的主权。它所奉行的政策,并不是有意伤害中国的切身利益。

然后我强调法国政府非采取坚定态度不可。我说,蛮横的进攻只能靠保持坚定来防止。日本舰队虽属完整,可是日本陆军却完全被牵制在中国,它在中国已经感到进退维谷,当然没有条件另辟新战场,或与另一大国发生冲突。但是为了战胜印度支那的抵抗,对其领土进行有效的占领,那就需要一支陆军。只要法国在保卫印度支那主权的问题上态度坚决,日本陆军就不敢进行军事冒险。我要求对任何新的事态发展,特别是日本提出的涉及中国的任何要求,能及时得到通知。

博杜安说,他一定欣然照办。又说,他认为法国的处境十分困难,因为局势毫未缓和,东京是否能够驾驭华南日本占领军,尚属疑问。他说,美国大使格鲁曾会晤松冈,他认为这次会谈可能具有某些重要意义。

我说,中国政府在华盛顿曾进行了外交活动,以支持法国政府的外交活动,目的在于争取华盛顿的合作。重庆也采取步骤,要求柏林停止支持日本对印度支那的扩张野心。博杜安表示感谢,并说,迄今尚未收到华盛顿方面的答复。但是,法国政府曾屡次通过停战委员会,将下列两点通知德国政府:1.由于忠实履行停战协定有关解除武装的义务,法国政府不再具备派遣增援部队防卫印度支那的条件。所以,德国必须在法国不能自助的困境下承担责任,不要袖手旁观,一任其密友日本侵略法国的重要殖民地;2.中国对未来的德国工业是一个值得重视的潜在市场,坐视中国被日本征服,将对德国不利。博杜安在回答我的提问时说,停战委员会里的德方代表没有一个曾接受委托向德国政府转达这两点意见，当然也就得不到答复。

至于莫斯科和伦敦，博杜安说并无新的外交行动。他认为，莫斯科正致力于对日恢复友好，在那方面进行任何行动都不见得会产生积极效果。我连忙说，虽然目前看来苏联政府好像急于要和日本改善关系，那是因为欧洲方面仍有若干问题有待解决，可是两国之间由于存在着根本性的利害冲突，不可能建立真正的友好关系。博杜安断言，无论如何，目前莫斯科不会在日本的前进道路上设置任何障碍。

然后他扼要地说，日、法双方都渴望在经济协定的谈判上有所进展，而这就是当前的形势。法国驻东京大使阿尔塞纳·亨利根据他的指示业已向松冈表示，日本陆军在印度支那发动军事冒险，必将干扰目前正在进行中的经济谈判。他准备谈判，现正等候日本人的下一步行动。我说，我理解法国是在争取时间，因为两个月之内局势可能大大改观，到那时，英德之战就可能结束了。对此他表示默认。

我接着告诉他，重庆来电说，法国驻华大使高思默已受命就维持上海法租界现状一事与日方谈判，而不必顾及中国政府的利益。我询问事情的真相。博杜安回答说，这完全是无中生有。他向我保证说，没有进行新协定的谈判，他也从未就此事给高思默发过指示。

8月16日，我又一次会见殖民部长。在回答我提出的问题时，莱默里说，印度支那的局势既没有恶化，也没有改善，仍处于紧张状态。政府决定谈判，但是日方坚持首先考虑政治和军事问题，以后再谈经济问题，而法国政府则主张所有问题都要作为一个整体同时进行考虑和讨论。当时我提出8月8日哈瓦斯社报道的声明，并询问"既谈判政治方案，也谈判经济方案"这句话是什么含义。莱默里说，正是这个意思，法国政府认为一切问题都要同时处理。

我问他,要讨论的是些什么政治问题。莱默里说,有日本军队通过印度支那的过境问题,这是日本人要求首先解决的。但是他相信,日本的真正目的是占领印度支那,而从背后进攻中国只不过是个借口,至多也只是个次要问题。他说,他知道日本一心要排除在远东的欧洲权益,这是它的一条重要行动准则。他认为,通过云南进攻中国简直是幻想,至于进入广西,他说,日本在华南沿海登陆的军队早已进入该省了。

莱默里部长在回答另一个问题时说,日本还要求让它的军用飞机利用印度支那机场。但他的意见是,日本军用飞机在印度支那机场着陆,这也属于对印度支那主权的侵犯,而且并不亚于在沿海地带派军队登陆。他认为,对印度支那主权的任何侵犯都必须抵抗,并说,德古海军上将已经接到有关这一意向的训令。

我说,中国政府建议中、法双方在昆明交换意见,其目的正是为了实行这种抵抗。我相信,莱默里先生一定会同意,在进行预防这件事上,准备措施总是越早越完善越好。莱默里说,对中国的建议所以迟迟未见行动,只是为了等待形势的进一步发展。

然后我问,印度支那进行了哪些预防性部署,那里有哪些部队可以动用,是否可能从欧洲派一支空军和一部分舰队前往印度支那。莱默里说,大约有十一万军队——一半是法军,一半是当地部队——配有一定数量的炮兵连。印度支那的空军力量是薄弱的,又不可能对其增援,因为法国飞机不多。从美国购买的一部分飞机连同航空母舰"卑安号",同时被扣留在大西洋上的西印度群岛。然后他说,抵抗的问题总是受到德法停战协定的束缚。他说,尽管法国政府已把武力保卫印度支那的意图通知了德国,而德国究竟抱什么态度,连他自己也难以揣测。

当时,法国人的处境就是如此。由于军事上的惨败,投降,停战协定,他们的消息显然不够灵通。他们摸不准德国人对这类问题的态度。因为有驻德大使向我提供情报,我对德国人的态度掌握得十分清楚,我急忙把中国驻柏林大使向德国政府所作的外交活动告诉给这位部长,这当然是根据中国政府的命令行事的。我说,我们的大使获悉,德国的观点,即停战协定的基本原则是防止法国反对德国,除了这条原则之外,法国政府在外交政策的事务上拥有完全自由,和其他事务一样。至于法国海军,据我们的大使说,只有两个地方的法国海军部队要解除武装,其他地方的海军都保持完整。现任印度支那总督是由贝当元帅任命的,德国政府相信,无论法国政府作出什么决定,都可以在印度支那毫无疑问地得到遵行,德国不会干预。我告诉莱默里,事实上,柏林主张这种事情应在维希进行处理。

我接着说,如果法国决定使用武力保卫印度支那,德国不会干涉,这一点是明确的。中国驻柏林大使也有理由相信,德国政府并不愿意坐视法兰西殖民帝国土崩瓦解。最近日本一再提议,在德、意轴心政策的基础上进一步发展德、日两国之间的合作,而德国政府对此并不甚热心。

莱默里说,至于派遣海军增援部队,总离不开海上交通自由问题。只要存在着英国扣留法国船只的威胁,增援就绝无可能。法国船只毕竟没有一艘可以在途中不停靠英属港口而直达远东。听了这番话,我把中国大使在伦敦对英国所进行的外交活动告诉了莱默里,并说中国大使得到的答复大意是,英国正在就整个印度支那局势对英属领地香港、新加坡、甚至印度可能产生的影响进行研究。目前,英国政府还不能肯定要采取什么措施,这要看形势如何发展,但是,英国政府对法国的抵抗政策极为同情。我说,中国驻伦敦大使也了解到,英国政府虽然未见到法方的外交行动,仍然就局势问题与华盛顿进行磋商。我接着告诉莱默里,我这位伦敦同僚向英国人提出两项建议:1.为了保卫印度支那,对法国人提供一切海上交通方便;2.以援助法国舰队的姿态,采取步骤对日本舰队进行监视,借此给印度支那的法国人以精神上的支持。

莱默里说,法国政府曾与华盛顿进行交涉。九国公约国家已经解体,可是华盛顿会议的四国公约还存在。法国政府把当前的形势通知了华盛顿,同时还指出,由于英国的态度,法国派增援部队去远东,障碍重重。迄今尚未得到美国的答复。从美国人那儿得到的唯一建议是,要通过谈判争取时间。这就是一直在东京进行会谈的原因。又是照会,又举行会谈,但是没有多少进展值得一提。

我表示,华盛顿希望争取时间是可以理解的。如果这种局势可以维持到美国总统大选以后,新政府就可以比较自由插手此事,而且处理可以更有成效。然而我不相信,法国政府会在和日本的谈判中牺牲中国的利益,因为在日本人的威胁面前,中国和印度支那的利益是息息相关的。

莱默里说,中国对法国忠实友好,确系始终如一,它的举措无可非议。他个人并不相信,任何足以损害印度支那主权的日方要求会被接受。他认为,战争是令人厌恶的,法国受尽战争之苦。但是从政治、军事、外交各方面着眼,同时也从维护法国在印度支那的主权考虑,抵抗政策是唯一可行的方针。他说,印度支那与其接受屈辱条件投降日本,宁可诉诸一战。我插话说,特别是在目前这种情况下,只有坚定不移或可使印度支那免遭进攻。我说,日军已被全部牵制在中国,日本实不愿扩大战场,也绝不想和另一大国挑起武装冲突。殖民部长随即接着说,他说的话并不意味着全部代表政府的观点。这只是他作为殖民部长的个人看法,他还得用这个看法去说服他的同僚。

我说,莱默里先生作为殖民部长,对防御和保卫殖民地直接负责,所以他的意见在内阁中一定能得到赞同。莱默里说,虽说在印度支那问题上应当如此,但是一牵涉到战争问题,那就要由整个政府作出决定了。我表示,希望莱默里在同僚之中至少不会遇到过多的反对。这位部长说,任何内阁总会有不同意见,而结果总是在两种不同意见之间产生一个折衷方案。在这种情况下,当然要有一个主宰者作最后的决定,那就是贝当元帅。

谈话转到华盛顿的态度上来。莱默里说，如果美国政府能够派出一支舰队到远东，就说二十五艘吧，那肯定会使日本在进攻印度支那的问题上大为踌躇。他补充说，法国在华盛顿的外交行动当然是秘密进行的，而且希望华盛顿能把这件事在伦敦提出来。然后他私下透露给我，关于和日本的谈判也同样要保守机密。日本人始终在追问，日、法之间的对话是否能够保密。所有这类重要的国际问题，总有可能会在某些地方泄密。他告诉我，因为我对他直言不讳，所以他在谈话中也开诚相见。我说，我十分赞赏他的见解。

同一天，胡适从华盛顿打电报给我，极其机密地告诉我，他得到一份可靠的情报，内容是美国政府通过驻东京大使格鲁，已经通知日本政府，美国有关荷属东印度群岛的一切声明，也同样适用于法属印度支那。这份电报是晚了好几天我才收到的。在这段时间里，局势严重恶化了。

8月16日我给委员长和外交部同时发电。我在电报中说，根据密报，日本向法国发出了最后通牒，为日本军队通过印度支那要求过境权，日本陆军业已开始占领印度支那铁路。法国内阁正在召开紧急会议。我接着说，法国殖民部长虽然主张对日本人的登陆进行武装抵抗，但是我担心，他的建议会被多数否决而失败。其结果必然是取消过去给印度支那总督发布的抵抗命令。

第二天早晨，我去拜访美国代办墨菲，谈到印度支那局势的时候，墨菲说，他从秘密来源得到证实，法国收到了日本的最后通牒，但还没有了解到要求的性质和答复的时限。他也获悉，法国人准备就日本人提出的要求进行谈判。他说，他担心法国人会屈服。他总认为，法国人口头上说抵抗，只不过是说给中国和美国听的，他们并没有认真地作武力抵抗的打算。他也感到，以印度支那的有限武力进行抵抗，又不能指望法国政府派来增援部队，或从美国方面取得援助，这种抵抗不会持久，其结果只能是失败，白白地流血牺牲。他又说，谈判解决倒比较好些。

我说,我听说华盛顿已作答复,更准确地说是建议:最好同意谈判,借以争取时间。我说,其中的理由我是可以理解的。总统大选不结束,现政府显然不便决定采取某种有效行动援助法国人,因为这样做就可能招致共和党的攻击。

墨菲说,他虽然相信罗斯福总统一定会再次当选,可是,威尔基先生最近好像在不断地扩充实力。这场竞选运动,目前正在使美国与外界完全隔离。

我说,法国人还在等待华盛顿就他们所提出的对印度支那问题的行动方针,作出更为肯定的回答。墨菲说,他下午要去见博杜安,将要求法国政府保持坚定,不要屈服。他说,他知道这不会使他们满意,可是,在目前来说,美国政府实在没有办法提供有效援助。

关于这次谈话,我在笔记本上加了一个附录,内容是,华盛顿有一条消息,说美国给法国人的答复包括四点。

1.美国十分关切地注意着印度支那的局势。

2.美国对中国的抗战极表同情。

3.切盼印度支那问题能通过谈判得到和平解决。

4.美国暂时不能给法国以任何有效援助。

当天下午,我在外交部与博杜安会谈。会见一开始我就说,目前有许多报道,说法国政府收到日方以最后通牒方式提出来的一系列要求,内阁曾召开特别会议进行讨论。我希望他能对当前局势进行澄清。这位外交部长说,确实如此,星期五(8 月 16 日)早上,法国政府收到某些要求,那是松冈前一天晚上通过驻东京的阿尔塞纳·亨利转达的。博杜安部长在回答我的问题时说,并没有限定答复的时间或天数,但是明确指出,答复的时间不得延误。他说,当前所提的各项要求的性质,无疑会使局势益趋严重。

我问各项要求的性质,听说其中包括日本部队通过印度支那进攻中国的过境问题。博杜安说,这些要求全部属于政治、军事或经济性质,日本政府把原由广州日军向印度支那提出的种种要求,当作自己的要求提出来了。

我说,从印度支那的安全着想,我实在看不出法国政府除了拒绝以外,还有什么其他的道路可走。我说,中国对这件事极为关切,不仅因为它会影响中国的领土主权,而且也因为印度支那的安全对中国至关重要。我问博杜安是否能就内阁对日方要求所作的决定见告一二。

博杜安的回答颇为慎重,而且闪烁其词。他说,提出来的一系列要求自然不能一律拒绝。某些要求必须予以拒绝,某些要求应该协商。他能见告的只有这些。他预计谈判将于次日开始。说明政府意向的训令将于当天(8月17日)晚上送达法国大使,法国大使与日本外相之间至少要进行四五次接触,谈判的结果才能分晓。

我说,中国当然切盼法国保卫印度支那主权,我认为这也是法国政府的愿望。博杜安说,法国政府同意谈判这一事实本身正是为了保卫法国在印度支那的主权。总之,法国政府既派不出军队,也派不出舰只,也不能运送军火增援印度支那。谈判成了唯一可行的办法,法国大使已奉命与日本政府逐项仔细讨论。

我议论说,法国政府无力增援可能是事实,但在日本面前亮底则实属不智。任何这种泄露都会被看作是软弱的表现,只能鼓励日本对法国格外施加压力。博杜安说,他当然不想把这种事实告诉给日本人。

他接着说,还有一件事情要请我注意,并要我转告重庆政府。高思默大使来电,说8月11日,在中国—印度支那边界线上一个叫作四十九号哨所的地方,有若干中国非正规军和大约十二名正规军越过了边界线。法国大使已向中国政府提出抗议。他本人并不把这个意外事件看作是中国有意侵犯印度支那的预兆,也并未予以重视。但是,这种事件如果再度发生,很可能成为日本人入侵印度支那的借口,说中国军队业已破坏了边界线。他确信中国政府一定不会使法国政府与日方谈判的困难任务复杂化。他也知道 8 月 11 日的事件是事出偶然,恐怕中国最高当局并不知道这件事,连这些士兵的直属长官也不会晓得。因此,他声明,他要恳请我力促我国政府直接命令中国军队禁止在印度支那边界线上越境。

我说,这是头一次听说这种事件,但我确实认为,中国政府并没有入侵印度支那的意图。我说,博杜安先生认为这个意外事件是偶然事故,这些士兵自己也没有发觉他们已经越过了边界,这种想法是完全正确的。但是,他必须理解中国政府焦虑的原因,理解后者何以要在边界线上采取预防性措施,尤其自从担心法国政府会对日本的压力屈服,给日本军队以过境权来进攻中国以后,更是如此。

博杜安说,中国可以任意采取一切预防措施,可以在边界沿线加倍增强兵力。并不是法国政府害怕中国有意入侵印度支那,但是面临目前的紧张局势,当务之急是处处要防止日本人找到借口,派兵在印度支那登陆。他要求中国政府协助法国避免局势进一步恶化。

我向他保证,这也是中国政府的愿望,愿意印度支那的主权和现状得以保持,并成功地防止日本军队在印度支那的土地上登陆。我说,我一定立刻致电我国政府,根据他的意思提出建议。

我又补充说,听说美国政府已将其对印度支那的态度通知东京,并问博杜安是否已经收到华盛顿对他的外交行动作出的答复。博杜安肯定地回答说,美国大使只不过是告诉日本政府,如果印度支那的形势出现任何变化,美国政府会感到遗憾。但这是没用的,仅仅是几句空话,东京所懂得的只有一种东西,那就是武力,而不是空话。

我表示同意,并认为,美国政府正处于总统大选的影响之下,而大选是两党之间的一场十分紧张的政治斗争。我深信,选举一结束,美国政府将会大有作为。

我还告诉博杜安说,驻柏林的中国大使从德国外交部和高级军界的代表人物的谈话中获悉,德国不希望以任何方式对法国施加压力,或者阻止法国在日本进攻印度支那时进行抵抗。恰恰相反,德国愿意法兰西殖民帝国完整地存在下去。停战协定的根本原则是法国不得以任何方式反抗德国。除此之外,法国政府完全自由,拥有外交政策上的和保卫法兰西殖民帝国的充分行动自由。在柏林还听说,印度支那的新总督是贝当元帅任命的,法国政府的任何决策,该总督都要忠实地遵照执行,关于这一点,他们毫无怀疑。至于防卫手段,柏林方面指出,除了在两个地方的法国海军部队以外,其他各地的海军部队均属完整,暗示如果法国政府愿意,就可用于海外防御。

博杜安说,德国对法国保卫印度支那不施加压力,并希望帮助法兰西殖民帝国保持完整,这是正确的。他说,事实上德国人是这样告诉法国人的。他所渴望的是,中国能要求德国对东京说句好话,要日本在涉及印度支那问题与法国打交道时有所节制。鉴于柏林与东京之间关系密切,他认为,德国说的话对日本政府可能产生重大作用。

我向他保证说,一定把这项建议转达我国政府。我还告诉博杜安,中国驻伦敦大使已将印度支那问题提请哈里法克斯勋爵注意,并询问英国政府是否可以给予某些帮助,特别是以下两点:1.下令英国远东海军舰队举行演习,以便对日本舰队的恣意横行加以间接的约束;2.对法国政府运送物资和增援军队前往印度支那提供一切交通方便。我还说,英国外交大臣已经通知中国大使,正在密切注视着这件事,至于它对远东的英国地位以及对太平洋整个地区会产生什么影响,也正在进行研究。虽然哈里法克斯说,暂时还不能肯定要采取什么措施,因为这要看事态的实际发展过程。但可以说英国政府对法兰西殖民帝国的解体认为是不利的,并对法国采取阻止入侵印度支那的抵抗政策充分同情。据了解,英国政府因尚未收到法国政府通知其行动方针,现正在就这个问题与华盛顿进行磋商。

博杜安说,法国政府没有直接通知伦敦有关它的行动方针,但在向美国介绍局势时,曾经要求美国转向伦敦提出。他认为,英国当前不能承担更多的义务,掌握形势关键的是美国。

8月18日,我给外交部发出一份机密电报。我说,刚刚收到一条机密消息,据说日本大使最近会见了法国外交部长,通知他,中国军队已经越过印度支那边界。因此,法国应给予日军过境权,不得再事拖延。我在这个电报里说,各家晨报都刊登了由河内发来的哈瓦斯通讯社的一条消息,说中国军队误入印度支那边境,并已被逐回。又说,印度支那当局现正采取适当步骤,防止中国军队再度越境;还说,已向重庆方面提出抗议。我接着说,这些通讯报道,很可能都是在法国外交部的授意下刊登的。同时有关日本向法国提出的要求却只字不提。我认为,这种只字不提是有深意的,因为这表明法国政府业已作出决定,顺从日方的要求,给它以过境权。上述通讯报道显然是在制造舆论,让公众赞成政府的决定。

我说,我认为,我们应立即发表声明,详细说明印度支那在日方强硬要求以及入侵威胁下所作的种种让步,这些让步就此放弃了法国在印度支那的主权,并允许日本军队进行种种活动,从后方威胁中国的军事阵地。我说,为了阐明事实真相,也为了对法国宣传的真实性表示异议,发表这样的声明是必要的。这样做可以使民众和世界舆论都对真情实况有一个清楚的了解。倘若中国和日本果真在印度支那境内兵戎相见,全世界都会知道日本是侵略者,而中国则仅仅是在进行自卫。

我的电报是在1940年8月18日发出的。8月19日,我透过疑云,证实了我最坏的猜测。法国政府已作出决定,为日本陆军敞开了印度支那的大门,对日本海军开放了印度支那的领海。

# 第八节　法、日关于印度支那的协定

## 1940 年 8 月 19 日—9 月 25 日

　　甚至在被德国击败成为定局之前,某些法国政界首脑就已有意与日本合作。他们认为,日本由于对柏林不满,将会脱离反共轴心而重新调整其外交政策。但因法国领导人之间政治意见分歧,这些法国首脑与日本合作的意图没有导致任何大的行动。可是他们这种想法依然存在,并且在法国政府接受德国的停战条件后和实现其外交政策时,成为重新决定外交政策的一个因素。(也就是说,贝当元帅的政府显然决定尽可能地与德国合作,这不是为了德国的利益,主要是为了挽救法国的利益,并断绝与英国的一切联系。)

　　当贝当元帅着手改组法国政府成为一个战后政府时,他自己担任了元首,而以一个著名的亲轴心集团政客皮埃尔·赖伐尔为国务会议副主席。为此我对维希政府感到很棘手,因为我发现它比起巴黎政府或波尔多政府、图尔政府更难对付。外交部长博杜安是一位来自政党圈外的人士。(实际上他是在德国占领巴黎前夕,政府被迫从巴黎迁往图尔前,由保罗·雷诺延揽入阁的。)博杜安了解远东,他以前作为一个法国银行家曾经和远东的东方汇理银行打过多年交道。因此他熟悉那个地区的实际形势和国际关系的处理方法。他对于日本在远东的强大地位一直印象颇深,所以更为倾向于承认他所谓的"现实局势"。自被赖伐尔任为外交部长后,博杜安对法国的外交政策似有很大的影响。这是由于他的地位使然——严格说来,他不是一个政党的成员。同时也由于赖伐尔觉得他自己对欧洲比远东熟悉,因此有意识地把处理远东外交政策的事务完全交给博杜安负责。博杜安因为熟悉这个地区,对于应付远东的问题感到颇有信心,并且也自信能把他的影响加诸法国内阁。

博杜安在法国内阁中的真实地位,通过我在维希的几次谈话得到了证实,那还是法国政府迁到该地后不久的事。我发现法国殖民部长莱默里非常同情和了解中国抗战事业的正义性,并且充分意识到日本对整个东亚、特别是对印度支那的扩张计划。通过我和莱默里多次真诚、友好地交换意见之后,这位部长反复向我保证他同情中国,并且说,他的看法与我一致。但由于遭到反对和缺乏外交部的理解与支持,他在法国内阁中遇到许多困难。这两个部在法国内阁中曾多次互相对立,通常都是外交部长的意见占了上风。莱默里有一次对我解释说,关于外交政策方面,外交部长认为他自己对此负责,并认为他的意见应该受到尊重。莱默里还曾说过,事实上他作为殖民部长,虽然对印度支那殖民地负有责任,然而他不得不听从外交部长的意见,特别是当政策问题提交内阁讨论决定时,更是如此。

当我与莱默里的关系正在不断发展之时,他突然被调职。殖民部本身事实上被并入了外交部,任命了一名国务秘书来代替殖民部长,这个职位比部长低一级。普拉东海军少将被任命为主管殖民地的国务秘书,他的职权有几分像是外交部长的代表。这种局面当然增加了我就中国的利益问题(特别是在印度支那的利益)和法国政府进行交涉时的困难。

法国政府可能是由于巴黎陷落后出现的尴尬处境,被迫调整殖民部长和外交部长之间的关系。由于宗主国政府的形势恶化,印度支那总督的权力经过中央政府的直接授权而增大了,为的是使总督能就地迅速应付任何局势,以维护印度支那的利益。可是,在实践中,改变之后的情况并不能令人满意。卡特鲁将军是法国被德国击败后,日本随即向印度支那施加压力时的总督。他显然无视中央政府的训令,未经巴黎授权就和日本签订了一项协定。当他受到申斥并被召回巴黎时,中央政府发现陆军将领难以驾驭,只得任命一位海军将领继任总督,这就是德古海军上将。

德古海军上将较为顺从，但他也是位个性坚强的人。由于他热切期望维护印度支那的完整和利益，他试图按照他认为最有利于法国及印度支那的方式行事，并不总是赞同宗主国政府的意见。在任何情况下，他都是根据自己的见解来解释政府的训令，因此虽然还没有形成正面冲突，但也出现了一些矛盾。他与卡特鲁不同，反对任何与日本人合作的政策，而是另走一端，对日本的态度非常强硬，以至被宗主国政府认为是不明智的。

法国外交部竭力避免与日本发生任何公开决裂，并且准备在不完全牺牲印度支那的情况下，尽可能地接受日本的要求。殖民部长则热衷于采取坚定姿态，阻止日本由于法国对日本所提要求的有限让步，而在印度支那获得任何立足点。莱默里作为殖民部长，认为他自己有责任保持印度支那的领地完整，所以在国务会议中站在德古海军上将一边。但是，由于改组的结果，国务会议内部的摩擦可能减少，殖民部在国务会议中将由外交部长代表。印度支那总督和所有其他法国殖民地的总督一样，将直接隶属于外交部长。外交部长有权向他发出训令，指示机宜和批准或制止他的行动。

我始终有这样的印象，外交部长觉得他不能控制有关印度支那的局势，这不仅是总督的行事或多或少与外交部执行的对日政策步调不一，也由于外交部长与他的内阁同僚之间意见分歧。他的阁僚们和他争辩，并且支持总督的意见。在博杜安的眼里，殖民部长是在破坏他所负责执行的外交政策。以上就是形势的简况。

作了这些简短介绍之后，我想接着叙述1940年8、9月间，法、日关于印度支那的谈判问题，特别是我为了维护中国利益，要查明日本所提要求的性质和法国政府的意图等问题。当时我的目的是弄清这些问题，并进而阻止法、日之间缔结任何关于印度支那的协定，因为这种协定必然会严重影响中国的利益及其抗战事业。

我迫切需要了解法国政府的政策,以及它给予法国大使有关对日谈判的训令内容。因为在 1940 年 8 日 16 日和 17 日,我拜访殖民部长莱默里和外交部长博杜安时,他们都没有明确告诉我,法国政府对于日本的要求准备让步到什么程度。为此,我想起了一位中国的朋友,莫泰先生。他是一个杰出的法国政治家,曾在几届法国内阁中担任殖民部长。1940 年 8 月 19 日,我邀请他共进午餐,为的是我们可以坦率地交谈。虽然那时他已不在内阁,但他一直是国会议员、社会党的领袖。

　　在回答我的第一个问题时,莫泰说,他曾经粗略地看过法国政府给法国驻东京大使有关日本要求的训令。这个训令共有两页,内容表明,法国政府已决定同意日本利用东京湾①作为海军基地,利用东京②地区作为进攻中国的陆军基地,因为日本急于结束对中国的战争。他证实,在原要求中并没有规定答复的期限,但松冈洋右正告阿尔塞纳·亨利说,必须及早答复,否则一旦日本军队对印度支那发起行动,日本政府恐难约束。法国外交部长的解释是,法国政府对于被迫采取这种措施感到十分抱歉,但在目前情况下,别无其他选择。在印度支那仅驻有六七个师陆军,一支很弱的海军舰队,空军只有十二架飞机,其中九架是轰炸机,三架是战斗机,此外还有几连炮兵。外交部长说,英国驻军从上海租界撤出,已经进一步助长了日本人的气焰。

　　当我谈到,我了解印度支那有 104 架飞机时。莫泰说,大概是这样,但外交部长很可能指的是新式飞机。莫泰说,博杜安还曾解释道,在目前情况下,对日本人的登陆行动进行武装抵抗是无济于事的,而且可能导致整个印度支那的丧失。外交部长辩解说,日本人已经声明,要求印度支那提供便利仅仅是出于暂时性的军事需要,一俟对中国的军事行动结束,日本将按照 1907 年法

————————

　　① 即北部湾。——译者
　　② 即河内。——译者

日协定的条文,继续尊重印度支那的领土完整。此外,为了酬谢法国的帮助,日本外相允诺在此期间给予印度支那充分的经济合作。

我说,法国政府的见解是建立在失败主义观点上的。印度支那并非完全不能保卫,中国政府曾表示过,如果它全力抗御日本的侵略,中国政府愿意对它提供援助。当然,中国没有海军,但是舰艇只能在沿海起作用,一旦战争深入内地,那就需要陆军。就陆军而言,中国肯定能提供重大的支援。

莫泰说,他对我国以前所作的援助表示感到高兴,但遗憾的是他没有向外交部长谈及这点。然而他曾询问过博杜安,是否相信日本军队一旦在印度支那登陆之后,最终还能撤出。博杜安回答说,日本人的诺言究竟可靠到什么程度,只有日后才能知晓。目前的选择只能在两种结果中权衡轻重:一是进行抗拒,随之而来的是迟早必将失去整个印度支那;二是接受日本人的诺言,相信他们在对华军事行动结束之后,将会尊重印度支那的领土完整。外交部长确信,这是挽救印度支那的唯一希望。但莫泰认为,那只不过是一种托词,他始终觉得法国政府想要屈从日本。我说,这种失败主义的情绪,一定是由于害怕印度支那的武装抵抗如果成功,将会使现政权建立在不抵抗原则上的论点失去根据。印度支那武装抵抗的胜利,可能被现政权的政敌用作武器来对它进行攻击。莫泰认为这很有可能。

我问道,训令中是否表明法国大使将尽量拖延谈判以便争取时间。莫泰说,他认为不是这样,相反,他预料一定会很快缔结协定。

那天下午,我给我国外交部发去电报,说我现已得到关于印度支那的确切情报,法国政府给法国驻东京大使的训令内容如下:

同意日本使用东京湾当作日本海军的行动基地,还同意日本使用东京地区,也就是毗连中国的印度支那北部地区作为陆军基地。法国政府认为,由于日本已向法国宣布,这些要求是日本从那个方面对华发动军事进攻的必需条件,因此法国作出让步是迫不得已的。一俟日本在中国的军事行动结束之后,它将按照1907年法日协定的规定,重新尊重印度支那的领土完整。此外,法国还认为,日本承诺给予印度支那充分的经济合作,也是一个重要的考虑因素。据法国看来,只有接受日本人的这些要求,才是挽救印度支那的唯一希望。虽然法国人深知日本人的诺言未必可靠,可是他们感到如果法国用武力对抗日本的入侵,那么印度支那迟早会被日本占领。

我还报告说,尽管日本的要求没有以最后通牒的形式提出,并未规定答复期限,然而,日本外相松冈洋右曾明确告诉法国大使,鉴于日本政府感到难以有效地约束日本军方,使其不对印度支那发动进攻和登陆,法国必须及早给予答复。因此,法国政府断定,拖延与日本谈判并无意义。

我在19日也发给陈介大使一份电报,通知他说,法国在日本的威胁和压迫之下,已经决定允许日本使用东京湾作为海军基地,用以进攻中国。并且也接受了日本的关于经济合作的要求,寄希望于日本将会实践它的诺言,尊重1907年的法日协定和印度支那的领土完整。我告诉陈大使,法国的借口是军事抵抗不能长期支撑,最终将是印度支那的全部丧失。但是印度支那的自然资源很丰富,它一旦被日本占据,就难以夺回,这样不仅有损于法国,同样也有损于德国。法国当局认为,如果德国这时能劝告日本,要它不要逼迫法国太甚,这种劝告可能有效。除此之外,没有挽救印度支那的办法。我问陈大使,他是否能够设法告诉德国政府,他们不应该对印度支那问题表示漠不关心或表示沉默,相反,德国政府应当抓住这个时机,按照我所建议的方式劝告日本。

日本对印度支那的行动的发展,使我深为关切,所以在同一天我发密电给印度支那的许总领事,告诉他法国政府的态度,并警告他可能即将发生的事态。我催促他立即采取措施,准备撤退印度支那的总领事馆及其他中国机构,以预防日本人的任何不测行动。我告诉他,这只是向他提供的机密情报,当然,他应当等待重庆的训令,然后作出相应的行动。

这时,驻伦敦的郭泰祺大使来电询问外界流传法国与中国曾在云南昆明就军事合作保卫印度支那问题进行磋商一事是否属实。我8月20日复电说,我曾向法国政府屡次建议中、法两国实行军事合作,但是法国一直害怕引起日本的误会,因而拒绝与我们进行谈判。我还告诉他,美国曾向东京发出照会,宣称美国关于荷属东印度的声明也适用于印度支那(胡适大使已将此事通知郭大使),法国的态度是,这样的声明仅是一纸空文,对现实形势并无助益。除非美国决心以具体方式支援法国,法国认为日本不会受其影响。

接着,我告诉郭大使,法国已经同意给予日军在印度支那的过境权,和使用东京湾及东京地区作为从后面进攻中国的日本陆、海军基地,这是法国对日本的最后让步。虽然我曾尽最大努力劝告他们不要屈服于日本的要求,但毫无作用。尽管法国政府认为对日本尽量屈从是它挽救印度支那的一线希望,我相信后果将适得其反。

可以想象,此时能保持中、法两国间的有效电报联络是多么重要和有用,然而事实并非如此。可以举例说明,外交部并未及时告诉我中国的形势(也许是由于收报时间延误了)。从外交部发来的一份注明日期为8月20日的电报说,沿印度支那边界驻防的中国军队,很久以前就曾受命不得进入印度支那领土,只要日本人尚未对印度支那采取任何军事行动,中国军队将不越过印支边界。外交部的电报中所提事项涉及到我在8月17日发出的电报,在这份电报中,我汇报了当天与法国外交部长的谈话,法国外长曾经说起法国驻华大使高思默报告说,中国军队曾于8月11日两次越界进入印度支那领土。

人们当还能记得,法国外交部长曾强调指出,法国为了防止日本入侵印度支那，正在与日本进行谈判。如果中国军队竟然一再越界进入印支边境，肯定会给日本以采取行动的借口。因此，法国外长曾敦促我请求中国政府对沿印支边界布防的中国军队下达严格命令，不得再越过边界，以免增加法国与日本谈判的困难。可是中国外交部在8月20日发出的第一份电报中，仅仅断言驻扎印支边界的中国军队早就接到命令不得擅自进入印支领土。只要日本军队不进入印度支那采取军事行动，中国军队亦将克制，不进入印度支那。外交部在电报中要我就此事对法国政府提供保证。

这时法国与印度支那的通讯联系也不大好。许总领事对我19日发出的提醒他为最后撤离采取必要措施的电报，于22日作了答复。他在复电中表示感谢，并告诉我印度支那的现实形势。他说，他曾四处探询，发现印度支那当局对此事尚一无所知。因此，他请求我与他保持联系，同时他自己也已电呈中国政府请示。

由此可见，法国的混乱局势已经打乱了印度支那行政机关的正常功能，和宗主国法国与海外领地的通讯联络。即使是事关印度支那的问题，印度支那当局也未得消息，不知道宗主国政府正在做些什么。例如关于日本对印度支那的要求，就一无所知。

8月21日下午，我和仅次于贝当元帅的法国政府副总理皮埃尔·赖伐尔讨论了印度支那的紧急问题。一开始我就告诉他，我希望和他谈谈印度支那问题。我说，我从各个方面了解到，法国政府已经决定屈从日本的要求，允许日军在印度支那登陆以进攻中国。中国政府对此深为关注，因为准许日军登陆将对中国的独立和西南地区的安全造成严重威胁，为了维护独立，中华民族已经战斗了三年。

接着，我说，中国政府想探明法国政府决定屈从日本要求的真实意图。事情很明显，一旦允许日本军队在印度支那登陆，他们将利用印度支那的领土作为军事行动的基地，并利用印度支那的物资以进攻中国。难道法国政府的意图是要允许日本利用印度支那作为行动基地来反对中国？或者更进一步使自己站在日本一边？换句话说，难道法国政府准备与日本结成一个反对中国的联盟？我说，既然法国政府决定允许日本军队通过印度支那进攻中国，我认为它理所当然地，也应该同样允许中国军队进入印度支那。我指出，法国政府最低限度应该做到在这件事上给予中国同等待遇。我说，我看不出法国政府有什么正当理由可以一面答应日本的要求，一面又拒绝中国的要求。（我说得直截了当，坚定有力，因为印支形势对中国关系重大。）

赖伐尔问我可曾见到过博杜安，博杜安又对我说过些什么。我回答说，我会见过博杜安几次，最近一次仅在四天以前。外交部长没有对我说明法国政府是否将在日军假道问题上对日本让步。他仅仅说，日本提出了某些紧急要求，法国政府已经决定对其中一些要求加以拒绝，而对另外一些要求则进行协商。但他在回答问题时也曾谈到，日本政府现在已经采纳了原先由日本陆军对印支总督所提的一些要求作为它本身的要求。我说，我知道其中就有日军假道印度支那进攻中国的要求。

赖伐尔说，这件事不在他的职责范围之内，而是由外交部长博杜安负责处理谈判事宜。法国大使和日本政府确实已在东京举行谈判。日本提出了某些要求，法国政府决定就这些要求和日本开始谈判。但是，他近来没有见到博杜安，也不了解谈判的进展情况。（这是他为了回避作出直接回答的一个明显托词。但因我急于想知道法国政府准备屈服到何种程度，所以我进一步向他紧逼。）

我说，我提出的问题关系到法国政府的政策，因此我来找他这位实际上的政府首脑。赖伐尔说，那不对，他不是政府首脑。我说，无论如何他是贝当元帅的第一号合作者，并且指导着法国政府的政策。更确切地说，我知道，在8月16日的一次国务会议上，法国政府已经作出决议，放弃武装抵抗政策，而代之以建立在允许日本派兵通过印度支那进攻中国的原则上的谈判。接受这样的要求,将破坏法国的中立地位。事实上,这等于是一种帮助和怂恿日本进攻中国的举动。

赖伐尔说,政府决定接受允许日本军队通过印度支那的原则作为最大限度的让步,法国大使就是在这个基础上进行谈判的。有些人相信法国能够抵抗日本对印度支那的武装进攻。他说,那种抵抗可能持续几个星期或者几个月,可是,下一步怎么办呢?在目前情况下,法国任何抵抗日本武装力量入侵印度支那的企图都不会有成功的希望。他确信,现在的日本威胁正是以前的法国政府执行错误政策的结果。如果法国一开始就坚持严格的中立政策,今天就不会面临日本造成的困难。只有中国从法国的非中立政策中得到了好处。他知道,印度支那的法国当局曾经准许各种武器和军火供应品假道印支运往中国,用以继续它的抗日战争。(在他对我说的这番话中,泄露出他确实了解这个问题。他的回答尽管存有明显的偏向,但显然表明他对这个问题及其发展过程是有关系的。)

我指出,日本从未认为它对中国的武装侵略已构成战争状态。因此,法国政府没有义务禁止中国物资过境。此外,中、法之间原来订有条约,明确规定了中国物资的过境权利,根据条约赋予的权利,中国一直坚持自由地转运物资。赖伐尔对存在条约一事显得有些惊异,我在回答问题时告诉他,条约签订于1930年,1935年获得批准。条约规定,即使在战争时期,中国政府也有权经过印度支那转运武器和军火。赖伐尔说,那么那项条约正是缔结于他任政府首脑时期,但他记不起这回事了。我说,条约换文仪式于1935年举行,这类例行手续自然不会引起他的注意。但是,实际上早在1937年法国政府就根据一项决议,停止了武器和军火的过境。

赖伐尔反驳说,他知道那种物资表面上没有准许通过,但事实上法国政府当局对中国的武器、军火转运提供了大量的便利。

我说,这种方便并不比英国政府通过缅甸对中国提供的为多,尽管英国与中国没有签订特别的过境运输条约。事实上,大部分武器和军火都是从缅甸过境运入中国,而不是通过印度支那,从印度支那运入的只不过是既可作为民用又可作为军用的原料和物资。

赖伐尔接着说,他了解到有些中国军队已经越过印度支那边界,因而给予日本坚持要求同样过境权利的口实。我说这不是事实。博杜安先生曾对我谈起过 8 月 11 日发生的一起事件,据说有十二名中国士兵由于迷路偶然越过印度支那边界。我还没有收到关于这件事的消息,但博杜安外长告诉我,他并不把这个事件看得过于严重,因为缺乏任何证据表明那是有意的行动。(我尚未接到 8 月 20 日外交部关于这个事件的电报。)

赖伐尔这时提了个使我感到惊奇的问题,他问道,中国政府是否已经承认了维希政府,如果承认了的话,是从何时开始的?我带着几分诧异的神情请他重述一遍他的问题,然后回答说,中国一直承认维希政府,从来不存在任何不承认的问题。

赖伐尔接着说,印度支那不可能抵抗日本,因为没有足够的手段可以用来进行有效的抵抗。我说,我了解到那里至少有十二万装备着多门大炮的军队。赖伐尔说,印度支那没有空军,而日本则不仅拥有强大的空军,还有实力雄厚的海军。

我告诉他,中国在战争开始时也没有空军,然而照样顶住了最初的侵略冲击,并且仍然在与日本战斗。日本的海军无疑是一支强大的力量,而且它在对华战争中没有遭到任何损失。但是海军只能进攻沿海地区,一旦到了内地,它就发挥不了多大作用,那时仍将依靠陆军。如果印度支那决心抵抗,它不会是孤立无助的。中国在这次危机之前的十八个月中,不仅曾三次建议与法国合作共同保卫印度支那,而且就在最近,我也曾告诉博杜安先生,如果印度支那抵抗日本的入侵,中国政府准备采取一切措施帮助印度支那。

赖伐尔说,他相信,如果实行武装抵抗,那就意味着印度支那的立即丧失。而在另一方面，法国仍可希望通过法、日谈判来挽救印度支那。我说，一旦法国准许日本军队在印度支那登陆，以后再想把他们赶出去就很困难了，难道赖伐尔先生不怕以这种方式失掉印度支那？赖伐尔说，日本曾作出诺言，要尊重印度支那的地位。

我说，赖伐尔先生想必知道日本的野心，它有一个既定的南进计划，攫取印度支那正是这个计划的一部分。我还说，他一定懂得，信赖日本人的诺言有什么用，有什么办法能迫使日本人实现这种诺言。赖伐尔说，无论如何他希望日本作出的保证将会受到尊重。他说，法国政府的基本愿望是维护印度支那，在谈判中，法国人希望把日本的要求严格限制在允许日本军队过境的限度内。

我说，一旦日军被准许在印度支那登陆，他们肯定要把印度支那变成一个行动基地，并在那里恣意妄为。有什么保证能使印度支那政府严格约束日军的行动只限于假道过境呢？我指出，即使法国政府仅仅同意日军假道，实际上这种假道将导致印度支那成为一个对付中国的军事行动基地。我再次申明，中国政府很想知道法国政府是否愿意给予中国军队以假道进入印度支那的同等权利。我确信，法国政府在道义上不能拒绝中国的要求，因为它正准备给予日本这种过境的权利。我告诉赖伐尔，我想知道他对于这个问题的意见。

赖伐尔说，他当天不能回答这个问题，他首先要和博杜安先生磋商并了解谈判已进行到何种地步。他问道，博杜安先生关于这个问题对我说了些什么。我回答说，我没有向博杜安先生提及这个问题，因为就整体而论，它关系到法国政府的政策。

赖伐尔说，如此看来，中国是想要把印度支那变为一个战场，在它的土地上进行中日战争。因此他认为，这样，印度支那就处于两面夹攻之中，我说，中国政府无意使印度支那成为战场，但如法国政府允许日军在印度支那登陆，中国将被迫采取一切必要的措施来对付这种严重的局势,并且为了防务上的利益,中国可能需要在印度支那边境迎击日军。

赖伐尔说,法国政府想要维护印度支那的主权。我问道,日本军队在印度支那领土上登陆算不算侵犯了法国在那里的主权?这位副总理说:"我想是这样。"他又补充说,但法国是孤立无助的。他接着说,他只有在与博杜安先生磋商这件事情之后才能给我答复。也许外交部长以后会亲自给我作出答复。因为他本人只愿意告诉我好消息,假如是坏消息的话,他宁愿让博杜安先生转告给我。

他又问我,我认为日军在印度支那登陆的真实意图何在?日本的主要目的是为了进攻中国,还是为了控制印度支那?我说,依我看来,日本的首要目标是占领印度支那,因为我已经说过,这是它的扩张计划的一部分。然后它将使印度支那成为一个基地来加紧进攻中国,以图早日结束中日战争。经过三年苦战以后,一百万日本军队仍然深陷在中国这个泥淖之中,他们正在领略持久战的威力。因此,日本现在急于要结束战争,而中国则依然决定继续战斗。

我进一步说,即使日本从印度支那方面进攻中国,也并非易事。中国可以采取必要措施阻止日本人利用那里的铁路和公路。我指出,就日本进攻中国而言,他们从广西向云南推进要比从印度支那方面进攻中国容易得多。此外,云南省是多山地区,而唯一的滇越铁路又是窄轨,很容易被破坏。

赖伐尔说,他知道这个地区非常崎岖险峻,由于几座桥梁遭到破坏,实际上铁路交通已经中断。他对那天不能答复我的问题表示抱歉,但他希望在与博杜安先生商谈以后能够给我答复。他问我苏联对中国的援助多不多?美国对中日战争持何种态度?

我回答说,莫斯科已经给了中国大量的物资援助,而且还正在继续援助。苏联援助中国的物资数量比其他国家援华物资的总和还要多。美国主要在财政信贷方面给了中国援助,此外,在飞机方面中国也得到了美国的一些帮助。

接着我提起了欧洲形势问题,我们的讨论表明,赖伐尔对英国深感愤恨,并衷心希望德国能打赢这场战争。例如,他说,成立国际联盟这个主意并不坏,但国联的精神却全是错的。英国一直把国联操纵于手掌之中。他们要利用法国陆军为英国打仗,并且把法国陆军当成世界上当然的警察部队。但是他(赖伐尔)始终坚持法国军队只能用来保卫法国和法兰西海外帝国,而不能用来支持国际上的幻想。忽视现实并引导人民相信不切实际的幻想,决不是正确的政策。

他还说,英国对德国宣战,并且把法国也拉下水。英国以前既不想为奥地利而战,也不想为捷克斯洛伐克而战,现在却突然要替波兰保卫但泽走廊,而当时全世界都认为这个走廊是个人为的产物,决不能持久,并且认为,这个问题应该让其自然地解决。

我问他对于英国与德、意之间的战争前景有什么看法。他说他没有掌握详细的情报,不能发表意见,不过他相信英国已经被打败了。由于德国的空军占有优势,英国的舰队已无所作为。我说,英国人还控制着海洋,德国要想入侵英国似乎也非易事。赖伐尔争辩道,无论怎么说,英国仅仅是几个小岛,待德国成功地建立了制空权,毫无疑问,它将侵入英国,并摧垮一切抵抗力量。

他说,德国获胜后,欧洲将完全改观。当前的战争不仅是两个国家间的武装搏斗,也是欧洲与世界的一场革命,这场革命包括道德和精神两个方面。现在民主已经死亡。当我说起纪律和民主总是不能协调并存,这确系一桩憾事时,他说,纪律与民主永远不能并存。他赞同自上而下的改革容易实现的说法。他认为,政府必须从上面进行控制,群众只宜于被领导而不能作主人。极权制政府的成功,就由于在他们的人民之中执行了严格的纪律。

他还说到法国的前途有赖于和德国合作,德国为了自身的利益,也必须与法国合作。合作总归比从属好。而且有着高度文化和文明的法国人民,也不是可被奴役的人民。他并不是现在才提倡与德国合作的政策,他一直就支持这样的政策。法、德一道可以建设一个新的欧洲,并实现成功的改革,它的影响肯定将遍及世界。

在我起身告辞时,赖伐尔说,他对当天未能回答我的问题表示歉意。他说,他很乐于再与我相见,即使在此期间博杜安先生可能已经给了我答复。

两天以后(8月23日),我见到了外交部长博杜安,交给他一份供他参考的备忘录,以便进一步证实我上次会晤时对他说过的话。我告诉他,我已经收到重庆对于他前些日子所提要求的答复。复电否认中国军队曾经越过印度支那边界,并且申明,与此相反,中国军队受到严格命令驻守中国境内,只要日本人不在印度支那采取敌对中国的军事措施,他们就不得进入印度支那。

博杜安看过备忘录后说,他同意其中所述的每项事实,因为所谓的"事件"(也就是说传闻的中国军队越过印支边界一事)发生在很早以前的8月11日,他一直对此未予过多重视。

于是,我告诉博杜安,我受本国政府之命郑重声明:只要法国政府竟然允许日本武装部队通过或驻屯在印度支那,或者听任日方采取类似行动,那么,中国政府即认为这是对中国的直接威胁,将被迫采取一切必要的措施来应付这种局势。他回答说,我以前已经这样讲过了。我告诉他确实如此,但是我国政府训令我再度申明,以便使中国政府关于这个问题的意图不致遭到误解。

我说,根据来自各个方面的消息,清楚地表明,法国政府已经决定屈从日本要求,即允许日本军队通过印度支那进攻中国。我国政府正密切关注着这个消息,希望知道法国政府对于这件事情的明确意图。我已经与赖伐尔先生进行过晤谈,并问过他一些问题,目的在于能把法国政府的意图通知中国政府。现在我想了解法国政府究竟是决定单纯准许日军假道通过呢?或者在日军登陆印度支那之后还准备给他们其他的帮助。我继续说,法国政府可能无意帮助日军进攻中国。但是,既然在日军登陆印度支那之前,它就认为自己不能抵制日本的要求;那么,当日军登陆之后,它又怎能奢望抗拒日本军队进一步侵犯印度支那的主权,和阻止日本军队利用印度支那全部领土作为反对中国的作战基地呢?

博杜安问我说这番话是什么意思。我说,比如日本人可能坚持要求利用印度支那的物资和诸如飞机场之类的其他设备,甚至包括能够到手的印支军需物资。我接着问他:一旦日本军队登陆,法国政府怎能设想可以阻止他们恣意妄为呢?我告诉他,我了解到在东京法国大使和日本政府之间的谈判已经进行了一些日子,我想从他那里知道谈判有了哪些进展,现在达到了什么阶段。我说,这些年来,中国已经多次证明了它对法国的真诚和友谊,因此有权期望法国政府表现出比以往更为真诚的态度。此外,在这种利害攸关的大事上,中国政府有权要求法国政府就它的真实意图作出坦率的表示。(我的话说得很强硬、坚定,因为局势非常严重,中国有充分理由感到关注,而且有权探询法国在此种局势下,究竟打算干些什么。)

博杜安否认法国曾对中国不忠实。他接着说,不能认为法国政府已经决定允许日本军队通过印度支那进攻中国。日本人提出的不是最后通牒,但法国政府考虑到如果完全拒绝日本要求,它无力抵抗日本军队的强行登陆,同时希望避免这样一种直接、粗暴的决裂,因此它才决定进行谈判。日本要求得到通过印度支那运兵的权利,这种要求是以内容广泛,无所不包的条款提出的,法国政府已经予以拒绝。当然这种拒绝不是采取简单方式明确地说个"不"字,因为如此回答是法国政府在它的现实处境下难以做到的。

于是我说,我知道已经给法国大使下达训令,要他在日军过境问题上屈从对方,作为最大限度的让步。博杜安说,还没有发出训令。他仍在探询日本人,想要弄清他们希望以什么方式派兵通过印度支那。例如,经过哪条路线,派多少兵力——一个师或几个师。换言之,法国政府通过这些谈判,旨在了解日本政府对

印度支那的真实意图。但至今日本政府尚未阐明它的意图,谈判
没有获得任何进展。但是,法国政府也无意加速谈判进度。他指
出,据说日本政府召回了约四十名大使和公使,这预示着日本外
交政策将有新的变化。他认为可能是日本政府在缜密考虑整个
国际形势之前,对采取一个明确的方针感到踌躇不决。他推测,
日本政府大概正在考虑使它的外交政策来一个出人意外的新变
化。但是,他可以告诉我,法国政府无意帮助日本,更谈不到与日
本结盟进攻中国。

至此人们可以回想起,当时日本正是在考虑重新制订一个与
以前完全不同的对待轴心国家的外交政策。这一方面是由于它
对德国的态度和行动感到失望。例如,德国在签订德苏互不侵犯
条约之前,并未让日本获悉详情。另一方面,据我们最近从驻柏
林大使处得知,德国不愿意也没有出力帮助日本扩展它在远东的
势力范围。由此我们可以联想到,德国的高级军方以往曾流露过
这种想法,即德国不希望看到黄种人接管西方国家在亚洲的领地
和其他利益。所以,当时法国显然寄希望于日本可能改变外交政
策。因而维希政府正在尽力争取时间,特别是当它看到许多日本
驻外使节已应召回国,即将举行外交人员会议,更增强了它这样
做的决心。

在我与外交部长谈话时,我提出了一个最为切实的问题,再
次问他,如果日军登陆之后,坚持做一些远远超出许可范围以外
的事情,法国有什么办法加以抵制?博杜安说,事情还没有到这
种地步,他只能说应该等待,并注视形势如何演变。其实,他以前
已经对我说过,现在他愿意再重复一遍,在同意就日本所提要求
进行谈判和接受日方要求之间,还有着很大的差距。(这点我当
然很清楚。)他说,所谓谈判,这是一项外交上的计谋、策略,法国
政府迄今什么也没有应允。日本人提出了一系列涉及面极为广
泛的经济要求,法国大使已告诉他们不能接受。

我说,博杜安先生根据他在远东的经验和阅历,必然知道日

本人有个既定的南进计划,印度支那正在这个计划之内。如果法国政府竟然允许日军在印度支那登陆,日本将首先夺取印度支那,因为它本来就企图占领印支,然后再从那里进攻中国。听了我这番话后,外交部长说,他将要求中国政府从重庆发表一个声明,大意为:如果日本军队在印度支那登陆,中国将认为这是对中国安全的直接威胁,因此中国军队将立即进入印度支那,以便采取必要的自卫措施。他说,这样一个声明,将有助于法国对日本的谈判。事实上,日本已经受到警告,随着日军在印度支那登陆而来的将是中国军队的开入。(法国政府也知道中国将这样做,而且中国政府已经发表了大意如此的公开声明。)我告诉博杜安,最近在中国外交部长8月上旬的声明中已提到了这点。博杜安说,中国以前的声明措词相当含糊,只有明确的声明才可能对日本政府发生影响。但是,他要讲清一点,在上述声明中,请不要提法国政府,也不要提法国是否同意日军假道通过印度支那的要求。

我告诉他,我将电呈重庆,向我国政府提出上述建议。之后,我又说,还有一个问题我曾问过赖伐尔先生,现在我想再问一下博杜安先生。我回顾了我曾经说过的话,如果日本军队悍然在印支登陆,中国出于自卫,也将派兵进入印度支那。现在我想知道,在这种情况下,中国军队的进入是否将遭到法国军队的抵抗?我强调指出,如果法国政府准许日军在印度支那通过,它谅必不能拒绝给予中国同样的方便。博杜安说,就这一点而言,他可以给我答复。如果由于法国和日本之间有了事先协定,对日军进入印度支那不予抵抗,那么当然也不会对中国军队的进入加以抗拒。我说这是个要点,因为它关系到中国需作准备的范围和性质。我很高兴能从博杜安先生处得到这样明确的答复。我问道,我是否可以把他的答复报告中国政府?博杜安作了肯定的回答。他说,照他看来,日本有更好的理由埋怨法国缺乏诚意,因为商谈了两个月,法国政府仍然没有接受日本的要求。

于是我力图安慰他说，那不过是正常的外交程序，我充分理解时间是进行谈判的必要因素，不管怎么说，那是正常的外交进程。博杜安说，日本人一直是很不容易对付的，英国没有给什么帮助，对美国也不能有多少指望。法国正在尽最大努力通过进行谈判来应付局势，希望既不屈从于日本的要求，又力求避免会给印度支那带来严重后果的突然决裂。

这时我告诉他，美国政府曾经通知日本政府，在印度支那问题上，美国政府以前关于荷属东印度所作的一切声明都同样适用。我说，虽然那只是一个口头声明，尽管它目前也不能给予法国有效的帮助，但美国政府不愿见到印度支那的地位有任何改变的坚定意向是很明确的。只要再过两个月略多一点的时间，一待总统选举结束以后，美国政府肯定会对法国作出重大帮助。因此，我希望法国政府在与日本谈判中，应尽可能地拖延时间，随着国际形势的变化，也许可以成功地顶住日本人强迫接受其要求所施加的压力。

博杜安再次说，法国政府当然无意加快谈判进程。他也倾向于认为美国政府在大选之后很可能有所作为，但就目前而论，美国在法国与日本的现实局势中则毫无作用。在回答一个问题时他说，他从伦敦没有得到任何消息能够说明英国人曾把他们希望看到印度支那维持现状的意愿通知了东京。

当我起身告辞时，博杜安又一次说，中国政府不要认为法国对中国不忠实。我说，博杜安先生一定能理解中国急于了解法国的意图，以便更好地准备应付局势。我也强调说明，中国无论将采取什么行动，都不仅是为了本身的利益，同时也是为了印度支那的利益。因为中国一直希望印度支那保留在法国手里，所以中国也有权要求法国政府在印度支那问题上能真诚相待，予以信任。这些话似乎使博杜安恢复了信心，说他完全同意我的见解，如果在东京的谈判有任何明确进展，他将及时地通知我。我觉得这点很重要。

为供我国政府参考,我有必要一而再、再而三地提出我曾提请博杜安及他的同僚注意的问题。当时我国准备采取一切必要手段在印度支那抗御日本的军事行动,因为那是战争,我国感到非常关注。重庆需要事先尽量了解情况,以便决定我国应该准备到什么程度,并提前作好充分准备。例如,必要时,中国军队将首先进入印度支那,采取先发制人的行动以阻止日军进攻。

　　在中国,军事当局正在研究把军队部署到印支边界,以预防日本人越界进攻。我虽然不能确切指出是哪封电报,但外交部和委员长都和我有着密切联系,他们告诉我一旦法国顶不住日本人的压力,而日本人有什么行动时,他们将采取哪些对策。

　　当时一些海底电报有泄漏消息的现象。但在这样的重大问题上,重庆和我都没有因此减少联系。其次,因为有泄漏机密的可能(这个问题不仅使我担心,法国人有一时期也曾提出过),外交部和委员长侍从室对此也特别注意。委员长侍从室尤为谨慎,每隔一月或几个星期就更换一次密码,每次都使用一套完全不同的密码。当时并没有把军事行动普遍通知驻外的大使、公使,在此情况下,我只能直接处理有关这方面的问题。那时情况已到了危急关头,印支的形势已经变得非常严重,而我是唯一与法国政府就这个问题打交道的人。我不知道法国驻重庆大使是否充分了解情况,因此,我必须在维希全面处理这件事情。

　　我接着与法国殖民部长莱默里商谈有关日本对印度支那提出要求的这个紧急问题。那是一次长时间的谈话,但对于了解法国政府的态度以及当时德国的态度,都很有启发。我首先说,自从上次与他谈话以来,得悉法国政府已经作出决定,原则上接受日军假道印度支那进攻中国的要求。因此,我急于要和博杜安先生交谈,实际上,在过去十天中已经谈了两次。对赖伐尔先生也是如此。我说,法国政府的态度显得对中国政府是种不友好的举动,尤其因为中国曾经多次向法国,特别是印度支那证实了自己的忠诚和友谊,法国此举就更令人遗憾。我说,根据我国政府的训令,我已经通知博杜安先生,如果法国竟然准许日本军队在印度支那登陆,中国政府出于自卫的需要,将被迫派兵进入印度支那,以应付对中国安全的威胁。

于是,我交给莱默里一份与我曾提交博杜安的同样的备忘录附件,并且向他重述了我对外交部长所作的补充声明。我也对他谈到我曾向赖伐尔及博杜安所提出的问题,即:法国政府在允许日本军队登陆印度支那之后,是否打算抗拒中国军队进入印度支那。我说,我和我国政府都不认为法国政府会阻止中国军队进入印度支那迎战日军,但是,有必要事先知道法国政府在这方面的真正意图。

我告诉莱默里,外交部长曾答复说,如果法国同意日军假道通过印度支那,因而对他们的登陆不予抵抗,当然也不会对中国军队越过边界进入印度支那加以抗拒。我说,我知道谈判仍在东京继续进行,并且询问殖民部长,法国政府曾经要求日本政府就日军通过印度支那的限制性条件予以说明,日本对此是否作了答复。

莱默里说,不能认为法国政府已经接受了日军假道通过的原则。事情是这样的,日本人曾经要求让他们的军队通过东京地区。法国政府的答复是,他们不能接受这种措辞含混而且茫无限制的要求。他们需要了解在什么条件下,日本打算派兵通过印度支那。换言之,法国政府同意就此项要求进行谈判,但并不意味着它在原则上已经接受了这一要求。因为日本人没有说明军队假道的有关条件,而法国人则想知道这些条件作为维护法国在印度支那主权的保证措施。所以谈判仍然没有进展,形势也没有变化。

莱默里继续说,他一直感谢中国对法国的友谊和真诚。如果准许日本军队顺利登陆,当然也不会反对中国军队进入印度支那。日本人拒绝说明法国政府渴望知道的假道意图,却继续要求法国人信任日本。法国坚持要求日本讲清在什么条件限度内进行假道,是为了弄清日本对印度支那的真实意图。我问,日本人对于他们将派往印度支那的兵力是否提出了明确的数额,莱默里说,他们没有说明,只是要求法国信任日本。另一方面,法国政府需要日本对法国在印度支那的主权作出保证。

我说,即使日本给予了保证,也不能信赖他们。正如莱默里先生所深知,日本在日俄战争前夕曾强迫朝鲜同意给日本军队以过境权,结果使朝鲜沦于现在的地位。

莱默里承认日本的保证不可信赖,他说,1907年的条约明确规定尊重中国的领土完整,然而它不能阻止日本今天对中国的所作所为。

我说,莱默里先生的抵抗政策和对日交涉的坚定态度没有在政府中占优势,真是憾事。但我奉劝他,尽管如此,也不要放弃他的坚定态度。我告诉他,日本对印度支那仍在犹豫,当然,这种犹豫是有道理的。华盛顿已经通过驻日大使告诉东京,美国政府发表的所有关于荷属东印度的声明(这些声明的措词都很明确)同样适用于印度支那。英国政府最近也通知日本政府,说它希望看到印度支那的地位受到尊重。我从柏林获悉,日本政府曾多次与德国政府接触,说明日本对印度支那的企图,并要求它发表声明,表明德国的态度。德国政府已拒绝照办。最近,日本曾要求希特勒训令德国在停战委员会中的代表,催促法国人履行去年6月由卡德鲁将军签订的协定,准许日本军队登陆,但元首拒绝了日本的请求。希特勒有一些对日本不满的理由,他曾要求日本使用其海军进行一些旨在威胁英国远东舰队的活动,但日本却毫无行动。希特勒希望看到法国的殖民帝国维持现状,不愿意日本为了它自身的利益而利用印度支那。据了解,他将不承认法、日关于印度支那问题谈判中任何有利于日本的结果。但只要德国与英国之间的战争继续进行,希特勒就不希望公开这一事实,以免恶化德国与日本的关系。我接着说,看来事情很明显,不仅中国,而且还有美国、英国和德国,在法、日谈判中,从外交上说,也都是支持法国的。所以,法国政府有充分理由保持坚定态度,拒绝日本的要求。

莱默里感谢我给了他这些情报。他说,法国也力图谋求国际支持,法国在停战委员会中已提出这个问题。我说,德国政府已经答复了法国方面,并清楚地表明法国政府在与日本交涉中可以有充分的行动自由。但莱默里却说,法国人还没有做得如此过分,以至要向德国政府请求行动自由。法国人曾把印度支那局势告诉德国,德国人并没有说他们承认法国政府有充分的行动自由,只是询问了印度支那的军事力量和防卫措施的详情。莱默里说,这些属于机密情报,他作为殖民部长,不愿意把上述情报告诉德国,以免有可能传到日本,给印度支那的防务造成损害。

我说,其他国家的反对态度一定会影响日本。莱默里说,保持远东的均势,对中国和美国及其他在那个地区拥有殖民地的西方大国,都有好处。他相信,任何打乱这种力量平衡的做法,尤其是在东亚建立日本霸权,一定会损害其他国家的利益。

我接着说,我知道,在莱默里先生的同僚中,有些人不大理解印度支那对法国的重要性,因为印度支那距离法国如此遥远,因而他们相信一种对日本退让的政策。但我坚信,印度支那问题,由于它在某些方面的关系和影响,必须与作为整体的法兰西殖民帝国的整个问题联系起来考虑。为此,我希望莱默里先生作为殖民部长,在印度支那的防御上能保持坚定态度。

莱默里说,他作为殖民部长,对印度支那的安全负有特殊责任,他决心抵抗日本的任何蛮横进攻。但是,他难以把局势通知印度支那总督,因为他没有与总督联系用的密码,以前他一直是通过法国驻东京大使向总督传达指示。好在总督了解他的政策。在政府内部,他的同僚们当然各有专责,当涉及到从事另一场战争的问题时,国防部长的意见自然在讨论中占上风。他(国防部长)权衡可能发生的后果,自然要避免发生武装冲突。不过莱默里仍希望局势能够好转。我再次说,只有坚持强硬姿态才能防止局势恶化。

这次晤谈时,我还提到了几个与下述事件有关的问题,并表明了如有必要,中国政府准备派兵进入印度支那,以便在中途迎击从印度支那入侵中国的日军。例如,我说我要向他谈起一件事情,这件事是中国财政部长要求我与他洽谈的。

我说如果中国政府被迫派兵进入印度支那,以应付日本军队在那里登陆造成的严重局势,为了这些中国军队使用方便,将有必要使中国的法币在中国、印支边境区域内流通。当然,作为交换条件,印度支那的钞票如有必要,在中国毗连印度支那的省份内,也可得到同样的流通便利。这个建议是基于共同抗拒日本的想法。为了这个原因,我已经向他转达了中国政府愿意让法国人使用毗连印度支那的中国省份作为军事行动的基地。但是,如果法国政府决定印度支那对日军不予抵抗,那么中国将独自抗拒他们。在那种情况下,仍然需要让中国的法币在印支边境地区流通。财政部长急于事先做好安排,因为这个问题正是中国政府为了应付紧急事变,必须进行的准备工作计划的一个组成部分。我要求莱默里赞同这个建议,并把他的意见迅速答复我。部长说他在回答之前,想仔细考虑一下这件事情。

接着,我提到另一个与远东形势有关的问题。我说,我知道暹罗已向法国提出某些有关调整暹罗、印度支那边界的要求。与此相关,我从在伦敦的同僚处也曾听到英国政府已经提醒暹罗政府说,英国在暹罗有重要的利益,并且表示暹罗不应过分迁就日本。

莱默里说,他曾从收音机中听到日本向暹罗提出了类似于它向印度支那提出的要求,内容为在暹罗境内建立陆军、海军和空军基地,并要求缔结一项互助条约。可是暹罗并没有对法国提出任何调整柬埔寨和老挝边界的要求,它只要求归还某些湄公河中的岛屿。莱默里准备接受这些要求,为的是使暹罗感到满意,以便促进暹、法之间的友好关系。现在正由法国驻曼谷公使勒皮西埃处理此事。莱默里说,有理由相信,如果这件事情得到解决,两国之间的关系将会大有改进。(这一切清楚地表明,法国鉴于自己当时的处境,正执行着一种忍让迁就的外交政策,希望尽可能避免与印度支那毗连的国家发生进一步的纠纷。这些国家与日本相距不远。)

8月30日我会见博杜安时,首先交给他一份中国外交部长王宠惠发表的声明。这个声明是根据博杜安自己的建议发表的,我并表示希望该声明能符合他要求的条件。博杜安说,他已经知道这件事。他在看过声明后说,这是一份明确的宣言,阐述了中国的态度,一旦日军在印度支那登陆,中国即将派兵进入那里。这一声明在与东京谈判中很有用处。

其次,我交给博杜安一份备忘录,这份备忘录是说明中国对于法日间就日本要求让日军假道印度支那进攻中国问题进行谈判所持的态度,还说明我对于法国政府对日军态度的理解。在博杜安仔细看过备忘录后,他说,备忘录提到他曾告诉我:如果法国人对日军在印度支那登陆不予抵抗,那么,他们也不会阻止中国军队进入印度支那,这种说法是正确的。但关于法国政府在日军登陆后无意相助或和它合作这段话,则是他未曾说过的。他没有这样笼统地谈过这个问题。现在法、日谈判仍在东京进行,当法国人拒绝了日本的一揽子要求后,谈判没有进展。日本人不愿说明他们的军队进行假道的明确条件,所以此事停顿不前,没有任何变化。但是要法国承担一项不帮助日本或不对日本提供合作的保证是不可能的。例如,如果同意了日军假道通过印度支那,就不能拒绝他们利用印度支那的铁路。

我说,我认为我在备忘录中所谈的,是以我所理解的方式,几乎逐字逐句地引用了博杜安部长上星期的答复。我说,当时除了提出不反对中国军队进入的问题外,我也曾问过,法国政府是否打算例如在供应方面帮助日本军队,和允许他们在印度支那行使占领权。我记得他作了否定的回答,并且说,法国政府没有帮助日军的意图。我还曾问过,法国政府是否曾打算站在日本一边反对中国。记得他说过,法国政府无意与日本结盟。

博杜安说,法国当然不打算与日本结盟,法国政府从未首先提出印度支那问题,它一直在尽力应付由于日本的压力而造成的困难局势。但是他不能作出在印度支那不帮助或不与日本合作的保证。现在谈判仍在进行,无论如何,他将必须与他的政府磋商这件事情。(这一切表明,法国的态度是模棱两可的,法国自己也不知道它对日本的要求能进行多少抵制和打算让步到什么程度。)博杜安继续说,事实上是,法国缺乏足够的手段保卫印度支那,它不得不抱着绝处求生的希望与日本进行谈判。但谈到什么地步为止,则尚难以逆料。问题不在于法国政府的意图如何,而在于日本坚持些什么。法国政府的意图是希望能够阻挡和驳回日本的要求。

我说,那可能仅仅是个希望,我也但愿如此。至于法国政府打算承认什么和拒绝什么,它应该自己作主,并且可以事先确定它的意图。我问他,难道部长的意思是如果日本逼迫太紧,由于无力抗拒,法国政府打算向日本完全屈服?博杜安说,那倒不一定。他请求我在法国政府意图如何这个问题上不要逼他过甚。

我说,我毫无逼迫博杜安先生之意,但这件事情对中国关系重大,有必要知道法国政府关于日本的要求有什么打算。

博杜安说,他将研究这份备忘录,力争一两天后答复我法国政府在这方面有什么意图。并说,一俟谈判有了结果,他将立即通知我。鉴于过去发生的误解,我要求答复采取书面形式,并尽可能做到完整无遗。博杜安表示同意。

我问道,在日本派到印度支那的军队数额上是否已达成什么协议?博杜安反问说,这个问题怎能有协议。他说,他正等待法国大使就谈判达成协议的条款向他报告。

我乘机告诉他,我在柏林的同僚探听到,日本人曾请德国政府通过停战委员会转告法国人,不要反对日本的要求。可是德国人已秘密告诉法国政府,他们赞成拒绝日本要求的政策。博杜安说,他不知道这些情况,德国人没有对法国人谈过任何这类事。

我说,如果德国不反对抵抗政策,那将使法国政府可以放手执行这样的政策。博杜安说,问题的实质在于要有充足的力量进行抵抗。可是在现实情况下,无法增强印度支那的防御力量。他否认已从马达加斯加向印度支那派去舰队,或"卑安"号已从安的列斯群岛派出。他说,后者是一艘航空母舰,按照停战协定条款,是不允许法国动用的。

这时我提起,约有两千四百箱属于中国三家银行的中国钞票,当时正寄放在西贡的东方汇理银行,要求法国政府准予放行,使能运往中国内地。博杜安似乎了解这个问题,他说,莱默里也和他谈起过这件事,他已告诉殖民部长,他认为中国是寄存者,完全可以按照它的意愿自由处置这些寄存品,法国毫无权利阻留它们。

我指出,或许印度支那总督看到运输中国物资的禁令和印支边界对中国关闭,因而不敢允许这些钞票离开印度支那,虽然它们与现在的法、日谈判毫无关系。因此需要法国政府训令总督不得阻挠钞票的运出。博杜安认为莱默里或许已经注意到此点。

在起身告别时,我说起报纸登载赖伐尔已回到维希和他在巴黎受到德国人盛情接待的消息。我问道,这是否意味着人们可以指望早日返回巴黎。博杜安说,还看不到这种前景。只要德国与英国的战争仍在继续,临时首都就不便迁回。实际上原来的首都仍在遭受轰炸。

在那天前后,法、日谈判达成了一些协议,但随后会谈显然出现了破裂,这是我从我自己的情报来源听到的消息,而从法国外交部则一无所闻。博杜安尽管以前作过许诺,这时却没有正式通知我。9月3日,我不得不坚持求见外交部秘书长夏尔-鲁,为的是探听一些消息,和阐明中国的立场。

9月3日下午六点一刻,我会见了夏尔—鲁。首先,我向他解释道,我坚持要见他,是因为 8 月 30 日我交给了外交部长一份关于日本要求给予假道印度支那进攻中国的便利的备忘录。部长允诺一两天后给我答复,并告诉我法、日东京谈判的结果。可是,那天或第二天部长都未能接见我。夏尔—鲁说,部长确实正出席国务会议,所以没能接见我,这并非出于恶意。他将把我的话立即报告他的上司。

我说,根据我所得到的消息,东京谈判早在上星期六(8 月 31 日)就已结束。我很想知道夏尔—鲁先生是否能透露一些所达成协议的内容,特别是有关日本军队假道印度支那进攻中国的内容。夏尔—鲁答道,他不大了解东京谈判的内容,还有待询问外交部长。

我说,我所听到的关于已达成协议的报告很可靠。于是他说,无论如何,关于协议的军事部分尚未取得任何决定性结果。我问道,秘书长是否指的是,为了决定东京协议的实施方法而在印度支那所进行的补充会谈。他说他不知道。

这时我告诉他,一小时前我收到一份从重庆发来的电报。电报说,在印度支那的会谈已经破裂,日本人威胁将在 9 月 5 日从北面的广西省侵入印度支那。我问道,法国政府鉴于这个新的形势发展,是否准备抵御可能到来的日本侵略? 在这种情况下,它是否需要中国政府的合作? 我提醒他,中国为了协助印度支那抵御可能出现的日本侵略,曾经多次表示愿意给予法国帮助。夏尔-鲁说,他想起来了,这种建议有一次是在波尔多向他提出的。我说那是在十八个月中的第三次提出。我说,上几个星期内,我奉我国政府之命,曾再度探询法国政府,它在抗拒可能到来的日本侵略时是否需要中国的合作。如果需要,我很乐于将法国政府的这个愿望立即电告重庆,我认为我有责任这样做。

秘书长说,他还没有听到任何有关在印度支那的会谈破裂的消息。他认为,可能我的情报比较迅速。他将立刻把我说的话通知正在参加国务会议的博杜安先生。当我问道,我可以从谁那里听到答复时,夏尔—鲁说,如果博杜安先生仍然没有时间接见的话,我可以找肖维尔或他本人。

次日下午,我会晤了殖民部长莱默里。首先,我叙述了一遍我得到的消息和我与夏尔–鲁晤谈的情况。当我说起我曾问过夏尔—鲁,万一日本人实现他们在最后通牒中的恫吓,法国政府将持何种态度,是否已决定进行抵抗时,莱默里打断我的话,法国政府希望得到中国的合作。我说,如果需要,我乐于转告重庆。

莱默里说,我的情报完全正确,日本代表看来很不耐烦,想要恃强行事。日本代表声称问题已在东京解决,现在只需要执行协议。德古海军上将持不同看法,并拒绝了他们的要求。于是,日本代表准备提出将在 9 月 5 日进攻印度支那的最后通牒。海军上将报告了情况,并说他已作了必要的部署,准备进行抵抗,要求政府作出决定。据莱默里部长说,国务会议已经决议,如果日本侵犯印度支那,就予以抵抗。这个决议已立即通知总督。但因他这时收到德古海军上将的另一份电报,说日本代表在得到法国的答复后,要求恢复会谈。他已复电授权海军上将恢复与日本人的会谈,因为法国政府的政策是尽量通过谈判来避免武装冲突。

我告诉莱默里部长,根据重庆收到的情报,东京谈判已经结束。经法国政府决议批准后,已于 8 月 31 日以换文的形式签订了一项协议。莱默里说,问题还没有最后解决,仍须在印度支那继续会谈。

我说,我对有关谈判的情况感到有些迷惑。根据我的情报,我认为此刻在印度支那举行的会谈,只是为了决定如何履行东京谈判已达成的协议而安排的补充性会谈。

莱默里说,尚未缔结明确的协议,虽然日本军方人士似乎力图促成此事。在东京确实就某些原则取得了一致意见,但能否缔结一项协议,还要取决于在印度支那会商的结果。他举例解释道,如果某人提出要和他交朋友,他接受了这个要求,但要知道在什么条件下才能建立友谊。因此,在条件确定之前,不能说他们已经是朋友了。也很有可能由于对条件不同意以致不能建立友谊。(这个解释表明,他强烈反对在印度支那对日本屈服的政策,想尽量采取坚定态度。)

我说,我了解到,已经给驻东京的法国大使下达最后训令,他将照此行事。莱默里说,外交部是个和平部,它的工作就是避免任何冲突。但作为殖民部长,他的职责是维护法国在印度支那的主权和利益。如果实行这一原则的条件会侵害法国的主权,那就不能接受。此外,如果在这些条件上不能达成谅解,那么当初接受的原则也就失去作用。他说,外交部长和他的大使,为了避免发生冲突,力求达成一项协议。但他(莱默里)本人则必须与当地的总督合作,因为保卫印度支那是他最重要的职责。当然,他知道,法国在新遭战败创伤之后,无力应付另一场武装冲突。因此,为了维护印度支那的和平,有必要做出某些牺牲。但是牺牲应有限度,超过了这个限度,法国不应屈从。无论需要做出何种牺牲,必须不损及法国在印度支那的主权和重大利益。为了这个理由,他以前曾要求总督,如有需要,应该做好一切必要的抵抗准备。总督迅速执行了他的命令。若是日本人企图侵犯印度支那,他坚决主张以武力对付武力。为了同样的理由,他曾告诉博杜安,履行经济合作原则协定的会谈,不应在印度支那举行,只可在东京或维希举行。因为他不希望看到日本以会谈作为借口,派遣大规模的代表团去到印度支那策划阴谋破坏活动。(殖民部长对我说的话再次表明他赞成在印度支那问题上对日本采取坚定的政策,这与外交部的和解态度截然不同。)

与此同时,我告诉了莱默里关于8月23日我和博杜安的谈话(在那次谈话中我提出了三个先前曾对赖伐尔提过的问题)和外交部长当时给我的回答。我向莱默里概述了我的提问和博杜安的答复。当我提到外交部长曾对我说,如果对日本军队进入印度支那不予抵抗,那么中国军队进入印度支那也不会遭到反对时,莱默里打断我的话说,这种看法只不过是常识问题。我概述完毕后,莱默里说,他作为殖民部长,对所有三个问题可以给我同样的保证。

我表示满意,并补充说,8月30日我访问博杜安时,使我感到惊诧的是,他在看过有问有答的备忘录后,竟然声称这些记载不完全与他说过的话相符。我告诉莱默里说,博杜安向我解释,虽然第一点和第三点是正确的,但提到法国政府无意于向在印度支那的日本军队提供任何帮助和合作这一点,则是不正确的。他没有笼统地谈过这个问题。博杜安还说道,例如,不能拒绝日本军队利用印度支那的铁路。于是我要求博杜安用书面形式正确地阐明法国政府的意图。博杜安允诺一两天后给我书面说明。现在已是9月4日,但我还没有收到上述书面说明。同时,在今天上午我收到一份博杜安的照会,声称,在我备忘录中所援引他的谈话与他的原话不尽相符,特别是关于中国军队进入印度支那的问题。这说明又出现了另一个分歧点,与8月30日博杜安所说的不同。莱默里看来好像吃了一惊。他说,他获悉博杜安将在星期四(9月5日)接见我,相信外交部长会给我一份那时法国政府意图的说明。

莱默里表现得对中国的立场颇为同情。他说,在讨论印度支那局势期间,政府内外有许多知名人士都是中国的好朋友。佩尔·罗贝尔就是其中的一个,他是法国驻在远东的天主教传教士,被人们认为是中国和远东事务的专家。罗贝尔表示了对中国的深厚友情。我说,我认识罗贝尔,他在中国住过很长时期,确实是位熟悉远东形势的权威。

我问他,有无可能增强印度支那的防御力量。部长作了肯定的回答。他说,他首先要增援印度支那的空军。我提到现在停泊于法属马提尼克岛的"卑安"号航空母舰上载有美制飞机,并问他,是否能把这批飞机调往印度支那。莱默里说,他正试图这样办。这批飞机有120架,都是最新式的,如果能派到印度支那,他觉得对增强那里的空军实力一定很有价值。

我提醒他,也许华盛顿能给予帮助。莱默里对我秘密地说,他已经要求博杜安在华盛顿进行探询,弄清在什么情况下可以把这些飞机装船运往远东。他不打算请求放行航空母舰"卑安"号,因为那可能惹出过多麻烦,但他想得到舰上的飞机,并能加以利用。

我问道,是否有可能增援印度支那的战斗部队,莱默里回答说有可能。我说,我曾要求在伦敦的同僚与英国政府交涉,旨在使它对运往印度支那的增援部队和军需物资提供方便。中国政府准备给予法国政府一切可能的外交支持,以增强印度支那的防务。

莱默里对我的话表示感谢,可是说,他怀疑英国是否愿意提供方便。使他感到失望的是,自法国被迫单方面对德国停战以后,英国一直全力分裂法国的殖民帝国,在法属赤道非洲、新喀里多尼亚以及其他地方制造困难。因为他在英国,特别是在保守党内,有许多朋友,这就更使他感到失望。当英国要对意大利提出制裁时,他在巴黎曾极力支持英国的观点。他说,英国在法国殖民地煽起动乱的那些企图,越发令人寒心,因为这出自一个原本是法国的多年盟国。(这些话又表明了当时巴黎和伦敦间的不快情绪。)

次日,我终于见到了博杜安。我认为这次会晤非常重要,因为它揭示了法国政府关于对日谈判方面的明确意图。

会晤一开始我就提到我与部长的代表——秘书长的上次谈话。在那次谈话中曾说起日本代表和印度支那总督德古海军上将的会谈破裂,以及日本威胁将在9月5日侵入印度支那。我说,我现在知道,日本人的讹诈伎俩已被揭穿,他们要求恢复会谈,会谈如今又在继续进行。

博杜安说,广州的日本占领军西原将军向德古海军上将提出了一系列要求,遭到海军上将的拒绝。于是西原要求在48小时内签字,否则日军要进攻印度支那。海军上将答复道,在那种情况下,他将以武力抵抗日本的进攻。法国政府收到了海军上将的报告,决定抵抗可能发生的日本入侵,并且立即通知总督执行。实际上总督已经采取了必要的预防措施,(总督是被迫这样做的,实际上应该感谢殖民部长的强硬态度。)妇女和儿童也从边境地区疏散。于是日本人撤回了他们的最后通牒,提议恢复会谈。这项会谈目前正在进行,但他不能预言是否会成功。他说,鉴于三天前发生的事情,事实上随时可能出现另一次破裂。在印度支那的就地会谈是谈判的关键阶段。会谈恢复两天以来,他尚未收到有关这方面进展的任何消息,因此很难相信会谈能顺利进行。

我说,日本军国主义分子惯于以入侵相威胁,总督和法国政府的坚定态度挽救了局势。我接着说,根据重庆的情报,原则性协定已在东京签订,印度支那的会谈只是为了决定实施条件的补充性措施。博杜安说,协定的政治部分已经缔结。我指出,重庆曾了解到,于 8 月 30 日或 31 日在东京签订的协定包括政治、经济和军事三个部分。

博杜安说,法国把政治部分看得很重要,提议只讨论政治问题,也就是日本应该对尊重印度支那的现状提出明确的保证。他说,法国曾拒绝在东京讨论经济和军事问题,但日本人一再坚持,作为妥协办法,法国同意在讨论政治问题之外也讨论经济和军事问题。于是签订了一项关于政治、经济和军事问题的原则性协定。但是,这个协定仅为法、日谈判的第一部分,更重要的还是有关实施条件的第二部分。已经一致同意的原则是否能有任何价值,完全取决于对实施条件是否能达成协议。

博杜安还说,我一定了解谈判的第二部分是何等重要。在印度支那进行的会谈现在已进入最关键的阶段。他再次说,会谈可能在第二或第三天中断,因为两天前的破裂就是明显的征兆。他能说的只是,一俟印度支那的会谈结束,并签订了协定,他将立即告诉我这个协定的性质,或者他可能在签署之前,只要法国政府决定批准在当地达成的协议上签字时,就通知我。

这时出现了相当令人不快的意见分歧。我提起8月30日我和博杜安的谈话，以及他对我那天交给他的备忘录的评论，我还提到9月4日我从他那里收到的令人失望的答复。我提请博杜安注意他在答复中的措词，特别是关于中国军队进入印度支那的词句。（人们当能记得，我曾经说过如果日本军队能不遭抵抗即进入印度支那，中国认为中国也应有同等权利派兵前往印度支那抗拒日军。我也曾为此问过法国的态度。）在博杜安8月30日的谈话中对于这一点并没有提出异议。我拿出一份备忘录和答复的记录，问博杜安他究竟是什么用意。

博杜安看了一遍备忘录的有关部分，在看过其中一句"对这种局面的一切责任（即是否抵抗日本军队进入印度支那）应由法国政府承担"之后，博杜安说，"我同意这点"。但是他说，他不能接受下面这段话：即第一，中国政府指望法国政府向中国军队提供它给予日本军队的同样便利；第二，法国政府将不给予日本军队任何形式的帮助或合作。他说，这几点讲得过于笼统，因此他不能承诺，以免给中国的保证过于广泛，而这种保证是他未曾给过日本的。现在与日本的谈判仍在进行，尚未得到明确的结果。说到与日本军队的合作，也许需要在使用印度支那的铁路和由日军保护供应品的安全方面作出一些让步。他本不愿这样做，但谈判的目的是为了避免日本对印度支那的蛮横进攻。假如作出一些小的让步可以达到这个目的，他不应予以拒绝。（我不知道博杜安是否真的如此天真，也不知道他是否真正了解，一旦日本军队进入印度支那，就会留在那里并在这块殖民地上建立日本的统治，而进攻中国倒是次要的。）

接着，我问他对于概括在备忘录中，涉及法国政府意图的三点声明的措词有何看法。博杜安说，关于第一点和第三点，也就是如果不反对日本军队进入，当然也不反对中国军队进入，和承诺不与日本结盟以对付中国，这两点都是正确的。他可以而且愿意再次向我保证；但他不希望把这种保证记录在卷。就军事问题与日本进行的谈判尚未结束,他不能肯定最后能否达成协议,因为还有可能发生突然变化,完全改变局势。此外,法、中两国政府之间没有进行正式谈判,无需每事都采取照会的形式。

我说我理解部长的观点,但是我受本国政府之命向他提出的问题,对中国非常重要,所以我需要确信自己正确理解了法国政府的意图,而且也使中国政府不致产生误解,因为必须在这些保证的基础上制订计划。否则,我在我国政府中的地位将受到很大损害。

博杜安说,肯定不会受到损害,他准备重申口头保证,如果我希望的话,他甚至可以把保证内容如实写下来。但关于不反对中国军队进入这一点,他要略作修改。随即,在一张纸上写了如下保证:

1.如日本军队根据与法国政府的协议在印度支那登陆时,法国政府并不反对中国军队进入印度支那。

2.如发生上述假设情况,法国政府将不充当日本反华的同盟者。

关于第二点,不帮助或不与日本军队合作,正如他已经解释过的那样,他说他不希望束缚自己的手脚。他要对我做到完全坦白和诚实,因此他宁愿不给我保证,免得被迫做出与他自己的保证相反的事。

我说,按照他对备忘录第一点所作的保证,那仅适用于日军得到法国政府同意而进入印度支那的情况。我问他,如果日本军队没有得到同意仍然在印度支那登陆,中国从而被迫派兵去到印度支那以防止日本的威胁,法国政府对此将持什么态度。博杜安说,倘若日本军队未曾与法国达成协议即进兵印度支那,他们将遭到抵抗。因为政府针对西原将军三天前的恫吓已经作了决定。在那种情况下,法国政府有可能成功地抗拒日本军队的非法进入,并有可能决定不要求中国帮助。他说,无论如何,法国政府需要保留决定是否要求中国帮助和合作的自由，不能因为事前与中国有约而使自己受到束缚。

我说我了解博杜安先生的观点，然而我想再一次阐明，中国政府希望保留采取行动的自由，即日本军队以任何借口在印度支那登陆时，中国有调遣军队进入印度支那的自由。我尽可能清楚地阐明这点后，继续强调指出，法国政府与日本周旋时，需要保持坚定的态度。

我说，博杜安先生现在可能已认识到，与日本谈判需要采取坚定的态度，而在印度支那进行会谈则更加需要如此。西原将军在坚强的抵抗决心面前突然撤回最后通牒，这清晰地表明日本军国主义分子只不过是在恫吓和讹诈。我知道，印度支那总督在与日本代表周旋时，将保持坚定态度，但我希望法国政府能给德古海军上将以一切必要的支持。我说，法国政府如果以同样的坚定态度支持总督，这就可能使法国把日本军队完全拒之于印度支那境外。

博杜安说，如果日本企图入侵，总督业已采取一切必要的抵抗措施，他（总督）有整个印度支那的人民作为后盾，因为他已召开了一次各界代表会议，这些代表一致拥护坚持抵抗的政策。法国政府，像他（博杜安）以前多次说过的那样，将毫不犹豫地以武力抵抗日本军队对印度支那的任何进攻。由于殖民部长的有力支持，特别是印度支那总督采取了必要的措施，他对于采取强硬的态度觉得很有信心。

我说，这是一种明智的态度，使得印度支那在三天前挫败西原将军的恫吓伎俩。中国在边界上也采取了必要的军事预防措施，这在法、日谈判中对于法国一定大有裨益。我说，博杜安先生应该认识到，中国的愿望完全在于维持印度支那的现状和抗拒日军于印支境外，这不仅是为了中国本身的利益，同时也是为了印度支那殖民地的利益。

博杜安说，他曾在东京告诉日本人，倘若日本军队为了假道而进入印度支那,中国军队也会同样从北方进入。他还说,他见到了莱默里,后者曾向他提起我的过访及与他(莱默里)的谈话。我说,我前一天会见过殖民部长,为的是告诉他中国对于局势的看法。然后,我即起身告辞。

人们可能感到奇怪,为什么西原改变了主意,并撤回了他限期至9月5日的最后通牒。虽然我在与外交部长及他的秘书长夏尔-鲁的谈话中曾提出这个疑点,可是他们都没有给我任何令人满意的解释。但我在与驻河内中国总领事和与重庆的电报往来中,以及从驻柏林的陈介大使经过日内瓦转来的电报中,使我了解到不少内情。

例如,9月2日总领事的电报告诉我,德古海军上将的态度仍然坚定。即使在日本代表告诉他,东京已经收到通知,维希政府准备于8月25日在东京谈判的全部协议上签字,并据此坚持要总督接受西原将军提出的要求,德古仍拒绝同意这种要求。甚至在接到维希的训令后,德古仍然主张抵制日本的要求。因此,他召开了印度支那的所有领袖人物的会议,为的是一旦日本人诉诸武力,能积极进行抵抗。总领事的电报还提到,在总督做出这个决定时,西原确实已对所有日本的视察员和情报人员下达命令,要他们集中于海防或撤退,准备对印度支那实行军事行动。9月3日,我收到总领事于9月2日从河内发出的另一份急电。电报说,总督在9月2日晚间11点召见总领事,告诉他,印度支那的谈判已经破裂,日方(西原)已通知总督,他们将在5日从镇南关发起进攻。总督召见总领事的目的是为了寻求中国的合作。

次日上午,我收到柏林陈大使发来的一份电报说,德国仍然赞成法国人在印度支那进行抵抗,还提到柏林的七家报纸报道,德古海军上将由于不服从维希政府的命令,已被免职。

陈大使在同一电报中还告诉我,新任陆军武官桂永清将军刚从重庆抵达柏林。据桂将军谈,印度支那实际上只有两个师的兵力。因为它的军事实力非常有限,中国政府已经派遣一支强大的部队去到印度支那边界,准备和他们一道抵抗日本的侵略。

9月4日,外交部发来一份电报,告诉我中国总领事向重庆汇报的内容。并进一步通知我,由于印度支那已拒绝接受西原的要求;由于日本的最后通牒扬言日军将从广西、印支边界的镇南关侵入印度支那;还由于印度支那正准备与中国军队合作抗拒日本入侵,并且正在采取措施帮助中国政府把存在印度支那的军需物资运出,以表示合作(换言之,印度支那当局要求中国军队与印度支那军队协同作战),并进一步要求我们从龙州边界进攻日本人,和派出一队中国空军战斗机。根据上述情况,中国与印度支那当局进行军事合作,原则上已不成问题。中国政府已任命一名高级专员飞往云南监督物资运输和执行政府有关合作的命令。据我所知,他还负责加速中国供应物资的运输。电报责成我核实维希政府的态度,并要求我至少在目前不要把中国政府的决定告诉法国政府。

上述情况显然是印度支那实行就地独立筹划防务。很明显,德古海军上将并未把他在印度支那的做法完全报告维希政府,正如维希没有把东京的谈判进行情况充分通知印度支那一样。有趣的是,当卡特鲁将军任总督时期,恰恰偏向另一个极端,主张与日本合作,甚至支持贝当元帅的对德国停战政策。换言之,德古海军上将,作为海军首脑,主张抗御日本侵犯印度支那,并且反对以牺牲法国在印度支那的利益为代价向日本谋求妥协。

我很难说德古这样做是由于个人的偏爱还是出自于执行某一个组织即海军派的意图。但从德古的背景和他对我们总领事的谈话,以及他提出寻求中国政府合作以抵抗日本人的要求来看,显然他不大赞成维希政权。可以肯定,他是主张反抗日本对印度支那的侵略的。因此,他衷心希望在抵抗日本的侵略中能得到中国的合作。

当地的形势也有利于他的强硬态度。例如,总领事在9月5日发来的电报中说,通过在总督府与秘书长的一次谈话,他了解到当地的法国领袖们对维希政府的软弱态度感到愤慨。秘书长还告诉他,印度支那的法国驻军司令官由于对维希政府的命令"一旦日本军队果真在印度支那登陆,不得进行抵抗"感到不满,已愤而辞职。还说,一切印度支那的法国重要人士都反对这种对日本的妥协政策,并表示他们对维希所采取的态度和政策不满。他还说,形势很复杂,仍然充满各种可能发生的事情,因此,中国与印度支那的合作机会依然存在。此外,根据印度支那的情报,日本军队在印支登陆的人数有限,报告说,大约为三万人。(和我们总领事谈话的那位秘书长是维希政府任命的,他是维希方面的人,因为维希已经发现,德古将军一经任命为总督,就难以驾驭了。)

另一封从总领事发来日期为9月5日的电报说,西原出于自己的特别要求,曾亲往总督府会谈。这说明,因为日本人的态度有了如此转变,总督的强硬态度也有了改变,于是恢复了谈判。

两天以后(9月7日),我从一位法国朋友①处得到的报告说,德古海军上将已与西原签订了一个协议,确定了执行法日东京谈判所达成的协议原则的细节,它允许日本军队经过印度支那进攻中国。报告说,海军上将曾提出一系列执行原则的苛刻条件,B将军(布吕尔将军,我的朋友刚刚见过他)预料日本人一定会拒绝那些条件,因为它们将严格限制日军的行动。但与预期的情况相反,日本代表接受了所有的条件和限制,这些条件为:(1)日军只限在海防港登陆;(2)登陆日军的总数不得超过法国和印度支那在东京(河内——译者)地区军队的三分之二;(3)上述军队登陆后,立即乘火车前往安沛——大致位于河内与老街的中途,火车不经过河内;(4)以安沛作为日军的基地,以便经老街进入云南;(5)划定从安沛至老街铁路线向东扩展约30公里宽的地区作为

———————————

① 原编者注:这位被提到的法国朋友在谈话记录中写作"V",很可能是亚历山大·瓦伦纳。——译者

日军的军事区域,铁路线西侧以深陡的江河峡谷为界;(6)日本飞机只能在河东、永安和山西(?)三个机场着陆。

给我提供消息的那位法国朋友说,布吕尔将军建议,中国军队一俟日本军队登陆即应进入印度支那,但不要提前。进入的通道应该选定在河江和高平①,中国人应事先把进入的目的通知当地的法国军事长官,以避免发生任何误会。他说可以肯定,法国军队不会反对中国军队的进入。

这时我告诉他,我从伦敦所得关于从吉布提运输法国援军到印度支那,从印度支那运输粮食到吉布提供应当地居民,以及载运飞机到印度支那这类问题的反应。我说,我了解到,英国外交部对此甚表赞同,认为不难作出安排,允许一至二艘从印度支那载运粮食及向印度支那输送四千名士兵的船只通过。我说,法国应与哈里法克斯勋爵磋商,以期获得明确的答复。至于载运西印度群岛的飞机增援印度支那问题,英国认为法国最好与华盛顿直接交涉,请美国提供便利。但是英国希望事先知道一二艘船只的名称,以便一旦事属可行,即下达明确的训令。

从客观上看,当时的国际形势显得非常复杂,在那些日子里有时甚至显得离奇。人所共知,英国对维希政府怀有敌意,已经断绝了外交关系。然而英国政府应中国的要求,考虑到中国政府希望阻止日本侵略以免破坏印度支那地位的愿望,对我们的大使表示了它的同情,也表示有意帮助法国在日本的侵略计划面前维护其在印度支那的地位。

维希想要保持法国在吉布提的地位,防止可能出现的意大利侵略。也就是说,意大利显然正企图乘法国之危,扩展它的利益。联系到印度支那,法国需要从印支运送粮食到吉布提,并把吉布提的一部分军队运往印度支那以增强它的防务。但如没有得到

---

① 此二地名原文为 Hai Giong and Kaobong,经核对中、英文图籍,当系 Ha Giang(河江)and Cao Bang(高平)二地。——译者

伦敦的同意,就不可能这样做,因为海上航线完全在英国人的控制之下。同样,英国的帮助对于印度支那获得飞机也很有用。法国曾经从美国工厂订购了大批战斗机,但这些飞机装载在航空母舰"卑安"号上,却被扣留在法属西印度群岛的马提尼克。我急于使维希政府在与日本谈判中增强声势,鼓励它采取坚定态度。因此,我建议由我协助查明英国人的意向。我力图让伦敦的郭泰祺大使试探英国的意图,弄清在印度支那的防务问题上他们准备支持法国当局至何种程度。所依据的理由是:发生在印度支那的事情必然会影响到马来亚和香港这些英国的领地。

说来奇怪,郭大使应我的要求在伦敦开始提出这个问题时,英国外交部表示了赞同的观点,他们说,同意这样做,但是需要由政府决定。9月6日,郭大使给我的电报说,他从外交次官处得到了同意的答复,并告诉他,法国从吉布提向印度支那增派驻军,不会遇到困难,也就是说,英国将不阻挠这类运输。至于加强印度支那的空军问题,郭大使说,英国建议最好还是与美国协商,美国可能在这方面会给予帮助。

郭大使在说明英国愿意对吉布提与印度支那之间的运输予以帮助后,要求我查明哪只船或哪几只船将用于此项运输任务,以便及时通知英国海军。次日,郭大使告诉我,现在英国外交部已正式通知他,英国政府对于运输增援部队和加强法国的远东空军,深表同情,但也表示希望维希政府能直接与英国政府交涉这个问题。我不知道后一句话是否表示拒绝的外交辞令。(不管怎样,我是在与法国朋友谈及这个问题之后,收到了上述电报。)

后来(9月7日),我从我的朋友处收到了有关德古-西原协定的报告,我的秘书汪孝熙又作了补充。汪在给我的便条中说,西原已将协定的条件呈报东京,只须得到东京批准后,协定即将签字。

次日上午(9月8日,星期天),我走访了外交部秘书长夏尔—鲁,为的是尽可能核实关于谈判的最新消息。一开始我告诉夏尔—鲁说,根据我的情报,德古海军上将已经和西原将军缔结了一项协定,确定了对于允许日军通过印度支那这个原则的实施条件。甚至有消息说,海军上将已经和日方代表在协定上签了字。我问秘书长,是否能证实这个消息,如果消息属实,协定的性质是什么?夏尔—鲁说,虽然已达成协议,但尚不明确。双方所同意的只是原则性质的东西,仍须制订精确的实施措施。在这些实施措施得到解决之前,还不能认为协定已最后完成。

于是我告诉他,我了解到,德古海军上将曾经提出过一系列有关实施日军通过印度支那原则的条件,这些条件立即为西原将军所接受,现在他正等待着东京的最后批准。我问道,是否由于这一事实,他(夏尔—鲁)才认为协定尚未最后完成?我又补充说,我知道,原则方面的协定已经在东京缔结。秘书长说,这是事实,但双方同意的也只是原则性质的东西,还须为它制订明确的实施细则。

我说,外交部长曾有诺言在先,一俟印度支那谈判达成协议,就将其性质和内容通知我。夏尔—鲁向我保证说,他所说的在印度支那进行的谈判尚未完成一事确属实情,正像他在 9 月 3 日对我说的,他还没有听到德古海军上将与西原将军的谈判已经破裂的消息一样,都是实话。

我告诉他,大约 15 分钟前我接到的一份电报说,印度支那会谈又已中断,是否因为西原将军需要等待东京的最后批准。夏尔—鲁说,他尚未收到此类报告,可能像以前的情况一样,我的情报比外交部的情报来得更迅速一些。他说,法国驻东京大使的电报直接发到外交部,但德古海军上将的电报则一向是经由殖民部转到外交部的。此外,从印度支那发来的电报,经常需要二十四小时到三十小时,因为它需要通过大东电报公司拍发,有可能是英国人干扰了通讯。

我接着问起殖民部重新附属于外交部的意义(这个变动我以前已经提到过,现在刚刚开始实行)。夏尔—鲁说,殖民部的作用实际上仍和以前一样。政府已任命敦刻尔克的英雄——普拉东海军少将为主管殖民地的国务秘书。"重新附属"是基于这个事实:即普拉东只是一名海军少将,不便任命他为部长,从而使他与海军部长达尔朗将军处于同等地位,后者是海军中将。(这种解释不大能使人信服,因为原本可以找到其他的人来担任部长。)

我说我知道殖民国务秘书不参加国务会议,而只有国务会议才能对政策问题作出决定。夏尔—鲁答道,一般说来是这样,殖民部必须由博杜安先生以部长的身份在国务会议中作为代表。但是博杜安可以临时指定普拉东列席国务会议提供意见。他说,也有可能由内阁(无论是否部长,在内阁中都属于国务秘书之列)对某些无需经由国务会议处理的问题提出讨论,作出决定。

那时我提起一桩相当令人不快的事,不快的原因是由于法国人的明显不公平。我告诉他,昨晚的广播和今天的晨报及晚报都哄传所谓的中国军队侵犯印度支那边界,报纸还以大字标题发表了这个报道,我本人却没有收到足以证实这个报道的情报。但是,几分钟前我收到的一份电报说,驻扎广西省的日本军队曾经两次越过印支边界。我问秘书长,是否能够详细解释一下这个断言中国军队侵入印度支那的报道究竟是何性质。

夏尔—鲁说,这个报道是来自河内的新闻电讯。他给我看了富尔尼埃通讯社的电讯。我告诉秘书长,该通讯社在轴心国家的影响之下,不但亲德、亲意,还以亲日而臭名昭著。但是他反驳说,外交部也收到一份从河内直接发来的报告,说在这次边界事件中,有一人被杀,十人受伤。

我说,姑且不论这个事件的真相如何,使我感到惊异的是,看到这些报纸用大号黑体字作为标题夸大这个报道。更可怪的是,在印度支那局势方面,这些报纸并无一字提到日本对法国的要挟;不提法国如不屈服,日本就威胁要入侵印度支那;不提卡特鲁将军允许日军通过印度支那进攻中国的承诺;也不提9月2日晚西原提出的最后通牒,威胁将于5日进攻印度支那。

夏尔—鲁说,就卡特鲁将军而言,他已受到责难而被免职,不能说对他的行动未予注意。我说,可是报纸上对日本所提要求的性质毫未透露。据我看来,似乎法国报纸上的所有这些夸大之词,都是为了一旦日本与法国达成协议后在印度支那登陆时,预先把责任推给中国。我回想起法国报纸曾公布一条来自河内的带倾向性的消息,断言中国军队于 8 月 11 日越过印支边界。当时中国大使馆曾电询重庆,在收到一份断然否认的声明后,又曾设法使这个辟谣声明在法国报纸上发表,然而遭到新闻检查机关的阻止,说是鉴于谈判正在东京进行,不宜公布过多有关印支局势的消息。我问道,为什么现在这种不利于中国的报道却突然在几乎所有的法国报纸上出现?

夏尔—鲁说,报纸并未特别强调这方面的问题。我当时拿给他看一份《新闻报》,报上对那则消息用了大字标题。我还和他一道查阅了其他报纸,特别是《论坛报》。我说,这些报纸未免太不公正,他们在有关印支问题的性质以及造成今天严重局势的真实原因方面,对公众报道的竟是彻头彻尾的假象。我说,中国政府不愿过分张扬它所了解的在东京及在印支谈判的性质,因为中国不希望刺激法国的公众舆论,以免使法国政府在与日本谈判时处于为难的境地。还因为重庆仍然希望法国能够成功地避免与日本缔结一项允许日军通过印度支那的协定。如果真有中国军队在 5 日越过边界之事(我对此仍表怀疑),那也可能仅是一桩偶然事件或只是意外事故。报道说,事件发生于 9 月 5 日,这使我想到,如果真有越境情况,那一定是由于中国政府鉴于西原将军在给德古海军上将的最后通牒中,曾威胁要在那天入侵印度支那,因而需要采取必要的预防措施。我接着说,法国政府与日本谈判,只是因为日本曾提出恫吓,如果它拒绝讨论日本的要求,日本就要进犯印度支那。但是它却不允许报纸对于在东京或河内进行谈判的原因透露一字。

夏尔—鲁说,日本的压力太大,法国没有其他办法。在远东缺乏能抵消日本势力的平衡力量,美国也不能相助。我说,美国不愿介入远东可能仅是暂时的。如果外交部能采取一些措施,纠正法国报纸宣传的这种令人遗憾的情况,我将非常感谢。夏尔-鲁说,新闻检查机关和宣传组织不属于外交部。他向我保证,外交部不想在法国报纸上夸大这些边境事件的严重性。他提醒我,宣传和情报部门是在国务会议副主席的领导之下,建议中国大使馆可以派人去找赖伐尔手下的情报机关负责人热朗交涉。同时他将向博杜安部长报告,以便部长能提请赖伐尔注意此事。

我谈起了我给外交部的备忘录中提出约有两千四百箱中国钞票寄存在河内的一家银行保管,后来转移到了西贡。我要求外交部下令放行这批钞票。秘书长说他正忙于处理其他问题,希望我能和肖维尔先生磋商此事,因为这是个技术性问题。

我告诉他,我要和他说的不是这件事的性质。我说我已提请博杜安注意此事,也已派人去与肖维尔洽谈,同时通知了莱默里。外交部长对我说,照他看来,放行这批钞票不会遭到反对,因为它只是寄存在一家银行,与法国政府并无关系。于是我问道,夏尔—鲁先生是否能大力相助,促成此事,向印支总督立即发出训令,准许当地的中国代理人把这批钞票运出印度支那(如果尚未运出的话)。夏尔—鲁,对于此事,以及前述报上公布中国军队的事件,他都乐于相助。他向我保证,他愿意为我效劳,并欢迎我随时过访。

9月11日,我接到重庆和河内明确否认中国军队曾越界进入印度支那的电报之后,我再次往见外交部长。他的谈话是这样开始的,他说,他发现我的消息一向很灵通,他想知道我给他带来了什么新消息。我说,看到法国报纸在星期五晚间和星期六早晨(9月6日和7日)发表的报道,断言中国军队侵犯印支边界后,我给重庆和河内都发了电报,从他们的复电中知道这个报道是毫无根据的。中国统帅部已在重庆发布了正式的否认声明,我希望知道博杜安先生是否收到了有关这一报道的进一步证据。如果没有,中国大使馆已经准备好一份否认声明，我想送一份给外交部长过目，免得他阻止其在法国报纸上发表。我还说，我正在把这个声明分发给各报。

博杜安草草看过一遍文稿后说，他不同意发表，因为这个声明指出那则报道是蓄意煽动和毫无根据的(该报道确系如此)。他不承认这个论点。法国报纸上发表的消息事前曾请他审查，他也已批准其见报。

我说，我了解这则消息来源于富尔尼埃新闻通讯社的一条电讯，但该通讯社是轴心国家的宣传工具之一，并且强烈亲日。博杜安说，他还收到德古总督一份报告，内容与这条消息相符。我问起德古海军上将报告的事件详情，博杜安答道，报告只对一人死亡、十人受伤表示惋惜，没有其他细节。

于是我又问道，这个报告是言之有据，还是仅仅出于德古海军上将的风闻。我怀疑这条消息很可能是从日本人那里散布出来的。博杜安说，他并不把这个事件看得很严重，因此没有要求详细的报告。我说，重庆和河内对我的查询都作了断然否认，而博杜安先生则说确有此事，这真令我感到惊奇。

博杜安说，如果我愿意的话，他将电告德古海军上将进一步提供详情。我告诉他，如能这样，我很感谢，因为我想知道事情的真相。如果真如报告所说，确实发生了越界事件，我愿意与我国政府就此事进行核实。因为过去按照他(博杜安)的建议，我曾致电我国政府，要求严令中国军队留在边界的中国一侧。我知道确实已经下达了这样的命令，而且中国士兵一直驻守中国境内。我难以理解来自中、法两方的消息何以如此大相径庭。博杜安说，他将致电总督，责令他另行报告，但可能需要时日，不能指望在两三天后得到答复。

我说，实际上重庆和河内都曾通知我，正好与法国报纸上的消息相反，日本军队在 9 月 6 日曾两次越过印支边界。博杜安说，那事不假，确有一千多名日军分成两股侵入印度支那，险些引起一场严重事件,幸亏现场的法国边防军官们保持镇静,这些日本士兵才离开印度支那回到广西境内,从而避免了一场严重事件。

因此我问道,为什么报纸上只字不提日本人侵犯边界,而对所谓的中国军队越界事件却在报上用大字标题刊出。博杜安回答说,这是因为在日本人的事件中,没有出现伤亡。我说,那仍然是入侵,而且发生过两次。我对外交部长重新提起,当中国大使馆要就所谓的8月11日事件在报上发表否认声明时,也遭到了法国新闻检查机关的阻挠,现在同样的事又再次发生。每逢遇到任何有利于中国的事情,都不能在这里的报纸上发表。另一方面,报上却自由地发表来自日本的消息或有利于日本的消息,这确实是一种不平等的对待,而且也难以被认为公正。我不能理解,为什么这种不公平的现象竟能得到容忍。我进一步说道,这样做的理由除非是有意把责任诿诸中国,从而为外交部长与日本在东京达成协定,为正在印度支那谈判的最后协定,为法日协定所导致的日军登陆进攻中国这一系列事件,推卸法国应负的责任。

博杜安说,他确实无意把责任推给中国,可是,他对于报纸上的不同待遇难以向我作出满意的解释,只能说,关于中国事件的这个报道,瓦伦纳先生和普拉东海军少将昨天都给他打电话,提出了异议(他们也知道这个事件是虚构的)。他向我保证,他将给德古海军上将发电,要德古进一步核实关于中国军队9月5日侵犯印支边界的事件。

我接着问外交部长,德古海军上将和日本人在印度支那的会谈为何停顿,因为据我了解会谈已再次暂停。此事是否属实?停顿的原因是否由于在决定日军登陆日期问题上存在着意见分歧?博杜安说,会谈曾暂时停止,但他不能肯定目前是否已经恢复会谈。日期问题实际上只是重新讨论的内容之一。会谈已经进入最关键的时刻。日本人提出的一系列条件,总督已予以拒绝。德古海军上将现在正等待日本的答复。这就是迄至星期二下午(9月10日)的印支形势。他又补充说,从那时以来,他一直没有接到电报,所以难以说明此刻的实际形势。

我告诉他,我知道关于军事部分的原则问题,已在东京谈判中达成协议,并签了字。博杜安说,在东京签字的第一部分,明确规定它的有效性还有赖于在印度支那会谈的第二、三部分达成协议。我说,据我所知,只有两部分,即在东京的谈判和在印度支那的会谈。博杜安说,在东京签订的条文只有在印度支那会谈的军事问题和经济问题取得一致之后才能生效。

我说,每两天我收到一份重庆的电报,坚持要我了解已在东京签订的协定内容,以及在印度支那会谈中法国已接受的条件,和仍在讨论的条件。博杜安说,他以前曾多次对我讲过,现在还要再次告诉我,由于会谈仍在进行,能否达成协定尚无把握。但只要最终协定一经签订,他将立即把协定内容通知我。

我说,我曾把这个意思再三报告重庆,可是中国政府不能理解,为什么法国政府继续拒绝提供较多的情况(即关于已与日本签订的协定,和印支当局与日本人在印度支那会谈的情况),而我自己又提不出任何满意的解释。博杜安说,那是因为,即使在当时,他也不能肯定在印度支那是否能达成一项协议,而这样的协议,又是使东京协定生效所必不可少的。日本人曾经于十天前提出最后通牒,另外一次最后通牒提出于四十天前,今天他们仍在谈判。

我说,博杜安先生已经成功地把谈判拖延了这样长的时间,真值得祝贺。我希望外交部长最终能够完全摆脱签订一项有关军事问题的协定。我问道,能否这样说,无论如何,在最近的将来,在印度支那很可能不会达成协议。博杜安说,他对此也不能断言。实际上日本代办刚在半小时前会见过他,并通知他,日本政府不能容忍印度支那的会谈无限期拖延下去。

在临近谈话结束时,我提起殖民部地位改变的情况。我说,殖民部现在处于外交部的领导之下，请问这种新的安排有何用意。博杜安回答说，只是在有关政策的问题上，将由他在国务会议中代表殖民部。普拉东海军少将仍拥有对殖民部的充分领导权，正如以前一个独立的部长那样领导该部。

随后我即设法结识普拉东海军少将。星期五（13 日）我拜访了这位主管殖民地的国务秘书。由于这次会见带有部分礼节性访问的性质，谈话开始前先互相寒暄一番，但我很快就把话题转到法国报纸报道中国军队于 9 月 5 日侵犯印支边界这件事，问殖民部有没有收到印支总督的详细报告。我说，我希望国务秘书能说明这个事件，特别是发生事件的地点和所报道的死伤法国公民的姓名。我还说，我曾立即电请我国政府核对事实，并获悉这个报道完全没有根据。

少将说，他所知道的一切情况也仅限于报纸上公布的那些内容，他还没有收到德古海军上将的报告，因此不能告诉我事情发生的地点及其他任何详情。他高兴地知道，中国政府在查明情况之后，已经发表声明予以否认，这点很重要。我说，遗憾的是我不能在法国报纸上发表这个声明，因为外交部长不愿意让其公诸于世。我向外交部长询问过事件详情，部长回答说，德古海军上将的报告和报上发表的电讯一样。应我的要求，他将再次电告德古海军上将，索取详细报告。

普拉东说，他听到我已要求外交部长讲明事件详情，感到很高兴。既然部长已经应允致电印度支那，毫无疑问我届时终将得到答复。我说，当所谓的 9 月 5 日事件广泛传播时，中国政府已经获悉日军一千余人于 9 月 6 日曾两度侵犯印支边界，外交部长告诉我此事属实。普拉东证实这个报告是正确的。

我告诉普拉东，我曾对外交部长表示，在法国报纸上并无只字提到日军侵犯印支边界，令人惊异。我还曾对他（博杜安）说，这类宣传必然是出于有意颠倒事实真相的动机。我说，中国过去从来没有，现在更不会对印度支那怀有任何不良企图。事实上，中国政府已严令驻防在邻近印支边界的中国军队,只要日本军队不进入印度支那,他们就必须留守在中国境内。中国对印度支那一直采取友好和合作的政策,确信中国和印度支那的主要利益是一致的。在过去十八个月中,中国政府通过我至少曾四次提出建议,愿意向法国政府提供援助与合作,以共同保卫印度支那。因为中国衷心期望看到印度支那维持原状,看到法兰西帝国最重要的殖民地留在法国手中。

普拉东说,他虽然负责殖民部只有几天,而且,用水手的话来说,仍在测定本身在海上的方位,但他已认识到,中国对印度支那的忠诚、热心和友谊;也了解到中国通过其杰出大使所转达的愿意提供帮助和合作的盛情。

我说,我发现印度支那对于法国和中国的重要意义一直没有得到法国政府全体成员的充分理解。我说,普拉东少将作为一个海员,一定能认识到在东京签订的法日协定,和现在河内进行的日本、印支会谈对于中国的重要性。普拉东说,他充分理解中国的感情。

我说,据我看来,某些法国政府成员在考虑印度支那问题时,掺杂了政治性的因素在内。可是我知道,德古海军上将、莱默里殖民部长,以及普拉东少将本人,都充分了解这个问题的重要性。只要和上述几位交谈几分钟,我就确信他们对印支问题的意义深有认识。普拉东说,政治考虑的介入肯定已使问题变得更为复杂(他发言相当谨慎)。

于是我问道,关于在印度支那与日本进行的会谈,现在实际情况如何? 我说我了解到已经签订了一个协定,但会谈目前已暂时中断。我问他,中断的原因是什么。普拉东反问道,是否外交部曾告诉我在印度支那已签订了协定。我说,外交部告诉我,协定虽然签订,但还不能认为是最终定局。普拉东说,协定确实尚未定局,但说会谈已经中断则并不真实。从而他使我了解到会谈还在继续。

我告诉他,我刚接到我国政府的一个通知,大意是,中国决定做出重大牺牲,破坏滇越铁路上中国境内接近边界的国际桥梁。破坏工作已在 9 月 10 日下午进行。少将打断我的话,问中国这一行动的理由。我回答说,这样做是为了帮助印支当局拒绝日本提出的让日军通过印度支那进攻中国的要求,即为了消除上述要求的主要根据。现在铁路已被切断,日本人再也不能利用它从印支进攻中国。法国政府可以告诉日本人,他们已没有任何正当理由再坚持要求军队过境的权利。

第二点,我接着说,如果日本人反驳道,他们仍能利用通向中国的公路,那就可以向他们指出,尽管在中国一侧有公路,但这些公路并不与印度支那的公路连接。此外,如果日本人真想进攻云南,那么他们从广西省内目前占领的地区进攻云南要比从印度支那容易得多。但是中国政府和我都确信,日本的主要目的首先在于占领印度支那,其次才是通过印度支那进攻中国。他们企图从西南进行武装突击,迫使中国屈服,同时他们也要占有印度支那。

第三点,如果日本人在他们要求派兵进入印度支那的一切借口被驳倒之后,仍然坚持要这样做,那么他们就必须派出比法日协定所同意的数目大得多的军队,而且将被迫从事一场规模浩大旷日持久的战争,因为中国已经在自己的边界一侧做好了一切必要的军事部署。在这种情况下,我希望普拉东少将和法国政府能注意到势必有大量日本军队长期驻留在印度支那、分布于广阔地区所形成的后果。

第四点,我要再次声明,如果日本仍然决定侵犯印度支那,中国政府一如既往,愿意为了共同抵抗日本侵略而向印度支那提供援助和合作。为便于共同研究联防计划,中国政府欢迎与印度支那建立联系。

普拉东说,陆上的边界很长。他指着一幅地图问道,中国是否沿着整条边界都做好了反击日本入侵的部署。我说,从海滨到龙州集结有日本军队,但从龙州往西部署着大量中国军队,准备迎击他们。正如我已说过的，如果日本人想要入侵云南，他们从龙州西进更为容易。日本对法国施加压力，显然他们的主要愿望是想控制印度支那。就中国而言，日本在将近一年的时间里，未能越过南宁地区前进一步。

普拉东说，他曾以十分钦佩的心情注视着卓越的中国抗战。他相信中国力量的迅速恢复和发展，预示着它的事业的成功。我说，我要着重指出，我所说的事实都表明，法国有充分理由在与日本周旋时应该站稳立场。我所提出的中国政府行动的理由，是使法国能借以拒绝日本派兵通过印度支那的要求。德古海军上将9月2日晚与西原会谈的经验，应能使法国政府确信采取坚定姿态的重要性。日本人自己也很清楚，经过三年战争之后，他们仍然不能迫使中国屈服，并且知道一旦法国奋起抵抗日本的侵略，必将得到中国的全力支持。日本作战三年尚且不能打败一个中国，现在被迫要应付两个敌人，当然要郑重考虑，不会轻易作出决定。我深信普拉东少将作为殖民部的负责首脑，必将尽一切可能为法国保护这颗法兰西殖民帝国的宝石。

少将说，关于印度支那问题，他自己有明确的看法，这种看法也是与殖民部对中国保持友好和忠实的传统政策相一致的。他感谢我带给他的消息，并且说，他一定要好好利用这些消息。

在告别之前，我对他谈起寄存在印度支那保险库中的中国钞票，经过扼要解释有关情况后，我告诉他，博杜安外长和他的前任莱默里先生都不反对让这批钞票运出印度支那，我敦促他给总督下达训令，否则总督不愿采取行动。

少将记下了我的要求，他说，最好由海路把这批钞票运往中国内地，要不然就运到马尼拉或仰光。我回答说，运输问题用不着麻烦法国政府，自有中国政府负责办理。我所需要的只是请国务秘书发出训令。普拉东答道，他对这点一定力求使我满意，用以作为友善的表示。

次日（9月14日），我走访了夏尔-鲁。首先，我告诉他，我受本国政府之命通知法国政府,中国统帅部已下令破坏滇越铁路位于中国境内河口地区的国际桥梁和隧道,以便阻止日本人对印度支那的入侵,并且排除日本要求派兵通过印度支那的主要借口。我说,中国政府采取这种行动,实在出于万不得已,因为这意味着牺牲了一条与外界联系的重要交通渠道。中国政府决定承担这种牺牲,首先是为了帮助印度支那抵制日本的武装假道要求。其次,如果日本人声称他们的军队还可以利用那里的公路进攻中国,那就应该向他们指出,虽然在中国一侧的云南境内还有公路,但这些公路并不与印支境内的公路相通。如果日本人真要侵入云南省,他们可以从目前所在的广西省——例如从龙州西进。事实上这样做比较容易得多。如果试图取道印度支那进攻云南,则将走一段很大的弯路。

夏尔—鲁问道,被破坏的桥梁是否在滇越铁路线上,而不在通往广西边境的铁路线上。我说是滇越铁路上的桥梁。我接着又说,我要指出的第三点是,如果滇越铁路已被切断,并且缺乏与印度支那相连的公路,在这种情况下日本人仍然坚持要派兵通过印度支那以进攻中国,他们就不得不派出比法日协定所规定的数额远为庞大的军队,因为那时战争将沿着边界全线大规模地进行,并且是旷日持久的战争。我还要提请法国政府注意由于外国军队大量集结而可能引起的后果,这些外国军队将在印度支那长期停留,并且需要分布于境内各地。我说,第四点,如果日军侵入印度支那,中国方面仍然愿意与印度支那合作,共同抗御他们,并且希望和在印度支那的法国当局建立联系,以便研究联防计划。

夏尔—鲁仔细记下了我的话,把三点摘要念给我听。我向他指出,他似乎没有把我的第三点记录下来,即大量日本军队集结在印度支那而可能引起的后果,这种集结必然会影响那个殖民地的安全和未来。夏尔—鲁说,他充分理解这点,所以不必记下来。他一定会把我的意见报告给部长。

在回答问题时他说,印度支那的局势没有发生变化。他刚和殖民部秘书长法图谈过话,据悉,在过去四十八小时内没有收到报告。他要求我相信他刚才说的话,并且解释说,有时我的情报确实比外交部来得迅速,例如关于 9 月 2 日日本人与总督之间的事件。但是,只要印度支那的问题一旦有决定性结果,他会立刻通知我。

那时,有人进来递给他一些材料,他向我道过失礼之后便看了起来。之后,他告诉我,那是一份驻昆明法国总领事送给中国当局的抗议信。信中提到中国政府夺取了滇越铁路中国境内一段的控制权和管理权,任命了曾养甫将军负责管理。他说,这位中国代表通知法国铁路当局,应当撤回他们的员工,在铁路沿线为他及他的工作人员准备办公室,并且不得使用铁路向印度支那方面运输货物等等。夏尔-鲁说,据他看来,这种做法未免过分。他当然支持总领事的抗议。他说,也许外交部将向中国大使馆或中国政府发出公函。

我说,虽然我尚未收到任何有关中国当局接管铁路的消息,我相信一定是鉴于印度支那严重局势的不断发展,才采取了这种行动,作为一项必要的军事措施。然而,我一定把他的话向重庆报告。

我接着说,我知道重庆已经获得情报,大意为:暹罗政府已向法国政府提出某些调整边界的要求,而且有可能暹罗军队(现在正集结于暹罗—印支边界)将与日本军队同时进入印度支那。我问他真实的局势如何。夏尔—鲁说,暹罗既未提出正式要求,也未提出任何具体建议。我问他,法国政府曾否要求东京出面调停,或利用它的影响劝阻暹罗不要采取这类行动。夏尔-鲁作了肯定的答复。

这时亚洲司司长肖维尔进来,并参加了谈话。他说,局势是这样的:按照法国和暹罗最近签订的互不侵犯条约,已经成立了一个混合委员会来讨论湄公河中的某些岛屿问题。暹罗的军事和外交代表已经抵达印度支那,谈判正在进行。但是,他们并未提出我所说的那种要求。

我要求一星期后再会晤夏尔-鲁,于是我们约定在 9 月 21 日上午见面。当我届时与他相会时,他首先问我有什么消息。我说,我有一些不幸的消息要告诉他。据一封从重庆来的电报通知我,9 月 16 日,上海法租界军警向自 1937 年以来即被拘禁于法租界内的中国官兵①开枪,打死 8 人,打伤 22 人。我说,这是桩极为严重的事件,中国政府已向法国大使提出抗议,想必已转达法国政府。我告诉秘书长,我国政府责成我促请法国政府对这一严重事件引起高度重视,在保留为被害者要求赔偿权利的同时,坚决要求法国政府立即对上海法租界当局下达训令,采取一切必要措施,保证仍在拘禁中的中国官兵的安全,避免再次发生这类可悲事件。

夏尔—鲁说,他对这个事件一无所知,也没见到任何谈及此事的电报。他马上找来了肖维尔,让他参加谈话。肖维尔递交夏尔—鲁一份电报,后者读给我听,说这份电报是驻在上海的法国总领事发来的。于是肖维尔解释说,有关租界的事务,总领事是主要负责人。这一事实可能有助于说明为什么总领事没有把抗议转交法国政府。肖维尔还说,这是由中国被囚官兵所造成的骚乱事件,他们总数约为九百人,被分别拘禁于两个集中营内。

他所念的电报大意为:这些中国官兵为了准备集体逃跑,曾经搜罗、藏匿了大批棍棒。头一天晚上,集中营的管理员得到风声,去那里搜查棍棒,但是这些被拘禁的人想要攻击他。于是他立刻召来军警维持秩序。后者在对空鸣枪示警无效后,被迫向中国人开了枪。据电报称,有 3 人被打死,7 人重伤,13 人轻伤。夏尔—鲁说,看来很清楚,这是个骚乱案件,法国当局被迫采取了自卫行动。

---

① 即 1937 年中国军队从上海撤退后,据守四行仓库留作掩护的一部分孤军,后退入法租界被解除武装加以拘禁。——译者

我说,棍棒不是武器,法国方面为此向中国人开枪是滥用武力。夏尔—鲁承认棍棒与火器不同,但说,如果用棍棒猛击卫兵的头部,也同样可以致命。

我说我收到的电报没有叙述详情,因此我不大清楚中国政府所了解的事实。肖维尔说,他将很快答复我刚才交给夏尔—鲁涉及此事的备忘录,并提供给我总领事的报告细节。我说,我将乐于收到这些细节,以便中国政府可以通过查问,加以核实。但同时我也希望收到一份保证,保证这些被拘禁官兵的安全将得到保障,并保证立即下达训令,使这类严重事件今后不再发生。夏尔—鲁说,他将按照这个意思致电上海法租界当局,但他补充说,应该说卫兵也有保护自己免遭攻击的权利。

肖维尔建议道,在训令中还可以加上应该预先采取措施,制止任何有组织的逃跑密谋,不能允许那些被拘禁的人任意阴谋策划,以致官方不得不采取严厉措施。我说,如果预先采取了制止措施,肯定可以避免中国政府提出抗议。肖维尔说,正因如此,他提议发此训令,以便将来不致再发生类似事件。

接着我们的谈话转到中国当局接管滇越铁路的问题。我说,我上次与秘书长谈话之后发出的电报现已接到答复。我说中国政府之所以采取行动,是考虑到印度支那局势严重,军事上有此需要,同时也是根据铁路协定采取的行动。但中国政府希望这条铁路的全体人员能服从曾督办的命令,并在铁路的经营上与他合作。顺便提一下,曾先生是位铁路专家,曾经担任过铁道部次长和十几条铁路的局长。作为一个专家,他充分了解技术人员协作的价值,所以他在铁路的人事方面上自经理下至最低级的职员都未予更换。这是我按照肖维尔建议的意思(即不要打乱铁路的组织),向重庆发出电报后所得到的结果。

我又说,中国督办所作的安排,从中国的观点出发,不仅适应局势的需要,而且也符合法国在铁路上的利益。因为归根结蒂,这条铁路实际上还是由以前的原班人马操纵运行,只是在一位中国督办的指导和控制之下而已。法方人员应该接受和贯彻中国督办的命令,保证线路正常运行。照我看来,一切其他问题目前可以暂时搁置一边。因为即使进行讨论,恐怕也得不出任何结果。

夏尔—鲁问,我所说的其他问题指的是什么。我说,关于铁路协定的解释问题就是一个例子,我认为,现在不是讨论这种抽象问题的适当时机,因为局势的需要压倒一切。肖维尔解释道,滇越铁路协定第 24 条规定,如果中国与某个外国从事战争时,铁路工作应该受中国支配。但因现在的中日冲突不是战争,中国的行动是否能被认为正当合法仍是问题。但他认为这仅属于解释上的一个法律问题,目前可以保留。

夏尔—鲁又问,法国总领事的抗议中还有没有提出其他问题,肖维尔说,重要的问题就是尽可能地不要打乱铁路的人事和组织。由于我刚才说过,中国督办没有进行人事更动,而且希望得到他们的合作以保证铁路的正常运行,这正符合法国的观点,因此,他建议可以按我解释的意思发出训令。

夏尔—鲁说,那么训令就按照我所作的保证发出,要求铁路公司命令全体人员服从中国督办的领导。肖维尔说,实际的安排办法将由在重庆的法国代办冈东与中国外交部按照我说的办法着手办理。这样做似乎兼顾了中国的要求和法国的利益。(我对能为这个问题提出一个临时解决办法感到高兴。因为当时法国人似乎为中国政府接管了滇越铁路中国境内一段的控制权而十分激动。)

我接着说,关于在印度支那的会谈,我曾收到一份电报说会谈又发生破裂,西原将军、日本领事和日本侨民都已离开印度支那。我问夏尔—鲁,现在的局势怎样。秘书长说,确实昨天日本人又提出了最后通牒。但他了解,日本领事和西原将军都未离开印度支那。根据他星期五下午(9 月 20 日)接到的电报,日本代表显然已经改变了主意,会谈可能已经恢复。

在回答问题时夏尔—鲁说,日本人起初提出了一系列要求,德古海军上将不能接受而予以拒绝。于是西原将军提出最后通牒,要求法方在22日午夜12点前接受日方条件。然而,现在日方似乎已改变主意,不再坚持接受全部条件。

我说,我了解日本的陆军与海军之间存在着意见分歧。例如陆军同意接收一个港口作为登陆口岸,而海军却坚持要几个港口。肖维尔说,困难在于西原将军代表着陆军和海军两个参谋长,正如我所说,他们的意见并不总是一致。我问秘书长对印度支那会谈的前景有何想法。夏尔—鲁说,很难预言前景如何。但他推测可能达成一些解决办法。当我问到如果会谈再度破裂,印度支那如何应付时,他说,印度支那仍然保持守势。如果会谈破裂之后日本人不采取行动,印度支那肯定不会采取任何积极行动。我问道,如果日本人在印度支那登陆,那又将如何?他回答说,如果日本人未得法国同意强行登陆,他们将遭到抵抗。

当我们的谈话临近结束时,我提起了暹罗对印度支那的要求问题。我说,不管他和肖维尔上周是怎么说的,暹罗政府向法国政府提出领土调整的正式要求一事已被证实。至低限度是我已从报上看到了。夏尔—鲁说,暹罗曾经提出正式要求,此事属实,但法国政府已予以拒绝。他在答复我的问题时说,假若暹罗侵犯印度支那,后者将以武力相抗。

应外交部长博杜安之邀,我在两天之后访问了他,博杜安外长说,他请我会面,是因为现在已能告诉我有关与日本谈判的性质及情况,并告诉我已缔结的协定。他说,早在7月初,日本政府就要求法国政府准许日本军队假道印度支那进攻中国,法国政府拒绝了这种要求,但是宣布它准备参加在适当时机举行的谈判。谈判过程中充满了重重困难。一个跟着一个的最后通牒,强大的压力,军队登陆的恫吓,和侵犯边界的威胁(日本军队曾数次侵扰印支陆上边界),这些都表明,法国的处境是多么困难。只是由于法国政府的坚定态度,才使日本人没有坚持他们的最初要求,那些要求是不能接受的。

外交部长接着说,印支当局与日本人的谈判和法国大使与日本政府在东京的谈判同时进行。9月5日河内的谈判陷入僵局,会谈一直中断到9月18日。嗣后会谈又有了进展,直至9月22日下午,双方才签订了协定。即使在这个短暂的间隙中,达成协议仍笼罩着巨大困难。他在9月20日晚上曾经彻夜不眠,苦思焦虑日本是否终于要对印度支那入侵。就在协定已经签订后的9月23日凌晨,从广西冲向印度支那的日军还和法国的边防部队发生了激烈冲突,双方都有伤亡。他还不能肯定现在冲突是否已经结束。

他说,根据德古海军上将9月23日上午10点30分发来的电报,谈到后者所签订的协定内容:(1)允许六千名日军只在海防一个港口登陆。运送日军在这个港口登陆的船只限定为每次一艘;(2)允许使用三个机场;(3)允许一个师日军为了撤退的目的,从广西进入印度支那经由海防撤走。他说,此外,由于法国人坚决要求的结果,日本人已经放弃进攻云南。因为曾向日方指出,滇越铁路有六十多件"艺术品",即桥梁、隧道等险峻工程,加之地面山峦重叠,四周道路阻隔。因此,日本人企图从那里进入云南的任何想法都是鲁莽的。

外交部长要求我注意这一事实,即现在与日本人缔结的协定已经完全改变了事物的面貌。法国人曾经利用中国已在边界集结大批军队这一情况作为论据,说服日本人不要坚持他们原先的要求,因为法国如果接受了这种要求,就将立即导致中国军队进入印度支那,从而使它沦为战场,这是法国政府希望避免的。

外交部长认为,被允许进入印度支那的日军人数是如此之少,它不存在威胁中国的可能。他想起约在15天前,他曾经对我说过,如果由于与日本签订协定的结果而使日军进入印度支那不遭法国人的反对,那么中国军队的进入也不会遭到法国人的抵抗。他说,他那时担心日本将坚持调派大批军队进入印度支那,但是现在整个局势已经改观,多亏法国政府的坚持不懈和辛勤努力,才降低了日本的要求。因此,他要我转告我国政府,不要派遣中国军队进入印度支那。中国军队的进入只能使局势复杂化,并给日本人以增派军队的借口,从而使印度支那变为战场。

我说我了解到,法国还同意日军占领三个据点,它们是位于河内—老街铁路线上的富寿,位于河内北面处在滇越、越桂铁路交叉点的嘉林,和越桂铁路线上的府谅商。博杜安说,他接到的电报中没有谈到这些。但他觉得,至少占领富寿一说肯定不是真的,因为日本人已经放弃利用河内至老街的铁路运兵至红河河谷以北。至于占领府谅商倒是很有可能,因为日本人已被允许利用这条铁路,特别是用于将一师日军从广西撤至海防。占领嘉林也有可能,因为它位于河内至广西和河内至海防两条铁路的连接点。实际上,从广西到海防必须经过嘉林而不经过河内,那是个突出地区。

我说,我获悉,登陆军队的数目被限定为六千人。博杜安作了肯定的回答。我问道:如果日本军队出现在印度支那不是为了进攻中国,那么又是为了什么? 博杜安答道,为了保卫飞机场,尤其是为了掩护一师陷于困境的日军从广西撤退。我说,我不明白,为什么广西日军的撤退竟要经过印度支那。他们是从中国南方海岸来的,我认为他们可以循原路撤回。博杜安说,他不能说上述日军师团遇到什么困难。他期望中国政府能有准确的情报。于是我说,日军在广西陷入困境的并不只限于一个师团。

我问道,如果不是为了进攻中国,日本人在印度支那建立机场的目的何在? 博杜安说,那很清楚,日本人不得利用印度支那作为任何对中国进行攻击行动的出发点。我问道,如果日本人竟然利用了印度支那来达到他进攻中国的目的,法国将如何处置?他回答说,日军的兵力太小,列阵于广西边界的中国军队在数量上远为优越,因此,对日军的出现不会感到威胁。

我又问,有什么保证能使日本人信守六千人数的约定。我回顾了由美国、英国和日本组成的西伯利亚远征军的经验。当时曾明确约定美国和日本派到西伯利亚的兵力都不得超过一万八千人,美国政府坚守了这个约定,而日本政府却派去了十倍于约定数目的兵力。博杜安说,印度支那有足够的军队可以控制这个数额。

我问道,要是日本人提出增加数额,法国会再次表示同意吗?我知道,在协定中规定,日本军队数额的任何增加,都需经过谈判。博杜安说,那是将来的事,但任何非法的增兵都将遭到法国的制止。

我问道,在东京(河内)地区有没有一条规定日军不得越过的固定界线,从而使他们不能利用这个地区作为进攻中国的行动基地。博杜安说,没有固定的界线。他们的活动范围限定在由河内至广西边界的铁路以东直至海岸这个区域内,不得往北向高平方向前进。我又问部长,能否保证日本人不利用他们在印支的地位以进攻中国。博杜安答道,法国人将制止他们这样干。

我说,要是法国政府在日军登陆之前,就因担心它自己力量不足,难以抵制日本的要求;那么在日军已经登陆并驻扎在这个地区之后,又怎能指望控制日军的行动呢?博杜安说,法国在那个地区有军队三万五千人,他们就驻扎在日军将要驻扎的地区北面,一定能够对付六千日军的任何行动。当日本师团从广西假道印支撤往海防时,他们也担任监视和维持秩序的任务。

我问道,对于这六千日军所携带的武器和装备规定了什么限制,因为那对这支分遣队的实力有着重要意义。博杜安说,当然,他们是按正规方式装备的。他估计,这六千日军将分为六个大队,每个大队配备有步枪和少量机枪。他强调指出,现在达成的解决办法与会谈开始时所预期的大不相同,有了很大的改进。他要求我向中国政府说明法国政府所作的成效显著的努力,降低了日本人的要求,阻止了一种可能对中国形成威胁的局势出现。因此,他要求中国政府不要派兵进入印度支那。

我说，我知道现在被允许登陆的日军人数比日方第一次要求的少，但是，尽管博杜安先生作了解释，我还是不能设想这个协定的结果对中国西南地区的安全不会构成威胁，虽然其严重性也许比原先小一些。一个第三国，当两个邻国之间存在战争时，允许一方为了进攻另一方而派兵通过它的领土，这在国际关系上是史无前例的。法国政府与日本缔结这个协定的行动，不能不被看成是对中国不友好的表现。我说，我对博杜安先生希望中国不要派兵进入印度支那的要求不想加以评论。但在所造成的威胁局势下，需要采取什么对策的问题，应该由中国统帅部定夺。可是，正像我以前已经多次声明过的那样，我愿意借此机会声明，中国政府在应付此种新局势上，保留完全的行动自由。

我还说，前些日子，我曾从我国政府接到训令，如果法国政府终于与日本缔结一项准许日军在印度支那登陆以进攻中国的协定，即向法国政府提出正式抗议。鉴于外交部长已将这项协定的内容通知我，我不得不向他提出正式抗议。

博杜安反复解释道，由于法国政府的艰苦努力，才成功地完全改变了局势，所以他再次敦促我说服中国政府，对派兵进入印度支那一举加以克制。我说，我一定把他的要求报告我国政府，并请其注意外交部长刚才对我作的解释。但是我个人也要强调和重申一遍我刚才所发表的声明，其实这类声明我以前已经反复提出过。

博杜安说，他能够理解中国为什么要提出抗议，他也曾电告高思默，要他向中国政府进行解释。他还说，由于局势改变，中国领事可以仍然留在河内，没有任何理由担心。我说，为了预防起见，中国领事馆正在考虑撤离。美国政府应中国之请，已经同意在中国领事馆撤离河内的情况下，承担起保护中国财产和侨民的责任。

当我起身告辞时，我说，我听到外交部长曾经去过巴黎，据说那里的一切都很不错，不知是否真实。博杜安说，他曾在巴黎度过两天。至于说那里的一切都很不错,那仅是个说法而已。

当时协定已经缔结,我决心弄到一份协定原文的副本。虽然我曾接到密报,指出了协定的性质和内容,但如有可能,我仍然很想从法国政府获得一份正式的文本。因为重庆政府迫切需要得到协定原文,以便对法日协定导致的任何不测事件做好必要的准备。实际上,我自己已建立了不止一个,也就是说有两三个情报来源。其中的一个最为可靠,通过它,我能够得到一些训令和报告的副本,很有利于我们了解法国的处境,也是中国方面为了应付印度支那局势的预期变化所必需的。根据我的回忆,有两个提供情报者是法国人,一个是官方人士,另一个是半官方人士。其他的情报来源则是不经常的,换句话说,是时断时续的。所谓半官方人士,举个例子,就是议会外交委员会或类似机构的成员。这些人经常从内阁的部长们那里收到机密的报告和情报等。当然,我从印度支那也能得到情报供应。主要依靠我们的一些军事代表们,或为了特殊工作而驻在或来到印度支那的一些部的代表们提供消息。那些情报来源或多或少是不固定的。但是驻河内的总领事馆却一直把它得到的消息及时通知我。当然,我们的总领事在总督府也有他自己的情报来源。

当说到情报的来源时,很不容易将它们进行分类。我记得有一次,一家法国银行的董事长曾就形势问题与一位法国的部长进行了长时间的谈心。之后,他来访问我,他来的用意并不是要让我知道他们之间谈了些什么,只是想试探我持什么观点。这时我乘机询问我的来访者,并逗引他说出来,结果知道了他曾与一位内阁阁员晤面,详谈某一个特殊问题,这就是个间接的情报来源。

通常我要把从一个情报提供者那里得到的情报加以核实,办法是通过调查或从另一个情报提供者那里取得报告以进行核对。使我感到惊奇和满意的是,我的情报来源不但非常准确,并且常常要比法国政府的情报来源更为迅速。曾有多次我能够告诉法国外交部长或殖民部长一些有关印支局势发展的消息。他们认为,这些消息是不可能的,甚至表示惊奇,并向我保证决无其事。但是后来他们发现我是对的。

我打算在 1940 年 9 月 25 日和主管殖民事务的国务秘书普拉东海军少将进行一次会谈,我访问他的目的是想获得有关德古海军上将在印度支那所签协定内容的准确情报。

在准备这样的会谈时,我的通常做法是事先仔细考虑提出什么论点,强调什么论点,和坚持什么论点,借以得到一些有情报价值的回答。在我的所有外交工作中,这已成为一种固定的做法。如果我有足够的时间,我愿意尽可能地使自己准备得充分一些。我惯常是要我的机要秘书把机密文件和从政府收到的电报拿给我看。有时我甚至设法将我的情报与美国大使或美国大使馆的情报进行对照,因为那些情报可能有时对我有用或者可以用来核实我的情报。以上是一般性的做法。这次在我与普拉东海军少将晤谈时,我已经从我自己的情报来源中弄到一些关于法日协定的补充情报,我希望利用这些情报能够引出更多的官方情报。

我告诉这位少将,中国政府曾多次表示愿意对印度支那的防务提供援助与合作以对抗日本的侵略威胁。并且在整个谈判期间,中国力图尽量提供援助,以便增强法国对日谈判的地位。可是法国却与日本先后缔结了东京协定和河内协定,中国政府认为这是"反踢一脚",是对它的忠诚精神和合作愿望以怨报德。

我告诉国务秘书,我在 9 月 23 日(星期一)会见了外交部长博杜安,他力图解释所签订的协定比日本人原来所要求的条件缓和得多,实际上不会对中国西南地区的安全构成威胁。但是,正像我以前对外交部长说过的那样,我总感到按照博杜安先生的解释,或许威胁的严重程度比原来预期的似乎小一些,然而毫无疑问,法日协定必将造成一种需要中国方面严肃考虑的局面。

我告诉普拉东少将,遵照我国政府的训令,昨天上午(9 月 24 日)我已向外交部提出了抗议。现在我愿意给他一份副本,供他存档备查。少将仔细地看了一遍后说,他能够理解中国政府的感情。对中国政府下令破坏滇越铁路的桥梁和隧道,少将说,他也理解中国政府的反应是为了应付事态可能发展的一种预防措施。但是按照所缔结协定的实际条款来看,他请我恕其直言,他觉得中国的抗议并不完全有理。

他接着说,当然这应该由外交部长来加以评论,他为妄抒己见表示歉意。可是他肯定不会冒险去反驳博杜安的论点,即对于把日本的要求降至最低限度后所缔结的新协定,不能看成是对中国构成了严重的威胁。

我在听他说话时心想,我应该对他说得强硬有力一些,正像我对博杜安说的那样。我说,他所谈的仅仅是他的意见,但是中国政府并不了解协定的全部内容,自然会有各种忧虑。我曾要求外交部给我一份协定文本,但是遭到了拒绝。我只收到原文的第五段,后来这段也在报上发表了。于是我告诉普拉东,我来找他是为了请他帮助,使我能向中国政府解释,让它对新局势有个正确的见解。如果少将能给我一份协定文本,那对我将是莫大的帮助。(想从外交部得到协定原文失败之后,我力图说服普拉东向我提供一份。)

少将说,由于法国和日本双方军队在广西边界的冲突仍在进行,协定原件还不准备公布。在战事停止和事件解决之前,还不能认为协定已经最终定局,它的合法性仍可能出现问题。于是我说,目前也许不是公开宣布这项协定的适宜时机,但是我希望得到一份协定原文,只作为中国统帅部的机密情报,因为没有完整的协定原文,它就不可能在判断形势时不心存严重的疑虑。

少将解释说,德古海军上将曾在各个阶段当谈判达成不同的条款时,把协定的内容向他作了报告。但鉴于法、日两军在广西边界的严重事件,现在传出协定原文是不明智的,这样会使得法国政府明确地承担了协定的义务,可是实际形势却使得这些协定的义务尚难确定。

我听了普拉东少将给我的推诿性回答,感到相当不快,觉得需要对他讲得比通常更坦率、有力一些。我告诉他,根据我这两三次与外交部打交道的经验,并无助于减轻中国政府对法国政策的疑虑。我说,在星期二下午(9月24日)随着提出中国政府抗议的同时,我曾想在法国报纸上登载几行消息,让人们知道已经向法国政府提出抗议这件事,可是博杜安先生拒绝照我的要求办。我曾请求他不要阻止公布这样的消息,因为上次博杜安先生已经压下了一则中国大使馆具有充分理由提供报纸公布的否认消息,那就是所谓的1940年9月5日中国军队侵犯印支边界事件。我对少将回顾说,公布这条假消息是事先得到外交部批准的。经过调查后,因为上述消息毫无根据,中国政府曾发表一个正式否认声明,但是外交部长拒绝批准在法国报纸上公布。

少将笑了一笑说,不存在这种"事件"。(尽管外交部长拒绝批准发表一个公开的否认声明,他知道并没有发生过这种事件。)我进一步告诉少将,就在博杜安先生不允许中国政府的否认声明在法国报纸上出现时,9月6日,大批日本军队两次侵犯印支边界的事实竟完全没有在报上公布。我继续说,当前我所需要的只是发表几行消息,让社会上知道我已向法国政府提出抗议这个简单事实,而外交部长仍然没有认真考虑到应该同意我的要求,但是法国政府的观点,正如在政府公报和博杜安本人的声明中所解释的那样,却在所有报纸中都占了一整页的大部分篇幅。

于是这位主管殖民地的国务秘书竭力解释说,发表阐明法国观点的公报和声明,并无任何反对中国的意思。它是为了告诉法国公众,使他们不要对政府的政策存在任何误解,特别是因为以前对这方面讲得很少。这个行动是出自对法国人民的政治考虑而作出的。(但是他显然没有想到必需把中国政府的态度正确地告诉法国人民。)少将继续说,在整个谈判中,法国当局一直把中国的利益和它的合理的疑虑记在心上(这不过是外交词令)。法国政府决不能让步到这种程度,以至对中国的安全产生真正的威胁。只是由于这种坚定的态度,德古海军上将才得以和日本人达成一项现在形式的协定。

　　由于他想尽力解释以缩小协定的重要含义,我不得不再次谈起我的看法。我告诉他,协定中有许多地方据我或我国政府看来都很不清楚。虽然博杜安先生曾就协定的内容对我作了某些提示和解释,仍然无法消除中国的疑虑。因此,尽管协定载明允许日军登陆的人数限定为六千人,可我知道,为了进攻中国的目的,日本被准许登陆的军队将多达二万五千人,那六千人是否包括在上述二万五千人的数目之内,这点就很不清楚。

　　普拉东少将说,那六千人仅仅是为了用来守卫机场,他们不包括在二万五千人的数目之内。后者是被准许同时出现在东京地区的最大限额。(在这点上他提供了解释,所以我继续跟踪追击。)我说,据我了解,这个二万五千人的数额还要增加,只需要经过一个新协定的批准就行。少将解释道,这二万五千人的进入,需要取得法国当局的同意,并且不允许再有增加。因而,对从广西撤出的日本军队,应该把他们实际到达印度支那的人数,从被允许登陆经过东京地区前往中国边界的二万五千人总数中扣除。这些军队确实是为了侵入中国而经过印度支那的。他说,换言之,在任何一个时期中,假道通过的日军人数一定不能超过二万五千人。(把他的话用另一种方式说就是,在二万五千人侵入中国后,另一个二万五千人将被接纳。)

　　我说,日本人向来不信守他们自己同意的数额限制。正像我对博杜安说过的那样,我也对他旧事重提,谈起了西伯利亚远征军的经验。并且说道,因此问题在于如何防止日本人为了从印度支那进攻中国而不顾约定悍然增加他们的军队数目。少将很直率地说,他忘不了西伯利亚远征军的往事,但这次法国人将力图对日本人进行严格的监督。

　　我接着告诉少将说,我了解到日本人不打算利用河内至老街的铁路,他们将完全垄断海防至广西边界同登这条铁路的使用权。少将打断我的话说,不是完全垄断,法国人毕竟还是这个地区的主人。(我猜想这是他自我安慰的想法。)当我说到协定中有关准许日本人进行军事活动的区域,在我看来还有些含糊不清时,少将说,这个区域规定得很清楚,它包括海防至同登铁路沿线以东全部地区,以及海防至中国边界之间的海岸线。(很清楚,法国人已划出了大片地区,包括海防港口及其西面的铁路供日本人自由地运送军队登陆向中国边界进犯。)

少将说,他不大清楚这个区域是否有点向铁路以西延伸,如果博杜安先生说过这个区域不向铁路西面扩展,那么外交部长的话一定是正确的。于是我告诉少将,我了解到,日本人原先主张这两条铁路的沿线区域应当每边扩展 30 公里,因此,在海防至同登的铁路西面就出现了一个 30 公里的区域。少将说,他刚才说的是河内至老街的铁路(这是更靠西面的铁路)不包括在内,博杜安先生所提到的区域必须以临近海岸的铁路为限。我告诉这位少将,我还了解到日本人不得进入铁路以西地区,例如高平。他证实说,确是如此。

当我问起对那六千名日军所携装备的种类和数量是否有所限制时,少将答道,没有明确的限制,但因这支部队的任务是守卫机场,他们当然不能携带例如 155 毫米口径的大炮。他再次说,限制的程度是使日本人不能对中国造成真正的威胁(这是对日本意图的相当乐观的估计)。

我又问道,准许日本人使用的三个飞机场,难道他们不会用来进攻中国吗?少将答道,这是法国人比中国人更感到担心的一件事。他又拙劣地解释道,东京地区的气象条件完全不适合于攻击中国的飞机活动,特别是在一年内今后的季节中。人们会感到惊奇,他本人作为一个军人,难道真的相信这种托词。

我说我知道已允许日本人占领三个据点,也许这就是机场所在的地方,即富寿、嘉林、府谅商或老街。少将取出一份地图和我一道查看说,这三个地名是对的。(可以看出我的情报是准确的。)少将说,这几处就是六千名日军为了守卫那三个机场而驻扎的地方。但老街肯定不包括在内。于是我说,根据我的情报,老街是府谅商的一个替换地点。少将说,府谅商确实有个替换地,虽然他记不起这个替换地的名称,但肯定不是老街。

又一次强调指出,中国不应该把协定条文造成的局势看作是构成了严重的威胁。准许日本人通过的地区非常有限,那不是行动地区而仅仅是个过境的通道,让日本的师团通过这个地区从广西撤出。那批准备登陆进犯中国的二万五千名日军也必须通过这同一地区。(这显然是为日本侵略军进犯中国提供方便,亏他仍然说不严重。)

我问普拉东少将是否认为印度支那的法国人能够保证使日本人严格遵守约束。少将答道,法国政府决心使日本人的行动不逾越协定的限制。他说,由于法国军队奋起抵抗而形成的法军与日军在广西边界的冲突,就表明法国人决心不让自己的主权遭到践踏。

我指出,事情的可悲之处就在于日本人总习惯于不信守诺言。就目前情况而言,协定刚签订不到十个小时,日本人已经开始违反。少将笑了一笑说,日本人确实没有改变他们的习惯,不过东京也希望解决这个事件。

我告诉他,日本人正在继续推进,甚至在战斗中动用了飞机。少将说,那是真的,但是法国人在阻击日本人的军事部署上还没有使出全力。他认为,如果需要的话,法国人可以进行更为有效的抵抗。(从而他承认了法国人没有使用他们全部的有效抵抗手段。)他说他已下达必要的训令。不过他很想知道这个日本师团的性质,为什么他们表现得如此迫不急待,协定刚刚签订就急于冲入印度支那。他问我是否有这方面的任何情报。

我说我还没有直接的情报,但是我认为这种匆忙的行动,不外乎以下三个原因之一。第一,可能这个师团已经拒绝作战,日本当局需要尽快地把他们撤回。日本军队以前就发生过叛变事件。几个月前,两个日本师团曾经叛变,日本当局被迫用两千辆卡车通过山区把他们调往广东省西南角的海滨。这种经历,使日本的指挥官们很为难堪,不仅因为这个地区多山,只有一个出口——一条位于"十万大山"中的通道,而且因为他们的周围有中国游击队,在退却途中不断遭到袭击。我说,可能日本当局有鉴于他们过去经中国地区撤退的教训,宁愿走印度支那这条路线撤退到海防更为安全。少将对日本军队曾经拒绝作战这个事实深感兴趣,他说他知道通过"十万大山"的山路非常险阻。

我说,第二个原因可能是中国军队在这个日本师团后面追击。少将也许知道,日本军队在广西多半陷于被包围状态,而且在日军的后方还有中国游击队。因此这个师团可能已陷入困境,他们唯一逃跑的道路就是越过印度支那边界。

第三个可能的解释是,这个师团为日本最精锐的师团之一,有着第一流的装备。日本人需要将其调入印度支那以便牢固控制东京地区。因为仅靠协定所允许的六千日军,面对数量远为众多的法国军队,要实行占领东京地区,力量显然不够。日本人以这个师团陷入困境为借口,要他们冲入印度支那,以便在法国人弄清真相和采取对抗措施之前,用奇袭占领东京地区。普拉东看来被我最后的解释弄得相当心烦意乱,特别是由于我指出了法国人需要严密注视日本人的动向,因为我觉得,一旦这个师团被允许进入,似乎不会很快离去。

我说,我担心这个协定不仅对中国造成威胁,而且对印度支那本身也将带来很大的危险。我说,我想不起历史上有任何这样的例子,一个与邻国保持友好关系的国家,允许另一个与那个邻国交战国家的军队,为了进攻那个邻国而通过自己的国土。我警告说,这样一种姑息态度,确实意味着对姑息者一方的莫大危险。我说,我用不着对少将重提朝鲜覆辙。那个国家在日俄战争前夕签了一项协定,允许日本军队通过它的国土去攻击在满洲的俄国人。全世界都知道,结果落到朝鲜头上的是什么命运。普拉东说,在印度支那的法国人仍然有保卫这个殖民地的其他方法,现在的情况与当时朝鲜的情况不完全一样。

我告诉他,中国曾经希望法国不要和日本人缔结这样一项协定,可是现在协定已签订了。像我以前多次声明过的那样,中国政府自然有权保留它应付这种局势的行动自由。我还说中国政府对法国的友好情谊曾经在多方面表现出来。最近当中国政府听到法国有意从吉布提派兵到印度支那以增强它的防务,和从印度支那向吉布提运送供应物资,它就指示它驻伦敦的大使与英国人交涉,说服他们为法国人提供必要的方便,并且不要阻挠运输船队。这些要求现在已经得到英国人的同意。我确信少将一定会对此表示欣赏。尽管法国政府并未要求中国政府这样做,它还是采取了主动的行动,因为它强烈希望帮助印度支那,使其能够对日本采取坚定的立场。

少将显得有些出乎意外,问起英国人是否真的愿意给予帮助,英国政府在什么时候表示了同意。我告诉他,第一次早在大约十天以前,最近一次是四天以前的本月 21 日。但是鉴于德古海军上将与日本人缔结了协定,我不知道英国人是否将由于这个新的变化而改变主意。

少将问道,英国人为什么反对这个协定,并且问,我是否真的相信英国人会反对这个协定。(这时自由法国和英国不仅与维希交恶,并且刚在达喀尔发生战斗。)我说,就在今天上午,我接到一封伦敦同僚发来的电报,告诉我英国政界对缔结法日协定感到失望。少将坦率地说,他难以理解这件事,特别是鉴于英国人对达喀尔所采取的敌对行动。他问道,英国人为什么要这么干?他在回答我的问题时说,战斗仍在那里进行,法国人决心对进攻抵抗到底。

人们从我的谈话中可以看出,我力图强化法国对日本的态度,鼓励法国人采取坚定的立场,不要为了寻求与日本人达成谅解而迁就过甚,日本对遵守协定是不堪信赖的。但是我不认为法国政府的领导者们那时对日本的"南进政策"真正非常关切,他们远不如中国或美国政府那样严肃对待此事。同时,他们之中有些人由于憎恶莫斯科,仍然存有与日本携手的潜在愿望。他们之中的一些人,一直认为日本将是对苏联的平衡力量,可以束缚莫斯科的手脚,有利于欧洲的形势,特别是有利于法国,因此意见分歧,缺乏统一的政策。由于他们总是以法国为中心,从来没有充分了解远东在世界形势中的重要性。他们的注意力总是集中于欧洲,那是他们的主要关心所在。尽管他们也认识到印度支那对法国的价值,并且迫切需要为了法国而保住印度支那,但除了很少一些专家外,他们之中几乎没人愿意用心去透彻研究亚洲的形势,以及亚洲国家的态度和行动对世界力量平衡的意义。

我感到很奇怪的是,虽然法国几个世纪以来就是一个世界大国,有一个时期甚至排在英国前面。但作为欧陆大国,它的注意中心一直是在欧洲,即使到了现在,我认为他们也没有放弃那种观点①。

概括起来可以说,法国在向德国投降以后的议论未定时期,几乎完全没有任何坚定的政策可言,它只是四处敷衍,一方面与日本妥协,另一方面对德国人应付。我不认为他们在内心深处不同情中国的事业,但是他们觉得处在自己的现实地位,不得不屈服于不可抗拒的外力。

法国政府确实处于一种很可怜的地位,但是我希望它对中国人能够更真诚一些就好。我希望它真正认识到中国政策的一贯性,和中国对法国政策的诚挚性。在危难时期,每个民族都会背离他们的天性和倾向。在这个时期,法国表现得非常分裂。不仅自由法国在伦敦另外成立了政府,就是在维希政府本身也存在着分歧。政府中有些人如赖伐尔以及在某种程度上外交部长博杜安,是真心与德国人合作的。但是陆军和海军人士则出于勉强。他们之所以这样做,只是出于景仰贝当元帅的崇高声望。贝当元

---

① 原编者注:这段话叙述于 1967 年 9 月。——译者

帅是这个政权的首脑,他们觉得有一种道义上的约束,去服从他的领导。这时,除贝当元帅以外,没有人能够出来领导法兰西民族应付这种异常严峻的局面。以上是我对法国妥协政策的解释。当然,这个问题还有另外一方面的原因,对此我只想简短一提,那就是他们对华盛顿的态度感到失望。

## 第九节　对法日 1940 年 9 月协定及德意日三国条约的反应

### 1940 年 9 月下旬—12 月上旬

　　1940 年 9 月 22 日的法日协定缔结之后,我便尽力劝使法国人给我一份协定文本的抄件,但他们却只愿把其认为是与中国有关的要点口头通知我。最后,经我建议并经重庆政府完全同意,由我草拟了一份抗议书,呈请外交部审定。经王宠惠外长核准,只改动了一处措词,即略去"中立"一词不提,然后送交法国政府。外交部 9 月 25 日来电对这一更改做了说明,并要我尽快将抗议书送出,我当即照办。

　　现将抗议书原稿及修订稿予以照录。原稿为:

　　　　中国政府获悉,法国政府与日本政府直接通过法国驻东京大使,并通过印度支那当局与日本驻河内代表,已缔结协定,规定日军可在印度支那登陆及自由过境,并规定日军可使用港口、铁路、机场及其他设施,借以进攻与印度支那接壤之中国西南地区。1940 年 9 月 23 日,法国外交部长在与中国大使会谈中,亦对缔结该协定的主要各节予以证实。

　　　　中国大使馆以往曾有幸通过中国大使,多次与贵国外交部长会谈,向法国政府反复提出书面及口头警告,中国政府鉴于日本在过去三年间不断以其武装力量侵略中国,虽经考虑外长阁下所作之解释,仍认为法国政府与日本缔结上述协定之行动,不论中、日之间已否按国际法宣布处于战争状态,均构成法国方面严重违反中立义务并公然违反条约规定及国际睦邻关系之基本准则,似此实系敌视中国之行动。

中国大使馆奉中国政府之命,以中国政府名义提出最强烈抗议,并通知法国政府,中国政府对日军出现于印支边境附近及利用印支作为对中国作战的军事基地一事,保留采取一切必要自卫措施的全部行动自由。并声明由此产生之一切后果,均应由法国政府负责。

来电所提出的改动是关于第二段后半部分,自"均构成……"以下的一句,修改如下:

……均构成严重违反国际法及国际睦邻关系之基本准则,似此实系敌视中国之行动。

我迅即于9月25日将抗议书送交法国外交部,并在当天下午趁美国代办马修斯来访之机,给了他一份抄件。他自称是来交换意见和互通情报的。

我把与博杜安的会谈,这位外长的解释及我发表的意见,都告诉了他。我的意见是,无论法国外长怎样解释,我依然认为法日协定对中国安全构成威胁,中国政府必须保留采取一切必要措施以应付形势的完全自由。

马修斯说,有关协定内容的解释和情况,他已从法国外交部获得类似消息。他着重证实,日军通过的地区是海防至同登铁路以东的与广西接壤的区域,海岸线也包括在该地区内。他还证实,指定替换府谅商的地方不是老街,而是安沛。

我接着告诉马修斯,中国政府已正式向法国政府提出抗议,而且博杜安不让法国报纸刊登中国提出抗议的消息。我把抗议书抄件交给了他。(随时把情况告知美国大使馆,使其能将消息传往华盛顿,这是我的一贯做法。)他问我提出抗议之事是否已通知美国政府,我说,已请重庆办理,但我的电报是星期二(24日)

晚发出的,估计华盛顿尚未接到通知。

关于法、日在广西边界发生冲突一事,马修斯证实了我的情报,并说,战斗仍在进行,日方甚至出动了空军。关于英、法在达喀尔的战事,他说,当目前远东局势正需予以注意时,竟发生这场冲突,这是很不幸的。他担心达喀尔事件对采取可能的积极措施以应付远东局势会产生不良影响。

他说,关于美、英已就美国海军使用英国的新加坡基地达成协议的报道,他尚未得到消息。我告诉他,根据我国驻伦敦大使来电,美国已表示希望滇缅公路在 10 月 18 日之后重新开放。对此他很高兴。我在回答有关滇缅公路问题时说,我知道该公路禁止武器弹药而不禁止非军用物资通行。

1940 年 10 月 7 日,我拜访了外交部秘书长夏尔-鲁,再次向他催索法日协定文本的抄件。我指出,我坚决要求让中国政府得到文本的抄件,其目的也是为了防止中国统帅部作出可能使法国为难或超出实际情况需要的决定。尽管我提出的这个理由似乎多少打动了这位秘书长,但我还是没有得到文本抄件。10 月 15 日我又去见他,探询他是否已按我的建议授权法国驻华大使高思默将协定抄件送交中国政府。他说没有,因为法国政府要"保持与日本的适当关系"。

法国的态度显然与柏林方面改变对印度支那问题的态度以及与日本企图占领印度支那有关。日本的这个企图表面上是为了进攻中国,实际上则是为向南扩张作准备,日本向南扩张主要是针对英国在远东的领地和殖民地,如缅甸、马来亚和印度。人们当还记得德国最初对日本觊觎印度支那的活动并不关心,当时德国的政策是致力于保持与中国的关系以及不介入日本直接损害中国利益的活动。实际上,据我当时掌握的情报,德国甚至向法国暗示,德国本身不希望法国丢掉印度支那,换言之,德国希望法国尽量顶往日本对印度支那的要求。

但是,所有这一切不久都变了,这显然是由于欧洲战局的变化。德国空军未能在空中战胜英国的抵抗,使得德军无法在英国登陆,因而也不能早日结束欧洲的战争。为此,希特勒不得不修订其外交政策,准备以长期作战制服英国。德国希望扩大和日本合作的范围,以便在远东对英国施加压力。在欧洲,德国改变了原先希望看到法国对日本持强硬态度的立场,现在劝说法国答应日本对印度支那的要求。为了获得日本的亲善与合作,德国伙同意大利于1940年9月27日与日本签订了三国条约。希特勒及其德国一伙促成这个条约的全部想法与行动,都是为了有利于更成功地进行长期战争。

我在柏林的同事陈介通过我国驻斯德哥尔摩公使馆发给我一封饶有趣味的电报。发电日期为1940年9月29日。电报说,德国起初对日本炮制的印度支那问题不大关心,也没有多大兴趣,但是最后它对法国施加压力,要法国为德国的利益而牺牲印度支那,以保存荷属东印度群岛。(我猜想他的意思是说最终为荷兰或为德国本身而予以保存。)陈介大使说,三国条约是由德国的对美政策促成的。如果美国对日本诉诸战争,则德、意两国就对美国宣战。

关于谈判缔结苏日协定的报道,陈介说,德国对此不感兴趣,因为德国与苏联之间的裂痕很深,缔结任何苏日协定或合作计划都将损害德国的利益。

他说,就西班牙而言,它目前尚无意加入轴心国条约,即三国条约。西班牙只同意在现有条件下尽量为德国和意大利提供军事便利。但柏林普遍认为西班牙最终将加入轴心国。

他说,由于德国想要继续反对英国和美国,以前就不愿抛弃日本这个盟友,这几乎是尽人皆知的事实。现在发生了影响德国政策变化的复杂情况,由于德国认识到难以在不列颠群岛登陆,并鉴于美国对英国的援助日益增加,柏林终于感到,日本在推行向南扩张政策中侵入东南亚,会对英国不利。他补充说,在罗马进行的,最后导致缔结三国条约的长期谈判是严格保密的,甚至美国大使馆事先也未能获得任何情报。

　　陈介接着说,据可靠消息,日本在谈判过程中,曾再三要求德国出面斡旋,以解决日本与中国的纠纷。华北日军当局特别赞成日本的这一行动。他们甚至极力主张日本应当表示情愿做出重大让步,以获得中国的同意。他们认为除非中日冲突迅速结束,日本向南扩张的政策便很难实现。他说,可能德国目前正在认真研究和准备向中国提出的方案,而且倘若我国再次拒绝德国的建议,柏林就要开始承认汪精卫政权。

　　他说:"我不愿在此等候德国政府最后下令逐客,故已电请政府准予辞职。"

　　从他最后这句话来看,他所得的情报一定是不可忽视的。这反映了德国的政策已完全转变为明确支持日本的立场。但德国并非就此减轻了对日本的猜疑。这正如一群匪徒,相互猜忌,只因形势所迫,有时结成一伙,但仍各自为本身利益打算。以前,日本为谋求自身利益,曾主动进攻青岛的德军,攫取德国在山东的利益。任何国家的民族利益都不会发生根本变化。我认为,这是由于一个国家的民族利益是以这个民族的地理位置、传统及抱负为基础的。

　　三国条约签订之后,我曾向重庆拍发几封电报,就这种情况下政府可采取的政策提出建议。然而一连数日杳无回音,于是我急于想了解我的电报是否已到达重庆,因为当时通讯渠道毫无保障,且法国检查机构又常加干扰。为此,我给外交部次长徐谟发了一封半官方电报,10月3日,他终于回电说,我的意见与政府政策一致。然而美国政府总是态度暧昧,从来不在事前表明其行动意向。他说,我们曾一再敦促美、英、苏结成集团,却得不到美国政府的答复,我们得到的只不过是关于美国总统和国务卿公开声明的参考资料。

　　徐谟接着说,俄国的态度至关重要,然而直到那时,这种态度对重庆仍是个谜,而从苏俄的报刊舆论与近来的传闻判断,苏、日之间缔结互不侵犯条约似乎不是不可能的。

因而,他认为目前形势可以归结为一个总的问题:即美国是否会对日开战?他认为美国可能会被迫对日作战,但它将尽量推迟这种冲突。他又说,无论如何,美国对外政策不会给我们提供任何保证。他说,由于这个缘故,胡适博士从华盛顿发来的报告很少包含有用的情报。我自己对这一点很清楚。可怜的胡适由于不是职业外交官,并且生性不喜欢利用一切机会去搜罗情报,他一定对美国政府那种暧昧态度及其对一些严肃问题所作的模棱两可的回答颇为厌恶。

我对缔结三国条约不感意外,只是没料到它来得这么快。然而此事一经公布,我便立即给在其他各国首都的同僚打电报,因为我急于想了解世界各重要国家首都的反应。我已提到驻柏林大使陈介的答复。中国驻莫斯科大使邵力子在 10 月 8 日回电中告诉我,他不得不绕个大圈子通过重庆外交部报务室发来电报。

他说,苏联对这个条约不大重视。他们对他说,一切取决于战争的最后结局。他们说,苏联政府继续执行坚定的中立政策。邵力子还说,苏联政府没有与日本达成谅解的迹象,华盛顿与莫斯科的关系似乎有所改善,但仍有重重困难。他认为,苏、美合作问题的真正关键在美国。

邵力子在电报结尾时表示,他认为法国容许日本在印度支那立足,无异于引狼入室,必将追悔莫及。他希望法国终将认识其危险性。

由于日军侵入河内,中国驻印度支那总领事馆由河内迁至西贡。许念曾总领事于 9 日从西贡来电,但该电于 10 月 22 日才到我手,显然这份电报在传递途中遇到干扰。他在电报中说,日军司令部终于移至河内,借口嘉林的设施不足。日军司令部还扩充了警卫部队。他说,新任总司令石村刚刚到达,并指定一名代表与印度支那总督进行谈判。

许念曾说,更有趣的是自从轴心国三国条约签订以后,日方态度表面上显得比较和缓并趋向和解。他认为这或许表明日方很想诱使印度支那加入轴心国,以便于此后更容易在印度支那为所欲为。

法国的印度支那总督的态度看来也改变了。许念曾说,这位总督现正力劝已离开河内的法国人返回那里。尽管如此,小规模的冲突频频发生,因此很难预料法国人和日本人在那里能够融洽相处多久和达到什么程度。

许还报告说,法军的总司令已经换人,而且盛传法国有可能对英国宣战。暹罗已与印度支那断绝外交关系。印度支那南方军民对其政府的态度以及政府对日本的软弱政策感到愤慨。他们倾向于与英、美携手合作。这再次表明,法国殖民地的人民与其宗主国的人民一样,是意见分歧的。在法国,对贝当政府的对德态度不仅普通百姓而且甚至领导人都是意见分歧的。换言之,当时的法国确已完全分裂,其不能维护自己的权利,就不足为奇了。

据说河内地区日军的真正意图是进攻缅甸,其中有一部分要通过云南。有一则给我送来的新闻报道说,中国政府已派军队开赴中、缅边境,以与英国共同抗击日军可能对缅甸的侵犯。我因而电询重庆军政部长。他在 10 月 18 日复电说,我国已做好预防不测的必要准备。这表明形势何等错综复杂,战线如此之多。

同一天,即 10 月 18 日,英国重新开放了滇缅公路。十天前,邱吉尔已经宣布了这件事。当时他说,英国政府不再延长英、日 7 月 18 日签订的关于关闭这条公路三个月的协议。

邱吉尔未能说服当时在图尔的法国政府与英国携手而不投降德国。在这之后,法国被德国打败,并交出了它的军队。这时候,英国对贝当建立的并以他为首的法国政府十分怀疑。还记得此后不久,英国曾在达喀尔湾外进攻并击沉了法国海军的几艘舰艇。

法国对此极为不满,甚至有对英宣战的议论。

法国不是尽力拖延和违抗德国的命令,而是按照德国意图,和德国联合对英国施加压力。换言之,法国心甘情愿与德国合作以打败英国。同时,德国改变了对印度支那的态度,而且由于订立了三国条约,指望日本向南扩张,给大英帝国施加更大的压力。英国的政策也被迫作出相应改变。英国以前曾几次三番尽量迁就日本的欲望。我记得有一次英国与日本达成了协议,承认日本在华北的政权,尽管那是军事政权,是军事侵略的产物。英国还是接受了诸如使用和流通日本银行钞票以及用日本通货支付税款的要求。

　　记得在1938年,我感到我应该发表一个严正的声明登载在《世界合作报》上,因为重庆政府当时由于我国处境艰难而相当犹豫。我觉得这时候应该有人出面表达中国人民的真实感情,因此我就这样做了,而且声明引起了广泛的注意。澳大利亚的珀西·斯彭德爵士因这个声明痛斥大英帝国首脑与日本合作的阴险行为而大为震惊。后来当他和我分别任国际法庭庭长和副庭长时,他告诉我:"那时我真是大吃一惊,可我不知道威灵顿·顾是谁,后来我到了巴黎,才知道那就是你。那个声明真使我十分激动。"当时正是英国对日本执行怀柔政策的时期。

　　只是在缔结了三国条约,日本明确地加入了德国一伙,而且英国看清了日本的真正意图即日本开始推行其向南扩张政策的时候,英国才开始由于担心而改变其对日政策。换言之,只是在看清了日本在印度支那的真正意图以及日本控制印度支那的高压手段的时候,英国才开始认识到自己的殖民地所面临的威胁。当然,那正中德国下怀。德国看到单靠本国的力量不可能迫使英国在欧洲屈服,因而这场战争将是旷日持久的,而且存在着美国加入英国一方的极大可能与危险,于是想使日本介入,在大英帝国的另一端牵制英国。面对这种情况,英国对直接捍卫其远东的利益感到无能为力,然而却不必再讨好日本了。所以英国终于开放了滇缅公路,这并不是为了给中国提供便利,而主要是由于英国已看到了自己在远东的利益将要发生的问题。

还有另外两个因素:第一,中国的一再要求,这个因素似乎不很重要;第二,华盛顿的劝说,这个因素则极为重要。

我不知道这样说是否显得我有偏见,然而滇缅公路的开放确是由于形势所迫。这是出于英国方面考虑其本身利益的实际需要而促成的。三国条约是日本的真实意图的标志。英国由此认识到,正如德国是其欧洲的唯一大敌那样,日本是其亚洲的唯一大敌。说来奇怪,英国过去是日本的同盟者和许多合资企业的伙伴,曾经与日本合作得如此紧密,竟然迟至今日才认识到这一点。英国人显然不很了解日本人。中国人对日本人的了解要比他们清楚得多,美国人亦复如此。

10月29日,我收到驻伦敦大使郭泰祺的电报,告诉我他在争取英国合作方面取得的进展。他说,他上次会见首相,原想讨论一下援助中国的具体措施,但那时未能办到。现在他正与外交大臣讨论怎样取得英国的合作。他感到英国的态度比以往富于同情心,也更乐于讨论这个问题。他说,英国的态度是宁愿等到美国的总统选举之后再定,他们觉得到那时候在实现与美国合作方面肯定将取得更大的进展。因此,郭泰祺认为,由于形势所迫,美国有可能扩大其在太平洋地区的合作面。他接着就维希是否确实已完全向德国投降以及是否打算公然对英宣战向我提出询问。

两天之后,我又收到他一封电报。他说,英、美和苏联之间的关系没有什么改善。表面看来要英、美承认苏联吞并波罗的海三国是讨论中的棘手之处,而实际上,最重要的因素是苏俄畏德如虎,莫斯科甚至坚持不得将英国大使与莫洛托夫会谈的情况公诸报刊。郭说,然而经过更仔细地观察,由于巴尔干半岛各国的形势日益严重,倘若德国侵入达达尼尔海峡或是在黑海建立海军基地(我猜想这是由于三国条约而得到意大利默许的),那么,即使苏联想要避免战争,也是办不到的。

郭接着说,尽管到处在议论苏日协定,其实莫斯科尚未做出决定。如果美国能大量地援助中国抵抗日本的侵略,那将大大减少苏俄在远东的后顾之忧。如果实现了这一点,就不会有苏、日达成谅解的危险了。他说,他与英国政府正共同试图向美国力陈这一观点,即敦促美国对太平洋地区,对中国和日本都采取更明确的态度。

11月2日,当时在西贡的我国驻印度支那总领事发给我一份有趣的电报。来电证实,作为轴心国三国条约的成果之一,法国方面的态度转变了。他说,目前日本的一切要求都通过柏林向维希提出,柏林则要求维希指令印度支那照办。在日方要求之下,所有在印度支那属于中国政府与商人的货物自10月23日起全部被扣留,从而使中国蒙受巨大损失。虽然中国军队收复了南宁和龙州,遗憾的是这些胜利来得太迟了。这位总领事说,如果早些获胜,对日本人可能会产生一定影响。

他接着说,据报道,贝当元帅已经与德国签订和平条约。和平条约第四款规定,将印度支那割让给日本。他问我此事是否属实。他还说,印度支那两家美国公司的三个成员被逮捕。我猜想这是日军司令部指使办的,因为他说,现在印度支那当局不只是惧怕日本人,而实际上是在帮助日本人。他们甘愿听命于三国条约的签约国。因此日本已无必要使用武力,它只需采取政治手段就能达到目的。(也就是说,日本只要请柏林把事情转达维希,叫维希照办,便可如愿以偿。)

他说,河内华侨的权益已委托美国领事馆照管,但有关华侨的政治问题仍须由他处理。他的方针是与河内保持密切联系。他又补充了一个相当重要的情况,即保卫驻河内日军司令部的日本警卫部队,已从六百人增至二千人,并不断在河内滋事。然而,印度支那当局不是要求公正处理,而是采取表示遗憾的做法,以期不发生严重事端。

为了更好地理解印度支那事态的急剧变化,有必要简单地观察一下欧洲的形势,因而我想回顾一下我与一些维希的同行们的谈话,例如,我与苏俄代办伊万诺夫的会谈。

俄国极为关心的是德国想干什么,英国的态度如何,以及法国在最后与德国签订和平条约时准备向德国屈服到什么程度。自然,对于远东局势中涉及日本对俄态度方面,他也很关心。鉴于局势的急剧发展,德国为了防止华盛顿采取进一步支持英国反对德国的政策,正在改变其对法国和苏俄的态度,因此,我本人则急于想知道在这种情况下,莫斯科对日本采取什么态度。

在10月27日的一次午餐席上,伊万诺夫显得有意和我攀谈,我当然也乐于有这样一个机会。他先打开话题说,美国代办墨菲已从华盛顿回来,并带来一封罗斯福总统致贝当元帅的私人信件。罗斯福力劝贝当不要与德国合作反对英国。伊万诺夫说,墨菲在旅途中时,局势变化如此迅速,以致他在向贝当递交信件之前,不得不对其内容作某些更动。伊万诺夫本人与墨菲并不十分熟悉,但他很想知道我是否了解信件的内容。他认为希特勒考虑到美国临近总统大选,急于要混淆美国公众的视听和怂恿美国的孤立主义者,其方法是向法国提出一个条件宽大的和平建议,并把自己装扮成和平主义者和欧洲解放者。因此他认为希特勒向法国提出的建议只不过是一种策略用以防止美国站在英国一边参战,并以五大国的坚强集团向英国施加压力;这五大国是欧洲的德国、意大利、法国、西班牙以及远东的日本。

苏联代办说,他还听说英王致函贝当,力劝他不要接受德国提出的屈辱的和平条约。他说,重要的是弄清楚该函的内容以及法国政府的真实态度和德国所提条款的性质。

我告诉他,根据我的情报,英国驻马德里大使通过法国驻马德里大使递交了一份英国政府致法国的建议书,提议:第一,将法国舰队交给英国;第二,交出非洲大西洋沿岸的重要海港;第三,英国保证获胜以后使法国在领土上和政治上都恢复原状。法国对英国建议的反应是来得太晚了,因为法国已向德国作了承诺。我又说,我还获悉,德国准备在欧洲大陆集团巩固以后向英国提出一个条件宽大的和平建议,甚至可以放松它对比利时和荷兰的控制,这两国的独立在英国看来对它的安全是必不可少的。(这些都表明当时欧洲各国首都的紧张活动,各国都在为自己的民族利益而斗智,力求压倒别国。)

伊万诺夫认为英国不会甘心于完全被排斥在欧洲大陆之外,因而也就不会接受德国的和平建议。我问及巴尔干半岛各国的形势,以及莫斯科在德国派兵进驻罗马尼亚之前,是否曾从德国方面得到通知,伊万诺夫回答说,莫斯科并未得到这样的通知。当时德国只是声称要派一些教官去训练罗马尼亚军队,然而据可靠消息,德国目前向罗马尼亚至少派去了两个师。

我问及一旦德国进入土耳其,莫斯科将如何应付。伊万诺夫说,这是个问题。不过他相信土耳其肯定会抵抗,而且土耳其拥有二百万训练有素的军队。苏联肯定会以重要装备援助土耳其。他认为土耳其总统最近一次接见苏联大使时,有土耳其总参谋长在座,此事具有重要意义。

我说,德军开抵罗马尼亚的黑海沿岸可能是为了阻止苏联在黑海的活动。伊万诺夫说,从塞瓦斯托波尔到伊斯坦布尔并不远。如果德军推进到达达尼尔海峡,那自然会引起苏联的不安,因为该海峡历来都被看作是对俄国生死攸关。但在德军到达土耳其之前,还有个保加利亚,而保加利亚政府目前正在寻求莫斯科的支持。他认为,虽说保加利亚政府是亲德的,但保加利亚人民则是亲苏的。然而他认为德国的目的是进军巴勒斯坦并切断英国的近东石油供应来源。他证实了我的情报,即德国沿波兰边界集结了重兵,可是他说,苏联已经集中了更多的兵力以防不测。

他认为德军开进罗马尼亚等于占领,其目的是全面控制罗马尼亚的石油。他说,这对德国已更为必要,因为苏联自5月以来即停止向德国供应石油。并且自从德国在西欧发动攻势后,苏联实际上就没有向德国供应重要物资。只有一定数量的小麦运往德国,这是为了从德国换回更多的机器和机床。

伊万诺夫反复地说,他不能理解英、美在与莫斯科谈判中何以表现得这样不明智。他怀疑英国和美国对苏联政府依然存在着不信任和误解。他说,例如这两个民主国家拒绝承认波罗的海三国并入苏联就是一种考虑欠周的态度。他们拒绝承认比萨拉比亚并入苏联也是如此。现在就连法国也已承认了这些既成事实。苏联认为自己是强大的,足以应付任何危险,哪怕是来自德国的危险。换言之,苏联不是像英、美需要它的援助那样,需要英、美的援助。他们若想得到苏联的合作,就应当有所报答。然而他们不是这样做,而是继续否认原本属于俄国的领土现在应归还苏联。

他接着说,(对我透露出俄国人的内心活动)苏联除非遭到进攻,不会拿起武器对抗德国,因为正是德国将波兰的乌克兰部分给了苏联,而且还是德国很快地承认了比萨拉比亚和波罗的海三国并入苏联。所有这些领土本来都是俄国的,现在理所当然地应由苏联收回。德国理解这一点,而英、美则不然。

(这使我想起罗斯福总统对我说的话,他曾在一次非正式的即席谈话中表示,希望印度支那与中国步调一致。他说,美国对于欧洲人的争吵极其厌倦。他们似乎永远不能一致合作,和睦相处,以便把欧洲当作一个整体来建设好。而每个国家为了增加本国的利益都设法从其他国家得到好处。这些争吵最终把美国拖入了战争。他说,美国人民被迫拿起武器在欧洲支持一个欧洲国家集团反对另一个集团,这已经是第二次了。伊万诺夫对我讲的话证实了欧洲列强之间的频繁争吵的情况。)

我告诉伊万诺夫,根据我的情报,伦敦与华盛顿都希望能得到苏联的合作。最近解除对苏联禁运机床和同意租赁十万吨油轮都是美国愿意改善美苏关系的明证。至于伦敦,我知道哈里法克斯勋爵一直急于想和莫斯科达成某种谅解。这位英国外交大臣由于自己作了真诚努力而未能获得任何成果颇感烦恼。

我补充说,中国在各国的外交代表也曾试图以适当方式促进伦敦、华盛顿和莫斯科之间的合作。我说,我本人就是一有机会便做些解释以消除对莫斯科的误解和怀疑。伊万诺夫听了我的话很高兴。他说,如果苏、英、美、中能缔结一项四国条约,就可以形成一个强有力的集团来反对侵略势力。

他说,苏、法之间有很多摩擦,但在两个月前法国政府已表示了改善关系的强烈愿望。最近苏联任命了一位参赞并为驻维希大使馆配备了大量工作人员。他说,法国政府对苏联有关比萨拉比亚及波罗的海三国的政策,显得有深刻的理解。他认为,劝阻法国与轴心国合作是符合共同利益的。他把德国向法国提出的和平与合作的建议解释为,这是因为德国把可能从法国攫取到的东西,包括牲畜、谷物和其他食品、机器、车辆以及工厂设备等都已搜刮到手了。

他还说,在德军占领法国后的最初两个月内,共产党分子对德国尚有好感,但是最近德国的政策变了,因而广大人民,例如巴黎地区的居民,都反对德国而欢迎戴高乐。人们常常能看见墙上贴着写有"戴高乐万岁"字样的标语。在各电影院里所表现出来的观众情绪也证实了这种反德精神。他曾亲眼目睹,当银幕上出现英国轰炸德国各中心城市时,全场掌声雷动,而当出现希特勒的镜头时,则是一片嘘声。

他接着说,德军的士气非常低落。在内韦尔,有一千五百名奥地利士兵因拒绝对英作战而被监禁。目前德国虽然是中欧和西欧的最强国家,但它经受不住长期战争。

我问苏联与日本达成协议的可能性如何,外传新任日本大使在莫斯科的活动是否属实?伊万诺夫说,欧洲形势如此变幻莫测,巴尔干半岛各国的形势又如此严重,苏联自然希望在欧洲能不受牵制地放手自由行动。根据他的说法,这就意味着与日本达成协议是完全可能的,特别是由于日本因缔结了三国条约而企图向南扩张,进军英属各领地和荷属东印度群岛。他解释说,这对于苏联和中国都无损害,而且苏联将继续执行其支援中国的政策。

我说,我明白日本的真正愿望是使苏联停止向中国运送供应物资。伊万诺夫说,日本有可能继续这样要求,但苏联政府不会同意。给予中国的援助是商业性质的,苏联政府不容许把它与第三国的商业往来作为同日本讨论的题目。这一直是指导苏联政府政策的原则。

尽管他强烈批评华盛顿和伦敦方面在与苏联交往中缺乏理解与明智,但他却给人以这样一个明晰的印象,即他认为如果某些条件能得到满足,苏联很愿意与盎格鲁撒克逊民主国家实现合作。由于这种印象,我极力主张努力使这种合作成为可能。我说,依我看来,问题就在于要找到一个方案,以便排除英、美在承认最近发生的有利于苏联的领土变更方面所遇到的困难。

这次会晤后不久,10 月 31 日,伊万诺夫来到中国大使馆再次与我交谈。他带来一些莫斯科的俄文报纸。在 10 月 20 日的报上,有一条纽约的电讯,大意是日本人正在那里洽购十五万吨钢。另一份报纸有一篇香港的报道,说是有三十二万五千吨①锡正从那里运往日本。他说,他不明白英、美为什么还在向日本供应这些重要原料。

我说,美国政府已宣布禁止对日本出口钢,这项禁令将在1940 年 10 月 16 日生效。因而日本在纽约的洽谈未必能成功。至于那些锡可能来自印度支那,印度支那也是这种金属的产地。

伊万诺夫然后说,他这次来访的目的是问我是否知道德、法之间拟议中的议和条件。他听说在希特勒与贝当的会谈中提到了俄国。他记得我在上次会谈中曾向他询问巴尔干半岛各国的局势,并曾表示那里的局势远不是令人放心的;他说,那次谈话后的第二天,意大利与希腊之间爆发了战争。(我的评论与消息显然给他以深刻印象。)他说,鉴于德国有与法国媾和的愿望,他不

----

① 原文如此。——译者

明白意大利为什么要对希腊开战。

我说,我觉得这两件事似乎不一定是矛盾的。实际上,两者之间还存在着密切关系,这是不难加以解释的。轴心国的目的是动员一切力量向英国施加压力,以造成迫使英国接受和谈的局面。他们打算在欧洲大陆组织起联合阵线之后就提出和谈建议。其想法是把英国排挤于欧洲大陆之外,而让它保留殖民帝国的地位。我又说,我听说希特勒曾告诉贝当和赖伐尔,俄国一直在认真地履行1939年9月和1940年2月的经济协定,其中规定苏联政府负责向德国提供某些物资,因此德国已得到大批石油、矿石、小麦等等。我说,这显然是德国想使法国深感德国经济地位稳固,特别是有俄国的充足援助。

伊万诺夫承认的确如此。他说,苏联忠实地履行了上述协定中的义务,按规定数量交货。当1月份苏联因对芬兰作战而感困恼时,德国曾要求苏联增加交货数量。由于当时苏联刚被逐出国际联盟,并考虑到英、法正在芬兰组织反苏阵线,苏联于是决定加强与柏林的关系,因而接受了德国的要求。但在5月份德国侵入比利时、荷兰和法国时,苏联政府查对了与德国所订协定的条款,发现上半年交付的物资已达到协定规定的总数。因此,自6月份以来,一滴石油也未运往德国。我说,我听说希特勒在和法国人的谈话中声称,苏联的交货数量甚至多于协定规定的数量。

接着伊万诺夫向我打听,贝当或赖伐尔是否曾向希特勒询问德国为什么要在波兰、捷克斯洛伐克与苏联的边界线上集结重兵。我说我不能回答这个问题,并反问伊万诺夫,他是否相信希特勒在迫使英国媾和之后,打算推行他在《我的奋斗》一书中所说的东欧计划。伊万诺夫认为这不是不可能的。

他问我,意大利进攻希腊的意图何在,以及德国为什么容许它这样干。我说,一种解释是轴心国曾预期希腊接到意大利的最后通牒就会投降,而没有想到希腊会进行武装抵抗。我说,巴尔干形势的关键现在确实掌握在莫斯科手中,并问他苏联在德国推进到土耳其时将采取什么态度。

伊万诺夫说，开辟一个新的战场对轴心国并无好处。且看德国人是否打算进入土耳其。他认为德国的真正目标是取道巴勒斯坦进攻苏伊士，及协同意大利攻取埃及，并且向东推进以控制美索不达米亚的油田。他说，石油对德国是个生死攸关的问题。据一些亲眼目睹的法国工程师说，德国在比利时和法国的石油库存都被英国炸毁了。把所谓的德国军事代表团派遣到罗马尼亚也是出于德国对石油的需求，特别是如果苏联停止向它供应石油，问题就更严重。

他又说，苏联或许能制止德国取道巴尔干半岛各国向前推进，其方法是对保加利亚提出最后通牒，要求不得允许德国通过其领土，因为除非假道保加利亚德军就不能到达土耳其。苏联也许会要求土耳其把达达尼尔海峡中的两三个岛屿让给它作为海军基地，这样苏联就能掌握这个海峡的防务。苏联希望避免一切战争，然而，如果达达尼尔海峡被侵犯，那就意味着触及苏联的最大利益。他个人认为，在这种情况下，苏联不会漠然视之。因此，在当前的意、希战争中，如果土耳其保持中立或非交战国地位，苏联就会向希腊充分提供物质援助。然而如果土耳其卷入这场战争，则很难指望它能顶住德国的进攻而必须给以援助。苏联至少将向土耳其提供各种物资支援，而且其数量将远远多于向中国提供的援助，因为仅就运输路程一项而论，土耳其也比中国要近得多。

他认为保卫土耳其和达达尼尔海峡将为苏联与英国提供合作的基础。他对英国政府迄未就此与莫斯科联系，感到惊讶。他说，也许英国一如既往仍然不希望看到苏联的影响超越黑海和地中海的范围。

伊万诺夫接着说，最近他收到一篇刊登在《阿贝兹》上的文章抄本。该文建议在巴勒斯坦建立一个犹太国，并将阿拉伯人驱逐到阿拉伯半岛，以此来解决犹太人问题。该文说，在解决这个问题中,德国、苏联和土耳其可起主导作用,但这篇文章的真正含意是由德国和苏联瓜分土耳其。

我问及他关于英、苏合作会谈的情况,他说,英国似乎不理解苏联的心理。哈里法克斯勋爵实在顾虑太多,而且拒不承认现实,例如他不承认波罗的海三国并入苏联,就是不现实的。

伊万诺夫说,常有人问他,俄国为什么不向德国开战,他的回答是反问,俄国为什么要和德国打仗。正是德国把波兰的一部分和波罗的海三国给了俄国,而且俄国与德国的贸易既有利可图又有其必要。俄国可以从德国得到迫切需要的机械和机床。另一方面,由于德国占领了纳尔维克,苏、英之间经摩尔曼斯克进行贸易已不可能,而美、苏之间经海参崴进行贸易则要绕段大弯路,路途既长,运费又贵。

我问到法苏关系。他认为法国愿意改善与苏联的关系。他还坚信法国在设法与德国订立和约时,苏联的帮助是极为重要的。他说,苏联一贯主张一切民族都应自由与独立,当然希望法国能保持独立与领土完整。他说,实际上不久以前博杜安曾告诉他,法国政府愿意改善与苏联的外交关系,并曾要求苏联向法国派驻一名大使。他说,这位前任法国外长(因为博杜安刚刚辞职)还表示希望加强两国间的文化关系。

伊万诺夫还说,他曾向莫斯科力陈法国的要求。莫斯科经慎重考虑之后,决定派苏联外交部西欧司负责人为参赞,并随带十名专家前往法国。这一行人即将启程,然而他对四天前《时报》上刊载的一篇显然极端反苏的文章感到困惑。他说,他要把文章送交莫洛托夫。他不明白为什么恰恰在法国政府希望改善对苏关系时,竟容许法国报刊上出现这类文章,尤其是出现在《时报》上,因为众所周知,这份报纸是法国外交部的喉舌。

他告诉我,还有一件事他也不能理解。在立陶宛并入苏联之前几个月,苏联买下了立陶宛银行寄存在法国的黄金。然而法国政府迄今未按莫斯科的要求把这笔黄金的户头从立陶宛银行转到俄罗斯国家银行户下。

当问及他有无日本大使与苏联政府在莫斯科谈判的消息时，他回答说，他没有直接的消息，一俟新参赞到职，就能得到最新消息。

我们的话题转到了维希的局势以及最近博杜安辞去外交部长职务上。伊万诺夫说，博杜安是因不同意赖伐尔的政策而辞职的。他说，据他看来，甚至夏尔—鲁也是亲英派。他曾在28日下午会见这位秘书长；在他们交谈过程中，夏尔—鲁打开收音机收听戴高乐在英国的讲话。收听时，这位秘书长评论说，戴高乐将军的某些主张是正确的，另一些主张则是不大正确的。他告诉伊万诺夫说，他(夏尔—鲁)没有患恐英症。

11月2日我在维希的圣路易教堂见到土耳其大使埃尔金并和他进行了交谈。土耳其大使问我中国的军事形势是否确有好转。我对此予以证实，并把概况简单地告诉了他，着重指出最近中国军队收复了几座城镇，其中包括一个重要的省会。

接着，谈到了意希战争，我问他鉴于土耳其对希腊负有义务，土耳其将持什么态度。埃尔金大使回答说，他不能肯定土耳其是否会参战。他说报载英国陆军大臣艾登访问了安卡拉，实际并无此事。但英国近东总司令史密斯将军仍在安卡拉与土耳其当局进行会商。他给我这样一个印象，即土耳其不会站在希腊一边参与这场冲突。

他回答我另一个问题说，从理论上讲，希腊不够强大，难以长期抵抗意大利的侵略，然而实际上希腊的抵抗相当顽强，意大利人未能取得很大进展。他认为莫斯科的态度很重要，并说近来土耳其与俄国的关系十分亲密。

我问，倘若德国人入侵达达尼尔海峡，将会如何。他说，如果那样，不仅土耳其要拿起武器与德国战斗，而且俄国鉴于其切身利益受到威胁，也不会无所作为。他认为如果德国控制了这一海峡，俄国将被窒息，因而它一定会用武力来反击入侵者。这位土耳其大使在回答另一个问题时说,德国在黑海并无舰队,只有几艘潜水艇以及最新型的鱼雷快艇。

11月7日,罗马尼亚新任驻维希法国公使来到中国大使馆进行礼节性拜访。在交谈中,我就罗马尼亚与其邻国的关系,特别是与俄国、德国、意大利及英国的关系,以及罗马尼亚目前石油产销的情况,向他提了几个问题。他的回答很有意思。他说,罗马尼亚与俄国的关系总的看来比几个月以前好。虽然在比萨拉比亚与俄国的边界上驻有俄国军队,但是没有迹象表明这是一种威胁。罗马尼亚与德国的关系主要是商业往来,而德国则似乎比较重视政治目标。从文化渊源的角度来看,意大利虽然与罗马尼亚的关系更为接近,但意大利似乎总是更加同情匈牙利。他对于是否有可能对维也纳裁决作出有利于罗马尼亚的修改表示怀疑。他说,在最近割让给匈牙利的一个地区里,有一百二十四万罗马尼亚人,当地的罗马尼亚人实际上超过匈牙利人。然而由于意大利一贯偏袒匈牙利,而且由于轴心国家的一举一动都以集团方式行事,因此不可能立即修改这个由轴心国家做出的裁决。

至于石油,他说罗马尼亚约有十家公司,其中只有一家"罗马尼亚信贷公司"全部是罗马尼亚资金,其他公司都是英、美和荷兰投资的外国企业。德国声称由于它现在占领了荷兰,罗马尼亚各石油公司中属于荷兰国民的股份就应转为德国所有,因此要求在那些有荷兰资本的公司中享有股权。这位公使认为,这是国际法的一项"新"理论,他作为一位国际法学者,从未听说过这种理论。他说,这是专门家们从来没有碰到过的新理论。

我问他,新闻报道英国公使终于离开了布加勒斯特,是否属实?他对此事难以证实,也不知道这是否意味着英罗外交关系的决裂。

换言之,当时的国际形势动荡不定。由于这种情况,在各国首都为寻求更广泛合作的外交活动是紧张的,各个国家的代表都为自己的一方活动。因此,我觉得有必要掌握最新动态,以便随时告知我国政府。所有这些事件都必然会影响中国,影响日本的对华政策,乃至影响其他各国对日本在东亚的活动所持的态度。换言之,从中国看来,当时整个国际局势就如一个熔罐,我应当对其密切注视,这一点很重要。我预期随时都会发生对中国产生十分重要影响的重大变化。

与此同时,有一些与中国有直接关系的问题,这些问题的圆满解决主要取决于法国。我把它们都向维希的法国外交部提了出来。

例如,我在11月14日与法国外交部政治司司长罗夏进行了一次简短的谈话。谈话的主要目的是使法国外交部注意法国报刊的某些对中国不公正、不友好的动向。

谈话一开始,我对他说,我有三件事要和他谈。首先,我希望他注意10月11日《巴黎晚报》社论栏中的一段文字。该文宣称蒋介石委员长患病并已指定继任人。我把剪报拿给罗夏看,并进一步声明,我曾立即电询重庆并且刚刚收到明确否认该项报道的答复。委员长健康极佳,指定继任人的报道毫无根据,纯属无稽之谈。

我接着说,目前法国报刊由法国政府的新闻检查官严密控制,未经批准的东西是不可能发表的。我认为检查官对另一个国家政府首脑的类似说法肯定不会准其发表。近来法国报纸发表的有关远东的消息大都来自德国或日本,也就是来自纳粹德国通讯社或同盟社,这些自然是不利于中国的。我说,也许法国政府感到不得不执行这样的办报方针,特别是要取悦于日本与轴心国。然而上述那段消息最低限度可以说是对一个友好国家的政府首脑的失礼。中国大使馆今晨向《巴黎晚报》发电更正,然而由于近来大使馆很难在法国报纸上发表任何东西,我不敢肯定该报会刊登上述更正。我要求罗夏提请该报注意那段消息。

我又说,这已不是《巴黎晚报》第一次表现如此缺乏礼貌。我请罗夏注意我带来的该报1940年10月10日的另一份剪报,其中也曾以失礼的语言谈到中国和蒋介石委员长。我说,重庆对此极为不满;我要求罗夏促使该报也注意此事,并且对今后有关中国的报道要加以注意。

罗夏看过这些剪报后,记下了出刊日期,他说,该报的这种做法是不对的,他将立即办理此事。关于更正一事,他要求留下我给他看的那份抄件,并说,他保证使《巴黎晚报》予以刊登。

在提出第二点时,我说,我愿请法国外交部注意日本人在上海通过无线电广播宣布的法日联合公报。这个公报是关于法、日之间就上海法租界中的中国各级法院所达成的一个协议。我提醒罗夏,这些法院是根据几年前法国大使与中国政府签订的一项协议建立的,而且中国政府曾一再要求法国政府保持坚定立场,不要屈从于日本人的要求而把这些法院交给他们。我说,令人遗憾的是法国未能顶住,已经接受日本的要求;这使中国政府大为失望。而且使中国政府更为痛心的是竟然发表了上述联合公报,公报中把日本扶植的南京政府称为"中国国民政府"。我说,罗夏先生必须认识到这个称谓是极为荒谬的。我无论怎样强调中国政府的愤慨也不为过分。

我又说,两天前我已通过一位秘书将此事告知亚洲司,但我认为我也有责任当面相告。罗夏说,他一得知这个事件,便立即打电报给上海要求查明真相。虽然他尚未得到回复,但他理解我和中国政府的理所当然的感情。

我提出的第三件事情是关于一艘名为"西江号"的轮船在印度支那某港口遭到扣留的事件。船上运载的是发交中国政府的美国货物。这些货物是用美国政府向中国提供的贷款购买的,而且美国政府曾通知中国政府,货物在交付中国政府之前仍属美国所有。我说,我了解到美国政府已为货物的放行采取外交措施,而且我本人已接到重庆的电报,要我敦促法国政府下令放行。我又说,华盛顿为了同样目的也在东京采取行动。

我不理解上述货物何以竟会遭到扣留,莫非这是根据日本的要求行事？但是这样的要求根本不应接受。我知道，在印度支那的日军既无征用权，亦无没收权。罗夏也认为日军没有这些权利，他们所有的只是过境权。他说，他们当然没有军事占领权。我继续说，再则日本从未对中国宣战，因而也不能要求交战国的权利。即使日本曾经宣战，在一个中立国家的领土上也不能行使交战国的权利。罗夏表示同意，并说，在第三国管辖范围内，肯定不能要求与行使这些权利。于是我说，他若能立即采取行动澄清此事，我将不胜感激。他答应立即办理。

四天后我再次拜访罗夏，这次是应邀前往的。他说，他请我去会晤是为了回答我在上次会谈中提出的三个问题。关于《巴黎晚报》上的那一段消息，他说已在次日的报上刊出更正而且该报在第三天还登载了一些对中国友好的东西。我对此表示赞赏，并说我已注意到了。

关于在上海发表的法日公报，他说，他现已收到高思默先生的报告。有关法租界中的中国各级法院的协议，看来不是与南京政权而是与日本人达成的。公报中使用的是"在南京政府的管辖范围内"这个词组。既未使用"国民"一词，也未使用"中国"一词。因此，中国方面所听到的并不确切。我说，这就使公报的解释不同了。我为先前的报道不真实而感到高兴。

关于"西江号"事件，罗夏说，"西江号"是从印度支那启航，经香港、马尼拉等地去装运货物交给中国政府的三艘法国轮船之一。日本人扣押了这些船，并发现其中一艘装有供中国军队使用的防毒面具。日军驻印度支那代表澄田将军向印支总督提出抗议，并要求没收这批货物。但德古海军上将从有关对中国封闭印度支那边界的协定的立场出发，拒绝了日方的要求。这个事件已提交东京去解决。我说，正如我上周曾指出的那样，不仅防毒面具显然是用于防卫的目的，而且也不能承认日本在第三国的管辖范围内享有缴获战利品的权利。罗夏说，这正是法国政府在与日本政府谈判中所持的立场。

罗夏接着说,他愿借此机会提出近来中国人在中国和印度支那边界屡次挑起事端的问题。他递给我一份有关这些事件的记录供我参考。他又说,尽管法国政府不把这些事件看得十分严重,但他还是希望我协助法国政府提请中国政府注意这样一个事实,即这类事件对法国舆论可能产生不良影响。

我说,实际上在那天亚洲司将此事告知中国大使馆的一位秘书之后,我已给重庆打过一次电报,尚未收到重庆的答复。然而我将根据罗夏先生的要求再次致电重庆,促使重庆注意他刚才所讲的事件。我又说,我本人没有接到有关这些事件的任何情报。至于涉及中国军队的行动,有可能与追击日军有关,这些日军在中国军队的压力下不得不退入印度支那境内。

我说,我也想趁这次拜访的机会提个问题,即关于德国对日本在远东,特别是在印度支那的活动所持的态度,他的印象如何?德国是否赞同日本的行动? 罗夏说,在这方面,德国人对法国人未作任何表示,但他个人的看法是,德国对日本的政策并无反感。他提到了最近希特勒给日本天皇的电报。

我插话说,(为的是试探他)那个电文的措辞似乎相当公允。罗夏说,尽管如此,电文似乎是赞同日本在远东建立新秩序的主张。

我说,我认为只要英、德战争继续下去,德国就希望日本在远东增加对英国的压力,诸如威胁新加坡和马来半岛等。罗夏说,他没有得到表明日本人可能向那个方向推进,或通过扩大对印度支那南部的影响,来加强对印度支那控制的迹象。我说,这种行动不是不可能的,实际是取决于欧洲形势的发展。时机有利,日本会毫不犹豫地向南进行冒险活动。然而日本军队在中国进行三年战争之后,确实已疲惫不堪,这也是他们从广西和广东一些地区以及从汉口周围撤回部分军队的原因。日本人从广西撤出的那个师消耗极大,他们显然想要予以整编。为此,他们已将该师调往海南岛。

罗夏说,他所得到的消息也是这样,而且他很想知道日本人作何打算。我说,海南岛地处战略要冲,日本人可以从那里注视事态的发展,并且用作对印度支那、新加坡、马来半岛,或荷属东印度群岛进行另一次冒险活动的"出发点"。

在回答另一问题时,罗夏说,关于莫洛托夫在柏林的会谈结果,他没有从莫斯科得到任何消息。我说,莫洛托夫回到莫斯科后,立即否认有关苏联政府与日本达成协议并同意停止援华的报道。我说,这证实了我在一周前对罗夏所讲的话,即莫斯科曾一再向中国保证不改变对华政策并继续提供物资援助。

11月20日许总领事来电(他原驻河内,但因日军进入河内而迁至西贡),报告了印度支那的形势。他的报告再次表明,希特勒由于三国条约而开始想让日本加速推行其向南扩张的计划,以向英国施加更大的压力。总领事在提到暹罗对印度支那的压力时说,一度紧张的局势目前因缔结了暹罗与印度支那之间的协定而缓和下来。然而他意味深长地补充说,驻河内日军开始逐步撤出,其人数已从四万减至一万,剩下的部队也仍在转移。他解释说,日军的这些调动是由于签订了三国条约,日本认为可以对印度支那当局任意发号施令,而无须以军事压力为后盾了。他说,甚至据可靠的报道称,驻印度支那的日军将全部调往海南岛,以开始推行向南扩张计划。他接着说,日本海军舰队正在西贡港内外集结,而且日本海陆空三军司令部已迁至海南岛。

在此期间,我收到一些有关苏德柏林会谈的片断消息,我急于想了解其真实情况。陈介大使在11月20日回复了我16日的电询。他就上述会谈并根据在柏林所看到的国际形势向我做了相当有启发性的介绍。他告诉我,德国与苏俄并未签订任何协议。虽然德国宣称会谈总的讲来是令人满意的,但德国并未得到它预期的结果。

陈大使说,苏俄拒绝了德国要求其加入三国条约的建议,而只是同意不反对西班牙、匈牙利、罗马尼亚、保加利亚和斯洛伐克依附或加入三国条约。他说，为了实现德国把上述国家集合于其营垒的目标，里宾特洛甫已动身去德国南部。关于巴尔干和中东问题，苏联仍然坚持其在达达尼尔海峡的最高权利。然而德国则怂恿苏联注意波斯湾和印度。这个主张遭到苏联的反对。陈大使说，苏联曾两次提出远东问题，并询问德国怎样理解日本建立大东亚共荣圈的含意及范围。德国方面的回答是，德国将为自己保留荷属印度尼西亚。这个回答对于苏联提出的日本在东南亚的政策问题，并未做出明确的解释。

陈大使还说，他相信日本已对东西伯利亚提出某些要求，作为苏联对印度的要求的交换条件。他说，苏联的态度是不急于进行这些谈判，而把重点放在先解决许多悬而未决的问题上。只有解决了这些具体问题之后，苏联才愿考虑与日本谈判一个全面的条约。陈大使说，他的这一看法已为苏联新闻机构塔斯社的电讯所证实。这则电讯否认了日本有关日、苏之间即将签订一项协议以及苏联已决定停止对华援助的报道。

陈大使接着说，在苏联外长莫洛托夫抵达柏林之前，德国外长约见了他（陈介）。里宾特洛甫滔滔不绝地说他坚信德国必胜，并说中国很难指望得到英、美的有效援助。他还告诉陈大使，日本很快就要承认汪精卫政权，而且意大利和德国很可能继日本之后承认，因而他力主中国与日本达成和平解决。但是他郑重补充说，他说的这些话不是出于日本的授意，德国也没有进行居间调解的想法。

陈大使来电最后说，他在与里宾特洛甫的会见结束时曾补充说，任何与日本达成的解决办法，必须以日本应允从中国撤出其全部军队为条件。德国外长一听此言，便露出不悦与失望的神色。陈介说，他已向重庆做了详尽汇报，但尚未得到答复。

我很重视这些电文，因为它们明显地关系到我一再提出的一个论点，即中日争端以及中国的政策与态度对于主要国家之间的关系的发展至关重要，对于当时奉行继续战争的政策以期称霸欧洲的德国,尤为重要。由于德国认识到通过制服英国以迅速结束欧战的企图,难以甚至不可能实现,它终于承认欧洲的战争将是旷日持久的。因此,德国急于想争取尽可能多的同盟者以实现其在欧洲大陆建立霸权的野心。

陈大使来电告知我的情况从外交部给我的一封电报中大体上得到了证实。外交部的这封来电转告了驻莫斯科大使邵力子所见所闻的有关莫洛托夫回访柏林以及与德国政府会谈的情况。邵大使报告说,他获悉,德、苏领导人之间的会谈未达成任何新的协议,也未讨论确定各自的势力范围的问题。邵的报告还说,德国提出了远东问题,但是莫洛托夫不愿加以讨论。外交部来电的日期是 11 月 27 日。

我本人有机会与一位略有远东经历的苏联代表讨论苏、德会谈之事。他叫鲍格莫洛夫,是最近到达维希的苏联新任代办。1940 年 11 月 20 日,他对我进行了礼节性拜访。我在交谈中提到了莫洛托夫最近访问柏林的问题,并问他对访问结果是否有什么情况可以见告。他说没有,但很快补充说,有许多谣传,那都是不可置信的。

我说,我很高兴得知莫洛托夫一回到莫斯科就否认有关苏联同意停止支援中国的传闻。苏联代办说,他本人在前一天曾告诉我的参事,苏中关系良好,他相信这是不会改变的。鲍格莫洛夫的话再次证实了莫洛托夫在莫斯科的声明,我为此向他表示感谢。

当我问及苏英关系时,鲍格莫洛夫说,两国关系目前有些隐晦。他说,苏德关系是以 1939 年缔结的互不侵犯条约为基础的,而且事实上两国经济关系良好。他告诉我,苏联为发展工业及其铁路和工厂,必须购买大批机器。德国有这些机器,而且运输方便;交易的方式与对华贸易相同。他说,与美国政府的贸易也是一样。苏联过去一向从美国购进大批所需的机器,但目前运输已变得复杂而困难。然而他很快又说,苏联没有理由因苏、德的经济关系良好而支持德国所从事的战争。苏联是中立国,并将继续保持中立。苏联的利益不同于交战国。但是,他说,在这个时代需要有强大的武力才能保持中立,苏联是一个伟大的强国,有必要坚定地保持其中立地位。

关于苏英关系,他重复说,两国关系冷淡,而且有些隐晦。可是他强调说,虽然另一方面苏德关系更"热些",但这并不意味苏联想帮助德国反对英国。

我说,中国自己有大量的人力资源,已经向美国明确表示不希望使美国卷入中国的抗日战争,同样也不愿使苏联卷入。中国最需要的是武器弹药之类的军需物资,换言之,中国只需要物资援助。我说,然而欧洲局势则似乎不同,经过近几个月的战斗之后尤为如此。近几个月的战斗说明,轴心国和英国都不能迫使对方接受解决办法。双方现在自然就要寻求新的同盟者加入各自一方进行战斗。我这样讲是想诱使他说出他对欧洲战局的看法。鲍格莫洛夫说,苏联正是因为考虑到这种局势,所以必须保持强大和坚定,以维护其中立地位。

我向他询问巴尔干半岛各国的局势,以及他是否预计到在最近将来欧洲这个地区的事态将有重大发展。他迟疑不语,只是说,这个问题很难答复,并说,有必要等待和仔细地注视形势发展。我于是提到最近保加利亚国王鲍里斯对德国的访问,并问,这是否表明巴尔干半岛各国将因此而发生某种事件。代办说,苏联是中立国,并且希望继续保持中立。我插话说:"除非苏联的切身利益受到威胁。"鲍格莫洛夫说:"那当然。"他说,苏联的切身利益是保持达达尼尔海峡的航行自由,因为那是黑海的出口。他又说,苏联与保加利亚的关系正如与伊拉克的关系一样友好。我又插话说:"也许还有土耳其。"他说,土耳其的地位因有条约义务而复杂些。他给人的印象是,苏联希望维持巴尔干半岛各国的现状,然而他不能肯定能否做到,因为这一方面要看轴心国的态度,另一方面要看土耳其的态度。

接着我提起人们对新任日本大使抵达莫斯科都非常重视,这位大使是一名陆军将官。我向他探听此人与苏联政府的会谈有无重大进展。鲍格莫洛夫的回答多少有点闪烁其词。他说,有许多无稽的谣传,就他所知,并未签订任何协议。

从这次交谈以及从我当时和外交使团同行们的几乎所有交谈中,我得出这样一个印象:那些学会了尔虞我诈和口是心非一套手法的老派外交官确实见不到了。在 30 年代和 40 年代,每当我向一位同行提问时,他们可能设法闪烁其词,但从来不想把我引入歧途。因此,我认为这种交谈是具有重要意义的,因为即使一位同行对我向他直截了当提出的某一问题可能不做坦率回答,但我仍能从他的答话中作出判断。当然,我是希望得到直率答复的。然而,外交工作无疑是随着人们普遍的生活方式与习惯而大大现代化了。我认为,这对世界来讲是件好事。在从前马基雅弗利式政治家的时代,认为靠尔虞我诈把人引入歧途以达到目的才是一种完美的艺术。

这使我想起了鲁斯夫人首次被任命为美国驻罗马大使后专程来看我时,我对她讲的一席话。她想了解作为一个外交官应该做的,或者应该遵循的重要的事情是什么。她说,她知道我的外交生涯为时很长,而且曾参加过多次国际会议,并经常指导我国的外交政策。

我说,我没有什么特别经验可以奉告。一个外交官的言行,应与一个普通的正派人一样,就像朋友间交往那样。我说,积多年之经验,我得出这样一个结论:我总觉得做到诚实,以及如果可能的话,做到坦率,是明智的。当然,在某些场合下,不能总是坦率,然而用不着设法把人引入歧途,或者设法欺骗。换言之,根据我的经验,我认为诚实是一种美德。我说,它首先会赢得对方的尊重和信任。其次,它在某种程度上可以使对方不敢说谎。

她说:"你为什么这样想呢?你认为总是这样吗?"我说,按照我的经验,力求诚实,有很大好处。她又说:"为什么?怎么得到好处?"还说:"你总不会告诉人们那些你不想叫他们知道的事情吧。"我说:"自然,我不会告诉他们。然而,那些我必须告诉的事情,我愿意如实地告诉他们。"我说,这样做有许多好处。它会逐渐赢得对方的信任,因而交谈起来就容易得多,而且会使对方也以诚相见。这会留下好印象,最终为建立友谊奠定基础,并使得这种友谊维持下去。

我说,另一方面,说谎或欺骗,特别对中国外交官来说,是大有问题的。许多在中国发生的事情,外国政府比每个中国外交官了解得更为清楚,因为我国政府没有对外宣传政策,而我国的立法机构也不像英、法国家中的立法机构有那么大的影响。因而,比如我本来没有说谎,而只是说得比实际多了一些粉饰之词,我的同行们迟早会通过他们自己的报告和代表弄清实际情况,并且会说某某人故意骗我。于是他以后再见到我时,对我的言论就会怀疑。这样,鲁斯夫人明白了我的意思。后来她认为这是很有益的忠告,并觉得极为宝贵。我提一下这件事,是因为我过去常读外交家的回忆录,特别是马基雅弗利的《君主论》一书,并认为时代的确变了,如今我自己是赞成现时的做法的。

法国报刊与电台广播对中国的态度颇不友好,对日本则采取偏袒态度,尤其是电台广播还处于政府的控制之下,这使得我好几次必须向法国外交部就这种明显的偏袒态度提出抗议。我觉得有责任向法国政府提出来,不仅是我个人主动提出,而且是根据重庆的指示行事。因而在11月30日我再次访问法国外交部秘书长罗夏,请他注意此事,并要求法国政府采取一些补救措施。

我特别想拜访赖伐尔,他既是外长,又是国务会议的副主席。他显然觉得有必要再次去巴黎与德国人商谈外交使团中传闻的法国政府迁回巴黎的愿望。因此,我会见赖伐尔的打算未得实现。我曾三次设法和他约会,但每次得到的答复都是说他很忙,并且即将动身去巴黎。因此我见到罗夏时先说,现在我并不是非见赖伐尔不可,因为我的目的只不过是对他进行礼节性回访。可是我的确想向罗夏先生提一件事,并愿就中国的局势以及法国报刊、电台所遵循的方针和他进行友好的交谈。

我告诉罗夏,11 月 29 日,以与国务会议副主席赖伐尔办公室关系密切著称的《箴言报》,在大字标题下刊登了南京的活动,把汪精卫称为"中国主席",并且声称日本将承认南京政权为"中华民国国民政府"。法国电台在 29 日下午的广播中,根据来自南京的新闻电讯,进行了类似的播音。我说,所有这一切促使我请问法国政府是否打算改变对中国的政策。罗夏插话说,法国对华政策仍然完全不变,也不存在予以改变的问题。当然还有关于印度支那所采取的行动以及与日本的协定,但这些都是形势所迫。然而,法国政府方面无意对事态加以扩大。我说,这也是我的印象,并使我更难理解,为什么作为政府官方机构的电台会帮助南京政权进行宣传。

我接着说,罗夏先生必定知道中国公众与政府人士的舆论,对于法国政府的印度支那政策非常失望和不满。这种不满情绪十分强烈,而且部分舆论表达得相当激昂。中国政府,特别是蒋委员长,认识到法国本身目前因欧洲形势而处境困难,尽量本着同情和理解的态度来评价法国的行动。他们不想完全根据这种行动来调整对法国的政策,而宁愿继续从长远看中法关系,并认为,这比目前发生的所有事态重要得多。他们相信法国目前的局势不会持续很久,正如远东目前形势不会持久一样。而且中国政府抱有发展两国友好关系的愿望。高思默先生这次访问重庆,受到蒋委员长的热诚接待,就是这种愿望的证明。

我说,因此,我切望当前要避免任何激怒中国人民的事情。中国政府方面一直在注意不做任何触怒在欧洲处于困境的法国政府的事情。比如,中国政府的电台,据我所知,一直在审慎地避免对法国国内外的事态发展播放任何评论,这种评论可能使法国政府在感情上不能接受。倘若法国政府无意改变其对远东的总政策,特别是对华政策,那么,法国报刊与无线电广播的这种对华态度,就更难令人理解了。我不能相信法国政府打算依附于三国条约。罗夏插话说,这是绝对没有疑问的。我接着说,因此,法国实在没有帮助日本进行反华宣传的任何义务。罗夏缄口不语。

我说,我不想以抗议的态度提出这件事情,而是恳求罗夏先生的个人合作以澄清这种令我担忧的局面。我回顾并感谢罗夏曾迅速处理《巴黎晚报》有关蒋委员长的某些报道的问题,并认为,他肯定能对目前的事件予以帮助。我交给他一份法国无线电广播的摘要。他看了摘要,并将我强调的那两点作了记号,即把汪精卫称为"中国主席"和把南京政权称为"中华民国国民政府"的两点。

我补充说,由于我知道电台是政府机构,而且法国报刊完全是在检查机构的控制之下,因而上述广播与报上刊登的问题就更令人惊讶。罗夏同意那些提法大不必要。他说,新闻的选择是由机关的下级人员办理,各负责人并不了解。他将立即把此事提交有关部门处理,提请其注意,并且一定要使有关部门今后更加审慎。

我向他表示感谢。

谈话中,我还询问罗夏是否预期法德合作的谈判在近期将有重大发展。他回答说,会谈仍在继续,至今尚无重大结果,已经谈妥的属于确定合作原则的性质和创造更便于实现这些原则的气氛。他接着说,法国由于战败,不得不签订停战协定,结果五分之三的城市被占领,军队被遣散。无论愿意与否,都必须承受停战协定所强加的困境。政府必须立即解决的是供应人民的冬季必需品和重振国家的经济生活等迫切问题,这是当务之急。

这里,我愿意讲讲外交使团在维希的艰苦生活。外交使团的问题反映了当地居民的问题。比如,我曾与美国大使馆的墨菲在8月初简短地讨论过这个问题。墨菲在提到法国国内局势时说,维希政府实际并无行动自由,尽管在问及这个问题时,总是否认存在德国的干预。关于食品供应,他说,情况严重,而且即将来临的冬季,情况将更危急。德国人一直在把食品从法国被占领区运往德国。他还听说德国人屠宰牲畜,将肉类用冷藏车越过边界运往德国,正如他们在比利时和荷兰所做的那样。我答复说,在德国有四十万俘虏,在法国被占领区有一百万。从这方面来讲,德国从法国运走食品是有充足理由的,就是为了供应在德国的法国战俘。

当时,我把大使馆的半数人员留在巴黎,正如美国大使蒲立德起初留在巴黎那样,目的是观察局势。我指定一个人往返于分界线两边,向我报告情况。他说,德军司令部对他们很优待。虽然其他大使馆难于获得供给,中国大使馆实际上什么都能弄到。德军司令部通知中国大使馆,想要什么只管告诉德国人,就立即送到。我问原因何在;他说,因为德军总司令法根豪森将军在中国当过多年的德国军事顾问团团长,而且是蒋委员长的好朋友。他特别吩咐要照顾中国大使馆。因此,我们留在巴黎大使馆的人员生活得很好。

至于我在维希的情况,几乎所有大使的住处都在一家旅馆里,旅馆的名字我忘记了。每位大使给两个房间,可是我要求多给一些。终于得到了三间,一间用作接待来访者的会客室,一间用作办公室,一间供一位秘书住宿。而我和另一位秘书则不得不到外面一家公寓去住。

在维希的生活是很不寻常的。我每天在吃饭时间与许多同行见面两三次。由于严格执行食品定量供应,我们大家的生活都很艰难。不但许多东西像水果、黄油、干酪之类很匮乏,而且能弄到手的也为数有限。外交使团的每个人都是凭券供应。每次进餐时,我们就得拿出多少券来买主菜,多少券来买黄油。或者,由于黄油不是经常买得到的,就买干酪。我记得,西班牙大使从西班牙弄来不少食品。他对于包括我在内的窘迫的同行们慷慨帮助,他常和我交换食品。比如,他给我一些黄油,我给他一些罐头水果。这很可笑,但那里的每位大使都是这样生活的。维希过去一向被法国人称为泉城，有着特有的温泉，是人们前往疗养的胜地。然而，当时政府接管了所有的旅馆。总之，我在那里的大部分时间不是休养季节，而是秋冬两季，当然休养胜地的面貌已经荡然无存了。作为首都，维希十分安静，除德国军人之外，简直就没有外国游客。我们常看到德国军人成群结伙地乘吉普车或军用卡车来来往往。此外，随着时间的推移，中国大使馆与法国外交部官员之间的关系日益密切。由于日本人正在远东对印度支那、暹罗，以及香港和新加坡进行疯狂的军事行动，法国人一般都认识到事态的真相，我们之间的交谈也就更加坦率和亲密了。

现在再回到我与法国外交部秘书长的会谈上来。我愿意继续谈谈我们讨论的另一个至关重要的问题，即承认汪精卫政权的问题。我问罗夏，在法、德巴黎谈判中，德国人是否曾就他们对远东的态度和政策，特别是自从缔结三国条约以来的态度和政策作过任何表示。罗夏说，据他所知，并无表示。然而有一两次，德国人的确曾表示急于想从法国更多地了解印度支那局势，并曾要求提供更多的情报。不过他说，仅此而已。

我说，根据南京的消息，日本人将承认汪精卫政权。我对罗夏郑重申明，这种承认决不会改变中国的局势。我说，柏林和罗马可能继日本承认之后，作出同样的姿态，但是，这种姿态也影响不了中国的实际局势。中国将继续抵抗日本的侵略。接着，我告诉他，我想坦率询问的是：法国政府有何打算，以及柏林与罗马可能采取的行动对法国政府是否会有影响，这特别是考虑到广泛流传着所谓合作的政策。罗夏说，法国政府不仅没有设想承认南京政权，而且这个问题本身并不存在。根本没有考虑过这个问题。

12月2日，我国外交部给我发来外交部长以政府名义发表的正式声明全文。其内容是对于日本企图根据汪精卫与日本订立的条约，在南京建立傀儡组织一事，表明了我国政府的严正立场。

声明称:①

> 日本业与南京傀儡组织签订所谓条约。日方此举,实为企图在中国及太平洋破坏一切法律与秩序而继续其侵略行动进一步之阶段。日本始则制成机构以遂其欲,今则与之订约,藉以助成其独霸与侵略之政策。实则此种机构,不过为东京政府之一部移置于中国领土之上,而为日本军阀实行其政策之工具耳。

> 中华民国国民政府对于傀儡组织,迭经宣示其态度,兹再郑重声明:汪兆铭为中华民国之罪魁,其伪组织全属非法机关,为中外所共知,无论其任何行动,对于中国人民或任何外国完全无效;其所签之条约,亦属非法,全无拘束。倘有任何国家承认该组织者,我政府与人民当认为最不友谊行为,不得不与该国断绝通常关系。

> 日本无论在中国,或太平洋之企图如何,中国决心抗战至最后胜利;中国自信必获胜利,盖自由与法律与正义必能战胜一切也。

12 月 12 日陈介大使在收到外交部回复他早些时候有关他与德国外长会谈情况的报告之后,再次给我来电。电报像往常一样,是通过中国驻瑞士伯尔尼公使馆发来的,因为当时柏林与维希之间的直接通讯已无可能。陈大使首先说,委员长在答复德国外交部长的文电时,仍然坚持以日军全部撤出中国为解决中日冲突的条件。陈告诉我,德国不想把这个答复通知日本,然而却秘密劝告日本不要贸然承认汪精卫政权。

陈大使接着说,至少从表面上看,德国政府似乎对日本在华的策略没有什么兴趣。陈认为这是由于德国担心积极支持日本会激怒莫斯科之故。他说,柏林知道,日本宣布的反共政策,日军驻防华北,以及日本在内蒙古的活动,都激起了苏联的不满。德

---

① 声明系录自当时报载原文。——译者

国政府也知道日本的这些活动不会有利于实现与苏俄联合的政策,因而他们至少在外表上不得不小心谨慎。陈大使说,同样,如果德国承认汪精卫政权,中国必然要撤销驻柏林的大使馆。因此,从他在柏林所见到的情况分析,断定德国将承认汪精卫政权,尚为时过早。

陈大使在 12 月 7 日又来电作了补充。他在电报里说,德国对最近日本与汪精卫缔结合作条约一事似乎在执行一种缄默和不过问的政策。德国认为它对汪精卫政权保持缄默和不过问,丝毫不会影响德日关系。因为以荷兰为例,荷兰本土当时是在德国军事占领之下,而荷兰大使依然在东京行使职权,那么,在德国的心目中,说德日关系完全不受德国对汪伪政权政策(就是说,如果德国拒不承认汪政权)的影响,是合乎逻辑的。

12 月 4 日,为回报苏联代办早些时候的礼节性访问,我回访了他。在谈话过程中,我问鲍格莫洛夫是否已从莫斯科得到消息,特别是关于日本大使与莫洛托夫在莫斯科进行会谈的消息,而且我提到报上曾登载讨论的主要问题是库页岛海域的捕鱼问题。

鲍格莫洛夫说,他没有什么值得告我的消息。他说,日本大使见过莫洛托夫多次;莫洛托夫习惯于接见各国大使。但是,就他所知,会谈没什么特殊重要性。他们谈到了苏、日边界的意外事件问题;边界很长,常常发生事件。他说,有关他们讨论苏、日之间瓜分领土的新闻报道是不真实的。划分“势力范围”的政策是帝国主义的观念,不是苏联的政策。

他又说,日本现在首先是忙于战争问题。我问:“与谁交战?是与苏联吗?”(我是故意向他敲警钟。)鲍格莫洛夫惊讶地回答:“为什么与苏联交战呢?”他很清楚,真正的话题是日本与中国的战争。他说,最近中国事态的发展使人关心,也很重要。

我对他说,日本与南京傀儡政权签订的条约是毫无意义的,而且正如中国政府 12 月 1 日的声明已明确阐明,这决不会改变那里的现状。中国决心继续抗战。鲍格莫洛夫说,日本正忙于对华作战,而且由于它目前的国内经济状况,没有对苏作战的可能。我表示同意,并说,只要日本陷在中国,它就不敢对第三国采取行动。

为了获得更多的情报,我问鲍格莫洛夫,苏联与日本之间的商务关系是否非常重要。他说并不重要。苏联最需要的是机器与机床,而日本工业正忙于对本国供应战争物资,无力生产出口产品。他说,日本确实需要从俄国购买石油与原料,但是必须记住,来往运输只有一条铁路,而且运输能力有限。(这个答复给我的印象是真实的。)

关于传闻的莫斯科会谈的政治与商务方面,他给我的答复都使我感到满足。之后,我就改变了话题,问起巴尔干半岛各国的局势,为的是了解苏联在那一地区的态度与意图,当时这对中欧形势有密切关系和重要意义。我注意到由于苏联的影响,尤其是苏联外交部秘书长对保加利亚的访问,巴尔干半岛各国,特别是保加利亚与土耳其之间的紧张局势似乎已经消除。鲍格莫洛夫代办说,他不知道秘书长的访问有多大影响,但事实是巴尔干半岛各国的紧张局势已经结束。他说,保加利亚位于苏联与德国之间,其明智的政策是执行中立政策和保持独立。

我说,据说保加利亚国王与政府是亲德的,而人民则是亲苏的。保加利亚政府要执行中立政策,那一定是个微妙的局面。鲍格莫洛夫问为什么微妙。(他很机智,像我一样经常请问对方,力求从对方获得尽可能多的情报。)他为了引出更多的情报,对我说,保加利亚的政策是经济上与德国合作,政治上与苏联合作。他说,好几位外交使团成员都说,国王与政府是亲德的,宫廷是亲意大利的,人民是亲苏的。然而为了保加利亚的整体利益,应该维护独立而不要执行冒险政策。此外,苏联与德国之间的关系是良好的。如果他们之间的关系不能令人满意的话,局势就棘手了。(虽然他看来是想要引逗我提供更多情报,但在他的解释中,却正好向我提供了我所希望从他那里得到的情报,即俄国人对保加利亚局势的意图和理解。)

我说,那么保加利亚就必须放弃收复多布罗加以及获得出入爱琴海通道的念头了。鲍格莫洛夫表示同意,并说,在保加利亚有一个泛斯拉夫运动,然而苏联并不相信这个"泛"字。这是一种没有意义的观念,只有力量才算数,其他一切都不算数。有些国家想使苏联卷入战争,因此,苏联为了维持中立地位,就必须保持强大。他说,苏联是强大的,是能够执行其政策的。(这番话给我的印象是直率的和真实的。)

我说,德国大概也不愿扩大战区。鲍格莫洛夫说,他对德国的政策难以断言,然而他认为,德国为了其自身利益,应当避免在巴尔干半岛扩大战争。(他的意思是巴尔干半岛的战争必将使苏联卷入。)

我说,保加利亚出现的缓和,在土耳其引起了良好的反应,土耳其似乎也平静下来了。鲍格莫洛夫说,土耳其也不想打仗,而且从实际上看,它为什么要打仗呢。土耳其人是勇敢的战士,俄国人在上一个世纪和他们打过三次仗,是了解他们的。他又说,当今不只是一个要有足够人力的问题,更重要的是要有军事工业,没有军事工业,任何国家都不能指望打赢战争。

接着,我提出了广泛流传的有关国际局势的另一些消息,为的是设法了解苏联的观点。我谈到了不久前在维希流行的传闻,即德国人正打算进军近东,以占领英国在伊拉克的油田。我说,德国并未忘怀其"东进"政策。鲍格莫洛夫说,过去这个政策被称为三 B 政策,即柏林、博斯普鲁斯海峡和巴格达。日俄战争之后不久,沙俄曾与德国达成协议,修筑了一条通过近东到巴格达的铁路,但现在情况变了。倘若德国人伸展到达达尼尔海峡,他们将触及苏联的利益。而且德军要到达伊拉克就必须通过土耳其,从而使俄国高加索地区更接近危险。他说,这不单是一个占有伊拉克油田的问题,还有将石油外运的问题,而他看不出德国怎么能做到这一点。此外,土耳其如果遭到入侵,必将进行反抗。

最后,我谈到当时正在激烈进行的意希战争,并说,战况对意大利不利。他说,不能把这场战争看作已经到了最后阶段。意大利人为了以巨大的军事力量对希腊施加压力,目前正在阿尔巴尼亚集结其部队和装备,因此,局势将有重大发展。

同一天,12月4日中午,我与肖维尔进行了一次长谈。尽管他周围的人事有很大变动,他依然留在外交部,继续担任亚洲司司长,像往常一样对我表现出同情中国的态度。

我向肖维尔提出的第一个问题直接关系到中国和法国的利益,即滇越铁路的拆毁和滇越边境事件。我的二等秘书汪孝熙和肖维尔手下的加苏安以及肖维尔本人曾商讨过这些问题。我告诉肖维尔,由于我认为加苏安的话并不完全反映肖维尔本人对这两个问题的看法,因而我很少把加苏安的话电告重庆,而肖维尔本人讲的话则全部电告重庆。我告诉他,我现已收到王宠惠外长对这些问题的答复,因此前来与他会晤,以便把中国的观点告诉他。

我说,在提出这两个问题之前,我想附带说一个情况,看来法国大使高思默先生为了在11月27日离开重庆曾谒见蒋介石委员长辞行,但刚刚接到王宠惠博士的来电说,法国大使由于滇越铁路经理帕杜即将到达,现已决定暂不离开重庆。这位经理将与中国交通部长会谈。肖维尔证实,这一情况完全属实。他的消息和我所知道的一样。

关于拆毁部分滇越铁路的情况,我告诉肖维尔说,根据来电,大约有80公里的钢轨被拆除,这是中国最高统帅部出于军事需要而下令采取的措施。无论日本人在不久的将来有无进攻云南的打算,事实上他们已经出现在河内附近的东京地区,可以随时进攻云南。这个事实自然使中国军事当局认为,不应假定日本人不会进犯而冒遭受这种侵略的危险。中国对日作战毕竟已历时三年以上,中国最高统帅的经验证明,在对日本采取防范措施方面,必须万无一失。我说,由于战争仍在继续,肖维尔先生不难理解中国统帅部的想法。考虑到法国对日本侵入印度支那采取不抵抗政策,就更应如此。换言之,无论在东京地区的日军有何企图,都不能保证他们不会在某一天突然袭击云南。(我说的这番话都是为了向肖维尔解释中国最高统帅部下令拆毁部分滇越铁路的迫切原因。)

肖维尔说,这恰好是他希望知道的情况,因为中国方面关于解释拆毁铁路的第一次答复过于简略。至于日本人在东京地区的行动,与其说存在日本进攻云南的危险,倒不如说足以表明他们的压力减轻了。他们不仅撤出了广西,而且大大减少了在东京地区驻军的数量。

我说,这在目前可能是确实的,然而,如果他们想从印度支那发动对云南的进攻,他们用不了多久便可将必要的部队送到印度支那以实现其目的。此外,在远东和其他地区的局势中还有其他迹象,这些迹象,使中国最高统帅部对云南边境的安全更加担心。我接着举出了五种迹象:

1.日本在海南岛和台湾集结兵力。根据中国的情报,他们企图奇袭印度支那,以便能从西南进攻中国。实际上,这一点已告知法国驻华武官,尽管他认为日本此项行动是为了向南洋推进作的准备。

2.鉴于日本军政首脑基于结束中日冲突之需要,在最近所采取的行动和声明,以及他们实现这一目标的决心,中国的假设就更加有道理了。此外,日本最近曾间接向中国政府表示愿意议和,而且德国政府两周前曾正式劝告中国接受议和的建议。我说,肖维尔先生谅必也知道汪精卫致电蒋介石委员长,为谋求和平向委员长呼吁。而中国明确表示,只有在日军从中国国土撤离的条件下,中国才进行和谈,否则中国决心继续抗战。就在三天前,蒋委员长还作了大意如此的声明。日本由于看到中国决心继续进行抗战,并由于不结束对华作战它就不能在国际舞台上执行任何重大政策而感到恼火,这样,日本自然要以其全部军事力量向中国施加压力,以求强行解决。

3.日本海军的大批舰队向南航行,这也引起了中国最高统帅部的注意。日本海军的目的可能是在交趾支那登陆,以便占领整个印度支那。

4.日本威胁入侵缅甸,这使得中国政府有必要在滇缅边境采取防范措施,并调动部分军队,准备一旦这种进攻成为事实,中国能进行抵抗。这样中国就能确保印度支那边境的安全,使中国在缅甸边境作战部队的左翼免遭日军攻击。

5.湖北省的激烈战斗,可能使日本人有必要将其在印度支那边境的部分军队调到长江流域。

我补充说,所有这些因素,中国最高统帅部在下令拆除部分滇越铁路时,想必都考虑到了。这肯定不是对法国不满的表现,也不是有意损害法国的利益。

肖维尔说,法国专家们认为,进攻云南实际是不可能的。因此,他觉得用不着担心。我说,对于这个局势,中国最高统帅部最有发言权。对于日本的意图,我告诉他,我得到的情报称,他们已提出将驻河内的兵力按照商定的六千名数字使之达到满员,并另外调进一个炮兵营。肖维尔也许是为了对他先前的意见作辩解,随即说,他曾有几天不在,他的情报是过时的。因此,他迄今没有听到这方面的情况,但他乐于听到我的解释。

他继续说,关于这条铁路,拆除铁轨是可以理解的,而且这毕竟不是什么严重问题。危机过后,铁轨很容易重新铺设。引起法国最大不满的是毁掉了桥梁和桥基。这些桥梁都是精心设计的工程,耗费了大量钱财,并用了很多时间才修建起来的。我说,有可能只是把桥梁拆卸了,外交部来电没有提到桥梁,也没有提到毁掉桥基。肖维尔随即说,如由我致电重庆要求不要毁坏这些桥梁及桥基,他将非常感激。

我表示同意,并说,帕杜与中国交通部长在重庆的会谈可能澄清局势,并对实际情况提供详细报告。我又说,修建昆明至叙府的铁路进展迅速,这条铁路也是部分由法国投资的企业。我不知道一部分从滇越铁路拆下的材料是否正迅速用在新线路上。(这是对防止日本人入侵而"匆忙拆除部分铁轨"的另一种解释。)肖维尔说,他知道这个情况,而且由于这个原因,他敦促负责这条铁路部分投资的"银行团"的弗朗索瓦先生尽快前往重庆。我说,弗朗索瓦亲自到重庆,肯定对事情大有益处。

　　在话题转向中国与印度支那的边境事件时,我告诉肖维尔,中国外交部的来电作了全面解释。中国方面做了调查,其结果证实了我的话,即这些事件直接或间接都是日本人干的。我说,一般说来,有三种起因:

　　　1.由日本特务挑起的。这些特务来自驻印度支那日军和日本国内,他们穿着中国军服,伪装成中国军队,袭击边界上的法国哨所,企图破坏印度支那与中国的关系。因为日本很清楚,尽管曾发生过的一些事情,中、法双方仍然有维护相互友好关系的共同愿望。

　　　2.由于边界上印度支那士兵借口中国军队即将进攻而开小差,以及由于日本人的唆使而丢弃物资引起的。

　　　3.由于日本特务混入印度支那边防军的队伍,以便越过边界刺探中国军队的调动情况及军情而引起的。

　　我说,例如,11月11日和18日,法国守备部队袭击了中国军队,造成中国方面的伤亡。在11月18日的事件中,中国军队打退了袭击。我告诉肖维尔,这些事件已记载在中国外交部致高思默先生的一份照会中。然而,中国政府并不认为这是严重事件,正如罗夏先生对我说的,法国政府并不把这些边境事件当成严重事件一样。中国政府十分清楚,这些事件大多是日本特务挑起的。这是日本煽动中、法相互仇视的阴谋的一部分。谁要是把这些事件看得十分严重,谁就会落入日本人的圈套。肖维尔说,他很高兴得到这些消息,并将向罗夏和外交部长汇报。

我提出的第三个问题是一个非常重要的问题。它涉及在印度支那的物资和商品,并与印度支那法国当局禁止继续转运有关。我提到法国外交部对中国大使馆有关此事的照会的复照。复照说,在东京谈判作出结论之前,暂停这些物资再出口是临时措施。我说,我最近接到的外交部来电,要求解除再出口的禁令。如果某些性质的物资不许再出口,则应由印度支那当局予以妥善保管。如果有些物资属于易腐性质,则应允许作为物主的中国商人自由出售。或者,如果印度支那当局愿意购买,则应照原成本价格予以偿付。我将一份关于此事的备忘录交给了肖维尔。

肖维尔说,中国的建议与法国解决这个问题的想法十分接近。此事目前正在东京谈判中。它涉及存在谅山并由西原将军和印度支那政府予以封存的物资。"西江号"轮船装载的防毒面具引起了日本人的注意。他说,由于这件事,日本人想攫取原拟用以铺设镇南关铁路的150公里铁轨。

肖维尔附带说,这些铁轨是用"担保贷款"支付的,法国人仍然认为是法国的财产。因为这项近期贷款是用中国国库券分期偿还的,由于某些偶然的原因,付给法国各银行的中国国库券尚未兑付。

肖维尔继续说,日本人极其迫切地要求没收并占有这些铁轨,而且他们还要没收大量的卡车和汽车。然而法国政府不同意他们提出的论点,并表示在印度支那的日本军队只有通行权而没有占领权。他们肯定不能要求征用或没收第三者的财产和物资的权利,无论这第三者是谁。处理这种财产的权利属于印度支那的最高权力机构,即法国政府。肖维尔说,这是阿尔塞纳·亨利奉命向日本外相松冈提出的论点。松冈向来是通情达理的,他知道这个论点是有力的,当即接受。松冈还将向他的同僚陆相提出此事,劝说陆相给河内的澄田将军下达指令。不过肖维尔担心此事要费些时间,因为亨利大使每次只能提出一个问题,不能显得太急。在东京达成具体的解决办法之后,此事才能在印度支那处理。

肖维尔认为,这个事件只涉及在谅山出现的物资,但是我说,我国外交部来电还提到在西贡的中国物资和商品,其总数达一千余吨。肖维尔说,日本未曾提到在西贡的物资。我对他说,既然如此,在西贡的货物的再出口就不会给法国造成困难了,并问能否这样做。他说,在谈判尚未达成解决办法时,最好不要做任何会引起日本人注意的事情。于是我说,如果再出口太引人注目,那么,属于中国商人的商品可从速解禁,以使物主能在当地出售而收回资金。如有必要,这种步骤可悄悄进行,以免引起日本人的注意。肖维尔说,或许可以秘密进行。无论如何,他将致电德古海军上将,就其可行性征询其意见。

于是我提出一个主要的论据。我说,就印度支那的中国物资和商品而言,中国的利益和法国的主权分明是完全一致的。法国政府坚持保护中国利益的立场,也是捍卫法国对印度支那的主权。肖维尔说,这正是法国政府的观点。在这个事件上,中国和法国的利益是完全一致的。对法国来讲,这不是中国或中国人对物资的所有权问题,而是一般第三者的问题。他又说,当然这也考虑到中国物主的物质利益问题。如果印度支那政府收购这些货物,他们就保证可以得到货款。

接着,我提出一个更重要的问题,即日本与南京傀儡政权之间的条约。我告诉肖维尔,关于11月30日日本与南京伪政权签订的条约,中国外长王宠惠曾发表声明,我并且交给肖维尔一份抄件,供法国外交部存档。我请他注意声明的倒数第二段,该段称,倘有任何外国承认南京政权,中国将被迫断绝与该国的外交关系。我又说,这显然是暗指轴心国,这些国家可能追随日本承认南京政权。但无论如何,这表明了中国政府在这个问题上的坚定态度。

肖维尔询问阿部大将与汪精卫所签条约的内容,并问日本是否已经承认南京政权,并任命阿部大将为驻南京大使。我说,我尚未得到有关条约内容的情报,但我相信,条约内容必以 1939 年 12 月 30 日汪精卫与日本军方代表签订的协议为基础。我说,可能有些修改,但性质不会十分重要。至于日本的承认,我说,看来日本是打算承认的,尽管我还没见到任命阿部为驻南京大使的通告。然而,当天上午的报纸报道了所谓的"满洲国"已经任命了驻南京的大使。肖维尔说,日本承认南京政权似乎已经是不言而喻的了。

　　我接着谈到暹罗与印度支那的冲突,并问是否像新闻报道的那样严重。肖维尔说,局势是严重的,曾发生过交火。暹罗军队袭击了印度支那的三个村庄和哨所,暹罗飞机向印度支那境内投掷了炸弹,但法国人每次都予以反击。暹罗政府究竟打算向印度支那开战,还是想在边界各处不断制造事件以使边界经常处于不安状态,这仍然是个谜。不管怎样,法国已准备好应付最坏的不测事件。

　　他说,讨厌的是,暹罗政府已中断印度支那与暹罗之间以及法国与暹罗之间的一切通讯。法国政府和印度支那总督现已不能与驻曼谷的法国公使馆通讯。我问能不能通过新加坡的法国领事馆联系。肖维尔说,暹罗当局中断了与法国驻曼谷公使馆的全部通讯。暹罗公使已离开法国去里斯本。约两个月前,该公使曾宣布他打算离去,看来他当时已经知道暹罗政府的政策,因此作了离任的准备。

　　我谈到当天上午报纸刊登的一则伦敦电讯,大意是英国官方人士虽然认为暹罗和印度支那边界的局势是严重的,但是相信没有理由不能通过谈判谋求和平解决,并相信法国与暹罗正在进行的谈判仍然可以达到所期望的结果。肖维尔说伦敦方面的这种认识来得太迟了。无论如何,目前法国与暹罗之间关于这个问题的谈判已不存在。

显然,由于柏林、东京和罗马加速及加强了追求实现三国条约目标的活动,伦敦开始意识到这种活动对英国利益的影响,并觉得应该执行更积极的援华政策。同时,毫无疑问,美国不断努力说服英国尽全力援助中国,也对英国政府采取更积极的对华政策产生了影响。我已提到的滇缅公路的开放,就是英国意识到日本致力于推行其向南扩张政策的结果。日本的这个政策,只能意味着对英国在亚洲的巨大利益的威胁与破坏。因此,郭泰祺大使 1940 年 12 月 11 日给我的电报并不使我感到意外。

　　这封电报是答复我 12 月 7 日的询问的;我询问了柏林、东京和罗马各自追求他们在世界上的利益的行动,导致英国采取什么态度,以及会出现什么样的实际形势。来电说,英国政府现已宣布原则上将援助中国一千万英镑,其中一半用于稳定中国通货,一半作为在英国采购物资的贷款。他还说,尚待研究的只是执行这一援助的细节。

　　说来奇怪,英国要转变对华态度竟然先需获得如此明显的证据。可能是在他们的思想深处,始终存在着一定程度的混乱想法。这是由于他们意识到英国在中国的势力、影响和权威以及英国在香港、九龙等殖民地的地位,都是从牺牲中国利益而得来的。因此,他们既想帮助中国,以保全本身的在华利益;又担心,如果中国在对日斗争中变得强大起来,他们就不得不把他们的老账和中国算清。这可能是英国思想深处的东西。另外,列强各国也都担心一个强大的中国会鼓励这些国家与中国毗连的殖民地的独立运动。

　　12 月 14 日,我与美国驻维希代办墨菲长谈。这是墨菲最近从华盛顿返任之后的首次来访。他在回答关于华盛顿与维希的关系问题时说,他从这次旅行得到的印象是,美国舆论起初十分反对维希政府的政策。他记得,他到达纽约的时候,美国记者问他,法国驻华盛顿大使亨利·阿埃是不是个纳粹使者。他回答说，阿埃毕竟是法国人，不该称他为纳粹使者，这时记者把他的答复用电话报告美国国务院，并问墨菲先生的态度意味着什么。墨菲又对我说，所有这些都表明了强烈反对维希政府的情绪。他说，美国公众怀疑维希政府不仅愿意与德国合作，而且甚至准备帮助德国攻打英国。虽然此时在美国还有这种情绪，但这种误解已经稍微有所澄清了。

墨菲代办接着说，他回来后不久曾见到博杜安。博杜安给他的印象是，现已较好地理解美国人的心情。他问我是否认为博杜安目前比较坦率了。我说，我以为博杜安对英国的看法现在有所改变，然而当他在印度支那问题上寻求得到日本的谅解时，看来他确实存在着偏见。我说，这也许是出于对他在法国的政治生涯的考虑，以及对与德国打交道的现实形势的考虑，使得他坚持自己的路线。但这毕竟是不必要的。如果法国保持坚定态度，日本就不敢入侵印度支那，何况还有美国海军作为后盾。

墨菲说，这正是科德尔·赫尔先生的看法，他现在仍然持这种见解。法国在印度支那问题上没有必要对日本采取让步政策，他（墨菲）曾乘机对博杜安说，利用适当机会来缓和赫尔在这个问题上所持的强烈反感是有好处的。（至于他为什么会晤博杜安而没有会晤赖伐尔，在我和墨菲后来谈到维希最近的事态发展时，就可以明显地看出来。）

我问墨菲，就他所知，美国政府对参加欧洲战争的情绪如何。我说，有些人甚至已经预言美国将在 1941 年春季参战。墨菲说，他怀疑美国届时是否能作好准备。无论如何，英国所需要的不是兵力，而是物资援助，这方面罗斯福总统已采取步骤大量增加。英国还需要飞行员。事实上，去年前往英国参战的美国志愿人员就达三千人之多，而且当然还要继续提供技术人员和飞行员。绝大多数美国人都热切希望英国打赢，然而他们认为，没有必要为了达到这个目的而派美国军队参战。英国本身急切希望美国百分之百地合作,即站在英国一边参战。然而墨菲认为,这在近期是不太可能的。(我过去认为而且现在仍然认为墨菲所描绘的华盛顿的以及美国普通老百姓的心情是真实的。)

我问他,罗斯福总统是否会试图在德国与英国之间进行调解。墨菲回答说:"根本不会。"他说,任何这类行动都将使英国的战斗精神受到挫折而且一经受到挫折,就难以再恢复到原来的水平。(这是个很好的解释,然而我提出这个问题是有我的理由的,这将在后面予以说明。)他说,此外,英国不相信纳粹德国的诺言,美国也不相信。他说:"和德国达成一个德国不会遵守的和约,这有什么好处呢?这只意味着在一年左右之后,这场战争将重新打起来。"

我说,我认为罗斯福总统为了使美国在今后参战制造舆论,可能会像威尔逊总统在 1916 年重新当选之后那样,进行调解;这样做不是由于相信调解能成功,而是由于相信这将迫使德国暴露其荒谬的和平条件。我说,有了这样的消息并公之于众,将对美国站在英国一边参战产生有利的影响。但是,无论如何,当时墨菲大概比我更了解美国人的心理。他认为这也是不大可能的,因为他相信德国会提出非常合理的和平条件,以致不得不与之议和。

我说,美国要照顾两条战线,一条是大西洋战线,另一条是太平洋战线。我问墨菲,他认为华盛顿对哪一条战线更为重视。(这是我本人和中国都非常关心的问题。)墨菲说,这将取决于地理因素,即要看是美国的哪一部分。大西洋海岸各州对欧洲比对远东关心得多。另一方面,西部和太平洋沿岸各州则相反。中西部对欧洲与远东都不关心,认为两边都有海洋作屏障的美国是安全的。(这对美国人的想法是一个非常敏锐而正确的见解和中肯的分析。)他又说,但是对日本作战,在美国公众舆论中是得人心的,即由于传统上的对日反感及观察到日本近年来的所作所为,美国公众舆论几乎一致赞成与日本打一仗。他还认为美国舰队在太平洋的调动现在已使日本十分谨慎。据墨菲说,美国正进一步加紧禁止对日本出口金属、机床和石油。

关于法国和欧洲过去 24 小时内发生的事件,墨菲证实了赖伐尔已被监视。他听说贝当元帅并未指控赖伐尔的任何具体行为,而是对他的总的行为不满。他说,拘留至少要持续三天,但他对德国为德军过境前往意大利而提出最后通牒的消息,以及对三十列车德军已在前往意大利途中的消息,均未得到证实。他说,前一天下午五点半钟他曾会见博杜安,博杜安虽然确曾暗示事态发展的可能性,可是说话十分含蓄。墨菲说,当天上午他见到了罗夏,罗夏否认了德国曾发出最后通牒。

然后墨菲改变了我们会谈的话题。他询问印度支那的局势以及法、日之间的谈判是否仍在进行。我告诉他,以印度支那前总督罗班为首的法国经济代表团即将到达东京。阿尔塞纳·亨利是代表团名义上的负责人,罗班则实际负责。罗班得到了严格指令,对日本的让步不得超过一定限度。法国人一直在说近来日本人在印度支那显得相当和解甚至友好。可是根据我的情报,最近暹罗轰炸印度支那边境,就是由日本人在幕后指使的。在暹罗的空军中,有漆上暹罗旗帜的日本飞机,还有日本飞行员。交趾支那的所谓共产主义运动的幕后也有日本人参与。我听说法国人对这两点曾得到可靠的情报,但由于害怕引起国际纠纷而不敢发表。

我接着说,关于暹罗与印度支那边境的紧张形势,法国人更为担心,但他们说,法国准备采取任何极端措施以应付这种局面。尽管报纸上说,在暹罗与印度支那的对抗中其背后有英国人在牵线,这只是一种掩饰。我告诉墨菲,这种掩饰是日本人的惯用伎俩,因为真正支持暹罗侵犯印度支那的正是日本人。我又说,当然,在正式场合,东京会谨慎地不表现出对暹罗的同情,甚至宣称渴望看到暹罗与印度支那之间的争端能和平解决。

# 第十节　在维希关于欧亚两洲局势的一些谈话

## 1941 年 1 月—4 月

我来到维希,通过和许多外交界同仁的多次谈话,得以对欧洲的全面形势有更多的了解。表面上,维希显得十分平静,但是,实际上却十分紧张。法国政府成员估计德国可能占领这一地区,因而让汽车司机和飞机驾驶员整装待命。一旦出现上述情况,他们便可飞往北非,组织抵抗。但是同行们普遍认为:意大利屡战屡败已使轴心国丧失威信。为了恢复在欧洲公众中的良好印象,德国会不得不在短时间内采取断然措施。

据外交界同行们谈,当前德国最高统帅部有四种可供选择之途:1.入侵、攻占保加利亚以加强意大利军队,牵制土耳其(如果苏联和土耳其敢于出兵进行武力抵抗,德国就对他们宣战);2.占领法国全部领土,以便控制地中海和北非;3.派遣军队进入西班牙,占领直布罗陀,以便切断英国海军后路,使占领北非较易实现;4.使用其全部兵力入侵英国,以期迅速取胜。

当时法国正竭力谋求和德国谈判,缔结一项和约,以便确切了解德国的胃口究竟有多大,以及法国在未被占领区重新恢复秩序能有多大指望。赖伐尔曾多次访问巴黎,试图说服德国同意将巴黎归还法国政府。但是他在这方面的努力失败了,同时,与德国谈判最终的和平解决办法也未成功。结果,德国人宣称:他们可能将占领法国的其余领土。

**弗朗丹**　我于 1941 年 1 月 8 日和新任法国外长弗朗丹做了一次长谈。弗朗丹是从 1940 年 12 月 24 日起担任这一职务的。其后不久,我曾去看过他,这次是我在他就任新职后的首次正式访问。寒暄之后,我问他对当时欧洲局势的看法,以及据他看来,德国对意大利在地中海和北非屡遭挫败的形势有何反应。弗朗丹回答说,谣言甚多,可靠的消息很少。他可以有把握地说:德国事实上已派出大量军队通过匈牙利向巴尔干各国进军。德国的这些军队是否旨在进攻希腊,夺取萨洛尼卡,以支持意大利,抑或进行另一次冒险,尚待分晓。

弗朗丹接着说,德国完全有可能派出军队经西班牙攻取直布罗陀,以便封锁英国进入地中海的通道,从而切断在东地中海和北非作战的英军补给线。但是,还难以肯定西班牙是否会同意让德国军队通过其国土,因为10月底佛朗哥和希特勒在法、西两国边界上举行的会议未获结果。据西班牙大使莱克里卡说,在西班牙只有佛朗哥能对这个问题做出决定。

于是,我又问弗朗丹,关于德国可能对法国增加压力和提出更多要求是否有所担心?他告诉我,迄至目前,德国尚未要求给德国军队经法国前往意大利的过境权。在他看来,这项运兵的通道可以经由德、意边界的布伦内罗隘口。当然,把作战物资从德国经过自由法国国土运往意大利,则是截然不同的另一件事。不论怎样,如果德国认为出于对英战争的需要而须在法国做某些事情,那是会不顾一切去做的。停战协定和贝当元帅与希特勒在蒙图瓦尔进行对话所提出的两国合作原则,仍然是法国对德政策的基础。尽管在蒙图瓦尔不曾制定完整详尽的协议,但是非常明显,贝当已在原则上同意与希特勒合作。法国政府愿意仍然遵守诺言,但是却无意超出这一范围或参与任何军事行动。

弗朗丹同意我的意见,这一原则的实际运用形式尚有待明确。但是他说,他对赖伐尔已经作出的很多安排毫无所知。他认为对德国采取零敲碎打的让步政策,并不能在法德关系问题的根本解决上起作用。显然,贝当恰恰是在这一点上与赖伐尔分歧颇大。赖伐尔敦促贝当同意,采取使德国高兴而法国人从而可以得到好处的原则来对德让步。

我评论说,完全无视停战协定,而采取强迫法国政府的政策,有可能给德国既带来好处,也带来坏处。总之,尽管在法国本土对德国的进一步逼迫难于采取有效的反抗措施,但是在整个法兰西领土上,抵抗势力依然存在,德国如果激怒这股力量,那是很不明智的。

弗朗丹说,现在法国是生活在贝当的庇荫之下,唯有他才能维护整个法国的统一和鼓舞人民的信心。他认为,把贝当的工作搞得日益复杂,以致使他难以继续任职,是不符合德国人的利益的。这就是事实的真相所在,弗朗丹很诚实地把他对局势发展的看法告诉我。我和弗朗丹之间的谈话一直很坦率、很友好,即使在他辞职以后,依然如此。

弗朗丹认为,法美关系甚好。当我问及法国是否可能获得美国物资援助时,他说法国最盼望食品供应。前一年法国农作物歉收,因此,在今年收获季节以前,法国至少缺少六百万公担小麦、二百万公担玉米。除非美国运来所缺粮食,否则今冬将会出现人民生计困苦、精神沮丧的严重局面。这表明,法国的经济形势业已恶化到何种程度。在和平时期,法国农产品一向自给有余,经常能出口部分小麦。

我说,看来美国对目前法国的形势有了较深刻的理解。弗朗丹同意说,华盛顿似乎终于认识到,法国正在推行其唯一能推行的政策,即真诚地执行停战协议条款,而对进一步的要求,则持坚定态度。他相信,美国决不愿意看到法国的民心由于遭到不幸和痛苦而消沉,而这些,美国是可以帮助解救的。

谈话到此,一个侍者进来说,达尔朗海军上将到,从而打断了弗朗丹和我的谈话。几分钟后,来了另一个侍者,通报说,贝当元帅正在等候他,于是我起身告辞。

**普拉东海军少将** 普拉东海军少将是贝当内阁的殖民部长、印度支那事宜的最高权威,我非常渴望和他交谈。1941 年 1 月 9 日,我走访了他。我们之间的交谈事后证实是颇有意思和具有启发性的。我告诉他,重庆业已得到消息,对中国驻西贡总领事和印度支那地区的其他中国代表的安全感到担忧。中国总领事是由于去年秋天法日两国协议的结果而不得不从河内迁往西贡的。除了中国在河内的利益业已委托美国驻当地的领事保护外,中国总领事一直仍在坚持职守。总领事馆的搬迁,已及时通报了印度支那总督和在巴黎的外交部长。因此,当中国总领事通知我,印度支那总督已写信给西贡地方长官,指示他通知中国总领事,除非他停止活动,否则将要求他离开印度支那一事,我颇感惊讶。我把这情况全告诉了普拉东。

我还告诉普拉东,日本已要求印度支那总督逮捕中国军政部的代表;这位代表是在一年前经印支当局同意后去到印度支那的。我还得到消息说,日本还要求赶走驻河内的其他中国代表。上述消息对我来说颇不寻常,所以我提请普拉东注意,以便查明这些消息是否真实。普拉东说,他不相信上述消息是确实的,因为他每天和印度支那总督通电联系,从未提到过此类性质的问题。

他继续说,同中国保持友好关系是法国政府的政策。法国在当时情况下和日本达成协议是不可避免的,但是法国政府的意图仍然是要培植同中国的友好关系。中国驻印度支那代表有权要求保证安全。日本人在印度支那出现是有关协议导致的后果,但这些协议均有其限度,超出限度即非法国政府之本意。日本曾企图超越协议范围,但是印度支那总督坚持未予让步。普拉东明确同意电告总督,要他汇报,并要求他对中国代表的安全给予特殊关照。

普拉东说,中国总领事的消息并非一贯正确,有时会使人产生误解。他举了中国政府和华侨在印度支那的物资和货物问题为例。中国虽对所谓的拍卖上述物品的决定提出抗议,但首先是在实际上连这种性质的建议也根本不存在。我说,据我了解,拍卖的决定只限于那些非法进口的物资,而并非指所有的物资。他回答说,事情确实如此。错误地认为该决定适用于所有的物资,这自然会导致中国政府方面的误解。普拉东对中国总领事迁往西贡颇为遗憾,因为,日后他一定会发现难以保持对首都河内事态发展情况的了解。

普拉东随后提出中国破坏滇越铁路二百公里之事。他说,他能够理解,在缔结法日协议时,中国深恐日本人侵入中国西南。然而,目前形势已变。日本军队已离开广西,广西与印度支那边界是由中国军队防守着。此外,日本欲图侵入云南,实际上也是不可能的。因此,无论是这种过分担心,抑或是中国当局破坏云南铁路之举,都是毫无根据的。

我说,据我所知,已拆除路轨约一百五十公里。我就此事和外交部以及中国军事当局均有电报往来。我深信,该行动是中国军事当局认为必须采取的一项预防性措施。虽然日本人在印度支那表面上十分平静,但是重庆得到的报告说,日本人在海南岛周围集结了大量兵力,因此,日本人很可能在印度支那当局不予阻拦的情况下,假道印度支那向中国发动突然袭击。

我就此事询问普拉东,是否曾获得有关日本企图占领金兰湾,作为日后进攻新加坡、马来亚以及荷属东印度群岛之基地的消息。普拉东说,他曾从电台广播中听到,但是这些消息都系别有用心,因此不应相信。确实,日本在海南岛及其周围集结了军队,但是并无迹象表明其攻击方向,他并不排除日本有朝一日将要占领金兰湾的可能性,但是,这种行动是侵犯法国在印度支那的主权的。

普拉东向我保证,日本人将被限制在和法国缔结的协议范围之内。然而,当我问及在日本决心攻取金兰湾的情况下,是否会遇到抵抗时,普拉东反问:"怎能指望几艘小型法国舰艇有效地抗击日本整个舰队呢?"

据普拉东说,印度支那的海上交通实际上已经恢复。最近开出的几条船途经好望角时未受到任何阻挠,同时,另外两艘船亦将起航。这些船只为印度支那运送了援军。

我们还讨论了暹罗局势,以及暹罗人对印度支那边界的频繁进攻。暹罗一直拒绝和中国缔结友好条约,或建立外交关系,但是近年来,允许中国派出一个贸易代表团去曼谷。结果,中国在曼谷派驻一位商务代表,他向重庆外交部汇报。

据我看来,暹罗政府并不真正懂得它应当采取什么政策。在外交政策问题上,政府官员的意见并不统一。政府受着各种不同的外界影响和压力,其中一些是赞成与日本合作的。我相信,暹罗屡次进犯印度支那,乃是日本人的计划的一部分。众所周知,德国曾竭力劝说日本在远东对英国采取行动,最好是对新加坡和马来亚发动进攻。这一谋划要求暹罗人从陆上合作,因为新加坡是难以从陆路进攻的。日本的计划由于意大利屡遭挫败而推迟执行,从而打乱了原先德、意、日三国同时分头进攻英国、埃及和直布罗陀以及英国远东属地的计划。在日本的煽动下,暹罗一直针对印度支那制造麻烦,以便在德国和意大利对英国及其属地发动进攻后,日本即可作为借口,迅速派遣军队与暹罗联合进攻新加坡和马来亚。

我随后又问,据我所知,印度支那总督曾于1月4日向曼谷发出最后通牒,要求暹罗停止进攻,并在午夜前给予肯定答复,否则将入侵暹罗,此事不知是否属实。普拉东说,这纯属捏造,法国从来未曾有过这种意图。法国对暹罗进攻的政策是"以牙还牙",但是政府依然坚决谋求通过谈判和平解决。我个人认为,法国无力对暹罗采取断然行动,更不会主动对其施加压力。普拉东继续说,挑起对暹罗的武装冲突从来不是法国政府的政策。目前暹罗仿佛是想利用法国在欧洲地位削弱的情况,来推行其领土扩张政策。我说,中国有句谚语"落井下石",就是谴责这种掠夺行为的。总之,暹罗对印度支那所表现的精神并不是东方文化和文明的产物。

随后,我提出一个与中国有较直接关系的话题,即罗班经济代表团在东京的谈判进程。我问,是否政治性问题将一概排除在外。普拉东说,罗班一行已于12月23日或24日抵达东京,但是印度支那代表团迟至 1 月 4 日始抵达东京。第一次会议直到 1 月 7 日方才召开，因此至今尚无多大进展可以奉告，并且，也没有急于从事的必要。讨论将仅限于经济问题，法国政府无意涉及政治事务。

我认为，日本很可能试图利用谈判以取得对印度支那经济生活的控制。虽然普拉东认识到有这种危险，但是在此以前双方已同意要签订一项经济协定，因此当时已无其他选择余地，只好达成一项协议。他对应当采取的行动方针向我征求意见。我建议他力争赢得时间。我仍记得 1915 年 1 月日本向袁世凯提出二十一条要求后中、日之间举行的谈判。中国总统曾决定尽量赢得时间。由于外交总长把总统原拟谈上三个月的事只用了三天就谈完了，他不得不免了外交总长的职。普拉东完全同意我的意见。只有时间能够帮助无所依靠的人民。他记得，法国国王路易十三每当面临棘手的局势时，总是说，"时间和朕"将做出决断。

我和普拉东还讨论了欧洲局势。据我看来，意大利在地中海和北非屡遭挫败，可能导致德国在欧洲大陆采取激烈的军事行动。据报道，德国业已要求使用法国在地中海和非洲沿海的港口，以控制西地中海，切断英国和东地中海之间的海上交通。虽然普拉东承认当时存在这种谣言，但是他否认德国已向法国提出使用港口的要求。他认为，德国肯定觉得有必要恢复其失去的威望，德国军队有可能通过西班牙进军直布罗陀。如果发生这种情况，西班牙是无法进行抵抗的，西班牙甚至无力养活其人民。如果德国出于其军事战略需要，决定采取某种行动，它会毫不迟疑地去进行，所有其他考虑都会置之度外。但是从德国军队的调动，特别是在巴尔干的集中来判断，普拉东估计，德国正企图在保加利亚采取新行动，而保加利亚对德国的进军也是无法抵抗的。普拉东认为，如果这场战争继续下去，就意味着文明的毁灭。

然而，据我看来，德国实际上急于停止进军。因为在占领了大片土地之后，德国面临着管理被其征服的国家这一艰巨问题。

如果德国再启衅于西班牙,则更将过分延长其防线,承担更大的责任。普拉东同意我这一意见,并援引了一句法国谚语:"贪多嚼不烂!"德国的战略形势孕育着危险,但是征服者是不会停步的。征服了一地就想征服另一地,直到不能再进为止。历史是这一事实的见证人,例如,亚历山大大帝和拿破仑就是如此。我补充说,成吉思汗也是一样。

我说,英国决心将战争继续下去,直至取得胜利。这一决心由于美国业已明确其对英援助的态度而变得更加坚定。普拉东不知德国继续战争还能获得什么好处。如果不列颠诸岛被征服,英国政府肯定会迁往美洲,另觅立足之地。德国是否要跨过大西洋追击英国呢?他认为,半年之内将会发生巨大变化,从而改变世界局势。我个人估计只要三个月就会发生变化。

**罗夏** 1941 年 1 月 21 日,我访问了法国外交部政治司司长罗夏。我急欲知道,是否已从东京获得了有关储存在印度支那的中国货物问题的答复。罗夏说,他未掌握这一问题的情况,但是他认为答复尚未来到。他答应向东京发报催办。

我告诉罗夏说,暹罗、印支之间的事件似乎有所增加,法国对这些事件的强烈反应和取得的成功,恐怕并不为日本所欢迎,日本的希望肯定与此完全相反。罗夏说,法国的抵抗不但在海洋上,而且在陆地上都很成功。然而,针对我提出的关于日本态度的问题,他只想说,日本自然要表示巨大的关心。看来他并不想把全部真相告诉我。

罗夏说,总的看来,日本并未越出法日有关印度支那协议的条款。虽然这种或那种小事件屡有出现,但是不曾发生过特别事件。罗夏作为一个文官,显然时刻都在警惕,怕在答话中泄露过多的消息。

我又问及日、法两国代表在东京召开的经济会议取得的进展。罗夏还是不愿意向我透露消息。他告诉我,进展不大。事实上,法国外交部在前一天曾电询目前的进展情况,因为当时它觉得对该会议的进展情况失去掌握。他还说,他既不曾获得有关报纸上所谓的日本对南印度支那感兴趣的消息,也不曾获得有关他们企图占领印支南部海港以便向南洋扩张的消息。

由于他不打算说清楚这一问题,我于是把话题转到欧洲,特别是德、法两国之间的局势。罗夏说,德国政府尚未答复贝当12月发出的信,但是他认为,复信不久即将送达。迄今而言,德国已提出领土要求之说是不真实的,而且德国已要求使用突尼斯沿海某一港口的说法也肯定是不真实的。重返巴黎的问题已暂被搁置,同时,他不相信德国会占领法国全国。我也觉得德国不会干这种蠢事,因为这只会激怒法国。正如罗夏所说,法国海军无疑是仍然完整的,同时,在殖民地还有一支力量雄厚的空军。我同意,法国的确是一个不可忽视的因素。如果战争成为一场消耗战,则经济资源的作用将是举足轻重的。

至于巴尔干半岛各国的局势,罗夏提到了有关大批德国军队集结于罗马尼亚和保加利亚边界的报道。但是他说,关于已有一些德国军队进入保加利亚的消息,他并未得到证实。

我问,他曾否获得来自莫斯科的消息。他回答说,虽然法国大使一直驻在莫斯科,但是要想获得有关苏联意图的消息却极为困难。苏俄在置身于当前战争旋涡之外的同时,一直保持着警惕。他问我是否已得到有关这方面的消息。我回答说,得到过,并说,莫斯科的政策肯定仍然具有俄国人的特色。它最近和德国缔结的协议肯定并不像德国当局所认为的那样重要。

在结束谈话时,我提到了欧洲总的战争形势。罗夏认为,不久即将发生入侵英国的重大事件。至于巴尔干各国,虽属重要,但并无决定性作用。

**博韦热** 我于1941年1月22日和法国外交部礼宾司司长博韦热谈话时,讨论了巴尔干半岛各国的局势。博韦热对中欧、巴尔干半岛各国以及意大利的情况颇为熟悉,因为他曾出使该地区各国多年。

据博韦热看来,德、意两国让匈牙利收复特兰西瓦尼亚的结果,并未像他们所盼望的那样,使匈牙利感到满意。因为该地区的大部土地,连同当地的八十万匈牙利居民,以及诸如首相泰莱基和恰基外交大臣等匈牙利政府显贵的大庄园,仍在罗马尼亚手中。匈牙利名义上是独立国家,实际上却是德国的附庸。匈牙利人骄傲、好战,作为战士远远胜过奥地利人,但是反对德国却无能为力。匈牙利人内心是反对纳粹主义的。

博韦热把中欧的局势归罪于过去的小协约,小协约是为了防止奥、匈两国对分裂后脱离出来的国家采取报复手段而结成的。这个协约完全基于政治考虑,毫未顾及缔约国的经济需要。协约三国实际上包围了匈牙利和奥地利,但却不愿和这两国有任何经济交往。没有协约三国和奥、匈两战败国之间的经济合作,奥地利无法生存,而匈牙利也不能繁荣。于是奥地利首先遭到德国吞并。

据博韦热看来,匈牙利人极其鄙视捷克人,在奥匈帝国时期视之为劣等民族。而捷克人竟坚持以盛气凌人的态度对待匈牙利人,也确实愚蠢。匈牙利人比较尊重南斯拉夫人,甚至在当时,双方关系也相当不错。

博韦热说,意大利人民对战争不感兴趣,正如同日本人民不赞成中日冲突一样。

**李海** 李海海军上将是在那时前后出任美国驻维希大使的。他的到达,受到法国人的热烈欢迎。李海不仅在海军事务方面是一个很高的权威,而且还是国际局势的敏锐观察家。他是罗斯福总统的密友。我于 1943 年和 1944 年在华盛顿时,曾在白宫见过他数次。

李海在他的一等秘书马修斯陪同下对我进行了一次礼节性拜访。我们的谈话涉及很多问题。首先,我告诉李海,法国很重视他出使维希以及他本人的品德。他出使法国对当时形势下的法国来说确实是重要的。

我说，法国当局目前在和德国的周旋中，似乎更有信心和更加坚定了。我从和贝当的谈话中得出结论：贝当决心对德国让步至此为止。他在处理对德问题方面已为自己规定了不可超越的限度。如果形势逼他太甚，我认为，他甚至会前往北非，重新拿起武器和英国一起抗击德国。我知道，为采取这一步骤，应做的必要准备工作正在北非进行。我问李海，是否已从旅非返法的墨菲那里获得了同样的信息。

李海告诉我，他曾见到过墨菲；现时他已回非洲研究在当地建立领事馆的条件是否具备的问题。但是，真正的原因很可能较此远为重要；这在战后出版的墨菲回忆录中可以看得十分清楚。

李海说，他还相信，法国可以在非洲进行大规模的抵抗，德国对此是毫无办法的，因为在非洲有得到法国舰队支持的英国舰队。我说，在非洲的维希代表正在和所谓的自由法国的领导人物接触，他们之间的关系在上月得到了巨大进展，据我看来，这种进展颇为令人满意，因为重要的是法国出现了统一战线。对此，李海表示同意。他说，分裂的法国难以对反抗德国有所作为。他补充说，他本人还未看到能够表明在非洲的维希代表和英国人的关系更为接近的任何迹象。

关于英、法两国海军之间传统对抗的问题，李海说，虽然少数法国军官对英国表示厌恶，而大部分却对英国表示同情，因为只有英国获得胜利，法国才能挣脱德国的枷锁。然而，海军将领却都强烈地反英。

马修斯征求我对法国内阁的意见，特别是贝当和赖伐尔之间的关系，以及德国对维希政府的态度。我说，流传的谣言太多。似乎是贝当现在有意将赖伐尔召回，以安抚德国，但是并无迹象表明，赖伐尔是回到最高级政府官员的行列，还是只任命他为全权代表恢复对德谈判。据报道，赖伐尔在政府中的同僚们是反对他再回来的。德国驻维希大使阿贝茨向贝当说的话超出了柏林的原来意向。德国不愿在法国制造更多困难，可能是德国推迟答复贝当于 12 月写给希特勒信件的原因。我预言,在收到德国答复之前,内阁将不会改组,因为贝当想要知道德国究竟希望他干些什么。

我更急于了解美国的态度和未来的行动,所以我说,在前天的《日内瓦日报》上有一篇新闻报道:罗斯福总统向欧洲各地派出私人代表,是期望能调解欧战,并召开一次国际和平会议。我问他,这篇新闻报道有多大真实性。李海告诉我说,尽管他和罗斯福总统私交很深,在他离开美国之前,从未听说过这类消息。自从到达欧洲以来,他曾经听到过一些关于试图在 1914 年原状的基础上重建和平的报道,如果各方都愿接受这种和平,就有实现的可能。不过轴心国是不会赞成的。罗斯福在其最近演讲中声称,与侵略者妥协是不可能的。这意味着,在侵略者被击败之前,不可能有持久的和平。中国也曾宣称,将不和日本妥协。这意味着中国的意图是继续战斗,直至全胜。李海对那些特使所负使命的性质并无所知,但是他确信,罗斯福总统期待的不是妥协的和平。华盛顿确实急于改进和莫斯科的关系,并对苏俄的欧洲政策表示同情和谅解,只求苏俄保持敌视日本的政策。他还说,美国的坚定态度一定会使中国感到满意。我说,中、美两国在当前的确是同舟共济,即使说不算是"同舟"的话,美国亦无疑会通过其援华政策,使中国这条船的航程变得顺利一些。

之后,我提到了暹罗和印度支那之间的冲突。我说,法国成功地反抗,肯定使日本感到不安。1 月 20 日,日本政府正式提出通过调停解决冲突。由于日本外相事先受过天皇召见,所以这一行动必然具有非常重要的意义。我认为,法国准备接受日本的建议,尽管法国驻东京大使最初不肯向维希转达日本的建议,因为调解是以法国接受暹罗对印度支那部分领土的要求为条件的。所谓暹罗的领土要求包括:某些湄公河中的岛屿,那是法国一直有意割让的;还有湄公河以西的大片领土,那是法国在任何条件下也不肯割让的。李海未曾听说过有此建议。他问我如何看待英国对待暹罗的态度。我们一致同意如下看法:法国对英国在这场冲突中所执行的政策颇感怀疑,但是英国人的目的是为了使局势平静下来。

日本政策的目的在于制造一个不安定局势,以为其干涉、占领南印度支那的一些重要海港提供借口。李海说,法国从一份有关英国驻曼谷公使克罗斯比一直在策动暹罗反对印度支那的报告中产生了疑虑。但是他不相信克罗斯比会违反官方政策的精神行事。

我们的谈话转向世界的全面形势。在当时形势下,美国海军是一个重要因素,我不知道远东美国海军是否得到了加强。李海说,在菲律宾的海军并未得到加强。虽然美国的分遣舰队实际上比英国的亚洲分遣舰队强,但是在任何严重局势下,这都不会有重大意义。美国舰队的主要部分仍在菲律宾①附近地区,三天内可以驶到西太平洋。这支舰队从未驶向更西地区,一旦欧洲出现严重紧急情况,还须把它派往大西洋。

我说,近来远东局势的发展,必然使菲律宾担心其安全,并已随时准备重新考虑独立问题。据李海说,独立要到 1946 年才能实现。奎松曾告诉过李海,虽说他本人不赞成独立,因为难以期望菲律宾能单独抵御像日本这样的强国以保卫自己;但是,在政治上他不敢表明其观点。作为政治家,他只能主张独立。

我问,是否已和英国就美国海军使用新加坡问题达成协议。李海说,未达成任何协议,也不需要任何协议。一旦美国海军需要这个基地时,可以在几小时内就获得英国的同意。

我认为,美国舰队的出现会对日本起重大遏制作用。李海说,欧洲问题如能得到解决,全部美国舰队无疑会开到远东,把日本舰队赶回本岛。中国的陆军是能对付日本陆军的。

马修斯认为,问题在于希特勒的承诺不可信。任何通过妥协

---

① 此处的菲律宾疑系夏威夷之误。——译者

得到的和平，仅意味着暂时休战，三两年后战争必然再起。我说，如果要建立持久和平，那就必须是建筑在民主国家认为满意的基础上，即：保障正义及各国的自由与安全，为了保卫这样的和平，自然必须有保证。人们可以设想出各种有效的保证，但是德国是不会接受的。

我于1941年2月28日再次和李海在美国大使馆会谈。我急于了解他对业已变得十分紧张的太平洋局势的看法。李海说，现在除了印度支那的局势之外，他看不出有任何特殊不安之处。法国对印度支那局势颇为担忧，因为日本威胁要占领这一殖民地。于是我问，美国是否如法国所期望的那样，能够前来相助。李海坦率地说，不会。美国已承担起援助英国赢得反德战争的义务，因此，须将现有的物资和装备运往英国。如果日本强占印度支那，美国只得袖手旁观，尽管这对中国抗战的地位和力量所产生的影响是无法预见的。在打败德国后，英、美两国就能较容易地转到远东来，和中国一起解决那里的局势。

李海的明确答复使我了解到一直想知道的情况，就这一点来说是令人满意的。然而美国的真实意向和态度，却让我颇为失望。蒋委员长和我以及重庆的其他领袖们一致认为：远东问题应当首先得到美国的重视。也只有如此，美、日之间的战争才能得以避免，中国的危急局势才能得以解除。但是美国政府很自然地要首先帮助英国赢得欧战。美国人民在对世界局势的看法上有分歧。住在大西洋沿岸的美国人，对欧洲较感兴趣，并把援助英国视为高于一切。住在中西部的美国人，则不论对欧洲还是对太平洋发生的事情都有些漠不关心，或者不十分感兴趣。住在西海岸的美国人则对中国和远东深为关切，并认为日本是真正的威胁。白宫和华盛顿的各种势力，一般来说，同大西洋沿岸各州的观点较为一致。

罗斯福总统本人的先辈来自欧洲——我记得他的祖籍是荷兰。作为政治家，他了解欧洲远比远东深刻。其他美国领袖，包括著名的财界、工业界人士,对英国和欧洲从情感上和物质上都更为关切。所以美国政府认为必须先援助英国,然后才能把注意力转向中国和远东,这一点是可以理解的。

由于李海清楚地述说了美国的态度和政策,结果使我非常失望,于是我试图就华盛顿为何能够并应该将其注意力转向中国和远东的问题提出我的看法。我说美国的政策还有可资选择的余地。因为,虽然英国在美国的援助下可以坚持下去,甚至挫败德国的任何入侵企图,但要打败德国却需很长的时间。

李海打断我的话说,即便可能要花费三五年甚至十年的时间,也要干下去。他的话不仅再次反映了华盛顿的观点,而且含有政策业已确定的意思。欧洲最近局势的发展,使得美国的看法和态度起了一些变化。在法国战败之前,美国人一般相信英、法联合的力量,可以挫败德国。随着法国被击败,英国受到严重压力,这一信念似乎已不复存在,再也不能指望欧洲自己照管自己。

我继续说,如果允许日本占领印度支那,并继续向南洋推进,则它对轴心国所承担的义务必然会使之威胁美国,危及美国在远东的地位。不仅德国将会设法破坏美国在世界上的地位,而且日本将更急于利用这一局势,尤其是因为一帆风顺的德国到那时能给予日本大力支援。因此,美国就必须同时打两场战争,一场在大西洋,另一场在太平洋。我认为,在远东解决日本问题最为可取,这是因为日本问题相对地较为简单。由于日本陆军已完全被中国军队牵制住,美国只需解决日本海军,据我看来,毫无疑问美国海军是完全能够胜任的。

李海说,他不了解日本海军的实力,因为日本海军从来未曾和第一流的海军强国交战过。关于这一点,美国海军虽然也未曾有过这种经历,但是在数量和质量方面仍超越日本海军。由于日本陆军陷入了中国泥淖之中,他觉得在同日本海军的任何较量中,美国海军肯定会占上风。但即使如此,至少也需要一年时间才能解决这一问题。美国将不得不在远离美洲大陆基地八千英里、离夏威夷五千英里的地区作战。

这时,我提到了关岛;当时关岛是正在建设中的基地,一旦建成,将很有价值。我还提到委任日本统治的诸如加罗林群岛、马绍尔群岛以及马里亚纳群岛等太平洋岛屿问题。他告诉我说,美国海军将不得不避开上述岛屿。因为日本人一直在那里非常秘密地建筑工事,详细情形不得而知。可能有一些潜艇基地,可以在美国舰队驶向远东时进行骚扰。美国人最好的办法是置之不理,因为企图占领这块广袤达二千英里的地区,将是十分艰巨的事情。但是必须切断这些岛屿和日本的联系以及它在那里的供应线,这将给它以巨大打击。

三年前,李海曾在华盛顿鼓吹向中国提供款项、武器以及其他物资的全面援助政策,以便使它能够击败日本。如果当时此项建议得到赞同,中日战争可能在一年内即告结束。现在欧洲局势严重威胁英国,这种援助根本已无可能。所以,欧洲优先于亚洲这一问题,对李海来说,一点也不是什么新的概念。

我问,如果日本进攻菲律宾,美国是否要有所行动。李海说,美国驻菲律宾的海军力量不强,更谈不上有足够力量可以有效地抵御日本。然而,如果日本进攻菲律宾,美国公众就会要求对日作战,这样美国政府就必须对日宣战。对日作战意味着要进行远途作战,因为日本海军看来是不会在美国附近发动攻势作战的。据他看来,夏威夷的珍珠港确实是坚不可摧的。现在回顾实际发生的情况,这种想法显然是过于乐观了。

晨报报道:松冈即将途经莫斯科往访柏林,我认为此举很重要。我问李海,他曾否从美国驻莫斯科使馆获得消息,是否有迹象表明日本在南海进一步采取行动之前可能和莫斯科签署协议,以保卫其后方。根据我获得的消息,德国曾催促日本在远东开始向英国采取行动。松冈曾在东京告诉德国代表,三周内不会采取任何行动。这意味着日本人想先看一看德国进攻英国是否会成功。

李海认为，日本人显然和其他人一样，都愿意站在战胜者一方。数日前，曾有报道，松冈要去见蒋委员长进行和谈，但是李海认为中国现在未必愿意放弃战斗。我说，与此相反，中国继续战斗的决心现在比过去任何时候都更坚强。

李海说，现在与日本和谈，就意味着日本将保持在中国夺得的一切利益。他认为当前根本不存在对中国有利的和平条件，因此，中国必须继续抗战。我回答说，中国愿意进行和谈的唯一条件是日军全部撤出中国。李海认为，日本不会愿意放弃自战争开始以来所获得的一切利益。

此外中国之所以要继续抗战还有另一理由，目前和日本媾和，将使其腾出手来向南推进，这只会给英、美两国造成损失。李海说，如果允许日本在南洋获得立足之地，即将切断中国与世界其他地方的联系，中国再也不能获得援助。中国当然很了解，日本急于讲和，目的在于推进其南进计划，等到这一计划完成后，它将回过头来再次进攻中国。

李海告诉我，虽然日、苏两国可能签订协议，但是最终毫无意义可言，因为日、苏两国的利害关系从根本上来说是对立的。例如，苏俄就不愿意放弃其对满洲的图谋。他问我有关苏俄的对华政策。我在回答时说，对这一问题我不掌握直接材料；但是间接听说，虽然苏俄目前仍在继续援华，但是最近援助物资的质量不是最好的。此外，苏俄报刊已开始攻击中国政府解散新四军的行动，因为该军是属于共产党的。

我提出，松冈此行的另一目的可能是为了弄清德国战争计划的真实内容，以便日本决定在远东采取何种政策。

李海说，不应忘记，欧洲和平的可能性是存在的。如果德国入侵英伦三岛的企图失败，整个局势可能发生变化。目前英国人的心情是决心将战争进行到获得最后胜利为止，但这并不意味着英国人坚持非要获得完全称心如意的和平不可。

然后，我谈到法国局势，并问李海关于他对法、德两国关系的看法。李海说,局势依然动荡,但是柏林似乎对新上任的法国副总理兼外交部长达尔朗海军上将很满意。事实上,达尔朗比赖伐尔更加反英。李海说,赖伐尔本人一向具有报复情绪,但是达尔朗生来就极力反对英国并公开表明这一态度。

接着我问李海是否收到了有关最近佛朗哥和贝当会晤的可靠情报。他说,有些报告对此事的结果的说法是相互抵触的。但是他从一位权威人士处得知,这仅是一次礼节性的访问。所达成的唯一重要协议是:在有关引渡在法国非占领区境内的、犯有诸如杀人或抢劫罪行的西班牙难民问题上,贝当对佛朗哥做了少许让步。贝当坚决拒绝交出犯有政治罪的难民。法国被占领区中的西班牙难民则遭到厄运,因为德国人毫不犹豫地把他们移交给了佛朗哥。

**达尔朗海军上将** 约一周后,即 1941 年 3 月 2 日,我和达尔朗海军上将有一次长谈。新任副总理达尔朗是政府中仅次于贝当的第二号最重要人物。他性格坚强,并和贝当一样也是爱国者。他是著名的反英人物,这有助于他和德国人交往。他和赖伐尔不同,总是把法国的利益放在所有利益之上,而赖伐尔则报复心很强,遇事似乎总是首先考虑他自己。

我和达尔朗的谈话很带启发性,同时也颇为有趣。达尔朗在其一生的经历中曾三次访问远东和中国。他对日俄战争记忆犹新。当时他正在中国访问,沿长江逆流而上,直至重庆。由于当时没有轮船,只得乘坐由纤夫牵引的木船。他还记得,有一次纤绳断裂,小船撞击在巨石上,这使他不得不上岸徒步走了一程。他说,他发现中国幅员辽阔,人民充满活力。我说,中国当时的条件颇为落后,但是自那以后,已发生了巨大变化。达尔朗说,他知道蒋委员长在面临外国入侵的压力下,在统一中国的事业中做出了奇迹。

我提到我们的这部分谈话,是为了说明达尔朗机敏聪明,对远东颇为了解。他说,他还记得他乘过的一条轮船上的广东茶房。当船北上驶抵渤海湾的烟台时,广东茶房和当地人由于语言不通,只得用洋泾浜式的英语交谈。我解释说,当时国语在学校课程中并不是必修课。如今国语已是全国各地人民会说能懂的语言,使用范围远远超过所有的方言,虽然我不曾告诉达尔朗,即使是在当时,方言也只流行于沿海各省。而在中国十分之九的土地上,人们讲话的口音和使用的惯用语尽管不同,但是能彼此了解。所以国外的印象并不是很确切的。欧洲人认为,中国人分成不同的部分、种族和集团,有数百种方言。然而事实是,不仅由于中国文字到处相同,一个中国人不论其籍贯何地,都能阅读中文,即使在口语方面,多数中国人也都能听懂彼此的话。

然后,达尔朗想起,当1937年中日战争初起时,他曾和当时的国防部长达拉第有一次谈话。达拉第告诉他,日本进攻中国,中国就会灭亡。然而,达尔朗回答说,中国人和日军作战当然会在某些战役中失利,但是最终他们是会赢得胜利的。中华民族是生气勃勃的民族,他们对日本人怀有莫大仇恨。中国幅员广阔,甚至在失去千里的国土后,依然能够继续抗击入侵者。即使日本真的占领了全中国,则只要经过一代人的时期,就会将日本人驱逐出境,或全部同化。尽管中国人传统上一贯信奉非战与和平,因此军队并不强大,但是中国人民是不可战胜的。

达尔朗的话表明,他不但了解中国人民,而且还了解中国文化。但是达拉第直到1939年才相信这一点。这时,中国仍在抗击日本,而日本人则已厌倦战争。达尔朗再次提请达拉第注意他两年前的论断,达拉第终于承认达尔朗是正确的。

我必须坦率承认,在法国政府中,真正对远东问题有足够了解,能对局势做出正确判断的人,十个人中没有一个。我记得,在布鲁塞尔会议上,甚至法国外交部某重要成员也认为中国最多只能抵抗三个月,这场战争将于1937年年底结束。美国人对局势较为了解,参加会议的美国国务院顾问告诉他的法国同行说,他认为中国能继续抵抗下去,时间不是三个月而是三年。他俩曾为这一预言能否实现打赌五美元。数年后,我再次在华盛顿遇到这位美国人,并问他是否已经拿到了这五美元,因为这次打赌他确实赢了。他说,他已经拿到了。

达尔朗然后解释说,法国政治家的问题在于他们不愿意也不能去国外旅行,他们最多能到伦敦去旅行,结果他们对其他国家的情况很少了解。他说萨罗是唯一能对远东问题和局势做出正确评价的人。

达尔朗继续说,为了了解一个国家,就必须深入到该国内地并和当地人民生活在一起。例如,任何人都不能想当然地以为上海可以代表全中国。他曾一再告诉德国人,他们不能根据在巴黎的所见所闻来判断法国。例如,一个阿维尼翁人所想的事情和一个巴黎人所想的事情是截然不同的。

我问,在东京进行的法、暹谈判中,法国政府是否已经接受了日本提出的折衷方案。达尔朗作了肯定的回答,并解释说,法国政府这样做是为了防止日本再深入印度支那。这并非出自对暹罗的恐惧,暹罗毕竟尚未形成一股强有力的战斗力量。我说,法国在印度支那边界对暹罗的抗击是很出色的。达尔朗告诉我,暹罗正处于数种文明的交叉口上,因为暹罗没有自己的文明可言。暹罗所有的一切不是来自中国,就是来自印度。例如,暹罗人同印度支那的安南人相比,既不那样坚强,也不那样聪明。暹罗的贸易,甚至农业,都掌握在中国人手中。法国人同意在物质上做出让步是无关紧要的,不会影响印度支那人民的经济生活,尽管在道义上,法国当然是经历了一次挫败。作为水兵出身的海军将领,达尔朗对此是绝不会忘记的,并发誓要向暹罗复仇。我说,真是奇怪,暹罗竟然乘了法国在欧洲之危,因为这种做法是与东方文明的性质不符的。达尔朗回答说,正因如此,此举就更加令人憎恶。

当问到他,印度支那当局是否会拒绝执行法国政府做出的有关接受日本主张的决定时,他说,预计他们不会如此。现在既已接受日本提出的条款,东京谈判将会顺利进行,看来似乎不至于进一步复杂化。

我问,日本曾否要求对其调停给予补偿,但是达尔朗说,没有。据报道,日本想租借金兰湾,但是修建一处能满足现代化舰队需要的港口,至少需要十年,而金兰湾目前尚缺少停泊大型船只的设施。西贡的情况更差。大约七十年前法国征服印度支那时,西贡可能曾是一个主要港口城市,但是现在的设备极差,仅能停泊50米长的船只,而现代化船只至少是125米长。

达尔朗认为,如果日本进攻新加坡,这两个港口对它不会有多大用处。海南岛的用处要比它们大得多,因为日本舰队可以从那里控制菲律宾、香港和新加坡。可是入侵新加坡是一件十分艰巨的事。运送一师军队以及必要的补给品需要30只船。一支现代化军队需要有诸如坦克、大炮等重型装备,因此,所需船只将数倍于30只。

达尔朗回忆起第一次世界大战中,他奉命率兵前往萨洛尼卡港的经历。这座港口设备简陋,他必须设法找到具有牵引和装卸等装备的船只,以装运重型武器,并卸到岸上。去年年初,他在挪威的经历同样表明,运输问题是极为重要的。他曾告诉邱吉尔,要远征挪威获得成功,确保有一个合用的港口是至关重要的。邱吉尔没有接受这一意见,他说,首先夺取一座港口意味着至少要损失一艘战舰。而达尔朗认为,除了将会损失战士外,这项牺牲较之军队在登陆时和其后为了保证其自身食品,作战物资、弹药和其他基本装备供应方面所遇到的巨大困难来说,是微不足道的。

他当时不相信日本会进攻新加坡的另一原因是:日本人在中国已经忙得不可开交,它的陆军大部已被牵制。此外,新加坡经过十年建设和巨额投资,已成为不可摧毁的港口。

我说,日本对侵华战争确已感到厌倦,真心想要结束战争。而中国则要坚决继续抗战,直至日本人被逐出中国领土。达尔朗说,日本真是拙劣的殖民者,经不住压力。他记得,1926年在朝鲜旅行时,他发现,尽管日本统治朝鲜已达二十年之久,对争取朝鲜人民的同情和友好的事情却一件未做。

我说,尤为突出的是日本已控制了朝鲜的一切,所以如果他们知道如何进行殖民的话,他们早就可以实现一项殖民计划了。达尔朗指出:在同一段时间里,法国却能在摩洛哥和突尼斯取得了迅速的进展。

我问,是否还担心日本进一步深入印度支那。达尔朗作了否定的答复,并告诉我,重要原因是德国人曾告诉他,如果需要的话,他们将准备让日本安静下来;这表明德国不想看到日本在印度支那扩张。

说到这里,我问,法、德两国的关系如何。达尔朗告诉我,两国的关系大致是稳定的,目前不存在可虑的事情。他本人曾坦率地告诉希特勒,德、法两国疆土相连,必须和睦相处。但是长期以来,每隔二十年左右,两国就要干戈相见,结果一次战争接着一次战争,长此以往是不足取的。希特勒想要在欧洲建立新的政治和经济秩序,而法国已准备在这方面与之合作。他认为,法国的合作对希特勒计划的成功至关重要。同时,他准备为两国之间的协作进行工作。但是,如果德国想过分压制法国,则只会激起法国人民的反应;法国人和捷克人或波兰人不同,是不可能被扼杀的。法国人民及其文化,团结和力量,仍然能够在欧洲大陆上起作用。当然,法国不准备参加反英战争,同时,德国也不曾要求法国参加。

达尔朗接着说,他本人从不喜欢英国人。自从法国北部的战争以来,对他们尤其痛恨。魏刚将军在5月底曾说过,除非英国人做出极大努力,派遣更多士兵参加进攻,否则这场战争无法打赢。但是英国军队不但未给予更多援助,却转身回国。我猜想他指的是敦刻尔克之役。他说,法国战败当然还有其他原因,政府应当对此负责。达拉第在1941年以前,并不曾想过要进攻德国;

但是如果达拉第在1941年才真想打仗，他就不该在1939年宣战了。此时达尔朗正在寻求谈判一项临时协议，以缓和分界线上的紧张局势。

我问达尔朗对英德战争的看法，德国是否确实会对英国发动进攻。他说，他们势必如此，如果进攻成功，并不意味着欧洲会立即取得和平，而是意味着战争将从欧洲大陆移至近东或东地中海。这对法国来说是一件好事，因为德国会放松对法国的控制。我认为，入侵英格兰决非轻而易举，那要首先取得制空权和制海权。达尔朗告诉我，这对德国来说并不困难。如果没有信心获得成功，德国是不会尝试的。

德国可能从北面进攻英格兰。他们只需到达英格兰海滩即可。德军一旦登陆，英国就输定了。英国自称拥有一支二百万人的新军，但在如此短促时间内是难以组成一支军队的。军官的问题很重要，同时，新入伍的士兵也缺乏战斗经验。虽然中国军队建立时也缺少军官，但是在三年的过程中，中国的军官在战场上就训练出来了。

我说，美国也是战争胜负的因素之一。如果英国确实遭到入侵，美国肯定会来相助。达尔朗告诉我，美国正在组建一支军队；在数月内，他们将能征集到一百万人。但是运输又成了主要问题。他们能在何时援救英国，在何地登陆呢？有人认为，他们可能在非洲登陆，但是可以肯定，在战争结束前，德国人将占领北非。即使美国军队得以在欧洲登陆，也依然存在运输供应、特别是重型器材的供应问题。因此，美国的援助能及时对英国产生效力这一愿望，是难以实现的。此外，美国人从何处为其庞大的军队寻求足够的军官呢？他补充说，这支新军也缺乏实际的战斗经验。

达尔朗又回想起一段往事。此事如果不是他亲身经历，确实令人难以置信。在第一次世界大战中，达尔朗与其海军陆战队从属于一个美国海军陆战队分遣部队，由该分遣部队上校指挥。在进攻之前,上校请达尔朗介绍战斗经验。达尔朗回答说,在他三十年的过程中曾见过很多战争场面。但是上校根本未经历过战事,要求达尔朗在发动进攻时,负责全面指挥。当达尔朗要请示领导上校的海军陆战队的将军(也是美国人)时,上校立即拿起剪刀剪断通向司令部的电话线。这是一个多么有意思的故事!

**艾吉兰** 我想在此简述和墨西哥新任驻法公使艾吉兰将军的一次谈话。艾吉兰曾出任墨西哥驻日本、中国等国公使,以及驻瑞典、美国等国武官。虽然艾吉兰于 3 月 3 日来访是一次礼节性的访问,但是我们的谈话十分亲切友好。这次交谈给了我以特殊的印象:在欧洲和远东的战争中,他都是同情民主国家的。他说,当前世界上一切纠纷之所以产生,原因在于民主国家于 1931 年日本进攻中国沈阳时,未能接受日本的挑战。

艾吉兰接着说,如果美国不得不和日本开战,墨西哥将百分之百地站在美国一边。他曾不断告诉美国官员,他们应给予中国以更多的援助。继续和日本通商贸易是愚蠢的,因为美国通过和日本贸易,每赚得一美元,就需为防备日本一旦侵犯,保卫自身安全而花费十美元。

艾吉兰补充说,德国和日本使用的口号相同;称德国人为欧洲的日本人或称日本人为亚洲的普鲁士人,都是同样恰当的。墨西哥大约有两万日本人,是一个不足重视的数目。日本曾试图在墨西哥开展各种各样的活动,但是最近政府已对此加以制止。墨西哥也不再向日本出售石油,不再鼓励日本企业在墨西哥开业。倘若日、美两国之间发生战争,墨西哥将会得到莫大重视,不只因为墨西哥的战略地理位置,而且还因为它占有富饶的资源,特别是石油。如果战事果真爆发,美国可能占领部分墨西哥领土,使用其港口。他认为,这类问题应事先通过协议或结盟予以安排。

艾吉兰问及中国的军事形势,当听说中国人对形势颇为满意时,他十分高兴。

**鲍格莫洛夫** 1941 年 3 月 10 日,我和苏联代办鲍格莫洛夫在一次非正式的午宴上谈了话。鲍格莫洛夫在谈到巴尔干局势时说，保加利亚政府把在三国条约上签字，以及根据条约准许德国军队进入保加利亚领土，视为促进巴尔干国家和平的措施，但是他相信，其结果将适得其反。德国的目的在于迫使希腊屈服，然后进逼土耳其。如果德国占领达达尼尔海峡，他是不会感到惊奇的。我问，这将会导致土耳其和苏联做出何种反应，土耳其是否会抵抗，苏联是否会帮助其抵抗。鲍格莫洛夫说，他难于肯定土耳其是否会抵抗。因为土耳其军队虽然很好，士兵英勇，但是装备落后。他不知道英国能不能援助土耳其。

至于苏联，他承认占领达达尼尔将会危及苏联的利益，但是英德战争毕竟是帝国主义国家之间为争夺霸权而进行的战争，苏联没有放弃中立政策的理由。他认为，德国目前在巴尔干各国的行动，目的在于巩固其后方，以便对英国发动进攻。据他看来，德国在秋季进攻英格兰以前，不会发动巴尔干战争。

我问及魏刚将军去到维希的情况。鲍格莫洛夫说，这和叙利亚的局势很有关系，尽管法国公报宣布会谈的主题是北非局势，他所获悉的消息表明，英、德两国都有占领叙利亚的意图。

我问他对远东局势有何看法。他回答说，苏联和日本之间的关系很好，但是苏联和中国的关系更好。苏联和日本大使在莫斯科的谈判业已取得进展，但是这和渔业有关，希望缔结一项正式渔业条约。日本对库页岛的石油开采权可能也在谈判之列。此问题连同渔业问题起源于朴次茅斯条约。在苏联和日本之间没有讨论过政治问题，同时他也不相信所报道的松冈将与苏联政府签订一项互不侵犯条约的消息。接着他将谈话主题转到中国局势，其中包括国民党和中共之间的关系。

然后，我向他提出有关苏、美两国关系的问题。他说，苏、美关系确实取得了进展，美国禁运所造成的困难大都已经消失。他认为，倘若美、日之间果真发生冲突，局势将对中国有利。目前，对苏联来说，有两个难题：即远东的中日冲突和欧洲的英德战争。

苏联在这两者之间,须要十分谨慎行事,因为它不想卷入任何一个冲突。

我说,可能还存在第三个问题,即日美冲突。日本长期以来,妄图向南扩张,特别是日本海军尤其如此,因为它未曾获得像日本陆军那样大的荣誉。但是他们的扩张能力在很大程度上取决于他们是否能和苏联签订一项互不侵犯条约。我获得的情报说明,日本对德、意两国的义务也是以缔结这样一个条约为前提的。只有从苏联方面得到安全保证之后,日本才会在美国参加英国一边对德、意作战时,对美国采取军事行动。因此,松冈在访德期间,可能会要求德国运用其影响,说服苏联和日本缔结这样的条约。然而,我不认为莫斯科会对此屈从。

鲍格莫洛夫说,他对条约的秘密条件一无所知。但是他指出,苏联有其独立的外交政策。在决定其外交政策方面,苏联政府是不会接受其他国家对其施加影响的。我们的谈话就此结束。

在维希的外交官生活是极不一般的。首先,此处的气氛与巴黎截然不同。巴黎是大城市,各国使馆分散在全市各地。虽然当时我能和大多数重要的使团保持接触,但也不是经常可以看到他们或在一起长谈的,而必须事先约定。然而在维希,除极少数使团外,几乎所有使团均住在同一家旅馆,同时,总人数也较在巴黎时少得多。

第二,几乎毫无社交活动。甚至连一天能吃上三顿令人满意的饭也很困难,因为食品是很难获得的,同时,旅馆的设施也颇有限。这也促成各使团成员之间来往密切,共同度过在维希的艰苦而单调的生活。因此,我认为当时彼此之间很自然存在着同情感。这使得大家便于自由甚至知心地交谈。

大家共同感到兴趣的问题之一,是法国人究竟有何想法,有何作为。另一问题是德国人不断有高级官员和保镖到来,场面令人难忘,其目的究竟何在。我们都在猜测他们在进行何种勾当,同时我们也都习惯于互通消息。

**瓦莱里奥·瓦莱里**　　教廷使节瓦莱里是闻名的外交家,也是我在维希的一位外交界的同仁。梵蒂冈在任何战争中都保持其传统的中立政策。我认为打探瓦莱里的观点是很有意思的。此外,根据传统和习惯,教廷使节总是担任外交使团团长。我于1941年3月11日会见他时,便提出欧洲形势这一主题。他毫不迟疑地推测说,战争将延续到1942年。

他告诉我,教廷当然希望能为早日重建和平做出贡献,但是由于缺乏共同基础,所以调停难以获得成功。他同意下述这一设想:德国内心确实想谋求和平以获得喘息机会,巩固其征服地区。目前,英国不愿接受和平。但是,如果局势照此延长下去,双方均有可能随时准备和谈。

他补充说,在过去八个月中,英国局势有巨大进展,它在北非实际上已占统治地位。但是德国的势力在欧洲大陆依然无损。虽然德国想入侵英国非常困难,但是英国想进军大陆以求打败德国也非易事。他明确感到,战争将再延续一年,然后和平才有可能到来。

他接着告诉我,瑞士公使曾建议外交使团联合提出一笔捐款救济在维希的法国人民。他认为,捐款的数字不应少于十万法郎。与此同时,他还想了解我的反应。我当即表示同意这项建议,并准备分摊一份捐款。我提出此事在于说明当时法国人民的处境十分困苦,甚至难以获得充分的食物。因为粮食业已征用,并被运往德国。德国人不论何物,只要伸手可得就一概拿走,而法国人民则非常困难。甚至外交使团想要得到足够的食品也颇困难。我记得西班牙大使的处境较我们优越,因为他们的国家近在咫尺,因此,他经常从国内取来黄油,吃饭时送给我们一小块,于是我们就给他一些定量配给券,这种配给券当时甚至在旅馆内也是要收的。

**艾吉兰**　　1941年3月12日我和墨西哥公使艾吉兰又有一次有趣的谈话,艾吉兰恰好在前一天和贝当进行了会谈。在谈话的过程中,他告诉贝当,墨西哥和美国刚缔结了一项协议。据此协议,如果美国必须放弃中立或者卷入对第三国的战争,墨西哥将参加美国一方。墨西哥政府同意依靠自身的力量修建一处空军和海军基地。在西半球联合防御中,该基地可供美国使用。但是大出艾吉兰意外的是:贝当问他,倘若发生战争,墨西哥站在哪一边。艾吉兰回答说,站在美国一边。贝当毫无表情地说:既然如此,墨西哥是不会站在西班牙一边的。

艾吉兰回答说,西班牙卷入轴心国的圈子太深了。

但是贝当的态度及其提出的问题使艾吉兰极其困惑。他不知这是否就是法国已倒向轴心国的迹象。贝当曾告诉他,西班牙难民在法国是不受欢迎的,这也使他感到意外。但是艾吉兰向我解释说,墨西哥政府已提出准备接受十万名在法国的西班牙难民,并且业已接受了大约两万名。墨西哥已为仍留在法国的西班牙难民汇出了六十万法郎的救济款项。他不理解为何贝当认为这些难民是不受欢迎的。我认为,我是了解原因所在的,这些难民是共和政府在内战中失败后逃离西班牙的。作为共和主义者,他们当时的处境相当危险。

根据我所了解的情况,难民问题是佛朗哥和贝当最近在蒙彼利埃会晤时讨论的议题之一。艾吉兰说,他最近从本国政府得到证实,事情确是如此。

之后,艾吉兰解释说,他之所以把美墨两国协议告诉我,原因在于此问题对中国非常重要。该协议保证,倘若战争果真在日、美之间爆发,墨西哥将百分之百地站在美国一边。墨西哥不会允许日本利用墨西哥的领土或者资源反对美国。事实上,墨西哥政府再不会给日本以工业和矿业方面的特许权,并正在采取措施限制日本人在墨西哥的活动。我说,如果美日战争爆发,墨西哥将不仅在战略方面而且在物资方面也会起到非常重要的作用。

艾吉兰感到,他越研究墨、中两国的国际关系,越认为两国的问题十分相似。墨、中两国均有古老的文明和丰富的资源,但是军备和国防都很薄弱。各大国不论是友好的还是敌对的,都对丰富的资源投以贪婪的目光,从而产生了共同存在的问题,即保卫国家的独立和主权完整。

艾吉兰阐述了墨西哥文明的起源,并告诉我,墨西哥人民深受中国文明的影响。他说,当然,墨西哥文明和中国文明不同。中国文明年代较为久远,中国幅员较为辽阔,人口较为众多——有四亿五千万,而墨西哥的人口仅有两千万。在墨西哥的两千万人口中,有白人三百万,属于蒙古人种血统的有色人种约七百万,其余一千万是欧洲人和美洲印第安人的混血儿。考古学发掘工作证实:蒙古人曾跨过阿拉斯加和日本之间的白令海峡,沿西太平洋海岸南下进入墨西哥。因而,墨西哥的文明和习俗之所以具有东方人的特点,要归因于蒙古人的影响。

当问到艾吉兰对德国在墨西哥以及拉丁美洲的影响的看法时,他回答说,这在墨西哥并非重要的问题。当地共有五千德国人,他们的利益和影响大都在商业方面,少数在工业方面。然而巴西的问题则颇为尖锐。在巴西,至少有二百万德国人集中在一个省里。当地还约有二万五千日本人。他认为,在轴心国一旦进犯的情况下,如何控制德国人仍然相当困难,但是,美国正在研究解决问题的途径。

艾吉兰告诉我,目前墨西哥和西班牙之间没有外交关系。墨西哥愿意如此,因为在佛朗哥领导下的西班牙,看来似乎受轴心国的影响太大。虽然西班牙在墨西哥保留有领事馆,但是墨西哥在西班牙并未设立领事馆。因此,艾吉兰甚至不能为其同胞获得西班牙的过境签证。他仍在等候其前任返回墨西哥的过境签证。

**肖维尔** 中、法两国之间的问题仍然是我关切的问题。法国驻华大使高思默已被召回,并将被派往莫斯科出任大使。已建议由罗必安接替高思默的职务。所以我在 1941 年 3 月 12 日又和法国外交部亚洲司司长肖维尔进行了一次谈话。我告诉他,我接到官方来电,声称中国政府已决定同意接受罗必安为新任驻华大使。

肖维尔告诉我,他听到这一消息很高兴,但是根据他了解,还未收到大使拍来的正式电文。法国在征询莫斯科是否同意接受高思默为法国驻苏大使之前,一直在等待中国政府同意接受罗必安为新任驻华大使的答复。

罗必安连远东也从未到过,由此可见法国政府当时对其驻重庆使馆之不重视已经达到何种程度。据肖维尔说,罗必安必须熟悉一下他办公室里的档案。此外,我还听说,罗必安将取道美国赴华。在美国他可以和诸如宋子文等中国人相识,对他有好处。罗必安由于携带家眷和大宗行李,不便飞往中国。因此,在三个月内,他是不会到任的。

我访问肖维尔的主要目的,在于从他那里获得有关法暹冲突的情况,以及关于日本调解的消息,特别是,据我所知,日法已在东京达成协议。肖维尔证实该协议业已签署,并向我简述了日暹谈判的进展过程。早在 1940 年 12 月 2 日,日本就曾提议由其调停,1 日 15 日又重新提出这一建议。法国政府两次予以拒绝,但是数日后,松冈召见法国大使阿尔塞纳·亨利,告诉他日本政府拟正式提出调停建议,并已上奏日本天皇。松冈接着说,根据1940 年 8 月 30 日法日协议的条款,法国承认日本在远东的特殊地位,而日本政府不能对法、暹之间的武装敌对行动的发展漠然视之。松冈在谈话中的语气和措词,无疑地使人感到日本政府决心强行对法国进行调停。日本外相曾声称,如果这一提议再次遭到拒绝,日本政府将准许日军在印度支那自由行动,并声明废止 8 月 30 日协议。当时,日本陆军正借口在安南东京地区的驻军换防而增兵,日本海军正派遣军舰去西贡。澄田将军曾告诉德古海军上将,上述行动的目的在于迫使法国接受调停。

法国政府从各个角度考虑了这一问题,并得出结论:虽然暹罗并无可畏之处,但日本则无法抗拒。因此,法国尽管知道不完全符合其利益,但还是决定接受日本的调停建议。法国由于在危机中陷于孤立,因此必须面对现实。法国希望通过接受调停,能争取时间,并避免日军更加深入印度支那。

肖维尔补充说,日本最初怀疑法国准备接受英国的调停。据说由英国调停这一建议是英国驻曼谷大使提出来的,他本人除了收到过加罗从曼谷发来的一封电报外一无所知。电报说英国公使对他讲,法暹争端应当解决,而该英国公使是同情暹罗人的。肖维尔认为,这可能是英国公使的个人行动,因为法国政府不能接受与其无外交关系的国家的调停。对此事的臆测,使东京对法国产生了怀疑,因此,法国不得不接受日本的建议以消除其怀疑。

"调停"的程序清楚地表明,根本不是什么调停。日本完全偏向暹罗,甚至不允许法国代表直接和暹罗代表接触。日本自己承担了谈判的全部工作,很明显,它是支持暹罗人的。最初,暹罗要求占有全部老挝和柬埔寨,但这遭到法国断然拒绝。该二国只不过是法国的保护国,其面积占印度支那的三分之二,严格说来,法国在未征得该二国的本地统治者同意之前,无权予以放弃,从而形成僵局。

数日后,松冈召集代表开会,提出了一项折衷方案:由暹罗对其所要求占有的领土付出一千万泰币作为补偿。阿尔塞纳·亨利在接到政府指示后声明:印度支那的任何部分都不能出售,从而拒绝了日本的建议,结果再次形成僵局。之后,日本又提出一项最后计划,并暗示:如果这一计划不被接受,将采取必要步骤强力推行,这项计划最终得到了三方签署。

肖维尔接着说,法国政府在不得不接受该计划的同时,表示了它对日本的不满,阿尔塞纳·亨利告诉松冈,既不是印度支那的当地情况,也不是同暹罗作战的结果,使法国不得不接受这种不利的解决方案,而是由于日本的压力才同意接受的,因为法国对日本的压力无法抗拒。阿尔塞纳·亨利在接到政府指示后,坚持于签署最后三方条约之前在法、日两国政府之间互换照会。因为有必要阐明在多次僵局中,通过艰苦的讨价还价和激烈的争论,其至经受了以断绝关系相威胁之后,法国不是向遏罗,而是向日本屈服了。只是当阿尔塞纳·亨利宣称不互换照会他就不能再进行谈判并要辞去大使职务时,松冈才改变了原来的态度,接受了法国的建议。

肖维尔向我宣读了照会的部分内容。他希望这些照会能予以公布或转告美、中两国政府知照。松冈致法国大使的信中声称:日本之所以进行调停,系出于日本和印度支那之间的密切关系;1940 年 8 月 30 日法日协定签订后,由于法国在协定中承认了日本在远东的特殊地位,这种关系进一步得到了加强。日本政府承诺保证此次法遏领土争端的解决办法是确定的和最终的。肖维尔指出,这个保证很有用处,因为无此保证,遏罗就有可能在此番解决的半个月后再次向法国提出一系列新的领土要求。法国大使在写给松冈的信中,重申法国政府之所以无条件接受调停,完全是由于日本的压力,这是对日本的让步,而不是对遏罗的让步。

肖维尔说,从法国的观点看来,这个措施有重要意义。因为法国作出的领土让步虽然相当大,但在实质上还不算十分重要。主要的是应将日本强加调停于法国的事实清楚记载在案。如果这件事仅是法、遏之间的争端,就不会引起世人注意;但因此项最后协定乃是由于日本的压力才达成的,所以这是法、日两国之间的问题,因而也就成为全面国际形势的一部分,使法国能够在欧战后必定要召开的世界和平会议上提出这一问题。

我认为采取这种步骤是明智的。据我看来,目前这一解决方法是否能维持长久,完全取决于欧洲的战争。战争的结局对日本不利是十分可能的,在此情况下,这些临时性的安排将被全部废除。肖维尔表示完全同意,并说,虽然法国大使的信件提到了无条件接受日本调停,但实际上是附有某些条件的。因此,割让给遏罗的领土将成为非军事区;该地区的法国居民和印度支那居民将享有与遏罗居民同等的待遇。根据 1940 年 8 月 30 日法日协定条款,法属印度支那不得与第三国缔结有损于日本利益的任何政治、军事或经济协议。

我问日本曾否借口主持调停而向法国索取报酬。肖维尔说,日本不曾提出过这一要求,并认为日本很难提出这一问题,因为法国对日本无恩可报。日本是牺牲了法国的利益以求赢得暹罗的欢心。肖维尔担心,暹罗最终将为日本调停的所得付出沉重代价。例如,有19艘日本战舰一直停泊在暹罗湾。

肖维尔再次提及,法国大使在信中强调,法国之所以接受折衷方案,完全是由于日本施加压力的结果。他说,松冈最初曾拒绝接受照会。于是阿尔塞纳·亨利机智地解释说,由于印度支那的内部原因,如此行事是必要的。如果老挝和柬埔寨的本地统治者听说法国曾向暹罗让步,将会心怀不满。但是他们能完全理解法国政府向日本让步的必要性。经过这样的说明之后,松冈终于同意接受照会。

肖维尔进一步解释说,唯一能够帮助法国的国家是美国。在华盛顿和维希都进行了若干外交活动,要求美国政府在法国决定抗拒日本的压力时给予援助。但是每次都是华盛顿因须在欧洲援助英国而拒绝对法国给予物资援助。虽然美国准备在外交上给予支持,但是单纯口头支持对东京不会产生效果。为了给日本以深刻印象,就需要比口头更为明确的支持。肖维尔回忆起关于中国订购的十架飞机的交货情况,法国的处境几乎完全与此一样。他经过数月的努力,也未能获得对这批飞机的解禁。

在会见即将结束时,我告诉肖维尔,大约十天前和达尔朗谈话时,我了解到德国曾主动表示愿意安抚日本,如果法国政府有此愿望的话。我问肖维尔,德国在东京调停的最终结局中起何作用。肖维尔说,在2月份东京谈判处于停顿状态时,德国驻巴黎大使曾两次询问局势。肖维尔认为德国不能对日本提过多要求。作为三国条约的签字国之一,德国在日本面前主要处于有求于人的地位。它能为日本提供的比日本能为它提供的要少,有求于人的地位总是虚弱的。德国唯一可以为日本效劳的是说服苏联同日本签订一项互不侵犯条约。我同意肖维尔的估计。

我继而提到,据报道,松冈即将访问柏林和罗马。我认为,由于德国坚持日本应在远东向英国进攻,很自然,日本作为伙伴,就必定想要分享好处,很可能日本想从德国获得明确保证。如果它在南洋采取军事行动,则诸如印度支那以及荷属东印度群岛等领土均应归属于日本。

然而肖维尔的看法是,日本在南洋采取行动之前,必须先与苏联订立互不侵犯条约。虽然德国可能尽力予以协助,但是这并不足以成为促使日本在南洋进攻英国的理由。他补充说,另一种可能是,日本激进分子企图通过派遣松冈作为特使出使他国,以将其排挤掉,而代之以诸如白鸟等亲轴心国的外交官。

我告诉肖维尔,我得到了同样消息。日本激进分子对松冈的改革不满,因为他总是考虑同英国人的关系。而日本亲德分子则要求外交大臣大胆推行与德国合作的政策。白鸟是出任外交大臣最为适宜的人选;他曾任驻柏林、罗马等地大使,积极促使日本参加反共产国际条约。我补充说,他还可能曾和在柏林的大岛将军密切合作,在亚洲推行更为积极的反英政策。

在告辞前,我再次提到法日交换照会事,并说明我个人认为,将照会抄本送交美国政府是很有用的,因为美国政府对远东一直很为关心。这项通报或许可以使华盛顿能较好地了解法国的处境,并告诉美国人,目前的解决办法虽然确实表现了法国的巨大让步,但其目的仅是作为权宜之计,以便在将来的和平会议上予以废除。如果这些交换的照会都有抄本送交华盛顿,我当然希望重庆也能得到一份抄件。肖维尔说,他也准备按此行事,并将向外交部长反映这个意见。如果部长同意,他当然会送交我一份抄件,作为送给中国政府的机密情报。

**赫里欧** 1941 年 3 月 18 日,曾任里昂市长达二十年之久的法国国民议会议长赫里欧来使馆访问。他告诉我,他渴望获得有关远东局势的情报,特别是中国局势的情报。由于法国国内发生的事件,使他对中日战争最近的发展情况一无所知,尽管他的国家遭到厄运,但并未改变他对中国的一片赤心。现在他实际上已投闲置散,连市长职务都已免掉,不过他倒有更多的时间学习和写作了。他说,如果我能向他提供有关过去一年内中日冲突进展情况的报告或备忘录,将会对他很有用处。我当即同意向他提供一份资料。

之后,我提到法国的局势。赫里欧说,百分之九十五的法国人同情英国。他本人在去年六月危机中曾一直主张继续抵抗的政策。中国、英国和希腊等国的范例表明,法国本可以继续抵抗。他也认为法国目前局势是不能持久的,因为在巴黎大嚷大叫要求推行亲德政策的一些政客,并不代表全体法国人民。他也不相信德国人会真正器重他们。当然,到处还有那么一些争着向德国人献媚的人,但他们也没有任何真正的实力。这段评语说明,赫里欧是一位深明哲理的人。

我告诉赫里欧,德国必然会采取一些行动以求迅速结束战争。但是要成功地入侵英国,德国不仅须掌握制空权和制海权,而且还须摧毁英国的海防。我们一致认为,运送三十万或更多的兵力前往英国登陆,将是一项极为艰巨的行动。

赫里欧又提到了罗斯福的讲话。他认为这篇讲话很了不起。他说,讲话表明如果德国要继续进行战争,所面临的将是英国的全部经济资源加上美国的援助。我说,似乎罗斯福总统的讲话实际上等于对德宣战,除了没有承诺派遣远征军前往欧洲外,保证美国参与其他一切对德行动。但是赫里欧认为:欧洲并不真正需要美国军队。在过去八个月中,英国和德国都不曾在战争中使用各自的军队。他还赞扬了戴高乐将军抵抗侵略的伟大精神。

**鲍格莫洛夫** 数日后,我和新从代办提升为大使的鲍格莫洛夫共同进餐。我首先向他表示祝贺。他说,他希望国书自莫斯科送达后,立即呈递。

我们的话题迅速转向欧洲局势。在提到巴尔干各国时,他说,南斯拉夫终于决定步保加利亚和罗马尼亚的后尘参加三国条约,毫无疑问,最终也将分享这两国的命运。苏联并没有同南斯拉夫缔结过互不侵犯或互助条约。事实上,两国的外交关系只不过在最近才重新建立。德国人在巴尔干国家继续推进,威胁着苏联黑海地区的安全。我问,一旦遭到德国入侵,苏联是否会保卫黑海和达达尼尔海峡。鲍格莫洛夫无法做出简单答复。巴尔干各国的局势应被看作是整个局势的一个组成部分,同时,在此问题上,他给我的印象是:土耳其不会拿起武器反对德国人,除非它本国的领土遭到入侵。至于德国派遣军队跨过土耳其进攻埃及和夺取伊拉克油田的可能性,他认为这样做虽然很困难,但德国人有可能会冒险一试。

然后,鲍格莫洛夫又提到法、德两国的关系。他说,他的印象是,法国日益深陷于德国的掌握之中。与此同时,他也探询了我的看法。我告诉他,多数法国政府成员仿佛相信德国将赢得战争,但是贝当本人则显然在推行拭目以待的政策。对德采取的妥协政策看来是暂时性的,只不过是为了避免使德国找到更严厉打击法国的借口。贝当无疑在等候英德战争的进展,静观何方可能获得最后胜利。

鲍格莫洛夫完全同意我的看法,也认为,法国真正的立场是等待欧战的发展。他补充说,法国将在非洲修建一条横贯撒哈拉的铁路,全部路轨将由德国提供。我对此不以为奇。因为法国被占领区内所有已恢复生产的工厂均依靠德国供应原材料。

我问鲍格莫洛夫,估计欧战可能延续到何时。我曾听说,德国储存的原材料足够继续战斗半年而不需补充。这使我产生如下看法,德国可能要采取一系列行动以期在数月内结束战争,不然的话,它将不得不被迫进行一场它所不愿打的长期战争。鲍格莫洛夫看不出如何能出现妥协,因为双方都没有感到精疲力竭。

我又谈到苏联同意向德国供应物资的问题。鲍格莫洛夫将此事解释为做生意,他看不出为何这种有利可图的生意不应该继续经营下去。当问及德国是支付现金还是以货易货时,他说,交易大都是以易货贸易为基础的,但是现在德国工厂已完全用来生产军用物资,因此德国当然感到提供出口物资日益困难。我还提出德国需要石油以供军用的问题。据报道,苏联的石油供应也很短缺。鲍格莫洛夫不相信这种报道,因为他知道苏联有富庶的巴库油田,并且是世界最大产油国之一。他说,报纸报道失实,报纸的依据是苏联在波兰的新苏德边界沿线地区曾购买罗马尼亚石油。然而,这不过是个起码的经济常识问题,因为在近处购油比从遥远的巴库油田运油更为便宜。

鲍格莫洛夫说,有两件事希望能听取我的意见。首先是松冈访欧。我说,要想了解较具体的内容颇为困难,但是我认为,松冈此行目的在于了解德国的欧洲军事计划,以便判断德国赢得战争的机会有多少。由于德国坚持认为,日本应在远东有所行动,以便分散英、美两国的注意力,松冈会要求德国就苏联的意图问题作出保证。我怀疑德国是否能说服苏联和日本缔结互不侵犯条约。而日本则极力想要缔结这一条约,以便腾出手来向南洋推进。

鲍格莫洛夫说,苏联有其绝对独立的外交政策。在和不同国家交往时,它一方面谨慎从事,一方面独立自主地决定自己的政策。鲍格莫洛夫表示不会签订任何重要条约,但是很可能签订一项协议,更完整、确切地阐明两国贸易能够得以发展的条件。如果日本成功地扩展到南洋,这势必会增强其力量。这种可能性应作为整个远东问题的一个部分来考虑。

我说,日本最缺乏的是物质资源,特别是橡胶、锡、棉、铁和石油。如果能在南洋获得上述原材料的控制权,它就会真正成为强大的国家和重要的力量,而不能不对苏联在远东的安全产生严重影响。鲍格莫洛夫说,苏联当然不会对帮助日本扩大力量感到兴趣。

当问及他,对松冈将向苏联政府提出要求停止对中国的物资援助这一消息有何看法,鲍格莫洛夫说,苏联和日本的关系固然很好,但是和中国的关系更好。虽说中国正出现某些政治问题,他认为这纯属内政问题,不致影响苏联援助中国抗战的政策。

鲍格莫洛夫询问我的第二个问题是,他如何能够获得1919年凡尔赛和会的某些原始文件。其中显然包括他想研究的有关欧洲局势以及各欧洲国家的问题的备忘录。所有这些文件均已存入巴黎的法国外交部档案,但这部分档案是否因去年发生的事件已转移到维朗德里(目前尚有一部分法国外交部档案留在该地),就不得而知了。某些诸如劳合乔治和威尔逊等曾在凡尔赛和会上发挥过主导作用的重要政治家的回忆录,业已公开发表,在这些著作中,均引用了最重要的备忘录内容。

**罗夏** 十天后,即3月31日,我走访了法国外交部秘书长罗夏,商谈三件事。第一,我想讨论中国存放在印度支那的物资和货物。我记得,早在1月底就已提请他注意这一问题。由于一直未能获得满意的答复,于是引起了蒋委员长的关注。两天前,我接到一封有关此问题的电报,我想了解印度支那当局对此问题已采取了何种行动,因为上述物资和货物对中国来说极为重要。

罗夏坦率地说,他对该问题不甚熟悉,但是答应了解一下,然后告诉我。

我所关切的第二件事是中国外交部发来的一封电报。该电报提到有一份报告声称,日军驻河内参谋长和所谓的汪精卫的代表凌某一起,邀请当地华侨参加汪精卫的亲密合作者机要秘书兼顾问曾仲鸣的纪念仪式。曾据传是因其亲日行为被中国人暗杀的,暗杀发生在两年前的河内。我告诉罗夏,此事表面看来似乎无足轻重,但是他肯定会料想到这事既激起了中国政府的愤怒,也激起了河内华侨的义愤。此外,此事还引起重庆方面的不安,唯恐会危及河内华侨的安全,因此指示我,对竟然允许发生这一事件向法国政府表示遗憾。

罗夏说,他对此毫无所知。如果该通知是用私人邮件寄给华侨的,则此事就不会引起地方当局的事先注意。如果通知是公开发布的,则他就不能理解为何竟未采取任何措施加以制止。他对此事并不太感兴趣,同时所知情况不多。根据外交部来电,似乎通知是以汪精卫的代表和日军驻河内司令官以联合公告的形式发布的。罗夏记下了汪精卫代表的姓名,以及将为之举行纪念仪式的死者的姓名。他答应我,将对该事进行调查。

我提出的另一问题是,据《巴黎晚报》报道,日本外交大臣松冈有可能访法。我问,日本外相何时来访,访问的目的何在。我的想法倾向于,日本可能要就有关中国和法国的关系问题向法国提出一些建议。

罗夏说,他能够理解,这类性质的问题对中国来说自然是很关切的,因为中国毕竟仍和日本处于战争状态。在过去十个月中,法国的对日政策引起中国极大的不满,法国态度的进一步改变,肯定会在中国方面产生极其不利的反应。但是他接着说,尚未从日本方面获得有关松冈访法的正式建议;日本外相松冈也只是流露了访法的意愿而已。

我说,我知道法国驻莫斯科大使曾拜访松冈。罗夏证实他们的话题是松冈提出的访法问题。松冈尚未确定访法日期。

于是我告诉罗夏,我曾收到我的同事从柏林发来的第二封电报,说松冈可能首先向德国人谈及他将访法,以期了解他们的反应。罗夏说,日本代办原田曾前往柏林就此事询问松冈,但他尚未向法国外交部通知什么。罗夏说,根据当前的迹象,似乎访问不会实现。

有人告诉我,松冈访问的目的在于看看法国的被占领区。罗夏说,只有访问维希,才与法国政府有关。至于松冈访欧的总目的,罗夏认为,日本外相和苏联政府领导人在莫斯科的会谈目的,是在经济方面而不是在政治方面达成一项协议。

我在维希工作了整整一冬,很少休息时间。4月初,我感到很疲劳,于是决定前往里维埃拉度假。三日后,我返回维希,听到广泛传说我有可能从维希调往伦敦出任中国大使的消息而感到非常惊奇。与此同时,我收到了重庆来电,征求我对此次职务调动的意见。

政府的决定在一定程度上出乎我的意料。对我来说,事情来得颇为突然。要我同意此次职务调动,使人感到进退维谷,难以决定。我最初给政府的答复中直言不讳地指出,旅途上诸多困难;况且我离开伦敦已将近二十年,对当地情况亦多不熟习,因此要求政府重新考虑。当然我愿意尊重政府的决定。

**罗夏** 我认为有必要将此消息告知法国政府,并向其说明我对接受调职一事犹豫不决。为此,我于 1941 年 4 月 9 日走访了法国外交部秘书长罗夏,并将情况告诉他。

根据一项报纸消息,中国政府准备让我兼管驻法、英两国大使馆。姑不论从实际出发让我身兼二职根本不可能,这一消息本身实甚离奇。我告诉罗夏,我本人可以肯定,让我兼管法、英两国使馆并非我国政府的意向。我还说,至于当时在德国占领下的巴黎某家报纸报道:此项调职的意图在于表明中、法两国关系出现了破裂,我认为这真是咄咄怪事。我疑心这是出于某些不友好方面的授意。我向罗夏保证,如果一旦报道中提到的调职问题果真成为事实,我可以肯定,我国政府将会尽早提名一位大使,并及时征求法国政府同意。为了消除该消息造成的错误印象,我已要求政府发表声明,表示中国对法国的政策不变。

罗夏对我的谈话十分感激。他告诉我,上述传说来自巴黎的《小巴黎人报》,而有关我可能调职的事,此时确已广为流传。虽然他本人对这些传说和评论不大相信,但是他仍认为应予注意。因此,他曾将消息一一通报我使馆,以便我有可能将消息转报中国政府。

我很高兴地看到晨报上刊登了任命罗必安为法国驻重庆大使的消息。罗夏说,发布此消息的目的在于消除业已造成的中、法两国关系即将破裂的错误印象。

之后,我提到了巴尔干的局势。罗夏就此问题发表了意见。他说,最新消息并不十分有利。据报道,德国人占领了萨洛尼卡,并把南斯拉夫军队和希腊军队隔断。事态的发展并不出乎人们预料,因为德国人习惯于通过突然袭击,以便在战役的开始阶段取得重大进展。但是据我了解,南斯拉夫的大部分和希腊的北部多系山地,因此德国的摩托化部队不久即将遇到困难。罗夏说,恰好相反,德国的摩托化部队业已穿过南斯拉夫山区。至于萨洛尼卡这座港口,是被来自瓦尔达尔河流域的德国人占领的。

我问,南斯拉夫和苏联最近签订的互不侵犯条约具有何种重要意义。罗夏说,从条约缔结的时间和客观条件来判断,此条约显然要比一般条约更为重要。他认为该条约无疑表示苏联准备向南斯拉夫提供某种援助,可能是经济援助,特别是在物资供应方面。这也是苏联大使鲍格莫洛夫的观点。

随后,罗夏补充说,他从莫斯科没有得到过值得注意的消息(松冈当时正在莫斯科),同时,他也不认为日本外相业已在欧洲获得重要成果。法国新任驻莫斯科大使高思默将于最近赴任,被召回的拉博纳不久将离开苏联首都。

**鲍格莫洛夫** 三天后,即 1941 年 4 月 12 日,我设法和鲍格莫洛夫进行了一次谈话,因为我急欲了解松冈二次访问莫斯科有何用意。鲍格莫洛夫说,此次会谈涉及到的只是对苏联和日本有关的问题,属于商业或者经济方面,诸如贸易和渔业等。他认为不会缔结政治协议,同时第三方的利益也不会受到影响。他向我担保苏联和中国的关系依然极其良好。他解释说,两国的边界线很长,彼此间的关系极端重要。苏联政府希望看到中国依然是以民治为基础的独立的民主国家。日本外相在苏联逗留时间之所以延长,是因为他想多参观一些地方。松冈刚刚访问了他青年时代曾居住过一段时间的列宁格勒。如果正在进行政治会谈,松冈似乎是不会离开莫斯科去作这次旅行的。

随后,我向鲍格莫洛夫提出了早先曾向罗夏提过的同一问题,即有关巴尔干各国局势和最近签订的苏南互不侵犯条约的意义。鲍格莫洛夫说,条约当然具有重要意义,因为苏联想增加其和南斯拉夫的贸易,但是条文内容颇为一般。很自然,由于南斯拉夫情况的发展,苏联拟增加和该国的贸易。但是南斯拉夫的地理位置和德国在巴尔干的军事行动所引起的交通运输困难,对苏联提出了如何将货物运往南斯拉夫的问题。我说可以取道土耳其和地中海;对此,鲍格莫洛夫回答说,这是能否利用英国船只来运输货物的问题。

然后,我问土耳其的真实态度以及最近苏土联合政策声明的影响。鲍格莫洛夫说,土耳其将保持中立,同时,他认为英国人不急于要求土耳其现在就参战。土耳其军队是好的,但是武器装备多已过时。他担心,如果土耳其果真参战,它将会被击败,从而使伊拉克及其油田面临被德国占领的危险,这将对英国不利。

至于苏土联合声明,他说,其目的在于支持土耳其的政策,但是苏联的援助只有在土耳其真正遭到入侵的情况下才会提供。如果土耳其主动参加战争,是不能据以要求苏联提供援助的。

我问,如果土耳其果真遭到入侵,伊拉克、伊朗和阿富汗三个伊斯兰国家是否一定会根据萨阿达巴德协定精神同时和土耳其并肩作战。鲍格莫洛夫说,该协定的条款是很笼统的,与其说是为了表示互相援助的具体义务,莫如说是为了表示四国的团结一致。德国人前几天在巴尔干各国的军事行动十分成功,但是他认为这只是战争的第一个阶段。此后,希腊和南斯拉夫的军队撤到山区,他们能较牢固地据守其阵地时,德国人就将发现他们已陷入日益困难的窘境。因此,不能将德国人最近取得的胜利看做是对巴尔干各国的决定性打击。最近签订的苏南条约,是为了显示苏联对巴尔干局势的关心。

之后,鲍格莫洛夫提到了法国的情况。他认为达尔朗和贝当之间的摩擦在日益增长;随即问我是否认为政治局势将会改变。

我也曾听说过这种摩擦,但是我倾向于认为报道过于夸张。达尔朗是反英派,可能有百分之七十五是出于真心实意,百分之二十五出于策略上的考虑。而此时此刻贝当本人依然头脑清醒,并且只有当须要防止德国给法国带来更多麻烦的情况下,才会让步,和德国合作。鲍格莫洛夫有这样的印象,贝当是在美、德两国之间保持平衡,因为它们都想争取法国。但是我提出,虽说贝当深知需要策略地和德国打交道,法国的公众舆论却有百分之九十五是同情英国的。

**贝当元帅**　次日我拜会了贝当,因为我知道,我终于将离开维希前往伦敦,尽管我在发往重庆的电报中已提出我个人不想离开。我一开始就告诉贝当,我之所以要求拜会他,是为了向他告别,因为我将在星期四前往里斯本去会见新外长郭泰祺,郭系原驻伦敦大使,此番是途经里斯本回国就任。我很有可能须从葡萄牙直接前往伦敦。我说,我驻在法国九年,极其愉快,如果此番调职成为事实,必须离开法国,实在令我留恋不舍。

贝当说,他不想把这次会面看作是告别拜会。他希望即使调职成为事实,我还能回来住一段时间。他问,有何必要调我前往伦敦,那里对我来说,既不安全,也不舒适。我解释说,这是因为新外长将于两天内离任,所以伦敦将没有中国大使。贝当问,为何郭泰祺匆匆上任。我说,前外长王宠惠已调离,另有任用。

我借这次访问之机告诉贝当,我对法国和他个人是何等同情。我对他治理法国的方式以及在处理诸多内外事务时,能胸怀远见,柔韧灵活,深表钦佩。他确实成功地维持了法国的统一,克服了很多困难。贝当对我所说颇为感动,他回答说,局势实际上仍很困难。

他说,困难自然大部来自外界。的确,他一向推行与德国合作的政策,但是他告诉德国人,要使此政策能为法国人所接受,合作就必须是双方的。如果总是单方面的,总是法国人一方履行义务,而另一方的诺言却一直不履行,事情就办不成了。除非得到法国人民支持,否则他就难于继续成功地推行此种政策。

我告诉他,我很高兴在访问法国南部时看到法国人民是如何加强民族团结、提高爱国热情的;他们看来对贝当在过去十个月内处理的既困难又重要的工作表示赞赏。法国幸亏有他这样一位能体现真正法国精神的伟大人物。

贝当说,人民终于开始了解他必须实现的艰巨任务,以及他所面临的困难。法国本不该向德国宣战,只是由于前几届政府缺乏远见以及存在其他缺点,才导致法国陷入当前局势。

我说,前几届政府在处理问题时缺乏贝当的坚定意志和崇高声望。他说,现在人民开始了解他并非自己追求现在的职务,而是为事态发展所迫,不得已而承担的。我对他的牺牲精神十分钦佩。在他已为法国作出所有的贡献之后,本应安静地颐养天年。但值此紧要关头,能有他来致力于拯救国家,实在是法国之幸。

贝当说,他一向反对到北非去继续抵抗。如果他离开法国,则局势会无止境地恶化。他还反对法国参战。他是属于当时所谓的和平党的。他本人从未要求参加政府,但是前几届政府了解其观点,派他前往马德里。只是当他返回法国时,才要求他参加政府。他反对戴高乐运动。他认为这一运动可能破坏法国人民的团结。这种观点并未充分反映大部分法国人民的看法。

我问他,对战争以及战争较早结束的可能性有何看法。因为我的印象是,战争可能要拖延相当长的时间。贝当说,这很难说,他知道英国的坚持精神出乎人们意料之外,但是他看不出英国如何能派军队在欧洲登陆以战胜德国。德国倘若没有优势的海军,显然也不能入侵英国。所以,看来将会出现僵持局面,僵持到最后才会通过妥协获得和平。

我说,时间仿佛对英国有利,在美国物资援助的支持下,资源丰富的英国会变得日益强大。

贝当指出,美国的罢工浪潮连绵而起,倘若继续发展下去,肯定会影响生产,也还存在着美国能以何等速度援助英国以使战局改观的问题。我说,当前的美国劳工风潮只是暂时的,不过数月就必然结束。贝当说,但愿如此。

我提及实际的军事行动都发生在遥远的巴尔干各国,这对法国来说,可能是一件好事。对此,贝当说,巴尔干各国的战争所产生的结果并不十分重要。如有可能,他是愿意法、德两国在当晚就实现和平的。没有和平,谁也无法制订计划,而且不论在占领区和非占领区,食物的征用量异常巨大,此外,还加上每天四亿法郎极其庞大的占领费。虽然他曾设法削减这一数字,但迄今尚未获得成功。

然后我问有关食物供应的情况,是否最困难的时期已经度过。他说,还没有度过,而且今后两个月将会更加困难,因为庄稼要等到 7 月入秋后才能收割。小麦可能是够的,但是肉食和土豆怕更加短缺。法国人是喜欢吃土豆的。他担心下个月将无肉供应。由于德国人征用并屠宰大批牲畜,现已所剩无几,不论占领区或非占领区均是如此。至于从阿根廷进口肉食的问题,政府正在设法办理,但是由于英国的封锁,船只难于驶抵法国。我知道在这个问题上美国正在大力相助。贝当说,美国正在设法帮忙,但是他们怀疑法国不同情英国。他认为,美国人民对法国是很同情的。

最后,我问到关于法国在远东的政策问题。贝当说,法国人民对远东的情况不太了解,对印度支那不大关心。实际上,法国是心有余而力不足;因此,我认为法国不可能修改其当前牺牲中国适应日本的远东政策。

我又问他对苏联态度的看法。贝当说,这可是将在最后产生影响的因素。他相信德国迟早会派遣军队进入乌克兰,以占有该地的粮食和各项资源。德国一旦进入苏联,即将发现苏联像一个靠垫,你打它,它就瘪下去,但是只要你的手一离开,它就会立即鼓起来。

当我起身告辞时,贝当对我即将离法深表遗憾。他说,尽管他对中国不甚了解,他本人非常同情中国。他问,是否我的夫人也同时离法,并说,在她离法前,他和他的夫人要请她吃饭。这次谈话很有趣,很亲切,充分表达了他本人对我的友好情谊,正如同我在他处于逆境时对他的态度。

**贝希吉·埃尔金** 告别贝当之后,我前往土耳其使馆和埃尔金大使会晤。我向他提到,我即将离去,以及有可能调职的消息。于是埃尔金祝我成功,并说,当然我应该效忠政府,但是希望这次拟议中的调职不会实现。

我问到他的国家对当前巴尔干局势的态度。他说,土耳其如不受到攻击是不会采取行动的。土耳其军队很强,和保加利亚人交战定可取胜,但是和人力物力均占优势的德国军队交手,则无获胜希望。

我提出前不久发表的苏土宣言及其重要意义的问题。埃尔金说,这一宣言意味着,如果土耳其遭到进攻,苏联可能提供物资援助。土耳其和希腊两国签订的条约是针对保加利亚的。

其后,埃尔金问到中国的军事局势,我作了解答。他说,在他看来,松冈—莫洛托夫协定意义不大。我告诉他,苏联驻维希使馆也如此解释。埃尔金认为,该协定的签订实际是苏联对日本在外交方面取得胜利的实例之一。由于苏联的政策是建立在和平的基础上,苏联当然不会进攻日本。而日本却是给人以要进攻苏联的印象。

我问道,如果德国一旦进攻苏联——这种可能性完全不能排除——作为三国条约缔约国的日本是否会不进攻苏联。埃尔金说,邱吉尔已表示坚信德国肯定会进攻苏联,日本也将参加。埃尔金想了解日本是否能够进攻苏联。很明显,这是对莫斯科签订新条约有一定影响的考虑。苏军的建设一直以防御为目的,其弱点已在苏、芬战争中暴露出来。如果德国进军苏联,苏军会予以反击,但是可能无力长期挡住德军。

我说,只要中国继续抗战,日本就不会、也不敢发动另一场战争。在签订条约时，苏联就是想鼓励日本照它的意愿向南进军，以消除日本入侵的威胁。

**达尔朗海军上将** 次日我访问了法国副总理兼外交部长达尔朗。我向他说明我有可能调职，以及我对离开法国的想法。达尔朗说，他听说我可能离法另任他职，感到遗憾；他希望拟议中的调职不会成为事实，希望我会重返维希。自从上次和达尔朗谈话以来，欧洲发生了巨大变化，因此我急欲同他讨论。据报道，德国人在巴尔干战役后，将把注意力转向直布罗陀，在此情况下，他们会命令军队通过法国和西班牙。我问达尔朗对这种可能性的想法。达尔朗也听到过这种谣言，但是还看不到德国人有采取这一重大行动的迹象。他认为巴尔干战役须经历一定时间，看来德国随后很可能进军埃及，占领苏伊士运河，然后转向巴勒斯坦。所有这一切将至少需时两个月。他怀疑英国在埃及的地位，以及他们究竟能抵抗到何种程度。他情不自禁地赞美德国人。我告诉达尔朗，我认为这完全取决于德国军队在北非的力量。达尔朗告诉我，德国在该地至少有三个装甲师。

我说，德国人似乎对在非洲发动战役已准备得十分周密，但是达尔朗说，并不是他们的准备工作，而是他们在追求既定目标时所具有的坚定性，赢得了他的钦佩。

接着，我又问及德国人渗透到北非的情况，以及他们是否已进到达喀尔。达尔朗承认有渗透活动，但是德国人声称他们是根据停战协定到达该地的，他们的活动只限于停战协定规定的范围之内。达尔朗无法阻止这些德国人越出其规定任务范围进行活动，同时，虽然这些德国分遣部队并不重要，但是达尔朗仍认为他们的人数太多。

我问，是否存在突尼斯被占领的危险。达尔朗认为这无关紧要。仅在数周前，有一架英国飞机曾在突尼斯着陆。机上有两位军官，他们起初以为是降落在某个意属殖民地，对受到很好的接待感到惊异，直到后来他们才弄清是到达了法属突尼斯。

我接着提到最近苏、日两国缔结的互不侵犯条约,并说苏联显然是意在鼓励日本转向南方。达尔朗说,没有迹象表明日本想利用印度支那进攻新加坡和马来半岛。从战略上来说,从海路发动进攻较为容易,日本有一支强大的舰队,相比之下,英国的海军力量则不是对手,新加坡与马来半岛之间相隔只有一衣带水。

　　我说,据报道,日本将与暹罗合作分别从印度支那和暹罗发起进攻。但是达尔朗说,他从任何角度都看不出印度支那对日本有何用处。海防不能当作基地使用,西贡的情况更坏。数年前,他曾提议扩建金兰港,但是工作未能取得进展,当地的设施只能供六艘潜水艇停泊。由海防至暹罗的道路密林丛生,几乎无路通向暹罗。他获得的情报使他认为,如果对新加坡发动进攻,则必定是从水路进攻。日本人已将其军队集中在海南岛东部,所以如果他们真想进攻新加坡,可以通过占领新加坡对面的荷属东印度群岛中的一个岛屿来实现其目的。然而,如果美国舰队进行干预,则局面将会完全改观。在进攻新加坡前,日本人将首先进攻香港并占领九龙。这种占领将决定香港的命运。

　　他回想起,1922年香港有一次海员罢工,随之发生了佣人罢工。香港的法国居民坚持自己料理家务,但是英国人则颇感为难,最后接受了中国罢工者提出的要求。在乘船返回欧洲途中,他遇到了葡萄牙的澳门总督。总督告诉他,英国人屈服于罢工者,显然表明英国人开始在远东丧失威信。达尔朗说,此后远东发生的事情,恰好是按照这位澳门总督预言的路线发展的。

　　达尔朗认为,如果日本策划由陆路进攻,则从法国舰队最近打败暹罗舰队之处在暹罗登陆可能较为容易。他相信暹罗会与日本合作进行这种冒险。1922年达尔朗跟随霞飞元帅在远东时,他曾问暹罗舰队司令为什么暹罗在海军上要花费那么多钱。这位司令告诉他,马来亚和缅甸过去均属暹罗所有,同时,英国在印度的地位日益危急,需要在该地使用暹罗舰队的日子就要到来了。

然而,达尔朗补充说,只要日本和中国交战,就可能不会发动另一场战争,但是松冈——莫洛托夫协定可能减轻了日本在北方对苏联边界施加的压力,起到使日本向南进军的鼓励作用。中国可以利用这一局势和日本达成一项有利的和平协议。

这时我说,中国决心继续抗战。达尔朗对我说,中国在国家统一方面取得的进展确实形成了远东局势的新因素。他本人难以相信中国能在如此短暂的时间内实现统一。

我说,蒋委员长在实现统一方面创造了奇迹,达尔朗对此表示赞同。当他于1920年访问中国时,根本不存在统一。我重申,正是有了蒋委员长才得以在全国范围内实现统一。全国统一是中国抵抗日本侵略的最有力的因素。

我然后问,如果日本真的向南进军,法国的远东政策将会如何。达尔朗回答说,法国政府决定抵抗日本对印度支那的侵犯。但是我问,如果日本果真像前年秋天那样向法国施加压力,将如何处置。达尔朗承认法国无法为印度支那作战。法国人对远东不大关心,他们不能理解何以要为印度支那的利益流血。

在我站起来告辞时,我赞扬达尔朗在远东问题上知识渊博,和他谈话实为快事,因为他真正了解局势。达尔朗解释说,法国人不喜欢旅行,所以对在国界以外发生的事情漠不关心。

**鲍格莫洛夫**  当天下午我访问了鲍格莫洛夫,告诉他我即将离开维希。鲍格莫洛夫与别人不同;他祝贺我调职,因为在他看来,伦敦的职务对中国来说非常重要。我回顾了前数日,即苏日互不侵犯条约在莫斯科签订的前一天,我和他的一次谈话。我问鲍格莫洛夫,该条约具有何种重要意义。

鲍格莫洛夫说,与某些报纸所说的不同,该条约并不是互不侵犯和友好条约,而是在缔约国一方与第三国进行战争时,另一方保持中立的条约。他提请我注意第三条,但是我曾查阅该条约的各种文本,却各不相同。鲍格莫洛夫派人去取塔斯社发布的文本,声称该条约是一个不折不扣的中立条约。中立一直是苏联对待一切国家的基本政策。

我问是否苏联的中立也适用于中日冲突。但是鲍格莫洛夫说，难以对这个问题给予明确答复。如果我需要，他可以要求莫斯科对此作出解释。他十分谨慎。我说无此必要，因为我知道重庆业已指示驻莫斯科大使要求苏联澄清。鲍格莫洛夫本人认为，该条约并不适用于中日冲突，特别是该条约根本没有提到中国。我告诉他，有关满洲和蒙古的宣言曾引起重庆的极大不满。这是否有意表示承认这两个傀儡政权？鲍格莫洛夫说，不能如此考虑，因为该条约是和日本签订的，不是和满洲或蒙古签订的。

我不想过分估计该条约的重要性，因为更重要的是此后缔约双方的行动。它是否会使日本从满洲边界撤出部分军队，调往中国的其他地方或向南进军？正如鲍格莫洛夫所指出的，这不仅取决于日本，而且也取决于苏联政府。如果莫斯科认为该条约缓和了苏日边界的局势，并从当地撤军，自然就会鼓励日本也随之撤军。那么，这个条约就会对中日冲突产生重要影响。

鲍格莫洛夫说，条约上的明文规定是一回事，实际上如何行动则完全是另一回事。苏联政府对国际局势的看法总是小心谨慎，不失警惕。他引用斯大林说过的话，苏联应随时准备应付紧急情况。我认为，要使苏日条约和日本参加签订的三国条约协调一致是困难的。倘若苏联果真遭到德国进攻，三国条约是否将要求日本拿起武器反对苏联？鲍格莫洛夫回避了这一问题，却说，苏德关系极好，所以没有理由假设会发生德国进攻的危险。但是我提醒他，三国条约的第五条明确地排除了日本对苏联应履行的一切义务。

至于巴尔干各国的局势，我说，我深信土耳其仍将保持中立，除非其领土遭到侵犯。但是我问，土耳其是否真正如报纸所说，会和德国签订一项互不侵犯条约？鲍格莫洛夫说，德国驻安卡拉大使对土耳其政府十分友好。他相信土耳其不会参战。这将使英国人感到不高兴，因为他们在巴尔干各国以及在埃及边界上所处的地位已相当困难。他认为，德国的目的在于占领埃及和苏伊士运河，这将迫使英国再次使用绕道好望角的航线。

关于北非，鲍格莫洛夫说，德国人认为，连接达喀尔和地中海沿岸的撒哈拉大铁路的建设工程非常重要。德国已同意向他们提供钢轨，但是找不到足够的钢材，美国人也不会提供必要的钢轨，因为他们不信任法国人。

# 第十一节　调往伦敦和在葡萄牙的逗留

## 1941 年 4 月—6 月

我正式调往伦敦一事，尚需等待英国人发出同意任命的复信。通常这类事情只不过是手续问题而已，但这次却迟迟得不到明确的消息。当我得知日本新闻通讯社一直在传播谣言，声称我之离职表明中法关系破裂，我急切希望这个问题能得到澄清。我在 4 月下旬发出电报，以便使外交部了解我的困境，弄清局势真相。关于我的提名，不知他们是否已接到英国政府的答复。于是我向外交部次长徐谟发出了私人电报，问他是否存在什么困难，阻碍正式任命的原因何在。徐谟于 4 月 30 日复电。他说，国内报纸已广泛刊载了我调职的消息，但是伦敦尚未答复。政府正在催促伦敦给予答复，一俟复信送达，就立即正式公布任命。

与此同时，我还写信问郭泰祺是否已得到答复。他同时通过信件和电报回复我说：他已催促英国政府办理。

4 月 17 日，当我正要登车离开维希时，随员递交我两封分别由外交部和在伦敦的郭泰祺发来的电报。前者与日苏条约有关；后者告诉我，他已于 4 月 16 日正式要求英国给予同意任命的答复。他坚持我应于 17 日按预定计划离法去伦敦。第二天郭又来一电，告知我英国拖延的原因，而嗣后收到的消息则谈得更为详细。郭的电报说明，直到当时他才向英国政府提出正式同意任命的要求。4月25日,驻伦敦代办陈维城来电告知,英国外交部业已通知他,须等待英王陛下同意后,他才能送达正式复信。陈维城补充说,一俟收到复信,立即向我报告。

4月29日,陈维城再次来电,声称英王已同意,正式复信即将由英国外交部发出。4月30日,郭泰祺在回重庆就任外交部长职务途经华盛顿时,发来了电报,内容基本相同。

5月2日,陈维城发来电报,声称他适才收到英国外交部照会,通知英王已经同意对我的任命。次周,我收到了很多贺电。当时,我对英国政府迟迟不发同意任命的复信十分不解,直至接到了外交部次长徐谟发自重庆的电报才弄清原委。他说,开始阶段,英国人似乎百分之百地不欢迎我担任拟议中的职务,并提出为何中国政府不能在国内找人来接替郭泰祺。徐谟告诉我,政府决定无论如何也要推荐我。于是,政府不直接答复他们提出的问题,只是把拟命我出使英国的意图正式通知他们。英国发出了同意任命的复信,于是于1941年5月9日颁布了国府主席对我的任命令。

这种惊人的拖延使我困惑不解。后来把各种情况凑在一起,我判断英国拖延答复的原因有几个方面:首先,我在伦敦和重庆外交部两地的同事都不熟悉通常对新外交代表提名以及要求给予同意任命答复的程序。他们显然不曾按程序办事。郭泰祺根据外交部的指示,只是口头上建议英国外交部对提名给予同意任命的答复。英国外交次官巴特勒说,他对这项提名表示高兴,尽管对郭泰祺离职感到遗憾。他祝贺郭泰祺出任外交部长,因此,问题只不过是等待正式交换信件,而显然这个手续没有办。我猜想,这若不是出于疏忽就是出于对正式手续不太熟悉。英国外交部只有在接到政府公文后,才能给予正式答复。

当此消息在重庆传开时,英国大使寇尔爵士可以说在整个过程中起了破坏作用。据郭泰祺说,尽管未按正式手续送交书面通知,但是邱吉尔认为任命我为驻英大使是理所当然的。然而,寇尔却写信给英国外交部,建议他们要求中国从重庆派人来,因为我在国外逗留过久,而战事爆发以来,国内情况业已改变。他建议由其密友、前教育部长、当时的重庆中英友好协会主席杭立武出任驻英大使。杭立武几乎每天都去英国大使馆,寇尔认为他消息灵通,很肯帮忙。杭立武是英国留学生,可能曾在伦敦大学学习。英国官员总是希望中国政府不派诸如施肇基、我和郭泰祺等留美的外交官,而派留英的官员出使英国。寇尔想利用这种思想来促进其密友的事业。因此,英国外交部未收到郭泰祺的正式信件这一事实,遂成为置之不理的极好理由。另一方面,后来有消息说,寇尔曾极力坚持要其政府趁机要求中国政府派个英国留学生出使英国。

我很希望在我离开维希之前任命一位外交官接替我在法国的职务。因此,我要求政府抓紧处理。当我在葡萄牙时,政府提名魏道明继任驻法大使。中国政府在接到法国政府同意任命的答复后,于 5 月 13 日正式任命魏道明为中国驻法大使。当时,我仍在等待英国同意我出任驻英大使的答复。

外交部在草拟魏道明出使法国的任命书时,显然发现在对我的问题上有些尴尬,于是他们向英国发出正式函件,要求英国同意任命。我的正式任命书是在后一天,即 1941 年 5 月 16 日发出的。

我之所以必须尽快离开维希前往里斯本,是由于郭泰祺要我在他经华盛顿回重庆途中在该处和他相会。由于欧洲的局势日益恶化,以及日本大力推行其南进扩张政策,他想和我讨论一下到职后他应遵循的政策。里斯本曾一度成为中国一些外交官聚会的地点,这些外交官包括诸如由重庆返回柏林途中的驻德大使陈介,驻罗马代办徐道邻,驻荷兰公使金问泗和驻西班牙公使钱泰等。李石曾在赴法、美途中也来到里斯本。

郭泰祺于 4 月 18 日抵达里斯本,李石曾和陈介于其后不久到达。我在午后不久到达葡萄牙首都,下榻于阿维兹旅馆。我立即和郭泰祺会面,他向我出示了一叠和蒋委员长的来往电报。这些电报共有两个主题,一是提议由我转任伦敦,以及由此而和英国发生的问题及其解决过程;一是郭泰祺和英国人就进一步加强中英协作而进行的讨论。

郭泰祺还告诉我有关我调任的讨论过程。讨论涉及到很多问题,特别是有关我夫人在宫廷活动的地位,以及她在纽约进行的在英国人看来是反英的活动。但是这些活动是和蒋夫人在美国发表的讲话精神相一致的。由于英国人在就中国问题和日本接触时所出现的暧昧的、不友好的态度,对中国人来说,采取如此态度是理所当然的。

李石曾于同日下午抵达。晚间,我和郭泰祺又就伦敦和维希两地人事调动的问题,钱泰和金问泗问题,以及与设在伦敦的比、荷、波、挪各流亡政府的外交来往问题进行了交谈,次日,陈介大使从柏林来,我和陈介、郭泰祺简单地交谈了德国局势和欧战,轴心国对中国的态度,以及最近在莫斯科签订的苏日条约的意义和重要性。

下午,郭泰祺再次来我房间交谈有关中日和平解决的条件,对美政策,以及他访问华盛顿的目的等。稍后,驻罗马代办徐道邻飞抵里斯本,郭泰祺前往美国。

4 月 23 日,罗必安来访。罗必安最近被任命为法国驻华大使,以接替拟派往莫斯科任驻苏大使的高思默的工作。罗必安及其家属和我住在同一家旅馆。在谈话过程中,他告诉我,经贝当批准,他曾走访德国驻里斯本公使。他建议我就飞往英国一事谋求该公使的协助,否则将是危险的。当然他是好意,但是我觉得不能为这类事去求德国人帮助。

直到 4 月 24 日,我仍未从伦敦收到有关我的任命问题的答复,但是在当晚子夜的广播中,英国广播电台报告说,重庆已公布我继郭泰祺出任驻英大使。

此后,我在里斯本逗留了大约三个月。其间进行了几次十分有趣的谈话。例如,4 月 25 日我和陈介就德国政策的目的进行了一次长谈。我想从陈介那里得知他对德国面临的军事局势的看法。他说,南斯拉夫的战争使对乌克兰的进攻大约要推迟六周。当时我俩都知道德国即将进攻苏联,此刻看来,要到六月底才会发动这场进攻。实际发动进攻的日期则是 6 月 22 日。陈介认为,希特勒本来决定在 1941 年结束战争。但是巴尔干的战争使德国意识到要将入侵苏联推迟因而必须制定 1942 年的作战计划。希特勒已经下令制订一项一旦推迟侵苏时的具体军事计划。陈介认为德国目前不会进攻埃及。柏林觉得最好现在就解决苏联问题。因为如果拖延到目前这场战争结束之后再来解决,那时想要发动德国人民进行另一场战争就会困难得多。

陈介认为,德国的物资储备可供应到当年年底。戈林在 3 月份曾建议降低粮食配给量,但是希特勒反对这样做,理由是:人民的士气不能因几粒小麦而遭到削弱。希特勒倾向于不到绝对必要时,绝不降低配给量。德国人对第二个冬天是十分担心的,因为有可能出现粮食和供应品的匮乏。

我就德国人民的思想和政治形势提出问题。陈介说,如果不发生严重的军事挫败,人民的士气不会有瓦解的危险。

至于远东,他说,德国不希望日、苏间签订一项互不侵犯条约。尽管希特勒曾告知松冈,他能理解一项解决商业、渔业问题的条约。陈介进而告诉我说,德国驻苏大使直到 4 月 12 日苏、日举行条约签字仪式前几个小时,才知道苏、日两国已同意签订该条约。希特勒曾告诉松冈,如果日本认为其自身难以在远东牵制美、英两国,它至少应当摆出要对美、英有所行动的样子来,以便把美国舰队牵制在太平洋上。但是松冈在回答时争论说:虽然日本随时准备南进,但是它必须有两年的物资供应储备。当时,他们只有一年的储备。德国是不愿意让日本占有荷属东印度群岛的,德国充其量只能同意让日本在远东取代英、美两国。

陈介刚从重庆来,所以讨论中国政策他最有条件。他告诉我,如果德国承认南京傀儡政权,中国将与其断绝关系。德国的态度实际上是暂时将该问题搁置起来,但是德国或多或少担心中国会在美国的压力下被迫采取行动,和德国断绝关系。

陈介还告诉我,德国外交部似乎对任命郭泰祺为新外交部长以及将我调往伦敦十分关注。他们的结论是:此举与其说是为了加强外交部的领导,莫如说是为了进一步巩固中、英两国关系。

重庆担心:德国在欧洲取得的成功,连同三国条约的缔结,有可能意味着德国会全力支持日本,鼓励日本在远东放手去干,以便为德国的欧洲目的服务。中国对德国向日本讨好日益不满,而且由于预计欧洲战争可能拖长,因此极力希望增进其同华盛顿和伦敦的关系。当美国清楚地表明准备援助英国、必要时甚至会拿起武器时,重庆打算同德、意两国断绝关系,特别是,如果他们承认汪精卫的南京政权的话。

中国政府十分关切法国会承认汪精卫政权。我必须与之打交道的法国人,实际上是三国条约参加国日本的同盟国。德国人在当时对法国政府有巨大影响。此外,法国在印度支那问题上受到日本的压力。当然日本最后终于占领了该地。德、意两国尽管都和中国保持着外交关系,由于受日本的影响,同情南京政权。德国内心里很同情中国,这不只是因为德国在中国有产业,而且还由于德国军事顾问所建立起来的密切关系,他们的报告内容对中国表示很大同情。例如,1939年,德国大使曾试图从中斡旋,实现和平以解决中日问题。

要确定谁是中国的真正朋友是困难的,暹罗坚持拒绝和中国建立外交关系,最多只能同意在曼谷建立一处领事馆。暹罗和日本密切合作,其目的在于希望能收复某些过去在印度支那边界上被法国人夺去的领土。在暹罗的中国人多达二百万,他们在经济和商业方面占极为有力的地位。暹罗人一向恐惧中国人的势力,所以他们借机利用日本的影响,以期重新获得某些过去失去的领土。

至于美国,当然中国方面不担心它会以任何形式承认南京政权。另一方面,英国恰好介乎法国和美国之间。英国似乎想继续和日本交往下去,以期保护其在华的巨大利益,特别在华北。因为华北已大部陷入日本之手,英国显然是在顺应时势,作些这样那样的让步,目的在于避免和日本公开破裂,那是它所无力应付的。

苏联推行的是很谨慎的政策。它在物质上尽力支持中国,我猜想,苏联是希望中国能继续抗战,以捆住日本手脚,从而排除其入侵西伯利亚的可能性。这正是苏联尽可能多向中国提供物资援助的原因所在。当时,中国共产党人也希望苏联会尽最大可能援助他们,但是斯大林的政策是非常现实的,对中国共产主义运动很少表示同情。斯大林认为,国民政府和蒋委员长是唯一能继续抗日的政府和领袖。苏联甚至还曾一度向中国空军提供飞机和技术人员。只是在珍珠港事件发生、美国参战以后,中国才不再需要苏联技术人员帮助建设中国的空军。珍珠港事件后,美国第十三航空队进驻了中国。

当时,德国内心是同情中国的,只在它为了自己推行某一特定政策需要日本给予积极支持时,才对日本的压力作出一定程度的让步。因此,诸如波兰、捷克斯洛伐克、匈牙利和奥地利等国均未承认南京政权。即使当德国、意大利和西班牙于 1941 年 7 月 1 日承认了汪精卫政府后,继之而承认的也只有罗马尼亚和捷克斯洛伐克。所以并不是所有德国占领的国家,而只有为数不多的几个国家是按照德国对日本的反应行事的。

虽然我离开了维希,正式说,已和驻法使馆脱离了关系,但是使馆代办和全体工作人员仍把我看作是使馆的一员,因为我尚未到伦敦视事。结果,我虽然身在葡萄牙,但是驻维希使馆不但随时把与法国政府交涉事务的进展情况告诉我,而且把从重庆和其他使馆来的电报副本寄给我,要求我给予指示。我认为,我或多或少有义务告诉他们应如何行事。

除了严格属于外交的问题之外,由于欧战的局势还出现了一些不寻常的问题。虽说当时中国使馆正式设在维希,但大部分工作人员还在巴黎照管档案、使馆大楼和华侨,回答那些不时由德国司令部提出的问题等等;所以中国使团仍在巴黎。那里通讯不大方便,打通电话需要克服很大困难,因为在法国,占领区和非占领区的分界线划分得很严格。打电报也不容易。常常必须从巴黎派使馆人员前往维希,但是通过被占领区沿途的德国重重岗哨和非占领区的法国岗哨,却并非经常是轻而易举的。5月21日,陈介从柏林发来电报说,德国外交部正式照会称,自德、法两国签订停战协定以及法国政府迁往波尔多和维希以来,外交使团的部分人员依然留在巴黎。根据国际法,派驻法国的外交使团应随同法国政府迁往其新址。德国政府业已决定,不准外交使团继续留在巴黎,特别是因为已经重新划分战区,而巴黎就包括在战区之内。各外交使团须于6月18日以前完全撤出该地区。撤出之后,这些外交代表和占领军司令部之间发生的问题须由有关各国大使馆直接同德国外交部交涉。

由于驻维希大使馆将此事交我办理,我据此向重庆作了汇报,同时建议驻巴黎使馆迁往维希,并将重要档案一并运去。外交部也认为唯一能做的事是将重要档案运往维希,撤出所有使馆人员。但是外交部的电文指出,我们应避免就公务问题同德国外交部直接接触。这些事务应由中国驻巴黎总领事馆和当地政府交涉。

然而,大使馆内尚有一些有关国联和中国曾参与的各种问题(特别是中日争端)的档案。因此,我在5月26日电报中说,这些档案也不应留在大使馆内。

外交部完全同意:工作人员应该撤出,机密档案应在大使馆参事的亲自监督下运往维希;一般档案应打包装箱,转交给中国驻巴黎总领事负责照管。至于我的个人财物、文件等等,应打开箱子,列出清单,保存在巴黎使馆,由总领事照管。但是还有问题,即有关中国在国联和日内瓦活动的机密档案问题,严格来说,这些档案并不属于使馆档案。因此,我建议:应先将这些机密档案运往维希,外交部对此表示完全同意。外交部认为,为了长期安全起见,应进一步运往中国驻华盛顿使馆,但是我担心海运不安全,因为大西洋中潜艇活动频繁,因此,我建议,在能够保证安全运抵华盛顿之前,先将该档案由维希运往驻葡萄牙使馆。外交部完全同意。

　　总领事之所以被准予留在巴黎,原因在于他在巴黎不是进行外交活动,而是保护华侨利益。显然,德国不反对领事们留在巴黎。同时也不存在使馆财产有被没收危险的问题。德国这一行动的实际原因,首先是德国将加剧战争,另一方面是要进一步压迫法国与其合作,再一方面是为了在意大利向巴尔干各国扩展其影响的同时,向苏俄进攻,以统一欧洲,建立轴心政权。因此,德国不希望有任何耳目灵通、刺探消息,为其本国进行国际间谍活动的外交官们留在巴黎。

　　德国同苏联之间即将爆发的战争,是我一直关心的事。根据5月3日陈介来电称,他接到一份密报,6月初希特勒将进攻苏联。他估计德国将用两个月的时间完成对苏联欧洲部分的占领。纳粹党领袖十分赞同这一行动,但是军政两界人士则心中无数,担心德国在此冒险中不会获得实际利益。因此,他们并不全都支持这一设想。苏联显然已经得到报告,因此已封锁了边界,断绝了两国之间的所有运输和通讯。据可靠消息,莫斯科已下令将所有农业机械运往东方;乌克兰将不再种植下一季的庄稼。德国打算要求芬兰参加入侵,目的在于占领列宁格勒,将苏联舰队封锁在港内。苏联战役结束后,希特勒会立即发动进攻西班牙和葡萄牙的战役,以期统一整个欧洲。

　　在柏林最高当局方面,还有一个问题尚未决定,即有关9月份在英格兰登陆的问题。德国的粮食供应只能满足目前所需,秋收庄稼也只能维持到来春。如果德国入侵苏联不能取得增加粮食储备的成果,则来春将面临粮食奇缺的局面。为此,德国拟在占领苏联欧洲部分后立即建议和平谈判。如果和谈失败,德国将采取进攻英国的紧急手段,以期早日获取胜利。

5月12日,陈介电报称,虽然苏联曾试图与德国妥协,提出诸如不再承认比、挪、南等国驻苏大使等等的建议,但是德国的态度毫无变化。据报道,苏联军队将在西部边界集结,但是德国的计划不但要在边界和苏军直接接触,并将联合芬兰进攻列宁格勒。德国业已任命驻苏总督,同时匈牙利和罗马尼亚亦将参加进攻。

南斯拉夫沿海地区以及整个希腊将留给意大利去控制和管辖,但是雅典和萨洛尼卡将驻扎德国军队。电报指出,该两国人民都不愿接受意大利的统治。

法国已同意在叙利亚向德国军队提供一切方便,但是德国并不打算把军队远派到伊拉克去,因为伊拉克难以自保其本身的地位。

在德、土两国之间暂时尚无任何难题。如果德国能战胜苏联,那么解决土耳其问题就不费气力了。

德、法两国的关系已开始出现较密切的局面。双方都具有让步精神,但是德国唯恐美国参战,从而认为有必要先占领达喀尔。因此,德国提出派军队前往达喀尔,但是在这个问题上法国拒绝让步。

派遣军队通过西班牙夺取直布罗陀的计划仍在考虑中。

自从日苏条约签订以来,德国已开始对日本表示不满。德国感到失望是明显的,任命新德国大使的想法打消了,而命现任驻东京的外交使节重返东京。德国外交部远东司收到一份报告,说是日本已开始和英国谈判,此事招致德国进一步不满,因为据报,日本已向英国提出保证:日本将不进攻新加坡。

希特勒感到最担心的并不是邱吉尔极力准备抵抗,而是华盛顿的态度和政策。因此,希特勒同时还在注视着美国进行干涉的可能性,并极力谋求和法国就合作问题达成协议。5月13日,法国内阁副总理兼外交部长达尔朗访问柏林。根据我当天收到陈介发来的电报说:希特勒向达尔朗要求通过法国未被占领区的过境权,以及在北非建立军事基地的权利。电报未曾提到结果如何。

电报结尾附带说了一件有趣而重要的事,纳粹党副领袖赫斯已秘密飞往英国。德国的官方解释是:赫斯思想错乱,赴英和平谈判纯系出于其个人目的,仅仅是企图证明他具有为党的利益而牺牲的精神。但是德国政府坚持德国的对英政策保持不变。陈介补充说,尽管做了上述解释,赫斯突然飞英一事无疑降低了纳粹党的威望。在里斯本的人士听到这一消息后感到惊讶,认为身为纳粹党的显要领袖和希特勒的亲密合作者的赫斯,在未经希特勒批准的情况下进行如此重要的旅行,真是咄咄怪事。

两天后,陈介来电,将重庆的最新消息,特别是有关中国向外国订购军用物资的转运问题的消息告诉我。他说,虽然失去了印度支那运输线,但是西北运输线和缅甸运输线是开放的。西北运输线是运输来自苏联供应物资的重要途径,但是由于在中国境内需用骆驼运输,时间显然过长。至于缅甸运输线,政府已决定在美国援助下加紧修筑。成立了以蒋委员长的亲戚和支持者俞飞鹏将军为主任、美国工程师为顾问的专门委员会掌管这条运输线的修筑工作。这项工程必须尽一切可能从速完工,因为约有五万吨物资等待运往中国。现有公路宽度不够,路面也难以迅速运输较重物资。

法国政府显然由于尊重日本的愿望,或为了应付日本的批评,已推迟罗必安的驻重庆大使的任命。当追问其真正理由时,解释说是由于任命高思默出使莫斯科之事出了麻烦,此时如把高思默悬起来不管是很不合适的,特别是当时没有其他合适的职务安排他。政府要求罗必安推迟出发赴任,并利用推迟的时机访问美国。当再进一步询问时,得到的解释是推迟任命也有助于缓和维希和东京之间的局势。

5月6日,也就是我接到这一报告的前一周,我和罗必安在中国驻里斯本公使举办的一次宴会上进行了非正式谈话。我们的谈话内容未涉及行程安排,但是罗必安夫人正像很多其他精通政治和国际事务的法国妇女那样,相当坦率地表达了她对国际政治局势的看法。她强调了建立法国复兴的精神基础的必要性和重要性。她知道我将前往伦敦出任大使,于是就要求我告诉英国人,受他们封锁打击最严重的,实际上是法国广大人民,而对德国人几乎不产生什么影响,因为在食物供应方面,他们在法国找到什么就拿什么。

但是我更关切的是新任法国驻华大使的观点和计划,因此安排在5月10日和他会见。他证实已接到命令前往南美,而不立即径直前往中国,因为日本人提出了反对意见。他告诉我说,他对事态的发展感到恼火,并曾访问过日本驻里斯本公使,以期弄清实际情况。日本公使感到十分难堪和吃惊,说轴心国仍然和重庆保持着外交关系。我说,据我看来,这是日本人在进行讹诈,以试探法国政府的真实态度。我告诉罗必安,维希方面的软弱只能导致东京进一步施加压力,而对东京的干涉表示坚决抵抗,则将会制止未来的一切欺凌行径。罗必安认为,高思默必然是不愿被抛在一旁,可能也插手了这件事。罗必安说,他对维希当时对日本表现十分软弱感到惊奇。他打算乘船前往美国,在该地等待事态的发展。

法国当时的对华政策,对中国来说,确实已发展成为问题。不仅命令新法国大使推迟前往重庆赴任表明了法国政策的新转折,而且驻维希代办郭则范于5月20日的来电证实了这一事态的变化。郭则范报告说,法、德两国合作正在取得进展。法国的外交正在调整以适应新事态和新政策。他总结说,中法关系的前景不妙。

郭则范于5月20日的另一来电中说,遵照我的建议,他曾走访法国外交部亚洲司司长。他告诉这位司长,罗必安拖延赴任可能会引起误解。因此,他表示希望罗必安能接到尽快前往中国赴任的命令。但是法国人的非正式答复是,倘若罗必安果真立即前往中国赴任,将会使问题复杂化,因此,政府命令他前往南美,以避免给法国带来更多困难。

郭则范于 5 月 29 日来电称,他从殖民部秘密听到,日本侵夺了中国储存在海防的所有供应物资和货物,并已私下运走供其自用。当他向法国外交部询问情况时,答复是,他们曾两次向日本提出抗议,要求将那些物资运回印度支那。但是中国外交部和驻西贡领事馆对此情况只字未提。

该电报还声称,法国报纸未发表罗斯福总统有关美国愿为民主事业而战的声明。相反地,法国报纸却继续攻击英国,批评其政策。当我尚在维希时,法国的报刊检查即已偏向日本一方,法国政府已开始畏惧日本进一步施加压力。此后,德国又要求法国进一步合作,以实现其在欧洲大陆建立"新秩序"的设想。这表明法国政策,不论是对德政策还是对日政策,都继续遭到削弱。

国际局势,特别是东京、柏林和罗马的真实意图,颇令人感到迷惑不解。他们当面正式宣布在做某件事,而背后实际上却是在做完全不同的另一件事,当然这并不出人们意料,但是,尽管签订有正式协议和同盟条约,他们仍然玩弄种种花招,这确实令人沮丧。与此同时,他们也暴露了"秘密外交"的实际活动。

5 月 26 日,陈介自柏林发来电报说,根本不存在德国可能推迟其入侵苏俄计划的任何迹象。另一方面,他不断接到消息说,日本正在力图得到美国的谅解,如有可能,还谋求和美国建立某种形式的合作关系。为此,德国对日本颇为不满,德、日合作政策开始出现裂痕。德国仍想阻挠苏联和美国推行其各自的政策。由于德国人态度不明确,所以日本也就鼓起更大勇气推行其统治印度支那、泰国和缅甸的计划。陈介认为,除非美国表示要迁就日本,否则日本就不会感到确实处于可以真正推行其南进计划的地位。

5 月 30 日,陈介来电声称,有一则消息正在柏林广为流传,即日、美两国缔结了新协定。协定的要点是：日、美两国同意不主动参加欧战；美国将对中日冲突进行调停；日、美两国将缔结一项新的贸易协定；同意共同努力开发远东和南洋地区；以及美国将承认"满洲国"。甚至还提到，该协定有一附件，规定美国将对日本给予财政贷款，并承认日本在远东的特殊地位。或许正是由于这一原因，罗斯福在最近一次讲话中未能触及日本。来自柏林的消息还有，日本已向美国保证不进攻新加坡，以换取美国保证在印度支那给予行动自由。但是对于印度尼西亚，美国依然不愿意让步。这些消息真是怪诞之极。

我获得的消息说明，德国入侵苏联的计划将在6月执行，但是苏联的外交代表不是表现出对德国人的意图毫无所知，就是出于一种外交策略的考虑，装作怀疑。例如，郭则范代办和刚从莫斯科回到法国任上的苏联大使谈话后，从维希发来电报说，他对苏大使说德国在苏联边境已集结了一百二十个师的兵力，并问苏联大使此消息是否属实。答复是，所有这些谣言都不足置信，他说，苏、德两国之间的关系是友好的，两国的贸易往来尤为重要。苏联需要德国机械以发展其工业；当其工业生产能力因有了德国机械而得到提高时，中国也能间接获益。德英战争仍在继续，因此他认为即使德国试图向苏联挑起争端，苏联的战备情况也足以自卫。

约两周后，陈介于6月21日来电说，德国已经决定进攻苏联，次晨即将开火。德军将从旧波兰、芬兰和匈牙利分三路进军。匈牙利和芬兰将协同德国作战，但是罗马尼亚将不参战。希特勒将作为最高统帅去前线，一经发动进攻，立即召开德国国会发表公开声明。

6月24日清晨，我收到郭则范于当日发来的电报。他说，德国已于当日清晨入侵苏联[①]。法国方面的官方反应是，这将使欧

---

① 按德军入侵苏联为6月22日凌晨4时。——译者

洲的统一有了希望,但是他们感到担心的是法国国内可能出现困难,因为反对党仍很活跃。法国的公众舆论普遍希望战争继续发展,交战地区继续扩大,以期法国本身能得到复兴。

苏联对德国进攻的答复是政府决定抗击入侵。在维希,人们认为英、苏两国已缔结了军事协作条约,因此都认为英国会立即宣布站在苏联一边。美国也很有可能提前参战。日本和苏联订有中立条约,因此在德国发动进攻后似乎不会采取任何行动,实际上英、苏两国之间并不存在军事条约,尽管苏联极力谋求缔结此种条约。

以往,中国人曾认为,如果德国真的推行其进攻苏联的计划,苏联将全力以赴进行自卫,援华物资将会减少。同时,还担心莫斯科可能认为有必要和日本达成某种谅解。日本陆军主张配合德国进攻苏联而入侵西伯利亚,但日本海军则主张南进。可是当日本陆军多次试图在蒙古和朝鲜对苏联进行突然袭击未能得逞后,日本海军认为日本陆军已在中国陷入泥淖,进攻苏联已无能为力。最后海军当局的意见压倒了陆军,遂开始南进。为此,当时正在华盛顿紧张地进行一系列会谈,以期阻止美国干涉南进行动。

当松冈访问莫斯科时,他试图和苏联达成一项谅解,以便消除日本的后顾之忧。但是他那时不知德国已肯定要进攻苏联。如果日本早知德国的真实意图,它就可以在同苏联的谈判中提出更多要求,或者派兵进攻西伯利亚。进攻西伯利亚也是日本的国策之一。

德国进攻苏联危及苏联援华物资的供应,同时中国也已不能从印度支那获得充足的供应物资。当时,中国从德国获得的援助除了已经谈妥的借款以外,物资供应极少。换言之,他们是遵守协议的,因为德国工业家对中国市场一向十分重视。当然,他们在中国获利不少。中国人普遍怀疑和不喜欢英国,讨厌日本,而对美国则因为其国内制度原因,也无法对它过多倚仗,因此,中国人总是指望德国,后来甚至指望意大利派来军事顾问。

我在葡萄牙逗留了数月,使我能够对葡萄牙关于世界局势的态度有较多的了解。葡萄牙外交部的一位官员告诉我,葡萄牙国家这么小,倘若德国果真派兵穿过葡萄牙进军西班牙,那是难于抵抗的。葡萄牙已将军队调往亚速尔群岛。他告诉我,葡萄牙对华盛顿不满,因为美国不愿帮助葡萄牙保卫亚速尔群岛。显然,葡萄牙是担心德国有可能迫使它放弃这些岛屿,以便德国能在大西洋地区建立一个潜艇基地。

5 月 21 日,我在中国使馆接见了法国外交界的职业外交官勒鲁瓦大使。勒鲁瓦将前往美国,设法为法国和中国的事业进行活动。他曾任法国驻里斯本公使,一向亲英,同情自由法国戴高乐派的事业,维希政府已解除了他的职务。

我问勒鲁瓦对葡萄牙局势有何看法。他说,局势颇堪忧虑,倘若德军果真前来进犯,萨拉查业已准备将政府迁至安卡拉。亚速尔群岛和葡属其他岛屿届时将由美国占领。我想此事已在华盛顿提出,但是美国政府一直未予关心,直至发生了珍珠港事件后,才接管了亚速尔群岛。

1941 年 5 月 31 日,中国驻荷兰公使金问泗告诉我,外交部已指令他前往英国,同时主管布鲁塞尔使馆。我认为,可能有四个因素促使外交部作出这项给金问泗的指令。第一,荷兰可能提出过这种要求,并以已取得相当进展的荷属东印度出口贷款的谈判作为其提出这一要求的后盾。日本人已对和荷属东印度的经济谈判进展缓慢,表示不满。第二,重庆可能想表示更加靠拢美国、支持民主事业以抵抗侵略,并暗示同柏林进一步疏远。第三,美国可能要求金问泗和在伦敦的荷兰流亡政府靠近些。如果荷属东印度在经济谈判中拒绝屈从日本之后也进行抵抗,罗斯福就有理由从远东开始参战。理由是帮助荷属抵抗日本,解决远东战局,然后将美国的力量转向欧洲和大西洋。最后,重庆可能需要比陈维城代办更高的负责人,观察并报告英国的情况,因为在收到证书之前,我自己不能去伦敦。

6月21日,我收到陈介发来的一封很有意思的电报,他告诉我,当时柏林流传有关日、美两国为了解决中日战争正在举行秘密谈判的消息。据传,美国将承认"满洲国"以及日本在远东的支配地位;美国将借款给日本,并同意日、美联合开发远东。我认为这项消息并不表明日、美两国之间已展开了认真的讨论,而只不过是日本的试探手段。由于罗斯福总统在5月27日的声明中宣布,中国壮烈的保卫战是牵制希特勒主义的两个因素之一,并说,中国的抗战活动不久将会增强等等,所以我不大相信这个消息。

6月6日,葡萄牙报刊上登载的发自罗马的一则消息,再次指出美国有可能调停中日冲突。我无法讲这一消息有多大根据,但是据我看来,它说明意大利和德国一样,都希望中日冲突能得到解决。这种希望可能也反映了东京的一种普遍情绪,因为由于战争在欧洲不断扩大,日本急于实行其南进政策,所以日本也切盼摆脱中日冲突压在身上的重担,以便有可能恢复它在较易获得成功地区的行动自由。

当时,中国的对外关系处于极其微妙的状态。一方面,中国和中国人民很清楚我们的敌人是日本,是日本在向中国进攻,实际上是想征服中国。因此,我们绝对应当认清局势,对那些向我们提供经济援助或表示同情的对我有用的国家,避免发生任何可能触怒他们的事。另一方面,我们认为,国际局势正在恶化,正在发生难以完全预料的、影响深远的变化。因此,我们必须始终提高警惕。问题是如何继续向既定目标前进,而不被日常以不同形式发生的各种实际问题所左右。我们应该小心谨慎地估量每一问题,以及这一或那一行动所可能引起的后果。我们的主要政策,特别是我、郭泰祺以及其后的陈介所支持的政策是试图组成某种组织。我们喜欢采用"A、B、C"这个略语来代表这一组织,也就是美、英、中,再加上苏联。苏联是多少有点属于不同类型的国家。然而,从现实出发,我们应培养其善意,以期获得物资援助,因为我们在看到日本是中国的现实敌人的同时,应看到由于历史、经济以及领土等方面的原因,日本也是苏联的潜在敌人。

当我们采取"A、B、C"政策的时候,中国面临着如何对付列强这个非常复杂、微妙的问题。我们认为,对这一或那一国家外交官的表面表现或其甜言蜜语,应观察清楚不为所动。因此,甚至对待德国和意大利,中国也尽量不失去他们现存的友谊和善意。在德国方面,我们很清楚,该国的大部分人民以及经济、贸易界人士或多或少都是同情中国的。他们至少反对日本的计划,这可能是出于在国际贸易、金融和商业等方面竞争的原因。此外,我们在卢沟桥事变爆发后很久,依然让德国顾问留在中国。甚至希特勒要召回他们时,我们还曾在一段时间内尽一切努力说服他推迟召回,并且在一段时期内起了作用。德国顾问们,特别是法根豪森,都不愿离开中国。我们也尽力保持同意大利亲善友好,尽管困难还要多一些。意大利是在中国没有美援的情况下帮助中国的。虽然中国从感情上和传统上总是把美国人民当做自己的真正朋友,但是,由于存在孤立主义和中立法案,在政治上,很难得到美国任何具体的援助。在贸易上,美国商界大都对日本感兴趣。当然,美国和日本的贸易额远远超过其和中国的贸易额。虽然我们确信美国对我们是同情的,但是我们对美国在实际上会给我们以何种援助,心中无数。由于意、德两国均非民主国家,因而政府首脑能推行其认为最好的政策。我们认为,他们为了自身利益,有可能继续援助中国。

至于英国的态度,则是介于美国和中欧国家之间。总的来说,英国人民是同情中国的,而政府则拖延时间,小心翼翼;这倒不是出于喜爱日本,而是不想过多地得罪日本。因此,在对日政策和态度上,英国看来颇为小心谨慎。我们认为,如果日本对英国施加很大压力,英国就会迁就日本。另一方面,如果能避免迁就日本,英国就会设法百般拖延以争取时间。再者,如果华盛顿对其施加压力,英国又会趋于对我们可能较为有利的一面。

中国所处地位十分困难，所以我们不得不按照上述路线执行我们的政策。这就是我们在各国首都如巴黎、伦敦、华盛顿和莫斯科如此费力地工作以及向国外派遣几个特别使团的原因。

由于当时中国理所当然地要注意谨慎从事，所以中国政府并不急于承认在伦敦的各国流亡政府，更不急于把战前派驻各个被占领国的外交代表派到伦敦去。否则，德国可能误解中国，把这种做法错认为是反德的。然而，被占领国家是同情我们的，在很多国际集会上，他们公开发表对我们较之对日本更为同情的观点。所以我们想保持他们对我们的同情心，同时对我们认为是属于民主阵线的国家加以鼓励。

我们外交代表的命运时常和他们出使的国家的命运一样不幸。派驻那些被占领国家的使节，因为政府并没有要他们返回外交岗位，他们的处境很不好受。他们是突然陷入流亡状况的，当然渴望去伦敦以恢复其原来的身份。我很同情他们的困难处境，只要他们前往伦敦不会使中国对轴心国家的关系更加为难，我就完全赞成他们去。我提出，由于英国作为抵抗国际侵略的伟大中心的重要性，他们去伦敦后，对于向各流亡政府表示友好姿态是很有用的。

我在葡萄牙逗留期间并非毫无有趣的插曲，现在举出一例。6月23日我在伊什图里尔海滩上举行了一次小型聚会。参加的有中国使馆的金秘书的夫人及其子女，以及我们使馆的其他几个人。我们均身着游泳衣，随时准备下海游泳，这时突然有一位自称是里斯本水上警察的便衣人员向我们走来。他和葡萄牙语讲得很流利的使馆参事进行了交谈，他说我的游泳衣不合规格。因为虽然有上半截，但是两边遮得不够严实（我应当穿带袖子的，等等）。我让参事告诉这位警察，我是十天前在里斯本的一家商店购买的，他们告诉我，这种游泳衣完全符合新规定，警察对我的解释似乎没有什么反应，因为他递给我一张字条，通知我次日上午11时到里斯本警察局。我看完字条后告诉他，我只能派秘书去。

他感到有些为难,询问了一下卖该游泳衣的商店名称。我告诉他,我将派秘书带着发票去。他知道我是一位外交官,对我敬了礼,然后局促不安地离去。

次日,秘书去了一趟警察局。我将游泳衣交给了他,让他拿给警察看一看。警察告诉他,该游泳衣不大符合要求,商店已同意按半价再卖一件给我。这事真滑稽,不过,我本该买一件带袖子的。

但是这只不过是一次偶然事件。总的说来,我在葡萄牙逗留期间,体育活动和参观游览都使我感到许多乐趣。葡萄牙确实是一个令人迷恋的国家,到处都是具有历史意义的建筑物和优美的景色。为了说明我的意思,我愿意提一下两次特别迷人的远足情况。1941年6月27日,星期五,我邀请金、胡两家人乘汽车前往卡迪亚斯达莱纳,一个半小时之后抵达了目的地。我们访问了巴塔利亚,这是无名英雄墓和葡萄牙第一位国王的陵墓所在地。大教堂主要是镶有精美图案的哥特式建筑,也受到一些摩尔式建筑艺术的影响。尽管其外形特殊,并有附属建筑,可是整个建筑十分和谐,这一点很引人注目。

次日,6月28日,我们前往科英布拉,这是萨拉查首相出生和成长的著名大学城。他还曾在该校担任过经济学教授多年。途中我们访问了旧蒙特莫尔,这是坐落在一个小山顶上的旧城堡废墟,从这里可以俯瞰美丽的蒙德戈谷地。科英布拉大学的美丽校园、精美的哥特式走廊以及喷水池,都给我们以深刻印象。我们参观了教授会议室、博士论文答辩室、校务会议室。有一个房间用来纪念科英布拉大学的改良主义者校长蓬巴洛侯爵,另一房间则用来纪念其他前任校长,他们均系基督教会牧师。我们还参观了教堂、珍宝博物馆,其中包括牧师在举行重要宗教仪式时戴的服饰。

访问科英布拉之后,我们乘车前往库里亚,向北行驶约一小时后到达了目的地。旅馆就坐落在美丽的树林中,那里有露天游泳池、凉棚。还有一个绿树成荫、翠竹葱郁并缀以湖水、小桥的公园。景色如此之美,因此饭前我们就到露天游泳池畅游一阵,饭后我又漫步一番。6月29日,星期日,我们经由穿越群山的大路前往布萨科。那儿的旅馆原是一座古代宫殿,哥特式的拱门和支柱十分精美。我们在那儿吃中饭,环境幽静,充满了明显的贵族化气氛。这里的地窖藏酒极为出色。

我们还访问了葡萄牙的著名温泉疗养中心卢祖,参观了现代设施。路旁有一股泉水供大众使用,还有一股泉水在建筑物里;这两股泉水都用玻璃房加以保护。返回途中,我们在一些景色别致的地方停车观察。有一处,我们发现了枇杷,这种佳果过去我认为只生长在中国。这肯定是从中国引进来的。

再回顾一下我在里斯本的较重要的活动。6月12日我参加了李锦纶公使为英国大使坎贝尔爵士和夫人、美国公使菲什、希腊公使科拉罗斯和夫人、荷兰代办帕兰德特和夫人、瑞士代办马丁等举行的宴会。我和坎贝尔作了一次长谈。他告诉我,他已获得外交部的回信说,他们希望尽早在伦敦和我相会。他愿意为我安排乘飞机去。显然,我在前几天会见他之后,他已向英国外交部作了报告,这时他极力劝说我尽速前往伦敦,而不必等待国书。我回答说,未经递交国书就无法开始工作,对我来说可能是件尴尬的事。但他却坚持认为,如果我能在英国进行非正式接触,交换意见,将是非常有益的。

在同一次宴会上,美国公使菲什认为自从德国潜艇击沉了罗宾·穆尔号后,美国随时都可能参战。

希腊公使科拉罗斯告诉我说,当希腊国王和政府均在亚历山大期间,一切官方文书均以希腊领事名义发出,以免激起埃及的敏感。显然意大利军队已占领了希腊,同时希腊政府也已逃至埃及避难。科拉罗斯说,他本人对维希政府颇为不满。我猜测希腊曾经期望维希政府即使不能提供实际援助,至少应表示同情。但是意大利是轴心国,是当时已占领了法国大部领土的德国的伙伴。因此,在这种情况下,实难期望维希政府在希腊遭到意大利蹂躏时,会特别向希腊和希腊王室表示同情。

6月15日傅参事从里斯本打电话告诉我(那时他住在里斯本,我住在伊什图里尔):驻维希代办来电报告,贝当已授予我一级十字勋章。这种勋章是最高的荣誉奖章,级别甚至比一级绶带还高,因为一级十字勋章在勋带的一侧还悬挂有一个大十字。我早已听说,贝当想授予我最高奖章。当我首次听到他有此意图时,我曾请汪孝熙转告法国人切勿如此行事,因为此项勋章是专授予国家元首的。然而,他们告诉我,贝当是想对我的出使维希表示极大赞赏。授予我一级十字勋章是完全有理由的,因为我在1926年曾任中华民国摄政,当时曹锟总统辞职后,未曾选出新总统,我作为总理,是政府首脑,遵照宪法行使总统的权力。在所有这些事务中,法国确实在处理有关礼宾方面的问题上经验丰富,十分在行。

6月18日,星期三,我参加了美国公使为宴请罗斯福总统之子詹姆斯·罗斯福上尉举行的午宴。罗斯福上尉是在远东、中东和埃及考察之后返美途中抵达里斯本的。参加宴会的客人有坎贝尔大使和夫人,武官查尔斯的妻子,巴西大使查尔莱斯将军,中国公使李锦纶和夫人,以及美国驻瑞士伯尔尼公使哈里森的夫人。

我和罗斯福上尉作了简短交谈,他对在重庆的见闻印象颇深。

6月19日,我举行午宴,招待在葡萄牙政府中任职的朋友,以及驻里斯本的外交使节。客人有葡萄牙前总理瓦斯孔塞洛斯,比利时前驻法、意两国大使科克霍夫,法国驻葡萄牙公使让蒂尔,多米尼加公使,美国公使菲什,前葡萄牙驻布鲁塞尔公使,出席布鲁塞尔会议代表和《新闻日报》社的董事卡斯特罗,中国公使李锦纶以及其他一些人。瓦斯孔塞洛斯抱怨说,人总是在动荡不定之中过日子,不知道葡萄牙还能幸免于被占领的厄运多久。卡斯特罗对我说,如果欧洲政治家,特别是英国政治家,在布鲁塞尔会议上采取果断措施,迫使日本放弃征服中国的企图,则欧洲就可能在那时候得救。他记得,艾登曾派秘书告诉他说,艾登想见他。因为英国驻里斯本公使曾报告说,葡萄牙政府已向卡斯特罗下达指示,要其在会议上支持英国代表团。可是卡斯特罗甚至连走访艾登的时间都无法安排,在他们另一次会见时,卡斯特罗惊异地发现,艾登并无明确的计划,对于葡萄牙如何给予英国以支持,也提不出什么建议。他只是说,他在静观戴维斯的态度,并设法弄清美国的建议。但是,戴维斯也提不出具体建议。显然他们都不大熟悉远东问题的重要性及其与欧洲局势的关系。

至于葡萄牙的局势,卡斯特罗说,关键在于以下两个问题。其一,西班牙是否行将参加轴心国,以便使用武力解决直布罗陀的问题;其二,美国是否即将参战以支持英国。无论发生哪一种情况,葡萄牙都将面临非常微妙、非常困难的问题。葡萄牙当时认为,双方都不想引起危机,因为葡萄牙的中立,对双方均有好处。

比利时前驻巴黎大使科克霍夫告诉我,6月9日,意大利人民仍然认为意大利不会参战。如果所有驻罗马的外交官将其发往各自政府的报告均公布于众,就可看到很有趣的一点,即他们都没有预料到意大利会参战。齐亚诺是反对参战的,但是在罗马只有墨索里尼一人说了算数。科克霍夫说,意大利是处于德国和平占领的状态下,但是,只要意大利能从德国胜利中获得利益,意大利人民会容忍这一状态继续下去,并信任墨索里尼。他告诉我,据说皮耶蒙亲王和墨索里尼不和是不确的。他说,"亲王掌有军权,但是法西斯主义已经牢固地控制了整个民族、整个国家,墨索里尼经常说只有能够肯定意大利是站在获胜者一边时,意大利才会参战。"

当晚,我设便宴招待罗必安夫妇及其子女。罗必安在评论德、土两国达成协议的消息时说,土耳其想必已经获得德国允许将叙利亚作为达成协议的奖品。他还告诉我说,德国还向苏联要求租借乌克兰九十九年。苏联对此是否屈从,尚须拭目以待。

英国武官在即将前往南美出任大使前举行了一次午宴。出席的有曾出使中国的土耳其公使和夫人。他于1926年曾任驻北京代办,当时我正任摄政。在这次午宴上发生了一件小事。女主人让土耳其公使坐在其右侧,而我由查尔斯引导坐在其左侧。我对当时情景毫未留意,但是土耳其公使向女主人耳语了几句,然后走到我身边,要我坐到女主人的右侧。女主人连称未注意座位安排,深表歉意。按礼宾要求,宾客座位的安排应根据其级别高低,按先右后左的顺序入座。我最初拒绝坐到右侧,声称我只不过是"过路人"。但是由于他二人执意让我坐到右侧,为了不使这一尴尬局面持续下去,我坐到了女主人的右侧。几秒钟后,她喃喃自语说,她一直认为在葡萄牙,公使总是坐在首席。但是土耳其公使说,他决不会越到大使前面去,尤其是当他出使中国时,我曾任摄政。这种礼宾性的问题是会经常发生的。

我记得在巴黎时,有一次国民经济部长和夫人举办午宴,殖民部长当时作为客人坐在右侧,我坐在左侧。对这一安排我很理解,因为这位新上任的国民经济部长是一位年轻人,他的部长职位低于殖民部长。此外,殖民部历史悠久,而国民经济部则尚系初建。这位年轻人出任内阁部长也是初次。因此,我认为这一情景并不出乎意料。而且尽管主人是政府成员,这次午餐会严格说来又非正式宴会。但是有一位被人们视为巴黎上流社会中贵妇的俄国公主坐在中间附近,她边称呼着女主人的闺名边指出其错误说,大使总是应该坐在内阁部长上手的。女主人听了顿时满脸涨红。但是我说,请不要当真,她不过在开玩笑。俄国公主说,现在再改也来不及了,因为汤已经上了,可是你必须在适当时机为此改正!下周,女主人又请我吃午饭,出席的几乎全是原班人马,这次让我坐在右侧。

有不少诸如安排席位等礼宾或仪节方面的篇幅很长的书。

但是法国对此做了很多修改,因而也就不再受到人们的重视。我总是提醒工作人员,在开列邀请名单之前,应先考虑如何安排席位,以防出现令人尴尬的场面。我们总是在衣帽间门口贴上席位安排图,客人一到就可以知道自己的座位安排在何处。有时也出现差错,但是在引导客人进入餐厅之前还有时间更改。一次,就有一位客人竟然转身就走,拒绝进入餐厅。

诸如此类的社交事务,本身并不甚重要,虽说人们总是乐于享受佳肴美酒。但是令人感兴趣的是,通常在这种聚会时,你将能和各种人进行重要接触,了解他们对某些事情的看法。这类聚会是进行上述活动的最有利的场所,因为通常气氛比较欢快,人们未必那么小心谨慎,守口如瓶。

例如,在6月21日的午宴上,我和那位坚持要和我换位的土耳其公使的夫人在一起作了一次有趣味的闲谈。据她看来,虽然佛朗哥愿意置身于战局之外,但无人敢说,如果德国占领苏伊士后执意要西班牙在直布罗陀采取行动的话,会发生何等结果。她说伟大的长枪党领袖苏内尔是位有影响的人物,但是军队本身则为佛朗哥所控制,苏内尔的影响又来自其夫人,她和她姐姐佛朗哥夫人十分要好。

6月22日晨,驻里斯本的参事打来电话,说陈介自柏林来电称,德国已决定当日进攻苏联。同时,又接到维希来电报告说,德国即将进攻苏联。邱吉尔当晚发表广播讲话,表明英国对德国进攻苏联的态度和政策。他说,不论何人,只要进军抗击德国就是朋友,同时,不论何人,只要和德国合作就是敌人。他说,这场战争并非是阶级战争,而是把魔鬼希特勒和害人虫纳粹主义从世界上清除掉的共同事业。倾向于支持德国的罗必安认为,局势将可能在两个月内见分晓,英国答应援助苏联只不过是句空话。

6月23日,我参加了坎贝尔夫妇举行的午宴。出席的有阿根廷驻法大使卡尔卡诺,阿根廷驻葡公使克萨达和夫人,平埃罗夫人以及中国公使李锦纶和夫人。坎贝尔同意如下说法,德国进攻苏联,苏联进行抵抗,这是一件好事情;但是他恐怕在德国开辟新战线的明显行动中,可能会有些诡计。来自柏林的消息说,德国估计俄国战役可在一个月内结束。

我告诉坎贝尔,德国进攻苏联的理由之一是转移美国对援助英国的注意力,使之进一步推行其孤立主义。原因是,如果说德国曾对美国存在威胁,那么当前德国的威胁离美国越来越远了。另一个理由是攫取乌克兰的小麦、巴库的石油,以准备长期战争。第三个理由是在面对英、美联合阵线即将形成之前,须先肃清其后方。坎贝尔对我的谈话颇感兴趣。卡尔卡诺问,日本将有何行动。坎贝尔同意我的看法,日本无力发起另一场反苏的战争。卡尔卡诺补充说,日本的国内局势也并不妙。我问坎贝尔,英、美、苏联盟正在莫斯科进行研究,这种可能性是否存在。坎贝尔说,他希望三国合作而不是联盟。无论如何,合作对他在葡萄牙来说是最好不过了,因为任何这种联盟都会使他在和葡萄牙政府接触中处于非常困难的境地。很明显,他在和葡萄牙接触中存在一定困难。虽说葡萄牙是英国的老盟友,但业已宣布中立。因此英国大使要求葡萄牙做什么或不做什么,并非总是易事。

我告诉坎贝尔,据来自柏林的消息称,德国平均每月只能建造15艘潜水艇。我说,这个数字听起来很小,但是晨报称,德、日两国曾联合要求苏俄提供50艘驱逐舰、20艘潜水艇和14艘扫雷艇,这消息似乎证实了德国需要潜水艇这一说法。

6月24日,英国广播公司广播了艾登声明,援助苏俄并派遣两位部长和莫斯科协调军事和经济两个方面的力量,联合对德作战。罗斯福也宣布,美国将支援苏俄。两个人都解释说,援助不含有接受或赞同苏联的意识形态之意。荷兰国王也在伦敦发表了类似声明。据报道,日本暂时保持中立,但存在着随时进行干涉的可能性。

6月25日,李锦纶打电话告诉我,我的任命国书已由重庆寄到。我于是立即写信给坎贝尔,要求他代订飞往伦敦的机票。6

月 30 日,我走访了美国公使菲什,作了一次长谈。据他看来,邱吉尔在声明支援苏联之前一定曾和罗斯福商议过。最新的民意测验表明,罗斯福获胜。这说明全国人民愿意跟随他推行其积极政策。菲什同意说,在征服了苏联之后,德国就会转向西班牙和葡萄牙。这些国家尽管表面上会进行一些抵抗,最后当然不得不接受命运的安排。菲什说,由于罗斯福曾发表过有关佛得角和亚速尔群岛的声明,美国和葡萄牙之间的关系是微妙的。赫尔声明未能使葡萄牙十分满意,但是事情也就此搁浅。

德国是否会经由伊拉克,或通过叙利亚和巴勒斯坦进军,会同在利比亚向前推进的军队进攻埃及,这一问题对菲什来说仍然是个谜。伊朗似乎是亲德的,因为他们最近拒绝为罗斯福上尉发放签证。菲什告诉我,他曾提醒罗斯福上尉,在返美后向总统汇报时不要忘记中国。罗斯福总统心里一定早已下定决心,美国将最终站在英国一边参与粉碎希特勒主义和德国极权主义。他只是等待时机,等待美国公众舆论能同意其政策。

1941 年 7 月 1 日,我忙于整理行装,准备离开葡萄牙前往伦敦。我和几位工作人员共进午餐。饭后,我告诉罗必安我将启程前往伦敦,并向其告别。次晨,我离开了葡萄牙。飞机准时在上午 8 时起飞,一小时后抵达位于青山绿水之间的美丽的波尔图机场。飞机于 9 时 30 分再次起飞,径直前往布里斯托尔,于下午 2 时 45 分抵达。

我在飞机上吃一份袋饭,内有冷肉、干酪、水果、面包、黄油,其后还供应了咖啡。座椅配有又厚又软的椅背和座垫。这次飞行颇为舒服顺利。我们离地面一万英尺在云层外飞行。天空晴朗碧蓝,相当寒冷,我不得不穿上外衣。飞机顺利地在机场着陆,伦敦大使馆陈维城代办和其他工作人员均来迎接。用茶后,我乘火车前往伦敦,于下午 6 时 45 分抵达。前来迎接的有国民党和中国各组织机构的代表,王景春博士、爱斯嘉拉教授、法国殖民部长之子居斯塔夫·莫泰以及外交大臣艾登的代表约翰·蒙克爵士。蒙克说,艾登希望尽早见到我,并建议次日下午 3 时 30 分会见。至此,我出使法国的使命即告结束,再次在英国开始承担新的任务。